Johann Nepomuk Oettl

Klaus, der Bienenvater aus Böhmen

Johann Nepomuk Oettl

Klaus, der Bienenvater aus Böhmen

ISBN/EAN: 9783743329768

Hergestellt in Europa, USA, Kanada, Australien, Japan

Cover: Foto ©ninafisch / pixelio.de

Manufactured and distributed by brebook publishing software
(www.brebook.com)

Johann Nepomuk Oettl

Klaus, der Bienenvater aus Böhmen

Klaus,

der

Bienenvater aus Böhmen.

Seine Zaubersprüche und Maschinen-Strohstöcke;

und überhaupt seine

Anleitung,

die Bienen gründlich und mit sicherem Nutzen zu züchten, und auch die zweckmäßigsten Bienenwohnungen hiezu anzufertigen.

Sammt einem Anhange:

Klaus der Jüngere,

oder:

Die Dzierzon'sche Bienenzuchtmethode

in Maschinen-Strohstöcken als Ring- Beuten- Prinzstöcken u. dgl.

Anfertigungs- und Behandlungsweise der letzteren.

Verbesserte Holzstöcke u. A. m.

Als Volks- und Lehrbuch

für seine Landsleute und auch für Andere verfaßt

von

Johann Nep. Oettl,

Pfarrer zu Puschwitz.

Vierte, abermals verbesserte, stark vermehrte und mit 53 Abbildungen im Texte versehene Auflage.

Prag, 1862.

Verlag von Friedrich Ehrlich's
Buch- und Kunsthandlung.

Vorrede

zur vierten Auflage.

———

Man wolle es mir nicht als Ruhmrednerei deuten, wenn ich behaupte: Klaus hat sich einen ehrenhaften Ruf erworben, und zwar weit über die Gränzen seines Vaterlandes hinaus. Ist er doch allenthalben bekannt, selbst im Norden und Süden, im Osten und Westen von Europa; wovon mir schriftliche und andere erfreuliche Beweise vorliegen. Auch das schnelle Vergriffensein der bedeutenden 3. Auflage stimmt zu diesem Rufe und rechtfertiget zugleich das Erscheinen der gegenwärtigen neuen.

Die 4. Auflage tritt wieder als eine verbesserte und stark vermehrte ans Licht. Mit aller Aufmerksamkeit habe ich darin korrigirt, was sich Fehlerhaftes in die 3. eingeschlichen hatte, und mit vielem Fleiße darin nachgetragen, sowohl, was etwa in der früheren da und dort vergessen worden, als auch, was in den letzten Jahren abermals Neues und Wichtiges im Gebiete der Bienenwissenschaft aufgetaucht ist.

Insbesondere stellte der Streit, welcher in letzterer Zeit in der Eichstädter Bienenzeitung über den Zwillingsstock Dzierzons und meinen Prinzstock geführt wurde, es als Nothwendigkeit heraus, letztgenannten Stock, dem ich unter allen meinen verschiedenen Bienenwohnungen den Vorzug einräume, in seiner Anfertigungs= und Behandlungsweise auf das Deutlichste zu erklären, und ihn gegen Angriffe der Unkenntniß und Böswilligkeit in Schutz zu nehmen. Ich habe dieß gethan. Darüber mußte sich aber auch der Anhang der neuen Auflage ansehnlich erweitern.

An den Zeichnungen habe ich hie und da etwas geändert; auch sind etliche neue zugewachsen. Sachverständige Zeichner dürften wohl daran Dieß und Jenes auszustellen finden; allein, in Berücksichtigung der Umstände, daß ich selbst nicht zeichnen gelernt, daß ich auch in meiner ländlichen Abgeschlossenheit keinen Zeichenmeister zur Hand habe; wie auch, daß ein Meister in der Ferne, wenn er die Gegenstände nicht vor Augen haben kann und nicht selbst Bienenzüchter ist, ebenfalls nicht leicht Fehlerfreies leistet: in Berücksichtigung Dessen — sage ich — erwarte ich billige Nachsicht; und um so mehr, als ich dafür die Beschreibung der Gegenstände und der Figuren so deutlich als nur möglich gegeben zu haben glaube.

Der Zweck der neuen Auflage ist der frühere geblieben. Klaus soll überhaupt fortfahren, aller Orten, — jedoch zunächst in seinem Vaterlande, und da vornehmlich dem vaterländischen Bienenzüchter-Verein zur Seite — der nützlichen Bienenzucht durch gemeinfaßlichen, theoretischen und praktischen Unterricht unter die Arme zu greifen; und insbesondere — wodurch er sich vor allen anderen Bienenschriften charakterisirt — auch fortfahren, die Anfertigung zweckmäßiger Stroh-Bienenwohnungen zu lehren, welche zur guten Durchwinterung der Bienen vortrefflich, und vorzüglich in holzarmen Gegenden am rechten Platze sind.

Was die früheren Auflagen bisher erzweckt und geleistet haben, bürgt dafür, daß auch die 4. Auflage ihrem Zwecke entsprechen und denselben erreichen werde. Klaus hat unstreitig viel mit dazu beigetragen, daß die Bienenzucht in Böhmen zum neuen Leben erwachte; daß daselbst gegenwärtig Tausende von Strohstöcken gefunden werden, wo früher nicht ein einziger existirte, und daß jetzt im Lande Bienenzuchtlehrer und Bienenzuchtschüler und ein Bienenzüchter-Verein von mehr als 500 Mitgliedern bestehen. Auch im Auslande hat Klaus manchen Bienenfreund geschaffen und angeworben, und da und dort seine Maschinen-Strohstöcke beliebt gemacht; was die häufigen Nachfragen von dorther nach dergleichen Stöcken und Maschinen, und vornehmlich in jüngster Zeit die Sendung Hunderter von Strohprinz-Stöcken über die Gränze Böhmens beurkunden.

Dieses guten Erfolges wegen, dessen seine drei Vorgänger sich erfreuten, darf nun wohl auch Klaus IV., den nebenbei die verehrliche Verlags-Buchhandlung Friedrich Ehrlich zur Reise wacker ausgestattet hat, getrost den Wanderstab ergreifen und allenthalben wieder auf freundliche Aufnahme rechnen. Er ziehe mit Gott!

Puschwitz, am 30. Dezember 1860.

Joh. Nep. Oettl,

Pfarrer,

bischöfl. Vikariats-Sekretär im Jechnitzer Bezirke, d. Z. Präsident des Vereines zur Hebung der Bienenzucht Böhmens, wirkl. Mitglied der k. k. patr. ökon. Gesellschaft im Königreiche Böhmen, Inhaber der großen goldenen und silbernen Verdienstmedaille dieser Gesellschaft, korresp. Mitglied der k. k. Landwirthschafts-Gesellschaft in Wien, Mitglied des Wandervereines deutscher Bienenzüchter, Ehrenmitglied des k. k. mährisch-schlesischen und des Nieder-österreichischen Bienenzüchter-Vereines und der Societé d'Agriculture in Paris rc.

Inhalt.

Hieraus goldene Regeln:

II. Abtheilung.

—————

Zweites Hauptstück.

Klausens Strohbienenwohnungen.

I. Abschnitt.

II. Abschnitt.

Widerlegung einer Einwendung für die Klotz= und Bretterbeuten, und einer andern gegen die Strohstöcke 157

III. Abschnitt.

Klausens Maschine sammt Zugehör 162

IV. Abschnitt.

Das Verfahren bei der Verfertigung der Maschinen=Strohringe und Körbe.

Drittes Hauptſtück.

Seite

VI. Abschnitt.
Ueber das Ueberpflanzen (Transplantiren) der Bienen aus Holzstöcken in Strohstöcke.

§. 68. Mir gefallen jetzt meine Klotz- und Breterbeuten nicht mehr; wie könnte ich die Bienen heraus, und in theilbare Strohstöcke bringen? 239

§. 69. Wie bringt man aus hölzernen Magazinen oder Kastenstöcken die Bienen in Strohmagazine? 243

VII. Abschnitt.
Ueber das Unter-, Auf- und Ansatzgeben zur Erweiterung des Raumes im Stocke.

§. 70. Wann, wo und wie setzt man leere Ringe und Kästchen den verschiedenen Bienenwohnungen an? 246

VIII. Abschnitt.
Ueber das Reinigen der Stöcke im Frühjahre.

§. 71. Wann und wie geschieht die Reinigung bei den verschiedenen Bienenwohnungen? 253

IX. Abschnitt.
Ueber das Beschneiden und Zeideln der Stöcke im Frühjahre.

§. 72. In welchen Fällen kann und muß eine Wachs- und Honigabnahme durch Beschneiden und Zeideln der Stöcke, im Frühjahre, statt im Herbste geschehen? 257

§. 73. Welches ist das rationelle Verfahren bei der Frühjahrszeidlung? 259

X. Abschnitt.
Ueber das Vereinigen oder Kopuliren der Stöcke.

§. 74. Wann und wie muß bei verschiedenen Stöcken die Vereinigung geschehen 267

XI. Abschnitt.
Ueber Bienenfütterung.

§. 75. Wann ist das Füttern der Bienen nothwendig und vortheilhaft? und womit wird gefüttert? 273

§. 76. Auf welche Weise geschieht die Bienenfütterung? (Mehlfütterung.) 278

XII. Abschnitt.
Ueber Herbstzeidlung.

§. 77. Wann und wie ist die Zeidlung im Herbste vorzunehmen? . . 285

§. 78. Ueber die Herbstzeidlung des Schwarmbienenzüchters durch Abtödten und Abschwefeln ganzer Stöcke 292

XIII Abschnitt.

Ueber Herbstmusterung und Herbstreduktion oder Verminderung der Stöcke und Einwinterung.

XIV. Abschnitt.

Ueber Gebrechen und Krankheiten des Bienenstockes, des Weisels, der Brut und der Bienen.

XV. Abschnitt.

Ueber bienenfeindliche Thiere.
A. Raubbienen.

B. Andere feindliche Thiere.

XVI. Abschnitt.

Ueber Bienengegenden und Honigquellen.

XVII. Abschnitt.

Ueber das Unbeschwerliche bei der Betreibung einer kleinen Bienenzucht, und von der dazu erforderlichen Zeit und Gelegenheit. (Zugleich statt eines Bienenkalenders)

XVIII. Abschnitt.

Ueber die Zurechtmachung und Benützung des gezeidelten Honigs und Wachses.

XIX. Abschnitt.

Ueber den sittlichen Honig der Unterhaltung und Erbauung, welcher obendrein aus dem aufmerksamen Umgang mit Bienen fließt.

Anhang.

Klaus der Jüngere.

I.

Die Dzierzon'sche Methode.

II.

III.

Als Zugabe.

Helf Euch Gott!

oder:

Kurze Geschichte des Bienenvaters Klaus.

Als Einleitung.

In einem Gränzdörfchen Böhmens lebte vor mehreren Jahren ein braver Taglöhner, Namens Klaus, mit seinen drei mutterlosen Kindern. Ein elendes Häuschen war seine ganze Habe, und was er täglich durch saure Handarbeit verdiente, sein und seiner Kinder Lebensunterhalt. Dessen ungeachtet hörte ihn nie Jemand sein hartes Loos der Armuth beklagen; denn er besaß Gesundheit, Liebe zur Arbeit und ein frommes christliches Herz, welche drei selbst den Aermsten noch reich und glücklich machen.

Allein die weise Vorsehung Gottes hatte dem guten Klaus noch eine härtere Prüfung beschieden. Ein einziger Unglücksfall sollte kommen und den Armen erst in die traurigste Lage versetzen. Er kam.

Eines Tages nämlich fiel Klaus von einer Leiter herab, brach das Bein, und wurde dadurch zum lahmen Krüppel. Nun konnte er auch sein Brod nicht mehr durch Handarbeit erwerben, und Hunger und Noth, Seufzen und Weinen erfüllten seine Hütte. Da ergriff er das letzte Mittel, sich und seine Kinder ehrlich zu ernähren, — er langte nach der traurigen Krücke und dem bitteren Bettelstabe.

Eben hatte er einst als Bettler ein fremdes Dorf abhausirt, und leider! viele „Helf Euch Gott!" aber wenige Almosen bekommen. Da verließ er niedergeschlagenen Sinnes das geizige Dorf, und hinkte, auf seine Krücke gestützt, mit saurer Mühe eine Anhöhe hinan, seiner Heimat zu. Große Schweißtropfen rannen ihm von der Stirne, denn es war dazu ein heißer Junitag.

Endlich stand Klaus mitten im freien Felde vor einer großen Eiche, in deren breitem Schatten auf lieblichem Grün ein klares frisches Brünnlein quoll. „Ach!" rief er jetzt, „da ist doch einmal ein Gasthaus, so bequem und wohlfeil, wie ich's brauche; ich will einkehren und ausruhen, und eine Brodrinde ins Wasser tauchen zum Mittagmal." Gesagt, gethan. Der Lahme lehnt seine Krücke an den Baumstamm, setzt vom Rücken den Wurzelkorb auf einen darneben liegenden breiten Stein, und beginnt nach dem Mundvorrathe im Korbe zu sehen. Aber nur wenige Stücklein Brod lagen darin. „Lieber Gott!" rief er darum aus, indem er zugleich einige mit der Hand abwog, „da darf ich höchstens ein einziges essen. Weniges ohnedieß bringe ich heute den hungrigen Kindern nach Hause! Wie abscheulich doch die Geizigen handeln! Gott schenkt ihnen deßhalb Ueberfluß, damit sie davon Dürftigen mittheilen, und diesen helfen sollen; allein sie wollen den Ueberfluß behalten, und die Hilfe Gott überlassen; — und so speisen sie den Armen nur immer mit einem leeren „Helf Euch Gott" ab. Soll Gott, wenn mich hungert, ein Wunder wirken, und mir etwa, wie einst dem Propheten Elias, Brod durch die Raben senden? — Nein, so hilft Gott heut zu Tage nicht; ich mit meinen Kindern würden verhungern, wenn wir darauf warten möchten. Nein, Gott — doch besinne Dich Klaus! — Du wirst kleinmüthig und verzagt, — und sprichst fast wie ein Heide, der den wahren Gott nicht kennt! Weißt Du nicht, daß dem Allmächtigen, obgleich er Deinetwegen kein so offenbares Wunder wirkt, doch noch tausend andere Mittel und Wege zu Gebote stehen, Dir zu helfen? — und daß sein Vaterauge auch auf Dich und die Deinigen schaut, voll Liebe und Sorgfalt? — Sagte nicht unlängst der Herr Pfarrer in der Predigt, daß in der heiligen Schrift geschrieben stehe: „Gott ist es, der die Vögel in der Luft ernährt, und die Lilien des Feldes mit mehr als salomonischer Pracht kleidet?" — Ich aber und meine Kinder, wir sind Menschen, erschaffen nach des Vaters Ebenbilde, und darum weit vorzüglicher als alle Vögel und Lilien; wird dieser Vater nicht auch uns nähren und kleiden? — Gewiß, gewiß! — Ja, auf Dich, Du Nährvater im Himmel oben! auf Dich wollen wir vertrauen! Wo die Noth am größten, ist Deine Hilfe am nächsten!"

Während Klaus auf diese und ähnliche Weise Unwillen und Kleinmuth in seiner Seele bekämpft, und dabei sein ins Wasser getauchtes Brod verzehrt: horch! da summt und braust es auf einmal tausendstimmig hinter seinem Rücken. Er sieht zurück und rafft sich so schnell als möglich in die Höhe. — Aber welch ein Erstaunen! ein Bienenschwarm umflog in immer kleiner werdenden Kreisen den Bettelkorb und ließ sich an der Hinterseite desselben nieder. *)

Klaus sah dieß mit großen Augen, und vergaß darüber das gekaute Brod im Munde hinunter zu schlucken. Als er aber wieder ein wenig zu sich selber gekommen war, dachte er: „Wie werde ich diesen bestachelten Fliegen meinen Korb entreißen mit dem wenigen Brode?" — und bald darauf: „Oder, wenn dieser Schwarm gar in den Korb hineinzöge! — wenn ich ihn dann nach Hause tragen und als mein Eigenthum pflegen könnte, welch eine Freude!" —

Dieser letzte Gedanke gefiel bald dem lahmen Bettler am besten. Lauschend kauerte er sich wieder in das Gras nieder und sah mit Vergnügen zu, wie der Bienenhaufe immer größer wurde, und zuletzt die ganze Rückseite des Korbes bedeckte. „So, so!" murmelte er leise, „ruhet hier im Schatten aus, wie ich, liebe Bienlein! — wir scheinen zusammen zu gehören, — außer, es kommt euer Herr und sucht euch Flüchtlinge auf. Dann müßte ich freilich euch ihm zurück geben; — aber, ich sehe Niemanden, der euch nacheilt; — hier ist das freie Feld, wer weiß, woher ihr gezogen seid! — Und dazu: so arm ich bin, so gehört mir doch der Korb, jener Grund und Boden, worauf ihr euch angesiedelt habt, — wer Anderer als ich kann daher von nun an euer Herr sein! — Vielleicht schickt gerade euch der liebe Gott, um meinen Korb anzufüllen, den heute geizige Menschen leer gelassen haben! Vielleicht seid gerade ihr die Raben, durch welche mir der gütigste Vater, wie einst dem Elias, Brod oder andere Hilfe sendet!

Und nun berechnete Klaus schon im Geiste seine und seiner Kinder Freude, wenn er den Bienenstock nach Hause bringen und fernerhin am Leben erhalten würde. Er zählte an den Fingern zusammen, wie viel er davon im 1. und 2. Jahre Schwärme haben, und wie er nach einigen gesegneten Jahren schon einen Bienenstand von 10 bis 20 Stöcken besitzen könne. Schon wässerte ihm auch der Mund nach dem süßen Honig, den er ernten, und noch mehr nach dem schönen Gelde, das er für Honig und Wachs zu seiner und der Seinigen Unterstützung lösen würde.

*) Anmerkung. Bienenschwärme fallen bisweilen auf die sonderbarsten Gegenstände; man hat Beispiele, wo sie sich sogar selber an Menschen angelegt haben. D. V.

1 *

Indessen sich so Klaus in die angenehmsten Träume der Zukunft verlor, hatte sich der Schwarm zusammengezogen, und hing nunmehr als eine große schwarze Traube an der Rückseite des Korbes.

Zum Glück sah Klaus in seiner Jugend öfters aufmerksam zu, wenn Bienenväter Schwärme in Stöcke faßten. Er wußte sich darum jetzt leicht zu helfen. „Ihr sollet mir nicht wieder entfliegen!" sprach er, rauste eine Hand voll Grashalme aus, band diese in ein Büschlein, tauchte die Spitze desselben ins kalte Wasser, und bespritzte damit sanft die brausenden Bienen. Und diese wurden fromm und zahm, stachen nicht, und klammerten sich geduldig an einander. Hierauf machte sich Klaus behutsam an den Korb, langte das wenige Bettelbrod heraus und schob es in die Taschen, nahm sein Messer, und schnitt vorsichtig von innen gegen die hängende Traube nach außen einige Schienen oder Wurzeln entzwei, so daß sich im Korbe ein Loch gestaltete, wodurch die harrenden Bienen einziehen konnten. Dann warf er hurtig seinen Zwillichkittel über den offenen Korb, und band ihn mit einem Stricklein fest. „So ist der Bienenkorb fertig;" sprach er dann, „er ist finster, luftig und kühl, wie ihr's gerne habt, ihr Bienlein! ziehet nun ein in Gottes Namen!" — Und wirklich! — die Bienen fangen an zu brausen und sich zu bewegen; die Traube wird kleiner und kleiner; alle folgen unter freudigem Flügelschlage der Königin nach in den Bettelkorb, welche sich denselben zu ihrem Palaste erkor.

Hoch schlug dabei auch dem guten Klaus das Herz vor Freude. „Ziehet nur hinein in Gottes Namen," sprach er wohl zehnmal, „schämt euch nicht des schlechten Korbes; — bis wir nach Hause kommen, werde ich ihn schon vorrichten, daß er euch als ein treffliches Wohnhaus gefalle."

Endlich waren alle Bienen im Korbe, bis auf einige, die mit hängenden Köpfen und fächelnden Flügeln um das Flugloch standen, und als Trabanten der Königin den Eingang des Palastes bewachten. Da griff Klaus abermals nach den nassen Grashalmen, kehrte sachte mit der Rechten die Wächter ins Flugloch, und husch! verstopfte dieß dann seine Linke mit einer Hand voll Gras.

Jetzt wollte der entzückte Klaus einen hohen Freudensprung thun; doch sein lahmes Bein versagte dazu den Dienst, und er rief nur laut auf: „Gottlob! sie sind meine Gefangenen!"

Nun untersuchte er noch ringsum den Korb, ob nicht irgendwo

eine Oeffnung vorhanden wäre, wodurch einige Bienen entschlüpfen könnten. Nachdem er aber Alles wohl verwahrt gefunden hatte, huckte er den geliebten Fang auf den Rücken, und ging, um die guten Stachelthierchen nicht durch Erschütterung böse zu machen, so sanft als es sein holpernder Krückengang nur erlaubte, und reich an Freude und Hoffnung der lieben Heimat zu.

Tief war bereits die Abendsonne zu den blauen Bergen in der Ferne herabgesunken, als Klaus, mit Schweiß und Staub bedeckt, den grünen Anger vor seinem Dörfchen hinabhinkte. Schon lange erwarteten ihn seine Kinder, die ihm jetzt im freudigen Laufe entgegen kamen. Die zwei kleineren faßten die Hände des Vaters, um ihn zu führen; Martin aber, ein Knabe von zehn Jahren, erbot sich, ihm wie gewöhnlich den Korb vollends nach Hause zu tragen. Doch dieß gab heute der Vater durchaus nicht zu. Da richteten die Kinder um so mehr die Blicke auf den Korb, der dießmal fest zugebunden erschien, was sie sonst nie bemerkt hatten. Auf einmal hörte Martin ein Gesumme. Er sah über sich und hinter sich, blieb stehen und sprach: „Vater! was ist das? — horch, wie es brauset!" — Darüber mußte Klaus herzlich lachen. „Ei," fuhr Martin fort, „ich glaube gar, das Gesumme ist im Korbe!" — „Ja, ja, im Korbe ist's!" riefen jetzt Alle und setzten wie aus einem Munde hinzu: „Vater! sprich, was bringst Du uns denn?" — Dieser aber antwortete: „Kinder müssen ihre Neugierde bezähmen lernen; denn unbezähmte Neugierde führt oft zu Schaden und Unglück. Darum habt nur Geduld bis zu unserer Nachhausekunft, dann sollet ihr Alles erfahren!" —

Sinnend über das Geheimniß des Korbes, aber still und schweigend gingen nun die Kinder neben dem Vater her. Nur die kleine Maria flüsterte einmal dem kleinen Brüderchen zu: „Jetzt weiß ich's! ein Hummelnest hat der Vater gefunden, und bringt es uns mit! — ach, ein Hummelnest!" —

Endlich stand Klaus mit den Kindern vor seinem Wohnhäuschen, das ein kleiner Garten umschloß. Geraden Weges trat er in den letzteren und setzte da auf einer Bank den Korb ab. Vor Allem zog er dann jedem Kinde ein Stückchen Brod aus der Tasche; aber diese hatten vor Neugierde den Hunger vergessen, und jedes legte nur forschend ein Ohr an den Korb.

„So will ich euch denn das Geheimniß offenbaren," hub nun= mehr der Vater an, indem er sich zum Ausruhen niedersetzte. „Einen Bienenschwarm bringe ich euch mit, den mir der liebe Gott in den Korb geschickt hat." — „Ach! einen Bienenschwarm! einen Bienen= stock!" — riefen darauf die Kinder, und klatschten vor Jubel in die Hände. Und nun gab's ein Fragen über Fragen, bis ihnen der Vater den ganzen Hergang mit den Bienen erzählt hatte. Unter Andern hieß es auch: „Werden uns die Bienen nicht wieder davon fliegen? — werden sie uns auch Honig eintragen?" Klaus entgegnete: „Sie werden bleiben und uns Honig bringen, wenn wir sie gehörig warten und pflegen. Zuerst müssen wir ihnen eine warme sichere Wohnung bereiten; und das muß noch heute geschehen." Hierauf schickte er sich alsogleich dazu an.

Erst legte er auf eine Unterlage von Holz ein ebenes, viereckiges Bret; dann stürzte er so behutsam als möglich den zugebundenen Korb darauf, so daß die Mündung desselben mit dem Zwillich das Bret berührte. Hernach nahm er nassen Lehm, knetete Gerstenspreu dar= unter, und bestrich damit fingerdick den ganzen Korb; und nirgends konnten mehr Luft und Licht auf die Bienen eindringen. Zuletzt machte er noch über den Korb ein Breterdach gegen Sonnenstich und Regen.

Unterdessen war die Abenddämmerung eingetreten. Klaus fürch= tete daher keineswegs mehr das Herausströmen und Fortfliegen der Bienen; er öffnete das Flugloch. Geschwind kamen einige Bienen zum Vorschein, besahen sich ein wenig das neue Haus, flogen aber zur größten Freude der Kinder nicht davon, sondern kehrten wieder um, und blieben summend und mit den Flügeln schlagend am Rande der Oeffnung.

Jetzt wurde dem Korbe Ruhe gegönnt; denn es kam die Nacht heran. Vater und Kinder gingen ebenfalls zu Bette, und genoßen unter lieblichen Träumen den wohlthätigen Schlaf.

Kaum graute es am andern Morgen, als sich Klaus und Martin schon wieder mit dem Korbe beschäftigten. Der Vater band erst das Stricklein davon los, dann hob er den Korb sanft in die Höhe, indessen Martin sachte den Zwillichkittel darunter wegziehen mußte. Hierauf wurde der Korb wieder auf das Standbret niedergelassen, und der kleine Zwischenraum zwischen beiden gleichfalls mit Lehm verschmiert.

Und so war jetzt Alles geschehen, was die Bienen für lange Zeit bedurften, und der Bettelkorb für immer in einen Bienenkorb umgewandelt.

———

Mit diesem Bienenkorbe — wer sollte es gemeint haben! — legte Klaus in der That den Grund zu seinem künftigen Glücke; welches darin bestand, daß er nur noch einige Zeit betteln durfte, dann aber sein Brod wieder zu Hause verdiente, ja selbst nach und nach zu einem gewissen Wohlstande gelangte. Dieß ging auf folgende Weise zu.

Der Findling im Korbe gedieh den Sommer über auf das Beste. Im Herbste ließ ihm Klaus den ganzen Honig, um desto sicherere Hoffnung auf Schwärme zu haben. Für diese mußte er aber auch schon im Voraus leere Stöcke besorgen. Allein, woher? wovon? — Die in seiner Gegend üblichen Klotz- und Breterstöcke kamen des überhand nehmenden Holzmangels wegen ziemlich theuer; wie hätte der Bettler die Kosten darauf erschwingen können! — Die Noth macht erfinderisch; dieß war jetzt auch bei Klausen der Fall. Er sann und sann — und verfiel endlich auf den Gedanken, sich ströherne Bienenkörbe zu verfertigen. Gleich in den nächsten Winterabenden versuchte er es, und siehe da! es gelang. Klaus nähete sich Strohkörbe mit Wurzeln oder Weiden, sein Bettelkorb gab das Modell dazu ab, und es wurden für die Noth taugliche Stöcke.

Nun erschien der Frühling, und mit ihm die Freudenzeit der Bienenväter — die Zeit der Schwärme. Auch Klaus hatte nicht vergebens gehofft: sein Bettelkorb gab zwei Schwärme, worüber er fast so laut wie seine Kinder jubelte. Jetzt waren aber neuerdings für das folgende Jahr vorräthige Stöcke nothwendig; und abermals bereitete er sie im Winter. Doch diese wurden schon weit vollkommener als die ersten; denn Klaus hatte nunmehr in der Verfertigung derselben wichtige Vortheile kennen gelernt.

Er hatte nämlich einmal gehört, daß in P... nicht weit über der Grenze ein berühmter Bienenvater wohne, der eine starke Bienenzucht besitze, und sich seine Körbe ebenfalls selber aus Stroh bereite. Lernbegierde hieß ihn den Weg von etlichen Stunden nicht scheuen; er machte sich auf, und hinkte an seiner Krücke dahin. Der fremde Bienenmann war freundlich und gefällig auch gegen ihn, den Bettler. Er gab Klausen nicht allein über Vieles in Betreff der Bienen willigen Aufschluß, sondern schenkte ihm sogar ein Bienenbuch, woraus sich später Klaus, besonders in den freien Stunden des Sonn= und Feier= tags, selber unterrichtete. Noch mehr: der gute Meister zeigte zuletzt dem lahmen Schüler noch eine einfache Maschine, worauf die besten Strohkörbe gearbeitet werden können, und erklärte ihm zugleich die da= bei nöthige Verfahrungsweise.

Klaus war ganz Auge und Ohr und voll Verwunderung; denn von einer Maschine zu Strohkörben hatte ihm bisher nicht einmal geträumt. Er betrachtete diese auf das Genaueste, dankte dann vom Herzen dem edlen Menschen= und Bienenfreunde, und kehrte vergnügt, als ob er einen Schatz gehoben hätte, nach Hause zurück.

Hier fängt ein neuer Abschnitt in Klausen's Leben an. Er kommt nach Hause, schnitzt sich die gesehene Maschine, beginnt darauf zu ar= beiten, und vertauscht von itzt an das Gewerbe eines Bettlers mit dem eines Bienenkorbmachers. Bald wurde nämlich seine Arbeit bekannter. Mehrere Bienenfreunde, nahe und fern, sahen das Genaue und Dauer= hafte seiner Körbe, und fanden daran noch manchen andern Vorzug vor den unbehilflichen kalten Klotz= und Breterstöcken. Einer nach dem Andern machte bei Klausen Bestellung. Auch mehrere Nachbarn, durch Klausen's Fortschritte in der Bienenzucht aufgemuntert — er zählte im 3. Jahre schon 9 Stöcke — schafften sich Bienen an, und überließen ihm das Körbemachen. Und so hatte er fast das ganze Jahr vollauf zu thun, und lebte also neuerdings von der Arbeit seiner Hände.

Nebstdem kamen dem guten Manne auch seine Bienen zu Hilfe. Von Jahr zu Jahr wuchs der Nutzen, den sie ihm durch Honig und Wachs brachten; obgleich mäßige Vermehrung durch Schwärme noch immer ihre Hauptbestimmung blieb. Nach 6 Jahren aber sah man in Klausen's Gärtchen kein leeres Plätzchen mehr. Zwanzig Stöcke standen darin unterm Dache, und warfen jetzt alljährlich ihrem Herrn einen bedeutenden Ertrag ab.

So war demnach Klaus durch seine Bienen glücklich geworden. Wenigstens hatte er jetzt sein hinlängliches Auskommen, konnte seine Kinder ordentlich nähren und erziehen, und durfte nach ihrem Heran= wachsen um so sicherer ein ruhiges, harmloses Alter erwarten; und dieß allein war das Ziel seiner Wünsche.

Dafür dankte er auch mit seinen Kindern recht oft und herzlich dem lieben Gott. Wenn er bisweilen zur Seite seines Bienenstandes sitzend, die tausend und tausend Bienen für sich und die Seinigen so

rastlos sammeln und arbeiten sah, und sich deßhalb reicher und glück=
licher als ein König dünkte; dann erinnerte er sich auch an jene Eiche
mit dem grünen Plätzchen und dem Brünnlein, wo er einst im Un=
willen über den Geiz der Menschen kleinmüthig werden wollte, noch
aber zur rechten Zeit ein festes Vertrauen auf Gott faßte. „Kinder,“
pflegte er dann zu sagen, „vertrauet allzeit auf den Herrn! — sehet,
einst schien ich wohl von den Menschen verlassen; denn sie gaben mir
nur ein leeres: Helf Euch Gott! — aber Gott verließ mich nicht;
seine Hilfe war gerade damals mir am nächsten. Und wie wunder=
bar kam diese Hilfe! — dem frommen Propheten Elias schickte er
Brod durch die Raben: dieß Wunder — sprach ich damals — wird
Gott an dir nicht wiederholen. Ach freilich hat er dasselbe nicht
wiederholt, aber er wirkte dafür meinetwegen fast ein gleiches: er
schickte und schickt heute noch mir und euch das liebe Brod durch die
Bienen! Kinder preiset darum den Herrn, so oft ihr unsere Stöcke
betrachtet, und betet mit mir allzeit: „Wie groß und gütig bist Du,
o Gott! — wie wunderbar sind die Wege Deiner Vorsehung!“ —

Hoch in Ehren hielt Klaus den Patriarchen seiner Bienenkörbe
— den umgewandelten Bettelkorb. Zwanzig Stöcke — die überzäh=
ligen wurden jedes Jahr verkauft, — standen ihm immer zur Rechten
und Linken — alle seine Kinder, Enkel und Urenkel. Klaus über=
tünchte die Außenseite desselben mit weißem Kalk, und schrieb mit
schwarzer, großer Schrift darauf: Helf Euch Gott! — und Jedem,
der um die Bedeutung dieser Worte fragte, erzählte er seine ganze
Bienengeschichte mit freudiger Rührung zum Lobe des Herrn.

Erstes Hauptstück.

Klausen's Zaubersprüche.

Die Geschichte von dem lahmen Klaus ist, was das Unterhaltende betrifft, fast zu Ende; jedoch viel Wichtiges daraus ist noch zu sagen, nämlich das Lehrreiche für Alle, welche Bienen halten oder halten wollen, und einen möglichst sicheren und großen Bienennutzen wünschen. Der Erzähler darf auch dieß nicht verschweigen, und fährt also fort:

Klaus hing mit aller Liebe an seinen Bienen. Die Stunden, welche ihm die Erfüllung seiner Vater- und Christenpflichten und das Korbmachergeschäft zur Erholung frei gaben, wurden fast ganz den Bienen gewidmet. Da beobachtete er seine Lieblinge fleißig, um ihre Natur und Bedürfnisse kennen zu lernen, und erfreute sich dabei an ihren wunderbaren Eigenschaften; da las er auch eifrig in dem Bienenbuche, das ihm der Bienenmann über der Grenze geschenkt hatte, und unterrichtete sich daraus selbst in den wichtigsten Geschäften der Bienenzucht. Kein Wunder also, daß er bald ein tüchtiger Bienenvater wurde, der Jedem in Rücksicht der Honiginsekten gründliche Belehrung und Auskunft ertheilen konnte. Wie bereitwillig und wie uneigennützig Klaus solche Belehrungen auch wirklich gab, sieht man an zweien seiner Nachbarn.

Diese hatten sich ebenfalls Bienenstöcke angeschafft, um davon wie Klaus reichen Gewinn zu ernten. Allein die Bienen wollten bei ihnen durchaus nicht arten. Ein Stock ging nach dem andern wieder ein, und die das Leben durch den Winter gebracht hatten, mußten oft noch im Frühjahre mit theuer erkauftem Futterhonig vom Hungertode gerettet werden. Da sprachen die darüber mißmuthigen Nachbarn zu einander: „Das geht einmal nicht mit Rechten zu! — entweder haben wir zur Bienenzucht ganz und gar kein Glück, oder ist Klaus ein Zauberer, und treibt besondere Künste! — Warum gedeihen seine und nicht auch unsere Stöcke? — Er verkauft, und wir kaufen Honig! — seine Stöcke vermehren sich zusehends, und unsere nehmen ab; — und doch fliegen die Bienen zusammen in einer und derselben Gegend und zur nämlichen Zeit!" — Dieses Alles sagten sie einmal dem guten Klaus halb im Scherze und halb im Ernste sogar ins Gesicht. Klaus entgegnete lächelnd: „Leutchen! Ihr steckt im Irrthume. Der weise Bienenvater über der Grenze, bei dem ich mich einst Raths erholte, versicherte mir, daß der Glaube an ein eigenes Bienenglück nur ein Vorurtheil sei. Nebst dem Segen Gottes, der, wie bei jedem Ge= schäfte, auch bei der Bienenzucht sein muß, wenn sie gelingen soll, — sagte er — ist die Hauptsache nur noch dieß, daß man sie recht ver= stehe und ordentlich betreibe. Auch setzte der gute Mann hinzu: Das Sprichwort: Wie man's treibt, so geht's," bleibt ebenso bei der Bie= nenzucht wahr, wie beim Ackerbau, bei der Vieh= und Baumzucht und bei allen Gewerben. Als ich aber" — fuhr Klaus fort — „den Wunsch äußerte, eben die Bienenzucht recht verstehen und betreiben zu können; da schenkte mir der liebreiche Mann ein Büchlein mit den Worten: Darin stehen drei kostbare Sprüche; der eine heißt der diamantene, der zweite der goldene, und der dritte der silberne Spruch der Bienenzucht. Richtet Euch stets darnach; in diesen drei Sprüchen steckt der Grund des wahren Bienenglückes!" Und in der That, Nach= barn! ich habe den guten Rath bisher befolgt, und immer war das möglichste Glück auf meiner Seite." —

Hier blickten die beiden Nachbarn einander mit argwöhnischen Augen an, und der Eine sprach: „Ahneten wir's nicht, daß es mit dem Glücke des Nachbars Klaus eine eigene Bewandtniß haben müsse?" — „Daß er ein Zauberer oder Hexenmeister sei, wollt Ihr sagen" — fiel ihm Klaus lachend ins Wort. „Nun meinetwegen! aber ein Zauberer offenbart nicht so leicht Jedem seine Zauberkünste; ich hin= gegen will Euch gerne meine geheimen Sprüche lehren, und es soll mich freuen, wenn auch Ihr in Zukunft damit Glück in Eure Bienen= zucht zaubert. Kommt Nachbarn! nehmet Platz in meiner Stube,

Ihr sollt allsogleich mein erstes Zaubersprüchlein hören!" — So weit Klaus. Nun redet aber der Erzähler aus Böhmen.

Liebe Landsleute! auch unter uns gibt es Viele, welche — ich sage es aus Erfahrung — wie Klausen's Nachbarn in Betreff der Bienenzucht allerhand Vorurtheile und Irrthümer hegen, und deßhalb entweder gar keine, oder nur mit ungünstigem Erfolge Bienen halten. Der Eine z. B. behauptet ebenfalls, es gehöre ein besonderes Glück dazu; — der Andere beruft sich auf das falsche Sprüchlein: „Bienen, Schaf' und Teich' — machen bald arm bald reich;" — der Dritte erblickt als Hinderniß die Raubbienen; der Vierte räuberische Menschen; — der Fünfte fürchtet den Bienenstich; — der Sechste klagt stets über ungünstige Jahrgänge; — der Siebente beschuldigt wohl gar das blüthenreiche Land des Mangels an Bienennahrung; — der Achte will zur Betreibung der Bienenzucht nicht genug Zeit haben, u. s. w. Allen diesen von Vorurtheilen Befangenen dürften Klausen's Zauberformeln sehr gute Dienste leisten; denn — im Voraus gesagt — es sind gar kräftige Sprüche, ganz geeignet, das Wahre und Rechte heraus zu stellen.

Da jedoch die erwähnten Vorurtheile und Irrthümer nicht etwa blos in unserem Vaterlande zu Hause sind, sondern auch in manchem Nachbarlande; so will ich, um das Vergnügen zu haben recht Vielen einen wohlgemeinten Dienst leisten zu können, jene Zaubersprüche nicht nur meinen Landsleuten, sondern überhaupt allen meinen Lesern und Zuhörern, die Interesse dabei finden, bekannt machen und erklären; und zwar gerade so, wie dieß eben Klaus in seinem Wohnstübchen vor seinen Nachbarn thut.

Doch hiebei werde ich meistens die Rolle eines Erzählers mit der eines Bienenzüchters vertauschen, welcher wie Klaus aus Selbst= erfahrung spricht. Ich selbst nämlich habe schon durch viele Jahre sowohl Klausen's Zaubersprüche, als dessen Strohbienenkörbe auch bei meiner eigenen Bienenzucht in Anwendung gebracht, und kann also für das, was ich erkläre, einstehen.

I. Abschnitt.

Erster Zauberspruch.

Der Diamantene.

Klausen's Nachbarn, Hinz und Keinz, ließen es sich nicht zweimal sagen, bei ihm Einkehr zu nehmen. Es lachte ihnen heimlich das Herz im Leibe, das Geheimniß des Bienenglückes so wohlfeil erhaschen zu können; denn sie glaubten, hiezu blos ein paar Hokus-Pokus-Sprüchlein lernen zu dürfen. Wie sehr sie sich aber in ihrer Meinung getäuscht hatten, mußten sie bald erfahren. Klaus hieß sie willkommen, nahm eine ernsthafte Lehrermiene an, und sprach ohne Umschweife: „Liebe Nachbarn! mein erster Zauberspruch, welcher der diamantene heißt, lautet:

> Willst Du mit Nutzen Bienen züchten,
> So laß Dich erst wohl unterrichten,
> Wie's Bienlein lebt, und was es liebt,
> Und was ihm Vor- und Nachtheil gibt; —
> Dann handle weiter nur
> Gemäß der Bienennatur.

Der Sinn dieses Spruches ist kein anderer als der: Lerne als Züchter vor Allen die Natur der Biene kennen, d. h. ihre Eigen- und Beschaffenheiten, und insbesondere, was sie liebt, was sie haßt, was ihr nützlich und was ihr schädlich ist; und dann richte darnach dein Benehmen in ihrer Pflege ein; vorzüglich suche nach Möglichkeit das ihr Schädliche von ihr fern zu halten, und das ihr Nützliche ihr zu gewähren: dann wird dir die Zucht Nutzen bringen, und das Bienenglück von selbst bei dir einkehren.

So wie der Diamant der erste und kostbare Edelstein in der Welt ist, und zugleich der härteste, den selbst das gewöhnliche Feuer nicht zu zerstören vermag: eben so ist die Wahrheit: „Zu einer glücklichen Bienenzucht gehört vor Allen eine gehörige Kenntniß der Bienennatur, und eine dieser Kenntniß entsprechende Bienenbehandlug" die erste, wichtige und stichhaltigste in der ganzen Bienenzuchtlehre; und obiger Spruch, welcher diese Wahrheit enthält, wird darum auch der d i a - m a n t e n e Spruch genannt.

Daß aber eine solche Bienenkenntniß, die der Behandlung vorausgehen muß, das Bienenglück von selbst bringe oder herbeizaubere, und zwar auf ganz natürliche Weise, sollt Ihr, meine lieben Nachbarn! bald selber einsehen und zugestehen müssen. Ich berufe mich nur des Beispiels halber auf einen andern Zweig der Landwirthschaft, auf die Schafzucht. Ihr seid Beide Schafzüchter, und ich glaube, daß Ihr ziemlich viel Glück mit Euren Schafen habt.“ —

H i n z. Nun, wir können damit zufrieden sein; Lämmer, Wolle, verkaufte Brackschafe, Alles gerechnet, macht alljährlich einen hübschen Nutzen.

K e i n z. Und den guten Schafdünger für unsere Wirthschaften muß man auch in Anschlag bringen.

K l a u s. Gesetzt aber, Ihr verstündet von dem Schafvieh wenig oder gar nichts; nichts von den nothwendigen Eigenschaften der Zucht- und Mastschafe, von der Trächtigkeit der Mütter, vom Lammen, von der Aufzucht, von der schädlichen und dienlichen Weide, von dem Unterschiede der Wolle, von Krankheiten und Kuren der Schafe u. s. w.; würdet Ihr dann auch den Schafnutzen gewinnen wie jetzt, und also mit den Schafen dasselbe Glück wie gegenwärtig haben? —

H i n z. Ich bezweifle es.

K l a u s. Ich auch; denn da würde aus Unkenntniß Manches unterbleiben, was den Schafen nützlich ist, und dafür Manches geschehen, was ihrer Natur schadet. Dann aber würden die Lämmer und die Schafe, Eure Wirthschaft und auch Euer Geldbeutel bald die üblen Folgen einer solchen verkehrten Zucht spüren, und statt des Glückes würde jetzt das Unglück bei Euren Schafen wohnen.

Dasselbe gilt nun von der Zucht aller andern Hausthiere, auch von der Zucht der Bienen. Auch die Bienen und ihre Natur muß man zuvor wohl kennen, sonst kommt eine verkehrte Zucht heraus und mit ihr Schaden statt Nutzen, Unglück statt Glück. Seht Ihr das ein? —

H i n z. Gar wohl.

K e i n z. Jedes Ding muß man erst gut verstehen, sonst bringt man es damit niemals weit.

Klaus. Nun, man muß zwar im Allgemeinen zugeben, daß jeder ordentliche Hauswirth wenigstens das Wichtigste und Nothwendigste von der Natur seiner gewöhnlichen Zuchtthiere versteht, z. B. von der Natur des Schafes, des Schwein=, Rind= und Pferdviehes u. s. w.; und auch jede brave Hauswirthin kann an den Fingern herzählen, was ihre Hühner, Gänse und Enten lieben und hassen, und was sie schon vom Ei an für besondere Eigenschaften besitzen: nur in Bezug auf die lieben Bienen — es ist auffallend! — gibt es hierin, laut der Erfahrung, viele Ausnahmen. Von der Natur d i e s e r Hausthiere weiß man noch allenthalben blutwenig zu sagen; häufig nur dieß: daß sie Honig und Wachs sammeln, schwärmen und stechen. Ja, es gibt Leute, die ziemlich gelehrt thun, und Vieles, auch entfernter liegende und minder nothwendige Dinge recht gut wissen; Leute, z. B die aus Büchern genau angeben können, wie viele Ellen lang der Wallfisch in der Nordsee, und wie viele Zentner schwer der Elephant in Indien werde; die dagegen von der Biene, obschon diese ein europäisches Hausthier ist, und ihnen alle Jahre zu Tausenden vor der Nase herumschwärmt, nicht einmal zu sagen wissen, wie viel solche Flügel und Füße habe! — — (Hier schwieg Klaus, und sah seine Nachbarn fragend an.)

Hinz. Ei ei, eine Kleinigkeit! und — potz Element! ich kann für den Augenblick selber nicht darauf schwören; — Füße? — ich glaube — v i e r wird die Biene haben.

Keinz. Und Flügel — — hat sie z w e i? —

Klaus. Haha, haha! Fehlgeschossen alle Beide! — Also auch Ihr habt das Honigthier, das Ihr züchten wollt, das schon Jahre lang unter Euern Augen herumfliegt, noch nicht einmal genau betrachtet! widrigens Ihr ja auf den ersten Blick an ihm 4 Flügel und 6 Füße hättet bemerken müssen. Das ist mir ein übles Zeichen.

Hinz. Alle Wetter! Keinz, wir sind schlechte Bienenzüchter! —

Klaus. Solches muß ich vermuthen; denn obschon es gerade an sich nicht so nothwendig und wichtig ist, die Anzahl der Flügel und Füße bei der Biene angeben zu können; so läßt sich doch daraus, daß man es nicht kann, sehr leicht der Schluß machen: Wer solche Eigenschaften der Biene nicht kennt, die er doch bei einem einzigen aufmerksamen Blick gewahr werden muß: dem werden um so mehr jene unbekannt sein, die geheimnißvoll im Innern ihres künstlichen Körpers, und überhaupt in ihrem wunderbaren Haushalte und

Naturell liegen; Eigenschaften, von denen viele von solcher Wichtig=
keit sind, daß man, ohne sie zu kennen, die Bienen unmöglich recht zu
behandeln, zu ziehen und mit Glück zu züchten vermag. *)

Doch, liebe Nachbarn! macht Euch nicht viel daraus, daß auch
Euch bis jetzt noch gar manche Eigenschaft der Bienennatur ein Ge=
heimniß geblieben ist; auch bei mir war dieß beim Anfange meiner
Zucht der Fall; aber in kurzer Zeit habe ich mir hernach die nöthige
Kenntniß eigen gemacht. Und das könnet auch Ihr, wenn Ihr wollet.

Sehet, was aufmerksame Bienenväter und scharfsichtige Gelehrte
seit Jahrhunderten durch mühsame Beobachtungen und Versuche der
Biene abgelauscht haben, Das — ihre merkwürdigen Eigenschaften —
haben sie niedergeschrieben und uns in ihren Schriften hinterlassen.
Die Beschreibung aller dieser Bieneneigenschaf=
ten heißt die Naturgeschichte der Bienen, oder
die theoretische Bienenwissenschaft, und ist in guten
Bienenbüchern zu finden.

Auch in jenem Buche, das mir der gute Bienenmann jenseits
der Berge geschenkt hat, ist diese Naturgeschichte enthalten, und aus
diesem Buche eben habe ich sie selber kennen gelernt. Aber Ihr sollt
ebenfalls von diesem Buche profitiren; ich will Euch durch Vorlesen
daraus unterrichten, wenn es Euch recht ist? —

Keinz. Nun, wenn die Zauberei des Bienenglückes damit
zusammenhängt, wird es uns ein Gefallen sein.

Hinz. Das ist wahr; ich höre überhaupt gerne lesen.

Klaus. Also gut; gleich heute machen wir damit den Anfang;
und in einigen Stunden an Sonntags = Nachmittagen werden wir
damit fertig. Ich bürge dafür, Nachbarn! daß das Buch Euch nicht
langweilen wird; denn es sagt so schöne und wunderbare Dinge von
den Bienen. (Klaus holt das Buch und fängt an zu lesen, wie
folget; und wir unterbrechen ihn nicht eher, als bis wir vom zweiten
Zauberspruche reden wollen.)

---

*) „Vor Allem lernt Theorie, sonst bleibt ihr praktische Stümper euer Lebelang.“
— Fr. v. Berlepsch in der Bienenzeitung.   D. V.

Naturgeschichte der Bienen.

§. 1. Die Honigbiene ein Insekt. — Ihre ursprüngliche Wildheit und Zähmung. — Verschiedene Arten oder Methoden der Bienenpflege.

Zum Unterschiede von andern Bienenarten, z. B. von der Mauer= biene, Holz= und Rosenbiene, von der Hummel, wird unsere Biene vorzugsweise **Honigbiene** (Apis mellifica) genannt. Jene alle tragen wohl auch Honig ein, aber nur so viel, als sie für sich und ihre Jungen brauchen; diese hingegen sammelt davon große Vorräthe, wie auch Wachs, und theilet diese Schätze mit den Menschen. *)

Die Biene — so heißen wir von nun an die Honigbiene kurzweg, — gehört in die Klasse der Insekten — zu deutsch **Kerb= thiere**; denn sie besitzt nebst andern Merkmalen dieser Thierklasse einen eingekerbten Leib. Zwei **Kerben** oder Einschnitte theilen ihren Körper in Kopf, Bruststück und Hinterleib ab.

Wild lebt die Biene in großen Wäldern und menschenleeren Gegenden, z. B. in Litthauen und Rußland, in Asien und Amerika. Dort hat sie ihre Wohnung in hohlen Bäumen, bisweilen auch in Felsenklüften und Erdhöhlen.

Die wilde Biene unterscheidet sich von der zahmen blos dadurch, daß sie um etwas kleiner und bösartiger ist als diese. Kleiner mag sie deßhalb sein, weil sie in Zellen erzogen wurde, die durch den häu= figen Gebrauch zur Brut bedeutend enger geworden sind; bösartiger aber, weil sie einestheils durch die reichliche Waldnahrung kampfmu= thiger ist, anderntheils des Umgangs und der Pflege der Menschen entbehrt. Uebrigens hat die wilde Biene durchaus mit der zahmen einerlei Eigenschaften und Naturell; letztere stammt auch von derselben ab, und wird wieder wild, sobald sie ohne menschliche Aufsicht und sich selbst überlassen bleibt. Ein Schwarm z. B. der uns durchgeht,

---

*) Anmerkung. Die Bienen-Zeitung aus Baiern führt ein ganzes Verzeichniß von anderen Arten Honigbienen an, die in Amerika leben sollen; von denen man jedoch noch nichts Gewisses und Ausführliches weiß.   D. V.

Klaus, der Bienenvater. 4. Auflage.   2

und sich im Walde oder wo anders ansiedelt, wo ihn Niemand findet, wird wieder ein wilder Bienenstock. *)

Vor alten Zeiten, wo noch dichter Wald Böhmen und andere Länder bedeckte, gab es gar keine zahme oder Hausbienen. Die Bienen schwärmten da frei in der Wildniß herum. Der Herr des Waldes und der Flur war auch der Herr der Bienen und ihres Honigs und Wachses, das er jedes Jahr in den hohlen Bäumen aufsuchen und wegnehmen ließ. Häufig wurde damals, wie noch heute die Jagdbar- keit, auch die Bienennutzung revierweise verpachtet, oder gegen Abgabe einer bestimmten Menge Honig und Wachs Andern überlassen.

Aber schon vor vielen hundert Jahren war man nicht mehr damit zufrieden, daß sich die Bienen blos in solchen Baumstämmen ansiedelten, die zufällig das Alter ausgehöhlt hatte. Man wünschte theils die Bienenstöcke in einem Reviere zu vermehren, theils auf eine bessere und bequemere Weise Honig und Wachs zu ernten, als dieß bisher in den verschiedenen, oft äußerst schwer zugänglichen Höhlungen alter Bäume thunlich war. Man erkaufte sich daher vom Herrn des Waldes zugleich die Erlaubniß, in gesunden Bäumen Höhlen zu Bie- nenwohnungen aushauen zu dürfen. Solche selbstgemachte Höhlungen wurden hierauf, bis auf ein Flugloch, mit einem passenden Brete ver- schlossen; und nun zogen Bienenschwärme von selbst hinein, bauten sich an, und ließen sich zur Zeit der Ernte um Vieles bequemer als in den alten, morschen und unreinen Bäumen ihrer Schätze berauben.

Hiemit machte aber der Mensch schon einen bedeutenden Eingriff in die Freiheit der wilden Biene. Er trat jetzt schon mehr als ge- bietender Herr derselben auf; indem er ihr in der nach seiner Will- kühr verfertigten Höhlung nicht allein den zukünftigen Wohnsitz an- wies, sondern sie auch nöthigte, sich darin besser und bequemer zeideln zu lassen. Und so hörte die Biene eigentlich schon damals auf, ein

---

*) Die italienische und ligurische Biene, auch Alpenbiene genannt, ist eine Abart unserer deutschen oder böhmischen Biene. Sie war berufen, in der neuen theoretischen und praktischen Bienenwissenschaft eine wichtige Rolle zu spielen. Darum ist ihr am Ende dieses Abschnittes, nachdem darin alle jene Eigenschaften, welche sie mit der deutschen gemein hat, angeführt worden, ein besonderer §. gewidmet, worin auch die Unterschiede dieser Bienen-Race von der deutschen angeführt, und zugleich die in den letzten Jahren an ihr in Deutsch- land gemachten Erfahrungen mitgetheilt werden.   D. V.

wildes Thier zu sein; sie kam unter eine gewisse Leitung oder Zucht, und wurde ein Zuchtthier.

Diese erste Methode oder Art der Bienenzucht heißt die Wald= bienenzucht. Sie ist heute nur noch in solchen Ländern üblich, welche Ueberfluß an großen Wäldern haben, z. B. in Rußland, na= mentlich im südlichen Uralgebirge.

Als aber in kultivirten Ländern die Wälder immer dünner wur= den und der Holzwerth immer höher stieg, rentirte sich natürlich die baumverheerende Waldbienenzucht nicht mehr. Man sann darum auf ein Mittel, den Bienen wie früher Aufenthalt zu geben, und doch dabei den Wald zu schonen. Und man machte es so: man nahm jetzt nur ein Stück von einem gefälltem Waldstamme, oder einen Klotz, gerade so lang, als eine Bienenhöhlung es erforderte, zimmerte ihn aus, und fing den Bienenschwarm hinein. Ein solcher Bienenklotz, den man nach Belieben im Walde auf die Erde legte oder stellte, wurde eine liegende oder stehende Klotzbeute genannt.

Daß durch dieses Verfahren die Bienen neuerdings um einen guten Theil ihrer wilden Freiheit gekommen sind, wer sieht dieses nicht ein? — Sie verloren die Wahl einer neuen Wohnung; denn der Mensch drang ihnen jetzt eine solche mit Gewalt auf, indem er nun selber den jungen Schwarm in die Klotzbeute hineinfaßte.

Jetzt wohnten also die Bienen nicht mehr auf hohen Bäumen, sondern niedrig auf dem Boden; jetzt konnte sich aber auch ihr Herr ihnen öfter und leichter nähern als früher; er konnte sie nun besser beobachten, ihnen, wenn es nothwendig war, schneller beispringen, sie bequemer zeideln, kurz, sie noch besser nach seinem Willen und zu seinem Vortheile leiten und ziehen, als bei der Waldbienenzucht. Es war demnach mit der Klotzbeute eine neue Bienenzucht entstanden, durch welche die Biene mit dem Menschen in nähere und öftere Be= rührung kam, und sich an dessen Gesellschaft gewöhnend, schon dadurch viel von ihrer natürlichen Wildheit verlieren mußte. Und diese Art Bienenzucht heißt nach der Benennung jener neuen Bienenwohnung — die Klotzbeuten=Bienenzucht.

Endlich that man noch einen Schritt weiter. Das Versetzen der Bienen von dem hohen Waldbaume auf den flachen Boden, ver= schaffte wohl dem Eigenthümer gewisse Vortheile, brachte dagegen den Bienen selber auch einen Nachtheil. Diese wurden nämlich dadurch draußen im freien Walde mehr als früher dem Anfalle räuberischer

2 *

Menschen und Thiere blosgestellt. Die Wohnung ihres Herrn befand sich oft zu weit entfernt, als daß er sie hinlänglich hätte überwachen können; bisweilen verschwand auch der ganze Wald und der Boden wurde in Ackerland verwandelt. Was nun mit den Bienen anfangen? — Es blieb nichts übrig, als die Klotzbeuten in die Nähe der Häuser und Dörfer zu übertragen. Dieß geschah nach und nach fast allgemein. Der Eigenthümer stellte seine Klötze in die Nähe seiner Wohnung, oder am liebsten, wenn es die Oertlichkeit erlaubte, in seinen Hausgarten, und konnte nun seine Bienen noch besser studieren, warten und pflegen, weil er sie jetzt beständig unter Augen hatte. Ja, er ersetzte ihnen wohl gar den Schutz gegen übergroße Hitze und Kälte, den ihnen früher der dichte Wald gewährte, durch ein Dach oder durch ein förmliches Bienenhaus, das er über die Stöcke erbaute. Und die Bienen gewöhnten sich dadurch immer mehr an den Umgang des Menschen, und an die unruhige, geräuschvolle Nähe menschlicher Haushaltungen; sie blieben an dem ihnen angewiesenen fixen Platze, flogen nach Weide auf die nahe gelegenen Aecker, Gärten und Wiesen, und trugen jetzt ihrem Herrn den Nutzen selber ins Haus. Nun waren sie also aus ursprünglich wilden, sich selbst überlassenen Waldbewohnern zahme oder Hausthiere geworden.

Diese letztbeschriebene Zucht war im Gegensatze zu der Waldbienenzucht in der That eine Haus- oder Gartenbienenzucht zu nennen; und heute noch heißt jene Bienenpflege so, wo die Bienen, gleichviel ob in Klotzbeuten, in Breterkästen oder in ströhernen Behältnissen, womit man später die Klötze häufig vertauschte, bei Häusern und Gärten, oder überhaupt in der Nähe menschlicher Wohnungen ihren Standort haben. Zuletzt, um bei Gelegenheit noch andere Benennungen der Bienenpflege zu erklären und den nöthigen Begriff von echter und unechter Bienenzucht festzusetzen, hier folgende

Bemerkung.

Schon nach dem Vorausgegangenen versteht man unter Bienenzucht überhaupt die Wartung und Pflege der Bienen. Diese Bienenpflege, wie auch ihr Zweck kann verschieden sein; darnach wird dann auch die Bienenzucht verschieden benannt. So z. B. heißt eine Zucht, die nicht blos des Zeitvertreibes und des Vergnügens wegen betrieben wird, sondern um davon Honig, Wachs und Schwärme als

reellen oder wirklichen Nutzen zu haben, ökonomische Bienenzucht, oder Bienenwirthschaft.

Wird diese ökonomische Zucht vernünftig und gründlich — rationell — betrieben, d. h. stützt sie sich auf gehörige Bienenkenntniß
und auf eine wohlüberlegte zweckmäßige Behandlungsweise; und ist
dabei ihr Hauptziel, auf möglichst einfache Art, und bei möglichst geringem Kostenaufwande den möglichst sicheren und großen Bienennutzen
zu erringen: dann heißt sie „rationelle Bienenzucht und
rationelle Bienenwirthschaft."

Diese letztgenannte Bienenzucht ist die echte und wahre, und
soll eben in diesem Buche gelehrt werden. Sie allein nur ist auch
ein einträglicher und schätzungswerther Zweig der Landwirthschaft.

Es gibt aber auch eine unechte oder Afterbienenzucht,
d. h. eine solche, die wohl auch häufig kurzhin Bienenzucht genannt
wird, aber diesen Namen nicht verdient, oder wenigstens keinen Bienennutzen abwirft, nicht für die Allgemeinheit taugt, und nicht zugleich
Bienenwirthschaft ist. Dahin gehören:

a) Bloße Bienenhalterei; wo man nur Bienenstöcke
aufstellt, diese sich selber überläßt, und außer dem Geschäfte des
Honigzeidelns nichts weiter thun zu müssen glaubt. Hier zieht und
züchtet man nichts an den Bienen. Hier ist keine wirkliche Zucht.

b) Blos mechanische Bienenbehandlung nach her-
kömmlicher oder Großvaterweise. Hier handelt man oft ohne Selbst-
urtheil, ohne vernünftigen Grund; stiftet durch seine Einwirkung auf
die Bienen manchmal mehr Schaden als Nutzen, und treibt also die
Zucht verkehrt.

c) Bloße Bienenliebhaberei. Wer Bienen mehr des
Vergnügens wegen hält, wie gewisse Liebhaber Hunde, Tauben, Vögel
und dgl., und dieser seiner Passion oder Liebhaberei durch Anschaffung
kostbarer Bienenwohnungen und Errichtung theuerer Bienenhäuser große
Geldopfer bringt; dem kann es Niemand wehren: allein seine Zucht,
und wenn sie übrigens die trefflichste wäre, trägt nichts ein; indem
dabei die Einnahmen von den Ausgaben verschlungen werden; sie ist
wenigstens keine Bienenwirthschaft. Endlich

d) Eine zu künstliche Bienenzucht. Zu große Kün-
stelei, z. B. beim Ablegermachen, hat schon oft den Bienen geschadet
statt genützt. Es ist damit häufig auch ein größerer Aufwand verbunden; z. B. bei Huberischen Rahmen- und Nuttischen Lüftungs-

stöcken. Auch haben nur Wenige dazu Zeit und Geschick. Solche Kunststücke taugen daher nicht für die Allgemeinheit, und sind der Ausbreitung der Bienenzucht eher hinderlich als förderlich.

Es ist nothwendig, auf genannte 4 Arten der falschen und nutz= losen oder Afterbienenzucht aufmerksam zu machen; denn es geschieht sehr häufig, daß Einer, der in hundert anderen Dingen Erfahrung hat, aber von der Biene keine Silbe versteht, den ersten besten Bie= nenhalter, oder mechanischen Bienenwärter, oder Bienenliebhaber oder Bienenkünstler ins Auge faßt, dessen Nichtsthun oder Verkehrtthun, oder Zuvielthun für echte Bienenzucht hält, und dann, wenn er be= merkt, daß dabei kein Nutzen herauskommt, gleich mit dem allgemeinen Urtheile herausfährt: „Die Bienenzucht — wie Beispiele lehren — rentirt sich nicht!" u. s. w. Dieses Urtheil nehmen hernach hundert Andere, die in gänzlicher Unkenntniß und im gleichen Irrthume schwe= ben, als Wahrheit hin; und so vermehrt sich die Nichtachtung der Biene und Bienenpflege, und bleibt fortwährend ein Hemmschuh auch für die wahre, rationelle und nützliche Bienenzucht.

Oben beschriebene rationelle Bienenzucht oder Bienenwirthschaft kann auf zweierlei Weise, — oder mit einem anderen Ausdrucke — bei einer zweifachen Methode in Anwendung kommen; nämlich bei der Schwarm= und Magazinbienenzucht.

1. Die Schwarmbienenzucht ist besonders in Gegen= den üblich, wo zeitliche und gute Frühlingstracht und ausgiebige Sommer= und Herbsttracht, vorzüglich auf Buchweizen und Haidekraut, zu finden ist. Bei ihr sieht man es hauptsächlich auf Erzeugung früher und zahlreicher Schwärme ab, und hält deßhalb die Bienen in kleineren und warmen, meistens aus Stroh geflochtenen glockenförmigen Körben, und reizt sie überdieß durch häufiges und zeitliches Füttern zum Schwär= men. Daher auch der Name: Schwarm= oder Korbbienenzucht. Am Ende der Tracht werden die leichtesten und schwersten Schwärme und Mutterstöcke gewöhnlich mittelst Schwefel getödtet, und dann durch Ausbrechen ihres sämmtlichen Gutes, Honig und Wachs geerntet, wäh= rend mittelmäßige oder sonst gesunde und taugliche Stöcke zur Fort= pflanzung der Zucht ein= und durchgewintert werden.

Diese Methode der Bienenpflege ist theilweise in Ungarn, Oester= reich, in den Rheinländern, in Lüneburg, Holstein und in anderen Ländern zu Hause; allein in kälteren Gegenden, wo die Frühjahrs= tracht spät und spärlich eintritt, und Herbsttracht mangelt, wohl selbst die Sommernahrung von kurzer Dauer ist, dort läßt sie sich nicht einführen; weil hier die Schwärme spät und seltener fallen, und späte Nachschwärme sammt ihren Mutterstöcken nach der Schwarmzeit nicht viel mehr einsammeln könnten. In letzteren oder honigarmen Gegenden befindet sich am rechten Orte

2. Die Magazinbienenzucht, oder Zeidelbienenzucht.

Hier meint man nicht die reine Magazinbienenzucht, oder die im engeren Sinne genommene, ältere auch Christische genannt; wo man es bei theilbaren hölzernen Kasten blos auf Honiggewinn anlegte. Diese Methode ist veraltet und gegenwärtig verschieden abgeändert: sondern hier ist die Rede von der Magazinbienenzucht in weiteren Sinne; wobei auch untheilbare Stöcke nicht ausgeschlossen werden, insofern bei ihnen dasselbe Hauptziel angestrebt wird.

So wie bei der Schwarmbienenzucht als nächstes und Hauptziel Schwarmerzeugung gilt; so ist hier der unmittelbare Hauptzweck Honigerzeugung. Weil aber ganz ohne Schwärme keine Zucht Fortdauer haben kann; so verbindet man hier mit dem Hauptzwecke noch die Nebenabsicht, auch so viele Natur- und Kunstschwärme hervorzubringen, als gerade zur Fortpflanzung der Zucht, oder zur mäßigen Vermehrung derselben gewünscht werden.

Um, besagtem Zwecke gemäß, in der kurzen Trachtzeit so viel als möglich Honig und weniger Schwärme zu erhalten, hält man bei dieser Methode vornehmlich auf volkreiche und geräumige Stöcke, und sorgt durch An- und Aufsätze dafür, daß die Bienen stets gehörigen Raum, und hiedurch einen fortwährenden Anreiz zur Fortsetzung des Wachsbaues, und überhaupt dazu erhalten, ihre Schätze aufzuhäufen, oder ein Magazin (einen Honigvorrath) anzulegen. Ein solcher Stock, der meistens theilbar ist, und als Ständer oder Lagerstock aus einzelnen Kästchen oder Strohringen zusammengefügt wird, heißt wohl noch immer vorzugsweise „ein Magazinstock", obschon auch ein untheilbarer oder Beutenstock im Grunde denselben Namen verdient, wenn er zu Magaziniren verwendet wird, und statt zu schwärmen, einen Honig angelegt hat.

Von der Hauptbestimmung des Magazinirens trägt auch die ganze Methode den Namen „Magazinbienenzucht."

Da ferner bei dieser Bienenzuchtweise der Honig durch Ausschneiden der Waben oder durch Zeideln gewonnen, und dabei das

Leben und der Nahrungsbedarf des Stockes geschont wird, so heißt sie auch Zeidelbienenzucht; im Gegensatze zu der Schwarmbienenzucht, wo man den Honig durch Tödtung der Bienen und durch Ausbrechen des ganzen Wachsbaues sich zueignet.

In Böhmen ist das Klima etwas rauh, rauher selber als in manchen nördlicheren Ländern; die Frühlingstracht kommt hier ziemlich spät, in vielen Gegenden auch nur spärlich; honigreiche Buchweizenfelder mangeln gänzlich, und sogar das wichtige Haidekraut wird nur da und dort angetroffen. Aus diesen Ursachen ist eben die oben beschriebene Magazinbienenzucht jene Methode, welche der Beschaffenheit Böhmens — so wie auch anderer ähnlicher Länder — am besten entspricht, und vermittelst welcher daselbst in minder honigreichen Gegenden, auch auf dem flachen Lande, ein bedeutender und zwar sicherer Bienennutzen erzielt werden kann, wenn sie rationell betrieben wird. Diese Methode wird daher auch in diesem Buche anempfohlen, und in ihrer rationellen Betreibung gelehrt.

Außer den angeführten zwei Haupt=Methoden der Bienenzucht hört man noch von der Wanderbienenzucht, von der Lüftungsbienenzucht, und in neuester Zeit besonders viel von der Dzierzonschen Methode sprechen.

Die Wanderbienenzucht hat blos das Besondere, daß man mit seinen Stöcken in andere Gegenden wandert, wo gerade ausgiebige Tracht ist, und sie dieselbe eine Zeit lang benützen läßt. Dieser Wanderbienenzucht wird im 3. Hauptstücke, und zwar im Abschnitte von der Transportation der Stöcke noch einmal gedacht.

Die Lüftungsbienenzucht des Engländers Thomas Nutt mit ihren eigends dazu erfundenen theueren und künstlichen Stöcken, worin Luftzüge zum Lüften und Abkühlen vorkommen, ist ihrer Unzweckmäßigkeit wegen fast verschollen; doch soll auch ihrer — §. 14. Punkt 3. — noch einmal Erwähnung geschehen.

Endlich die Dzierzon'sche Methode, so genannt von ihrem Erfinder und Verbreiter Pfarrer Dzierzon aus Carlsmarkt in Preuß. Schlesien, besitzt das Eigenthümliche und Ausgezeichnete, daß sie die Bienen in Stöcken mit beweglichen Waben züchtet; wobei nach Belieben die Zwecke sowohl der Schwarm als Magazinbienenzucht vollkommen erreicht, und überhaupt die verschiedenen Operationen der Zunft auf bequeme Weise verrichtet werden können. Man kann es z. B. dabei sehr leicht auf natürliche Schwärme anlegen, oder auch auf Kunstschwärme, und zugleich die natürlichen verhindern; dann ist die D z i e r z o n'sche Methode eine Art Schwarmbienenzucht.

Eben so kann man es blos auf Honigerzeugung absehen, oder auch auf diese neben mäßigen Schwärmen; dann ist sie Magazinbienenzucht. Den Hauptzwecken der Bienenzucht nach ist also die Dzierzonische Zucht keine neue Methode, wohl aber ist sie eine neue in Bezug auf die Mittel zum Zwecke, nämlich durch die besondere Einrichtung der Stöcke mit beweglichen Waben, die überhaupt außerordentliche Vortheile gewährt.

§. 2. **Der Bienenstock.** Seine Volksmenge und dreierlei Bienen.

B i e n e n s t o c k, so mag vielleicht erst nur die Klotzbeute als ein Stück Holz von einem Baumstamme geheißen haben; allein später ging diese Benennung durch Gewohnheit auch auf jede andere Bienenwohnung ohne Unterschied des Materials und der Form über, so daß man jetzt selbst eine ströherne Bienenwohnung „B i e n e n s t o c k" nennt.

B i e n e n s t o c k oder kurzhin S t o c k heißt man aber auch den Bienenhaufen oder die Bienenkolonie selber, welche irgend ein Behältniß inne hat. Dieß beweisen die überall gangbaren Redensarten: der Bienenstock fliegt, der Stock ist abgestorben u. s. w. Von dem Bienenstocke in letzterer Bedeutung soll hier die Rede sein, oder von der eigentlichen B i e n e n k o l o n i e.

Eine junge Bienenkolonie heißt S c h w a r m; ist sie von selbst entstanden: n a t ü r l i c h e r S c h w a r m; wurde sie durch Kunst hervorgebracht: K u n s t s c h w a r m oder A b l e g e r.

Die Bienenkolonie ist nicht immer gleich groß. Es gibt Stöcke von 2000—20.000, aber auch von 20.000—60.000 und noch mehr Bienen. Nach der Anzahl derselben werden die Stöcke s c h w a c h und v o l k a r m oder s t a r k und v o l k r e i c h genannt.

Von der Bienenmenge einzelner Kolonien hat man sich durch das Zählen der Bienen bei mittelst Schwefel erstickten Stöcken überzeugt. Die Bienenzahl eines Schwarmes läßt sich leicht mittelst der Wage finden. Da beiläufig 100 Bienen auf ein Loth gehen, so darf man nur vor dem Einfassen des Schwarmes den leeren Korb oder Stock allein, und nach dem Einfassen Stock und Bienen zusammenwägen, hernach das erste Gewicht von dem zweiten abziehen, und das weitere berechnen.

In jedem gesunden Stocke befinden sich dreierlei Bienen:
(Fig. 1)

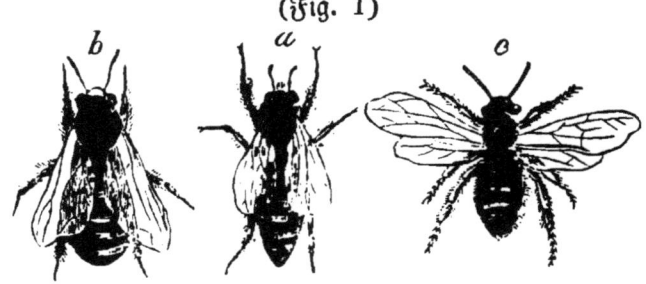

a) eine Mutterbiene oder Königin,
b) Schwarmbienen oder Drohnen, und
c) gemeine oder Arbeitsbienen.

Eine jede dieser drei Bienenarten kann für sich allein nicht — und nur in Verbindung mit den beiden andern bestehen; alle drei zusammengenommen bilden ein untheilbares Ganze — die Bienenkolonie.

Nun folgt eine umständliche Beschreibung einer jeden dieser Bienenarten. *)

A.

Die Mutterbiene oder Königin.

§. 3. Namen und besondere Merkmale derselben.

Die wichtigste Biene des ganzen Stockes und die einzige ihrer Art hat verschiedene Namen. Sie heißt Mutterbiene oder kurzweg Mutter, insofern, als sie in der Regel das einzige fruchtbare Weibchen des Stockes ist, welches Eier legt, woraus Arbeitsbienen und Drohnen entstehen, und diese sonach ihre Kinder sind. Königin nennt man sie ebenfalls, und nicht ohne Grund. Für's Erste scheint von ihr gleichsam das Regiment des ganzen Bienenstaates auszugehen. Denn befindet sie sich gesund und im Stocke anwesend, so arbeiten alle Bienen unermüdet und in der besten Ordnung fort; der Staat blüht, der Stock gedeiht; ist sie aber krank oder ganz verloren gegan-

---

*) Diese Beschreibung soll aber keine gelehrte — anatomische und strengphysiologische — sein; als solche widerspräche sie dem Zwecke des Buches. Nur was zur allgemeinen Kenntniß der Bienen, und besonders zur Ausübung einer rationellen Bienenzucht = Praxis unumgänglich zu wissen nothwendig ist, soll der Leser hieraus von den 3 Bienenarten zunächst erfahren. D. V.

gen, dann bleibt die Arbeit liegen, die Ordnung wird zur Unordnung; der Staat löst sich auf — der Stock geht ein. Für's Zweite, sieht man sie häufig von einer Schaar Arbeitsbienen wie von einer Leib= wache umgeben, von denen sie geliebkost, gespeist, bewacht und bis auf den Tod vertheidiget wird. Für's Dritte ist sie durch eine schöne majestätische Gestalt des Körpers von allen übrigen Bienen ausge= zeichnet. Diese drei Stücke verschaffen ihr den königlichen Titel. Endlich, sonst, ehe man die Eigenschaften dieser Biene besser kannte, glaubte man, sie wäre männlichen Geschlechtes, und wiese beim Auszuge eines Schwarmes diesem durch ihr Voranfliegen den Weg so wie den Platz zum Anlegen; und man gab ihr deßhalb den Namen Weiser oder Weisel. So wird sie auch heute noch am häufigsten genannt, wie= wohl um so unrichtiger, da man sie jetzt, nach erlangter besserer Kenntniß ihrer Natur, weder mehr für männlich noch für eine Wegweiserin beim Schwärmen hält.

Die Gestalt der Bienenkönigin wird hier der Kürze halber blos im Vergleiche und Unterschiede zu der Arbeitsbiene, die Jeder kennt, angegeben. Die Königin hat einen runderen Kopf, ein breiteres Bruststück und einen gestreckteren und spitzigeren Hinterleib als die gemeine Biene; jedoch mit dieser Flügel von gleicher Länge, obschon diese Manchem des darunter hervorragenden längeren Leibes wegen kürzer dünken. Zugleich ist sie durch kürzeren Rüssel, durch ein kleineres Zangengebiß, durch feinere Fühlhörner, so wie durch stärkere und längere Füße ausgezeichnet. Eine Königin von mittlerer Größe ist 3 bis 4 Linien länger als die Arbeitsbiene, und erscheint zur Zeit der Eierlage, wo sie mit Tausenden von Eiern schwanger geht, am längsten. Dann ist auch ihr Gang langsam und gravitätisch, und ihr Flug sehr schwerfällig. Junge und unbefruchtete Königinnen dagegen sind sehr schlanke Wesen, die schnell laufen und fliegen können.

Von Farbe ist die Königin am oberen Theile des Körpers glänzend braun, oft auch mehr schwärzlich, während der untere und besonders Bauch und Füße ins Gelbe und fast ins Goldene spielen. Je älter die Königin ist, desto mehr sind auf ihrem Rücken die feinen braunen Härchen durch das häufige Hin= und Wiederkriechen in den Zellen beim Eierlegen abgenützt; und desto glatter, schwärzer und glänzender erscheint sie dann, besonders an der Oberseite des Brust= stückes. Todte Mutterbienen sehen eingeschrumpft und viel unansehn= licher aus.

Bisweilen findet sich in einem fehlerhaften Stocke auch ein un=echter oder Afterweisel. Ein solcher ist gewöhnlich nicht größer als eine gemeine Biene, schwärzer als ein echter, und nur an dem breiteren Bruststück und den stärkeren Füßen erkennbar. Er ist durch fehlerhafte Erziehung entstanden.

Im Innern der Königin finden sich als unterscheidende Merk=male der Stachel, der Eierstock und das Befruchtungs=bläschen. Der Stachel liegt wie bei der Arbeitsbiene in der äußersten Spitze des Leibes verborgen, ist aber gekrümmter und stärker als bei dieser. Wunderbar ist es, daß die Königin diese Waffe blos im Kampfe mit einer andern Königin, und sonst nicht gebraucht. Man mag sie z. B. noch so unsanft in die Hand nehmen, sie sticht nicht; gleichsam als wüßte sie, daß mit dem Stiche, wie bei der Arbeits=biene, auch der Stachel, und mit dem Stachel ihr Leben, und mit diesem das Leben Tausender, das Leben des ganzen Stockes dahin sein könnte. Der doppelte Eierstock hat seinen Sitz gleichfalls im Hinterleibe, und besteht aus 2 Büscheln zahlreicher Röhrchen, in denen die Eier perlschnurförmig eingeschlossen liegen und von da in den Legekanal, und mittelst desselben in die Zellen abgesetzt werden. Das Befruchtungsbläschen hat die Größe eines kleinen Hirse=kornes, ist beim Anfühlen härtlich und elastisch und mit einer dickli=chen und weißlichen Flüssigkeit — dem Befruchtungsstoffe — angefüllt. Bei unfruchtbaren Königinnen, die es vor Alter und Erschöpfung sind, oder gar keinen Befruchtungsausflug oder denselben vergeblich gemacht haben, enthält es blos einen wasserhellen Saft, und ist kaum bemerk=bar. Da es nach den neuesten Erfahrungen ausgemacht erscheint, daß Königinnen auch ohne Begattung mit den Drohnen, also unbefruch=tete, wohl Eier legen können, woraus vollkommene Drohnen entstehen, aber keine Eier, woraus Arbeitsbienen werden: so muß benanntes Bläschen die Bestimmung haben, Arbeitsbieneneier erst zu solchen zu machen, oder als solche zu befruchten; was geschieht, wenn diese Eier beim Legen vor dem Bläschen vorbeigehen, und mit dessen be=fruchtendem Inhalte (Samenthieren, Samenfäden) in Berührung kommen. *)

---

*) Anmerkung. Nach mikroskopischen Beobachtungen hat das Bienenei eine kleine Oeffnung (Micropyle), durch welche die Samenfäden einbringen und so die Befruchtung bewirken. D. B.

Jetzt noch Einiges von der ebenfalls besonderen Stimme der Königin. Diese ist selten zu hören. Wenn die Königin fliegt, und dieß geschieht in ihrem ganzen Leben nur einigemal, läßt sie einen singenden Laut ertönen, der heller und stärker klingt, als der der summenden Arbeitsbiene. Ein geübtes Ohr kann den königlichen Gesang auch im Lärme des gemeinen Volkes auf der Stelle unterscheiden.

Häufig, laut und zugleich angenehm ertönen die Stimmen junger Königinnen zur Schwarmzeit, wovon in manchem Stocke 6 bis 10 und noch mehr erzogen werden. Einige rufen da ein Tüh! zehn= und mehrere Male hintereinander fort, so hell tönend, daß man es, besonders Abends, 3 und mehr Schritte weit vom Stocke vernehmen kann; während wieder andere dazwischen mit einem dumpferen Qua! qua! qua! antworten. Solches Rufen dauert 1 bis 3 Tage, wohl auch noch länger.

Zur Erklärung dieser verschiedenen Stimmen diene Folgendes: Beiderlei Ruf gehört jungen Königinnen an; das helle Tüh! solchen, die bereits der Zelle entkommen sind, und schon im Stocke herumlaufen; jenes dumpfere Qua! aber denen, welche, obschon ausgereift und flugbar, noch aus Furcht und Eifersucht vor der schon ausgeschlüpften Nebenbuhlerin, in den Zellen zurück bleiben. Letztere als die gröbere Stimme, ist daher nicht — wie Unerfahrene meinen — die der alten Mutter; denn so wie einmal Junge tühten, befindet sich die alte selten mehr im Stocke, sondern sie ist entweder mit einem Erstschwarme ausgeflogen, oder wie immer uns Leben gekommen. Auch hört man ja dieses Qua! immer auf einem fixen Platze des Stockes, und manchmal an mehreren Orten zugleich. Ein weiser Instinkt hält solche Königinnen von selbst in den Zellen zurück, so lang eine ausgekrochene tühtet, oder überhaupt Schwarmaufregung herrscht; indem sie sonst mit einander in Kampf kommen, oder auch von den Bienen, die solchen verhüthen wollen, in einen Knaul eingeschlossen werden könnten. Einen, zwei ja bis sechs Tage harren sie in dieser freiwilligen Gefangenschaft aus, während welcher Zeit sie oben, seitwärts an der Zelle, durch eine von ihnen gemachte kleine Oeffnung bisweilen den Rüssel herausstrecken, und von den Arbeitsbienen gefüttert werden. Daß die Stimme dieser Gefangenen dumpf und hohl klingen müsse, ist erklärbar. Beengt durch die Wände der Zelle, können sie den Ruf nicht mit ganzer Gewalt herauspressen; auch dämpft die geschlossene Zelle den Schall. Tühtende Königinnen aber sind durch nichts gehindert.

In einem Stocke mit Glasfenstern kann man solche manchmal während des Tühtens beobachten. Eine solche Sängerin steht still, klammert sich mit den Füßen an den Bau, legt dabei fest den Leib auf, und preßt so mit sichtbarer Anstrengung ein helles Tüh! durch die kleinen Seitenöffnungen ihres Insektenleibes hervor, durch welche auch die Arbeitsbiene, besonders wenn sie gereizt wird, ihren Zornruf von sich gibt. *)

Was bedeutet aber das Rufen der jungen Königinnen? Antwort: Jedenfalls Vorsicht, Furcht, oder Eifersucht. Die zuerst ausgeschlüpfte Königin merkt die nachkommenden Nebenbuhlerinnen; ihr lautes Tüh! ist theils ein Angst-, theils auch ein Aufruf an das Volk zur Flucht aus dem Stocke oder zum Schwärmen. Jede andere flügge gewordene Königin ruft dagegen, bevor sie die Zelle verlassen will, ihr Qua! um sich zu überzeugen, ob keine andere Königin bereits im Stocke sei. Hört sie das Tüh! einer solchen als Antwort, so bleibt sie freiwillig so lang in der Zelle, bis die gefährliche Nebenbuhlerin mit einem Schwarme abgeht. Sie merkt den Auszug eines Schwarmes augenblicklich, und kriecht oft schon während desselben aus. Dieß thun manchmal 2, 3, und so viele als gerade flügge sind, auf einmal, und werden dann von den ausströmenden Bienen mit fortgerissen; woher es kommt, daß bei manchem Schwarme sich mehrere Königinnen befinden. Die im Mutterstocke als einzige zurückgebliebene tühtet und quaet nicht mehr.

Auch beim gewaltsamen Abtreiben oder Abtrommeln eines Schwarmes schlüpfen bisweilen die gefangenen Königinnen aus, welche Qua! gerufen haben. Schneidet man bei dieser Gelegenheit eine solche Königszelle aus, so kann man manchmal, während man solche in der Hand hält, die Gefangene daraus hervorkriechen sehen; indem sie mit dem Kopfe den Deckel aufhebt, der nach ihrem Hervorgehen, wie an einem Charniere hängend, wieder zufällt.

---

*) Daß die Schwingungen der Flügel mit zum hellen Tühteton beitragen können, ist zugegeben; daß solche aber allein diesen Ton hervorbringen, wie Dr. Dönhoff in Nr. 3. 1856 der B. Z. dafür hält, ist zu verneinen. Er schnitt ja selber der Königin 1, 2 und 3 Flügel ab, und sie tühtete noch. Der Ruf kommt von Innen heraus, und klingt in der Zelle, wo keine Flügelschwingungen denkbar sind, als ein dumpfes Qua. Daß aber das Tüh! durch Reibung der Flügel am Leibe entstehe, wie man auch vermuthet hat, glaube ich um so weniger.   D. B.

Bei einem Schwarme von mehreren jungen Weiseln hört zu= weilen das Tühten derselben noch nicht auf, wenn er im neuen Stocke eingefaßt ist. Jeder fürchtet seine Nebenbuhler und ruft deßhalb das Volk zum abermaligen Auszuge, der nicht selten auch wirklich erfolgt.

Auch alte Königinnen tühten, obgleich seltener. Wenn z. B. un= günstige Witterung das Abgehen der alten Mutter mit dem Vorschwarme hindert, und die angesetzten jungen Weisel zu quaen anfangen; dann antwortet auch die Erstere mit lautem Tüh! und äußert dadurch ihre Besorgniß um ihre eigene Existenz. — Gibt man ferner eine alte Königin in einen weisellosen Stock, wo jedoch junge Weisel angesetzt sind, so wittert sie solche auf der Stelle, und läßt ihre Stimme hören. Auch, wenn noch keine Weiselzellen vorhanden sind, tühtet sie in diesem Falle aus bloßer Aengstlichkeit vor dem fremden Volke. Zufällig kam ich im heurigen Sommer in die Nähe eines Stockes, der 3 Tage ohne Mutter war, und dem ich vor 8 Tagen eine fruchtbare italie= nische Königin zugesetzt hatte, und hörte solche darin laut tühten. Ich öffnete ihn, fand 6 zugespündelte Weiselzellen, welche die Bienen schon während der Weisellosigkeit angesetzt haben mochten, schnitt alle 6 aus, und die Königin hörte auf zu rufen.

In älteren Bienenschriften liest man, daß eine alte oder eier= legende Königin nach Sonnenuntergang, wenn der Stock sehr volk= reich, dazu der Tag ein sehr guter Honigtag gewesen ist, einen eigenen dumpfen und schnarrenden Ton von sich gebe. Ich habe diesen Ton oft gehört; er ist auffallend, und klingt besonders in resonirenden Bret= terstöcken fast wie das Quarr eines Frosches unter Wasser. Nur glaubte ich immer dabei, er könne auch von einer Drohne kommen, die zufällig in irgend einem Winkel von den Arbeitsbienen gequetscht, ihn als Nothruf ertönen läßt.

Endlich, um Alles berührt zu haben, was als etwas Besonderes an der Bienenkönigin in die Sinne fällt, muß auch noch ihr Geruch in Erwägung kommen. Wer eine Königin, vorzüglich eine befruchtete oder eierlegende in der Hand hält, empfindet von ihr einen eigenthüm= lichen, geistigen und melissenartigen Geruch. Sie mag wohl denselben allen zu ihrem Staate gehörigen Bienen mittheilen; und wahrscheinlich ist er ein besonders Mittel, wodurch diese einander, ihre Königin und den Stock selber wieder erkennen, wenn sie aus dem Felde zurückkom= men, und wodurch sie eben so fremde Königinnen und Bienen mittelst ihrer feinen Geruchswerkzeuge von den ihrigen unterscheiden.

§. 4. Entstehung der Königin.

Die Arbeitsbienen, welche die Erzieher der gesammten Bienen-
jugend sind, erziehen auch die Königin, und zwar auf folgende Art:
Entweder legen sie den Grund zu einer Mutterzelle — auch Weiselwiege, Weiselzelle genannt — in Gestalt eines Näpfchens an, worein
dann die vorhandene Königin selbst ein Arbeitsbienenei absetzt, welches
Näpfchen sie hernach zu einer vollkommenen Weiselzelle (Schwarmzelle)
aufbauen: oder, wenn die Königin nicht mehr im Stocke oder sonst
zum Eierlegen unfähig ist; so reißen sie die erste beste Arbeitsbienen-
zelle, worin ein von der Königin herrührendes Ei oder eine Made
liegt, nieder, und erbauen darüber eine Königszelle (Nachschaffungszelle). *) — Hierauf umgeben die Bienen die Made mit einem eigends
zubereiteten Futtersaft, so daß diese darin zu schwimmen scheint. Und
nachdem sich die Made hievon bis zum siebenten Tage (nach ihrer Bildung aus dem Eie) kräftig genährt hat, und sich jetzt der Länge nach,
und mit dem Kopfe abwärts gegen die Oeffnung ausstreckt; was ein
Zeichen ist, daß sie sich einspinnen und in den Nymphenzustand übergehen will: dann speisen sie ihren Pflegling noch einmal reichlich, und
schließen jetzt die Wiege, welche zugleich nach und nach länger gebaut
wurde, mit einem Wachsdeckel. Und nun webt sich die so eingesargte
Larve eine zarte Umhüllung oder Puppe, und erhält darin jene wunderbare Verwandlung, vermöge welcher sie meistens schon am zwölften
bis vierzehnten Tage (nach ihrer Einsetzung als Made) als vollendete
Königin aus ihrer Grabeszelle aufersteht; indem sie den Deckel abnagt
und emporhebt.

Besondere Umstände bei der Erziehung einer
Königin sind:

a) Früher glaubte man, daß die Bienenmade zur Erzeugung
einer jungen Königin nicht älter als 3 Tage sein dürfe; allein man
hat gegenwärtig volle Gewißheit, daß die Bienen auch aus einer älteren Made, und sollte diese selber schon die ganze Zelle ausfüllen und
dem Einspinnen nahe sein, eine Königin herzustellen im Stande sind.

---

*) Die Arbeitsbienen sind durchaus nicht im Stande, Eier oder Maden aus
Zellen, worin sie ursprünglich gelegt wurden, in andere zu übertragen.
Genaue Versuche haben dieß dargethan.   D. V.

Der junge Weisel verdirbt, oder es entsteht ein sogenannter Afterweisel, wenn vermuthlich die Made schon zu alt gewesen, den rechten Futterbrei nicht erhalten hat, und so schon zu weit für eine gemeine Biene vorgebildet war.

Manchmal sterben auch die Königsmaden ab. Hier wurden dieselben wahrscheinlich bei plötzlich veränderten Umständen nicht genug gepflegt, oder die Bienen hatten in Ermanglung tauglicher Bienenmaden den Versuch mit einer Drohnenmade gemacht.

b) Die Bienen unternehmen das Geschäft der Weiselerziehung, wie schon im vorausgehenden §. angedeutet wurde, entweder des Schwärmens wegen, oder, wenn plötzlich die alte Mutter verloren gegangen ist, um sich eine neue zu schaffen. Die erbauten Königszellen des ersten Falles heißen Schwarmzellen, die des zweiten Nachschaffungszellen. *)

Neuestens haben von Berlepsch, Dzierzon und Kleine auch von einem 3. Falle gesprochen, welcher öfters eintritt. Manchmal nämlich merken die Bienen das nahe Lebensende der Königin oder wenigstens das Ende ihrer Legefähigkeit. Sie bauen dann mehrere Näpfchen oder Anfänge zu Weiselwiegen. Die Königin selbst merkt dieß, und ein wunderbarer Instinkt für die Erhaltung des Stockes treibt sie an, in diese Näpfchen Eier zu legen, woraus hernach wirkliche Weisel erzogen werden. Ja die Fürsorge der Königin geht so weit, daß sie manchmal außer der Drohnenzeit neben erwähnten Weiselwiegen auch

---

*) Es kommt nicht gar selten vor, daß nach Abgang der alten Königin Weiselzellen angesetzt werden, und daß schon am 10. Tage darauf eine oder einige junge Königinnen auslaufen. Solche sind ohne Zweifel von älteren, Maden entstanden. Zur Erklärung dieser Erscheinung diene Folgendes:

Bis zum 6. Tage, da wo die Maden anfangen sich vom Boden der Zelle emporzurichten, um sich einzuspinnen, erhalten die Maden der Arbeitsbienen und die Königinmaden denselben Nahrungs= oder Futtersaft, den die Bienen in ihrem Innern bereiten. Von diesem Zeitpunkte aber an und bis zum Einspünden der Zellen, wird den Bienenmaden auch ein Zusatz von unverbautem Blumenstaub gereicht, und dieses schlechtere Futter bewirkt, daß die Bienenmaden gleichsam verküppeln, und so gemeine Bienen werden; während dagegen die Königsmaden den ersten edleren Nahrungsaft fort und bis zur Einpuppung erhalten, und sich hiedurch zu Königinnen ausbilden. Es kann daher jede Arbeitsbienenmade vom benannten Zeitpunkte an noch eine Königin werden; und eine solche muß dann auch um 4 oder 5 Tage früher ausschlüpfen.   D. B.

noch einige Drohneneier legt, damit später die jungen Weisel auch be=
fruchtet werden können. Nachdem diese Veranstaltung getroffen wor=
den, findet man gewöhnlich einige Tage darauf den alten Weisel todt
vor dem Stocke.

c) In allen 3 angeführten Fällen wird die Erziehung der Kö=
nigin meistens in mehreren Zellen zugleich versucht. Wie vor=
sichtig! — es könnte ja mit einer einzigen Zelle leicht das Kunststück
mißlingen, und dann müßte im ersten Falle das Schwärmen so lang
unterbleiben, bis ein wiederholter Versuch besser gelungen wäre; in
den beiden andern Fällen würde aber so der Stock rettungslos ver=
loren gehen; indem dann leicht keine taugliche Maden mehr vorhanden
wären, womit der Erziehungsversuch noch einmal gemacht werden könnte.

d) Die Schwarmzellen, von denen es oft 6—10, ja 20
und noch mehr gibt, werden nicht auf einmal, sondern eine nach der
anderen, nach einer Zwischenzeit von 2—4 Tagen, angesetzt. Wieder
eine Vorsicht; — auf diese Weise schlüpfen auch die jungen Weisel
nicht auf einmal aus, können darum auch nicht alle mit dem Schwarme
davon fliegen, und so den Stock weisellos zurücklassen. Auf diese Art
kann der Stock auch mehr als einmal schwärmen.

Bei Nachschaffungszellen findet hierin ein Unterschied
statt. Diese werden bei seltenen Ausnahmen, alle an einem und dem=
selben Tage angesetzt; nämlich binnen 24 Stunden nach dem Abgang
der alten Mutter durch den Tod, durch geflissentliches Absangen oder
einen sonstigen Unfall. Geschieht dieß zu einer Zeit, wo das Schwär=
men unmöglich ist, z. B. vor oder nach der Schwarmzeit, dann be=
gnügt sich der Stock mit der ersten ausgeschlüpften Königin, und wei=
het die übrigen noch in der Zelle dem Tode.

e) Auf die Thatsache, daß sich die Bienen nach Abgang der
Königin aus der vorhandenen Brut eine oder mehrere junge erziehen,
und daß aus einem Eie oder aus einer Made, woraus eine weibliche
Arbeitsbiene werden würde, unter gewissen Umständen (besonderer Fut=
tersaft und eine größere Zelle) eine Königin erzogen werden könne:
— gründet sich die Ablegekunst, welche Schirach, Pastor in Bautzen,
erfunden und im Jahre 1761 veröffentlichet hat.

Aus erwähnter Thatsache läßt sich auch die lange Dauer und
das hohe Alter mancher Stöcke erklären: Da eine Königin durchschnitt=
lich nur 3, selten 4 bis 5 Jahre lebt, so müssen z. B. in einem

Stocke, der ein 40jähriges Alter erreicht, die Bienen wenigſtens 10 Mal Königinnen erzogen haben.

f) Die Weiſelzellen, — wie Figur 2 darſtellt — ſind im Allgemeinen bedeutend größer als ordinäre Bienenzellen, jedoch unter einander auch nicht immer gleich, ſondern nach dem Wachsthume und der Stärke der Made kleiner oder gröſ=ßer. Alle ſind aus ſtarkem Wachs aufgeführt. Später erſcheinen daran viele kleine Vertiefungen oder Zirathen. Solche entſtehen dadurch, daß die Bienen theilweiſe und nach und nach wieder Wachs von der Oberfläche wegnehmen. Sie fahren da= mit ſo lange fort, bis die Königin, dem Ausſchlüpfen nahe, faſt nur noch von ihrem Nymphenhäutchen um= geben iſt, welches ſie dann um ſo leichter durchbeißen kann. Schwarmzellen (a) hängen ſenkrecht an den Durchgangs= und Außen= rändern der Bienenbrut= waben, Nachſchaffungs= zellen (b) aber ſehr oft mitten auf der Brutſcheibe. Denn wenn die Königin

(Fig. 2.)

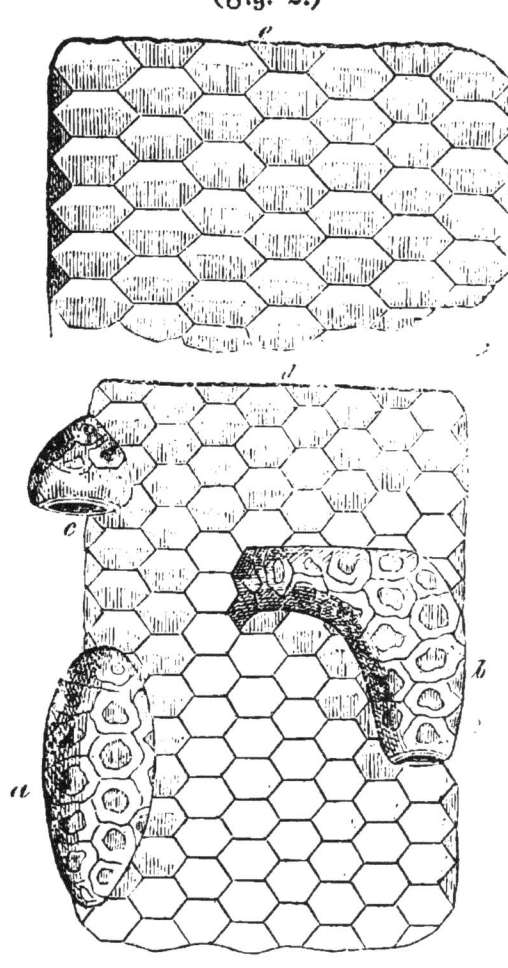

plötzlich zu Grunde gegangen iſt, überbauen die Bienen die erſte beſte tauglich ſcheinende Made in einer Bienenzelle, und reißen die darneben ſtehenden hinderlichen nieder. Daher erhält eine ſolche Nachſchaffungs= zelle häufig erſt eine den übrigen Bienenzellen gleich laufende wagrechte Lage; dann aber wird ſie gebogen, ſo daß die Spitze ebenfalls ſenkrecht herabhängt. Schwarmzellen haben ein eichelartiges Anſehen und ſind ſo groß und dick von Wachs, daß ſie gewöhnlich 100 gemeine Bienenzellen aufwägen; manche Nachschaffungszellen erscheinen ihrer Krümmung wegen noch größer. Gebrauchte Weiselzellen tragen die Bienen wenn nicht in diesem, doch im folgenden Jahren bis auf den Grund, der meistens wie ein Näpfchen (c) aussieht, wieder ab, und das Wachs verwenden sie an andern Orten.

Aus dem Näpfchen läßt sich beiläufig beurtheilen, ob die Königszelle eine Schwarm- oder Nachschaffungszelle gewesen. Ist das Näpfchen am Boden kesselförmig, so war es eine Schwarmzelle, ist es aber am Grunde sechseckig, so beweist dieß den Umbau einer ursprünglichen Bienenzelle, und es ist eine Nachschaffungszelle gewesen.

Eine ordentlich ausgekrochene Königin hinterläßt die Zelle mit einer regelmäßigen runden Oeffnung an der Spitze, während der Deckel als ein rundes Käppchen am Boden liegt. Eine ausgebissene Königszelle erscheint an der Seite geöffnet.

§. 5. Ausflug und Befruchtung der Königin.

Jede junge Königin, die fruchtbar werden und Eier legen soll, muß zuvor wenigstens Einen Ausflug ins Freie machen. Man hat hierüber vollkommene Gewißheit. Junge Weisel, denen man durch Abschneiden der Flügel oder wie immer auszufliegen verwehrt, bleiben unfruchtbar. Ihr Ausflug erfolgt gewöhnlich zur schönsten Mittagszeit, wo auch die Arbeitsbienen lustig fliegen und vorspielen, bei Nachschwärmen meistens schon am andern Tage. Bisweilen fliegt die junge Königin auch mehrere Tage hinter einander aus, und dann vermuthlich so oft, bis die Befruchtung geschehen ist. In höchst seltenen Fällen wird diese schon beim Schwarmausfluge vollzogen; dann erscheint die junge Königin nicht mehr außer dem Stocke.

Eine Königin, die wohl ausflog, jedoch ohne befruchtet zu werden, kann höchstens nur Drohneneier legen. Beim ersten Ausfluge der Königin bemerkt man an den Bienen unter dem Flugloche eine eigene Geschäftigkeit und ein munteres Vorspiel; auch zeigen sie sich stechlustig. Dann kommt auf einmal die Prinzessin auf's Flugbret, dreht sich rechts und links, erhebt sich, macht im Fluge immer größere und größere Kreise, und zwar mit gegen den Stock gerichtetem Kopfe, wobei sie letzteren gut zu betrachten und zu merken scheint, und stürzt sich endlich ins Weite. Nach 10 bis 20 auch wohl 30 bis 60 Minuten kehrt sie zurück, naht sich unter großer Vorsicht dem Stocke vor demselben auf- und abfliegend, und geht endlich ins Flugloch. Wiederholt sie in den darauf folgenden Tagen den Ausflug, dann fliegt sie, wie andere fluggewohnte Bienen ohne Aufenthalt gerade aus und ein.

Die Befruchtung der Königin geschieht durch Begattung mit der Drohne, und zwar eben beim Ausfluge, im Freien und hoch in der Luft. Zu diesem Zwecke können sich Königinnen und Drohnen selber eine halbe Stunde weit von ihren Stöcken entfernen. Die Begattung kostet stets der Drohne das Leben. Oefters trägt die heimkehrende Königin ein erkennbares Zeichen der vollzogenen Begattung an sich, einen weißlichen Faden oder Körper am aufgesperrten Hinterleibe, der von der Drohne herrührt. Einmal befruchtet, bleibt sie es in der Regel durch ihr ganzes Leben, und kommt daher auch nicht mehr aus dem Stocke, außer wenn sie einmal einen Vorschwarm anführt, bei welchem sich meistens die alte Mutter befindet. *)

§. 6. Eierlage der Königin.

Eine junge Königin, die sonst an keinem Gebrechen leidet, fängt am 3. oder 4. Tage, manchmal noch später, nach geschehener Befruchtung an, in die dazu vorbereiteten kleinen oder Bienenzellen Eier zu legen. Hier

1. Eine kurze Beschreibung des Legegeschäftes. Es hält nicht gar so schwer, eine eierlegende Mutterbiene zu sehen. Man darf nur einen Stock, auf der Rückseite mit einer ziemlich großen Glasscheibe versehen, besitzen, in welchem jedoch die sichtbare Wachsscheibe kleine oder Bienenzellen, und dazu die Richtung des Glases

---

*) Einige wollen behaupten, daß bei dem ersten Ausfluge der Bienen im Frühjahre, wobei diese sich ausreinigen, auch immer die Königin einen Reinigungsausflug halte. Ich muß diesem widersprechen. So oft ich bei einem Nachschwarme die der Befruchtung wegen ausfliegende Königin sehen wollte, habe ich solche wirklich erlauscht; nie aber konnte ich troß aller Aufmerksamkeit eine Königin beim Reinigungsausfluge ertappen. Manchmal jedoch kann es geschehen, daß eine junge, erst im Spätherbste oder im Frühjahre erbrütete Königin beim ersten oder Reinigungsausflug zugleich ihren Befruchtungsausflug versucht; auch kann zufällig einmal eine Königin im Tumulte mit aus dem Stocke kommen. D. V.

haben muß. Ende Mai oder Anfangs Juni, nachdem sich die Brut von innen heraus bis ans äußerste Blatt verbreitet hat, fühlen sich die Bienen genöthigt, auch dieses, und zwar auch dessen Seite gegen das Glas, für die Brut vorzurichten. Man sieht sie nun auf einmal hier sehr geschäftig arbeiten, die Zellen putzen und poliren, Honig und Blumenstaub herbeischaffen u. dgl., kurz, die Wabe zur Aufnahme der Brut vorbereiten. Hierauf darf man nur einige Tage hinter einander, und zwar zwischen 10—12 Uhr Vormittags ohne Geräusch das Fenster öffnen, und man wird richtig einmal die Eierlegerin erblicken. Umgeben von 10—12 Bienen erscheint die Mutter, das Volk tritt ihr aus dem Weg, und sie beginnt die Eierlage. Zuerst fährt sie mit dem Kopfe in jede Zelle, welche sie mit einem Ei beglücken will, wahrscheinlich um zu visitiren, ob diese auch gehörig zubereitet sei. Dann zieht sie den Oberleib heraus, geht ein wenig vorwärts, und schiebt jetzt — wieder rückwärts gehend — den Hinterleib in die Zelle. In dieser Lage verharrt sie einige Augenblicke, und wird unterdessen von ihren Begleiterinnen, die, alle ihr mit den Köpfen zugekehrt, gleichsam einen Stern bilden, am ganzen Oberleibe beleckt und geliebkoset. Dann erhebt sie sich aus der Zelle, die dienstthuenden Kammerzofen beschmeicheln sie abermals, reichen ihr aus ihren Rüsseln Honig zur Stärkung, und nach einigen Sekunden schickt sich die königliche Wöchnerin abermals zum Wochenbette an.

Jedes gelegte Ei klebt mit seiner Spitze am Boden der Zelle und meistens in einer und derselben Richtung gegen die eine Ecke geneigt. Hiezu sondert die Königin zugleich beim Legen einen eigenen Klebstoff ab. Befestigung und Lage gibt die Königin dem Eie mittelst des Legekanals, den sie beim Legen ausläßt, und womit sie dasselbe an den Boden andrückt.

Zur besten Legezeit häufen sich die Eier in dem Legekanale der Königin so an, daß sie diese zuweilen unwillkürlich fallen läßt. Daher sieht man auch manchmal zwei Eier in einer Zelle, wovon aber das eine von den Arbeitsbienen ausgesaugt wird. Sind nicht genug kleine oder Bienenzellen vorhanden, dann verstreut die Königin wohl auch ihre Eier auf dem Boden des Stockes. Dieß ist besonders der Fall bei einem Vor- oder Erstschwarm, der eine alte Königin hat. Legt man hier in dem neuen Stocke auf das Unterbret ein schwarzes Papier, so sieht man nach kurzer Zeit die weißen Eier darauf, die die Königin in Ermanglung der Zellen als den triftigsten Beweis ihrer

Fruchtbarkeit hat fallen lassen. Sobald aber nur die Bienen einmal den Wachsbau angefangen und den Grund zu einigen Zellen gelegt haben, setzt auch die Königin alsogleich Eier darauf.

2. Was für Eier legt die Königin? — und unter welchen Verhältnissen? — Die Bienenkönigin als das einzige vollkommene Weibchen im Stocke, hat die Fähigkeit, sowohl das weibliche als männliche Geschlecht fortzupflanzen, und legt daher im gesunden, befruchteten, fehlerfreien Zustande sowohl die Eier zu den Arbeitsbienen als zu den Drohnen. *)

Nach den jüngsten Erfahrungen unserer berühmten Bienenforscher (v. Siebold, Leukart, v. Berlepsch, Dzierzon u. A.) vermag die Königin, je nachdem ihr große oder kleine Zellen zu Gebote stehen, und andere Umstände es bedingen, nach Belieben Drohnen= oder Bieneneier zu legen. Die Eier, noch am Eierstock der Königin, enthalten ursprünglich beide Keime, den männlichen und den weiblichen; der männliche aber — dieß ist der Unterschied — besitzt schon von hier aus Lebensfähigkeit, und braucht keine weitere Befruchtung; daher erzeugen auch unbegattete Weisel bisweilen vollkommene Drohnen. Der weibliche Keim des Eies dagegen bedarf noch einer besonderen Befruchtung, und erlangt solche durch das Befruchtungs = Bläschen der Königin, wenn das Ei beim Legen, nach Willkühr derselben, an diesem Bläschen vorübergeht, und mit dem darin enthaltenen Befruchtungsstoffe in Berührung kommt. Geschieht solches, dann erhält der weibliche Keim das Uebergewicht, der männliche aber wird zurückgedrängt und unterdrückt. So entsteht nun ein Arbeitsbienenei, welches sonst ohne Berührung des Bläschens ein Drohnenei geblieben wäre.

Den neuesten Beobachtungen zufolge kann eine Königin zur Schwarmzeit täglich 2000—3000 Eier, und in einem Jahre im Ganzen 180.000—200.000 Eier legen.

Doch verschiedene Umstände machen die Fruchtbarkeit der Königin bald größer bald geringer. Dergleichen Umstände sind:

a) Eine mehr oder weniger vollkommene Ausbildung des Körpers und insbesondere des Eierstockes. Wie

---

.*) Der Streit, ob die Königin wirklich auch die Eier zu Drohnen lege, ist einmal zu Ende. Wer hiervon den handgreiflichsten Beweis haben will, gebe eine befruchtete italienische Königin in einen deutschen Stock, und er wird gelbgezeichnete, d. i. italienische Arbeitsbienen und Drohnen als ihre Nachkommenschaft erblicken. D. R.

auch andere Thierweibchen mehr oder weniger fruchtbar sind, und der Grund hievon schon in ihrer natürlichen Anlage liegt, so ist dieß auch bei der Bienenkönigin der Fall. Hierauf gründet sich die auffallende Verschiedenheit mancher Stöcke, die bei übrigens gleichen Verhältnissen in der Volksmenge einander nicht gleich kommen; der eine hat eine mehr, der andere eine minder fruchtbare Mutter.

b) **Eine unterbliebene oder mißglückte Befruchtung.** Hat entweder die Königin gar keinen Befruchtungsausflug halten können, oder ist bei demselben die Befruchtung nicht gehörig vollzogen worden; dann legt die Königin meistens gar keine Eier, bisweilen jedoch nur Eier zu Drohnen.

c) **Klima und Jahreszeit.** In wärmeren Gegenden legt die Königin ununterbrochen Eier, und auch bei uns in lauen Wintern bei vollkommenen Stöcken; in kalten dagegen setzt sie kürzere oder längere Zeit in der Eierlage aus.

d) **Honigmenge, Volksanzahl und Temperatur.** Je nachdem diese drei in einem größeren oder geringeren Grade im Stocke vorhanden sind, wird die Eierlage befördert oder gehindert. *)

---

*) Nach Versuchen des B. v. Berlepsch, wird eine Königin, die im Winter mehrere Stunden der gänzlichen Erstarrung ausgesetzt wird, nach ihrer Wiedererwärmung und Belebung unfruchtbar, und legt hernach blos Drohneneier. Ihr Befruchtungsbläschen mag durch die Kälte seine Wirksamkeit, oder die Samenthierchen darin mögen das Leben verlieren.

Dr. Dönhoff sagt: „Man nimmt an, die Königin habe es in der Hand, nach Belieben keine, wenige oder viele Eier zu legen, dadurch, daß sie nach Belieben größere Mengen Nahrung, resp. Futtersaft zu sich nimmt. Diese Annahme ist die richtige; sie stimmt am meisten mit Erfahrung und Wissenschaft überein."

Spät im Herbst befruchtete Weisel beginnen meist die Eierlage erst im Frühjahre, weil die Arbeitsbienen jetzt keine Brut wünschen. — Die alte Königin beschränkt gewöhnlich die Eierlage, bevor sie mit dem Vorschwarme auszieht; sie wird so geschickter zum Fluge.

Wie viel die Wärme auf die Eier-Produktion der Königin Einfluß hat, weist Dr. Dönhoff durch folgendes Experiment nach: Er gab eine fruchtbare Königin in ein Bierglas, verstopfte die Mündung mit Watte, und stellte das Glas in Wasser von 36—40 Gr. R. Nach einigen Minuten fing die Königin an Eier zu legen, und legte etwa alle zwei Minuten eins. Er setzte sie dann der Luft von nur 18 Gr. Wärme aus, und sie hörte auf zu legen. Er brachte sie wieder in die frühere Temperatur im Wasserglase — und sie legte von Neuem. D. B.

c) **Das Alter der Königin.** Im ersten und zweiten Lebensjahre sind die Mütter am fruchtbarsten; im dritten vermindert
sich ihre Legefähigkeit, und im vierten und fünften hört solche
wohl ganz auf; höchstens legt jetzt die Königin nur noch einige
Drohneneier, und hat ihr höchstes Alter erreicht.

§. 7. Eifersucht, Kampf und Lebensende der Königin.

So friedlich sich sonst die Bienenkönigin mit den Tausenden
ihres Stockes verträgt, von welchen sie, so lange sie in Betreff der
Eierlage ihre Mutterschuldigkeit thut, mit kindlicher Liebe ernährt, *)
beschützt, und bis auf die letzte Biene vertheidigt wird: eben so feindselig, unduldsam und im höchsten Grade eifersüchtig ist sie gegen Ihresgleichen. Sie leidet nicht leicht eine andere Mutter neben sich, und
wo sie mit einer zusammentrifft, gibt es einen Kampf auf Leben und
Tod. **)

Daß auch junge Königinnen schon diese Eifersucht hegen, wurde
bereits gemeldet, als von ihrer Stimme die Rede war. Schlüpfen ja
mehrere zu gleicher Zeit aus, so werden sie gegen jene, welche tütend
herumläuft, von den Bienen dadurch beschützt, daß sie von denselben
mit ihren Leibern bedeckt, und in Klümpchen von der Größe eines
Taubeneies eingehüllt werden. Wenn aber ungünstige Verhältnisse
z. B. schlechte Witterung, das Schwärmen durchaus unmöglich machen;
dann ersticken die Bienen selber in benannten Klümpchen die Einge-
schlossenen; dann sucht auch die herrschende Königin — eine alte oder
junge — die noch verschlossenen Weiselzellen auf, bohrt ihren Stachel
hinein, und mordet so die künftigen Nebenbuhlerinnen. Die Bienen
lassen solches geschehen, beißen hernach die Weiselzellen von der Seite
auf, und reißen die todten Nymphen heraus. Sonst, wenn noch Aus-

---

*) Die Nahrung der Königin ist reiner Honig, auch Futtersaft; und diese Speise
  empfängt sie meistens unmittelbar aus den Rüsseln der Arbeitsbienen.
**) Man hat einzelne seltene Beispiele, daß in einem Stocke zwei Königinnen,
  die im Herbste zufällig, etwa durch Vereinigung zweier Stöcke hineingekom-
  men sind, mit einander verträglich überwinterten. Die eine ist aber dann
  eine alte und unfruchtbare, und wird von der jüngeren, so lange das Brutgeschäft ruht, weder geachtet noch gefürchtet. Erst im Frühjahre wird die
  unfruchtbare abgeschafft. D. V.

sicht aufs Schwärmen ist, bewachen die Bienen die Königszellen, und beißen die eifersüchtige Königin davon weg.

Trifft es sich wie immer, daß zwei Königinnen einander begegnen, dann entsteht unter ihnen ein verzweifelter Kampf. Sie fassen einander mit dem Gebiß und den Füßen an, und eine sucht der andern den Stachel — besonders zwischen die Bauchringe des Hinterleibes einzusenken. Jene ist Siegerin, welcher dieß zuerst glückt. Manchmal bringt sie aber verrenkte Flügel und Füße aus dem Kampfe, und es kann selbst geschehen, daß beide Kämpfenden auf dem Platze bleiben.

Die Eifersucht der alten Mutter äußert sich in dem Bestreben, den gefährlichen Emporkömmlingen bei Zeiten aus dem Wege zu gehen. Noch eher nämlich, als sich der älteste Wurm in einer Königszelle zur Verwandlung einspinnt, oder höchstens einige Tage darnach), je nachdem es die Witterung erlaubt, verläßt sie mit einem Vorschwarme den Stock, um irgendwo ein neues Reich zu gründen.

Kann aber die Mutterkönigin nicht aus dem Stock entkommen, bevor junge flügge werden, dann wird sie manchmal, besonders wenn sie schon in der Eierlage fehlerhaft ist, einer von den Prinzessinen geopfert. Das Volk fällt über sie her, bildet um sie einen Knaul, und sucht sie zu ersticken. Am andern Tage wird sie halb oder ganz todt vor dem Stocke gefunden.

Endlich können auch gewisse außerordentliche Unfälle das Lebensende der alten Königin im Stocke selbst gewaltsam herbeiführen. z. B. wenn ein ungeschickter Zeidler sie beim Ausschneiden des Honigs verletzt; oder wenn Raubbienen den Stock überwältigen; oder wenn Hunger und Kälte die ganze Kolonie tödten u. dgl. Häufig jedoch stirbt sie im vierten oder fünften Jahre ihres Lebens vor Alter, und dann meistens im Herbste oder gegen das Frühjahr hin. Dann verrathen alle Bienen tiefe Trauer; lange umlagern sie ihre Leiche, und zögern noch im Frühjahre, solche aus ihrer Mitte zu schaffen. Nun ist auch der Stock verloren; denn wegen Mangel an tauglicher Brut kann keine junge Regentin nachgeschafft werden.

Außer dem Stock können Königinnen beim Schwarm- und Begattungsausfluge am Leben verunglücken. Zuweilen ist eine alte Mutter lahm an den Flügeln; sie kommt beim Schwärmen aus dem Stocke und fällt auf die Erde. Hier kann sie sich im Gras oder Gestein verkriechen, oder sie wird zertreten, und ist so verloren. Auch eine Quetschung beim Einfassen des Schwarmes kann ihr kostbares Leben zerstören.

Oefters holen sich junge Königinnen bei Schwarm= und Begat=tungsausflügen den Tod; nämlich, wenn sie sich unglücklicher Weise auf andere Stöcke verirren, oder vom Winde mit Gewalt auf fremde Flugbreter geworfen werden. Dieser Fall kann sich um so leichter ereignen, wenn mehrere Stöcke nahe neben und über einander stehen, und wenn zur Zeit des Ausfluges gerade alle ein häufiges Vorspiel machen. Kaum fällt da die Königin auf das fremde Flugbret, so ist sie auch schon im Nu von den feindlichen Bienen gepackt. Mit Wuth suchen diese der Verirrten Flügel und Füße zu verdrehen, damit sie nicht in den Stock gelangen und da staatszerrüttenden Zwiespalt an=richten könne. Kommt jetzt nicht bald ein Retter, der den dichten Bienenknaul mit Gewalt lüftet, so ist es um die Gefangene geschehen; sie wird erstickt oder erstochen. *)

Zum Schluße: auch die neidische Spinne lauert mit ihrem Mord=gewebe in einem Winkel des Bienenstandes auf den theueren Fang einer Königin; und die geschwätzige Schwalbe verschmäht gleichfalls an ihr den kostbarsten Bissen nicht, wenn ihn der Zufall ihr zuwirft.

B.

Die Drohnen oder Schwarmbienen.

§. 8. Kennzeichen, Bestimmung und Geschlecht derselben.

Die zweite Bienengattung eines Stockes machen die Drohnen aus, welche sich sowohl von der Königin als von den Arbeitsbienen durch eine besondere äußere Gestalt, wie durch andere leicht erkenn=bare Eigenschaften unterscheiden. Die Drohne hat im Vergleiche mit der Arbeitsbiene einen größeren und runderen Kopf, ein stärkeres

---

*) Auch nur eine geringe Beschädigung der Königin am Körper, wenn sie sonst am Leben bleibt, ist nachtheilig. Z. B. Wird ihr nur ein Flügel ver=renkt, so fällt sie, wenn sie mit einem Vorschwarm auszieht, zu Boden. Wird ihr ein Fuß beschädigt, wohl gar ein Glied davon abgebissen, oder auch nur eine Klaue daran, dann hindert sie dieß beim Eierlegen, sie kann weniger schnell laufen, sich nur mit Anstrengung auf der Wabe halten; sie fürchtet das Herunterfallen auf den Boden, und scheut sich deßhalb bis zu den Spitzen der Waben herabzusteigen, und die dortigen Zellen mit Eiern zu besetzen. D. B.

Bruſtſtück, einen dickeren und längeren, und am Ende mehr abgerun=
deten Hinterleib, breitere und längere Flügel, ſo auch über und über
ſtärkere Behaarung. Ihr Ausſehen iſt weniger gefällig und faſt töl=
piſch, ihr Gang ſchleppend und ihr Flug ſchwerfällig. Doch hat ſie den
ſchweren Körper einmal in Schwung gebracht, dann kann ſie auch
pfeilſchnell die Luft durchſchwirren. An ihrer eigenthümlichen ſtärkeren
Stimme, die ſie nur im Fluge ertönen läßt, ingleichen an den her=
abſchlenkernden längeren Hinterfüßen, wenn ſie vor dem Stocke auf=
und abfliegt, kann man ſie ebenfalls und ſelbſt mitten unter einer
Menge Bienen augenblicklich erkennen.

Schon aus einer genaueren Betrachtung der Drohnen wird man
überzeugt, daß ſelbe eine ganz andere Beſtimmung haben müſſen, als
die übrigen Bewohner des Stockes. Sie beſitzen weder das weibliche
Geſchlecht und den fruchtbaren Eierſtock der Königin, noch die vorzüg=
lichſten Arbeitswerkzeuge der Arbeitsbienen, z. B. den langen Rüſſel,
den eigentlichen Honigmagen zum Sammeln und Bereiten des Honigs,
die Schaufeln an den Hinterfüßen zum Blüthenſtaubeintragen, das
ſtarke Zangengebiß u. ſ. w., auch nicht einmal den Stachel zur eige=
nen und fremden Vertheidigung. Sie ſind träger und froſtiger Natur,
und man ſieht ſie allenthalben nur faulenzen. Sie halten ſich ſtets
im wärmſten Theile des Stockes unter dem größten Haufen Bienen
auf, und da iſt dem Anſcheine nach ihr Hauptgeſchäft, auf den vollen
Honigzellen zu liegen und ſich mit dem beſten Honig zu mäſten, der
allein ihre Speiſe ausmacht, und womit auch immer ihre Honigblaſe
angefüllt erſcheint.

Wegen dieſer Unthätigkeit der Drohnen wußte man lange nicht,
weßhalb und wozu ſie im Stocke vorhanden ſeien. Einige hielten ſie
für bloße Mißgeburten, Andere für Wegweiſer der Bienen beim Aus=
und Einfluge, für Waſſerträger, für Brutbienen u. dgl. lauter Zu=
muthungen ohne Grund. Endlich, nachdem man wie bei der Königin
auch bei den Arbeitsbienen das weibliche Geſchlecht entdeckt hatte, er=
kannte man, daß demſelben im Stocke auch ein männliches entſprechen
müſſe; und wem Andern konnte man dieſes anſinnen, als der dritten
Bienengattung — der Drohne? — Wirklich hat man dann durch Zer=
gliederung ihres Körpers ihre Mannheit außer Zweifel geſetzt. Da
aber die Arbeitsbienen, wie gelehrt werden wird, unfruchtbare Weib=
chen ſind und bleiben, ſo können die Drohnen keine andere Beſtim=
mung haben als die: Die jungen Königinnen zu befruchten,

und also zur Fortpflanzung und Vermehrung der Bie=
nenkolonien beizutragen. Daß diese Befruchtung durch Be=
gattung, und zwar in der Luft geschehe, wurde schon im §. 5 gesagt.

§. 9. Entstehung, Anzahl, Lebensdauer und Ende der Drohnen.

Die Drohnen entstehen aus Eiern, welche — wie schon erwähnt
wurde — die Königin in die größeren oder Drohnenzellen, absetzt,
und zwar unter der nämlichen Pflege, wie sich aus Bieneneiern in
den kleinen Zellen Arbeitsbienen entwickeln; jedoch die Drohne braucht
drei oder vier Tage mehr zu ihrer vollkommenen Entwicklung als die
Arbeitsbiene.

Als Ausnahme von der Regel werden bisweilen auch kleinere
Drohnen in Arbeitsbienenzellen erzeugt. Dieß ist nämlich manch=
mal der Fall, wenn die Königin unbefruchtet geblieben, oder vor
Alter nur noch Drohneneier legt, oder wenn in einem weisellosen
Stocke — wie später bei der Arbeitsbiene vorkommen wird — eine
solche statt der Königin das Legegeschäft übernommen hat. Auch der=
gleichen kleine Drohnen sollen zeugungsfähig sein.

Die Drohnen befinden sich regelmäßig nicht das ganze Jahr
hindurch im Stocke, sondern nur vom Eintritte der Schwarmzeit an
bis nach geendigter Honigtracht; also beiläufig vom Monat Mai bis
Ende Juli oder August. Stöcke, die spät Drohnenbrut ansetzen,
schwärmen spät, und solche, die gar keine oder sehr wenige aufweisen,
in der Regel gar nicht. Schon hieraus läßt sich schließen, daß die
Drohnen vorzüglich zum Schwärmen nothwendig sein müssen; und na=
türlich! beim Schwärmen entstehen junge Königinnen, welche ohne
Drohnen unfruchtbar blieben. Dieser Nothwendigkeit wegen, wie
überhaupt, weil die Drohnen erst zur Schwarmzeit häufig erscheinen,
werden sie auch Schwarmbienen genannt.

Bei Nachschwärmen befinden sich meistens mehr Drohnen, als
bei ordentlichen Vorschwärmen; die Ursache hievon ist dieselbe; letztere
haben schon fruchtbare Mütter; erstere junge, welche der Befruchtung
bedürfen.

Die Anzahl der Drohnen überhaupt ist nach Verschiedenheit der
Stöcke, und je nachdem sie mehr oder weniger Drohnenwachs besitzen,
größer oder kleiner. In manchem volkreichen Stocke kann es 2000

bis 3000 geben. Eine so große Menge Drohnen ist dann nachtheilig; denn nach Fr. v. Berlepsch sollen 3000 Drohnen so viel Honig verzehren wie 9375 Bienen. Der rationelle Züchter sucht daher die Drohnenerzeugung, und zwar gleich den Drohnenbau möglichst zu beschränken. Auch fängt man die Drohnen mittelst der Drohnenfalle ab, welche ein Käfig von Draht ist, und einen Eingang wie eine Fischreiße hat, durch welchen die Drohnen, wenn sie ans Flugloch befestigt ist, wohl hinein= aber nicht mehr zurück gehen können.

Zur Zeit, wo die Tracht zu Ende geht, fangen die Bienen selber an, die Drohnen von den Honigzellen wegzutreiben, und bedienen sich dabei ihrer Beißzangen. Nun schaaren sich die waffenlosen Männchen da und dort in einem Winkel des Stockes zusammen, und ermatten langsam durch Verfolgung und Hunger. Nur manchmal, wenn die Honigtracht noch ein wenig wieder auflebt, wird ihnen noch einige Tage gegönnt, vom Honig zu naschen. Endlich aber gilt kein Pardon mehr. Die muthigen Arbeitsbienen beginnen jetzt in allem Ernste einen Vertilgungskrieg gegen sie. Sie beißen dieselben im ganzen Stocke herum, und suchen ihnen besonders die Flügel zu verrenken und sie so zum Fluge untauglich zu machen. Da sieht man manche Drohne zum Flugloche heraus kommen mit einem oder zweien Plagegeistern auf dem Rücken oder an den Seiten, welche nicht eher auslassen, als bis sich entweder die noch kräftige Drohne mit Gewalt losreißt und davon fliegt, oder die schon ermattete mit ihnen auf den Boden fällt, von welchem sie sich nicht mehr erheben kann. Andere werden im Stocke erstochen und dann als Leichen herausgeworfen. Diese Verfolgung und Vertilgung der Drohnen durch die Arbeitsbienen heißt man allgemein die Drohnenschlacht.

Zuweilen werden die Drohnen auch mitten im Sommer und noch vor dem Schwärmen abgeschafft; dann nämlich, wenn die gute Tracht plötzlich durch anhaltende Kälte und nasse Witterung unterbrochen wird. Selber die Brut bleibt hier nicht verschont. Ganze Hände voll unreife Drohnen werfen da die Bienen aufs Flugbret, und sagen damit gleichsam ihrem Herrn: „Diese Witterung taugt nicht zum Schwärmen!" — Bessert sich bald die Witterung, so wird wohl auch der Drohnen=Ansatz wiederholt.

Endlich kommt noch der seltsame Fall vor, daß die Arbeitsbienen, wenn die Honigzeit überaus gut ist, und zur Aufspeicherung des

Honigs nicht genug leere Zellen vorhanden sind, die Drohnenbrut auszuziehen, und so dem Honig Platz machen.

Merkwürdig ist zum Schluße, das weisellose Stöcke im Herbste ihre Drohnen nicht abbeißen. Vermuthlich geschieht dieß, weil die Arbeitsbienen noch immer aus ihrer falschen oder Buckelbrut eine junge Königin zu erziehen hoffen, oder weil sie überhaupt, ganz entmuthiget, das Wohl des Stockes schon verloren geben, und also auch die unnöthigen Zehrer nicht mehr beachten.

C.

Die gemeinen oder Arbeitsbienen.

§. 10. Ihr Name. — Ihre äußerliche und innerliche Beschaffenheit.

So wichtig im Bienenstaate das Haupt des ganzen Volkes, die Königin, ist, indem von der Gegenwart und Fruchtbarkeit derselben das Wohlsein, die Thätigkeit und der Fortbestand des ganzen Staates abhängen, eben so wichtig sind der Königin gegenüber die Arbeitsbienen, welche im Staate gleichsam den Arbeiter- und Künstler-, den Nähr- und Wehrstand, und so den eigentlichen Kern des Volkes ausmachen.

Man hat von jeher die Arbeitsbiene als das Sinnbild des Fleißes und der Arbeitsamkeit aufgestellt, und fürwahr! mit allem Grunde. Ein ihr angeborner bewunderungswürdiger Trieb nach Thätigkeit gönnt ihr weder Ruhe noch Rast bei Tag und Nacht. Dieser Trieb spornt sie an, die verschiedenartigsten Geschäfte des Stockes zu verrichten, die mannigfaltigen Bedürfnisse desselben zu befriedigen, und dabei weder Hindernisse noch Gefahren zu scheuen, kurz alle ihre Kräfte aufzubieten, so oft es sich um das Beste des gemeinsamen Hauswesens handelt. So beschaffen, verdient sie denn auch mit vollem Rechte den Namen: Arbeitsbiene. Doch wir nennen sie in der Folge immer nur mit dem kürzesten Namen: Biene.

Die wichtigsten äußeren und inneren Theile des Bienenkörpers sind:

a) Die zwei großen und drei kleineren Augen an dem herzförmigen Kopfe. Erstere sind nierenförmig und stehen rechts und links; die letzteren stehen wie Punkte im Dreiecke oben an der Stirne.

Dieselben Augen bei geringer Verschiedenheit besitzen auch Königin und Drohnen.

b) Zwischen den beiden großen Augen sind die Tastwerkzeuge oder Fühler; selbe sind bei der Königin und Drohne um Etwas verschieden.

c) Am Untertheile des Gesichts die Beiß- oder Freßzange, und dazwischen die Zunge. Letztere ist eine dicht mit Haaren besetzte elastische Röhre, welche in zwei Halbfutteralen liegt, die sich dicht anschmiegen, mit welchen sie den sogenannten Rüssel ausmacht. Die Rüssel der Königin und Drohnen sind viel kürzer und weniger behaart.

d) Am Bruststücke, das mittelst der Speiseröhre mit dem Kopfe zusammenhängt, die vier Flügel und drei Paar Füße. Die Vorderfüße sind die kürzesten und vertreten die Stelle der Hände und Arme. Diese sind eigentlich vor dem Bruststücke an der Speiseröhre befestiget. Die Hinterfüße unterscheiden sich vornehmlich durch die Schaufel und Bürste. Die Schaufel, auch Körbchen genannt, ist eine dreieckige Vertiefung an der Außenseite des mittleren Schenkelgliedes, rings mit steifen Härchen umstellt, worin die Biene im Felde den Blumenstaub ansammelt und nach Hause trägt. Die Bürste befindet sich an der Kehrseite der Schaufel, jedoch am letzten Schenkelgliede, und besteht aus 8—10 querlaufenden Reihen von Haaren, die besonders im Sonnenschein ins Goldene schillern. Am Ende eines jeden Fußes stehen zwei einwärts gekrümmte und mit Zähnen versehene Klauen.

e) Im Hinterleibe ist vorzüglich der Vor- oder Honigmagen wichtig. In diesem sammelt die Biene mittelst des Rüssels und der Speiseröhre den Honigsaft, läutert ihn darin, und bricht ihn dann als wirklichen Honig in die Zelle wieder aus. Hinter dem Honigmagen liegt erst der eigentliche Magen, in welchem die Biene Honig und Blüthenstaub als Speise verdaut.

f) Ferner an der Unterseite des Hinterleibes oder am Bauche sind auch die hier liegenden kleinen 6 Halbringe merkwürdig, welche zu beiden Seiten von den 6 größeren Rückenhalbringen überdeckt werden.

Zwischen genannten 6 kleinen Bauchhalbringen oder Schuppen sind die Wachshäute oder die geheime Werkstätte der Wachsbereitung verborgen. Hier schwitzt die Biene das Wachs in kleinen Bläschen aus, die sich unter den Schuppen hervordrängen, und die erhärtet, kleine weiße fünfeckige Blättchen bilden.

g) Der Stachel mit der Giftblase. Der Stachel besteht aus einer Scheide, in welcher zwei sehr steife, hornartige und schwertförmige Stechborsten liegen, die an der Außenseite mit Widerhaken, auf der Innenseite aber mit einer, einander zuge= kehrten rinnenartigen Höhlung versehen sind. In diese Höhlung ergießt sich beim Stechen die an der Stachelwurzel befindliche Giftblase, während sich die Stechborsten wechselweise immer tiefer ins Fleisch graben. Das so in die Wunde gebrachte Gift ver= ursacht Schmerz und Geschwulst, und die Widerhaken sind die Ursache, daß häufig der Stachel sammt der Giftblase in der Wunde zurückbleiben und der Biene den Tod bringen.

h) Endlich, die Biene athmet wie andere Insekten durch Luftröhren, die sich an den Seiten des Unterleibes öffnen. Bienen daher, welche ins Wasser fallen oder im Honig schwimmen, müssen mehr ersticken als ertrinken.

§. 11. Entstehung, Geschlecht und Eierlage der Arbeitsbiene.

a) Die Bienen entwickeln sich aus den Eiern, welche die Königin in die kleineren Zellen (Bienenzellen) legt. Ein solches Ei ist fast eine Linie lang, von milchweißer Farbe, durchsichtig und meistens ein wenig gebogen. Am 3. Tage verändert es seine schief stehende Stellung und senkt sich auf den Boden. Nun spaltet die Schale des Eies der Länge nach, und es erscheint eine kleine Made, welche jetzt das erstemal ein wenig Futtersaft zur Speise erhält. Die Made wächst, bis sie am 8. Tage in einer zusammengeringelten Lage den ganzen Boden der Zelle einnimmt. Am 9. Tage — von der Legung des Eies an gerechnet — richtet sich die Made oder Larve der Länge nach in der Zelle in die Höhe. Jetzt füttern die Bienen solche noch einmal reichlich mit Honig und Blumenstaub, und überwölben dann die Zelle mit einem Wachsdeckel. Nun spinnt sich die Made ein, und umhüllt sich mit einem feinen Häutchen. In diesem Zustande wachsen ihr Augen und Rüssel, Flügel und Füße, und in 10 Tagen ist sie zur vollkommenen Biene umgestaltet. Am 11. Tage, d. i. am

21. vom Eie an gezählt, nagt diese rings den Deckelrand der Zelle ab, kriecht heraus, und säubert sich besonders die Flügel von den Anhängseln der Geburtszelle.

Daß manchmal junge Bienen um einen Tag früher oder später auslaufen, hat seine Ursache in dem zu verschiedenen Zeiten größeren oder geringeren Wärmegrade des Stockes.

Die junge Biene wird von den alten mit aller Freundlichkeit empfangen, beleckt, mit Honig aus den Rüsseln gefüttert und sorgsam gepflegt. Sechs, acht bis zehn Tage — wenn Flugzeit ist — bleibt sie im Stocke, damit die zarten Glieder erstarken, dann aber wagt sie muthig den ersten Ausflug. Man erkennt sie dabei leicht an der zarteren graulichen Farbe des Kopfes und Bauches, wie auch an dem Hinterleibe, der vom Unrathe strotzt, und den sie jetzt fliegend das erstemal fallen läßt. Sie kommt zum erstenmale aus dem Flugloche, dreht sich vor demselben rechts und links hin und her, fliegt — mit dem Kopfe gegen den Stock gewendet — sehr schwermüthig auf, betrachtet denselben genau, indem sie ihn in immer größer werdenden Kreisen umfliegt, und endlich erst sucht sie das Weite. Bei ihrer Zurückkunft beob= achtet sie gleiche Vorsicht, um das mütterliche Haus nicht zu verfehlen.

Krüppelhafte Junge, oder solche, die innerlich oder äußerlich irgend einen Fehler haben, stoßen die Bienen aus dem Stocke. Zuvor suchen sie ihnen Flügel und Füße zu verrenken, und den Honig, welchen sie im Innern haben, mittelst der Rüssel abzunehmen. Zuletzt geben sie ihnen gewöhnlich den Gnadenstich.

b) Was das Geschlecht der gemeinen oder Arbeitsbienen anbe= langt, so geht schon aus der Thatsache, daß aus jedem gemeinen Bienenei, welches die befruchtete Königin in kleine Zellen legt, wieder eine Königin oder ein vollkommenes Weibchen erzogen werden kann, als Folge hervor, daß schon in diesen Eiern von Natur aus das weibliche Geschlecht liege, und also alle daraus entstehenden gemeinen Bienen weiblichen Geschlechtes sein müssen. Wirklich haben Bienengelehrte nicht nur bei einzelnen Arbeits= bienen Eierstöcke gefunden, sondern solche selbst über dem Eier= legen ertappt. Und bei Stöcken, von denen es sicher ist, daß sie keine Königin besitzen, findet man öfters wenigstens einige Eier, woraus Drohnen werden; welche Eier daher von gemeinen Bienen herstammen müssen, und das weibliche Geschlecht derselben beweisen. Solche eierlegende Bienen sind aber nur die Ausnahme von der Regel, und nur in Stöcken anzutreffen, deren Weisel gänzlich fehlen. So wenigstens glaubte man noch vor Kurzem; allein die neuesten Entdeckungen müssen die Möglichkeit einräumen, daß in sehr seltenen Fällen neben einer Königin im Stocke eine Zeit lang auch eine eierlegende Arbeitsbiene geduldet wird, z. B. so lang die junge Königin noch keine Eier legt, oder wenn eine alte nur wenige oder gar keine mehr legt. Diese eierlegenden Arbeitsbienen, von denen in manchem weisellosen Stocke nur eine, auch einige, auch durchaus keine vorhanden sind, geben erst noch manches Räthsel zu lösen. Dieß aber ist gewiß, daß aus ihren Eiern nur Drohnen entstehen, und man heißt sie deßhalb auch allgemein D r o h n e n m ü t t e r. Während alle übrigen Arbeitsbienen unfruchtbare Weibchen sind und niemals Eier legen, weil — wie man dafür hält — ihre Eierstöcke in Ermanglung der größeren Königszelle und des besonderen Futtersaftes, womit die Königslarve genährt wird, unentwickelt bleiben: gelangen diese Drohnenmütter ohne Begattung (man hat die Unmöglichkeit einer solchen an ihrem Körper nachgewiesen) dennoch zu solcher Fruchtbarkeit, daß sie wenigstens einige Drohneneier legen können. Wie geht das zu? — Man meint, solche Drohnenmütter wären in der Nähe einer Königszelle erzogen worden, und hätten hier z u f ä l l i g ein wenig königlichen Futtersaft genossen, was neben einer besonderen Pflege von Seite der Bienen, die Entwicklung von einigen Drohneneiern zur Folge habe. *)

Mit Unrecht hat man lange gewisse schwarze, glänzende und schlanke Bienen, die an Gestalt der Königin ähneln und zur Zeit der Drohnenschlacht wie die Drohnen aus den Stöcken gejagt zu werden pflegen, der Drohnenmutterschaft beschuldiget. Man heißt solche Bienen auch N ä s c h e r; weil sie sich als vertriebene

---

*) Eierlegende Arbeitsbienen — heißt es — entstehen durch Fütterung mit stickstoffhaltigem Futter. Dr. Dönhoff z. B. fütterte ein Völkchen Bienen 14 Tage lang mit einigen 30 Hühnereiern unter Honig gemischt, und Leukart fand hernach bei allen Bienen die Eiröhren ansehnlich entwickelt, und bei 4 Bienen wirkliche Eier.   D. V.

häufig in andere Stöcke einzudrängen und einzubetteln suchen. Bei genauer Untersuchung wurden bei ihnen weder Eier noch sonst ein Grund aufgefunden, der obige Beschuldigung gerechtfertigt hat. *)

§. 12. **Die fünf Sinne der Arbeitsbiene. — Sprache und Gedächtniß derselben.**

a) Der allgemeinste oder der Hauptsinn ist bei der Biene eben so wie bei dem Menschen und bei anderen Thieren das Gefühl. Denn Sehen, Hören, Riechen, Schmecken ist nichts Anderes als das Gefühl mittelst der Seh-, Gehör-, Geruchs- und Geschmacksnerven. Doch besitzt die Biene, wie die meisten Insekten und Würmer, auch besondere Gefühlswerkzeuge, namentlich die Fühler oder Fühlhörner. Mit denselben betastet sie vorzüglich während der Arbeit die verschiedenen Gegenstände, und empfindet sicher und schnell jede Veränderung der Luft und Witterung. Das wechselseitige Berühren mit den Fühlhörnern scheint bei den Bienen, vornehmlich im Stocke, ein Verständigungsmittel oder eine Art Sprache zu sein.

b) Bewunderungswürdig scharf ist der Geruchssinn der Bienen. Mittelst desselben finden sie leicht Alles auf, was sie zu ihrem Haushalte benöthigen, nicht nur in der Nähe des Stockes, sondern auch in stundenweiter Entfernung. Vorzüglich riechen sie leicht Süßigkeiten, Blüthenduft, Honig und Honiggeruch, wo immer sich dieselben befinden. Den Zuckersiedereien und Wachsbleichen fliegen von allen Seiten Bienen zu. Auch durch eine

_____

*) Fr. v. Berlepsch behauptet nach seiner Erfahrung, daß auch gewöhnliche Arbeitsbienen die Gestalt und Schwärze der oben angeführten Näscher erhalten können, nämlich durch Angst, Schweiß und Broden, denen sie zufällig ausgesetzt werden; wobei sie die grauen Härchen verlieren, und die Hornhaut ihrer Leiber glänzend schwarz gefärbt wird.

Ich stimme hierin vollkommen bei. Einst schnitt ich einen Schwarm, sammt einigen schon angebauten Waben aus einem hohlen Baume, und ließ ihn, weil ich abgerufen wurde, zu lange in einer etwas beschränkten Wohnung mit verschlossenem Flugloche stehen. Nach 2 Stunden fand ich fast den ganzen Schwarm im Honig und Schweiß gebadet und erstickt. Ich wusch darauf die Bienen mit Wasser in einem Siebe, und rettete so der Hälfte das Leben. Aber alle sammt dem Weisel waren kohlschwarz und wie von anderer Gestalt. Sie flogen noch einige Wochen und gingen dann ein. D. V.

zerbrochene Fensterscheibe finden sie den Weg zu den blühenden Blumen im Glashause. Auf einem in üppiger Blüthe stehenden Rapsfelde oder Lindenhaine schwärmen die Bienen einer stundenweiten Gegend herum. Beim Auslassen oder Seimen des Honigs gehen die Bienen dem Geruche nach, und kommen durch Thüre und Fenster, ja wohl selber durch den Schornstein in das Haus. Auch den in einer Truhe verschlossenen Honig spüren sie auf, und kriechen zu demselben durch das Schlüsselloch hinein u. s. w. Doch man beobachte nur eine Biene während des Honigsammelns auf der Flur. Wie geschwind findet sie jedes auch noch so versteckte Blümchen, welches Honigsaft enthält! und wie schnell verläßt sie dasjenige, welches keinen Honigsaft mehr ausschwitzt, oder schon von andern Bienen geplündert worden ist! — Die Geruchswerkzeuge (Nase) vermuthen die Naturforscher bei der Biene an der Spitze der Fühlhörner. In Nr. 20 der Bienenzeitung 1854 bestätigt dieß Dr. Dönhoff durch interessante Versuche.

c) Die Schärfe des Bienengesichtes geht unter Anderen vorzüglich daraus hervor, daß die Bienen auf verschiedenen Wegen im schnellsten Fluge ihren Stock wieder finden, und beim Vorspiele, so wie beim Schwärmen pfeilschnell und zu Hunderten und Tausenden durch einander fliegen, ohne an einander zu stoßen. Doch nur im Sonnenschein sieht die Biene scharf; in der Dämmerung aber, und selber am Tage bei sehr bewölktem Himmel, scheint sie schlecht zu sehen; denn da aus dem Felde heimkehrend kostet es ihr manchmal Mühe, nur ihr Flugloch zu finden. Im finsteren Stocke, und da besonders zur Nachtzeit, will man ihr auch das Sehen absprechen. Man stützt sich dabei auf die Erfahrung, daß die Bienen im finsteren Stocke niemals auffliegen, um sich da oder dorthin in einen leeren Winkel zu begeben, daß sie dieß aber thun, wenn man Nachts ein Fenster oder eine Thüre öffnet, und mit Licht hineinleuchtet. Man vermuthet, daß sie sich im Innern des Stockes nur durch die Fühlhörner zurecht finden.

Ueber die 2 großen und die 3 kleinen oder Nebenaugen schwebt überhaupt noch manches Dunkel. Letztere sollen vornehmlich zum Sehen in unmittelbarer Nähe dienen.

d) Der Geschmacksinn kann den Bienen gleichfalls nicht abgehen, indem sie unter mehreren ihnen vorgesetzten Flüssig- und Süßigkeiten besonders den Honig auswählen und vorziehen. Auch solzige Flüssigkeiten wissen sie von andern zu unterscheiden. So z. B. holen sie zur Brutzeit häufig salzige Theile von der Düngerjauche.

e) Endlich, obschon man bis jetzt die Gehörwerkzeuge der Biene noch nicht entdeckt hat, so leidet es dennoch keinen Zweifel, daß sie auch Gehör habe. Fängt man z. B. auf dem Flugbret eine Biene, oder drückt man dieselbe ein wenig, so thut sie einen Nothruf, und in diesem Augenblicke schießen mehrere von der Bienenwache zur Hilfe herbei, die aber gleichfalls ein Nothgeschrei erheben, worauf wieder andere zur Vertheidigung nachkommen. Das Rufen und Antwortgeben der Weisel beweist ebenfalls Gehör.

f) Eine gewisse Sprache, d. h. gewisse Töne oder hörbare Zeichen, wodurch auch Thiere sich einander verständlich machen, kann den Bienen auch nicht abgesprochen werden. Durch das Herausstoßen der Luft aus den Lufträhren und durch die Schwingungen der Flügel vermögen sie verschiedene Laute hervorzubringen, und deuten damit nicht allein einander, sondern auch ihrem Pfleger verschiedene Zustände an, z. B. Gefahr, Trauer, Zorn, Freude u. dgl. Versteht Letzterer diese Sprache, so kann er daraus für seine Bienenbehandlung manchen Vortheil ziehen. Hier einige Beispiele:

Nähert sich ein Gefahr drohender Gegenstand dem Stocke, so stoßen einige am Flugloche sitzende Bienen ein kurz abgebrochenes Zi! zi! aus, während sie zugleich einen kleinen Sprung gegen das Flugloch machen; dieß ist ein Warnungssignal. Hierauf untersuchen und beobachten sie den Gegenstand, indem sie in der Nähe desselben im Fluge still schweben, und geben dabei einen hellen gedehnten und singenden Ton von sich. Dieß ist das Zeichen eines großen Verdachtes. Bewegt sich jetzt etwa der Gegenstand hastig, oder zeigt er sonst eine feindliche Eigenschaft, dann verwandelt sich das Gesinge in durchdringenden Hilferuf und zischenden Zornlaut: sie prallen im heftigen Fluge blindlings da und dort an den Gegenstand an, und suchen zu stechen. — Im ruhigen zufriedenen Zustande ist ihr Laut ein sanftes Schwirren bei niedergesenktem Kopfe und Hinterleibe. Werden sie einen Augenblick gedrückt oder festgehalten, so ist ihr Ton ängstlich und kläglich. Klopft man an einen gesunden Stock, besonders im

Winter, während man ein Ohr daran legt, so wird dieses Klopfen von dem ganzen Bienenhaufen mit einer allgemein und schnell
aufbrausenden, aber eben so schnell wieder nachlassenden Stimme
beantwortet. Bei einem weisellosen Stocke dagegen folgt ein flat-
terndes und klagendes Getöne, durch einzelne, bald höher, bald
tiefer klingende Stimmen unterschieden. Beim Füttern, während
des Honigschmauses, hört man im Stocke ein sanftes frohes Ge-
murmel. Ist aber dabei Flugzeit, so fliegen zugleich viele Bienen auf einige Minuten aus und singen dazu hell und lustig.
Während des Schwärmens lassen Flug und Stimme der Schwärmer festliche Freude unmöglich verkennen.

g) Endlich, daß die Bienen auch Gedächtniß haben, lehrt der
näherе Umgang mit ihnen. Uebersetzt man einen Stock während
der Flugzeit auf einen anderen Ort, der nicht wenigstens eine
halbe Stunde weit vom früheren entfernt liegt, dann kehren viele,
wenn nicht die meisten, auf den ersten Platz zurück. Ja, auch
noch nach 4—5 Monaten, nach Verlauf eines ganzen Winters,
finden sie den ehemaligen Standort wieder. Stellt man Honig
ins Freie und den Bienen als Futter vor, so kommen sie später
mehrere Tage lang auf den Futterplatz und suchen Honig. Es
hat den Anschein, als ob die Bienen nach und nach auch ihren
Wärter von anderen Menschen unterscheiden lernen; indem sie
sich im Allgemeinen gegen Ersteren minder boshaft benehmen als
gegen Letztere. Allein, hieran kann blos der verschiedene Umgang
Ursache sein. Der eigene Wärter nämlich benimmt sich gegen sie
entschlossen, bedachtsam und kunstgemäß, dagegen Fremde furchtsam, hastig und ungeschickt; welches Letztere die Biene zum
Zorne reizt.

§. 13. Wunderbarer Instinkt der Arbeitsbienen.

Der weise Schöpfer hat der Biene den Trieb und die Fähigkeit
zu kunstreichen Arbeiten und merkwürdigen Verrichtungen angeboren
werden lassen. Dieser Trieb, weil ihm zu Folge die Biene handeln
muß, und schon ihrer Natur nach nicht anders handeln kann —
heißt Naturtrieb oder Instinkt.

Eine der gewöhnlichsten und kunstreichsten Arbeiten der Bienen
ist der Wabenbau. Mit Vergnügen und Bewunderung staunt man

dieses Kunstwerk an, und die geschicktesten Mathematiker und Bau= meister müssen bekennen, daß in demselben die höchste Regelmäßigkeit und Vollkommenheit und eine unübertreffliche Symmetrie (Ebenmaß) sich kund gebe; ja daß es überhaupt unmöglich sei, einen gegebenen Raum ökonomischer einzutheilen und zu benützen, als es die Bienen thun. Den Wachsbau so wie die übrigen Arbeiten der Bienen wer= den wir bald einzeln deutlicher besprechen. Hier soll blos in einigen Beispielen nachgewiesen werden, daß bisweilen die Biene eben so, wie manchmal der Hund, der Elephant, das Pferd u. dgl. bei gewissen Verrichtungen sogar eine Art Geistesthätigkeit oder Verstand nicht ver= kennen läßt.

a) Nicht selten geschieht es, daß im Winter sich in einem Stocke durch Erschütterung oder wie immer, oben eine Wachstafel ab= löst, und um einige Zoll herunterrutscht. Geschieht dieß in der Nähe des Bienenlagers, und ist die Kälte nicht allzu hart, so machen sich die Bienen ohneweiters an die Reparatur des Wachs= gebäudes. Da sie jetzt kein neues Wachs hervorzubringen ver= mögen, so benagen sie die vorhandenen Waben, um Material zum Nothbau zu gewinnen. Mit dem alten Wachse verfertigen sie nun da und dort, rechts und links an der herabgesunkenen Tafel Bänder, Stützen und ordentliche Strebepfeiler; ja sie verbinden die noch hängenden benachbarten Tafeln da und dort mit einander, und machen die Grundzellen oben an der Decke und an den Seitenwänden des Stockes mittelst des alten Wachses um so fester und haltbarer. Nach menschlichen Begriffen müßten hier wirklich die Bienen zuvor Folgendes überlegen und schließen: „Die Wachstafel ist herabgefallen; — sie könnte noch tiefer fallen! — hängen wir sie da und dort an. — So wie diese könnten noch mehrere herunter stürzen; — kommen wir zuvor; — machen wir ihre Tragzellen stärker. — In Ermangelung des neuen Wachses muß altes aushelfen." — u. s. w.

b) Kommt zur Sommerszeit eine Maus in einen Stock, oder gibt man des Versuches wegen eine große Waldschnecke hinein; so werden solche natürlich alsogleich erstochen. Aber, was nun an= fangen mit dem Aase! — zum Hinausschaffen ist die Last zu groß, — und bleibt es darin, so verfault es und verpestet die Luft! — Die Bienen wissen Rath; sie lassen es liegen, über= ziehen es aber ganz mit Kitt oder Vorwachs. Wenn jedoch bei sehr warmer Zeit das Aas zu schnell in Fäulniß übergeht, und das Ueberkitten wegen Mangel an Zeit und Material nicht so schnell geschehen kann und also des abscheulichen Gestankes halber für den Stock Gefahr auf Verzug haftet: dann greifen die Bienen unter Aufopferung selber zu dem letzten Rettungsmittel; Eckel und Abscheu mit Gewalt überwindend saugen sie jetzt die stinkende Aasjauche auf, und tragen solche, so wie Haare und Fleisch aus dem Stocke. Das übriggebliebene Skelet oder auch die Mumie des Aases wird aber dennoch später im Herbste auch noch mit Kitt oder Wachs überzogen, damit sich darin die Wachsmotte nicht verbergen kann. *)

c) Gibt man eine Schnecke mit einem Schneckenhaus in den Stock, so findet man nach einiger Zeit den Eingang des letzteren mit Kittwachs verstopft. Einen großen Käfer, dem die Bienen seines Panzers wegen nicht mit den Stacheln beikommen können, ersticken sie; indem sie sich an ihm in einen dichten Klumpen zusammenballen. Man hat dergleichen Käfer mit den Füßen am Boden des Stockes festgekittet gefunden.

d) Zuweilen ist der Fall, daß die Bienen das Flugloch des Stockes mit Vorwachs verbauen und sich gleichsam verschanzen. In solchem Vorbau lassen sie nur einige kleine Oeffnungen, die dazu in gebogener Richtung laufen und nur so groß sind, daß blos eine oder zwei Bienen Raum zum Durchgehen haben. — Durch diese

---

*) Nach einem Aufsatze in Nr. 24 J. 1856 der Bienenzeitung machte Hr. Wirthschaftsrath Hofman aus Wien den Versuch mit einer todten Maus, die er in einen Stock legte. Die Bienen überbauten das Aas nicht, sondern saugten die stinkende Jauche auf, rupften die Haare aus u. s. w. Daraus folgerte er, daß die Behauptung mancher Bienenschriften von dem Ueberkitten des Aases nur eine Fabel sei, daß die Bienen wie andere Insekten einen Trieb nach dem Aase fühlen, es lieben, sich daran ergötzen, und daß sie deßhalb — ihrem gewöhnlichen Nachruhme entgegen — höchst unreinliche Geschöpfe seien. In Nr. 7 J. 1856 unternahm ich dagegen eine Ehrenrettung der Bienen; indem ich aus demselben Versuche Hofmann's gerade das Gegentheil bewies, nämlich: daß die Bienen das Verkitten nur unter Umständen vornehmen können, und daß sie durch Mumifiziren und Skeletisiren des Aases eben ihren Abscheu vor dem Aase und ihre Reinlichkeitsliebe über Alles an den Tag legen. — In derselben Nr. tritt Präsident Busch aus Eisenach auf meine Seite, und in Nr. 8. J. 1856 in besonderer Uebereinstimmung auch B. von Berlepsch durch seinen Aufsatz: „Sind die Bienen wirklich Aasfliegen?"

D. V.

Verschanzung schützen sich die Bienen gegen den feindlichen Tod=
tenkopf=Schwärmer, einen großen Nachtschmetterling, welcher honig=
lüstern sich in die Stöcke schleicht, und da durch seinen wider=
lichen Geruch und sein klapperndes Geräusch Angst und Schrecken
verursacht. — Doch der Verfasser ist der Meinung, daß die
Bienen bisweilen erwähnten Vorbau auch statt eines Lichtschir=
mes anbringen. Er brachte einmal einen Schwarm aus einem
hohen stehenden Stocke mit ganz unten angebrachtem Flugloche
in einen querliegenden Holzstock. Hier war eine bedeutend große
Flugöffnung in der Mitte, und gerade hier siedelte sich der
Schwarm an, so daß das junge Wachsgebäude ganz im Hellen
hing. Bald führten dann die Bienen erwähnten Vorbau auf,
so daß er vermuthen mußte, die aus Finstere gewohnten Bienen
wollten wie durch eine Blende das Einfallen des grellen Lichtes
verhindern.

e) Endlich, der Verfasser hat oftmals bemerkt, daß seine Bienen,
die auf der schiefen Abdachung eines bedeutenden Berges standen
— wenn zur allgemeinen Trachtzeit heftiger Wind vom Berge
herabwehete — häufig beim Ausfluge diesem Winde entgegen
flogen, und es selber nicht achteten, wenn sie vom Sturme zu=
rückgestoßen und zu Boden geworfen wurden. „Warum fliegen
sie nicht lieber mit dem Winde in die Ebene hinab, wo eben so
viele, wenn nicht noch mehr blühende Pflanzen sind?" so fragte
er sich Anfangs hierüber selbst. Nach genauerer Beobachtung
und Ueberlegung schien es ihm, als antworteten die Bienen:
„Es ist doch leichter, unbeladen als beladen bergauf und dem
Winde entgegen zu fliegen, und eben so, leichter beladen abwärts
und mit dem Winde, als aufwärts und gegen den Wind zu
steuern. Unbeladen fliegen wir daher beim Ausfluge g e g e n
den ungünstigen Wind, damit wir beim Heimfluge mit Honig
und Blumenstaub beschwert — m i t g ü n s t i g e m W i n d e segeln
können." —

§. 14. Die verschiedenen Beschäftigungen und Arbeiten der Bienen;

und zwar erstens

außer dem Stocke.

Alle Geschäfte der Bienen theilt man der leichtern Uebersicht wegen in solche ein, die in und außer dem Stocke geschehen. Wir beginnen hier mit den letzteren, und beschreiben solche, wie folget:

1. Das Wachestehen. Unter oder vor der Flugöffnung eines jeden gesunden Stockes sieht man an flugbaren Tagen eine gewisse Anzahl Bienen, deren Geschäft ist, alles Eingehende zu visitiren, drohende Gefahren anzuzeigen, fremde Bienen, feindliche Insekten, und was sich immer verdächtiges dem Stocke naht, anzuhalten, zu bekämpfen und abzuwehren, kurz, die Eingangspforte und den ganzen Stock zu bewachen. Sind etwa zufällig mehrere Oeffnungen, Ritzen, Sprünge u. dgl. im Stocke, die von den Bienen nicht verstopft werden können, so werden auch solche bewacht.

Je volkreicher der Stock, desto zahlreicher ist die Wache, und je drohender die Gefahr, desto mehr wird diese verstärkt. Bei kühler Witterung zieht sich die Wache, besonders wenn das Bienenlager vom Flugloche entfernt ist, mehr und mehr zum Bienenhaufen zurück. Im Winter wird gar keine Wache gehalten. Die Wächter würden ja auch, vom gemeinsamen Haufen entfernt, erstarren. Im Sommer aber, und insbesondere zur besten Tracht wo der aus dem Stocke strömende Honiggeruch allerhand Feinde anlockt, sind die Wächter auch in der Nacht stets auf ihren Posten, um honiglüsterne Ameisen, Ohrwürmer, Nachtfalter u. dgl. von der Thüre zu weisen. Die Wächter lösen einander nach und nach ab, und öfters im Tage.

Merkwürdig ist der Umstand, daß die Wache allen fremden Bienen, welche etwa mit Honig oder Blumenstaub ankommen, den Eingang in den Stock gestatten. Nur nichts mitbringende Fremdlinge werden von ihr feindlich behandelt und ohne Gnade abgewiesen. Die Ersteren reichen daher gleich während der Untersuchung unter der Pforte den Wächtern freiwillig und gleichsam bittend die Rüssel dar, und laſſen dieſelben den mitgebrachten Honig verkoſten. Iſt ſolches geſche= hen, dann iſt ihnen der Paß vidirt, und der Eingang bewilligt'. *)

2. **Das Luftpumpen, Fächeln oder Trommeln.** Zur Sommers= zeit ſieht man bei jedem fluggerechten Stocke Tag und Nacht 5, 10, 20 und noch mehr Bienen in der Gegend des Flugloches herum= ſtehen, welche mit gegen das Innere des Stockes gerichtetem, geſenk= tem Kopfe und emporgerichtetem Hinterleibe unaufhörlich mit den Flügeln ſchlagen oder fächeln, und dabei ein lautes ununterbrochenes Summen hören laſſen. Je volkreicher und üppiger der Stock, und je beſſer die Honigtracht, deſto mehr erblickt man ſolche Bienen. Was iſt nun ihres Treibens? —

a) Durch den unabläſſigen Flügelſchlag verurſachen ſie einen nicht unbedeutenden Luftzug, wodurch die allzu heiße und verdorbene Luft aus dem Stocke herausgetrieben, und das Eindringen der äußeren, kühlen und geſunden Luft möglich gemacht wird.

b) Da dieſes Fächeln oder Trommeln auch ſtatt findet beim Aus= und Einzug eines Schwarmes, beim Wiederfinden des Stockes nach einem längeren Aufenthalt außer demſelben; beim Wieder= finden des Weiſels, oder auch nur geſunder Brut in weiſelloſen Stöcken, auch beim ſogenannten Vorſpiel, welches bald näher bezeichnet werden wird: ſo iſt kein Zweifel, daß dieſes Fächeln auch ein Zeichen des Wohlſeins und der Freude iſt. Bei total weiſelloſen Stöcken unterbleibt es gänzlich, denn da herrſchen ſtatt der Freude und des Frohſinnes, Trauer und Verzweiflung.

Im Allgemeinen bleibt es aber ausgemacht, daß je zahlreicher um das Flugloch eines Stockes herum zur Sommerszeit fächelnde Bienen ſtehen, dieß deſto mehr Volkreichthum, Honigverdienſt, Geſund= heit, Wohlſein, kurz Vollkommenheit des Stockes verräth. An ſtillen Sommerabenden ertönt das Geſumme ſolcher Bienen bei mehreren Stöcken zugleich, auf 10 — 24 Schritte weit, wie das ferne Rauſchen eines

---

*) In Nr. 5. 1856 der Bienenzeitung will Dr. Dönhoff die Thorwache der Bienen beſtreiten, und doch ſind die Anzeigen davon unverkennbar. Freilich muß man ſich darunter keine eigens kommandirte Rotte von Bienen denken, die blos für die Wache und für weiter Nichts beſtimmt ſei. Die Gründe, worauf ſich Dönhoff ſtützt, z. B. von ſchwachen Völkern, von Mäuſen und Motten, vom Rauben u. dgl. hergenommen, halten nicht Stich. Daſſelbe gilt auch von Dem, was er im nachfolgenden **Punkte gegen das Fächeln** vorbringt. **D. V.**

Baches; und es ist in den Ohren des Bienenvaters die angenehmste Nachtmusik. *)

3. **Das Vorliegen.** Zur Zeit, wo die Tage heiß und die Stöcke am volkreichsten sind, geht öfters eine größere oder kleinere Menge Bienen nicht in den Stock, sondern bleibt in Haufen oder Klumpen hängend, heraußen in der Nähe des Flugloches. Man pflegt dann zu sagen: „Die Bienen liegen vor." Die Ursachen hievon können sein:

a) **Allzugroße Hitze im Stocke.** Hohe Temperatur im Freien, zahlreiches Volk, häufige Brut, große Thätigkeit der Bienen bei guter Tracht im Innern des Stockes, etwa auch Sonnengluth, wenn Stöcke unbeschattet dastehen, können die Hitze im Stocke zu einem solchen Grade steigern, daß sie schädlich wird, und sogar der Wachsbau schmelzt. In diesen Fällen ziehen sich die Bienen heraus vor das Flugloch. Am häufigsten liegen sie vor nach der Heimkehr von der Tracht, weil jetzt das ganze Volk sich sammelt. Beim Eintritte kühler Witterung, und gewöhnlich auch über Nacht hört das Vorliegen auf.

b) **Mangel an Raum im Stocke.** Ist die Wohnung im Raume beschränkt, und fast oder wirklich ganz vollgebaut; dann hat in demselben ein fleißiges und zahlreiches Volk nicht mehr Platz zur Arbeit, und es bleibt ihm nichts Anderes übrig, als vor der Thüre zu faulenzen. Verharren hier die Bienen Tag und Nacht, auch bei guter Tracht und kühler Zeit, fangen sie in warmen Nächten wohl gar an, unter dem Flugbrete Wachs zu bauen — was jedoch selten geschieht: dann gibt dieß ein sicheres Zeichen, daß es im Innern an Raum gebricht.

---

*) Der Meinung Vieler entgegen, hält v. Berlepsch das Brausen der Bienen im harten Winter nicht für eine Folge des Flügelschlages, sondern schreibt es der Thätigkeit der Athmungs-Organe zu. Ich bin mit ihm einverstanden, bezweifle aber noch immer, daß bei strenger Kälte jeder Stock brausen müsse. Ich fand bei 22 Gr. Kälte in meinem geschlossenen Bienenhause Alles mäuschenstill; es standen aber lauter starke Strohstöcke darin, und ich glaube, daß sie in ihrer hinreichenden Wärme auch den bezeichneten hohen Kältegrad nicht empfunden haben. Seitdem vermuthe ich, daß die Bienen im Winter nur in kalten Wohnungen brausen, oder auch, wenn ihnen zu warm ist, wenn Mangel an frischer Luft, Proben oder Nässe, Erschütterung u. dgl. sie beunruhigen.

D. V.

Ein erweitertes Flugloch, gehörige Beschattung der Stöcke zur heißen Mittagszeit, und eine zweckmäßige Einrichtung derselben, nach welcher sie durch leere Ansätze erweitert werden können, sind die Mittel gegen das Vorliegen. — Zum Behufe der Abkühlung eigene Luftzüge in den Stöcken anzubringen, wie Thomas Nutt in seiner englischen Lüftungsbienenzucht gelehrt hat, nützt nichts und kann gewissermaßen sogar schaden. Denn 1. ist die Hitze im Innern des Stockes einmal so groß, daß sich die Bienen vorlegen müssen, dann ist auch in der äußeren Umgebung des Stockes die Luft viel zu warm, als daß sie durch die Lüftungsöffnungen eindringen, und da eine hinreichende Abkühlung bewirken sollte. 2. Durch die Luftlöcher strömt unaufhaltsam der süße Brut= und Honiggeruch aus und lockt Fliegen, Wespen und anderes Ungeziefer an; was die Bienen im Innern in Sorge und Unruhe versetzt, und zur beständigen Bewachung dieser Oeffnung nöthiget. 3. Auch das Licht fällt so in den Stock, was die Bienen nicht leiden mögen. 4. Aus den beiden letzt angeführten Ursachen sind auch die Bienen unabläſſig bemüht, die Zugöffnungen — eben so wie in jedem anderen Stocke Spalten und Riſſe — mit Kitt zu verstopfen; und sagen dadurch deutlich genug: „Wir wollen diese Oeffnungen nicht; sie sind unserer Natur zuwider.“ —

Uebrigens wird als zuträglich zugegeben, daß einem sehr erhitzten Stocke am Abende und über Nacht im Haupte oder an der Rückseite eine Oeffnung gemacht werde, durch welche die heiße Luft einigermaßen ausströmen kann.

Nicht immer sind vorliegende Bienen ganz müssig! wenigstens dann nicht, wenn sie am Abende nach einem guten Honigtage sich aus dem Stocke herauslegen. Sie warten hier die Honigläuterung ab, d. h. sie verkochen im Innern den in der Honigblase gesammelten Honigsaft zu wirklichem Honig. Ist Raum im Stocke, so verrichten sie dieses Geschäft inwendig, indem sie da ebenfalls dem Anscheine nach ganz unthätig an den Wänden herumsitzen.

Das Vorliegen der Bienen kann nur dann mit unter die Vorzeichen eines nahen Schwarmes gerechnet werden, wenn es mit andern Schwarmzeichen zugleich bemerkt wird.

4. Das Vorspielen. In warmen und sonnigen Tagen und am häufigsten in den Mittags= und Nachmittagsstunden bemerkt man, daß auf kürzere oder längere Zeit eine größere Anzahl Bienen als gewöhnlich — zur Drohnenzeit mitunter auch Drohnen — aus dem

Stocke gehen, und in kleineren oder größeren Kreisen vor dem Flug=
loche herumschwirren, während sie dazu ein dem Schwarmtone ähn=
liches Freudengesumme machen. Man nennt dieß das Vorspiel. Solches
findet besonders statt:

a) Beim ersten Ausfluge im Frühjahre an dem ersten besten schönen
Tage. b) An dem ersten schönen Flugtage nach mehreren vor=
ausgegangenen ungünstigen Tagen oder Wochen, wo die Bienen
den Stock hüten mußten. c) Dann und wann im Frühjahre,
oft kurz zuvor, ehe sich die Witterung ändert, und fast täglich
während der Sommertracht, und da bei allen Stöcken zugleich.

Der Zweck des Vorspielens ist ein verschiedener. Die Bienen
verlassen dabei in gewisser Abwechslung auf einige Minuten den
Stock a) um sich auszureinigen. Dieß geschieht besonders beim ersten
Ausfluge im Frühjahre, wo sie den in ihren strotzenden Leibern an=
gehäuften Winterunrath fallen lassen. b) Um junge Bienen auszu=
führen, und ihnen den Flug und die Gegend zu zeigen. Die jungen
erkennt man jetzt auf den ersten Blick an ihrem Hin= und Herdrehen
vor dem Flugloche, und an ihrer graulichen Farbe. c) Um bei dieser
Gelegenheit unbrauchbare Mitglieder auszusondern und aus dem Stocke
zu schaffen. Alte, an den Flügeln schadhaft gewordene, wie auch
junge verkrüpelte Bienen laufen dabei aus dem Stocke, versuchen ab=
zufliegen und fallen auf die Erde. Deßwegen wird das Vorspiel von
Vielen auch die M u s t e r u n g genannt. d) Um vielleicht auch blos
nach einer längeren Beschäftigung im Stocke die frische Luft genießen,
und sich im Freien erlustigen zu können.

Ein starkes Vorspiel beweist Volksreichthum, Gesundheit und
Weiselrichtigkeit des Stockes; schwache und kränkliche Stöcke spielen
nur schwach, weisellose gar nicht vor. Während des Vorspiels hält
die Königin den Begattungsausflug, und mit dem Vorspiele beginnt
der feierliche Akt des Schwärmens.

5. Das Wasserholen. Auch das Wasser können die Bienen bei
ihrem Haushalte nicht entbehren. Sie brauchen es zur Verdünnung
des Honigs und insbesondere zur Bereitung des Futtersaftes für die
Brut. Im Winter bedienen sie sich des feuchten Brodens im Stocke
statt des Wassers. Im Sommer saugen sie, wenn die Witterung
feucht ist, schon mit dem Honigsafte zugleich wässerige Theile aus den
Blumen. Im zeitlichen Frühjahre aber, wo noch keine Blumen blühen,
und auch im trockenen Sommer, holen sie das Wasser aus Gräben,

Bächen, Pfützen u. dgl. Auch an den Rändern der Mistlacken, in der Nähe der Abtritte und an Orten überhaupt, wo salzige Theile zu finden sind, sieht man häufig Bienen. Sie saugen da mit dem Wasser zugleich salzige und salpetrige Stoffe ein, welche sie gleichfalls für ihre Haushaltung brauchen mögen. Sorgsame Bienenwirthe setzen in wasserarmen Gegenden in einiger Entfernung vom Bienenstande mit Wasser gefüllte Rinnen hin, die leicht mit Reisern oder Moos bestreut sind, damit die Bienen sich darauf setzen und bequem Wasser schöpfen können.

6. **Das Sammeln des Honig- und Wachsstoffes.** Der heftigste Trieb der Biene ist der nach Honig. Doch nirgends in der ganzen Natur trifft sie diesen schon bereitet an, sondern sie findet blos den Stoff dazu, und zwar in gewissen Süßigkeiten, die sie daher begierig aufsucht, einsammelt, und in ihrem Innern selbst zu Honig verarbeitet. Ihr Vormagen — Honigblase — nämlich ist eben die geheime Werkstätte, wo der eingesammelte süße Saft geläutert, und nach abgesonderten fremdartigen Theilen zum wirklichen Honig wird. Jene Süßigkeiten sind daher zunächst das Ziel ihres unaufhörlichen Strebens. Sie sucht und findet solche besonders in den Blüthen und den Zweigen der verschiedenartigsten Pflanzen, Sträucher und Bäume, in der Flüssigkeit des Honigthaues, im Nothfalle sogar in dem Safte des reifen Obstes, wie auch bei Zuckersiedereien, Weinpressen u. s. w. Doch der süße Saft der Blumen und Blüthen ist der häufigste, auch der feinste und honigreichste, vorzüglich bei gewissen Gewächsen.

Die Biene sammelt den Honigsaft mittelst ihres langen elastischen und behaarten Rüssels. Sie spaltet mit ihrem keilförmigen Kopfe nach Bedürfniß den geschlossenen Blüthenkelch, streckt saugend den Rüssel hinab bis auf den Boden, verkürzt ihn, verlängert ihn wieder, biegt ihn da- und dorthin, streicht auch die vorhandene Flüssigkeit damit wie mit einem Kehrwische zusammen, und bringt solche schlürfend geläufig in den Schlund. Hat sie so die eine Blüthe geplündert, dann fliegt sie singend auf eine andere, indem sie augenblicklich jene erkennt und verläßt, welche keinen Honigsaft mehr enthält. Ist aber die Honigblase voll, dann fliegt sie eiligst auf dem kürzesten Wege in den Stock zurück, übergibt den gefundenen Saft einstweilen einer Zelle, und eilt abermals fort, um neue Lasten zu holen.

Eine Merkwürdigkeit ist, daß die Biene auf der Tracht nicht leicht verschiedene Blumen untereinander, sondern meistens solche einer und derselben Gattung befliegt. Daß dem so sei, verrathen schon die Blumenstaubhöschen, welche zugleich mit gesammelt werden. Immer kehrt die Biene mit solchen von einer und derselben Farbe zurück.

Stets benützen die Bienen die nächste Weide, und suchen da unter mehreren zu Gebote stehenden Blumenarten jene zuerst aus, welche den meisten und besten Honigsaft besitzen; im Falle der Noth nehmen sie aber auch mit schlechteren Blumen vorlieb, und fliegen im Nothfalle selbst weiter als eine Stunde nach Nahrung. Je mehr und je näher sie den Honigsaft finden, desto öfter in einem Tage können sie den Flug wiederholen, und desto schneller und häufiger mehrt sich im Stocke der Honigschatz.

Den häufigsten Flug nach Honigsaft bemerkt man in den Mittagsstunden; denn jetzt steigt die Wärme im Stocke, und viele Bienen, die am Morgen daselbst zur Erwärmung der Brut nöthig waren, werden nun entbehrlich; auch steht jetzt wegen der Mittagswärme der Honigsaft in den Blüthenkelchen am höchsten, und die Bienen beeilen sich, ihn zu schöpfen, bevor er, sobald es kühler wird, wieder zurücksinkt.

Am meisten Honigsaft finden die Bienen auf Zweigen und Blättern der Bäume und Gewächse, wenn ein sogenannter Honigthau — nach der Sprache des gemeinen Mannes Honigträcht — gefallen ist, und die Witterung erlaubt, ihn einzusammeln. Doch ist dieser Honig schlechter als Blüthenhonig. Ueber die Entstehung des Honigthaues und überhaupt über die verschiedenen Honigquellen ist ein Mehreres im XVI. Abschnitte des 3. Hauptstückes zu finden.

Die Zeichen einer guten Honigtracht sind folgende:

Die Erde besitzt die nöthige Feuchte; der Himmel ist heiter, bisweilen wie durch Höhenrauch verhüllt, auch gewitterhaft, die Luft aber still, feuchtwarm, schwül. Die Bienen fliegen besonders eifrig, ohne Aufenthalt und in gerader Richtung aus dem Flugloche. Die aus dem Felde kommenden lassen einen knisternden Ton vernehmen, langen meistens ganz erschöpft an, fallen mit geschwollenem, glänzenden Bauche und gesenktem Hinterleibe fast hörbar vor dem Stoke da und dort hin, und ruhen hier tiefathmend erst ein Weilchen, bevor sie sich vollends in den Stock begeben. Sie tragen dabei auch weniger Blumenstaub als sonst, über dessen Einsammlung sie die des noch köstlicheren Honigs nicht verabsäumen wollen. Nach einigen Stunden reicher Tracht verbreitet überdieß der häufig eingetragene Honig seinen Wohlgeruch auch außer der Flugöffnung. Wer endlich die gute Honigtracht,

Klaus, der Bienenvater. 4. Auflage.   5

so zu sagen, mit Händen greifen will, der fange eine heimkehrende Biene bei den Flügeln, und drücke ihren Hinterleib sanft auf dem Nagel des linken Daumens auf. Der zum Munde herauskommende kristallhelle süße Tropfen, welcher bei nachlassendem Drucke wieder zurückgeht, beweiset den Segen der Tracht.

An einem einzigen Tage guter Tracht können volkreiche Stöcke um 4 bis 5 Pfund schwerer werden; ja der berühmte Freiherr von Ehrenfels versichert, daß bei ihm zur Zeit, wo die Tannen honigten, mancher Stock über Tags über 10 Pfund eingetragen habe.

Wunderbar ist während der Tracht an jedem durchaus heiteren Tage die gewöhnliche ordentliche Vertheilung der Bienen. Nach und nach, aber ununterbrochen, fliegen solche aus, und kehren ebenso zurück. Niemals kommt zufällig eine größere Menge weder beim Aus= noch Einfluge zusammen, so daß etwa der Stock plötzlich auffallend zu leer oder angefüllt erschiene. Und doch geht der Ausflug da= und dorthin und in verschiedene Entfernung! — Auch kommen viele zurück, welche weniger als andere, und also keine volle Ladung gesammelt haben! Ein unerklärliches Commando scheint jede, wenn die gewisse Frist verstrichen ist, zu mahnen, nun augenblicklich — und wenn gleich der Zweck des Fluges noch nicht, oder nur zum Theil erreicht wäre, — nach Hause zu eilen; damit das gehörige Volk zur rechten Zeit im Stocke anlange, und verhältnißmäßig ein anderes abgehen könne.

Mit dem Honigsafte sammeln die Bienen zugleich den Wachsstoff.

Die Ausscheidung des Wachsstoffes aus dem Honig oder aus honigähnlichen Flüssigkeiten geht ebenfalls in dem künstlichen Bienenleibe vor sich. Ganz abgesondert erscheint zuletzt das Wachs — wie schon §. 10. S. 48 gemeldet wurde — in Gestalt feiner weißer Blättchen zwischen den untern Halbringen des Hinterleibes.

7. Das Sammeln des Blüthenstaubes.

Blüthenstaub, Blumenstaub, Blumenmehl, Pollen, Bienenbrod — so nennt man die feinen mehlartigen Theilchen, welche sich bei warmer trockener Witterung von den Staubbeuteln der Blumen ab= lösen, und sich an den Staubfäden und Wänden der Blüthenkelche anhängen.

Der Blüthenstaub ist für den Stock von größter Wichtigkeit. Die neuesten Forschungen haben hierüber ein helles Licht angezündet.

B. v. Berlepsch hat durch Versuche, die er in Nr. 21. 1854 der B. Z. bekannt macht, erfahren, daß a) die Bienen wohl aus=

nahmsweise eine kurze Zeit (vielleicht 10—12 Tage) auch ohne Blu=
menstaub nur vom bloßen Honig Brut erziehen können, daß sie aber
hernach matt und ausgemergelt erscheinen, krank werden, und mit auf=
geschwollenen Leibern sammt der Brut absterben. b) Daß die Bienen
wohl im Stande sind, auch aus bloßem Honig oder Zucker Wachs
zu erzeugen, jedoch ohne Blumenstaub viel mehr Honig dazu be=
dürfen, als sie mit Blumenstaub brauchen. Im ersten Falle ver=
wenden sie zu 1 Loth Wachs 21 Loth Honig, im zweiten Falle nur
10 Loth

Diese Wichtigkeit und Nothwendigkeit des Blumenstaubes im
Stocke geht zum Theil schon aus dem Umstande hervor, daß die Bie=
nen so viel als möglich davon vor und während der Brut= und Bau=
zeit eintragen, und in Ermanglung desselben im zeitlichen Frühjahre
selber zu verschiedenen Surrogaten oder stellvertretenden Staubarten
greifen. So z. B. hat man sie nicht allein Getreid= und Stärkemehl,
sondern auch Scheuer=, Gras= und Holzstaub, Staub vom Pflanzen=
Roste, von brandiger Gerste u. dgl. einsammeln sehen.

Nach Dr. Leuckart ist der Pollen oder Blumenstaub ein wirk=
liches Nahrungsmittel, welches in Gemeinschaft mit Honig genossen,
und im Chylus=Magen und Darmkanal verdaut, zur Ernährung der
Bienen stickstoffhaltige — eiweißartige — Stoffe liefert. Der Pollen
dient daher überhaupt zur Bereitung des Speisebreies, wovon
die Bienen selber leben, und mittelst dessen sie auch die Brut ernähren
und das Wachs erzeugen. *)

Zur Ernährung der Brut aber schaffen die Bienen diesen Speise=
brei so zu sagen nach Außen, d. h. als Chymus= oder Magensaft
brechen sie ihn durch den Rüssel in die Zellen aus, als Futter für
die hier liegenden Würmer; und insofern heißt man diesen Saft auch
Futterbrei oder Futtersaft. Mit solchem füttern die
Bienen theilweise auch die Königin und die Drohnen, welche bekannt=
lich wohl Honig, aber keinen rohen Blumenstaub genießen. Nach der
chemischen Analyse oder Zersetzung Dr. Dönhoff's enthält dieser Fut=
tersaft $9/10$ Theile Eiweiß= oder Faserstoff; was beweist, daß dieses
Futter nicht ein bloßes Gemenge von Honig und rohem Blumen=

---

*) Nach B. v. Berlepsch ist der Pollen nicht allein Nahrungsstoff, sondern
auch ein Destillations=Mittel zur Wachs= und Futterbereitung.

D. B.

5 *

staube, sondern ein Produkt der Verdauung, und mithin animalischen oder thierischen Ursprunges ist. —

Bemerkenswerth ist ein Unterschied hinsichtlich des Brutfutters. Die Larven oder Maden der Arbeitsbienen und Drohnen erhalten den beschriebenen Futtersaft bis etwa zum sechsten Tage; dann, bis zum Einspinnen und Verdeckeln der Zellen, reichen ihnen die Bienen gröbere Speisen, nämlich Blumenstaub mit Honig gemischt. Daß dem so sei, beweisen die Rückstände von Blumenstaub in den Exkrementen, welche die Larve unmittelbar vor der Verpuppung durch den After entleert. Solche bleiben auf dem Boden der Zelle liegen, und werden nach dem Ausschlüpfen der Bienen von den Arbeitern fortgeschafft. Bei den Larven zu jungen Königinnen verhält es sich anders. Diese werden durchaus nur mit eigentlichem Futtersaft genährt, und zwar sehr reichlich, vielleicht auch mit einem besonders raffinirten oder feinen; allein Blumenstaub erhalten solche nicht. Nach dem Auskriechen des jungen Weisels fand ich schon einigemal auf dem Boden der Zelle eine feine geleartige gelbliche Masse, bis zur Größe einer halben Erbse. Rothe bemerkte Aehnliches, und sah selber die junge Königin wieder in die Zelle hineinschlüpfen. Vermuthlich ist diese Masse ein Ueberrest der reichlichen Nahrung, welche die Königslarve unverzehrt ließ, und die hernach von dem jungen Weisel oder auch von den Arbeitsbienen nachträglich genossen wird.

Daß der Blumenstaub zur Ernährung der Brut und zur Wachserzeugung nothwendig sein müsse, beweisen die brütenden und bauenden Bienen selber. Solche erscheinen immer mit Blumenstaub gleichsam angepfropft, während die, welche ins Feld fliegen um Honig zu sammeln, schmächtigen Leibes und darum auch leichten Fluges sind, und sich mehr vom bloßen Honig zu nähren scheinen.

Ob aber die Bienen außer der Brut- und Bauzeit gar keinen Blumenstaub genießen, wie Einige vermuthet haben, ist zu bezweifeln, indem die Exkremente derselben beim Ausfluge nach einer Zeit, wo sie weder gebrütet noch gebaut haben, z. B. mitten im Winter, manchmal deutliche Spuren genossenen Blumenstaubes nachweisen.

Den Blumenstaub sammeln die Bienen stets auf gleichartigen Blüthen. Daher wird man nicht leicht eine Biene mit zwei verschiedenen Höschen oder Bällchen von gemischten Farben in den Stock gehen sehen.

Beim Blüthenstaubsammeln kommt der Biene ihr haariger Körper sehr wohl zu statten; auch die Füße sind dazu besonders geschickt. Sie verrichtet dieses Geschäft, indem sie theils mit dem Gebisse den Staub von den Staubbeuteln losreißt, theils auch sich mit dem haarigen Körper einigemal auf der Blume herumwälzt, und so den Staub gleichsam zusammenbürstet, dann aber denselben in kleine Bällchen zusammenknetet, und diese endlich an den Hinterfüßen befestiget. Diese Befestigung bewerkstelligen vorzüglich die Mittelfüße. Solche nehmen die Staubbällchen aus dem Munde und den Vorderfüßen, und patschen sie in den Vertiefungen der Hinterfüße (Schaufeln oder Körbchen genannt) an. Dieses Handlangergeschäft verrichten die Füße häufig, während die Biene sich erhebt und im Fluge ein paar Augenblicke still schwebt, bevor sie sich wieder auf eine neue Blume begibt. Wenn sich bei sehr trockener Witterung der Staub nicht leicht zusammen ballen läßt, dann wälzt sich die Biene blos im Blüthenkelche — vorzüglich beim Mohn und großblumigen Malven — herum, und trägt hernach den Staub über und über damit bepudert, auf ihrem Leibe zwischen den Haaren nach Hause.

Besitzt die Blume zugleich Honigsaft, so wird damit auch der Staub befeuchtet; die Höschen erscheinen davon glänzend und haben einen süßen Geschmack. Aber auch mit einem Safte aus ihrem Innern befeuchtet die Biene manche Staubbällchen. Solche haben dann einen beißenden Geschmack, und einen Geruch, welcher der Biene selber eigen ist.

Den meisten Blumenstaub tragen die Bienen im Frühjahre, und täglich Vormittags, wo die Blumen noch feucht sind. Zur trockenen Zeit suchen sie feuchte schattige Plätze auf, wo sich der Staub länger feucht hält.

8. Das Einsammeln des Kittes. Der Kitt ist eine Art Harz, sehr zähe, halb durchsichtig und vom balsamischem Geruche. Die Bienen geben ihm nach Bedarf eine größere oder geringere Beimischung von Wachs, befestigen damit die aufgehängten Wachsscheiben, verstopfen alle Ritzen und unnöthigen Oeffnungen des Stockes, und überziehen damit nach und nach seine ganze inwendige Fläche. Sie sammeln den Kitt von den Knospen verschiedener Bäume. In den heißen Mittagsstunden nehmen sie den daran befindlichen klebreichen Saft fadenweise ab, bilden mittelst der Zähne und Mittelfüße daraus Kügelchen, und tragen solche, gleich dem Blumenstaube, an den Hinter-

füßen nach Hause. Bisweilen stehlen sie von den Bäumen das Pfropf=
wachs, und verwenden es zur Bereitung des Kittes.

9. **Das Ausspüren neuer Wohnungen.** Auch dieses machen sich
endlich die Bienen außerhalb des Stockes zum Geschäfte. Bevor ein
Schwarm auszieht, suchen manchmal einige Tage vorher gewisse Bie=
nen einen Platz aus, den der Schwarm als seine neue Wohnung ein=
nehmen soll. Dergleichen Bienen heißen „Spurbienen". Sie fliegen
in der neuen Behausung aus und ein, reinigen sie im Voraus und
bereiten sie vor. Meistens ist jedoch dieses Geschäft ein sehr unnö=
thiges. Denn, während sich der Schwarm, ehe er in das ausgespürte
Quartier abfliegen will, erst irgendwo ansetzt, um alle seine Bienen
zum Abzuge zu versammeln, kommt ihm der aufmerksame Bienenvater
zuvor, faßt ihn mit Gewalt in einen leeren Stock, und weist ihm
herrisch denselben zur Wohnung an. Nur jene Schwärme, welche aus
Nachlässigkeit nicht eingefangen werden, oder vom Mutterstocke aus
geradenwegs ins Weite fliegen, beziehen wirklich — wenn nicht noch
andere Hindernisse ihnen auf dem Zuge aufstoßen, — die ausgespürte
neue Behausung.

Von Nachschwärmen behauptet v. Berlepsch, daß solche erst nach
dem Schwärmen und während sie sich irgendwo angelegt haben, Woh=
nungen ausspüren lassen.

In schwarmreichen Jahren sieht man solche Spurbienen in hohlen
Bäumen, Mauerspalten, unter Winkeldächern, und wo immer hohler
Raum ist, häufig ihre Geschäfte treiben.

§. 15. Die verschiedenen Geschäfte und Arbeiten der Bienen,

und zwar zweitens

im Stocke selbst.

Das erste und wichtigste Geschäft der Bienen im Innern des
Stockes ist

1. Die Wachserzeugung und die Verfertigung des Zellenbaues

An dieses Doppelgeschäft geht alsogleich jede Bienenkolonie, die
eine neue Wohnung bezogen hat; denn sowohl für die künftige Brut
als für den zu sammelnden Honig, wozu jetzt der Vermehrungs= und

Sammeltrieb mächtig anreizt, sind vor Allem Zellen nothwendig. — Weisellose und schwache Stöcke bauen gar nicht, weisellose starke bauen meistens nur Drohnenwachs.

a) Daß der Wachsstoff vorzüglich im Honig, oder eigentlich in dem darin befindlichen Zucker enthalten sei, daraus im Leibe der Biene ausgeschieden werde, und dann als solcher zwischen den Halbringen des Unterleibes in Gestalt feiner weißer Blättchen zum Vorscheine komme; dieß wurde schon im §. 10 und §. 14 bemerkt. Dergleichen Wachsblättchen, die vielleicht den Bienen beim Bauen entfallen sind, sieht man öfters auf dem Boden des Stockes liegen.

Um Wachsstoff ausschwitzen zu können, müssen die Bienen nicht allein eine bedeutende Menge Honig oder Zucker mit Blumenstaub genießen, sondern auch einen ziemlich hohen Grad von Wärme haben. Um diese nöthige Wärme zu erzeugen und zusammen zu halten, legen sich die Bienen bei der Wachsabsonderung, womit jedoch stets zugleich das Wachsbauen verbunden ist, kettenweise in einem Haufen über einander; und indem sie so einige Stunden dem Aeußern nach unthätig verharrt haben, entstehen endlich erwähnte Wachsblättchen an den Bienen, welche sich im Innern des Klumpens befinden, und von den auswendig hängenden wie mit einem Vorhange verdeckt werden.

b) Das Verfahren der Bienen bei der Anfertigung des Zellenbaues ist schwer zu beschreiben, da solches geheimnißvoll und stets hinter einem dichten Vorhang von Bienen geschieht. Nur nach dem zu schließen, was man bisweilen beim Anbau der Zellen an die Glasfenster des Stockes sehen kann, bleiben die wachsausschwitzenden Bienen ruhig in der Mitte des Haufens hängen, andere aber nehmen ihnen die Wachsblättchen ab, zerkauen sie, vermischen damit wahrscheinlich eine Art Speichel, und bereiten somit das eigentliche Baumaterial vor, das auch auf der Stelle verwendet wird. *) Die Bienen bauen ihre Waben in der Regel von oben nach unten; auf welche Weise auch der Bau am schnellsten von statten geht. Beschwerlicher und daher langsamer wird der Bau seitwärts geführt, und am beschwerlichsten von unten nach oben. Bei hinreichender Volks- und Honigmenge kann ein Stock binnen 24 Stunden eine

---

*) Dr. Dönhoff sagt, die wachsausschwitzende Biene selbst streife sich mittelst der sogenannten Bürste des Hinterfußes die Wachsblättchen ab, und bringe sie dann mit den Vorderfüßen in den Mund.   D. B.

Scheibe von einem Fuß Länge und 6 Zoll Breite mit beiläufig 4000 Zellen zu Stande bringen.

Beim Bau einer Wachsscheibe legen die Bienen erst den Grund an der Decke des Stockes, indem sie hier eine gehörige Menge Wachs anhäufen und befestigen. Dann verlängern und erweitern sie diesen Anfang, so daß daraus ein Scheibchen in Linsenform entsteht, dessen scharfer Rand hernach die Zwischenwand bildet zwischen den Zellen, welche zu beiden Seiten darauf errichtet werden. Die neue Wabe behält diese Linsenform so lange, als sie nicht rechts oder links irgendwo antrifft und befestigt wird; indem immer die Zellen in der Mitte am längsten und gegen den Rand hin immer kürzer erscheinen. Stößt aber die Scheibe irgendwo an einer Seite des Stockes oder an eine andere Scheibe an, dann werden die jüngsten und kleineren Zellen länger gemacht, die Wabe wird zu beiden Seiten eben, und die Linsenform verschwindet.

Die Zellen erscheinen an der Grundlinie oder Wabenzwischenwand anfangs mehr rund, später jedoch in eckiger Gestalt. Durch Druck und Gegendruck, indem stets mehrere auf einmal errichtet werden, die von allen Seiten an einander stoßen, wird diese Form zu Stande gebracht.

Je zahlreicher die Arbeiter vorhanden sind, desto mehr Waben werden auf einmal angefangen. Jene, welche in einer Linie angefangen wurden, stoßen vergrößert an einander, und bilden dann nur e i n e größere. Die Waben neben einander werden stets in gleicher Entfernung und in paralleler oder gleichlaufender Richtung angelegt, wodurch regelmäßige Gassen entstehen, in denen sich die Bienen auf und ab bewegen können.

c) D i e   v e r s c h i e d e n e n   Z e l l e n. Es kann an einer Wachsscheibe verschiedene Zellen geben, die nach ihrer besonderen Bestimmung, Größe und Gestalt auch verschiedene Namen haben, als:

W e i s e l z e l l e n. Von diesen wurde schon im §. 4 das Nöthigste gesagt. Die Weiselzelle ist von runder Form, mit abwärts hängender Oeffnung, und hat nicht wie die andern Zellen die Nebenbestimmung der Honigaufbewahrung. Durch diese drei Merkmale unterscheidet sie sich von den übrigen Zellen.

B i e n e n = u n d   D r o h n e n z e l l e n. Solche sind zugleich mit den Weiselzellen in Fig. 2 Seite 35 abgebildet (d und e). Die B i e n e n z e l l e n sind an jeder vollkommenen Wabe, wie überhaupt

im Stocke, die häufigsten, und unter allen Zellengattungen die kleinsten. An der Wabe nehmen sie meistens den obersten Theil ein. Jede
solche Zelle hat als Grund eine dreieckige Vertiefung, und darauf ein
sechseckiges Zellenrohr, dessen Seiten vollkommen gleich sind. Solche
Zellen stehen wagrecht oder nur ein wenig mit der Mündung aufwärts
gerichtet, und in schön geordneten Reihen auf beiden Seiten der Scheibe.
Die Bienenzelle ist hauptsächlich bestimmt, das Ei und den Wurm zu
jungen Arbeitsbienen aufzunehmen. Drohnenzellen, welche selten
an dem oberen Theile der Scheibe, sondern meistens in der Mitte oder
an den Seiten in 20, 30 bis 40 Reihen vorkommen, haben mit den
Bienenzellen einerlei Form und Bauart, nur sind sie größer, weil
ihre Hauptbestimmung ist, die viel größeren Drohnenwürmer zu beherbergen.

Uebergangszellen. Würden die Bienen mitten im Bau
der Scheibe auf einmal von den kleinen oder Bienenzellen zu großen
oder Drohnenzellen übergehen, und so auch umgekehrt: so müßte dies
jederzeit eine bedeutende Unregelmäßigkeit zur Folge haben; indem die
größeren Zellen den kleineren durchaus nicht anpassend sind. Es würden
dann entweder unnütze leere Zwischenräume entstehen, oder es müßten
solche verschwenderisch mit Wachs ausgefüllt werden. Die Geschicklichkeit der Bienen weiß diesen Uebelstand zu vermeiden. Sie bauen
nämlich zwischen den Bienen= und Drohnenzellen zwei oder drei Reihen
Zwischenzellen, d. h. solche, die allmählig größer oder kleiner werden,
bis sie die Weite der beabsichtigten Drohnen= oder Bienenzellen erlangt
haben. Dergleichen außerordentliche oder Zwischenzellen heißen daher
mit Recht Uebergangszellen. Einige sind der Meinung, daß die im
§. 11 im Punkte b erwähnten sogenannten Drohnenmütter in diesen
Uebergangszellen erbrütet würden; was jedoch noch zu erweisen ist.

Befestigungszellen. Diese sind bestimmt, die Wachsscheibe an dem Deckel, an den Wänden und Querhölzern des Stockes,
und nach Erforderniß selber am Boden fest zu machen. Sollten die
sechseckigen Zellen einer Wabe an einer Wand befestigt werden, so
könnten diese Zellen nur mit einer scharfen Kante oder Ecke die Wand
berühren; es entstünde so immer zwischen 2 Zellen ein leerer Raum,
wo keine Befestigung möglich, und sonach das Ganze von geringer
Haltbarkeit wäre. Die kluge Baumeisterin Biene weiß auch hier ein
Mittel. Sie läßt die 6. Ecke von der gewöhnlichen Zelle hinweg, und
formt jetzt fünfeckige Zellen, von denen jene mit einer flachen Seite —

nicht mit der Ecke — die Wand berührt, und so ohne Zwischenraum zu lassen, fest angelöthet werden kann. Dergleichen Zellen werden nicht nur stärker als andere gebaut, sondern auch aus zäherem Material, nämlich aus einer Mischung von Kitt und Wachs. Nimmt die Schwere der Wachsscheibe, besonders durch den darin aufgespeicherten gewichtigen Honig zu, so verstärken die Bienen solche Befestigungszellen noch mehr, vornehmlich an der Decke des Stockes; indem sie solche daselbst nach und nach einem gänzlichen Umbau unterwerfen.

Zellen dieser Gattung an der Decke, woran die Scheiben hängen heißen **Grundzellen**; die an den Seiten, **Heftzellen**; und jene, welche den Wachsbau auf den Querbalken des Stockes und am Boden unterstützen, **Stützzellen**.

Honig- und Brutzellen. Jede Zelle des Stockes, die Weiselzellen ausgenommen, wird zur Aufbewahrung des Honigs verwendet, wenn dies die Nothwendigkeit erfordert, und wenn — was von der Bienen- und Drohnenzelle gilt — darin keine Brut erzogen wird. In diesem Sinne ist daher jede Zelle zugleich eine **Honigzelle**, so wie im Gegentheile die, worin Brut sich befindet, auch **Brutzelle** genannt werden kann.

Die Brutzellen kommen in der Regel in dem mittleren und unteren Theile der Scheibe vor, die Honigzellen im oberen. Da die Bienen mit dem Raume überaus sparsam umgehen, so benützen sie auch selber den kleinsten Winkel im Obertheile des Stockes zur Aufbewahrung des vorräthigen Honigs, und legen denselben auch an solchen Plätzen nieder, die weder an Größe noch Gestalt irgend einer Zellengattung ähnlich sehen.

d) **Noch einige Arbeiten zur Vollendung, Veränderung und Instandhaltung der Zellen. Verstärkung, Glättung und Färbung der Zellen.** Damit die Zellen durch die Anstrengung der Würmer und jungen Bienen, und noch mehr durch das häufige Daraufherum-, Heraus- und Hineingehen der Bienen nicht zerreißen, legen diese um die Zellenmündung eine Leiste von Wachs, welche an Dicke dreimal die Wände übertrifft, ja in den Winkeln noch dicker ist; weßwegen auch dann der Eingang mehr rund als eckig aussieht. Eine weitere Verstärkung folgt später. Anfangs nämlich sind die Zellen blendend weiß, beinahe durchsichtig, sehr zerbrechlich, und zwar glatt, jedoch unpolirt; in kurzer Zeit darauf aber erscheinen die Ränder härter, das ganze Gebäude glänzender

und mehr oder weniger von gelber Farbe. Denn die Bienen über=
ziehen zuletzt die ganze Scheibe, und vorzüglich die Zellenränder, mit
einem besonderen Firniß oder Lack, welchen sie aus Blumensaft in ihrem
Innern bereiten mögen, und der dem Ganzen Härte gibt. Die gelbe
Farbe aber rührt nach Dönhoff vom Blumenstaube her. Die Bienen
dünsten im Sommer diesen gelben Farbstoff aus, so lange sie Pollen
genießen. Späterhin nehmen die Wachsscheiben eine braune, und durch
langen Gebrauch zuletzt eine fast schwarze Farbe an.

Beim zufälligen Umbau einer frisch lackirten Scheibe beißen die
Bienen den Ueberzug wieder ab. Dann sieht man den Lack wie kleine
weiße Scherbchen auf dem Boden liegen; was auf dessen Härte und
Sprödigkeit schließen läßt.

Vergrößerung und Verkleinerung der Zellen.
Es wurde schon in dem vorausgehenden Punkte b gemeldet, daß, wenn
die Wachsscheibe sich nicht mehr ausdehnen kann, ihre Linsenform ver=
schwinde, weil jetzt die Bienen die am Rande stehenden jüngsten Zellen
länger machen. Bedeutendere Vergrößerungen aber pflegen sie wäh=
rend der Dauer der besten Honigtracht vorzunehmen. Ueberall wohin
sich die Brut nicht ausbreitet, und wo es der Raum zuläßt, werden
dann die Honigzellen zur Unterbringung des reichlichen Honigs ver=
längert, besonders in den Ecken und in den entferntesten Theilen des
Stockes, so daß zwischen den Honigscheiben nur gerade noch Raum
genug für eine Biene zum Durchgange bleibt. Man findet hier Zellen,
die 1 bis 1½ Zoll und darüber Länge haben.

Bisweilen erheischt die Nothwendigkeit das Gegentheil, nämlich
Verkürzung der Zellen. Nachdem sich z. B. im Frühjahre der Bie=
nenhaufe in die Honigscheiben hineingezehrt, und hier nun sein Lager
genommen hat, müssen die Bienen die verlängerten Honigzellen bis auf
die ursprüngliche Kürze abtragen, damit solche jetzt wieder als Brut=
zellen dienen können. Oder, wollen die Bienen eine alte Wachsscheibe,
deren Zellen nach unten vollständig ausgebaut sind, verlängern, dann
nagen sie zuvor die unteren Zellen ab, damit die Scheibe, unten schwä=
cher zulaufend mit scharfer Kante, und also in ihrer ursprünglichen
Linsenform erscheine. Hernach erst erweitern sie den Rand, und setzen
zur Verlängerung der Scheibe neue Zellen darauf.

Bedeckung der Zellen. Haben die Bienen bereits so viel
Honig eingesammelt, daß die Zellen damit bis oben angefüllt sind,
dann werden solche mit Deckeln verschlossen. Auch ein Theil Blumen=

staub wird so für den Winter aufbewahrt. Die Deckel werden bei jungen zarten Scheiben aus neuem, bei älteren Waben meistens aus schon gebrauchtem Wachse bereitet. Jene Deckel haben darum ein schönes weißes, diese dagegen ein graues oder schmutzig gelbes Aussehen. Das Wachs abgenommener Honigdeckel wird, in so weit es noch brauchbar ist, wieder verwendet, z. B. bei Reparaturen des Baues.

Auch die Brutzellen erhalten Deckel, und zwar, sobald die darin liegenden Bienenwürmer in den Nymphenzustand übergehen, oder sich einspinnen wollen. Ist die Zelle für den Bienenwurm zu kurz, z. B. bei falscher Brut, wo Drohnen in Bienenzellen erwachsen, so geben die Bienen dem Deckel eine höhere Wölbung. Die Brutdeckel bestehen aus Wachs und Faserstoff. Nach ausgeschlüpfter Brut zerkauen die Bienen die abgenommenen Deckel, und verwenden das darin enthaltene Wachs gleichfalls wieder zu andern Arbeiten. Um die Zeit der Schwärme aber, wo dergleichen Deckel von der häufig auskriechenden Brut zu Tausenden abgestoßen werden; wo es ohnedies auf allen Seiten nothwendige Arbeit gibt, und zugleich das Wachsausschwitzen im besten Gange ist: da werfen die Bienen viele Brutdeckel unbenützt auf den Boden und aus dem Stocke.

Die Honigdeckel sind in der Mitte mehr eingesenkt, die Brutdeckel dagegen erhaben.

Säuberung und Reparatur der Zellen. Die Bienen lieben die Reinlichkeit. Sobald nur der kommende Frühling freiere Bewegung erlaubt, geht im Stocke das Fegen und Putzen an. Jetzt wird der Winterschimmel, der sich etwa an den Zellen angesetzt hat, abgenagt, todte Bienen, verhärteter Blumenstaub, verzuckerter und ungenießbar gewordener Honig, wie überhaupt jeder Unrath, werden fortgeschafft, und besonders jene Räume blank hergestellt, wo sich jetzt das Brutnest immer mehr ausdehnen soll. Aus den Brutzellen, wo die jungen Bienen jedesmal zwei Häutchen zurücklassen, wird das innerste sammt allem Unrathe des Bienenwurmes herausgezogen und entfernt, das äußerste aber, ein feines seidenartiges Gespinnste, das sich fest an die Zellen anschmiegt, bleibt, und wird blos ausgeglättet. Da 5-, 10-, wohl auch 20mal nach einander in derselben Zelle Brut erzogen wird, so können sich eben so viele Häutchen darin befinden. Diese Häutchen tragen wenigstens zur Erhärtung und Festigkeit der Zellen bei, machen den Bau für den Winter warm, verkleinern jedoch die Zellen und geben ihnen zuletzt ein alles schwarzes Ansehen. Nichts desto weniger wissen die Bienen solche veraltete Scheiben so herzurichten, daß die Zellen, bevor wieder Brut eingeschlagen wird, glänzend polirt erscheinen. Auch dergleichen alte Honigzellen scheuern die Bienen zuerst blank, ehe sie darin Honig aufbewahren.

Gleich eifrig und geschickt stellen sich die Bienen zur Ausbesserung schadhaft gewordener Zellen an. Haben die Wachsscheiben da oder dort durch Mäuse- oder Mottenfraß gelitten; sind wegen der Sprödigkeit des Wachses im Winter im Gebäude Risse entstanden; hat sich eine Honigscheibe vermöge ihrer Schwere oder wegen einer zufälligen Erschütterung des Stockes abgelöst: dann säumen die Arbeiter nicht, sobald es die Temperatur erlaubt, den Schaden wieder gut zu machen, und größerem vorzubeugen. Da wird eingerissen, abgetragen, angebaut, verbunden, gestützt, altes Material verwendet, neues erzeugt; und dies Alles in möglichster Eile.

Auch aus fremden Stöcken eingesetzte, schadhafte Scheiben werden reparirt. Vor allen machen die Bienen solche eingesetzte Scheiben unter einander und auf allen Seiten fest, und bringen sie mit den ihrigen in Verbindnng. Hierauf bessern sie die mangelhaften Zellen daran aus, und zwar mit neuem Wachse.

Niemals leiden die Bienen gern in ihrem Gebäude, das stets ein geschlossenes Ganzes bildet, Lücken, noch oberhalb desselben leeren Raum. Mit aller Kraftanstrengung suchen sie solche Räume mit Neuban auszufüllen.

Daß die Bienen starker Stöcke kleinere Reparaturen zuweilen auch mitten im Winter vornehmen, wenn sie sich dabei nicht zu weit von ihrem Lager entfernen dürfen, davon wurde im §. 13 Seite 56 ein merkwürdiges Beispiel angeführt.

Die Zusammenstellung und Richtung der Wachsscheiben. Die Bienen bauen gewöhnlich, wenn die Arbeiter zahlreich sind, mehrere Scheiben auf einmal, so, daß sie z. B. nachdem die erste Scheibe einen Zoll Länge hat, gleich darneben rechts und links eine zweite und dritte, und wenn auch diese um etwas vorgerückt sind, auch die vierte und fünfte anfangen, und mit der ersten zu verlängern fortfahren. Die mittleren oder wenigstens die zuerst angefangenen Scheiben sind daher, wenn der Bau noch nicht geschlossen, und der leere Raum damit noch nicht ausgefüllt ist, stets die breitesten und längsten, während die Seitenscheiben von unten hinauf in gleichen Abstufungen immer kürzer da hängen.

In der Regel hängen die Scheiben senkrecht und mit einander parallel, so daß zwischen zweien für die Bienen Raum zum Durchgehen bleibt. Wo aber die Scheiben sehr breit und groß sind, dort werden noch hie und da in der Mitte der Scheiben runde Oeffnungen als Durchgänge angebracht, um durch selbe auf kürzerem Wege zwischen andere Waben des Baues gelangen zu können.

Ausnahmsweise findet man auch Scheiben in schiefer Richtung. Sind die Scheiben sehr groß, und im Stocke nicht genug Querhölzer zur Befestigung, dann krümmen sich zuweilen solche Scheiben durch den Einfluß wechselnder Temperatur, und nehmen eine schiefe Richtung an. In derselben Richtung bauen hernach die Bienen auch die noch hinzukommenden, um den Paralismus, d. h. gleiche Entfernung der Waben von einander und gleich weite Gassen, zu erhalten. Kleinere Krümmungen aber wissen manchmal die Bienen nach und nach durch Verkürzung oder Verlängerung der Zellen wieder auszugleichen. Die Ecken und andere kleinere Zwischenräume werden durch Zwickel von verschiedener aber zweckmäßiger Gestalt und Richtung ausgefüllt.

Die Richtung der Scheiben der Breite nach, kann eine dreifache sein, und es läßt sich in diesem Bezuge ein dreifacher Bau unterscheiden: der warme Bau, wenn die Scheiben mit der breiten Seite, der kalte Bau, wenn solche mit den Kanten gegen das Flugloch stehen, und endlich der schräge oder Kreuzbau, wenn die Richtung der Scheiben zwischen den beiden erstern das Mittel hält. Erstgenannter Bau heißt der warme, weil die in der Quere an dem Flugloche hängenden Scheiben im Winter die Wärme des Stockes besser zusammenhalten, und die äußere Kälte weniger einlassen, als die von entgegengesetzter Richtung des eben deswegen so genannten kalten Baues. Dennoch sieht meistens der Bienenpfleger den kalten Bau lieber, theils, weil dieser eine bessere Einsicht zwischen die Waben, auf das Lager der Bienen und die Brut gestattet; theils auch, weil bei solcher Richtung der Waben die äußere Luft ungehinderter einwirken kann, so daß hier weniger Feuchte und Schimmel entstehen, und der Stock überhaupt gesünder durchwintert.

Es scheint zwar den Bienen gleichgiltig zu sein, welche Richtung sie dem beginnenden Wachsbaue geben; dennoch aber lassen sie sich hiezu meistens von der Beschaffenheit des Bretes oder Deckels, woran die Scheiben angefangen und befestiget werden müssen, bestimmen. Sind da bedeutende Unebenheiten, besonders längliche Erhöhungen und Vertiefungen, so legen sie gewöhnlich auf den erhabenen Theilen den Grund des Baues, und führen solchen in der Richtung derselben fort. Man kann daher diese Erfahrung benützen, und auch den Bienen die Richtung des Baues willkürlich vorschreiben. Z. B. Man darf nur an der inwendigen Seite des Kopfbretes mit einem Messer in der gewünschten Richtung 3 bis 4 Linien tiefe und breite Rinnen so schneiden, daß immer zwischen zwei Rinnen ein Streifen Holz von der Dicke einer gewöhnlichen Wachsscheibe stehen bleibt; dann gründet der neu eingefaßte Schwarm längs den Rinnen seinen Bau, und führt denselben auf dem erhöhten Holze fort. Bei Strohkörben von platten Deckeln befestiget man in dem obersten Rande des Stockes, worauf der Deckel ruht, breite Querhölzer so, daß immer zwischen zweien ein Raum von einigen Linien bleibt, dann werden die Waben in der Richtung dieser Hölzer und an denselben fortgeführt.

Nicht selten sieht man in einem liegenden Stocke kalten und warmen Bau zugleich entstehen. Die Ursache hievon ist: entweder ist das Volk sehr zahlreich, so daß auf einem einzigen Punkte wegen Mangel an Raum nicht alle Bienen mitarbeiten können, und darum ein Theil von ihnen einen getrennten Bau unternimmt, der zufällig eine andere Richtung bekommt; oder ist der Schwarm aus mehreren zusammengesetzt, — ein kopulirter — dessen Völker sich beim Beginne des Baues noch nicht vollkommen vereiniget hatten, und die daher von einander getrennt, zufällig da oder dort, nach dieser oder jener Richtung hin, den häuslichen Herd zu gründen angefangen haben.

2. Die Honigbereitung.

Der aus dem Felde heimgebrachte und über Tags in größter Eile aufbewahrte Honigsaft wird nach beendigtem Tagewerke von den Bienen wieder eingeschlürft, um ihn jetzt erst in der Honigblase zu kochen, zu läutern und zu verdicken. Nach einigen Stunden bricht ihn die Biene in die dazu bereitete Zelle wieder aus, wo er nun Geruch, Geschmack, Farbe und Dicke des wirklichen Honigs hat. Blickt man in den Mittagsstunden eines guten Honigtages in den Bienenstock, so sieht man die untersten Zellen der Waben, besonders in der Nähe des Flugloches, häufig mit gelblichem Safte angefüllt: dies ist der frisch eingetragene Honigsaft. Am andern Morgen ist er aus den unteren Zellen verschwunden und erscheint nun in den oberen oder eigentli=

chen Honigzellen als raffinirter und aufgehobener Honig. Nach einiger Zeit, wenn die Zellen bis obenan gefüllt sind, werden solche mit Deckeln verschlossen.

Die Honigläuterung findet sowohl mit der Wachsabsonderung zugleich statt, während nämlich die mit Honigsaft geschwängerten Bienen in einem gemeinsamen Haufen beisammen hängen, als auch allein; wo dann die Arbeiter an den Wänden des Stockes regungslos kleinere Haufen oder einzelne Ketten bilden, und auch nur einzeln herumsitzen. Auch vor dem Flugloche — wie beim Vorliegen erwähnt wurde — warten die Bienen zuweilen die Honigläuterung ab.

Je mehr die Bienen dem Geschäfte der Honigläuterung obliegen, desto gefüllter ist die Giftblase, und desto mehr sind sie zum Zorne und Stiche geneigt.

Je älter der Honig in den Zellen wird, desto mehr verdickt er; ja zuletzt verkörnt, verzuckert oder krystallisirt er. In sehr trockenen Jahrgängen ist er schon von Natur aus dicker und pechartig, in nassen Sommern dagegen mehr dünn und flüssig.

3. Die Bearbeitung und Aufbewahrung des Blumenstaubes.

Die mit Blumenstaubbällchen an den Hinterfüßen aus dem Felde heimkehrende Biene sucht unverweilt die dazu bestimmte Zelle, klammert sich mit den Vorderfüßen an den Rand, streckt die Hinterfüße hinab, und streift hernach mit den beiden Mittelfüßen davon die Bällchen hinein. Hierauf entfernt sich die Lastträgerin, und eine andere Arbeiterin übernimmt es, die Bällchen zu zerkleinern und auf dem Boden der Zelle auszubreiten.

Da die Bienen den Blumenstaub zu jeder Jahreszeit — vornehmlich für die Brut — nothwendig haben, so sammeln sie davon einen Vorrath und bewahren solchen auf. Sie legen daher immer in der Nähe des Brutnestes auch ein Magazin von Blumenstaub an, d. h. sie tragen denselben hier in viele Zellen zusammen, und stampfen ihn darin schichtenweise fest. Sind hiezu genug Zellen bereit, so geben die Bienen gewöhnlich nur den Staub von einer und derselben Blumengattung in eine Zelle; wo aber die Zellen nicht wohl ausreichen, da kommen auch Schichten von verschiedenartigen über einander; jedoch wird immer zwischen den mancherlei Schichten eine Lage Honig gebracht. Ganz angefüllte Zellen werden zuletzt wie Honigzellen verdeckelt. Die ganze Aufbewahrungsweise scheint zu geschehen, um die Vertrocknung und Gährung und überhaupt das Verderben des Blumenstaubes desto sicherer zu verhüten. *)

4. Die Pflege und Erziehung der Brut.

Unter Brut, welche der Gegenstand der elterlichen Liebe und Pflege der Arbeitsbienen ist, versteht man alle in den Zellen befindliche Eier, Würmer oder Larven und Nymphen, woraus Weisel, Drohnen und Arbeitsbienen entstehen. Daß die Bienen die Zelle für das Ei vorbereiten, die Bienenmade mit dem nöthigen Futtersaft versehen, und, wenn sich diese einpuppen oder in das vollkommene Insekt verwandeln will, die Zelle mit einem Deckel verschließen; dies Alles wurde bereits im Vorausgehenden angeführt. Nur wird hier noch bemerkt, daß zugleich die Sorgfalt der Bienen besonders dahin geht, die sämmtliche Brut — bedeckelte wie unbedeckelte — gehörig warm zu halten. Denn, je höher jetzt der Wärmegrad im Stocke, desto kräftiger entwickeln sich die Nymphen, und desto früher schlüpfen die jungen Bienen aus. Die Bienen bedecken daher in dichten Lagen die Zellen Tag und Nacht, besonders bei kühler Witterung, und brüten so im wahren Sinne des Wortes. Nicht leicht ist Etwas im Stande, sie von der Brut zu entfernen, und selbst, wenn Rauch angewendet wird, leisten sie den möglichsten Widerstand. Wenn im Herbste zur Zeit, wo noch viele Brut in den Stöcken vorhanden ist, oder im Frühjahre, wo sich dieselbe schon weit ausgebreitet hat, plötzlich starker Frost eintritt, der den gemeinsamen Bienenhaufen nöthigt, sich der Selbsterhaltung und der inneren Brut wegen enger zusammen zu ziehen: dann bleibt die zu äußerst stehende Brut dem Verderben preisgegeben; allein die darauf sitzenden Bienen können sich davon nicht trennen; sie fahren fort, die geliebten Kinder mit ihren Leibern zu bedecken, bis ihnen endlich selber die Wärme entgeht, und sie sammt der Brut erfrieren.

Im Sommer, wo zahlreiches Volk und häufige Brut, so wie auch der Einfluß der äußeren hohen Temperatur die innere Wärme

---

*) Merkwürdig ist, daß die Bienen den Blumenstaub nur in Bienenzellen in Drohnenzellen niederlegen. — In weisellosen Stöcken findet man gewöhnlich einen großen Vorrath von Blumenstaub; natürlich, weil sie kein Wachs bauen, und wenige oder gar keine Brut zu ernähren haben; wozu eben vornehmlich der Blumenstaub dient. D. V.

des Stockes ohnedies bis zur Hitze steigern, brauchen natürlich die Bienen die Brut weniger zu belagern, und können sich davon oft ganz entfernen.

Die herangereiften Jungen beißen selber den Deckel der Geburts= zelle ringsum ab, und kriechen heraus. Selten sind ihnen dabei die Alten behilflich. Höchstens nehmen diese die Deckel vollends hinweg und reichen den Neugebornen mit ihren Rüsseln Honig zur Stärkung. Dann belecken sie solche mit sichtbarer Freude am ganzen Körper, säubern sie, strecken und dehnen ihnen die zarten Glieder aus und füttern sie so lang, bis endlich die Zeit kommt, wo sie dieselben wäh= rend eines lustigen Vorspiels aus dem Stocke führen und ihnen so gleichsam ihren auswärtigen Beruf anweisen können.

Zuweilen hört jedoch bei den Bienen die Pflege der Brut und überhaupt die Liebe zu den Jungen auch gänzlich auf, dann nämlich: wenn dies das Gemeinwohl des Volkes oder auch oft nur der Spartrieb und selbst nur bloßer Honiggeiz verlangt. So z. B. ziehen sie die Königsmaden aus den Weiselzellen, wenn sich dem Schwärmen Hindernisse entgegenstellen; so werfen sie ganze Hände voll Drohnen= brut aus gleicher Ursache, und wenn Mangel an leeren Zellen für den Honig ist, aus dem Stocke; so stoßen sie unbarmherzig fehler= hafte Junge ohneweiters aus — was Alles schon im Früheren gesagt wurde: ja sie sind im Stande, wenn es an leeren Zellen gebricht für den Honig, diesem auch gute Bienenbrut, welche sie herausreißen, zum Opfer zu bringen. Endlich ein Stock, welcher andere beraubt und den Honigdiebstahl längere Zeit treibt, vernachlässiget über dem Ho= niggewerbe die Pflege der eigenen Brut.

Ueber sogenannte Buckelbrut siehe den XIV. Abschnitt des III. Hauptstücks. Punkt b und c.

5. Das Verkitten.

Das Geschäft des Verkittens betreiben die Bienen meistens zur Zeit, wo weniger andere wichtige Arbeiten sind, z B. vor der Tracht; am häufigsten jedoch nach derselben im Herbste. Den eingetragenen Kitt, von welchem im §. 14 — Punkt 8 — ein Mehreres gesagt ist, setzen die Bienen gewöhnlich erst irgendwo im Stocke in größerer Menge an und lassen ihn trockener und härter werden. Beim Ge= brauche befeuchten sie diese Kittmasse mit der Zunge und lösen sie so wieder auf. Wenn Kitt mangelt, wird statt desselben auch altes Wachs gebraucht.

§. 16. Ueber die verschiedene Thätigkeit der Arbeitsbienen überhaupt und über das damit zusammenhängende Alter derselben.

Während noch manches andere Nebengeschäft der Arbeitsbiene hier unerwähnt bleibt, weil es im Verlaufe der nachfolgenden Haupt= stücke gelegenheitlich besprochen werden wird; soll jetzt nur noch der verschiedenen Thätigkeit zwischen jungen und alten Bienen gedacht werden. — Junge d. h. diesjährige, erst vor Tagen oder Wochen er= zeugte — sind die arbeitsamsten und thätigsten. Sie betreiben mehr den Zellenbau, die Pflege der Brut, die Läuterung und Bedeckung des Honigs, kurz häusliche Geschäfte. Beim Ausfluge sind sie vor= züglich die Blumenstaubsammler; wobei ihnen ihr behaarter Körper besonders zu statten kommt. Die älteren Bienen dagegen, welche man an der Glätte und Schwärze des Körpers, häufig auch an den zer= schlitzten Flügeln erkennt, sitzen oft unthätig am Baue an den Seiten= tafeln, oder bei großer Volksanzahl auch vor dem Flugloche. Sie fliegen meistens Nachmittags aus, und geben sich jetzt vornehmlich mit Honigsammeln ab. Sie erscheinen viel gleichgiltiger gegen die Brut und selbst gegen die Königin; und nur junge Bienen unternehmen es, beim Abgange des Weisels aus vorhandener tauglicher Brut sich einen neuen zu erbrüten; was besonders beim Ablegermachen zu berücksich= tigen ist. —

Junge Bienen, weil sie sich vorzüglich mit der Wachs= und Futtersaft=Erzeugung befassen, sind stark mit Blumenstaub angefüllt; erscheinen daher größer als die alten, welche blos Honig genießen und mit leichtem Körper das Geschäft des Honigsammelns betreiben. Jene sind sanft und schüchtern, diese aber zum Stiche geneigt und stets zur Vertheidigung des Stockes bereit.

Hinsichtlich des Alters kann als Regel angenommen werden, daß bei häufiger Arbeit im Sommer die Bienen kaum 6 bis 10 Wochen alt werden; indem sie häufig im Felde durch Regen, Wind, Spinnen, Vogelfraß u. s. w. verunglücken. Zu Ende der Tracht geborne, die ihre Kräfte schonen können, erhalten ihr Leben bis zur künftigen Tracht und können also 9—10 Monate alt werden.

6 *

Das Schwärmen.

§. 17. Entstehung der Schwärme und ihre besonderen Bedingnisse.

Das Allmachtswort des großen Schöpfers: „Wachset und mehret euch!" geht bei den Bienen recht wunderbar auf eine doppelte Weise in Erfüllung. Einmal schon an jeder der drei Bienenarten, als einzelnen Theilen der Kolonie — mittelst der Zeugung, Eierlage und Brut; das anderemal aber an dem Ganzen selber, d. i. an der sämmtlichen Kolonie, durch das sogenannte S ch w ä r m e n. Jene erste Vermehrung wurde bereits mit in den vorausgehenden §§. besprochen; darum wird hier nur noch von der zweiten — vom Schwärmen — die Rede sein.

Das Schwärmen ist die Absonderung einer neuen Bienenkolonie von einer alten, oder die Geburt eines jungen Stockes von einem Mutterstocke. Der neugeborne Stock heißt Schwarm.

Im Allgemeinen entstehen Schwärme auf folgende Weise. Mit dem Erwachen der Natur und der Zunahme der Fruchtbarkeit im Frühjahre, wird auch der Fortpflanzungstrieb der Königin und Arbeitsbienen immer stärker. Die gemeine Bienenbrut vermehrt sich zusehends und in dem Maße, wie auch jetzt Honig und Blüthenstaub alle Tage reichlicher im Stocke aufgespeichert werden. Und obschon nun ebenfalls der Wachsbau mit aller Anstrengung betrieben wird, und täglich Tausende von Zellen gebaut werden, so reichen diese doch bald nicht zu, die häufige Brut und das eingesammelte Gut des Feldes gehörig aufzunehmen. Als ein Zeichen der jetzt immer mehr zunehmenden Vollkommenheit des Stockes kommt nunmehr auch zahlreiche Drohnenbrut zum Vorschein, so wie zuletzt sogar Königsbrut — als Beweis von dem höchsten Flor der Kolonie. Jetzt herrscht Ueberfluß und Uebermaß im Stocke, dabei jedoch zugleich ein gewisses Mißverhältniß hinsichtlich des Volkes, der Zellen, des nöthigen Raumes, der Temperatur und der Königinnen, von welchen später doch nur Eine bleiben darf. Ein Haufen Bienen nach dem andern, von einer gewissen Anzahl Drohnen und von einer oder einigen Königinnen begleitet, verläßt daher nach verschiedenen Zeiträumen das angestammte Reich, um sich anderswo anzusiedeln und neue Reiche zu gründen; oder die Stöcke s ch w ä r m e n.

Besondere Bedingnisse zum Schwärmen sind:

a) Eine gesunde, vorzüglich fruchtbare Bienenmutter oder Königin, von dem Alter wenigstens eines Jahres. Stöcke mit diesjähri= gen jungen Königinnen schwärmen in unserem Klima nicht.

b) Zahlreiches Volk. Nur ein solches kann den zum Schwärmen nothwendigen Ueberfluß und oben erwähntes Mißverhältniß bewirken. *)

c) Reichlicher Honig im Felde und im Stocke. Dieser steigert die Fruchtbarkeit der Königin, vermehrt das Volk und befördert den Wachsbau. Hieraus läßt sich erklären, daß — wie bekannt — Honigfütterung dem Schwärmen Vorschub leistet; und wie im Gegentheile in unfruchtbaren Frühjahren und in honigarmen Ge= genden nur wenige Schwärme fallen.

d) Zeitliche und reiche Blumenstaubtracht im Frühjahre. Wo diese fehlt, läßt sich durch Mehlfütterung nachhelfen.

e) Ein junger, wenigstens noch gut erhaltener und nicht zu weitläufiger oder großer Wachsbau. Vorjährige gute Schwärme schwärmen in der Regel am liebsten; vielleicht blos ihres jungen Wachsbaues wegen. — In einem zu weitläufigen Gebäude aber beschäftigen sich die Bienen zu eifrig und zu lang mit der Ausfüllung des= selben durch Brut und Honig und vergessen so das Schwärmen.

f) Ein ziemlich hoher Wärmegrad im Stocke. Stöcke auf einem kühlen, schattigen Stande schwärmen seltener.

g) Eine nicht zu geräumige Bienenwohnung. In einem Stocke von großer Weite und Höhe steigt nicht nur allein die Wärme nicht leicht zur erforderlichen Höhe, sondern die Bienen bestreben sich auch zu lange Zeit, die weite Leere mit Wachs auszufüllen. Endlich

h) Günstige Witterung zur Zeit des Schwärmens. Selbst wenn die Anstalten zum Schwärmen in einem Stocke schon so weit

---

*) Bisweilen geschieht es, daß unter mehreren vollkommenen Stöcken gerade der schwächere schwärmt. Dies gilt nur als Ausnahme von der Regel. Meistens ging bei einem solchen Mutterstocke der alte Weisel zu Grunde, und die meh= reren erbrüteten jungen Weisel gaben die Veranlassung zum Schwärmen. Solche Schwärme sind daher meistens Singervorschwärme, von denen der folgende §. spricht.   D. V.

vorgebiehen sind, daß der Schwarm jede Stunde ausziehen könnte, wird dennoch häufig aus dem Schwärmen nichts, wenn mehrere rauhe oder Regentage einfallen, welche den gewöhnlichen Flug der Bienen und das Einsammeln verbieten. Der Mutterstock sieht hier gleichsam ein, daß der ausgeschickte Schwarm ohne Honigverdienst sein und also in Gefahr kommen könne, und daß er selber durch die fernere Ernährung des vorbereiteten Schwarmes, wie auch durch die Honig=Mitgift an denselben seine eigenen Vorräthe sehr würde schmälern müssen; er verzichtet daher lieber ganz auf's Schwärmen und wirft zum Beweise dessen die Königsbrut, manchmal auch die Drohnenbrut zum Stocke hinaus.

Da allen diesen Bedingnissen, natürlicher Hindernisse wegen, nicht bei jedem Stocke, nicht in jeder Gegend und in jedem Jahrgange entsprochen werden kann; und da vorzüglich die Honigergiebigkeit des Jahrganges und die günstige Witterung stets nur dem Zufalle überlassen bleiben: so leuchtet ein, daß die Schwärme niemals mit voller Gewißheit erwartet, und selbst durch die thätigste und geschickteste Mitwirkung des Bienenpflegers nicht immer erzwungen werden können.

§. 18. Die verschiedenen Gattungen der Schwärme.

Die Schwärme sind nach mancherlei Umständen, unter denen sie fallen, verschieden, und haben ebenso verschiedene Namen. Hier folgt ihre Beschreibung.

a) Der Erst= oder Vorschwarm. So heißt jener, welchen ein Mutterstock zuerst und vor allen übrigen abstößt. Er hat die alte Mutterbiene bei sich, 5000 bis 15000 Arbeitsbienen und 50 bis 300 Drohnen. Solche Schwärme sind für die Fortpflanzung und für das Gedeihen der Bienenzucht die besten; weil sie am zeitlichsten und in der üppigsten Honigtracht fallen, in der Regel das meiste Volk besitzen, und darum im Stande sind, schon binnen 14 bis 20 Tagen nicht nur den nöthigen Wachsbau herzustellen, sondern selbst auch 20 bis 25 Pfund Honig, den ganzen Nahrungsbedarf für den Winter und noch darüber einzusammeln.

Ein besonderer Vorzug des vollkommenen Vorschwarmes vor jedem andern liegt in seiner befruchteten Königin. Ohne jenen Gefahren ausgesetzt zu sein, denen andere Stöcke von unbefruch=

teten Weiseln bei der erst zu geschehenden Befruchtung derselben unterworfen sind, beginnt bei ihm ohne Zögerung das Werk der Volksvermehrung. Eben jetzt in der fruchtbarsten Eierlage begriffen, legt die alte Königin in die eiligst erbauten Zellen der neuen Wohnung schon am zweiten Tage Eier. Nach etlichen 20 Tagen schlüpfen davon schon tagtäglich mehr junge Bienen aus, welche das durch Unfall oder natürlichen Tod abgehende Volk fortwährend ergänzen, das noch vorhandene verstärken, die Honigschätze vermehren und überhaupt den Fortbestand und die Wohlfahrt der neuen Kolonie noch im gegenwärtigen Sommer sichern helfen.

b) **Nachschwärme.** So werden alle Schwärme benannt, die aus demselben Mutterstocke nach dem Vor= oder Erstschwarme aus= ziehen. Nach der Ordnung, in welcher sie dem Erstschwarme folgen, heißt man sie auch **Zweit=**, **Dritt= Viertschwärme** u. s. w.

Zweitschwärme bestehen nach Verschiedenheit aus 1, 2, 3 bis 6 jungen Weiseln, aus 3000 bis 10000 Arbeitsbienen und 200 bis 400 Drohnen. Drittschwärme zählen gewöhnlich 2 oder 3 junge Kö= niginnen, selten über 4000—8000 Arbeitsbienen und verhältnißmäßig noch mehr Drohnen als Erst= und Zweitschwärme. Viertschwärme sind in unserer Gegend selten. Sie besitzen meistens nur eine Königin und kaum 1000 Bienen.

Wenn der Erst= oder Zweitschwarm, etwa eines Hindernisses wegen beim Auszug, schwächer ausfiel, erscheint der nachfolgende Zweit= oder Drittschwarm um so stärker; weil die das erstemal zurückge= bliebenen und seitdem noch ausgeschlüpften jungen Bienen sich zum letztern Schwarme gesellen.

Alle Nachschwärme haben einen bedeutend geringeren Werth als ordentliche Vorschwärme. Für's Erste besitzen sie weniger Volk und fallen in spätere Zeit, meistens wo schon bald der Wachsbau einge= stellt wird, und die beste Tracht vorüber ist; weßhalb sie sich nur aus= nahmsweise unter besonders günstigen Umständen hinlänglich für den Winter versorgen können. Für's Zweite ist die Königin eines solchen Schwarmes stets nur eine junge und unbefruchtete. Es verstreichen oft erst einige Tage, ehe sie befruchtet wird, darauf noch einige, ehe sie wirklich Eier zu legen anfängt; mithin erscheinen dann die jungen Bienen um 8 oder mehr Tage später als bei einem Vorschwarme; was also die Volksvermehrung zum Nachtheile des Stockes verspätet. Es mißglückt auch zuweilen die Befruchtung gänzlich, oder ungünstige Witterung schiebt sie, den Befruchtungsausflug hindernd, wochenlang auf; oder die Königin geht beim Ausfluge wohl gar verloren u. dgl.

Uebrigens wäre zwischen einem Vorschwarme mit einer alten Königin, (von etwa 3 Jahren) und einem Nachschwarme mit einer fruchtbaren jungen Mutter bei anderseitigen gleichen Verhältnißen, letzterer als der beßere vorzuziehen, insofern hier die zunehmende Fruchtbarkeit der jungen Mutter für das künftige Gedeihen des Stockes mehr Bürgschaft leistet, als dort die schon abnehmende der alten.

Ueber die Entstehung der Nachschwärme gibt schon das, was in §§. 3 und 4 (S. 29—32) von der Stimme und von der Entstehung der Königin gemeldet wurde, einigen Aufschluß. Hiezu noch gegenwärtige Ergänzung.

Wenn die alte Königin mit dem Vorschwarme auszieht, sind bereits die jungen Weisel in verschiedenen Stadien oder Stufen ihrer Ausbildung im Stocke vorfindig, und die ältesten davon, wenn nicht gar dem Ausschlüpfen — was jedoch selten der Fall ist — wenigstens der Verpuppung nahe. Vor diesen gefährlichen Nebenbuhlerinnen flüchtet sich nun die alte Regentin noch zur guten Zeit, indem sie mit dem Vorschwarme auszieht. Hierauf verlaßen denn wirklich eine oder einige junge Prinzeſſinnen ihre Geburtszellen; andere wieder werden von der Furcht vor der tühtenden Nebenbuhlerin Tage lang darin zurückgehalten. Erstere mit ihrem lauten Tüh! letztere mit ihrem dumpfen Qua! wollen der Gefahr im Stocke entgehen, werben durch ihren Ruf um Volksparteien und fordern solche zugleich zum Auszuge auf. Endlich geben die Parteien den Willen drein, und sie verlaßen nun, oft sammt allen bis jetzt flügge gewordenen Königinnen, den Stock. So entsteht der Zweitschwarm. Sein Auszug findet gewöhnlich am 7. oder 9., bei ungünstiger Witterung auch wohl erst am 14. bis 17., selten schon am 3. Tage nach Abgang des Vorschwarmes statt.

Der Drittschwarm, wenn ein solcher möglich ist, folgt dem Zweitschwarme meistens schon am dritten Tage, und unter den nämlichen Umständen.

c) Der Singervorschwarm ist das Mittelding zwischen dem Vor- und Nachschwarme. Er zieht nämlich von einem Mutterstocke als der erste Schwarm aus, und besitzt das zahlreiche Volk des Vorschwarmes, hat jedoch wie ein Nachschwarm nur junge, unbefruchtete Königinnen. Sein Entstehen ist folgendes:

Bisweilen stirbt eine alte Königin durch übermäßiges Eier=
legen oder wie immer kurz vor der Auszugszeit des Vorschwar=
mes; oder — was am häufigsten geschieht — sie kann sich
wegen anhaltender schlechter Witterung nicht mit dem Vorschwarme
vor den auskriechenden jungen Weiseln flüchten. Sie bleibt also
im Stocke und wird dann der ersten ausgeschlüpften Nebenbuhle=
rin geopfert, und von derselben gemordet oder auch von den
Bienen durch Erstickung getödtet. Sodann geht, nach vorausge=
gangenem Rufen oder Singen (Tüh! oder Qua!) der flügge ge=
wordenen jungen Weisel, der Schwarm wie ein jeder andere Nach=
schwarm ab. Dieses Singens wegen heißt auch ein solcher Erst=
schwarm Singervorschwarm.

Der Singervorschwarm hat nur insofern geringeren Werth als
ein vollkommener Vorschwarm, als er meistens um einige Tage
später zum Vorschein kommt, als dieser, und eine noch unbefruch=
tete Königin besitzt. *)

d) Jungfernschwärme. In besonders zeitlichen und honigreichen
Frühjahren ereignet es sich — wiewohl in unseren Gegenden
selten — daß ein diesjähriger zeitlicher Vorschwarm noch im näm=
lichen Sommer wieder schwärmt. Sein jetziger Vorschwarm heißt
Jungfer=Vorschwarm, und wenn demselben auch ein Nach=
schwarm folgt — was noch seltener der Fall ist — so wird
solcher Jungfer=Nachschwarm genannt. Jungfernschwärme
können nicht anders als schon im vorgerückten Sommer fallen,
wo sie dann nicht leicht mehr ihre nothwendige Nahrung finden;
sie sind daher nicht wünschenswerth.

e) Doppelschwärme, und zwar natürliche, nennt man solche,
wo sich zwei oder mehrere Völker gleich beim Schwärmen selber
zu einem einzigen vereinigen; künstliche aber, wo diese Ver=
einigung mit Fleiß durch den Bienenpfleger bewerkstelliget wird.
Bei zahlreichen Bienenständen schwärmen oft mehrere Stöcke zu=
gleich, und zwei oder mehrere Schwärme fallen da nicht selten
auf einen Haufen zusammen. Sind es Nachschwärme, so ist die
Sache erwünscht; denn es bildet sich von selbst aus einigen

---

*) Da man in Erfahrung gebracht hat, daß auch alte Weisel, wenn auch selten,
tühten: so ist es möglich, daß sich ein solcher auch bei einem Singer=Vor=
schwarm befinden könne.   D. B.

Schwächlingen eine starke Kolonie. Sind jedoch die zusammen=
gefallenen schöne Vorschwärme, dann müssen sie getrennt werden,
weil jeder einzelne an sich schon einen guten Stock ausmachen
kann, und es Schade wäre um die fruchtbaren Mütter, die als
überflüssig beim Doppelstocke getödtet würden.

Die künstlichen Doppelschwärme macht der Bienenpfleger gleich=
falls, um aus zwei oder drei schwachen, besonders Nachschwär=
men, einen einzigen guten Stock zu bilden; indem er solche ent=
weder gleich beim Schwärmen oder kurze Zeit darauf in eine
einzige Wohnung zusammengibt.

Vor= und Nachschwärme, oder Schwärme von befruchteten und
unbefruchteten Weiseln sind gegen einander Todfeinde und lassen
sich sehr schwer vereinigen. Es kann daher die Verdopplung nur
bei Schwärmen von gleicher Beschaffenheit mit Vortheil geschehen.

f) Nothschwärme. Im zeitlichen Frühjahre, manchmal auch schon
im Herbste, zieht dann und wann eine Bienenkolonie für immer
aus ihrer Behausung, um sich eine andere aufzusuchen. Die
Noth zwingt sie dazu; denn entweder ist ihre Wohnung durch
den Einsturz des Wachsbaues, durch Mäuse, Motten, Läuse und
andere Unreinigkeit unbewohnbar geworden, oder hat Hungers=
noth sie daraus vertrieben. Im letteren Falle erhält eine solche
ausgewanderte Kolonie den besondern Namen Hungerschwarm.

Dergleichen Nothschwärme betteln sich manchmal bei andern
weisellosen oder schwachen Stöcken ein und sind dann Bettel=
schwärme, geben aber oft Veranlassung zur Räuberei; andere
bleiben irgendwo im Freien hängen, und gehen zu Grunde.

g) Künstliche Schwärme. So heißt man die sogenannten Ab=
leger; deren schon § 4 — im Punkte c — Erwähnung geschah.
Man trennt einen Haufen Bienen von dem Mutterstocke, gibt sie
sammt tauglicher Bienenbrut in eine neue Wohnung und nöthi=
get sie so, sich aus der vorhandenen Brut eine Königin zu erzie=
hen und einen separaten Stock zu bilden. Oder man nimmt
dem Mutterstocke seine Königin oder auch nur eine verspündete
Weiselzelle, und gibt solche mit einem Haufen Bienen zusammen,
so daß daraus eine eigene Kolonie entsteht. Ein solcher neuer
Stock heißt dann Kunstschwarm oder Ableger. (Mehr da=
von im V. Abschnitte des III. Hauptstückes.)

§. 19. **Die dem Schwärmen vorausgehenden Anzeichen.**

a) Einen Vorschwarm deuten nachstehende Erscheinungen an. Der Stock zeigt zahlreiches Volk. Der ganze vorräthige Wachsbau ist mit Honig, Blumenstaub und Brut angefüllt, so daß auch in den Spitzen des jüngsten Baues Bieneneier liegen. Angesetzte und zugedeckelte Drohnenbrut, wie auch schon flugbare Drohnen kommen zum Vorschein. Die Brutdeckel, selber auch schon an den Rändern der Brutscheiben, verrathen durch ihr Braunwerden die nahe Reise der Brut, und man hört beim Anlegen des Ohres an den Stock darin das lärmende Beißen und Nagen der auskriechenden Bienen. Arbeitsbienen tragen wider Gewohnheit viel abgebissene Brutdeckel zum Flugloche heraus. Der Flug der Bienen wird ungewöhnlich schwächer, und sie liegen bei eingestelltem Wachsbau unthätig im Stocke auf einem Haufen beisammen. Endlich, bei Eröffnung des Stockes, oder auch nur durch ein Glasfenster desselben, gewahrt man halb oder ganz vollendete Weiselwiegen. Je mehr man solcher hier aufgezählter Zeichen zu gleicher Zeit wahrnimmt, desto sicherer kann — wenn die Witterung kein Hinderniß setzt — in Bälde ein Vorschwarm erscheinen.

Am Schwarmtage selbst läßt sich Folgendes bemerken: Schon vom Morgen an ist der Flug der Bienen unregelmäßig. Bald fliegen mehrere aus, machen jedoch nur einige Kreise um den Bienenstand und den Stock, und kommen wieder zurück; bald auch laufen mehrere nur auf dem Flugbrete hin und her und zögern sichtbar, abzufliegen. Einmal erscheint das Flugbret stark besetzt, das anderemal ganz leer. Defters versuchen auch einige vorzuspielen und stimmen wirklich schon, vor dem Stocke auf- und ab-, hin- und herfliegend, den lustigen Schwarmgesang an, stellen jedoch ihr Treiben bald wieder ein. Ferner, die aus dem Felde kommenden, mit Blüthenstaub beladenen Bienen säumen ihre Bällchen abzulegen, laufen damit inwendig auf dem Bienenhaufen hin und her, oder setzen sich ruhig darauf hin, oder kommen damit wieder zum Flugloche heraus und verfügen sich zu den daselbst vorliegenden Bienen. Nun kann der Schwarm jeden Augenblick losbrechen. — Soll endlich dies geschehen, und es liegt etwa ein Haufen Bienen vor, dann kommen zuvor einige aus dem Innern des Stockes und laufen über die vorliegenden hin und her. Darauf begeben sich alle in den Stock, indem sie mit den Flügeln zittern, freudig summen und mit niedergedrückten Leibern gleichsam zum Flugloche hineinrutschen. Jetzt sieht man im Stocke das ganze Volk bunt durch einander und hin zu den Honigzellen rennen. Jede Biene füllt sich nämlich nunmehr ihre Honigblase mit Honig als Proviant auf einige Tage; denn es gilt jetzt den wirklichen Abmarsch. Hierauf entsteht bald vor dem Stocke ein stärker und stärker werdendes Vorspiel bei einem eigenen Freudengesang; dann füllt sich auf einmal das Flugloch, und im Augenblicke stürzen die Bienen Kopf über, Kopf unter, in Massen heraus, und — da ist der Schwarm.*)

b) Den Singervorschwarm und Nachschwarm verkündigt am sichersten das Tage lang vorausgehende Singen oder Tühten der jungen Königinnen. Auch von einem solchen Schwarme legen sich die Bienen zuvor unthätig in einem Klumpen unten am Wachsbau zusammen.

§. 20. Unvorbereitete Schwärme.

Keine Regel ohne Ausnahme. Dies gilt auch vom Schwärmen, von der Vorbereitung dazu und dessen Vorzeichen. — Nicht selten geschieht es nämlich, besonders auf zahlreichen Bienenständen, daß plötzlich Vorschwärme ausziehen, ohne daß die Bienen die gewöhnliche Vorbereitung zum Schwärmen beendigt — ja kaum einmal angefangen, und namentlich noch keine Weiselzellen angesetzt haben. Dergleichen Schwärme werden unvorbereitete genannt.

Die Ursache eines so plötzlichen Schwärmens ist ein gewisser Schwarmreiz von Außen, dem manche sonst üppige, aber noch nicht ganz vorbereitete Stöcke nicht widerstehen können. Folgt z. B. nach vorhergegangener kühler und trüber Witterung, die zwar das Ein-

---

*) 1. Weder das starke Vorliegen der Bienen — wie schon erwähnt wurde — noch das Erscheinen der Spurbienen, geben für sich allein Vorzeichen ab. — 2. Ein schöner Vorschwarm soll aus dem Mutterstocke beiläufig 3 Pfund Honig mitnehmen. Durch diese Mitgift sichert die vorsichtige Mutter Natur den jungen Schwarm in den ersten Tagen seiner Fremde gegen Hunger bei etwa einfallender böser Witterung, und gibt ihm zugleich das erste Materiale zur Gründung seines neuen Wachsbaues in der künftigen Wohnung. D. V.

sammeln nicht verhinderte, jedoch die Schwarmlust niederhielt, auf einmal ein sehr warmer und schwüler Honigtag, so daß alle Stöcke zahlreich und emsig fliegen, stark vorspielen, mitunter einer oder mehrere schwärmen: dann wird bisweilen dieser oder jener unvorbereitete dadurch so aufgeregt, daß er ein lustiges, und so zu sagen muthwilliges Vorspiel beginnt, den Schwarmgesang nachahmt, und am Ende Scherz in Ernst verwandelnd, wirklich schwärmt. — Hierdurch läßt es sich erklären, wie manchmal gerade an diesem oder jenem Tage so viele Stöcke und um die nämliche Zeit, an andern Tagen wieder nur wenige oder gar keine schwärmen.

Ein anderes Beispiel. Es hat sich zugetragen, daß ein Schwarm, der seine Königin verlor, auf dem Rückzuge unversehens auf einen fremden Stock fiel und in denselben eindrang. Dadurch entstand natürlich Unruhe im Stocke und eine erhöhte Temperatur. Eine unmittelbare Folge war, daß alsogleich dieser Stock einen Vorschwarm ausschickte, mit welchem sich der Eindringling vereinigte. — Eben so hat es sich getroffen, daß ein guter Stock zufällig nur stark beunruhiget und dadurch in Aufregung und Hitze gebracht wurde, und — er fing an zu schwärmen.

Dergleichen unvorbereitete Schwärme sind vollkommene Vorschwärme mit alten Mutterbienen. Nach ihrem Auszuge wird Weiselbrut in Nachschaffungszellen angesetzt.

§ 21. Der Schwarm-Akt, oder der Auszug, das Anlegen und der Einzug des Schwarmes in die neue Wohnung.

a) Nicht der Weisel — wie man vor Alters glaubte — stellt sich an die Spitze des Schwarmes beim Auszuge; nein, der Zug wird allemal von einer größeren oder kleineren Abtheilung Bienen eröffnet. Ja, man hat selber wahrgenommen, daß eine Königin, welche ungern den Stock verließ, oder wegen fehlerhafter Füße denselben nicht verlassen konnte, von den Bienen mit Gewalt zum Auszuge genöthiget wurde.

Bei einem Vorschwarme geht meistens erst das halbe Volk in freudiger Hast gleichsam als Avantgarde oder Vortruppe voraus, dann wird das Flugloch leer, und jetzt erst erscheint die Königin im gravitätischen Gange, nur von wenigen Getreuen begleitet, auf dem Flugbrete. Oft zögert sie hier erst ein Weilchen, bevor sie auffliegt, gleichsam als wollte sie den verhängnißvollen Flug in die Welt noch einmal erwägen. Darauf aber folgt ihr auf dem Fuße in wilder Freude die andere Hälfte des Volkes als Nachtrab.

Bei Schwärmen von mehreren und jungen Weiseln kommen diese einzeln unter den Bienen, theils zu Anfang, theils in der Mitte, theils gegen das Ende des Zuges, ohne besonderes Aufsehen, und wahrscheinlich so, wie sie zufällig vom Volksstrome mit fortgerissen werden.

Zuweilen zieht auch ein Schwarm aus, und keine Königin befindet sich dabei. Er verweilt darum nicht lang im Freien, sondern kehrt bald wieder in den Mutterstock zurück.

Aus dem Angeführten scheint deutlich genug hervorzugehen, daß also nicht die Königin, sondern vielmehr die Arbeitsbienen die nächste Veranlassung zum Schwarmanszuge geben.

b) Die aus dem Stocke strömenden Bienen fliegen im ausgelassenen Fluge, und unter lautem Freudengesumme gewöhnlich so lange um den Bienenstand und in dessen Umgebung herum, bis der ganze Schwarm ausgezogen ist. Befindet sich die Königin wirklich unter den Bienen, und haben letztere dieselbe einmal an ihrer helltönenden Stimme und durch den Geruch erkannt, dann zieht sich der Schwarm allmälich näher zusammen, und legt sich an irgend einen Gegenstand, am häufigsten an Bäume und Sträucher, ruhig an; und zwar Anfangs in einem kleinen, bald aber immer größer werdenden Klumpen, der zuletzt die Gestalt einer hängenden Traube hat.

Meistens sammelt sich der Schwarm gleich auf dem Plätzchen, wo sich die Königin befindet. Da diese aber öfters unwillkürlich da oder dorthin fällt, weil sie des Fluges ungewohnt ist, oder von einem Windstoße fortgeschleudert wird, und sich hernach die Bienen zu ihr gesellen, so findet man auch bisweilen die Schwärme an den sonderbarsten Orten gelagert, z. B. auf der Erde, an einem Gebäude, in einem Zaune u. s. w.

Manchmal wieder hat sich schon ein bedeutender Haufen Bienen irgendwo angesetzt, ehe sich die Königin gleichfalls dazu verfügt. Wo dies Letztere geschieht, bleibt hernach der Schwarm hängen, wo nicht, löst derselbe sich wieder auf.

Zuweilen zieht ein Schwarm aus, legt sich aber nirgends an; oder er läßt sich einige Minuten lang irgendwo nieder, fliegt aber dann, so wie im ersteren Falle, wieder in den Mutterstock zurück. Hier ist entweder der Weisel gar nicht mit ausgezogen, oder er ist beim Ausfluge verloren gegangen. Letzteres geschieht nicht selten bei alten Weiseln, welche schadhafte Flügel haben und überhaupt ihres von Eiern strotzenden Hinterleibes wegen im Fluge sehr schwerfällig sind. Solche fallen manchmal beim Schwärmen auf die Erde, ins Gestein oder Gras, oder wo anders hin, wo sie von den Bienen nicht entdeckt oder von Menschen zertreten, — auch wohl auf das Flugbret eines Nachbarstockes, wo sie von den fremden Bienen augenblicklich getödtet werden. In solchen Fällen ist der Vorschwarm verloren, und höchstens als Singerschwarm kann er später noch einmal wieder kommen.

Schwärme von mehreren Weiseln — Singer- und Nachschwärme — legen sich häufig in zwei oder mehreren abgesonderten Haufen an. Die Ursachen hievon sind die mehreren Königinnen, um welche sich die dazu gehörigen Volksparteien schaaren. Durch das Einfassen dieser separaten Haufen in einen Stock und durch die Beseitigung aller überzähligen Königinnen schmelzen erst die getrennten Völker in ein einziges Volk zusammen.

Dann und wann erhebt sich der im Freien hängende Schwarm plötzlich und zieht fort in die weite Welt. Dies kann geschehen, entweder, weil überhaupt der Schwarm zu lange hängen bleiben mußte und nicht eingefangen wurde, oder auch, weil er eine geraume Zeit den stechenden Sonnenstrahlen ausgesetzt hing, welche die innere Hitze des Bienenklumpens auf einen unerträglichen Grad steigernd, endlich die Auflösung desselben bewirkten. Oder: der Schwarm enthält mehrere junge Weisel; diese gerathen an einander, wollen einander ausweichen — fliehen, und ihre Volksparteien folgen ihnen; und so löst sich der ganze Schwarm von einander und geht ins Weite.

Der Zweck des Anlegens ist beim Schwarme offenbar der, daß sich alle Bienen, welche während des Auszuges und darnach weit von einander herum schweifen, sammeln können, und daß dann der Schwarm in Gänze entweder die von den Spurbienen schon im Voraus ausgekundschaftete Wohnung beziehen, oder auf gut Glück eine andere aufsuchen kann.

c) Nur die Schwärme der Wildniß und jene zahmen, welche ihrem Herrn entflohen sind, beziehen von selbst und ohne Zuthun des Menschen die aufgespürte neue Wohnung, z. B. einen hohlen Baum. Hiezu kann man höchstens auch noch den seltenen Fall rechnen, wo einmal ein zahmer Schwarm auszieht und sich ohne Umschweife bei dem nächsten besten leer stehenden, weisellosen oder schwachen Stocke einquartirt. Sonst aber muß — wie bekannt — jederzeit der Bienenwärter den Schwarm in die neue Wohnung bringen. Gewöhnlich schüttelt oder kehrt er die ganze Schwarmtraube hinein, oder veranlaßt — durch Rauch oder wie immer — daß sich die Bienen von selbsten hinein begeben. Befindet sich einmal nur die Königin mit wenigen Bienen im Stocke, dann verfügt sich bald und von selbst der ganze Schwarm dazu. Unter freudigem Gesumme und Flügelschlage laufen dann geradenwegs neben- und hintereinander, wie eine Schafherde in ihre Hütte, alle Bienen in den Stock. Jetzt stehen zugleich die Trommler mit gegen das Flugloch gekehrten Köpfen rings um den Eingang, so wie um jede andere Oeffnung des Stockes, und im Innern fängt es an ruhig zu werden, indem sich die Bienen enger in einem Winkel zusammenlegen. Dies ist das Zeichen, daß sich der Weisel wirklich mit im Stocke befindet, und der Schwarm bleiben will.

Wenn jedoch die Königin nicht mit im Stocke ist, dann bleibt der Schwarm im Stocke zerstreut; er wird von Minute zu Minute unruhiger; die Wächter stellen sich unter der Flugöffnung mit den Köpfen auswärts; dabei kommen erst einzelne Bienen, hernach mehrere, und nach und nach oder wohl auf einmal alle wieder heraus. Jetzt kehrt entweder der ganze Schwarm alsogleich in den Mutterstock heim, oder legt sich von Neuem irgendwo an, und muß wiederholt und besser eingefangen werden. Aber auch wenn die Königin mit im Stocke ist, kann der Wiederauszug des Schwarmes erfolgen; dann nämlich, wenn die neue Wohnung sehr verunreinigt ist und einen üblen Geruch hat; oder wenn solche zuvor in der Sonne stand, und, zu sehr erhitzt, oder auch im Raume zu beschränkt, dem ohnedies erhitzten Bienenhaufen das Bleiben unmöglich macht.

Bei Schwärmen von mehreren Weiseln ist das Wiederausziehen am meisten zu befürchten. Denn so wie alle Bienen im Stocke beisammen sind, beginnt die Königswahl und es gibt dabei unter den Volksparteien oft Uneinigkeit. Die Königinnen selbst, durch den Instinkt belehrt, merken die Gefahr, daß nicht jede bleiben kann; jede fürchtet die andere als Nebenbuhlerin, und will entfliehen; sie sucht daher lieber mit ihrer Partei aus dem Stocke zu entweichen, und so zieht endlich der ganze Schwarm wieder aus. Dies geschieht oft noch an demselben oder auch am andern Tage, und häufig gerade zu derselben Zeit, wo zufällig ein danebenstehender Stock schwärmt, durch dessen Schwarmjubel der Reiz zum Wiederauszuge vermehrt wird. Erst nach glücklich geschehener Wahl, und wenn die überflüssigen Weisel todt oder lebendig aus dem Stocke geworfen sind, ist das Bleiben des Schwarmes gewiß.

Ueberhaupt, der Schwarm-Akt ist geschlossen, wenn im Stocke Stille und Ruhe zu herrschen anfängt, wenn sich die Bienen in einem dichten Haufen übereinander legen, und so den Wachsbau beginnen; wenn wachhabende und mit den Flügeln fächelnde Bienen regelmäßig unter dem Flugloche Stand halten, und einzelne Arbeiter in gewohnlicher Ordnung ins Feld fliegen und wieder zurückfliegen; wenn andere Fasern oder sonstige Unreinigkeit aus dem Stocke tragen, u. s. w. Jetzt beherrscht den ganzen Schwarm der feste Gemeinwille, ein neues dauerhaftes Reich zu gründen, und jede Biene trägt von nun an ungeheißen nach Kräften ihr Scherflein bei.

Bis hieher las Klaus; dann klappte er das Buch zu und sprach: „Genug einstweilen; das Uebrige später. Jetzt sagt mir aber, Nachbarn! wie gefallen Euch die Bienen, und ihre Naturgeschichte? —

Hinz. O, wunderbare Thiere sind's — ich konnte nicht genug Neues von ihnen hören.

Keinz. Und mir hätte mein Lebtag dergleichen nicht geträumt! —

Klaus. Ihr habt also Beide Bienen gehalten, ohne sie und ihre Eigenschaften zu kennen; da möget Ihr denn allerdings manchen Bock geschossen, d. h. Manches gethan haben, was den lieben Bienen geschadet hat, und Manches unterlassen, was ihnen genützt hätte: und so habt Ihr vermuthlich selber das Bienenglück aus Eurem Hause gejagt. Nun aber kann das Gegentheil statt finden; nämlich, wenn

Ihr das Vorgelesene wohl merket, und Euch darnach richtet. Damit Ihr es aber desto tiefer dem Gedächtnisse einpräget, so leset es wieder und abermals; ich will Euch gern dazu das Buch vorleihen. Und wenn Ihr aus der Naturgeschichte die Biene in= und auswendig kennen gelernt habt, dann behandelt sie auch als Zuchtthier und rationell, d. h. wie Euch diese Bienennatur und gesunde Vernunft es von selbsten lehren, — mit einem Worte — vernünftig und gründlich: hernach — ich versichere Euch — kommt das Bienenglück; Ihr selber zaubert es auf solche Weise ins Haus. Den betreffenden 1. Zauber= spruch muß ich daher wohl noch einmal wiederholen, damit Ihr ihn noch wißt, wenn bei unserer nächsten Zusammenkunft der zweite dazu kommt; also:

> Willst Du mit Nutzen Bienen züchten,
> So laß' Dich erst wohl unterrichten,
> Wie's Bienlein lebt, und was es liebt,
> Und was ihm Vor= und Nachtheil gibt;
> Dann handle weiter nur
> Gemäß der Bienennatur.

Am Ende dieses Abschnittes spricht der Verfasser noch insbe= sondere im

§. 22. Von den italienischen Bienen.

Die italienische Biene, welche alle im vorausgehenden Abschnitte von unserer gewöhnlichen oder deutschen Biene angeführten Eigen= schaften mit derselben gemein hat, unterscheidet sich von dieser durch eigenthümliche Zeichnung am Körper, und überhaupt durch lichtere Farbe, wie auch durch noch andere Eigenheiten. — Die 2 ersten oder breiteren Bauchringe sind auf der Rückenseite orangenfarben Bei den meisten gewahrt man überdies eine schmale Einfassung von der= selben Farbe auch an den übrigen Rückenhalbringen.

Die italienische Königin echter Race, besitzt diese körperliche Aus= zeichnung in einem höheren Grade, und ist von auffallend lichter Farbe, so daß man sie, ein prachtvolles Thierchen! mitten unter Arbeitsbienen auf der Wabe augenblicklich erkennt.

Die italienische Drohne hat dieselbe Zeichnung wie die Arbeits= biene, und überdieß rechts und links am Bauche gelbe Flecken. Sie ist um's Merken kleiner als die deutsche Drohne, während dagegen die italienische Arbeitsbiene um Etwas größer ist als die deutsche. Nach diesem Verhältnisse ist auch der Zellenbau der Italiener eingerichtet.

Schon vor mehreren Jahren erwähnte Herr v. Baldenstein aus der Schweiz mehrmals dieser Bienenart in der Bienenzeitung; dieselbe blieb jedoch bis zum Jahre 1853 in Deutschland unbekannt. Im Februar d. J. erhielt Pf. Dzierzon durch Vermittlung der k. k. Landwirthschaftsgesellschaft in Wien aus der Gegend von Venedig einen ganzen italienischen Stock; und seitdem macht der bienenkundige Meister nicht nur mit den Italienern wissenschaftliche Versuche, sondern verlegt sich auch insbesondere auf ihre Vermehrung, und zwar vorzüglich durch Erziehung junger italienischer Königinnen. Schon gleich im ersten Jahre erzeugte er viele junge fruchtbare Weisel, von denen er einzelne an Bienenfreunde in verschiedene Gegenden vertheilte. Auch Freiherr v. Berlepsch erhielt im Oktober 1853 von ihm 2 solche Königinen, und dieser geniale Bienenmann fing nun gleichfalls an, damit großartige Versuche zu ihrer Vermehrung anzustellen.

Im J. 1854 versendete Dzierzon bereits gegen 100 fruchtbare italienische Bienenmütter in verschiedene Länder Deutschlands um den Preis von 10 Thalern pr. Stück; aber auch Günther, der Bienenmeister des genannten Freiherrn verkaufte schon viele; denn seinem Herrn war es gelungen, gleich im ersten Jahre 50 echte, und 80 Bastardmütter, die alle fruchtbar geworden, zu erziehen.

Zehn Thaler preuß. für eine italienische Königin ist wohl ein schönes Geld, aber kein übertriebener Preis, wenn die Königin echt ist, und wenn man Mühe, Honig und alte Stöcke berücksichtiget, welche die Erzeugung solcher Königinnen — besonders durch Ablegermachen — als Opfer verlangt, wie auch die Nutzbarkeit dieser neuen Bienenrace, von welcher ich bald Ausführlicheres berichten werde.

Im Juni 1854 kam auch die erste italienische Bienen-Majestät nach Böhmen; nämlich von Carlsmarkt aus preußisch Schlesien; denn ich hatte sie von Pf. Dzierzon gekauft. Ich machte gleichfalls auf der Stelle einen Versuch, von ihr junge Königinnen zu gewinnen, welcher auch gelang. Allein ich war damit nicht zufrieden, denn ich gewann nur unreine oder Bastardköniginnen, aus der Ursache, weil mir Dzierzon keine echte, sondern auch nur eine Bastardmutter — die mitunter schwarze Bienen und Drohnen hervorbrachte, verkauft hatte. Mit

7 *

einer zweiten Königin, die ich abermals von Dzierzon kaufte, war ich nicht besser daran; sie erzeugte nicht lauter gelbe Bienen und nur schwarze Drohnen. Als Nachkommenschaft dieser zwei Weisel besitze ich nun wohl 20 Bastardstöcke, aber nur einen einzigen Stock, der reine Italiener hervorbringt, obschon ich stets nur die lichteren jungen Königinnen zur Zucht behielt.

Echte italienische Königinnen bekam ich später vom Hrn. Herrmann aus dem Canton Graubünden in der Schweiz, der sie aus der Lombardei lieferte.

Damit sich der Leser vor Allen einen Begriff machen könne von den echten und Bastardköniginnen, und überhaupt von der Vermehrungs= weise der italienischen Bienen: schicke ich, bevor ich von ihrer Nutz= barkeit spreche, Folgendes voraus:

Die Erzeugung junger italienischer Weisel ist wohl die geringste Kunst. Man darf nur einem italienischen Stocke die alte Königin ab= fangen, und die Bienen erziehen dann von selbst aus der hinterlassenen italienischen Brut mehrere junge Weisel auf einmal. Man kann her= nach den Stock schwärmen lassen, und die überzähligen jungen Weisel andern weisellos gemachten deutschen Stöcken zusetzen. Auch schon die überflüssigen Weiselzellen können vor ihrer Reise ausgeschnitten und für andere Stöcke verwendet werden. Allein die Hauptsache bleibt stets, daß dergleichen junge Königinnen auf ihren Befruchtungsausflügen mit italienischen Drohnen zusammentreffen und von denselben befruchtet werden. Geschieht nämlich die Begattung mit einer deutschen Drohne, so wird die italienische Königin eine Bastardmutter, d. h. sie erzeugt in der Folge keine reine italienische Bienen und Drohnen, sondern einen Theil deutsche, einen andern Theil italienische der Farbe nach, wohl auch blos italienische Drohnen. Dieselben Mischkinder bei einiger Verschiedenheit kommen zum Vorschein, wenn umgekehrt eine deutsche Königin von einer italienischen Drohne befruchtet wird.

Aus dem Gesagten erhellet, daß wieder eine zweite Hauptsache sei, neben den jungen Königinnen zugleich so viel als möglich italienische Drohnen erzeugen zu lassen; was aber seine Schwierigkeiten hat, be= sonders, wenn solches früher geschehen soll, als unsere gewöhnlichen Drohnen zu erscheinen pflegen; indem da oft italienische Stöcke, durch ungünstige Frühjahrswitterung veranlaßt, ihre schon angesetzte Drohnen= brut ausziehen und herauswerfen.

Und fliegen auch schon ziemlich viele italienische Drohnen, dann ist die Befruchtung der jungen Königinnen durch dieselben noch immer höchst ungewiß, wenn die italienischen Stöcke nicht ganz getrennt, und in ihrer Nähe deutsche Stöcke mit deutschen Drohnen stehen. Beim Befruchtungsausfluge treffen hernach die italienischen Königinnen mit deutschen Drohnen zusammen, und es gibt Mischpaarungen. B. v. Berlepsch stellte seine italienischen Ableger ganz allein an einen Platz, welcher von dem nächsten deutschen Bienenstande 20 Minuten entfernt war, und dessen ungeachtet wurden $3/5$ Theile der jungen Weisel Bastardmütter. Ja derselbe erzählt, daß auf einem eine ganze Stunde entfernten Stande plötzlich ein deutscher Stock italienische Bienen zeugte; es mußte daher dort eine deutsche Königin von einer Drohne seines italienischen Standes befruchtet worden sein.

Hieraus geht zugleich hervor, daß an warmen hellen Tagen sowohl Drohnen, als zur Befruchtung ausfliegende Königinnen, weit herumschweifen; und daß deßhalb die Absonderung beider eine neue Schwierigkeit sei

Am besten noch) — wie v. Berlepsch sagt — erreicht man seinen Zweck, wenn es gelingt, mit den jungen Königinnen auch italienische Drohnen zu erziehen, noch ehe aus anderen Stöcken deutsche Drohnen fliegen; oder wenigstens, wenn man durch Einspritzen von verdünntem Honig in italienischen Stöcken die jungen Weisel und Drohnen um eine oder eine halbe Stunde früher, als deutsche Drohnen fliegen, zum Ausfluge reizt; oder auch, wenn man die jungen Königinnen erst zu Ende der Tracht erzieht, wo die deutschen Drohnen schon abgetrieben sind, oder wenigstens schon angegriffen und entmuthiget, keinen weiten Flug mehr thun, und wenn man dabei die Erhaltung der italienischen Drohnen durch Honigfütterung bezweckt, oder auch dadurch, daß man sie einem weisellosen Stocke hat erziehen lassen, der sie bekanntlich nicht abbeißt.

Ueberhaupt, es ist nicht nur keine ganz leichte Sache, Königinnen von ganz reiner Race zu erziehen, sondern auch gewisse Räthsel zu lösen, die in Bezug auf die Fortpflanzung italienischer Bienen aufstoßen; z. B. warum eine italienische Mutter theils gelbe, theils schwarze Bienen, oder lauter schwarze Drohnen, oder erst lauter gelbe und später auch schwarze Bienen, oder zuerst mehr schwarze und darauf mehr gelbe Bienen u. s. w. hervorbringe. Uebrigens steht fest, daß die schönstfarbigen Mütter auch die schönsten Bienen erzeugen, und am meisten die Echtheit der Race beurkunden.

Nun wollen wir eine schon oft gestellte Frage beantworten, nämlich die:

„Werden diese italienischen Bienen in unserem Klima, und eben durch Verbastardirung nicht nach und nach ganz ausarten?" —

Dzierzon und v. Berlepsch verneinen dies gewissermaßen, und wollen vielmehr behaupten, daß durch Kunst, nämlich durch wiederholte sorgfältige Kreuzung oder Paarung der schönsten gelben Bienenmütter mit den schönsten italischen Drohnen die Race veredelt und selber reiner, als solche gegenwärtig in Italien besteht, hergestellt werden könne. In Beziehung auf Zucht und Veredlung der italienischen Biene sagt der letzterwähnte geniale Bienenmeister irgendwo in der B.=Zeitung: „Das Merinoschaf soll mein Vorbild sein, welches heute in Deutschland durch kunstgerechte Zucht weit schöner, edler und wollreicher ist, als in Spanien, seinem Vaterlande selbst. Mag die Veredlung schwer sein, unmöglich ist sie nicht, und deßhalb bin ich bester Hoffnung."

Daß die italienische Biene dieselbe sei, wie unsere Honigbiene und zwischen beiden, die Farbe und Größe abgerechnet, keine körperliche Verschiedenheit statt finde; daß daher die italienische Biene nur eine andersfarbige Art — Varietät oder Race — sei; darüber ist man so ziemlich einig. Dagegen, ob sie eine blos klimatische Varietät sei, d. h. ob sie ihre gelbe Farbe blos der Gegend und dem Klima verdanke, und durch ein anderes Klima solche wie auch ihre sonstigen Eigenheiten wieder verlieren könne, darüber wird noch gestritten.

Doch, Herr Dens aus Düsseldorf berichtet in N. 2 der Bienenzeitung v. 1856, daß er nicht nur im vorigen Jahre im Mailändischen, sondern auch auf seiner Reise im letzten Herbste durch Italien und Frankreich, nur in der Gegend von Genua die schönsten italienischen Bienen, dagegen in der noch wärmeren Gegend von Nizza keine andere, als grauschwarze oder deutsche Bienen angetroffen, und eben so im südlichen Frankreich bis hinauf nach Paris, wo viel Bienenzucht getrieben wird, gleichfalls nur deutsche gefunden habe. Derselbe Bienenfreund erzählt auch, er habe bei der Pariser Industrieausstellung Jemanden aus der Normandie versichern hören, daß daselbst schon seit Langem zwei Bienenracen, eine schwarze und gelbe, bestehen, und daß man letzterer den Vorzug gibt, weil solche fleißiger ist und weniger sticht. Der Beschreibung nach kann unter der letztgenannten wohl nur die italienische Race gemeint sein.

Auf Grund dieses Reiseberichtes, wie auch aus dem Umstande, daß selber in noch wärmeren Gegenden als die Oberitaliens sind, z. B. in Neapel und Sizilien, erfahrungsgemäß nur deutsche oder schwarze Bienen gefunden werden, macht in der Bienenzeitung Dens, und mit ihm die Redaktion, und insbesondere Dzierzon den Schluß: „Die sogenannte italienische Biene ist wirklich eine eigen= thümliche Race, was ihre Farbe und sonstiges Wesen betrifft; nicht durch das Klima hervorgebracht, und nicht durch dasselbe der Veränderung unterworfen; sie ist selbstständig, konstant." Denn wäre sie eine klimatische Varietät, so müßte sie in allen italienischen Ländern von gleichem Klima vorkommen, und sie könnte dann im Gegentheile in der kälteren Nor= mandie, welche die Temperaturverhältnisse Mitteldeutschlands hat, nicht bestehen, und nicht unvermischt mit der schwarzen Race daselbst schon seit Langem bestehen.

Zur Begründung seiner Ansicht weis't überdieß Dzierzon darauf hin, daß es der Natur selber schwer zu fallen scheine, beide Racen zu einer Mittelart zu verschmelzen, indem bei Mischungen — wie aus Obigem ersichtlich ist — bald die eine, bald die andere Art wieder rein, oder wenigstens ziemlich rein hervortritt, je nachdem das eine oder das andere Element, das deutsche oder das italienische Blut, vorherrscht.

Während wir eine endgiltige Entscheidung hierüber der Zukunft überlassen, schreiten wir zur Beantwortung einer noch wichtigeren Frage, nämlich dieser:

„Sind die italienischen Bienen besser als die unsrigen? — und worin bestehen ihre Vorzüge vor den deutschen?" —

1. Die Italiener sind, überhaupt genommen, sanfter und geduldiger, und stechen weniger als die deutschen Bienen.

„Ohne daß sie gereizt werden — sagt v. Berlepsch — stechen sie gar nicht." Nach meiner Erfahrung ist dies wahr: Und wenn doch eine Biene beim Herumhantiren vor den italienischen Stöcken böse thut und wohl auch sticht; so ist es gemeiniglich kein italienischer

Dolch), sondern ein deutsches Schwert, welches verwundet, d. h. eine schwarze Biene, die sich unter den Italienern befindet. Es ist auch so, als ob diese schwarzen sich vorzüglich um den Eingang des Stockes aufhalten müßten; auch wenn nur wenige im Stocke vorhanden, sieht man doch gewöhnlich mehrere davon auf dem Flugbrete.

2. **Die Italiener sind flinker, thätiger und fleißiger als unsere deutschen Bienen.**

Wo es sich um Naschen und Benaschtwerden, um Vertheidigung und Honiggewinn handelt, ist ihre Flinkigkeit außerordentlich. Wo immer nur etwas nach Honig riecht, dort drängen sie sich mit Gewalt zu. Daß sie deßhalb auch besonders zum Rauben geneigt sind, läßt sich glauben; so auch, daß sie bei solcher Emsigkeit ansehnliche Honig=schätze zusammenbringen. B. Berlepsch, Dzierzon, Kleine, Rothe, Hübler und Andere, welche bis jetzt an Italienern umfassendere Er=fahrungen gemacht haben und Glauben verdienen, reden einstimmig vom besonderen Honigreichthume italienischer Stöcke. Ich habe aber von dem Sammelfleiße der Italiener wenigstens Folgendes erfahren.

a) Die Italiener trugen im Frühjahre die ersten Blumenstaubhöschen, und verhältnißmäßig auch die meisten Bällchen von dem im Freien vorgesetzten Roggenmehl.

b) Im Herbste sah ich sie, wenn die deutschen schon unthätig bleiben, noch emsig da und dort auf unansehnlichen Feld= und Wiesen=blümchen, insbesondere auf der Sonnenblume und anderen Herbst=blumen des Gartens herumsuchen.

c) Vorzüglich fand ich sie in Gesellschaft der Wespen auf reifen Birnen und Pflaumen.

d) Sie gehen gern auf Zuckerstaub und Zuckerwasser, und verschmä=hen dünnes Spül = Honigwasser, Wachsträbern u. dgl. eben=falls nicht.

e) Sie scheinen einen besonders scharfen Geruchsinn zu haben. Z. B. ein vom Zeideln liegengebliebener Strohdeckel oder Ring wird von ihnen zuerst aufgefunden und beleckt. Steht irgendwo ein weiselloser Stock, den kundschaften richtig die Italiener zuerst aus; und wo gezeidelt wird, da sind sie gleich dabei.

Unlängst transplantirte ich gegen Abend, wo selten mehr eine Biene flog, zwei Völker aus Glasstöcken. Bald hatte ich dabei meine liebe Noth; die reinen Italiener, auch die Ableger, stellten sich in Menge ein, um vom Geschäfte zu profitiren; die andern

Stöcke, selbst in unmittelbarer Nähe, schienen davon gar nichts zu merken. In dieser Beziehung hat man alle Vorsicht nothwendig.

Bei unserer dießjährigen Vereinsversammlung zu Brüx hatte ich auch einen echten Italiener ausgestellt. Da wurde ein separates Honigkästchen geöffnet und nicht gut wieder verschlossen. Nach einer Stunde befanden sich Tausende von Italienern darin um den Honig zu schmausen, und keine einzige schwarze Biene darunter; obschon auch starke deutsche Stöcke bei der Ausstellung waren. Da sagte Mancher: Sehet die größere Betriebsamkeit der italienischen Bienen! —

Hieraus, wie aus Aehnlichem, was Andere in der Bienenzeitung berichten, läßt sich wohl mit Grund auf besondere Nahrhaftigkeit und ausgezeichneten Fleiß der italienischen Race schließen und ohne Bedenken zugestehen, daß solche überhaupt mehr Honig und Wachs produziren kann, als unsere gewöhnliche Race. Wirklich mußte ich bisher selbst den Bastardstöcken vor den deutschen hierin den Vorzug geben.

3. Dzierzon hebt besonders hervor, daß die italienischen Bienen die muthigsten Kämpfer sind, und ihre Stöcke am tapfersten vertheidigen. „Sie sind viel wachsamer — spricht er — und lassen sich nicht so leicht überlisten und übertölpeln, wie die einheimischen." Nach Allem, was ich an meinen italienischen Stöcken beim oftmaligen Oeffnen, beim Füttern, beim Vereinigen u. dgl., wo sich fremde Bienen, schwarze und auch gelbe, herbeidrängten, wahrgenommen habe, muß ich Dzierzons Behauptung als richtig unterschreiben. Endlich

4. Die italienischen Bienen geben mittelst ihrer äußerlichen Erkennbarkeit (besonders unter schwarzen Bienen) in naturgeschichtlicher und praktischer Hinsicht manchen Beleg und Aufschluß, und erscheinen so als ein vortreffliches Mittel zur Vervollkommnung der Bienenwissenschaft und Bienenzucht.

Schon durch den sanfteren Flug und Flugton unterscheidet sich der italienische von dem deutschen Stocke. Ein wichtigeres Unterscheidungszeichen gibt aber die bunte oder gelbe Farbe der Italiener ab; und eben durch diese eigenthümliche Farbe hat man jetzt schon manches Irrige berichtiget, und auch Neues entdeckt. So z. B. haben die italienischen Bienen alle Jene des Irrthums überführt, welche fest am Glauben hingen, der Weisel lege blos die Eier zu Arbeitsbienen und nicht zu den Drohnen. Denn, wenn plötzlich aus einem deutschen

Stocke, dessen deutsche Königin mit einer italienischen vertauscht wurde, Drohnen mit Goldbändern um den Leib — italienische — fliegen: so sagt deren Gesumme ja vernehmbar genug: „Wir stammen von der italienischen Mutter, und sind nicht minder als die Arbeitsbienen Kinder der Königin." *)

Die Lebensdauer der Arbeitsbienen, vorzüglich im Sommer, haben die Italiener gleichfalls deutlich und genau nachgewiesen. Z. B. in einem Ablegerstocke, dessen junger italienischer Weisel keine italienische Nachkommenschaft zeugte, befand sich im Monate Juli fast ein Drittel italienischer Arbeitsbienen, die nämlich aus den in der zweiten Hälfte des Juni vom alten italienischen Weisel des Mutterstockes gelegten Eiern abstammten. Gegen das Ende des Monates August sah man aber bei diesem Ableger nur noch sehr wenige gelbe Bienen, und nach 14 Tagen gar keine mehr. Ihre Lebenszeit dauerte daher höchstens 7—9 Wochen. Früher hat man den Bienen ein viel längeres Leben zugetraut.

Eben so lehren die italienischen Bienen, wie lange ausgeschlüpfte Brut, junge Arbeitsbienen und Drohnen, noch im Stocke verweilen, bevor sie den ersten Ausflug machen. Ich sah z. B. junge Italiener auskriechen und hoffte, solche schon nach ein paar Tagen im Freien zu erblicken; allein keine kam zum Vorschein. Darauf öffnete ich den Stock, und fand ganze Waben mit den jungen gelben Thierchen bedeckt; aber es flogen noch immer keine. Erst nach 8 bis 10 Tagen ließen sie sich im Freien schauen. Früher glaubte man häufig, daß die ausgeschlüpfte Brut bei Flugzeit schon nach 2 oder 3 Tagen den Ausflug halte.

Dieses Wenige möge einstweilen genügen, um darzuthun, wie zweck- und sachgemäß die Erkennbarkeit der italienischen Race vor der deutschen sei, und es läßt sich vermuthen, daß diese Eigenschaft der italienischen Bienen den berühmten Bienenforschern der Neuzeit, der Enthüllung noch bestehender Bienengeheimnisse, und so der Bienensache überhaupt, noch andere wichtige Dienste leisten werde.

Nach Aufzählung der Vorzüge, welche die Italiener vor den deutschen Stöcken haben, und die nicht von geringer Wichtigkeit sind,

*) Ich habe öfter deutsche Königinen Drohneneier legen sehen; aber in meinem Beobachtungsstocke ertappte ich auch mehr als einmal die italienische Mutter über diesem Geschäfte. Vormittags sah ich sie an der vorderen Glastafel Bieneneier ins Bienenwachs, Nachmittags an der hintern Drohneneier ins Drohnenwachs absetzen. D. B.

führe ich noch eine Eigenschaft an, worin die italienische Race der deutschen wenigstens nicht nachsteht. Erstere nämlich verträgt auch unser deutsches Klima wohl, und wie die deutsche selber härtere Winter. Dieß bestättigen Erfahrungen aus verschiedenen Gegenden Deutschlands. Meine italienischen Ableger, wiewohl nicht besonders volkreich, haben auch den harten Winter 1854—55, so wie die darauf folgenden glücklich überlebt; und ihre Strohwohnungen standen nicht einmal im Bienenhause, sondern im freien Garten unter einem einfachen Schirmdache. Diese Eigenschaft ist gleichfalls anempfehlend, und deutet an, daß diese gelbe Bienenrace von Natur aus nicht an das laue Winterklima Italiens gebunden, und auch in dieser Beziehung keine klimatische Race ist.

Was man ferner den Italienern nachrühmt, z. B. daß sie gegen Kälte weniger empfindlich seien, am Morgen früher ausfliegen — daß ihre Königinnen im Ganzen größere Fruchtbarkeit besitzen und früher Eier legen sollen als deutsche; daß italienische Stöcke früher und häufiger und auch bei windiger und kühler Witterung schwärmen, daß sie in der Regel die Drohnen früher abbeißen sollen als deutsche: dieß bestreitet selber B. v. Berlepsch; und es sind hierüber wenigstens noch mehr Erfahrungen abzuwarten.

Ich für meinen Theil berichte, daß in den letzten Jahren nur meine Italiener und Bastardstöcke, nicht aber meine deutschen schwärmten, wenn auch nicht viel zeitlicher und nur an schönen Tagen.

Der erst im letzten Winter aus Italien angekommene Stock fiel wirklich schon Anfangs Juli zu meinem Verdruße über seine italienischen Drohnen her. Ich wollte diese retten und in die Ablegerstöcke geben; ich hing darum den Drohnenfang an; allein auch noch in diesem Drahtkäfig ritten die Bienen erbittert auf den Drohnen herum, und massakrirten sie alle an einem einzigen Tage.

Daß Italiener besonders gern Drohnenwachs bauen, und junge Königinnen früher und mehr Drohneneier legen; daß solche Stöcke häufiger als deutsche weisellos werden, indem die Weisel kaum 2 Jahre aushalten: Dieß — wie man auch behauptet hat — kann ich nach meiner Erfahrung nicht unterschreiben. *)

---

*) Ich führe ein Beispiel vom Gegentheil der letzteren Behauptung, wie auch ein Gegenstück des zeitlichen Drohnen=Abbeißens an. Jener echt italienische Stock, der noch von dem aus Carlsmarkt gekauften Bastardweisel stammt, ein Glasstock, besitzt gegenwärtig einen 4jährigen Weisel, der noch im letzten

Endlich noch eine Eigenheit der italienischen Race. Zwischen ihr und der deutschen herrscht unverkennbar Feindschaft. Bei der Vereinigung beider muß man darum alle Vorsicht gebrauchen, welche Theorie und Praxis vorschreiben. Manche deutsche Stöcke wollen durchaus, auch wenn sie früher weisellos gemacht wurden, eine ihnen zugetheilte italienische Mutter nicht annehmen; sie erstechen solche, und beißen auch bisweilen eine ihnen eingefügte italienische Weiselzelle auf. Hierüber hörte man von allen Seiten Klage führen. Auch ich kann davon sprechen. Die erste Italienerin, die ich aus Carlsmarkt erhielt, mußte ich wiederholt, nachdem ich sie ein paar Tage in einem Käfig eingesperrt, und dann freigelassen hatte, den erbosten Bienen entreißen, und wieder durch den Käfig sichern. Und erst, als ich die einstweilen angesetzten deutschen Weiselzellen ausgeschnitten hatte, wurde sie anerkannt. Nach 14 Tagen fing ich diese alte Königin heraus, und übersetzte sie in einen andern Stock. Hier wurde sie ohne viel Widerstreben aufgenommen. Nach weitern 14 Tagen ließ ich sie noch in einen 3. Stock wandern. Hier fand sie aller Vorsicht ungeachtet, den Tod durch die ihr feindlich gesinnten Bienen.

Auch einige Ableger sind mir mißrathen; indem die eingefügten italienischen Weiselwiegen zerstört wurden. Diese Feindseligkeit unserer Bienen besonders gegen italienische Königinnen, erschwert eben auch einigermaßen die Vermehrung der Italiener, und macht bis jetzt noch die fruchtbaren italienischen Weisel kostbar. *)

Zum Schluße geht in Betreff der italienischen Bienen mein Urtheil dahin, daß es wohl ihrer angeführten Vorzüge wegen wünschenswerth sei, diese Bienen-Race an recht vielen Orten einzuführen und weiter zu verbreiten, daß man aber dessenungeachtet der großen Schwierigkeiten halber bei der Reinerhaltung dieser Race, und noch mehr bei

Sommer in vollster Kraft war. Der Stock blieb heuer noch ausgezeichnet an Volk, Bau und Honig. Aber, obschon er im August Drohnen abtrieb, so fliegen doch jetzt noch zu Ende September einige bei ihm aus und ein. Vermuthlich ist dieß ein Zeichen, daß dennoch bald die Unfruchtbarkeit des Weisels eintreten werde, und daß der Instinkt des Stockes für die etwa noch im Spätherbste erzeugte junge Königin mit Drohnen zur Begattung sorgen will

*) Auch dagegen weiß neuestens der rhätisch-schwäbische Bienenfreund ein Mittel. Er räth an, die Bienen mit Bovist zu betäuben, und während sie wie todt am Boden liegen, den neuen ital. Weisel in den Stock laufen zu lassen. Die wieder erwachten Bienen sollen ihn dann geduldig annehmen. D. V.

der erst zu bewerkstelligenden Reinerziehung derselben aus Bastard=
königinnen (denn meistens bekommt man nur solche zu kaufen) —
dem gemeinen Manne und gewöhnlichen Bienenzüchter die Befassung
mit italienischer Zucht für jetzt noch, wo damit erst der Anfang ge=
schieht, eher wider= als anrathen müsse. Er, der zu diesem Geschäfte
weder genug Zeit noch Geschick hat, und überall von deutschen Drohnen
umgeben ist, die das italienische Blut verunreinigen, würde sein Geld
für erkaufte Italiener nutzlos hinausgeworfen haben; indem er auf
seinem Stande nur eine Mischart Bienen sehen möchte, deren italieni=
sches Element sich nach und nach, und bald auch ganz wieder verliert.

II. Abschnitt.

Zweiter und dritter Zauberspruch.

Am ersten Maisonntage Nachmittags saß Klaus nicht weit von
seinem Bienenstande unter einem prächtig blühenden Apfelbaume. Seine
beiden Nachbarn hatten sich zu ihm gestellt, und alle drei schwelg=
ten ordentlich in den Erstlingsfreuden des Frühlings, nämlich beim
Anblicke und im Balsamdufte der rosigen Apfelblüthen, so wie im
lustigen Gesumme und Getreibe der sie plündernden Bienen. Hinz
und Keinz hatten den ersten Zauberspruch und die Naturgeschichte der
Biene, so weit Klaus sie ihnen mitgetheilt hatte, wohl einstudiert.
Noch nie beobachteten sie die Bienen aufmerksamer und freudiger, als
im jetzigen Frühjahre. Sie hatten diese Thierchen erst kennen gelernt,
und mußten solche nun, ihrer merkwürdigen Eigenschaften wegen,
schätzen und lieben. Und ihre Bienenliebe trieb sie an, in der Bienen=
wissenschaft noch weitere Fortschritte zu wünschen; darum drängen sie
auch heute in den lieben Klaus, der mit einem so menschen= und
bienenfreundlichen Gesichte unter dem Apfelbaume saß, ihnen auch den
2. und 3. Zauberspruch zu lehren; von denen sie bereits vermutheten,
daß es damit eben so natürlich wie bei dem ersten hergehen werde.

Klaus war bereit, ihren Wunsch zu erfüllen. Er holte den
papiernen Lehrmeister, und schlug unter dem Baume seine Lehrkanzel
auf. Zuerst gab er aber diese Einleitung.

„Nachbarn! mit dem 1. Zauberspruche habt ihr wohl das Allerwichtigste aus der Naturgeschichte der Bienen vernommen, so daß Ihr mich jetzt eher verstehen und begreifen könnet, wenn ich weiter von den Bienen spreche, und gewisse Ausdrücke in der Bienenvatersprache gebrauche; allein, noch andere Eigenschaften besitzen die Bienen, die Ihr wohl auch wissen, aber erst später und gelegentlich erfahren sollet. Dergleichen Eigenschaften z. B. sind: das Leben der Bienen im Winter, die Krankheiten und Gebrechen der Bienen, ihre Feinde u. a. m. Jetzt aber thut es vor Allen noth, Euch auch in die praktische Bienenwirthschaft langsam einzuführen, d. h. Euch zu lehren, was Ihr als Bienenzüchter neben dem erforderlichen Wissen auch mitzuwirken und wirklich zu thun habet, damit Eure Zucht mit Sicherheit guten Erfolg erlange und also eine glückliche werde. Hieran erinnern schon die letzten Zeilen des 1. oder diamantenen Spruches: „Dann handle weiter nur — gemäß der Bienennatur.“ Nun besteht aber gerade der Zauber des 2. und 3. Spruches darin, daß sie Hauptgrundsätze der praktischen Bienenzucht enthalten, auf welchen das Bienenglück beruht. Ich lehre Euch also jetzt diese Sprüche und erkläre sie; wobei auch manches Naturgeschichtliche, das Ihr noch nicht wißt, eingestreut erscheinen wird. Fangen wir an.“ —

Bis hieher Klaus. Was er seinen Nachbarn vorträgt, das wende ich jetzt der Kürze wegen gleich auf meine Landsleute und sonstige Leser an.

I. Abtheilung.

Zweiter Zauberspruch.

Der Goldene.

Nur Stöcke reich an Volk, gesunde, —
Sind nützlich, fruchtbar, dauern aus;
Verarmte, kranke, geh'n zu Grunde,
Und bringen niemals Glück in's Haus.

Ein sehr einfacher, und doch sehr wichtiger Spruch! So wichtig das Gold unter den übrigen Metallen erscheint, eben so wichtig erscheint dieser Spruch unter den übrigen Regeln der Bienenzucht und so rein das im Feuer erprobte Gold ist, eben so rein ist auch die

Wahrheit dieses Spruches, erprobt durch die Erfahrung. Nicht um=
sonst heißt er daher der g o l d e n e.

Seine Zauberei ist jedoch eine ganz natürliche. Sollen Bienen=
stöcke wahren und reichlichen Nutzen schaffen, nämlich durch Honig,
Wachs und Schwärme, und dabei auch nicht leicht absterben; so müssen
es unumgänglich starke oder volkreiche Stöcke sein.

Dieß geht aus der Natur der Biene selber, aus der Vernunft
und folgenden Thatsachen hervor.

§. 23. Starke Stöcke können der harten Winterkälte leichter trotzen
als schwache.

Die Bienen leben auch zur Winterzeit, und liegen da im Stocke
auf einem geschlossenen Haufen beisammen. Die zum Leben erforder=
liche Wärme erhalten sie jetzt auf eine doppelte Weise: innerlich durch
den geistigen Honig, welchen sie genießen; äußerlich von einander,
indem sie sich, in einem Klumpen liegend, fortwährend bewegen, und
wechselseitig einander mit ihren Leibern bedecken. Dessen ungeachtet
erfrieren zuweilen ganze Stöcke, nämlich, wenn die Kälte bedeutend
streng ist, anhält, und zu sehr auf die Bienen einwirken kann. Denn
dann verflüchtiget sich die natürliche Wärme des Bienenklumpens bald,
die Bienen erstarren allmälig, können so dem vorhandenen Nahrungs=
honig nicht nachrücken, und sterben auf diese Weise vor Kälte und
Hunger zugleich.

Dies geschieht jedoch nicht so leicht bei volkreichen Stöcken.
Ganz natürlich! — So wie z. B. 12 Menschen in einem ungeheizten
Zimmer sich eher erwärmen, und vom Froste nicht so viel leiden als
3 : eben so erwärmen sich auch 16000 Bienen in ihrer Winterbehau=
sung leichter, als 4—5000, oder wohl noch weniger. Der große
Bienenhaufen hält die natürliche Wärme länger an sich, als das kleine
Häuflein.

Und gesetzt, in einem Stocke von 16000 Bienen, gingen durch
äußerst harte Kälte wirklich 3—4000, die an der Außenseite des
Klumpens nach und nach erstarrt wären, zu Grunde; dann würden
die übriggebliebenen 13000 Bienen noch immer einen guten Stock
ausmachen. In diesem Falle müßten dagegen alle Stöcke von nicht
mehr als 3—5000 Einwohnern gänzlich erfroren sein.

Den deutlichsten Beweis, wie zweckmäßig in diesem Bezuge starke Stöcke sind, liefert jeder harte Winter. Im Frühjahre darauf finden wir selten einen volkreichen, wohl aber häufig volkarme getödtet. Reich an solchen Beispielen war besonders der Winter des Jahres 1845.

§. 24. Starke Stöcke brauchen im Winter verhältnißmäßig weniger Honig zur Nahrung als schwache; jene sind also auch in Hinsicht der Ersparniß nützlicher als diese.

Dieß, so sehr es auch auffallen mag, haben viele Bienenväter durch angestellte Versuche und Beobachtungen zur Gewißheit gebracht. Sie haben z. B. erfahren, daß 15000 Bienen in einem Stocke bedeutend weniger zehrten als dieselbe Menge Bienen in 3 Stöcken, von denen jeder beiläufig 5000 Bewohner enthielt. Diese Erscheinung wird leicht aus dem vorausgehenden §. erklärbar. Denn den 5000 Bienen entgeht die äußere Wärme eher, als den 15000; jene müssen daher mehr Honig genießen als diese, um durch innerliche Erwärmung den Mangel der äußern Wärme zu ersetzen.*)

§. 25. Starke Stöcke schlagen schon zeitlich viel Brut und vermehren ihr Volk; was schwache nicht vermögen.

Der weise Schöpfer hat den Bienen keine längere Lebensdauer gesetzt, als die von 8—10 Monaten. Die meisten sterben aber durch verschiedene Zufälle noch früher; im Sommer schon nach 6—10 Wochen. Mit jedem Jahre würde daher der Stock ausgestorben sein, wenn sich die Bienen nicht eben so schnell vermehrten, und den Abgang ihres Volkes durch Junge ersetzten. Deßhalb hat ihnen auch der Schöpfer einen starken Trieb zur Vermehrung eingepflanzt.

Diesem Triebe zufolge erzieht ein volkreicher Stock in gelinden Wintern auch selbst in den Wintermonaten unausgesetzt einige Brut, oder fängt damit in strengen Wintern wenigstens schon im Jänner an; denn in dem großen Bienenklumpen ist auch jetzt schon die erforderliche Brutwärme vorhanden. Darauf erweitert sich aber das Brut-

---

*) Ein auffallendes Beispiel hievon kommt im XIII. Abschnitte des III. Hauptstückes unter dem Punkte b) (die Reduktion) vor. D. V.

neſt von Woche zu Woche mehr, und nimmt mit Ende März ſchon einen bedeutend großen Raum ein. Anfangs April ſind hernach in einem ſolchen Stocke bereits Tauſende von jungen Bienen ausgekrochen; wovon der Nutzen im Nachſtehenden erhellen wird.

Nicht ſo bei einem ſchwachen Stocke. Da muß das Häuschen Bienen im Winter nur ſtets beſorgt ſein, ſich ſelber das Bischen Le= benswärme zuſammen zu halten; die wenigen Bienen dürfen ſich nicht ausbreiten, um etwa der Brut Raum zu geben, welche in größerer Menge ohnedies auch nicht bedeckt und erwärmt werden könnte. Dies weiß auch die Königin ſelber ſehr wohl; ſie legt unter ſolchen Um= ſtänden erſt ſpät im Frühjahre, und dann nur wenige Eier. Und ſo liegen ſolche Bienen oft noch im April und Mai auf einem und demſelben Flecke, und haben bis jetzt kaum noch etliche hundert Junge hervorgebracht.

§. 26. Starke Stöcke reinigen ſich (das Wachsgebäude und die Wohnung) im Frühjahre ſchneller und leichter als ſchwache.

Nach dem erſten Ausfluge im Frühjahre, wobei ſich die Bienen des in ihren Leibern lang verhaltenen Winterunrathes entledigen, iſt ihr erſtes Geſchäft, auch ihr Wohnhaus und den Zellenbau zu ſäubern. Nun müſſen die zwiſchen den Waben hängenden und auf dem Boden liegenden Leichen fortgeſchafft und begraben, der Winterſchimmel und die durch Feuchtigkeit verdorbenen Zellen ausgebiſſen, der unbrauchbar gewordene Blumenſtaub in Stöckchen ausgezogen, und überhaupt jede Unreinigkeit aus dem Stocke getragen werden.

Daß aber 15—20000 Arbeiter dieſe Reinigung leichter und eher vollenden, als 4—6000, iſt abermals natürlich. Ja, ein Schwächling wird damit faſt nie fertig, ſelbſt dann manchmal, wenn ihm ſein Herr zu Hilfe eilt, und den gröbſten Unrath, der auf dem Boden des Stockes liegt, herausnimmt. Ein ſolcher putzt bisweilen noch im Mai und Juni an ſeinem ſchmutzigen Bau, und verſäumt darüber die beſte Honigtracht. Die meiſten ſtarken Stöcke hingegen können beim Reini= gungsgeſchäfte des menſchlichen Beiſtandes gänzlich entbehren.

§. 27. Starke Stöcke tragen zeitlich viel Blüthenſtaub und Honig, und können zeitlich Wachs bauen; nicht ſo die ſchwachen.

Die Bienen ſind erſt dann im Stande, Wachs hervorzubringen, wenn ſie genug Blumenſtaub mit Honig vermiſcht zur Nahrung haben, und wenn dazu auch ein ziemlich hoher Grad Wärme im Stocke ist. Die 20—25000 Bienen eines starken Stockes können nun wieder gleich Anfangs viel mehr Blumenstaub und Honig zusammenbringen, und dabei eher die zum Wachsausschwitzen nothwendige Wärme erzeugen, als die 5—6000 Bienen eines Schwächlings. Letzterer trägt oft im Mai, wo der Wachsbau beginnt, kaum noch so viel, als er für sich und die Brut zur Nahrung braucht. Die wenigen Bienen müssen noch immer mit ihren Leibern die zarten Jungen bedecken, vergessen darüber oft ganz Wachs zu bereiten, oder machen wenigstens erst spät — im Juni oder Juli — damit den Anfang.

Anmerkung. Es kann sich jedoch ereignen, daß ein stärkerer Stock im Frühjahre bedeutend später den Wachsbau beginnt, als ein schwächerer. Der Grund liegt hier im Nichtbedürfniß und Bedürfniß neuer Zellen. Besitzt der stärkere vom vorigen Jahre her ein weitläufiges Wachsgebäude, so kann eine lange Zeit vergehen, bis dieses mit Brut und Honig angefüllt ist, und nun auch neue Zellen zu bauen, nothwendig wird. Hat man dagegen dem schwächeren Stocke im Frühjahre das Wachsgebäude knapp zugeschnitten, so müssen ihm bald, wenn sich Brut und Honig mehren, leere Zellen mangeln, und er muß solche um jeden Preis herstellen, wenn er noch mehr Brut und Honig unterbringen und vollkommener werden will. Der Preis solcher neuer Zellen ist aber Honig. Um 1 Loth Wachs zu bauen, müssen — wie Bienengelehrte herausgebracht haben — 10—20 Loth Honig von den Bienen verzehrt und dazu verwendet werden. Während also der schwächere Stock von der Nothwendigkeit getrieben, Zellen baut, und dadurch Zeit und Honig verliert, gewinnt der stärkere Beides, so lang er noch genug vorräthige Zellen besitzt, und keine neue bedarf.

Das zeitliche Wachsbauen ist daher im Allgemeinen weder ein Vorzug, noch das Anzeichen eines vorzüglichen Stockes.

§. 28. Nur von starken Stöcken lassen sich in der Regel zeitliche und gute Schwärme erwarten.

Die Wahrheit dessen fließt aus den früheren §§. von selbst. Ein Schwarm ist im Grunde nichts Anderes, als der Haufen überflüssiger Bienen eines Stockes, der zugleich überflüssigen Honig hat. Je wärmer und gesünder aber ein Stock überwintert; je zeitlicher und bedeutender er seine Bienen vermehrt; je früher und je mehr er Honig und Blumenstaub anhäuft: desto mehr und früher muß ein solcher Stock auch Ueberfluß an Honig und Bienen erhalten; und um so zeitlicher kann er deßhalb Schwärme, und um so sicherer volkreiche Schwärme geben.

Schwache Stöcke aber, die sich den ganzen Sommer hindurch kaum das Nothwendigste, und um so weniger schon im Frühjahre Ueberflüssiges erwerben, denken nicht an's Schwärmen. Mittelmäßige Stöcke stoßen auch nur Mittelschwärme ab.

§. 29. Eben so lassen nur starke Stöcke eine sichere und reiche Honig- und Wachsernte hoffen.

Zur Zeit der besten Honigtracht, die meistens kurz ist, wirkt ein starker Stock Außerordentliches. Zählt er z. B. nur 30000 Bienen, dann bleiben höchstens 6000 zu Hause und 24000 fliegen vom frühesten Morgen bis auf den spätesten Abend unermüdet auf Erwerb aus. Diese vielen Arbeiter sind im Stande, an einem einzigen Honigthautage 5—8 Pfund Honig, und noch mehr, in den Stock zu tragen. Bei einem schwachen dagegen, z. B. von 9000 Bienen, können nicht etwa auch vier Fünftel davon auf die Weide fliegen; nein, die Arbeiten im Stocke und die Bewachung desselben fordern die Gegenwart mehrerer, als das fünfte Fünftel beträgt; und es fliegen höchstens nur 4—5000 ins Feld. Wie wenig können diese ausrichten! —

Dasselbe gilt in Hinsicht des Wachsbaues. Ein starker Stock füllt binnen 14 Tagen seine halbe Wohnung mit neuen Waben aus; während ein schwacher oft nur einige Scheiben baut *).

---

*) Bleibt es auch unumstößlich wahr, daß nur viele Bienen viel Honig sammeln können, so ist doch nicht minder wahr, daß viele Bienen auch viele Nahrung brauchen. Während der Tracht ist Letzterem nicht auszuweichen; es kann nicht anders sein, die Arbeiter müssen essen. Allein, wenn schon die Tracht, und die hauptsächlichste Arbeit — das Honig- und Blumenstaubsammeln und das Wachsbauen zu Ende sind, dann ist ein Uebermaß von Volk nicht wünschenswerth, weil ein solches stark zehrt, und doch nichts weiter arbeitet. Es ist daher klug gehandelt, wenn man jetzt ein solches Volk vermindert; man erspart dadurch viel Honig und kann also das Honigerträgniß des Stockes bedeutend steigern

Zu diesem Zwecke sucht B. v. Berlepsch gegen das Ende der Tracht hin nicht allein alle unnöthige Drohnen abzuschaffen, sondern auch die Königin im Brutsetzen zu beschränken; indem er den Brutraum möglichst verengt und

§. 30. Starke Stöcke überkommen leicht ungünstige Zufälle; schwache aber werden dadurch noch schwächer, und gehen oft gar zu Grunde.

Totale oder gänzliche Mißjahre für Bienen kommen äußerst selten. Ein solches entsteht nur dann, wenn Frühling und Sommer durchaus kalt, naß und windig sind, oder wenn ein Hagelwetter alle Blüthen verwüstet. Hat aber ein schlechter Sommer nur einige Wochen gute Tracht, so ist ein starker Stock schon geborgen. Denn binnen dieser kurzen Zeit rafft er wenigstens seine nothwendige Nahrung zusammen. Dem schwachen hingegen, weil ihm die Sammler fehlen, steht unvermeidlich Hungersnoth bevor *).

Eben so sind starke Stöcke theils Krankheiten weniger unterworfen, theils überwinden sie dieselben, wie auch andere schädliche Zufälle, viel leichter als schwache. Ein volkreicher Stock z. B. kann

vom Honigraum absondert; was bei bzierzonisirten Stöcken nicht schwer ist. Ja, zwei oder drei Wochen vor Ende der Tracht fängt er in volkreichen Stöcken sogar die Königin ab, so daß sich die Bienen junge Weisel erziehen müssen. Während dieß geschieht, in einem Zeitraum von 2—3 Wochen ersparen die Bienen viel Zeit und Futter, denn sie haben keine Brut zu erziehen, und können auf diese Weise viel Honig und Blüthenstaub in Vorrath bringen. Solche Stöcke werden daher auffallend honigschwer. Nach beendigter Tracht hat sich ein großer Theil der zahlreichen Arbeiter durch Arbeit aufgerieben, und es sind jetzt viel weniger Zehrer im Stocke. Der junge Weisel ist aber unterdessen fruchtbar geworden, und erzeugt noch so viele junge Bienen, als zur guten Durchwinterung des Stockes erforderlich sind. Auch kann man den alten Weisel blos in einen Käfig einsperren, solchen im Stocke stehen lassen, und ihn so vom Eierlegen abhalten.

*) Seit 26 Jahren, wo ich Bienenzucht treibe, habe ich noch kein Mißjahr erlebt. Manchmal wohl, wollte ich schon sammt meinen Bienen verzweifeln; denn April und Mai, und selber der Juni noch blieben naß, kalt und unfruchtbar, allein es folgte der Juli mit günstiger Tracht, und meine starken Stöcke gaben noch eine mehr als mittelmäßige Honigernte. Der halbe Mai und halbe Juni in dem beispiellos trockenen Sommer des J. 1842 reichten hin, daß starke Stöcke bedeutend über ihren Bedarf einsammeln konnten, und der einzige ausgezeichnete Monat Juni 1852 verließ solchen Stöcken reichen Honigsegen. Das Jahr 1859 schien das unglücklichste Bienenjahr werden zu wollen; im Mai waren die Stöcke entvölkert, und im Juni verhungerte noch mancher Stock. Einige Wochen gute Tracht im Juli und August machten aber noch das Jahr zu einem ausgezeichnet guten. Dergleichen Jahrgänge sind freilich für alle schwache Stöcke schon Mißjahre; aber nur weil es ihnen an Kraft gebricht, das Eisen zu schmieden wann es glüht. D. V.

bei einer im Frühjahre plötzlich eingefallenen Kälte seine ausgebreitete Brut gehörig bedecken; diese verkühlt sich nicht leicht, und er hat keine Faulbrut zu fürchten. Bienenläuse entstehen durch überhand genommene Unreinigkeit in den Stöcken. Starke vermögen sich — wie früher gemeldet wurde — gehörig zu reinigen, und bleiben davon frei.

Ueberhaupt, starke Stöcke sind in der Regel auch gesunde Stöcke. Schwache aber sind häufig krank, oder wenigstens krank gewesen. Auch kann man die Schwäche an sich selbst schon eine Krankheit nennen.

Und zugegeben, ein starker Stock verlöre z. B. im Winter durch Nässe oder plötzliche Aufstörung aus dem Lager, im Frühjahre durch die Ruhr, im Sommer durch Schlagregen, Vogelfraß u. dgl., eine bedeutende Menge seiner fleißigen Arbeiter; so hätte er dessenungeachtet in der übrigen Volkszahl noch Kräfte genug, den erlittenen Schaden nach und nach zu überwinden. Ein Schwächling aber erhält durch solche Zufälle meistens den Garaus.

Auch eine ungeschickte, schädliche Behandlung hält der starke Stock eher aus, als der schwache. Zerstört z. B. ein ungelehrter Zeidler im Frühjahre oder Herbste beim Ausschneiden der Waben das Brutnest oder Lager, so können viele, aber nicht wenige Bienen eher ein neues anlegen.

§. 31. Starke Stöcke vermögen sich endlich auch gegen lebendige Feinde besser zu vertheidigen, als schwache.

Die größten Feinde der fleißigen Bienen sind wieder Bienen — die Raubbienen. Diese suchen mit Gewalt durch jede Oeffnung in den Stock zu bringen, und den darin aufgespeicherten Honig zu rauben. Zugleich tödten sie viele von den sich wehrenden Bienen, und selber auch manchmal die Königin. Ein starker Stock jedoch hat Mannschaft genug, um nicht bloß das Flugloch und jede andere Oeffnung, sondern auch den Wachsbau selbst hinlänglich zu besetzen. So müssen dann die Räuber unverrichteter Sache wieder abziehen, wenn sie auch einen Angriff gewagt haben. Allein, Schwächlinge können kaum einigen Widerstand leisten. Von allen Seiten und im Innern des Stockes selbst angegriffen, müssen sie unterliegen.

Was hier von den Raubbienen angeführt wurde, gilt auch von den Schmetterlingen der Bienen- oder Wachsmotte, welche sich in der

Abendddämmerung dreist in den Stock drängen wollen, um ihre verderblichen Eier darin zu legen; von den Ameisen und Ohrwürmern, und überhaupt von jedem Thierchen, das sich feindlich dem Stocke naht.

Aus diesen neuen Punkten, liebe Leser! könnt Ihr nun gewiß die goldene Wahrheit des 2. Zauberspruches unmöglich verkennen, welche lautet: Nur starke oder volkreiche Stöcke sind nützlich und zweckmäßig. — Macht Euch daher als Bienenhalter diese Wahrheit zum Haupt-Grundsatze in Euerer Bienenzucht, und richtet Euere Praxis oder Bienenbehandlung darnach ein; dann wird schon dadurch manche Klage über Unglück mit den Bienen, und auch manches andere Vorurtheil von selbst verstummen.

Was Ihr aber als Bienenzüchter obigem Grundsatze gemäß thun und lassen müsset, dies lehren umständlich nachfolgende.

Goldene Regeln.

§. 32. Duldet durchaus keine schwache Stöcke.

a) Kaufet sie nicht.

Mancher klagt schon beim Anfange seiner Bienenzucht über Unglück. Entweder gehen ihm gleich die ersten Stöcke wieder ein; oder er muß darauf vielen und theueren Futterhonig kaufen; oder auch, die Bienen tragen höchstens so viel, als sie selber brauchen, und sammeln nichts für ihren Herrn.

Jedes von diesen Dreien ist mißlich und unangenehm. Allein, kann es auch anders sein? — Man kauft ein oder zwei schlechte Schwärmchen, weil sie recht wohlfeil sind; oder man erhält sie geschenkt: und nun baut man auf solche armselige Stöcklein eine großmächtige Hoffnung. Was Wunder! wenn diese dann zu Wasser und nicht zu Honig wird; denn es bleibt doch einmal richtig: nur Bienen machen Honig. Wo aber die ersteren nicht in großer Menge im Stocke sind, da ist es der letztere ebenfalls nicht.

Wer eine dauerhafte und glückliche Bienenzucht begründen will, der opfere lieber einige Gulden mehr als weniger zum Ankaufe eines, oder besser noch, zweier oder mehrerer volkreicher und guter Stöcke: sie verzinsen sich reichlich und bringen wahren Nutzen. Den Anfang meiner Bienenzucht machte ich mit zwei ausgezeichneten Stöcken, die baare 95 fl. W. W. kofteten. Und sie waren es werth. Im Herbste darauf hatte ich von ihnen einen vortrefflichen Vorschwarm im Werthe von 30 fl.; dann 50 Pf. geseimten Honig und 2 Pf. Wachs. Den Honig kaufte man mir als Futterhonig gerne um 1 fl. 30 kr. das Pfund ab, und das Wachs hatte denselben Preis. Mithin trug mir das Kapital von 95 fl. binnen einigen Monaten 108 fl. Interessen.

Mit diesen theueren aber guten Stammstöcken begründete ich eine kleine Zucht von 10 bis etlichen 20 Stöcken, wobei ich stets mehr auf sicheren Honiggewinn, als auf Vermehrung durch Schwärme spe= kulirte; eine Zucht, die ich unbeschadet meiner Berufsgeschäfte wohl versehen konnte, und deren Anlagskapital sich durch verkauften Honig, Wachs und Stöcke bis heute mit 42 Percent im jährlichen Durch= schnitte verinteressirt hat. Und das Vergnügen dabei war auch Etwas werth.

(Siehe ferner den I Abschnitt des III. Hauptstückes.)

Was ist jedoch zu thun mit schwachen Stöcken, wenn man sie einmal auf dem Halse hat? — Da heißt es:

b) Ueberwintert sie nicht.

Man vereinige und kassire sie. Erhält man z. B. mehrere ge= ringe Nachschwärme fast zu gleicher Zeit, so fasse man sie gleich in einen oder zwei Stöcke zusammen. Sollte jedoch dies jetzt nicht an= gehen, so versäume man wenigstens die Vereinigung im Herbste nicht. Auch alle alte Stöcke, welche geschwächt, weisellos oder sonst fehler= haft sind, und denen ohne große Kosten und Gefahr nicht geholfen werden kann, dürfen nicht überwintert, sondern müssen vereiniget oder kopulirt, oder zum Theil abgestiftet oder kassirt werden. Zwei oder drei vereinigte Schwächlinge machen dann zwar einen Stock nur, aber einen vollkommenen aus, der im Sommer darauf vielleicht eben so viel Honig abwirft, als jene einzeln aufgestellt, zusammen Futter= honig hätten bekommen müssen, und die am Ende etwa dennoch ein= gegangen wären.

Man darf sich von dieser Vereinigung freilich nicht durch die gewisse Sucht mancher Anfänger, in kurzer Zeit viele Stöcke zu zählen, abhalten lassen, sondern man muß allezeit denken: besser we= nige und gute, als viele und schlechte Stöcke; so wie überhaupt der rationelle Land= und Hauswirth den Grundsatz hat: Lieber wenig und wirkliches Nutzvieh, als viel und nutzloses; und besser Nutzen als Schaden! —

(Mehr über das Kopuliren der Stöcke im X. Abschnitte des III. Hauptstückes.)

§. 33. Schwächet starke Stöcke nicht.

a) Durch geiziges und unvernünftiges Zeideln, und unzweckmäßiges Beschneiden des Wachsbaues.

Es geschieht nicht selten, daß Unkundige im Frühjahre, in der Meinung, der Stock bedürfe des alten Honigvorraths nicht mehr, denselben begierig ausschneiden, indeß bald darauf wieder schlechte Witterung einfällt, und sich die Bienen auch aus dem Felde keine Nahrung holen können. Nun müssen sie hungern. Dann macht aber die Königin alsogleich im Eierlegen Einhalt; denn sie sieht gleichsam voraus, daß die Jungen nicht ernährt werden können. Ist die Noth groß und anhaltend, dann reißen die Bienen wohl gar die Brut aus den Zellen, um dieselbe nicht füttern zu dürfen. Auf solche Weise bleibt das Volk in der Vermehrung zurück und wird schwächer. Man merke sich daher wohl, daß sich die Fruchtbarkeit der Königin oder die Vermehrung der Bienen nach dem vorhandenen Honigvorrathe richte, und daß nicht allein Bienen Honig machen, sondern auch umgekehrt, der Honig Bienen.

Auf gleiche Art kann ein zu geiziges Zeideln im Herbste schaden; wenn nämlich dem Stocke zu wenig Nahrungshonig belassen wird, und die Bienen im Frühjahre deßhalb in Noth gerathen.

Endlich tragen auch Jene zur schädlichen Schwächung der Stöcke bei, die beim Zeideln entweder aus Unkunde und Ungeschicklichkeit viele Bienen und Brut vernichten, oder wohl gar in der Absicht, dem Stocke von überflüssigen Fressern zu helfen geflissentlich ganze Waben Herbst- oder Frühlingsbrut mit ausschneiden. Letzteres bleibt jederzeit ein unvernünftiger schädlicher Bienenmord.

Wie das Ausschneiden des Honigs, eben so kann auch das bloße Beschneiden des Wachsbaues im Frühjahre zur Schwächung, ja zum gänzlichen Ruin des Stockes beitragen, wenn es zweckwidrig geschieht. Zufrühbeschneiden, Hohl- und Kaltschneiden, Zugeizigbeschneiden, heißen die Fehler, die in diesem Bezuge begangen werden; und Verkühlung der Brut, ja das Erfrieren des Stockes bei harten Spätfrösten, meistens aber Unterbrechung des Brutansatzes, oder im besten Falle: Beschränkung der Brut wegen Mangel vorräthiger Zellen u. s. w. können davon die Folge sein.

(Mehr über das Beschneiden und Zeideln im IX. Abschnitte des III. Hauptstückes.)

b) Durch unmäßiges und unzweckmäßiges Ablegermachen.

Manche, die von ihren Stöcken wenige Schwärme bekommen, suchen sich dieselben durch Kunst zu verschaffen, und machen sogenannte Ableger. (Siehe I. Hauptstück §. 18 Kunstschwärme.)

Das Ablegen der Schwärme ist wohl als Kunst zu schätzen, und kann allerdings dem Mangel an natürlichen Schwärmen abhelfen, jedoch muß es nur mäßig, mit möglichster Sicherheit des Gelingens, und überhaupt zweckmäßig geschehen. Die beste Ablege-Methode ist unstreitig die des Austreibens oder Abtrommelns der Schwärme, welche im V. Abschnitte des III. Hauptstückes gelehrt, und jene nach Dzierzonischer Manier, die im Anhange beschrieben wird; die allerbeste, leichteste und bequemste aber, die mit dem theilbaren Prinzstocke, (Strohprinz) der als ein neuer Stock hier in der 4. Auflage Erwähnung findet. Alle andere Ablege-Methoden, bei welchen das Gelingen von der zufällig günstigen Witterung abhängt, die Niemand voraussehen kann; oder bei welchen ganze Stöcke, Brut- und Honigwaben gewaltsam zerschnitten und Bienen getödtet werden: sind eine Plackerei für den Bienenvater, eine Quälerei für die Bienen, und ein Lotteriespiel hinsichtlich des Gelingens. Die Folge davon sind öfters 2 schlechte Stöcke statt eines guten, die mit theurem Honig gefüttert werden müssen, und wovon manchmal der eine, ja wohl alle beide eingehen. Im glücklichen Falle erscheint häufig wenigstens der Mutterstock so geschwächt, daß er ein oder zwei Jahre keinen Nutzen abwirft.

Wer lauter gute und volkreiche Stöcke hält, und diese nur ordentlich behandelt, erhält auch natürliche Schwärme; — und, wären diese gleich nicht sehr häufig, desto besser! so bleiben die alten Stöcke bei Kräften und bringen um so größeren und sicheren Honiggewinn. Ohnedies soll man nach Möglichkeit zu verhindern trachten, daß sich Mutterstöcke selbst schwächen; nämlich

c) durch übermäßiges Schwärmen.

Nur der Vorschwarm gibt wegen der alsogleichen Fruchtbarkeit seines Weisels und wegen seiner zeitlichen Ankunft einen vollkommenen Stock ab; schlechter schon ist in dieser doppelten Beziehung der Zweit= schwarm; Dritt= und Viertschwärme fallen noch später, und sollen nie einzeln aufgestellt werden. Stößt aber ein Mutterstock 3 Schwärme ab, so leidet er darunter selbst am meisten; weil er dadurch den größten Theil seiner Arbeiter und auch viel von seinem Honigvorrathe verliert; indem — was das Letztere betrifft — sich jedesmal die Bienen vor dem Auszuge mit Honig beladen. Sehr häufig verschwär= men sich auch solche Stöcke, d. h. sie behalten nach Abgang des letzen Schwarmes entweder gar keine, oder nur eine unfruchtbare Königin, und sterben deshalb im nächsten Winter oder Frühjahre ab.

(Wie dieses schädliche Vielschwärmen zu verhindern sei, wird im III. Hauptstücke §. 65 gelehrt.)

§. 34. **Unterstützet selbst starke Stöcke dann und wann mittelst Fütterung.**

Nicht selten trägt es sich zu, daß im April oder Mai nach mehreren Tagen guter Tracht plötzlich wieder ungünstiges Wetter ein= tritt, und die Bienen nichts einsammeln können. Alsogleich legt die Bienenkönigin weniger Eier, und dies so lang, bis wieder bessere Zeiten folgen. Nebstdem werden oft deshalb die Anstalten zum nahen Schwärmen rückgängig gemacht; indem die Bienen die angesetzten jungen Weisel wie auch die Drohnenbrut aus den Zellen ziehen. Diesem kann sehr oft vorgebeugt werden, wenn man dem müssigen Stocke täglich einige Löffel Honig reicht. Die Königin scheint dann die unterbrochene Tracht im Felde nicht zu merken, setzt das Eierlegen regelmäßig fort, und die Bienen schonen der Königs= und Droh= nenbrut.

Ueberhaupt, die Fruchtbarkeit der Königin läßt sich — was vor der Schwarmzeit am nützlichsten ist — am besten steigern, wenn man dem Stocke, obschon er auch noch Honigvorrath besitzt, und schon Etwas im Felde findet, — eine Zeit hindurch täglich etliche Löffel Honig zusetzt. Meistentheils hat diese Fütterung zeitliche und gute Schwärme zur Folge. Wo diese aber ausbleiben, trägt der verwendete Futter= honig dadurch die reichlichsten Zinsen, daß er eine größere Menge

Bienen bewirkt, die um so mehr den Stock mit Honig und Wachs anfüllen.

(Weitere Auskunft über Fütterung ist im XI. Abschnitte des III. Hauptstückes zu finden.)

———

So wie ich Euch, liebe Landsleute und Leser! erklärte auch der Bienenvater Klaus den zweiten oder goldenen Zauberspruch seinen Nachbarn. Als er damit zu Ende war, führte er sie zu seinem Bienenstande, und öffnete ihnen bei mehreren Stöcken die Glasfenster, damit sie das zahllose Bienenvolk darin sehen konnten. Und die verwunderten Nachbarn erkannten jetzt ziemlich deutlich, wie Klaus ganz natürlich und ohne Zauberei Glück, sie aber Unglück mit den Bienen haben mußten. Sie sahen ja hier in einem Stocke mehr Bienen, als in zweien oder dreien von den ihrigen zusammengenommen. Darauf sprachen sie noch im Fortgehen: „Also stark müssen die Stöcke sein! — Dieß wollen wir uns hinter die Ohren schreiben! — Nun sind wir aber noch auf den dritten Spruch begierig — auf den „silbernen." — „Auch diesen sollt Ihr kennen lernen, sobald Ihr wieder kommt" — entgegnete Klaus, und gab ihnen freundlich das Geleite bis vor die Gartenthüre.

———

II. Abtheilung.

Dritter Zauberspruch.

Der Silberne.

Es erschien der zweite Maisonntag, und — richtig stellten sich Nachmittags Hinz und Keinz, die lernbegierigen Schüler, wieder bei Klausen ein. Diesmal war an keinen Aufenthalt im Freien zu denken; denn das Wetter hatte sich geändert. Keine Biene ließ sich außer dem Stocke sehen; die Apfelblüthe war heruntergeweht; schwarze Wolken jagten pfeilschnell über die lachende Frühlingssonne, und ein verspäteter Aprilsturm streute sogar einige Schneeflocken auf die frischgegrabenen Beete des Gartens. „Heute machen wir es den Bienen nach, liebe Nachbarn!" — sprach Klaus — „wir bleiben zu Hause in der Stube; und setzen da den Unterricht fort. Das Winterliche draußen und die silbernen Schneeflocken passen just zu dem silbernen Spruche, den ich Euch vorlesen und erklären werde; denn dieser redet gerade sehr viel von den Bienen im Winter. Bevor ich beginne, frage ich aber: habt Ihr nicht etwa schon wieder vergessen, was Ihr bisher Diamantenes und Goldenes gelernt habt?" — Und nachdem Beide dieß verneint, und zum Beweise dessen Hinz den ersten und Keinz den zweiten Zauberspruch recht verständig hergesagt hatten, schlug Klaus das Lehrbuch auf, und nun folgte sammt der nöthigen Erklärung

Der dritte Zauberspruch.

Im Winter droht der kalte Nord
Und Räubershand den Bienen Mord;
Auch Nässe, Moder, Schimmel,
Und polterndes Getümmel,
Wie Luft- und Honignoth:
Die Alle drohen Tod; —
Ja selber Wintersonnenschein
Wirkt schädlich auf die Bienen ein.

Wer diese wehrt von seinem Bienenstand,
Dem reicht das Glück die treue Bundeshand;
Und Unglück nimmt die Flucht
Vor ihm — dem Meister in der Zucht.

Dieser Spruch wird der silberne genannt, weil er nach dem zweiten oder goldenen in der Bienenzucht seiner Wahrheit nach der wichtigste ist: so wie auch das Silber gleich nach dem Golde gewöhnlich für das wichtigste und vorzüglichste Metall gehalten wird.

Ohne Reime lautet aber der Spruch: Der ist glücklich und ein Meister in der Bienenzucht, welcher seine Bienen gegen alle Winterfeinde zu schützen, oder dieselben gut durchzuwintern versteht; nämlich so, daß sie

1. hinlängliche Nahrung haben,
2. geschützt gegen die strengste Kälte sind;
3. daß sie trocken, und
4. möglichst ruhig liegen;

5. daß sie frische Luft genießen, und daß

6. auch die Stöcke vor Dieben sicher stehen.

Ueber jeden dieser 6 Punkte soll in der Folge das Nöthige ge= lehrt, und dabei die darauf bezüglichen, herrschenden Fehler gerügt werden. Da schwache Stöcke, dem goldenen Spruche gemäß, nicht auf den Winterstand gehören: so sind in der Rede fortan nur starke gemeint.

§. 35. **Die Bienen müssen im Winter hinlängliche Nahrung haben.**

Nahrung ist das erste Erforderniß zum Leben der Menschen und Thiere, und gehört also auch zum Leben unserer Honiginsekten im Winter. Reicht der Honig als Speise nicht aus bis zur neuen Tracht im Frühjahre, so sterben die Bienen Hunger. Darauf muß man stets schon im Herbste Bedacht nehmen, und den Stöcken beim Zeideln ja nicht mehr Honig rauben, als sie entbehren können.

Dagegen sündigen gar oft geizige Bienenherren; ja manche glauben selbst, daß Bienen, welche viel haben, auch viel verzehren; und schneiden daher — um den Bienen mit Gewalt Sparsamkeit zu lehren — recht unbarmherzig in die Stöcke hinein. Doch ihr Geiz straft sich bald selbst. Im nächsten Frühjahre sind solche Stöcke entweder schwach und verkümmert, oder wohl auch gänzlich entschlafen.

Wer seine Bienen glücklich durch den Winter bringen will, der zeidle im Herbste eher eine Scheibe zu wenig, als zu viel. Wer aber durchaus nicht beurtheilen kann, wie viel einem Stocke von seinem Vorrathe entbehrlich sei, der handelt am klügsten, wenn er die Ernte bis zum Frühjahre verschiebt. Er bleibe dabei ohne Sorgen; die Biene, ein Muster der Wirthschaftlichkeit selber für manchen Menschen, verschwendet vom Ueberflusse nichts. Im Frühjahre sieht er dann deutlicher, was der Stock nicht mehr braucht.

Im seltenen Falle, wo auch ein guter Stock durch was für Hindernisse immer nicht einmal die nöthige Winternahrung besitzt, versteht es sich von selbst. daß ihm dieselbe noch im Herbste zugetheilt werden müsse, wenn er den Winter überleben soll. Honignoth! — sicherer Tod! —

(Ueber Zeideln und Füttern Mehreres im III. Hauptstücke.)

§. 36. **Die Bienen müssen im Winter gegen die strengste Kälte geschützt sein.**

Starke Stöcke erfrieren zwar auch im härtesten Winter nicht leicht; aber sie können doch durch die Kälte Schaden leiden. Von der Außenseite des Bienenklumpens fällt da doch manche Biene halb erstarrt herab, und vermag nicht mehr hinaufzukriechen. Hält die Kälte lange an, so erwächst auf diese Weise jedenfalls für den Stock ein bedeutender Nachtheil. Auch gefrieren oder verkörnen wenigstens zuweilen die Honigzellen, welche von den Bienen unbedeckt geblieben sind, zu denen diese aber allmälich vorrücken müssen. Der Honig erscheint dann in den Zellen versteinert, und also ungenießbar.

Noch verderblicher wird den Bienen die Winterkälte, wenn ihre Wohnungen kalt, d. h. nur von schwachem Holze, oder anderem kalten Materiale gebaut sind; und wenn vielleicht die Stöcke obendrein an einem Platze stehen, wo der kalte Nord= und Westwind freies Spiel hat. Auf einem solchen Stande richten kalte Winde auch im Frühjahre noch, besonders bei den ersten Ausflügen der Bienen, den größten Schaden an. Sie raffen die Bienen mit Gewalt von den Stöcken hinweg, und werfen dieselben zu Boden; wo sie im kühlen Schatten oder auf der kalten Erde bald erstarren. Kurz: „im Winter droht der kalte Nord — den Bienen Mord;" — darum beobachte man Folgendes:

a) Man schütze die Bienenstöcke durch ein Obdach und vorstehende Wände gegen den Andrang heftiger Winde, des Schnees und strenger Kälte. Ein förmliches Bienenhaus thut hierin freilich die besten Dienste: und dann ganz besonders, wenn noch an seiner Nord= und Westseite höhere Gebäude stehen, welche schon von Weitem Wind= und Luftstrich abhalten. *)

---

*) Den Bienenstand oder das Bienenhaus so zu stellen, daß die Bienen das Ausflugloch gerade nach Osten oder Sonnenanfang haben, ist zu widerrathen; einestheils weil dann im zeitlichen Frühjahre die kalte Ostluft geradenweges in die Fluglöcher bläst und die Stöcke erkältet; anderentheils, weil gleich die ersten Sonnenstrahlen in die Flugöffnungen fallen, und dadurch an kühlen Morgen die Bienen zu zeitlich ins Freie gelockt werden, wo sie erstarren. Besser ist in diesem Bezuge die Richtung des Ausfluges gegen Mittag. Jedoch, da hier wieder an heißen Sommertagen die Sonne gar zu stark auf

b) **Man halte warme Stöcke**, d. h. solche, die durch starke, luftdichte Wände der Kälte mehr Trotz bieten. Die wärmsten sind unstreitig gut gearbeitete **Stöcke von Stroh**. Nur Schade! daß sie in vielen Gegenden noch gänzlich unbekannt sind. *)

Daß aber Strohstöcke auf jeden Fall wärmer sind als Holz= stöcke, wird wohl jeder Vernünftige, selbst ohne damit angestellte Versuche, schon aus andern Erfahrungen einräumen müssen. Man hegt ja allgemein die Meinung: Stroh sei wärmer als Eisen, Thon, Leder u. dgl., und auch als Holz. Warum verwahrt z. B. der Landmann im strengsten Winter seine Viehställe mit einer ströhernen Doppelthüre, und seine Brunnenröhren und Kellerlöcher mit einer Lage von Stroh? — Warum bedeckt der Gärtner im zeitlichen Frühjahre seine Mistbeete mit Strohmatten? — Warum legt der Fuhrmann und der arme Gebirgsbewohner bei harter Kälte Stroh in seine Stiefel und Holzschuhe? — Darum, weil sie glauben und sagen: Stroh halte warm. Sie haben auch

---

die Stöcke brennt, was die Bienen träge macht, auch selbst das Schmelzen des Wachsbaues zur Folge haben kann: so bleibt der Ausflug in der Richtung gegen Südosten, d. i. zwischen Mittag und Morgen, in jeder Beziehung der beste und zweckmäßigste.

Wo sich der Bienenstand der Oertlichkeit halber durchaus nicht anders als gegen Mittag anbringen läßt, da müssen zur heißesten Zeit im Sommer die Stöcke von Oben herab bis gegen das Flugloch mittelst Läden oder Breter beschattet werden.

Aber selber auch gegen Osten und Norden — wenn es durchaus nicht anders möglich ist — können die Bienen den Ausflug haben; wenn nur der Stand eine niedrige Lage hat, und von dieser Seite durch Gebäude oder Bäume geschützt ist. Bienen auf dem Nordstande stehen wohl am Morgen und im Frühjahre etwas später zur Arbeit auf; allein in heißer Zeit genießen sie Kühlung und sind um so fleißiger.

Den Bienenstand am Ufer eines Flußes oder Baches oder Teiches aufzu= richten, wird untersagt. Die feuchte Ausdünstung des Wassers im Frühjahre, durchkältet die Stöcke, und wird den Bienen verderblich. D. B.

*) Im Jahre 1834 machte ich die ersten Versuche in der Anfertigung und im Jahre 1835 in dem wirklichen Gebrauche der Maschinen=Strohkörbe; und ich fand sie zur Ueberwinterung der Bienen so vortrefflich, daß ich nach und nach alle Holzstöcke kaſſirte und seit dem J. 1849 nur ströherne halte. Meinem Beispiele folgten bald viele Bienenfreunde; und gegenwärtig gibt es schon Hunderte von Bienenständen in Böhmen mit Maschinenstrohkörben besetzt.

D. B.

vollkommen Recht ; denn Stroh besitzt von Natur aus die Eigenschaft, daß es die Wärme nicht so leicht und geschwind ableitet
oder durch sich verflüchtigen läßt, wie Holz. Die Strohthüre des
Landmannes hält die Stallwärme besser auf, als die Holzthüre ;
und in der Fußbekleidung hemmt das Stroh die Verflüchtigung
der Fußwärme mehr als das bloße Leder oder Holz. Aus gleichen
Gründen müssen daher auch Strohstöcke für die Bienen im Winter
wärmer sein als Holzstöcke ; und zwar desto wärmer, je stärker
und dichter sie gearbeitet sind.

Wer also seine Bienen im Winter warm betten will, der schaffe
sich gute Strohstöcke an.

c) **Man glaube aber nicht etwa, den Bienen eine
Wohlthat zu erweisen, wenn man sie recht warm
stellt.** Z. B. in einer temperirten Kammer. Daraus würde
das größte Unheil entstehen ; denn eine mittlere Kälte gehört
dazu, die Bienen ruhig zu erhalten, worauf wir später kommen
werden. Nur gegen die härteste Kälte sollen sie geschützt sein.
Hie und da hat Einer, der seine Bienen über Winter nur auf
den lauen Stall= oder Hausboden setzte, seine gute Meinung mit
Schaden büßen müssen.

§. 37. Die Bienen müssen im Winter trocken liegen.

Nässe und ihre schlimmen Folgen sind die ärgsten Winterfeinde
der Bienen. Diesen schadet es schon, wenn nur Regen und Schnee
frei auf die Stöcke fallen können ; indem so hölzerne Stöcke anquellen,
dann nach einem Witterungswechsel Risse und Spalten bekommen,
durch welche so wie Kälte auch Nässe unmittelbar in's Innere bringt.
Allein, dieses Uebel, dem man leicht mit einem ordentlichen Dache
abhelfen kann, wäre noch das geringste ; aber weit mehr und größeres
Unheil stiftet jene Feuchtigkeit, die inwendig in den Stöcken selber
entsteht, und zwar desto häufiger, je mehr Bienen darin wohnen.
Doch ich muß, um verstanden zu werden, umständlicher reden.

Ihr wißt : wo im Winter Wärme und Kälte zusammenschlagen,
da entsteht gemeiniglich ein sogenannter Schweiß. Dieß erfolgt z. B.
an den Fenstern Eurer Wohnstube, so oft es draußen kalt, und innen
feuchtwarm ist ; auch an kalten Mauern, wenn sich plötzlich das Wetter
ändert, und sie von feuchtwarmer Luft berührt werden. Ist aber die

Kälte stärker als die mit ihr zusammentreffende Wärme, dann verwandelt sich der Schweiß in Duft oder Reimel, und auch in Eis.
Letzteres findet beim Gefrieren der Stubenfenster statt.

Ein Gleiches geht in hölzernen Bienenstöcken vor. Heftige Kälte
dringt durch alle Wände des Stockes und kommt innerlich mit der
von den Bienen erzeugten Wärme und Ausdünstung in Berührung;
wodurch an den Wänden Schweiß, Reiml und Eis hervorgebracht
wird. Nun, so lang die Kälte fortdauert, geht dieß alles noch immer
mit weniger Nachtheil ab; aber Wehe den Bienen! wenn einmal gelinde Witterung und deßhalb auch im Stocke Thauwetter eintritt,
Ueberall, an der Decke wie an den Seitenwänden, hängen dann große
unheildrohende Wassertropfen, welche nach und nach theils auf die
Bienen und mitten ins Lager herunterfallen, und in den leeren Zellen
sitzen bleiben; theils auch auf den Boden herabrollen, und da die
todten Bienen mit dem gesammten Winterunrathe durchnässen. Ein
Strom Wasser, der gewöhnlich zum Flugloche und zu jeder kleinen
Ritze des Stockes heraus fließt, beweist dann selbst von außen die
innere Ueberschwemmung. Folgt hierauf neuerdings starker Frost, dann
nimmt das Eis im Stocke noch mehr zu, und man erblickt manchmal
ganze Zapfen davon am Wachsgebäude, welche bei dem nächstfolgenden Thauwetter mit einer um so größeren Wassermenge drohen.

Daß diese Nässe an sich schon den Bienen höchst schädlich sein
müsse, begreift wohl Jeder von selbst. Aber nicht genug; die Nässe
ist zugleich die Mutter des Schimmels und Moders, und bringt
auch noch durch diese Verheerung in den Stock. Kaum fängt nämlich
bei eintretender Frühlingswärme das Wasser an, inwendig zu verdün-
sten, so tritt der Schimmel in allen seinen häßlichen Farben an dessen
Stelle. Er überzieht ganze Wachstafeln, und löst darin den Wachsstoff auf, so daß diese zum ferneren Gebrauche nicht mehr taugen, und
von den Bienen ausgebissen, oder vom Bienenherrn ausgeschnitten
werden müssen. Zuletzt bildet sich noch Moder an den Wänden und
auf dem Boden des Stockes, wo todte Bienen und der sämmtliche
Unrath in luftverpestende Fäulniß übergehen.

Weitere üble Folgen des Ganzen sind: Störung in der Winterruhe, Auseinanderlaufen, Verkühlung und Tod vieler Bienen,
manchmal Faulbrut und Ruhr, große Reparaturen am Wachsbau,
Versäumniß u. dgl.; was Alles aus den folgenden §§. noch deutlicher ersichtlich wird.

Bei gut gearbeiteten Strohstöcken verhält sich die Sache anders. Schädliche Nässe mit ihrem Gefolge kommen hier entweder gar nicht, oder doch nur in einem geringeren Grade vor. Auffallend ist die Trockenheit besonders bei Stöcken, die noch nicht lange im Gebrauche und von den Bienen inwendig noch nicht ganz mit Kittwachs überzogen worden sind. Hier mögen die Poren oder Zwischenräume des Strohes einen Theil der Feuchtigkeit einsaugen. Aber auch bei älteren Körben findet man gewöhnlich nur in der Nähe des Fluglochs, wo man natürlich den Zutritt der äußern Luft nicht hindern darf, mehr oder weniger Feuchte, und als Folge hievon zuweilen einen Anflug von Schimmel, welche jedoch weder auf das Bienenlager, noch auf den Zellenbau einen zerstörenden Einfluß nehmen.

Sonach haben also Strohstöcke in der größeren Trockenheit im Winter einen wichtigen Vorzug vor den Holzstöcken voraus. Diese Trockenheit ist erklärlich; nämlich: da das Stroh, ein schlechterer Wärmeleiter, die Strohwand des Stockes weniger auskühlen läßt, als die Holzwand im Holzstocke abgekühlt wird; oder was dasselbe ist: da Stroh die Kälte bei Weitem nicht so in den Stock bringen läßt, wie Holz: so treffen inwendig im Strohstocke an den Wänden Kälte und Wärme weniger auf einander, und es entsteht darum hier auch ein geringerer Niederschlag oder Schweiß; oder kürzer gesagt: Insofern Strohstöcke wärmer sind als Holzstöcke, müssen sie in demselben Grade auch trockener sein als diese.[*]

[*] Einige wollen die Trockenheit der Strohstöcke dadurch erklären, daß sie annehmen, das Stroh lasse durch seine Poren den feuchten Winterdunst der Bienen besser nach außen entweichen, als Holz. Diese Erklärungsweise ist falsch: denn:

a) In den Maschinen-Strohstöcken ist das Stroh zu sehr zusammengepreßt, als daß Zwischenräume zum Durchgehen des Dunstes bleiben sollten. Dergleichen Zwischenräume könnten höchstens nur bei Strohkörben, die aus freier Hand verfertigt werden, wo das Stroh viel schütterer auf einander liegt, vorhanden sein.

b) Kitten die Bienen nach und nach den ganzen Stock von Innen aus, und verstopfen dadurch die Poren.

c) Wären solche Zwischenräume da, dann könnte eben so durch dieselbe die Kälte von Außen ins Innere bringen; wodurch die Stöcke kalt und folgerichtig auch naß werden müßten. Endlich

d) Habe ich hierüber vergleichende Versuche gemacht; nämlich ich überzog Strohstöcke mit einem Cement oder dickem Anstrich von Lehm, welcher das Durchbringen des feuchten Dunstes hätte hindern müssen, und fand dabei zwischen solchen und den darnebenstehenden uncementirten Stöcken durchaus keinen Unterschied.

D. B.

Das beste Mittel also, die Bienen gegen verderbliche Winter=
nässe zu sichern, ist: ihnen statt Holz= gute Strohbienenwohnungen zu
geben. Die Bienen befinden sich dann wohl und gesund, — was
noch mehr aus dem Nachfolgenden einleuchten wird — und rufen
gleichsam froh, nach überstandenem Winter, ihrem Pfleger entgegen:

O Nichts gesünder,
— Für uns und unsere Kinder —
Als ein trock'nes Nest im Winter!

§. 38. Die Bienen müssen im Winter möglichst ruhig liegen.

Der Winter spricht gleichsam zur Biene: „Hüte dich, unter
meiner Regierung den gemeinsamen Haufen zu verlassen; er ist dein
Schutz, und die Quelle deiner Lebenswärme!" — Die Biene gehorcht,
aber nur so lange, als sie durch Nichts von Außen aus der Ruhe
aufgestört wird. Geschieht dieß, dann verläßt sie einzeln oder in
Menge den schützenden Haufen, und findet durch Erkältung oder wie
immer ihr Unglück, meistens selber den Tod.

Daß auch Nässe ruhestörend auf die Bienen einwirke, wurde
schon im vorausgehenden §. erwähnt. Herabfallende Schweißtropfen
nöthigen manchmal den ganzen Bienenhaufen, sich auseinander zu
ziehen und seine Lage zu verändern; wobei viele Bienen durchnäßt
und eine Beute des Todes werden.

Noch ferner wird aber die Winterruhe der Bienen
unterbrochen:

a) Durch jede stärkere Erschütterung des Stockes.
Die Bienen haben auch im Winter ein feines Gefühl. Legt man
das Ohr an den Stock, und zwar dorthin, wo das Lager ist
und klopft dabei mit dem Finger nur einwenig an eine, selbst
an die entfernteste Stelle des Stockes: so hört man, wie auf
einmal alle Bienen laut aufbrausen, und dadurch zu erkennen
geben, daß sie das Klopfen empfunden haben. Sie sind dadurch
erschreckt worden, und fürchten nun irgendwo Gefahr oder einen
Feind. Je heftiger aber die Erschütterung erfolgt, desto größer
ist der Schrecken und ihre Furcht. Jedesmal begeben sich dann
mehr oder weniger Bienen vom Haufen hinweg, um den polter=
den Feind zu vertreiben, sterben aber bald vor Erstarrung.

9 *

Wirklich kann ein Stock durch Erschütterung leicht d i e s e n Schaden erleiden, daß die schweren und durch Kälte spröde gewordenen Honigtafeln abbrechen, herunterfallen und viele Bienen erschlagen. Zugleich besudelt dann oft der ausfließende Honig Bienen und Bau, und läuft manchmal zum Flugloche und zu jeder Ritze des Stockes heraus. Schon dieß muß Jedem zur Warnung vor Erschütterung der Stöcke dienen.

Man trachte also, jedes Gepolter von den Bienen fern zu halten. Werden im Winter Stöcke übersetzt oder auf einen andern Stand gebracht (transportirt), dann ist gar alle Vorsicht und Behutsamkeit nothwendig, damit keine Honigscheiben abbrechen. — Aber auch zu Hause, auf dem unverrückten Winterstande verlangen die Bienen deßhalb ein achtsames Auge. Selbst der Sprung einer Katze oder eines andern Thieres auf den Stock, bringt die Bienen in einige Unruhe, und stiftet Schaden. Auch eine Maus, die nur an dem verengten Flugloche nagt, lockt Bienen vom Haufen hinweg, um so mehr aber, wenn sie gar in den Stock geräth, und an dem Wachsbau beißt. Nicht minder schaden zuweilen Spechte und Meisen, welche an den Fluglöchern herumhacken, dadurch die Bienen aufstören, und die herauskommenden räuberisch wegschnappen.

Oefters theilt sich auch aus der Ferne her den Stöcken eine Erschütterung mit. Steht z. B. der Bienenstand zwar abgesondert, aber doch mittelst eines Balkens oder Zaunes mit einem Gebäude in Verbindung, dessen Thüren oft gewaltsam zugeschlagen werden; so pflanzt sich jeder Schlag durch den Balken oder Zaun bis zu den Stöcken fort, welche auf diese Art in eine fortwährende Unruhe versetzt werden.

Nicht anders spüren Stöcke nahe an einer gepflasterten Straße — durch Mittheilung mittelst der Erde oder des Bodens — jede Erschütterung, welche ein vorbeirasselnder Wagen hervorbringt. Aehnliches gilt auch von Bienenständen nahe an Scheuern, Mühlen, Hammerwerken u. s. w.

D e r B i e n e n s t a n d muß demnach — wo möglich — auf einem isolirten oder freien und ruhigen Orte aufgerichtet werden. Ein wirkliches Bienenhaus ist auch in diesem Punkte am zweckmäßigsten; nur muß dasselbe im Winter auch von der Vorderseite verschlossen sein; damit sich nicht etwa — wie man da und dort sehen kann — auf den Stöcken tagtäglich die Haushühner herumtreiben, um sich zu sonnen. Das schadet; denn

„Polterndes Getümmel
Bringt Bienen ins Gewimmel."

b) **Vorzüglich durch plötzlich eingetretene und Tage lang anhaltende warme Witterung.** In manchen Wintern wechselt einmal oder öfter Wärme mit Kälte ab. So wie nun die Bienen in Holzstöcken die Kälte empfinden, und je mehr diese zunimmt, sich auch immer dichter in einen Klumpen zusammenziehen: eben so empfinden sie auch plötzlich eingefallenes Thauwetter oder warme Witterung bald, und der Bienenklumpen gibt sich dabei wieder mehr und mehr aus einander. Hält aber die Wärme zwei oder drei Tage an, so entsteht in den Stöcken sogar ein förmlicher Aufruhr, und zwar aus folgenden Ursachen: für's Erste, thaut das Eis auf, und die Bienen werden — wie im §. 37 gezeigt wurde — durch peinigende Nässe beunruhiget; für's Zweite wähnen sie, der Winter sei vorüber, und ihnen der Ausflug wieder gestattet, wozu sie jetzt besonders durch das Bedürfniß der Entleerung gereizt werden.

Bei einer solchen Aufregung der Stöcke geschieht nun Eins von Beiden: entweder wird ihnen der Ausflug verweigert oder gestattet. Jedes ist aber und bleibt für die Bienen ein Uebel, wie gleich dargethan werden soll; und es fragt sich nur, welches das kleinste sei, und welches man wählen müsse.

Das Verweigern des Fluges hat in solchen Fällen allemal die verderblichsten Folgen. Findet es statt, so brausen alle Bienen und schlagen mit den Flügeln, wodurch Broden und Nässe noch vermehrt wird. Viele rennen zugleich wie rasend, um einen Ausgang zu finden, an den Wänden des Stockes hin und her, werden naß und matt, und fallen endlich entkräftet auf den Boden. Die meisten aber verkühlen die vom Unrathe strotzenden Leiber, und werden durch das Aufsaugen des schädlichen Wassers aus den Zellen, und durch die Bewegung zum Fallenlassen des Unrathes gedrängt. Und sie beschmutzen auf diese Weise abscheulich den Stock, den Wachsbau und einander selbst, bleiben mit zusammengeklebten Flügeln im Unrathe stecken und sterben. Noch nicht Alles! Oft verursacht auch der häufige Auswurf mit dem faulenden Gemülle auf dem Boden einen unerträglichen Gestank, der manchmal erst den gänzlichen Untergang des Stockes herbeiführt. Im glücklichsten Falle wird der Stock sehr geschwächt, und muß zur Reinigung seines befleckten Wachsbaues oft den ganzen Frühling verwenden.

Das Gestatten des Ausfluges ist zwar ebenfalls, doch lange nicht so nachtheilig. Kommen die Bienen ins Freie, so finden sie meistentheils noch immer eine kältere Luft, als sie ertragen können. Viele werden darum im Fluge matt, setzen sich nieder, um auszuruhen, und — bleiben erstarrt sitzen. Dieß erfolgt am häufigsten, wenn allenthalben noch Schnee liegt. Weit und breit sieht man ihn dann mit einzelnen Bienenleichen besäet. Jene Bienen jedoch, welche nach dem Ausfluge ihren Stock glücklich wieder erreicht haben, kehren zur Ruhe zurück, fangen aber um so mehr zu zehren an, weil sie sich beim Ausfluge entleert haben. Uebrigens bleibt ein solcher Stock rein und gesund.

Daß man also aus beiden Uebeln das letztere als das geringere wählen, und die Bienen ausfliegen lassen müsse, erhellet von selbst. Freilich ist wohl auch Schade um die vielen fleißigen Bienen, die darüber zu Grunde gehen; allein es ist dieß nicht zu ändern.

Doch die beiden hier beschriebenen Uebel können nur bei Holzstöcken eintreten; Strohstöcke dagegen machen hierin — wenigstens in den meisten Fällen — eine Ausnahme. Der Grund hievon ist leicht aufzufinden. Einestheils nämlich ist in einem Strohkorbe bei eingetretenem Thauwetter die beunruhigende Nässe nicht vorhanden; und anderentheils läßt das Stroh, so wie die kalte auch nicht die warme Luft so bald wie das Holz auf die Bienen einwirken; diese empfinden daher hinter der Strohwand den Witterungswechsel nicht so schnell, als wie hinter der Holzwand, und verhalten sich ruhiger. Ein unschätzbarer Vorzug der Strohstöcke vor den Holzstöcken. *)

---

*) Ich habe hierüber, so wie über die Durchwinterung überhaupt, mehrere Jahre an meinen Holz- und Strohstöcken, die in einem und demselben Bienenhause standen, vergleichende Beobachtungen gemacht. Trat mitten im Winter — z. B. in den Jahren 1837 und 1838 — bei 2—5 Gr. Wärme Thauwetter ein, dann merkten solches die starken Holzstöcke schon nach 10—12 Stunden. Der Schweiß lief zum Flugloche heraus, so gut bei dem Nuttischen Stocke, wie beim Christischen Magazin und der Breterbeute. Dabei fingen die Bienen an so zu brausen und zu tumultuiren, daß ich sie zwei Tage lang, selbst über ellenhohen Schnee und in den Nebel hinein fliegen lassen mußte. Viele kehrten nicht mehr heim. Und die Strohstöcke? — Aus diesen kam auch nicht Eine Biene; sie haben, so zu sagen, das Thauwetter verschlafen. Anfang

Diejenigen aber, welche einmal Holzstöcke besitzen, handeln klug, wenn sie beim ersten Ausfluge der Bienen vor dem Stande Breter, Stroh oder Tücher legen. Die darauf fallenden Bienen erstarren nicht so leicht, sondern erheben sich meistens wieder, wenn sie ein

erschrak ich, und glaubte sie abgestorben; allein, beim Horchen und Anklopfen versicherte mich das den Bienenvätern wohlbekannte schnelle Aufbrausen von ihrem Wohlbefinden. Wirklich fand ich im Frühjahre darauf bei den Holzstöcken viele, bei den Strohstöcken äußerst wenige todte Bienen; in den ersteren große Nässe und einen theilweise schimmlichen und befleckten Bau, u d in den letztern nur wenige Feuchte in der Gegend des Flugloches, und ein rein erhaltenes Wachsgebäude. Auch hatten die Strohstöcke auffallend weniger gezehrt.

Ferner, nie besaß ich bisher einen Strohstock, der — wie nicht selten Holzstöcke thun — so wie im Innern den Bau, auch von Außen die Gegend des Flugloches abscheulich bemackelt hat; was Manche wohl für ein Zeichen der Ruhr ansehen, meistens aber nichts anderes ist, als ein Zeichen vorausgegangener Aufstörung der Bienen durch Nässe, ein Zeichen des häufig aufgesaugten Wassers, der Verkühlung u. s w.

Daß aber auch in guten Strohstöcken selber der härteste und längste Winter der Gesundheit und dem Leben der Bienen nicht zu schaden vermag, davon lieferte mir besonders der Winter des J. 1845 einen Beweis. S e c h s M o n a t e blieb hier mein Bienenhaus verschlossen, und vom 3. Oktober bis zum 29. März kam nicht Eine Biene ins Freie. Im Februar stieg die Kälte auf 22 Grade. Am 29. März lag zwar noch tiefer Schnee; allein es trat Thauwetter ein. Da öffnete ich das Bienenhaus und fand alle 15 Strohstöcke noch so ruhig, wie gleich nach der Einwinterung. Ich glaubte, es wäre die höchste Zeit vom Schlafe aufzustehen, und reizte durch Gepolter die Bienen mit Gewalt zum Ausfluge. Endlich flogen sie, und hielten gesünder als je, ihre Reinigung. Bei der darauf gepflogenen Untersuchung fand ich zu meinem größten Erstaunen in allen 15 Stöcken zusammengenommen kaum so viel todte Bienen, als mancher Holzbienenzüchter in einem einzigen Holzstocke. Ich hatte nicht einen Stock eingebüßt, während in meiner Nachbarschaft ringsum zwei Drittel der Holzstöcke, und sicher in demselben Verhältnisse auch die Holzstöcke des ganzen Landes vom Winter aufgerieben worden waren.

Als Seitenstück zu dem beschriebenen Winter kann der Winter des J. 1854 bis 1855 gelten. November, Dezember und Jänner waren lau und naß, Februar und März aber sehr kalt, April und Mai rauh; was die Durchwinterung sehr gefährdete. Holzstöcke in großer Anzahl gingen ein; Strohstöcke dagegen hielten sich wieder bedeutend besser. Bei der von unserem Bienenzüchter-Vereine veranstalteten und durch die k. k. Bezirksämter und Ortsvorstände vorgenommenen Zählung stellte es sich heraus, daß im Saazer Kreise von den daselbst bestandenen 7926 Holzstöcken 32 pCt., von den 1940 vorhandenen Strohstöcken dagegen nur 20 pCt. in diesem Winter den Untergang wenig ausgeruht haben. Schnee, welcher eine Rinde oder Haut hat, ist weniger gefährlich als frischgefallener, der an dem Leibe der Biene anklebt, und sie durchnäßt. Bienen, die auf dem Schnee erfroren liegen, können in ein Glas gesammelt und in die warme Stube getragen werden. Hier werden sie, selbst nach einem Scheintode von mehreren Stunden, wieder lebendig. Doch muß man sie dann gleich vor dem Bienenstande wieder fliegen lassen; Viele treffen den Weg nach Hause und sind gerettet.

Nun störet noch Etwas die Winterruhe der Bienen:

c) „Auch selber Winter-Sonnenschein,
„Wirft schädlich auf die Bienen ein."

Nie duldet die Biene gerne Licht in ihrer Behausung. Sie überzieht z. B. die Fensterscheibe, welche von keinem Deckel verfinstert wird, mit Wachs, und verstopft sorgfältig jede Ritze des Stockes. Zuweilen geschieht es nun, daß sich im Winter die Wände der Holzstöcke durch Feuchtigkeit werfen, und daß so Spalten und Risse entstehen, wodurch Licht in den Stock fällt. Alsogleich regt dieß einige Bienen auf; sie untersuchen die Oeffnung, und erstarren. Noch größere Störung verursachen die hellen Sonnenstrahlen, wenn solche in dergleichen Oeffnungen und besonders in's Flugloch fallen. Gemeiniglich gehen dann Bienen aus dem Stocke, fliegen auf, und sinken im Augenblicke vom Frost gelähmt, kreiselnd zu Boden. Tausende tödtet auf diese Weise bei unverwahrten Stöcken in jedem Winter der trügliche Sonnenschein.

---

fanden. Dabei ist jedoch anzunehmen, daß mancher Strohstock nicht so sehr des Winters wegen, sondern aus andern Fehlern, die an ihm schon vor der Einwinterung vorhanden waren, eingegangen ist; indem meine eigenen, wie jene andere aufmerksamen Züchter, auch diesen Winter ohne sonderliche Verluste überstanden haben. Nach solchen Erfahrungen muß ich also gut gearbeitete Strohstöcke als das beste Mittel anempfehlen, die Bienen warm, trocken, in ruhiger Lage und überhaupt gesund durch den Winter zu bringen. Freilich in Wintern, wie in den J. 1850—1853, wo die Bienen fast in jedem Wintermonate lustig vorspielten, hat es mit der Durchwinterung auch in Holzstöcken keine Gefahr. Allein, ein einziger harter und langer Winter, oder — was schlimmer ist — ein strenger Winter durch Thauwetter mehrmals unterbrochen; ja nur ein sehr nasses und neblichtes Frühjahr, oder ein Märzmonat mit ungewöhnlicher Kälte — können stets unserer Holzbienenzucht wieder einen argen Stoß versetzen, so daß das Klagen über Bienenunglück und Bienensterben wieder anhebt. Die Strohbienenzucht dagegen darf jedem kommenden Winter ohne Furcht entgegensehen.

Man stelle deßhalb im Winter seine Bienen so viel als möglich
finster. Ein geschlossenes Bienenhaus verdient auch deßwegen
Anempfehlung. Wo aber Stöcke im Freien stehen, da verstopfe
man wenigstens sorgfältig alle überflüssigen Oeffnungen, und verlege
das Flugloch mit einem Brete oder verhänge es mit einer Stroh-
matte. Doch, man hüte sich dasselbe ganz zu verschließen; denn

§. 39. Die Bienen müssen im Winter auch frische Luft genießen.

Wie zum Leben des Menschen, so gehört auch zum Leben eines
jeden Thieres und Thierchens das Einathmen frischer, gesunder Luft.
Mit jedem Athemzuge ziehen wir einen Luftstrom in unsere Lunge,
den diese aber nicht ganz brauchen kann. Nur ein Theil nämlich
dieser Luft ist gesund, und zur Mischung und Abkühlung des Blutes
und der Säfte zuträglich; man heißt sie Lebensluft, der übrige Theil
hingegen taugt nicht, würde uns ersticken, und wird darum durch das
jedesmalige Aushauchen wieder aus der Brust fortgeschafft; diese nennt
man Stickluft. Wo nun z. B. in einem Zimmer viele Menschen beisammen wohnen, dessen Thüren und Fenster selten oder gar niemals
geöffnet werden, da entsteht nach und nach Mangel an Lebensluft;
natürlich, es wird täglich viel davon verbraucht, und keine neue tritt
hinzu. Hingegen wird viel Stickluft ausgeathmet, und zuletzt das
ganze Zimmer damit angefüllt. Nebstdem tragen auch die ununter-
brochenen Ausdünstungen der Menschen zur um so schnelleren Ver-
derbniß der eingesperrten Luft bei. Daß solche verschlossene Wohnungen also äußerst ungesund sein müssen, liegt vor Augen. Schon das
Uebelriechende der darin befindlichen Luft, und das Beschwerliche derselben auf der Brust, ja noch besser, die Gesichtsblässe und Kränklichkeit der darin wohnenden Personen setzen dieß außer allen Zweifel.

Das Ganze leidet auch auf die Bienen Anwendung. Je volkreicher ein Stock ist, desto mehr verzehrt er Lebensluft, desto mehr
hauchen auch die Bienen Stickluft aus, und verbreiten schädliche
Ausdünstung; und desto eher also müssen sie an gesunder oder Lebensluft Mangel fühlen, wenn der Zutritt derselben von Außen gehindert
ist. Natürlich müssen dann die Bienen auch erkranken, und sogar ersticken, besonders, wenn der Stock vollgebaut ist. Denn dann befindet sich in dem geringen, leeren Raume auch nur wenig gesunde Luft;
diese ist bald aufgezehrt, und jener Raum auch bald mit lauter schlechter

Luft angefüllt. Geht hiebei wohl obendrein die auf dem Boden lie=
gende Unreinigkeit durch Nässe in Fäulniß über, dann erst entsteht
vollends wahre Verpestung der Luft.

Zur Vermeidung dessen beobachte jeder Bienenbesitzer Folgendes:
a) Er sei den ganzen Winter hindurch auf die Fluglöcher der Stöcke aufmerksam. Jedes muß offen stehen
und genug frische Luft einlassen.*) Eine Oeffnung aber von
3 — 3½ Zoll Breite, und so hoch, daß bequem eine Biene durch=
gehen kann, ist hinreichend; eine größere kann des Eindringens
der Kälte und Mäuse wegen schaden. Die Luftöffnung oben im
Haupte anzubringen, wird widerrathen; indem dadurch dem Stocke
zu viel Wärme entgeht, die von Natur aus stets nach Oben
strebt. Mehrere Oeffnungen aber in einem Stocke erzeugen ver=
derbliche Zugluft. **)

---

*) Im Winter des J. 1854—55 gingen hie und da starke Lagerstöcke nicht so
sehr durch die strenge Februarkälte, als vielmehr deßwegen ein, weil in den
Monaten Nov. Dez. und Jänner, wo fortwährend gelinde Fröste mit lauer und
nasser Witterung abwechselten, die Bienen darin gar nicht zur Winterruhe
kamen, viel Broden und Feuchtigkeit entwickelten, und dabei verhältnißmäßig
zu kleine Flug- und Luftöffnungen hatten. D. V.

**) Es hat sich ereignet, daß manchmal eine Klotz= oder Breterbeute — weil zu=
fällig um die Vorsetzbreter herum Lehm abgesprungen war, den Winter hin=
durch mehrere Oeffnungen behielt, und daß dessen ungeachtet die Bienen darin
ziemlich gut überwinterten. Hieraus wollten Manche schließen, mehrere Oeffnun=
gen wären der Gesundheit der Bienen zuträglich, und man solle solche beim
Einwintern, in den Stöcken mit Fleiß offen lassen. Dagegen streiten aber
nachstehende unverweisliche Gründe:

1) Mehrere Oeffnungen in einem Stocke lassen die innere Wärme des Bienen=
hauses schneller entweichen, dafür um so mehr Kälte eindringen, auch mehr
Licht einfallen, und den äußeren Witterungswechsel schneller empfinden, als
das einzige angemessene Flugloch; was Alles — wie die vorausgehenden
§§. lehren — den Bienen schadet.

2) Mehrere Oeffnungen — besonders auf entgegenstehenden Seiten — bringen
kalte Zugluft hervor; und diese, welche wir auf uns Menschen selber, so auch
auf unsere Haus- und andere Thiere unangenehm und schädlich einwirken
sehen, kann doch unmöglich ein Vernünftiger für die empfindliche und zart=
gebaute Biene als angenehm und nützlich erklären.

3) Geben uns die Bienen selbst den Fingerzeig, alle Oeffnungen des Stockes
außer dem Fluglache wohl zu vermachen. Sie selbst nämlich verkitten vor
dem Winter auf das Genaueste jede Spalte, jedes Ritzchen; ja man hat Bei=
spiele, daß sie sogar das einzige, aber zu weite Flugloch auf die Hälfte mit
Kittwachs verbauten. Solcherlei aber zu thun, lehrt sicher die Bienen der

Vorzüglich muß dann und wann bei starkem Froste nachgesehen werden, ob nicht die Fluglöcher durch herabgefallene todte Bienen verstopft, oder auch verfroren sind. Wo dies gefunden wird, müssen die todten Bienen mittelst Häkchen herausgezogen, und das Eis ohne Gepolter — allenfalls mit einem glühenden Eisen — entfernt werden. Sehr viele Stöcke — wohlgemerkt! — und

ihnen angeborne Erhaltungstrieb. Wären zu ihrer Erhaltung im Winter mehrere Oeffnungen des Stockes ersprießlich, so würde sie gewiß derselbe Trieb auch lehren, beim Verkitten einige Löcher offen zu lassen, oder wenigstens die verstopften gegen den Winter hin wieder aufzumachen; was aber, seit Bienen existiren, noch nie geschehen ist.

Allein, wie wird's erklärlich, wenn dennoch dann und wann ein Stock mit mehren Oeffnungen glücklich durch den Winter kommt? —

Dies kann nur ausnahmsweise und unter Begünstigung besonderer zufälliger Umstände Statt finden; z. B. wenn der Winter nicht zu streng und stürmisch ist, oder wenn zufällig der Wachsbau eine das Bienenlager schützende Richtung hat; oder, wenn der Stock stark vollgebaut, von größerem Raume, und darin das Bienenlager abseits in einem Winkel ist; auch wenn der Stock vorzüglich viel Volk besitzt, und auf einem Platze steht, wo vorstehende Wände Stürme und Kälte einigermaßen abhalten u. s. w.

Ist aber das Durchkommen durch den Winter bei diesem oder jenem einzelnen Stocke von mehreren Oeffnungen blos Ausnahme und Zufall; so kann kein Vernünftiger behaupten, daß mehrere Oeffnungen a l l e n Stöcken — von verschiedener Beschaffenheit und unter was immer für Umständen — in der Regel zur Durchwinterung heilsam, und deshalb mit Fleiß zu machen sind.

Zudem kann man bei einem auf solche Weise durchwinterten Stocke noch immer fragen: wer weiß, ob er nicht noch besser und vollkommener durch den Winter gekommen wäre, wenn er die Flugöffnung allein gehabt hätte? — Man hat Ursache genug, dies zu vermuthen. Denn ausgemachte Wahrheiten bleiben: daß durch mehrere Oeffnungen die Wärme des Stockes sich vermindert; daß aber Wärme in einem gewissen höheren Grade dazu gehöre, wenn die Bienen brüten sollen; und daß je höher die Wärme steigt, desto mehr junge Bienen erzeugt werden Da nun in einem Stocke von mehreren Oeffnungen diese so nothwendige Wärme entflicht, so ist gewiß, daß ein solcher Stock gegen das Frühjahr hin und bei seiner Auswinterung viel weniger Brut und Volk zählt, als er — natürlich, wenn er sonst fehlerfrei ist, — zählen würde, wenn man ihm die überflüssigen und schädlichen Luftlöcher im Herbste verstopft hätte. Auf diese Art war also wenigstens seine Vermehrung gehemmt, und das war ein großer Fehler; folglich ist er auch nicht so ganz glücklich — wie man glaubt — aus dem Winter gekommen.

Welche endlich vorgeben, „ein so gelüfteter Stock erscheine bei der Auswinterung weniger vom Schimmel befallen," lassen sich meistens nur vom Scheine hintergehen. Die mit mehreren Oeffnungen um das Vorsetzbret herum versehene Kloß- oder Breterbeute bleibt freilich an den vorderen Waben, allemal die besten, gehen wegen Mangel an Aufsicht in Folge dieser Verstopfung alle Jahre ein. Daß es also unvernünftig und höchst schädlich sei, die Fluglöcher — wie Manche thun — schon im Spätherbste ganz mit Lehm zu verschmieren, geht aus dem Gesagten hervor. Nur schwache Stöcke und solche, welche vielen leeren Raum haben, können dies zuweilen ausstehen; starke aber und vollgebaute müssen den Erstickungstod sterben. Deßhalb ist zweckmäßig:

b) Daß vollgebaute Stöcke schon im Herbste wenigstens zum Theil ausgezeidelt werden. Bei Stöcken, die das Flugloch am Boden haben, z. B. bei einem stehenden Magazinstock genügt unten ein leerer Raum von 2 Zoll Höhe: bei Bauten aber, wo das Flugloch in der Mitte ist, muß ein 6zölliger leerer Raum hergestellt werden; nämlich bei stehenden unten, bei liegenden rechts oder links. In solchem leeren Raume kann sich ein Vorrath gesunder Luft erhalten, und die Gefahr des Erstickens ist geringer.

c) Auch das Bienenhaus darf nicht luftdicht geschlossen sein; oder muß als solches alle 4 Wochen einmal gelüftet werden; widrigens die Luft, wenn viele Stöcke darin stehen, auch hier ausgezehrt und zum Schaden der Bienen verderben würde. Es gibt Beispiele, daß in dergleichen luftdichten und ungelüfteten Bienenhäusern die Bienen verkümmerten und zu Grunde gingen, und man daraus den falschen Schluß machte: alle Bienenhäuser wären eher schädlich statt nützlich.

d) Endlich muß der Ort selber, wo der Bienenstand angebracht ist, Sommer und Winter von verdorbener stinkender Luft frei sein. In der Nähe der Abtritte, Mistställten, Schwefel- und Steinkohlenhütten, Kalk- oder Ziegelöfen u. s. w. dauern die Bienen niemals lang denn Rauch und Gestank jeder Art wirken auf sie außerordentlich schädlich ein. Kurz:

> Wo's an reiner Luft gebricht,
> Da gedeiht das Bienlein nicht.

---

welche die Luft durchstreicht, etwas reiner; allein, weiter hinein kommt doch der Gränzpunkt, wo sich die äußere kalte und die innere von den Bienen erwärmte Luft wechselseitig berühren, und wo — wie §. 37 nachweist — Broden, Feuchte und Schimmel entstehen müssen. Somit ist das Uebel meistens nur versteckt, und wird für den Stock um so verderblicher, wenn der Bienenpfleger vom äußern Anschein getäuscht, den Schimmel gar nicht bemerkt; was bei Stöcken von warmen Bau leicht und oft der Fall ist. · D. V.

§. 40. Die Bienenstöcke müssen zuletzt auch noch vor Dieben sicher stehen.

Kein Winter vergeht, wo man nicht von Beraubungen der Bienenstände durch Diebe hört. Diese schändliche Räuberei verursacht den größten Schaden; nicht nur den Bienen, sondern auch ihrem Herrn, und nicht nur diesen beiden, sondern auch der Bienenzucht überhaupt. Den Bienen; denn diese nützlichen Thierchen werden dabei zu Tausenden gemordet; — ihrem Herrn; dieser nämlich verliert dadurch ein bedeutendes Kapital sammt den reichlichsten Interessen, und oft auch ein unersetzliches Vergnügen; — der Bienenzucht überhaupt; denn die Ausbreitung und Fortschritte derselben werden durch solche Diebstähle ungemein gehemmt, indem der Bestohlene gewöhnlich jede fernere Lust verliert, und die Bienenzucht gänzlich an den Nagel hängt; dabei auch Andere durch solche unglückliche Beispiele für immer abgeschreckt werden, Bienen zu halten.

An diesem dreifachen Schaden sind aber zuweilen die Bienenbesitzer selbst Ursache. Denn, wo standen die Bienenstöcke, welche je ausgeraubt wurden? — Selten irgendwo anders, als in einem entfernten Garten, hinter dem Hause, oder sonst in einem Winkel, wohin weder das Auge, noch der Gedanke des Hauswirthes reichte, und wo jeder Fremde leichten Zutritt hatte. War's da ein Wunder, daß die nach Honig lüsternen Diebe den Raub sehr bequem fanden, und ihn auch wirklich ausführen konnten? — Warum läßt man doch nicht die lieben Bienen gleiche Rechte mit den übrigen Hausthieren genießen, und nimmt sie nicht auch wie diese unter fleißige Aufsicht und in sorgfältigen Schutz? — So z. B. zählt man auch im Winter Tag für Tag seine 10 oder 20 Haushühner und Gänse, und sieht, ob kein Stück verloren gegangen; man verwahrt dieselben jeden Abend gegen den Marder oder einen andern Räuber sorgsam in einem Hause oder Stalle, welche man ihnen mit Fleiß zur Wohnung gebaut hat: — seine 10 oder 20 Bienenstöcke dagegen läßt man ohne alle Sicherheit vor Dieben unbekümmert hinter der Scheuer liegen; und doch sind diese fast so viele Gulden werth als jene Groschen, und bringen — bei geringster Mühe — einen vielmal größeren Nutzen! — Heißt dies nicht die Bienen unverdienter Weise gering achten? — und thöricht gegen seinen eigenen Vortheil handeln? —

Wer daher Bienenzucht im Ernste treiben, und nicht durch böse Menschen plötzlich einmal um seine nützlichen Stöcke gebracht werden will; für den ist es

a) unerläßlich, den Bienenstand in der Nähe seiner Wohnung auf einem Platze anzubringen, wo er ihn gewöhnlich vor Augen hat. Wie viele Stadt= und Land= und Gewerbsleute haben hiezu die schicklichste Gelegenheit! — Wohl pflegt man die Bienenstöcke auch vor die Fenster der Wohnhäuser zu stellen; allein, dies geht nur dann an, wenn 1) ein solcher Platz zugleich von einem Gärtchen umschlossen ist, dessen Zaun jeden Bienenstörer fern hält. 2) Wenn die Strasse oder der Fußweg nicht zu nahe vorbeiführt, damit im Sommer vorübergehende Menschen und Thiere von den Bienen nicht gestochen, und letztere im Winter durch Erschütterung nicht beunruhiget werden.

Doch manchmal gibt es einen schicklichen Ort auf einer andern Seite des Hofraumes, etwa an einer Stallwand, oder in einem nahen Garten; nur soll man den Bienenstand wo möglich von den Fenstern des Wohngebäudes aus übersehen können. Auch in seitwärts stehenden kleineren Wirthschaftsgebäuden, die wenig im Gebrauche sind, z. B. in Kammern, Schupfen, Böden, unter niedrigen Hausdächern u. dgl. können bisweilen Bienenstöcke untergebracht werden. Durch eigends in der Lehm= oder Breterwand angebrachte Löcher läßt man hier die Bienen ausfliegen, und die Stöcke stehen hier warm und sicher.

Wem aber durchaus jede Gelegenheit zu einem sicheren Bienenstande mangelt, der handelt freilich am klügsten, wenn er gar keine Bienen hält; über kurz oder lang brächten ihn gewiß räuberische Menschen darum.

b) Wer es haben kann, baue sich ein Bienenhaus, es gewährt den Bienen einige Sicherheit mehr, und hat nach dem Vorausgegangenen auch noch andere Vortheile. *) Es braucht nicht kostbar zu sein. Von Stein oder gemauert wäre es ohnedies zu kalt und feucht; und darum kann man es bloß mit Schwartenbretern verschlagen, und diese mittelst darüber gezogener Riegel stark befestigen lassen.

---

*) Bienenhäuser beweisen, daß man doch einmal von dem Vorurtheil zurückkommt, als ob die Biene noch immer ein wildes Thier sei, das ohne Dach und Fach und ohne viel Pflege leben und nützen könne; Bienenhäuser beweisen Bienenliebe und Ernst mit der Bienenzucht; beide müssen vorausge-

Doch den Dieben sind selbst Schloß und Riegel nicht zu fest. Steht daher das Bienenhaus ein wenig abseits, so lasse man es durch einen tüchtigen Hund bewachen, der vor demselben in einiger Entfernung mit einer beweglichen Kette an einer Stange hin und her laufen kann. Eine Hündin ist am zuverlässigsten; denn einen Hund können

---

hen, wenn letztere im Lande blühen soll. Auch finde ich in ordentlichen Bienenhäusern gewöhnlich verständige und ordentliche Bienenväter.

Damit man diese Anmerkung nicht mißverstehe, setze ich folgende Erklärung bei:

1) Ich halte keineswegs Bienenhäuser für absolut nothwendig; bloß zeigt oben im Texte der Ausdruck: „Wer es haben kann, baue sich ein Bienenhaus." Zugleich weiß ich wohl, daß nicht nur in Böhmen sondern auch in andern Ländern Tausende von Bienenständen ohne Bienenhäuser bestehen, und daß ihre Bienenzüchter dabei die verständigsten und ordentlichsten Bienenväter sein können. Ich hatte bei obiger Anmerkung vornehmlich mein Vaterland, und zunächst meine Umgebung im Auge.

2) Im Bienenhause ist der Stock mehr geschützt gegen Sturm und Regen, im Winter gegen Kälte, gegen den schädlichen Einfluß des Sonnenlichtes, des Temperaturwechsels, gegen Diebe, und selber im Sommer gegen Sonnenstich und zufällige Beunruhigungen; dieser Vortheile wegen und höchstens noch, weil man im Bienenhause Alles wohl beisammen haben kann, was zur Bienenwirthschaft gehört, wurden Bienenhäuser anempfohlen.

3) Die Ursachen, warum trotzdem auch enthusiastische Bienenfreunde und ordentliche Bienenväter nichts von Bienenhäusern wissen wollen, sind mir auch bekannt. Stöcke nämlich, die frei im Garten stehen, lassen sich oftmals ungenirter behandeln; sie lassen sich ganz vortheilhaft weiter von einander aufstellen u. dgl. und man erspart die Kosten des Hausbaues. Allein, hier ist wieder in Anschlag zu bringen, daß für einen solchen Bienenstand ein um so größerer Platz nothwendig wird, der dann ausschließlich den Bienen gewidmet bleiben, und daß hier jeder Stock wenigstens auch sein eigenes Gestell und Dach erhalten muß.

4) Wie der Inhalt meines Buches lehrt, wünsche ich keine große, aber desto mehr kleinere Bienenstände, von 5—10 oder 20 Stöcken, im Lande, für welche ein förmliches Bienenhaus da und dort leicht hergestellt werden kann. Es gibt wirklich mehr Lokalitäten, wo leichter ein Plätzchen für ein Bienenhaus zu finden ist, in welchem 10 oder 20 Stöcke in 2 Reihen über einander oder von 3 oder 4 Seiten fliegen, als solche, wo in einem Garten so viel Stöcke zweckmäßig neben und hinter einander liegen können. Endlich

5) Große Bienenstände — von 50—100 und noch mehr Stöcken, die ihre eigenen Wärter und Wächter haben, und ausgewählte Plätze, können eher das Bienenhaus entbehren: eben so jene Bienenzüchter, welche, wie der nächste §. lehrt, ihre Stöcke im Winter einkammern, und hiezu das nöthige Lokale besitzen.　　　　　　　　　　　　　　　　　　D. V,

die Diebe durch eine mitgebrachte läufige Hündin schweigsam und treu-
los machen.

Noch bessere Dienste leistet bei einem Bienenhause ein sogenannter Wecker, eine kleine Maschine von einigen wenigen eisernen
oder hölzernen Rädchen mit einer metallenen Glocke oder Schelle,
welchen der Uhrmacher anfertiget. Dieser Wecker wird inwendig im
Bienenhause aufgehängt, und mittelst einer Schnur mit den Wänden,
einzelnen Brettern, mit den Stöcken, mit der Thüre und überhaupt
da, wo Gefahr des Einbruches ist, in Verbindung gebracht. Macht
nun der Dieb irgendwo Gewalt und bewegt dadurch die Schnur, dann
fängt der Wecker, der aufgezogen worden ist, an zu schellen, weckt die
Hausleute und verscheuchet den Dieb.

Und somit gibt es auch gegen den Bienendiebstahl Verwahrungs-
mittel. Unterdessen weiß ein Jeder selber, sein Eigenthum zu schützen,
wenn ihm nur daran gelegen ist. Schon nur ein wachsames Auge
darauf ist ein guter Hüter; denn

Der Dieb scheut jederzeit
Des Hauswirths Wachsamkeit.

§. 41. Ueber das sogenannte Einkellern oder Einkammern der Stöcke im Winter.

Um ihre Stöcke gegen die Gefahren des Winters zu schützen,
haben Manche solche im Spätherbste vom Sommerstande genommen
und in Keller oder Gewölbe, oder auf Böden und in Kammern gestellt, ja auch unter die Erde vergraben, damit sie da überwinterten.
Obschon dergleichen Versuche bisweilen einen unglücklichen Ausgang
nahmen, und manchmal verschimmelte und abgestorbene Stöcke im
Frühjahre zum Vorschein kamen: so ist doch diese Einkammerung nicht
unbedingt zu verwerfen, und muß hier bei Gelegenheit des 3. Zauberspruches erwähnt werden.

Soll die Einkammerung einen glücklichen Erfolg haben, dann
müssen dabei genau alle jene Bedingnisse erfüllt werden, welche der
silberne Spruch vorschreibt; nämlich:

a) Die Stöcke müssen mit hinlänglicher Winternahrung versehen sein.
b) Der Ort oder das Lokale, wohin sie gestellt werden, muß durchaus Ruhe gewähren; daher vor Dieben, Mäusen, Erschütterung
   und Gepolter gesichert und finster sein.

c) Derselbe muß durchaus Trockenheit und reine Luft besitzen, und in letzterem Bezuge nöthigenfalls gelüftet werden können. Endlich

d) müssen ihn dichte Wände umschließen, so daß innerhalb derselben die Kälte nicht leicht über 5 Grade kommt, und auch die Bienen bei eingefallenem Thauwetter den äußeren Witterungswechsel nicht so bald spüren.

Wo alle diese Bedingungen erfüllt sind, dort kann die Einkammerung den Bienen zur größten Wohlthat werden. Sechs Monate — wenn es Noth thut — können sie, unbeschadet ihrer Gesundheit, in einem solchen Winterquartiere aushalten in ununterbrochener Ruhe und dazu bei geringer Zehrung, und erst wenn die Wintergefahr vorüber ist, zur Haltung des Reinigungsausfluges wieder auf den Sommerstand gebracht werden.

Wo aber in einer solchen Winterkammer es an Ruhe gebräche, an Trockenheit und frischer Luft; und wo etwa die Bienen das mitten im Winter eingefallene Thauwetter und die draußen wehende warme Luft empfänden, und dadurch zum Ausfluge gereizt würden, den man ihnen auf dem ungewohnten Stande doch nicht erlauben könnte: dann wäre sicher für die Stöcke die Gefahr und der Schaden größer, als wenn sie auf dem Sommerstande geblieben wären. Bei ausgebrochener großer Unruhe in den Stöcken müßte man solche schnell auf den Sommerstand zurückschaffen, und da fliegen lassen, um nicht das Allerschlimmste abzuwarten.

In Rußland — wie Reisende berichteten — schlichtet man ganze Haufen Klotzbeuten in Gruben zusammen, und bedeckt solche dann mit einer starken Schichte Erde; jedoch so, daß mittelst einer Oeffnung in der Mitte der frischen Luft der Zutritt gestattet ist; und die Klötze sollen gut durchwintern.

Bei jeder Vergrabung in die Erde ist aber doch zu befürchten, daß leicht Feuchtigkeit eindringen und die Stöcke berühren könne; und diese allein würde hinreichen, solche zu verderben.

———

Hiemit hatten nun Hinz und Keinz, Klausens aufmerksame Schüler, auch den silbernen Spruch kennen gelernt, und vernommen, welche Feinde im Winter den Bienen Tod und Verderben drohen, und wie man jene von diesen abwehren könne und müsse.

Klaus hat aber auch für Euch gesprochen, liebe Leser! Wer aus Euch bisher Bienen gehalten, und nach seiner Meinung mehr

mit Unglück als mit Glück, und hier jeden Punkt des silbernen Spru=
ches aufmerksam gelesen hat: der wird jetzt selbst beurtheilen können,
ob er die Ueberwinterung der Bienen — worauf sich mit die Mei=
sterschaft der Bienenzucht gründet, — gehörig verstanden habe oder
nicht. Mancher wird dann vielleicht finden, daß er es seinen Bienen
auf dem Winterstande irgend wo fehlen ließ: an Nahrung oder
Wärme, an Trockenheit oder Ruhe, an frischer Luft oder an Sicher=
heit; und wird hernach selber eingestehen müssen, daß nicht die Bienen
oder die Witterung, nicht die Gegend oder andere Menschen, und was
immer das Vorurtheil glaubt, sondern nur er allein die meiste Schuld
an seinem Bienenunglücke trage.

Nunmehr aber, nachdem alle 3 Zaubersprüche veröffentlichet und
auseinander gesetzt sind, ist auch Klausens ganze Zauberei enthüllt;
und Jeder, der da will, kann ihm nachzaubern. Er darf nur alle 3
Sprüche bei seinen Bienen in Anwendung bringen, nämlich:

1. er lerne die Biene ihrer Natur nach kennen
und behandeln,

2. er halte insbesondere gesunde und starke
Stöcke,

3. er suche diese gut zu überwintern;
und, indem ihm das Weitere die Vernunft selber lehren wird, wird
das Bienenglück bei ihm Einkehr nehmen; denn in obigen drei Stücken
bestehen das Gesetz und die Propheten einer rationellen und glückli=
chen Bienenzucht.

Zweites Hauptstück.

Klausens Strohbienenwohnungen.

Hinz und Kunz dankten ihrem Lehrmeister recht herzlich für den im I. Hauptstücke gegebenen Unterricht, und baten ihn auch um Verzeihung, daß sie ihn früher im bösen Argwohne für einen Zauberer gehalten hatten.

Von jetzt an wurden aber die Besuche der beiden Nachbarn bei Klausen immer häufiger und — wer sollte es meinen! — sie kamen eines Diebstahls wegen. — „Wie? — eines Diebstahls?" wird man denken — „die undankbaren Menschen! — Hatten sie vielleicht böse Absichten auf seine schönen Stöcke?" — O nein! aber Absichten auf seine leeren Körbe: — sie wollten ihm das Strohkörbemachen abstehlen, oder eigentlich ablernen. Und dieses werdet ihr ihnen sicher nicht für übel deuten, denn Andern etwas Gutes und Nützliches ablernen — auch wenn es nur heimlich geschieht, — ist auf der Welt der einzige erlaubte und rühmliche Diebstahl. „Aber," sprecht Ihr wieder, „dann konnten die Nachbarn leicht in Klausens Handwerk pfuschen, und ihm den Broderwerb schmälern." — Deßhalb blieb Klaus außer Sorgen; er wußte, seine Nachbarn lebten von der Feldwirthschaft, und wünschten nur so viel Bienenwohnungen verfertigen zu können, als Jeder für seine eigene kleine Bienenzucht brauchte; darum nahm er auch keinen Anstand, ihren Wünschen, sobald er solche gemerkt hatte, uneigennützig entgegen zu kommen. Kurz, der Ehrenmann zeigte und beschrieb seinen Nachbarn ohneweiters die Strohkorb-Maschine, wie auch das ganze Verfahren bei der Arbeit genau und mit wahrer Aufrichtigkeit.

10*

Hinz und Keinz waren dabei ganz Auge und Ohr, und erlernten die leichte Sache bald. Jeder baute sich hierauf seine eigene Maschine, und verfertigte sich so in den langen Winterabenden für seine kleine Hausbienenzucht die Bienenkörbe selbst.

———

Hier nimmt wieder der Verfasser das Wort und sagt: Schon in der 1. Auflage dieses Buches im Jahre 1843 habe ich Klausens Nachbarn Euch, liebe Landsleute! als Muster aufgestellt, und angerathen, sie in der Verfertigung der Strohstöcke nachzuahmen. „Könnte sich nicht" — sagte ich schon damals — „Mancher aus den gemeinen Land= und Gewerbsleuten Böhmens, mancher Häusler, Gärtler, und Taglöhner, so wie Jeder dieser Nachbarn seine wenigen Bienenkörbe selber bereiten, so am wohlfeilsten dazu kommen, und dadurch eine bedeutende Ausgabe ersparen? — Könnte nicht auch hie und da ein Armer oder Arbeitsloser durch Verfertigung solcher Körbe sich wie Klaus manchen Groschen und Gulden verdienen? — Warum denn nicht!" — Und was ich in diesen Fragen vor 17 Jahren Euch zur Begutachtung und Beantwortung vorgelegt habe, das sehe ich jetzt zu meiner Freude mit einem thatsächlichen Ja beantwortet. Denn viele Hunderte von Strohbienenwohnungen, nach Klaus angefertiget, bestehen gegenwärtig im Lande. Und wie sind sie entstanden? Manche haben sich die Maschinen dazu selber bereitet; Manche wieder ließen sich solche wohl vom Tischler verfertigen, aber die Körbe arbeiteten sie darauf mit eigener Hand. Und mehrere Arbeiter, die ich Anfangs selber unterrichtete, und andere, die wieder von Andern unterrichtet wurden, haben in diesen 17 Jahren die Strohkorbmacherei als Wintergewerbe betrieben, Hunderte von Körben geliefert, und sich daheim in der warmen Stube dadurch manchen schönen Gulden verdient. *)

Doch was bis jetzt geschah, kann auch fernerhin — und soll noch in einem größeren Grade und Umfange geschehen. Denn die Bienenzucht findet gegenwärtig im In= und Auslande wieder mehr Anklang und will ein Vorwärts: — die überhandnehmende Wechselwirthschaft mit ihren Raps=, Klee= Wicken= und anderen Blüthen, auch vermehrte Gartenanlagen und Obstbaumpflanzungen wollen der

———

*) Nach der letzten Zählung bestanden im Saazer Kreise allein im J. 1855 neben 7926 Holzstöcken 1940 Maschinen=Strohstöcke; und 110 Arbeiter verfertigten solche, theils zum eigenen Gebrauch, theils zum Verkauf für Andere.

Bienenzucht unter die Arme greifen; — und endlich besteht selbst gegenwärtig ein eigener Verein zur Hebung der Bienenzucht Böhmens. Da soll und muß denn auch Klaus mit zum Zwecke dieses Vereins beitragen. Nämlich, soll die Bienenzucht im Lande blühen und gedeihen und wirklich Nutzen bringen, so muß sie 1. vernünftig und gründlich, oder rationell betrieben werden; und in diesem Bezuge sollen Klausens Zaubersprüche und Grundsätze das Ihrige thun, und einen rationellen Unterricht im Lande verbreiten; — 2. müssen aber auch die Stöcke und Bienenstände in Böhmen vermehrt, und können nach dem vorhandenen Blüthen= und Honigreichthum des Landes von jetzigen 100000 Stöcken wenigstens auf 500000 gebracht werden; — und hier wieder sollen und können Klausens Strohbienenkörbe den nützlichsten Vorschub leisten.

Letzteres leuchtet gewiß einem Jeden auf der Stelle ein, wenn er nur den Holzmangel und die Holztheuerung unserer Zeit einwenig berücksichtiget. Viele kleinere Hauswirthe — besonders auf dem flachen Lande — haben schon jetzt weder Klötze und Breter zu Bienenwohnungen, und Geld genug, sich solche zu kaufen. Und es ist alle Aussicht vorhanden, daß das Holz noch rarer und kostbarer werden wird. Dieser Umstand muß ohne Zweifel Manchen bewegen, die Bienenzucht gänzlich aufzugeben; — und muß daher gewiß auch eher eine Verminderung der Stöcke im Lande, als eine Vermehrung derselben zur Folge haben.

Aus diesem Grunde will ich also in dieser neuen Auflage noch einmal Klausens Maschine, ihre Anfertigungsweise und die Bereitungsart zweckmäßiger Strohbienenwohnungen beschreiben; und zwar noch deutlicher als im Jahre 1843, und als es in der 2. und 3. Auflage im J. 1853 und 1857 geschehen ist; und will wieder die neuesten Verbesserungen beifügen. Zugleich will ich dringlich meinen Landsleuten zurufen: Schaffet Euch noch mehr Strohstöcke an, und suchet solche immer mehr zu verbreiten — zu Euerem eigenen Vortheile und zum Nutzen des ganzen Landes! Wer da kann, mache sich wie Klaus und seine Nachbarn, solche selbst; so kommen sie am wohlfeilsten! Wer die Kunst versteht, sie zu verfertigen, der lehre menschenfreundlich sie auch Andern, besonders Aermeren, die sich vielleicht damit ihr Brod verdienen können. Und wer sich seinen Bedarf an Strohstöcken nicht mit eigener Hand verschaffen kann, der kaufe sie

vom Korbarbeiter; sie kommen ihm auch dann wenigstens nicht theu=
rer zu stehen, als selbst die simpelsten Holzstöcke! —

Aber alles Neue, und wenn es das Vorzüglichste wäre, stößt
bei seiner Einführung auf Hindernisse. Dies haben bisher auch Klau=
sens Strohkörbe hinlänglich erfahren. Man war einmal an Holzstöcke
gewohnt, an Klotz= und Breterstöcke, (Beuten) und Christische Magazin=
oder Kastenstöcke; und Gewohnheit ist ein eisernes Hemd, welches sich
nicht leicht ausziehen läßt. Dieses unbiegsame Hemd tragen noch
heute Viele am Leibe; sie machen den ströhernen Neulingen saure
Gesichter, und wollen aus purer Gewohnheit und Liebe zum Alten,
beim Alten — beim Holze — bleiben. Dies ist sicher weder recht
noch vernünftig; denn das Bessere muß man ja wählen; und das
Bessere kann allerdings nicht immer das Alte, sondern auch das Neue
sein. Hunderterlei Dinge und Einrichtungen gibt es, die sonst zu des
Groß= und Urgroßvaterszeiten ganz anders gewesen, und jetzt als
besser und zweckmäßiger allgemein eingeführt sind. Z. B. Die Uralten
ackerten Anfangs nur mit einem hackenförmigen Baumaste; wir ackern
mit dem bequemen Pflug; — die Alten pflanzten weder Klee noch
Kartoffeln; — wir pflanzen beide Gewächse häufig und in Menge; —
die Alten trieben die Dreifelderwirthschaft; ihre Kinder und Enkel
aber haben die Wechselwirthschaft eingeführt; — die Alten fuhren mit
Ruderschiffen und Pferdewagen; wir aber fahren mit Dampfschiffen
und Dampfwagen. — Und woher alle diese neuen Dinge und Ein=
führungen? — weil sie besser und zweckmäßiger sind als die alten.

Eben so sind auch unsere Strohstöcke in vieler Beziehung besser
und zweckmäßiger als Holzstöcke; was ich eben jetzt, bevor ich zur
Maschine selber schreite, Allen erst recht anschaulich machen will.

Wichtige Vorzüge der Stroh = Ringstöcke vor unseren gewöhnlichen Holzstöcken.

§. 42.

Der erste und wichtigste Vortheil gut gearbeiteter Strohstöcke vor allen Arten Holzstöcke wurde schon Seite 127 in §. 36. und 37. umständlich nachgewiesen, wo von der Ueberwinterung die Rede war. In Strohstöcken liegen die Bienen wärmer, trockener und ruhiger, als in Holzstöcken. Schon dieses Vorzuges wegen allein sollte der Strohstock den Holzstock aus dem Gebrauche verdrängen.

§. 43. In Strohstöcken schwärmen die Bienen in der Regel leichter und früher, als in Holzstöcken.

Dies ist eine natürliche Folge der besseren Ueberwinterung. Je gesünder die Bienen aus dem Winter kommen, und je wärmer sie besonders noch im zeitlichen Frühjahre liegen, und je mehr und zeitlicher sie brüten können, desto frecher werden sie zum Schwärmen. Dessen ungeachtet aber darf man nicht von jedem Stocke, darum, weil er ein Strohstock ist, in jedem Jahre Schwärme haben wollen. Denn das Schwärmen hängt noch von vielen andern Umständen und Bedürfnissen ab (siehe S. 85); sind diese nicht vorhanden und unerfüllt, so kann auch der Strohkorb nicht schwärmen.

§. 44. Strohstöcke sind in vielerlei Hinsicht, sowohl an sich als für den Bienenvater, bequemer als Klotz- und Bretterstöcke.

Zwar findet auch zwischen Strohstöcken ein bedeutender Unterschied statt. Es gibt nämlich theilbare und untheilbare. Ein Strohstock der ersten Gattung besteht aus einem Ganzen, und wird vom Korbmacher aus freier Hand meistens unten weit, und oben etwas spitzig zulaufend verfertiget; er heißt dann, weil er einem umgekehrten Rückenkorbe, oder auch einer Glocke sehr ähnlich sieht, schlechtweg: Bienenkorb, Glocke, auch Stülpstock. Dergleichen Strohkörbe sind in andern Ländern gebräuchlich, wo die Schwarmbienenzucht getrieben wird, die aber für unsere Magazinbienenzucht nicht taugen. (Hievon war schon im I. Hauptstücke Seite 22 die Rede.) Eben so gibt es im Auslande untheilbare Lager= oder sogenannte Walzenstöcke von Stroh Aber tauglicher und bequemer sind die theilbaren, welche Klaus auf seiner Maschiene verfertigte, und die hier besonders anempfohlen werden. Diese bestehen aus einzelnen, 6 Zoll hohen Ringen, (nach Belieben auch mit dazwischen gesetzten 3 zölligen oder Halbringen) welche man erst mittelst Drathklammern zu einem Ganzen verbindet. Nun

a) Aus solchen Strohringen kann man nach Belieben und Bedürfniß größere oder kleinere, stehende oder liegende Stöcke bilden; je nachdem man mehr oder weniger Ringe zusammenfügt, und dieselben auf einander stellt, oder hinter einander legt. Ja, wollte man durchaus auch einen untheilbaren Korb haben, so dürfte man nur die zusammengefügten Ringe nicht mehr trennen, und den obersten oder hintersten Ring mit einem Strohdeckel verschließen.

Dies ist die erste Bequemlichkeit, deren sich Klotz= und Breterbeuten nicht erfreuen. Gar oft ist z. B. für einen Schwarm die Beute zu groß und zu leer, besonders beim Beginn des Anbaues und im Winter. Will man darin den Raum kleiner machen und die Bienen wärmer halten, so muß der überflüßige Raum durch ein eingeschobenes Bret oder eine Blende abgesperrt werden. Im Gegentheile, öft wird im Sommer die Beute zu klein, und es muß ein leerer Kasten angehängt werden. Beides hat seine Beschwerden. Bei theilbaren Strockstöcken aber geschieht in beiden Fällen die Abhilfe leicht; man nimmt nur leere Ringe ab, und setzt solche an.

b) Lassen sich bei erwähnten Strohstöcken alle Geschäfte der Bienenzucht leichter, gafahrloser und zweckmäßiger verrichten, als bei Klotz= und Breterbeuten. Der Beweis dieser Behauptung folgt umständlich im III. Hauptstücke. Dort werden alle Operationen oder Verrichtungen des Bienenzüchters genau beschrieben, und zwar stets im Vergleiche der Stroh= mit Holzstöcken. Nach

Durchlesung dieses Hauptstückes wird Jeder obige Behauptung zu Gunsten der Strohstöcke ungeweigert unterschreiben. *)

§. 45. Gleichfalls wichtig und vortheilhaft ist der Umstand, daß Strohstöcke nicht wie Holzstöcke an dem Fehler des Werfens und Springens leiden.

Der festeste Klotz springt bisweilen durch Einwirkung der Hitze, Kälte, Nässe und Luft auf, und es thut Noth seine beiden Enden mit eisernen Reifen zusammen zu halten, und seine Ritzen fleißig zu verstopfen. Häufig erhalten auch die Thüren oder Vorsetzbreter eine muldenförmige Gestalt; was, wie das Frühere, selbst den Stock in Gefahr bringen kann, wenn es der Bienenwärter nicht zeitlich genug gewahr wird, und die entstandenen Oeffnungen gegen eindringende Raubbienen, Wachsmottenschmetterlinge und andere Feinde verstopft. Eben so geht auch der vom Tischler auf das Genaueste verfertigte Bretkasten, und auch das aus hartem Holze gearbeitete Magazin aus seinen Zinken und Fugen, und man hat auch daran nichts Beständiges und dauerhaftes. Strohstöcke aber bleiben — einmal gut verwahrt — Sommer und Winter und in jeder Witterung, wie sie sind, und leiden ihrer Natur nach niemals am Werfen, Reißen und Springen.

§. 46. Stroh-Ringstöcke kommen wohlfeiler als Holzstöcke, auch wenn man sie kaufen muß; besonders aber in sofern, als sich Viele jene selbst verfertigen können, diese aber nicht und Stroh leichter und wohlfeiler zu haben ist, als Holz.

Ein gutgearbeiteter Strockstock von 6 Ringen sammt Fenstern und Deckel kostete bis zum Jahre 1852 2 fl. C. M.; aber jetzt, wo

---

*) Den eben beschriebenen Vortheil der Bequemlichkeit besitzen größtentheils auch die hölzernen stehenden und liegenden Magazinstöcke, die aus einzelnen viereckigen Kästchen bestehen; allein dieser Vorzug ist auch der einzige, den sie mit den Strohstöcken gemein, und ebenfalls vor den Beuten voraus haben. Dafür sind aber ihre anderseitigen Fehler und Nachtheile um so größer. Besonders kosten sie am meisten. In Betreff der Ueberwinterung aber sind sie — wie jeder andere Stock, der aus Kästchen oder Kasten besteht, heiße er wie er wolle — fast noch schlechter als Beuten; nämlich des schwachen Holzes, der vielen Fugen, des Werfens und der dadurch entstehenden großen Nässe wegen. In kältere Gegend taugen sie gar nicht; ich wäre nicht weit gekommen mit meiner Bienenzucht, wenn ich ihnen nicht den Abschied gegeben, und zum Strohe meine Zuflucht genommen hätte. D. V.

Stroh und Lebensmittel ungewöhnlich theuer sind, kostet er 4 fl. Oe. W. und noch darüber, wenn er mit Rohr genäht ist. Eine Klotzbeute kommt aber gegenwärtig sammt Dach schon auf 4 fl. Oe. W. zu stehen, eine Pfosten= oder Bohlenbeute auf 5 fl., und ein Christisches Magazin noch höher.

Am billigsten zu seinen Strohstöcken kommt freilich Derjenige, der sich dieselben mit eigener Hand bereitet. Gerade da, wo Holz rar und theuer ist, auf dem Flachlande, sind einige Bunde Stroh um ein Billiges zu erlangen; und 2 Bunde reichen für 6 bis 8 Ringe aus. Zum Abnähen der Ringe werden Wurzeln von abgetriebenen Fichten, oder Ruthen von der Korb= oder Zählweide erfordert. Wo die einen nicht zu Hause sind, werden gewöhnlich die andern gefunden, und können gleichfalls nicht hoch zu stehen kommen.

Die Maschine kostete früher beim Tischler 3 fl., jetzt 6 fl. Oe. W. Zimmerleute, Binder, Wagner jedoch, auch Andere, die mit Schnitzarbeiten wohl umgehen können, sind im Stande, sich auch solche selber anzufertigen. *)

§. 47. Endlich tritt bei genannten Ringstöcken dadurch ein Ersparniß ein, daß nicht immer für eine Bienenkolonie ein ganzer Stock (6 Ringe) wie bei der Beute nothwendig ist, und daß jeder leergewordene Ring wieder für andere Stöcke verwendet werden kann; was hinsichtlich des leergewordenen Raumes der Beute unmöglich ist.

Z. B. für einen starken Vorschwarm braucht man im ersten Jahre nur 3 Strohringe, äußerst selten 4; und für einen schwachen nur 2. Mit einem einzigen Stocke also (8 Ringen) kann man gleich 2 starke oder 3 schwache Schwärme beherbergen. Der Beutenbesitzer dagegen muß einem jeden auch nur faustgroßen Schwärmchen eine ganze Beute widmen, und braucht also zum Unterbringen dreier auch 3 Beuten, für welche er auf der Stelle 12 fl. Oe. W. ausgeben muß; während der Strohbienenzüchter für dieselben 3 Schwärme höchstens einen ganzen Ringstock braucht, der ihm nur 4 fl. kostet.

---

*) Wohl sind im Auslande andere Arten Strohkörbe bedeutend billiger als unsere Ringstöcke; allein die Arbeit an diesen ist auch eine mühevollere als an jenen; und erstere werden — was Festigkeit, Genauigkeit und Dauer anbelangt — von letzteren weit übertroffen. Nebstdem läßt sich auch der Vortheil des §. 47. mit in Rechnung bringen. D. V.

Ein ähnlicher Ersparungszustand findet statt nach der Zeidlung. Man kann z. B. einem ausgezeichneten Stocke 2 oder 3 Ringe mit Honig und Bau abnehmen, und diese, wenn sie leer geworden, im Frühjahre für einen Schwarm verwenden; weil etwa der gezeidelte Stock zufällig jetzt wenig baut, und ihrer nicht bedarf. Bei einem Beutenstock dagegen ist der durch's Zeideln entleerte Raum für andere Bienen durchaus unverwendbar; und es trifft sich, daß manchmal eine Beute mehrere Jahre zur Hälfte, und wohl darüber, leer und also unbenützt bleibt.

Anmerkung. Nach aufgezählten Vorzügen der Strohring= stöcke, will ich auch an den Holzstöcken gerecht handeln und auch ihrer guten Seiten Erwähnung thun, und zugleich den Holzbienenzüch= tern den etwaigen Wahn benehmen, als ob Klaus alle Holzstöcke sammt und sonders, und auf der Stelle ins Pfefferland wünsche. Nein, auch Holzstöcke haben ihr Gutes.

a) Sie bestehen in größter Menge im Lande, und wir müssen sie schon deshalb respektiren; denn lieber Holzstöcke als gar keine. Wer einmal hölzerne Bienenwohnungen besitzt, dem kosten sie nichts mehr, während er etwa Strohstöcke kaufen müßte. Er mag sie also behalten, so lange sie den Dienst erträglich thun, und die Bienen darin nur möglichst rationell behandeln. Haben sie aber bereits durch den Zahn der Zeit und des Holzwurmes so viel gelitten, daß die Bienen darin sich nicht mehr sicher und gesund fühlen: dann überpflanze er letztere aus dem modernden Holze ins Stroh, wie im VI. Abschnitte des III. Hauptstückes gelehrt wird, und er kommt auf diese Weise auch zu Strohstöcken.

b) Kann es noch immer Gegenden und Fälle geben, wo Holzstöcke wohlfeiler zu stehen kommen als Strohstöcke; weil z. B. dort etwa das Stroh eben so selten ist wie bei uns das Holz. Wer das Holz dem eigenen Walde entnehmen kann, während er viel= leicht Stroh kaufen müßte; und wer etwa zugleich die Geschick= lichkeit besitzt, sich seine Holzstöcke selber anzufertigen: der wird diesen den Vorzug geben.

c) Holzstöcke der festesten Art sind in jenem Falle besser als Stroh= stöcke, wo es durchaus unmöglich ist, letztere unter gehörige Be= dachung zu bringen, so daß sie im Freien nicht hinlänglich gegen Schnee und Regen geschützt wären und hiedurch Schaden litten.

Hier halten tüchtige Holzbären mehr aus, und sie mögen also bleiben.

d) Wenn Holzstöcke nur gehörige Holzstärke, und daneben hinläng= lichen Raum besitzen, nämlich 2 Ellen Länge, 10 Zoll Breite oder Höhe, und 10—12 Zoll Tiefe: dann erzeugen sie starke Völker, und werden besonders gute Honigstöcke. Endlich

e) Holzstöcke können auch bedeutend verbessert werden; wozu im Anhange die nöthige Unterweisung ertheilt wird.

Verwerflich sind aber alle zu kleine und enge Benten= stöcke, die nämlich kaum 8 bis 9 Zoll Höhe und Tiefe oder Weite haben. Auf diese sind freilich Klaus und sein Verfasser nicht gut zu sprechen. Diese Stöcke sind es, die kein Glück mit sich bringen und fortwährend die Bienenzucht in Mißkredit setzen; diese sind die Reich= macher, von denen das Sprichwort entstanden ist: Bienen, Schaf und Teich' — machen bald arm bald reich; diese sind es, die so leicht den Unerfahrenen täuschen, beim Ankauf, beim Zeideln und überhaupt in seiner Erwartung; diese sind es endlich, die obendrein auch keiner Verbesserung fähig sind. In ihrem beschränkten Raume kann sich weder ein kräftiges zahlreiches Bienenvolk bilden, noch im Winter gehörig erwärmen; — in ihrem beschränkten Raume kommen im Früh= jahre bei fruchtbarer Zeit häufig Weisel, Brut und Volk in die größte Verlegenheit, und die Folge ist daß 1, 2, 3, 4 Schwärme heraus= fliegen, schwächlich von Natur, die nicht viel vorwärts bringen, theuren Futterhonig verlangen, und wohl zum Theil bis zum Frühjahre, oft sammt dem entkräfteten Mutterstocke, wieder das Zeitliche gesegnet haben; in ihrem beschränkten Raume endlich können die wenigen Bie= nen nur wenig einsammeln, ja auch nur wenig unterbringen; und es geschieht nicht allzu selten, daß die Bienen im Winter auf einer Seite des Stockes verhungern, während auf der andern Seite noch Honig ist. Alle diese Nachtheile berücksichtigend, hat darum auch der Ver= ein zur Hebung der Bienenzucht Böhmens über diese kleinen und engen Bentenstöcke bereits das Todesurtheil ausgesprochen, und in seiner 1. General=Versammlung zu Schönhof am 13. September 1852, auf Antrag des Präsidenten, einstimmig den Beschluß gefaßt, dahin zu wirken, daß sie nach und nach außer Gebrauch gesetzt werden

II. Abschnitt.

Widerlegung einer Einwendung für die Klotz- und Breterbeuten, und einer andern gegen die Strohstöcke.

§. 48. Einige sagen: Die Klotzbeute wäre die natürlichste Nachah- mung des hohlen Baumes, der Wohnung der wilden Biene, oder der Bienenwohnung im Urzustande; darum müsse sie auch heute noch der Biene besser entsprechen als der künstliche Strohstock.

Indem ich hier auf den ersten §. des 1. Zauberspruches hinweise, der über die Wildheit und Zähmung der Biene spricht, antworte ich:

a) Nicht nur in hohlen Bäumen, sondern auch in Felsenklüften und Erdhöhlen wohnte einst in unkultivirten Ländern die wilde Biene; jedoch am meisten in ersteren, und nur aus dem Grunde, weil solche in den waldreichen Gegenden am meisten zu finden waren. Und heute noch, wenn uns Schwärme durchgehen, siedeln sich solche nicht immer in hohlen Bäumen, sondern auch an anderen Orten an, z. B. in Kirchthurmknöpfen, unter Dächern verschie- dener Gebäude, und überhaupt, wo sie immer hohlen Raum finden. Dies und die tausendfältige Erfahrung, daß die Bienen auch in ströhernen Höhlungen (Strohstöcken) bleiben und we- nigstens nicht minder als im Holze gedeihen; läßt schon schließen, daß außer der Klotzbeute den Bienen auch noch andere Woh- nungen — namentlich ströherne — entsprechen.

b) Wenn Jemand sagen möchte: „Im Urzustande wohnten die Menschen in Höhlen und unter Hütten von Baumzweigen; da- her müssen diese Urwohnungen auch heute noch den Menschen besser entsprechen als die jetzigen Häuser und Paläste von Holz und Stein;" — müßte man diese Behauptung nicht Unsinn nen- nen? — Die Menschen leben heute unter ganz andern Verhält- nissen und Umständen, als die ersten Menschen; sie haben ins- besondere andere Kenntnisse und Bedürfnisse; und allen diesen Eigenheiten entsprechen sicher unsere gegenwärtigen Wohnungen besser, als jene Höhlen und Hütten. Diese Umänderung des

Urzuſtandes iſt aber durch die fortgeſchrittene Civiliſation oder Bildung der Menſchen herbeigeführt worden.

Daſſelbe gilt auch von den Bienenwohnungen. Zwiſchen dem Einſt des hohlen Baumes oder dem Urzuſtande der Biene, und dem Jetzt unſeres Bienenſtockes liegt ein großer Unterſchied, näm= lich der der vorwärts geſchrittenen Cultur oder Zucht der Bienen. Die Biene als Zucht= und Hausthier, als welches allein ſie heute noch in allen civiliſirten Ländern beſtehen kann, lebt eben= falls unter ganz andern Verhältniſſen und Umſtänden und hat ganz andere Bedürfniſſe, als die wilde Biene, die, ſich ſelber überlaſſen, im hohlen Baume wohnte. Dort im Urzuſtande that der Menſch weiter nichts, als daß er die Bienen aufſuchte, und ihnen Honig und Wachs nahm; hier im Zuchtſtande aber, muß er vielfach auf ſie einwirken, und ihre Bedürfniſſe, die ihm die gleichfalls vorwärts geſchrittene Bienenwiſſenſchaft kund gibt, befriedigen. Dort z. B. ſchützten die ſtarken Wände des hohlen Baumes und der dichte Schluß des Waldes von ſelbſt die Biene gegen harte Winterkälte; hier muß dieſen Schutz der Bienen= pfleger vermitteln, durch warme Stöcke, Verengung des inneren Raumes, durch Dach und Bienenhaus: — dort bewirkte die reiche Waldtracht von ſelbſt zahlreiche Schwärme, und die große Menge der Bienenkolonien deckte alljährlich den Abgang der zufällig durch Weiſelloſigkeit oder wie immer eingegangenen; hier dagegen muß der Bienenvater die Schwärme in ſeine Hand nehmen, d. h. er muß ſie nach Erforderniß bald befördern, bald beſchränken, und durch verſchiedene Mittel für den Fortbeſtand und das Gedeihen der Stöcke ſorgen, z. B. er muß das Innere des Stockes durchforſchen, das Wachsgebäude beſchneiden, die Bienen zuweilen füttern, der Weiſelloſigkeit vorbeugen und ab= helfen, durch Abfangung und Zutheilung der Weiſel; er muß Schwärme einfangen, kopuliren, trennen, Völker transplantiren oder überſetzen, mit oder ohne ihren Wachs=, Brut= und Honig= inhalt u. ſ. w.

Da nun zu allen dieſen Verrichtungen des Bienenzüchters die Bienenwohnungen ſelber die nöthige Beſchaffenheit und Einrich= tung haben müſſen; eine Beſchaffenheit und Einrichtung, die bei dem hohlen Baume nicht vorhanden, ja unmöglich iſt: ſo leuchtet einem Jeden von ſelbſt ein, daß auch die Klotzbeute, eben weil

sie „die natürlichste Nachahmung des hohlen Bau=
mes" ist, weit weniger den Anforderungen der heutigen Bienen=
zucht, und unseren Hausbienen selber entspricht, als Klausens
Strohstöcke, die besonders durch Wärmehältigkeit und Theilbarkeit
und andere Vorzüge, welche im vorausgehenden Abschnitte und
im III. Hauptstücke deutlich beschrieben werden, sich auszeichnen.

Einen Beweis, daß die Klotzbeute den Ansprüchen der sich immer
mehr herausbildenden Bienenwissenschaft und rationeller Bienen=
zucht schon vor Langem nicht mehr genügte: liefert der Umstand,
daß man sie schon lange häufig außer Gebrauch gesetzt, und bis
auf den heutigen Tag noch nicht aufgehört hat, andere und aber=
mals andere Bienenwohnungen von verschiedenem Material und
in verschiedener Form und Bauart zu erfinden und einzuführen

Nach Obigem macht man also mit der Behauptung „die
Klotzbeute sei die natürlichste Nachahmung des
hohlen Baumes" derselben kein schmeichelhaftes Kompliment;
denn man sagt damit nichts Anderes, als: die Klotzbeute steht
dem hohlen Baume, der Urwohnung der Biene — was Untheil=
barkeit, Schwerfälligkeit und Ungeschick für wissenschaftliche Bie=
nenbehandlung betrifft — unter allen Bienenwohnungen am
nächsten.

Am wahrsten jedoch ist die angeführte Behauptung dann, wo
man — wie noch oftmals geschieht, — in die Klotzbeute bloß
den Schwarm hineingibt, und sich um dieselbe das ganze Jahr
nicht, und erst im Herbste wieder bekümmert, weil man jetzt den
Einfall hat, Honig und Wachs heraus schneiden zu wollen. In
einem solchen Falle ist die Klotzbeute — bis aufs Schwarmein=
fangen — der natürliche hohle Baum; denn beide sind ohne
wirkliche Zucht.

§. 49. Manche meinen, Strohstöcke wären den Mäusen und den
Bienen- oder Wachsmotten mehr ausgesetzt als Holzstöcke; auch: das
Stroh in denselben erstocke und verfaule leicht.

a) Nichts ist leichter, als Mäuse und Motten von den Stöcken
fern zu halten, erstere durch Fallen, letztere dadurch, daß man
an den Stöcken durchaus keine schädlichen Nebenöffnungen dul=
det, durch welche der Wachsmottenschmetterling eindringen kann,

und dafür sorgt, daß die Bienen ihr Flugloch gut besetzen, und um dasselbe keinen unnöthigen leeren Raum haben, in welchem sich die etwa dennoch eingedrungenen Schmetterlinge herumsetzen und ihre verderblichen Eier legen können. Da aber bei unseren Strohkörben niemals von selbst Nebenöffnungen wie bei Holzstöcken, durch Werfen, Reißen und Springen entstehen; da hier auch der schädliche leere Raum durch Abnehmen leerer Ringe leicht vermieden werden kann; was bei Beuten-Stöcken nicht wohl thunlich ist: so muß man einsehen, daß bei letzteren hinsichtlich der Motten größere Gefahr vorhanden ist, als bei ersteren.

Uebrigens klaget man dennoch in ausländischen Bienenbüchern sehr über Verheerungen, welche alle Jahre Mäuse und Motten in den dortigen Strohkörben anrichten. Aber — was sind's für Körbe? — ganz andere als die unserigen; solche nämlich, die aus freier Hand geflochten werden, in denen das Stroh nur schütter auf einander liegt, so daß den Mäusen ein Leichtes ist, es durchzufressen, und den Motten, von Außen hinein zu kriechen. Unsere Strohringe dagegen sind von solcher Festigkeit, daß darin das Stroh $^7/_4$ Zoll dick, Halm an Halm gepreßt, die Dichtheit des Bretes erreicht, und nirgends einen Zwischenraum läßt. Durch diese dichte Strohwand wittert die Maus im Winter die innere Wärme und den Honig eben so wenig, als durch die feste Holzwand; und bisher ist noch kein Beispiel aufzuweisen, daß sich irgendwo eine Maus durch die Wand eines Strohstockes hineingefressen hätte. Sogar in den Mäusejahren 1851 und 1854 ist dies nicht vorgekommen; sondern wo hier Mäuse in die Stöcke kamen, gelangten sie dahin durch schlecht verwahrte Fluglöcher; und dies fand eben so oft bei Holz- als bei Strohstöcken statt.

Hinsichtlich der Wachsmotte muß hier noch bemerkt werden, daß sich Viele von derselben einen falschen Begriff machen. Sie verwechseln solche fast mit dem Holzwurme, dem sie sehr ähnlich sieht, und glauben, daß, wie dieser ihre alten Beutenstöcke durchfrißt, auch jene die Strohwände der Ringstöcke durchlöchere. Dies ist ein Irrthum. Das Element der Wachsmotte ist weder Holz noch Stroh, sondern nur Wachs, und sie verletzt nicht einen Strohhalm. Soll sie von außen in den Stock kommen können, so muß zuvor schon eine Oeffnung hiezu vorhanden sein. Man verstopfe solche, und ihr Eindringen ist unmöglich. (Ausführliches hierüber im III. Hauptstücke §. 87.)

b) Denen, die das Erstocken und Verfaulen der Strohstöcke fürchten, schwebt die fürchterliche Nässe ihrer Klotz= und Kastenstöcke vor Augen, und sie setzen solche auch bei Strohstöcken voraus. Da aber diese — wie im I. Hauptstücke §. 37 gelehrt wurde — sich stets trocken halten, so folgt das Ungegründete jener Befürchtung daraus von selbst. Gegen die geringe Feuchtigkeit jedoch, die etwa dennoch inwendig entsteht, schützen die Bienen ihr Stroh= haus selbst, indem sie es nach und nach ganz mit Kitt oder Vorwachs, woran keine Feuchtigkeit haftet, austapezieren. Auch die besondere Dichtheit und Festigkeit sprechen für die lange Dauer der Maschinenstrohkörbe.

Ich habe noch vom Jahre 1835 und 1836 her Strohkörbe im Gebrauche, und sie sind noch ziemlich erhalten, obschon darunter einige Ringe nur mit Spagat genäht sind. Inwendig sind sie ordentlich zu einer einzigen luft= und wasserdichten Masse ge= worden. Diesem nach möchte ich dafür halten, daß solche Ma= schinenstöcke wenigstens eben so lange als Holzstöcke, an deren Zerstörung fortwährend die Nässe und der Holzwurm arbeiten, dauern können; vorausgesetzt, daß sie von Außen stets gehörig gegen Regen und Schnee geschützt stehen. Die ältesten Ringe bleiben inwendig unverletzt, und wenn die durch langen Gebrauch von Außen da oder dort besonders an den Rändern aufgegan= genen Näthe mittelst einiger Stiche wieder ausgebessert werden, sind sie noch besser als neue, weil bei ihnen die Bienen das Aus= kitten ersparen, und den ihnen angenehmen Wachsgeruch vorfinden.

Bei diesem Allen gebe ich aber gerne zu, daß jene Art Stroh= stöcke, die z. B. wie Feuerkörbe, Backschüsseln und andere Stroh= gefäße aus freier Hand gemacht werden, — obschon ich sie nicht aus Erfahrung kenne — leichter erstocken und viel eher zu Grunde gehen. Denn solche sind überhaupt nicht so stark im Strohe, und nicht so fest wie Maschinenkörbe; auch haben sie die Unvoll= kommenheit, daß immer zwischen zwei runden aneinander genähten Wülsten eine Furche oder Vertiefung bleibt, durch welche, die äußere Kälte im Winter, als Mutter der Nässe, eindringen muß. Hier kann dann freilich das baldige Erstocken des Strohes die Folge sein.

Nunmehr also, liebe Landsleute und Leser! bin ich daran, Euch auch das Instrument und seine Anfertigung zu beschreiben, mit dessen Hilfe man Strohstöcke von so wichtigen Vorzügen bereiten kann. Höret mich an!

III. Abschnitt.

Klausens Maschine sammt Zugehör.

§. 50. Die Verfertigung derselben. *)

Die Bestandtheile der Maschine sind:

1. wie Figur 3 darstellt — ein kreisrundes Bret. Solches ist $1\frac{3}{4}$ Zoll stark, entweder von hartem Holze mit eingeschobenen Querleisten auf der Unterseite, oder auch nur von weichem Holze ohne Querleisten, jedoch so hergestellt, daß zwei Breter quer auf einander geleimt, zusammen das eine von obiger Stärke ausmachen. Der Durchmesser des ganzen Bretes muß $19\frac{1}{2}$ Zoll betragen.

Auf der ebenen Fläche dieses runden Bretes macht man vor Allem mit einem Zirkel zwei Kreislinien: die erste (a) $1\frac{3}{4}$ Zoll vom Rande des Bretes einwärts, und die zweite (b) noch um $1\frac{3}{4}$ Zoll weiter hinein gegen den Mittelpunkt. In dem $1\frac{3}{4}$ Zoll weiten Raume zwischen den beiden Linien (a) und (b) befindet sich die Strohbahn; d. h. in dieser $1\frac{3}{4}$ Zoll breiten Rundung kommt, wenn die Maschine gebraucht wird, das Stroh zu liegen, und die Weite dieses Raumes gibt eben die $1\frac{3}{4}$ zöllige Dicke des Strohringes.

Hierauf werden außerhalb der Strohbahn an jeder der beiden Linien (a) und (b), zwölf in gleicher Entfernung von einander stehende $\frac{3}{4}$ Zoll breite und 1 Zoll lange viereckige Löcher mit dem Stemmeisen senkrecht ausgestemmt. Diese Löcher sind mit dem Buchstaben (c) bezeichnet. Um die Punkte genau zu treffen, wo benannte Löcher anzubringen sind, theile man erst mittelst des Zirkels die innere Kreislinie (b) in 4 gleiche Theile; und die 4 Theilungspunkte bezeichnen schon die Plätze für 4 Löcher. Jetzt kommen nur noch in jedes

---

*) In dieser Beschreibung sind österreichische oder rheinische Zoll gemeint, oder ein Maaß, wo 5 neben einander stehende kleine oder Bienenzellen die Länge eines Zolles haben. D. B.

(Fig. 3.)

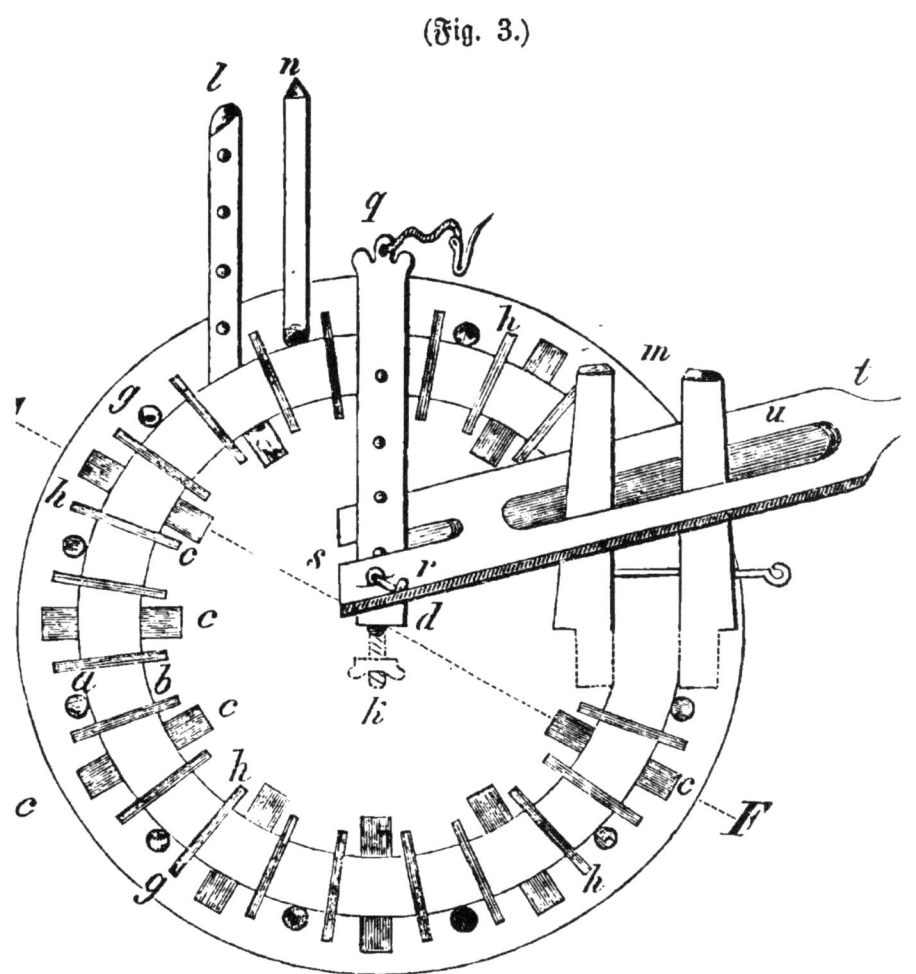

Kreisviertel 2 Löcher, deren Punkte ebenfalls bald gefunden werden, wenn man mit dem Zirkel so lange mißt, bis ein Punkt vom andern in jedem Viertel gleich weit entfernt ist. Hat man aber einmal diese 12 Punkte an der inneren Linie (b), so weiß man auch zugleich die an der äußeren (a); denn man darf nur mit dem Liniale vom Centrum des Kreises aus durch den Punkt der inneren Linie (b) eine gerade Linie ziehen und diese verlängern, bis sie auch die äußere Kreislinie (a) durchschneidet; so zeigt dann dieser Durchschnitt, wo — jedoch außerhalb — das Loch angebracht werden muß. Die punktirten Linien (Fd) machen dies anschaulich.

Nebst diesen 24 viereckigen Löchern sind noch an der äußeren Linie (a) zwölf runde vom Durchmesser eines halben Zolles erforderlich. Jedes wird gerade in der Mitte zwischen zweien viereckigen gebohrt; wie die Buchstaben (g) andeuten.

Die runden so wie die viereckigen Löcher dürfen durchaus nicht in die Strohbahn hineinreichen, sondern müssen nur knapp an den Kreislinien stehen.

Ferner, quer über die Strohbahn, mitten durch zwischen einem runden und einem viereckigen Loche an der äußersten Linie (a) werden mit dem Schnitzer ¼ Zoll breite, ⅛ Zoll tiefe, und 2¾ Zoll lange Kerben oder Furchen (h) eingeschnitten. Diese bezeichnen die Gegend der Nähte beim Abnähen des Ringes und erleichtern das Durchstechen der Nadel unter dem hier aufliegenden Strohe.

Zuletzt wird im Centrum (d) ein Loch von ½ zölligem Durchmesser gebohrt; dann, nachdem das Bret umgewendet worden, hier auf der Kehrseite dasselbe Loch mittelst eines Centrumbohrers, oder nur mit dem Stemmeisen bis auf 1½ Zoll im Durchmesser — jedoch nur bis zu einer Tiefe von ¾ Zoll — vergrößert. Dieses Loch ist bestimmt, den Zapfen des Preßeisens (k) aufzunehmen und unten in der 1½ zölligen Höhlung zugleich dessen Schraubenmutter zu verbergen.

Wegen der Abnützung kann der Boden dieser Höhlung mit einem Bleche ausgefüttert werden.

Und somit ist das Maschinenbret vorgerichtet.

2. Säulchen, 24 an der Zahl, von hartem Holze, deren Zapfen in die 4 Löcher (c) einzuleimen sind. Bei (l) und (m) werden solche Säulchen vorgestellt; (l) zeigt ein solches von der Vorderseite, die der Strohbahn zugekehrt und starke ¾ Zoll breit ist. Die Dicke nach hinten beträgt oben 1 Zoll, unten aber am Zapfen gute 1½ Zoll. Die Hinterseite wird ein wenig zugerundet. Die Höhe dieser Säulchen muß genau 7 Zoll messen, den Zapfen nicht mitgerechnet, dessen Länge sich nach der Dicke des Bretes richtet. Bei (m) zeigen 2 Säulchen, wie jedes Paar an der Strohbahn steht, und die Vorderseite des einen immer der Vorderseite des andern in gerader Richtung entgegengekehrt ist. Auch sind daran die Zapfen ersichtlich gemacht, so wie der hinter ihnen befindliche Fuß oder Absatz, welcher sich nach dem Einleimen fest auf's Bret stützen muß, damit

die Säule beim Einpressen des Strohes um so weniger rückwärts gedrückt werden könne.

Sind diese Säulchen nach dieser Beschreibung bereitet, dann werden in jedes derselben 4 kleine Löcher gebohrt, so groß, daß ein starker Strohhalm hindurch geht. Man betrachte das Säulchen (l). Das erste oder unterste Loch kommt genau $1\frac{1}{2}$ Zoll vom Zapfen, oder, wenn man es eingeleimt denkt, vom Brete entfernt; $1\frac{1}{2}$ Zoll höher wird das zweite, $1\frac{1}{2}$ Zoll höher das dritte, und $1\frac{3}{4}$ Zoll höher das vierte angebracht. Warum das letzte $\frac{1}{4}$ Zoll höher kommen müsse, davon wird der Grund später von selbst einleuchten. Somit befindet sich also das oberste Loch $6\frac{1}{4}$ Zoll vom Brete oder Zapfen entfernt.

Hierauf können alle Säulchen in die Löcher (c) fest eingeleimt werden. Man sehe dabei möglichst auf Genauigkeit. Jedes Säulchen muß mit seinem gegenüberstehenden schnurgerade und senkrecht, und jedes Paar mit einem andern Paar auf der entgegengesetzten Seite (cf mit ef) in gerader Linie stehen. Mittelst kleiner Keile, die unten neben den Zapfen eingeschlagen werden, lassen sich die Säulchen da und dorthin richten; was bei viereckigen Zapfen und Löchern besser angeht als bei runden. Man suche besonders zu vermeiden, daß die Säulenköpfe eher mehr auswärts statt einwärts stehen. Letzteres ist zweckmäßiger; denn die einwärts stehenden werden später durch das gewaltige Einpressen des Strohes nach und nach von selbst um etwas auswärts gedrückt, und in die gehörige Richtung gebracht. Hängen aber die Säulen oben mehr auseinander, als ihre Entfernung unten auf der Strohbahn beträgt; dann wird der Strohring oben dicker als unten, und erhält ungleiche Ränder; denn eben zwischen die 12 Säulenpaare hinein, und bis an die obersten Löcher wird das Stroh eingelegt.

Jedes Loch in einem Säulchen muß seinem gegenüberstehenden im andern genau entsprechen, so daß durch beide ohne Hinderniß ein Stift eingeschoben werden kann; wie bei (m) zu sehen ist.

3. Noch 12 Hölzer. Der Zwischenraum zwischen zweien Säulchen ($c—c$) an der äußeren Kreislinie wäre noch zu weit; das Stroh würde sich hier nicht genug anrunden, sondern sich auswärts biegen; darum müssen in die runden Löcher (g) ebenfalls Säulchen kommen, die ich aber zum Unterschiede von den früher beschriebenen lieber Hölzer nennen will. Es sind derselben 12 nothwendig.

Jedes Holz ist so hoch wie ein Säulchen, jedoch ohne Löcher, und fast von dreieckiger Gestalt. Von seinen 3 Seiten hat jede einen starken halben Zoll Breite. Der Buchstabe (*n*) zeigt ein solches Holz an, wie es ebenfalls senkrecht und mit einer flachen Seite gegen die Strohbahn gekehrt, mittelst eines Zapfens eingeleimt steht. Auch hier ist beim Einleimen Geradheit zu beabsichtigen; um so mehr, als diese Hölzer beim Abnähen des Ringes die Richtung der Nähte bezeichnen helfen.

4. **Der Deck=Ring. Fig. 4.** Dieser ist ein ¼ Zoll starker Ring aus hartem Holze von der Größe und Gestalt der Strohbahn, welcher, nachdem die Maschine bis oben mit Stroh angefüllt ist, oben darauf gelegt wird, und so als Schluß

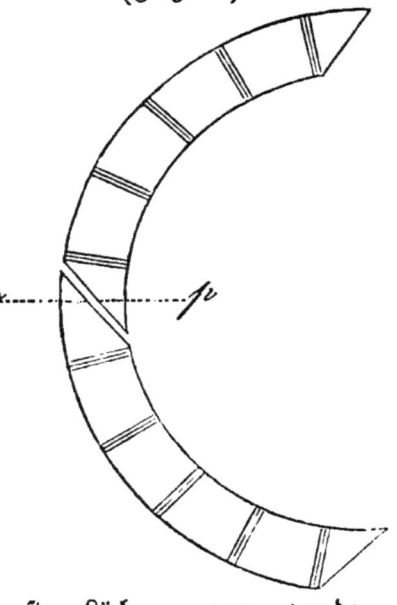

(Fig. 4.)

das Stroh bedeckt. Ueber denselben werden alle Stifte durch die obersten Säulenlöcher geschoben. Da beim Abnähen des Strohringes bei jeder Naht mit der Nadel unter diesem Ringe durchgestochen werden muß, so müssen an seiner Unterseite dieselben Kerben oder Furchen, wie unten auf der Strohbahn eingeschnitten sein. Die Figur stellt zwei Stücke von dem ganzen Ringe vor. Denn derselbe muß in 4 oder 5 Stücke getheilt sein; weil er auch nur stückweise hinter einander in die Maschine gelegt werden kann. Wollte man nämlich den Ring im Ganzen einlegen, so müßten zuvor auch alle 12 Stifte aus den obersten Löchern gezogen werden; was das Heraussteigen des zusammengepreßten Strohes zur Folge hätte. Die Kerben des Ringes müssen genau auf diejenigen unten im Brete passen, und vor dem Einschneiden erst gezeichnet werden; indem man nämlich den Ring hinein auf die Strohbahn legt. Hierauf zeichnet man auch die einzelnen Stücke zusammen, und bemerket zugleich an den Säulenköpfen mittelst eines Zeichens den Ort, wo jedesmal jedes Stück mit seinem Ende zu liegen kommen muß, damit die Richtung der Kerben bei jedem Strohringe dieselbe bleibe.

Um zu verhüten, daß die Enden der Ringstücke sich aufwärts biegen, wenn der darüber geschobene Stift nicht gerade sie trifft; so schneide man sie schief an einander wie bei (o), und lege sie dorthin, wo zwischen zwei Säulchen der Stift, in der Richtung (o—p) eingeschoben, beide zugleich niederhalten kann.

In diesem Ringe liegt die Ursache, warum in den Säulchen das 4. oder oberste Loch um einen Viertelszoll höher gebohrt wurde, als die 3 Löcher der andern Abtheilungen. Die oberste Abtheilung enthielte nämlich sonst $\frac{1}{4}$ Zoll hoch) weniger Stroh, und der Strohring würde um so viel niedriger ausfallen.

(Fig. 5.)

Der Zweck des Deck-Ringes besteht darin, daß durch ihn der obere Rand des abgenähten Strohringes so flach und eben gedrückt werde, wie der untere durch das Maschinenbret. Ohne diesen Holzring erscheint nämlich dieser obere Rand immer mehr rund statt flach; was beim Auf- und Aneinandersetzen mehrerer Ringe Zwischenräume und ein minderes Zusammenpassen zur Folge hat.

5. 16—20 Eisenstifte. Diese werden aus starkem Draht verfertiget. Jeder hat 4 Zoll Länge und vorne eine Schlinge als Griff (Fig. 5). Diese Stifte schiebt der Arbeiter in die Säulenlöcher und hält damit das Stroh nieder.

6. Die Hebelpresse. Solche ist in Figur 3 Seite 163 zu betrachten. Dazu gehören:

a) Ein aufrechtstehendes Eisen (kq), dessen Zapfen (dk) unten im Mittelpunkte des Bretes steckt. Der Zapfen ist $1\frac{3}{4}$ Zoll lang, $\frac{1}{2}$ Zoll dick, hat an der Spitze ein $\frac{3}{4}$ Zoll langes Schraubengewinde, und eine eben so dicke Schraubenmutter, die nämlich in der Versenkung des Bretes auf der Unterseite das Eisen beim Pressen festhält.

Das Eisen vom Zapfen aufwärts (dq) ist eine Schiene oder ein Stab, 10 Zoll lang, $1\frac{1}{4}$ Zoll breit und $\frac{1}{4}$ Zoll dick, in welcher Schiene 4 einen guten Viertelszoll weite Löcher gebohrt sind. Das unterste Loch steht 2 Zoll vom Zapfen ab; $1\frac{1}{2}$ Zoll höher ist das zweite, noch um $1\frac{1}{2}$ Zoll höher das dritte und $1\frac{3}{4}$ Zoll höher das vierte. Oben am Kopfe befindet sich noch ein kleineres Loch, in welches ein starker, 8 Zoll langer Faden mit einem Drathhäkchen am Ende gebunden wird.

In die 4 Löcher gehört noch der eiserne Stift oder Bolzen (r).

b) Der Hebel (st) ist aus hartem Holze, ³/₄ Zoll dick, starke 3 Zoll breit, und 24 Zoll lang. Bei (t) rechts endiget er in einer Handhabe; bei (s) links aber hat er einen 4¹/₄ Zoll langen Schlitz, durch welchen die ¹/₄ Zoll dicke Eisenschiene bequem hindurchgehen muß. Einen Zoll von diesem Schlitz entfernt beginnt die Aushöhlung oder der größere Schlitz (u). Derselbe ist 1 guten Zoll breit und 12 Zoll lang, und muß jedes Säulenpaar — wie die Figur darstellt — bequem durchlassen. Bei (u) wird der Stift während des Niederdrückens in Säulen eingeschoben; und zwar mit der Rechten, während die Linke drückt, und auf der Unterseite, wo zu diesem Behufe vorne von den Kanten des Schlitzes das Holz abgenommen ist, damit man so mit den Fingern und dem Stifte besser zu den Löchern gelangen kann. Noch vortheilhafter ist es, wenn der Vordertheil des Hebels, welcher auf das Stroh drückt, tiefer geht, als der hintere gegen die Handhabe; man kann dann um so ungehinderter die Stifte anbringen. Neben dem kleinen Schlitz rechts und links sind oben zwei kleine eiserne Schlingen oder Bügel eingeschlagen, durch welche der Bolzen (r) und zugleich durch das Loch der Eisenschiene eingeschoben wird; damit hier der Hebel seinen Unterstützungspunkt behält und sich unverrückt auf- und ab bewegen kann. Endlich

7. Das Gestell, worauf die Maschine bei der Arbeit ruht.

Nach Fig. 6 ist das einfachste Gestell eine gewöhnliche Sitzbank von 2—3 Ellen Länge. Die Maschine wird gegen das eine Ende hin darauf gestellt; mit dem andern Ende läßt man sie an eine feste Wand oder Mauer stoßen, und schlägt hier — bei (v) — einen Nagel darüber, damit sie nicht in die Höhe kippen kann.

Beim Einlegen des Strohes bleibt man mehr vorne an dem rechten Ende der Bank stehen, und kann hier nach Bedürfniß die Maschine rechts oder links drehen.

Auch das Pressen muß stets von hieraus geschehen. Allein, wenn man zu diesem Behufe bei den Säulen Nr. 4, 5, 6—9 den Hebel niederdrückt, hebt sich auf der entgegengesetzten Seite die Ma-

(Fig. 6.)

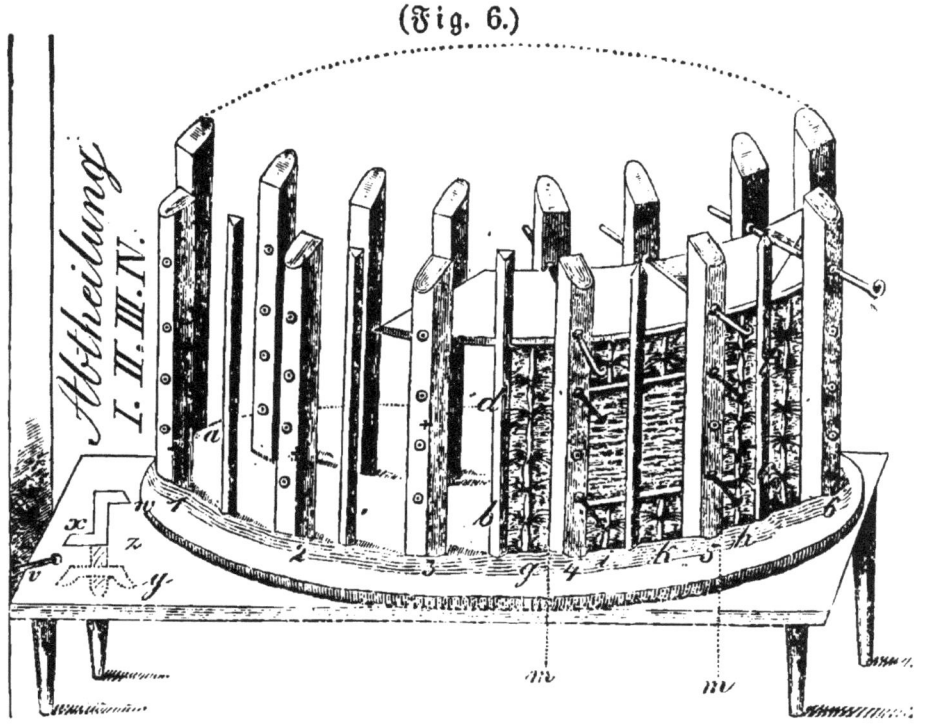

schine in die Höhe. Um dieses zu hindern, ist folgende Vorrichtung nothwendig:

Auf der Bank zeigen (x w z) einen ½ Zoll dicken eisernen Nagel mit einem 1½ Zoll breiten Kopfe, der gegen die Maschine gerichtet ist. Dieser Nagel wird mit seinem Fuße durch das entsprechende Loch (z), welches in die Bank gebohrt wurde, gesteckt; so jedoch, daß der Kopf 1¾ Zoll — oder wie viel immer die Dicke des Maschinenbretes beträgt — von der Bank entfernt bleibt. Damit der Nagel nicht tiefer hinabsinken könne, ist in seinem Rücken der Absatz (x) angeschmiedet. Der Fuß des Nagels besitzt ein Schraubengewinde, und mittelst einer Flügelmutter wird er unter der Bank festgeschraubt.

Damit nun beim Pressen die Maschine nicht auf der entgegengesetzten Seite in die Höhe kippe, so wird sie mit dem Bretrande bei der Säule Nr. 1 unter den Haken oder Kopf des Nagels (bei w) hinuntergeschoben, und bleibt so lange stecken, bis von Nr. 4 bis 9 gepreßt worden ist. Hierauf wird sie hervorgezogen, schnell herumgedreht, und jetzt bei Nr. 6 oder 7 wieder hinunter geschoben.

Ist das Pressen vollbracht, zieht man den Nagel heraus und hebt ihn bis zum nächsten Gebrauche auf. Die Bank dient dann dem Arbeiter auch beim Abnähen des Ringes, indem dieser reitend darauf sitzt, und die Maschine vor sich auf dem Schooße hat. Auch kann sie sonst im gewöhnlichen Hausgebrauche Dienste leisten.

Anmerkung.

a) In Bezug auf Strohpresse und Gestell.

Zuerst ließ ich das Stroh nur mit bloßer Hand in die Maschine drücken; dann mit einem krückenähnlichen Bretchen, das der Arbeiter unter der Achsel hielt und auf das Stroh stemmte, während seine Hände die Stifte einschoben. Beides gab eine saure Arbeit und das Stroh wurde dennoch nicht fest genug. Endlich verfiel ich auf die Hebelpresse. Ich ließ im Centrum der Maschine einen hölzernen Cylinder anbringen, in welchen ein Hebel mit einem eisernen Haken an der Spitze, so oft es nothwendig war, eingriff, und hier beim Pressen seinen Unterstützungspunkt fand. Jetzt ließ die Festigkeit des Strohringes nichts zu wünschen übrig, und das Pressen geschah mit Leichtigkeit. Dennoch ließ ich später statt des hölzernen Cylinders die oben beschriebene Vorrichtung mit der Eisenschiene machen; theils wegen der größeren Haltbarkeit, theils auch weil das Eisen im innern Raume der Maschine weniger Platz wegnimmt und bequemer ist, als der viel dickere Cylinder von Holz.

Andere veränderten nach Gutdünken an der Maschine Dies und Jenes. Herr Pitschmann aus Komotau z. B. schraubte nach dem Einlegen des Strohes jedes Säulenpaar oben zusammen. Herr Sobek aus Luditz richtete seine Hebelpresse sehr sinnreich zum Treten ein. Dadurch mußte freilich die Maschine auch kostspieliger werden. Herr Förster Vogel aus Maschau und Andere verbanden mit der Maschine zugleich ein eigenes festes Gestell, und nähten darauf zugleich den Ring ab. Ich konnte mich jedoch mit Letzterem nicht wohl befreunden; theils, weil ein solches Gestell mehr Arbeit und Auslagen verursacht; theils auch, weil, wenn die Maschine auch während des Abnähens auf dem Gestelle bleibt, dies unbequem ist; indem man dabei stehen muß, und das Innere der Maschine nicht dem Lichte zuneigen kann. Hat aber der Arbeiter — wie oben beschrieben wurde — reitend auf der Bank, die Maschine vor sich auf den Schenkeln, so kann er solche rechts und links aufwenden, um besser zu sehen, wohin er

mit der Nadel steche; er kann somit auch Nachts beim Lichte arbeiten; was wichtig ist, da diese Arbeit häufig an langen Winterabenden
geschehen kann und soll. *)

b) In Bezug auf Größe und Form der Maschine.

Der Strohring, welcher aus der beschriebenen Maschine hervorgeht, hat 6 Zoll Höhe und 12½ Zoll Weite im Lichten. Dieses
Maaß schien mir nach mehreren Versuchen das rechte Mittel zwischen
dem Zuwenig und Zuviel zu sein. Zu hohe Ringe fassen zu viel
Inhalt, und man kann damit beim Zeideln leicht zu viel Honig und
Wachs auf einmal abnehmen, so wie beim Ansetzen auf einmal zu
viel leeren Raum geben.

Zur Vermeidung beiderlei Nachtheile sind Halbringe sehr
zweckmäßig. Man erhält solche, d. h. nur 3 Zoll hohe Ringe, wenn
man nur 2 Abtheilungen oder die Hälfte der Maschine voll Stroh
preßt und abnäht. Zwischen 2 Ganzringe soll man im Gebrauche
immer einen Halbring stellen.

Den Strohring dicker zu machen als 1¾ Zoll ist Ueberfluß
und Strohverschwendung; in der angegebenen Stärke hat der Ring
hinlängliche Wärme und Festigkeit

Es ist wünschenswerth, daß alle Korbmacher ein und dasselbe
Maaß hinsichtlich der Weite und Dicke der Ringe beibehalten; denn
sonst kommen im Gebrauche Ringe von verschiedener Weite zusammen,
was an einem Stocke nicht nur das Auge beleidiget, sondern auch in
der Behandlung hinderlich werden kann.

Wer halbrunde, eirunde, viereckige oder noch andere Körbe und
Stöcke wünschte, dürfte nur die Maschine darnach formen.

---

*) Bei der Vereinsversammlung im J. 1854 zu Schönhof und bei damit ver-
bundenen Ausstellung von Bienenzuchtgegenständen hat Herr Löschner, Müller-
meister aus Meckl eine neue, sehr genau und kunstreich konstruirte und mit
einer Schraubenpresse versehene Maschine zur Ansicht gestellt und dafür ein
Prämium von 2 Dukaten in Gold erhalten.
Für den gewöhnlichen Korbmacher kommt jedoch eine solche Maschine zu
hoch zu stehen. Je einfacher und wohlfeiler sie ist, desto besser taugt sie
für ihn; vorausgesetzt, daß sie doch auch möglich genaue und feste Arbeit liefert.
Ein zu starkes Pressen des Strohes, z. B. mittelst einer Schraubenpresse
kann selber zweckwidrig werden. Denn die Wärmehältigkeit des Strohes rührt
von dessen hohlen Zwischenräumen her, die mit Luft, als einem schlechten
Wärmeleiter, gefüllt sind. Wird nun das Stroh so gepreßt, daß diese Zwischenräume verschwinden und daraus die Luft ganz entweicht, so gleicht dann
das Stroh dem Holze, und wird kalt.   D. B.

Das Verfahren bei der Verfertigung der Maschinen-Strohringe und Körbe.

Dieses Verfahren theilt sich in mehrere Geschäfte, und setzt das dazu nöthige Material und noch einiges Werkzeug voraus; was Alles hier seine Beschreibung findet.

§. 51. Die Vorbereitung des Strohes.

Rogen- oder Kornstroh ist am tauglichsten. Je länger, dünnhalmiger, reiner von Gras, je mehr es gedroschen und überhaupt fügsam ist, desto besser taugt es. Das auf fettem und gedüngtem Boden gewachsene hat zu steife Stoppelenden und viele Blätter und Fasern, deren Abputzen viel Zeit erfordert; besser ist das auf Sandboden erzeugte, und um so vorzüglicher, da es gewöhnlich von weißer Farbe ist.

Weizenstroh ist meistens mürbe, und zerbricht und fasert leicht, wenn die Ringe in den Gebrauch kommen. Doch, wenn für die äußeren Wände des Ringes gutes Kornstroh eingelegt wird; dann kann in die Mitte hinein auch Weizen-, Gersten- und anderes schlechteres Stroh verwendet werden.

Das Kornstroh nimmt man händeweise aus dem Bunde, stößt erst die Stammenden auf dem Boden gleich, faßt es dann unter den Aehren, und schüttelt die kurzen Halme aus. Hierauf werden die Aehren, indem man sie abwärts hält, mittelst eines großen Messers oder einer Sichel abgeschlagen.

Das Stroh muß durchaus trocken sein; ist es feucht oder gar naß, dann wird der Ring, wenn er ausgetrocknet ist, locker und fehlerhaft.

§. 52. Das Einlegen des Strohes in die Maschine.

Man nimmt so viel Stroh, daß es zusammengedrückt einen Wulst von der Dicke eines starken Zolles bildet, und verschiebt daran die Stoppelenden ein wenig, damit die Dicke nicht auf einmal beginne.

Ist das Stroh kurz, so geschieht die Verschiebung so weit, bis es in die Maschine gelegt, mit beiden Enden zusammen und über einander langt. Nun legt man den Wulst, da wo er am dicksten ist, zwischen ein Säulenpaar, z. B. (man sehe Figur 6 Seite 169) in die Gegend der Säule Nr. 1; drückt ihn da auf den Boden, schiebt durch das Loch der I. Abtheilung einen Stift darüber, und zieht ihn dann im ganzen Kreise herum, wo ihn ebenfalls da und dort ein darüber-geschobener Stift niederhalten muß. Gerade so verfährt man mit einem zweiten Wulste, welcher zum ersten, und zwar neben demselben auf den Boden gelegt wird; indem man zuvor nach und nach die Stifte herauszieht, und wieder darüberschiebt. *) Auf gleiche Weise wird der dritte Wulst in die Maschine gebracht, und neben demselben auch der vierte; über welchen jetzt alle 12 Stifte eingeschoben werden.

Vier Wülste sollen in der Regel die Abtheilung voll machen, so, daß es schon ziemliche Anstrengung kostet, das Stroh so weit niederzudrücken, um die Stifte darüber schieben zu können. Gewöhnlich befindet sich aber noch nicht genug Stroh in der Abtheilung, was die Presse beweiset, die eben jetzt angewendet wird.

Man befestiget nun das Preßeisen im Mittelpunkte der Maschine und daran den Hebel in untersten oder im Loche der I. Abtheilung, (siehe Figur 3 Seite 163) und versucht durch Niederdrücken der letzteren, wie weit noch die Abtheilung an Stroh leer bleibe. Diese

---

*) Da ein und selbst auch zwei Wülste die ganze Abtheilung oder den Raum von 1½ Zoll Höhe bis zum Stifte in dem ersten Loche noch zu wenig aus-füllen; so steigt das Stroh bis dahin gern in die Höhe und schmiegt sich nicht leicht an den Boden. Es ist darum zuträglich, wenn man da und dort in einer auswendigen Säule, und zwar in der Mitte der Abtheilung, z. B. bei der Säule Nr. 1 in dem Raume zwischen dem Brete und dem ersten Loche — siehe (a) — noch ein anderes Loch bohrt (Aushilfsloch) durch welches einstweilen über den ersten und zweiten Wulst ein Stift geschoben wird, bis später der dritte und vierte Wulst dazu kommt, und die ganze Abtheilung ausgefüllt ist. Solche Aushilfslöcher, die in der Figur mit (†) bezeichnet sind kann man in jeder Abtheilung — immer in der vierten Säule eins — bohren, und zwar, wenn die Säulen schon eingeleimt sind. Man bringe sie aber nicht in einer Linie mit den 4 Säulenlöchern, sondern etwas seitwärts an, um sie im Gebrauche von diesen schnell unterscheiden zu können. Auch bohre man schief, so daß der hindurch geschobene Stift die inwendige und gegenüber-stehende Säule nicht trifft, sondern an ihrer Seite vorbei geht. Beim 3. Wulste werden solche Aushilfstifte wieder ausgezogen, und nun weiter oben verwendet.

D. V.

Leere wird hernach durch entsprechende kleinere oder größere Stroheinlagen ausgefüllt; indem nach und nach die Stifte ausgezogen, und, während bei jedem Säulenpaare stark gepreßt wird, wieder an ihren Ort gebracht werden. Der Druck des Hebels, das Gefühl der Hand und das Augenmaaß lehren bei einiger Uebung bald, an welchen Stellen das Stroh ungleich liege, und wohin immer der neue Wulst mit seinem dickeren Theile zu liegen kommen müsse, damit endlich das Stroh in der ganzen Abtheilung von gleicher Dichtheit und Stärke erscheine.

Ist endlich ringsum das Stroh gleich und eben, und so angehäuft, daß bei jedem Säulenpaar während des Pressens der Stift nur mit Anstrengung darüber gesteckt werden kann; dann ist das Einlegen des Strohes in dieser Abtheilung vollendet.

Nach einiger Uebung bringt man es auch dahin, daß man nur 2 stärkere Wülste in jede Abtheilung legt, und diese damit ausgefüllt ist.

Nun stellt man den Hebel im Eisen um ein Loch höher, richtet ihn so hoch als möglich aufwärts gegen das Eisen, umschlingt ihn dann mit dem Faden, der an der Spitze desselben angeknüpft ist, und hängt das daran befindliche Häkchen in dem kleinen Loche des Eisens ein. Auf diese Art kann man den Hebel an seinem Orte belassen, ohne daß er beim ferneren Einlegen des Strohes hinderlich wird; und man macht ihn erst wieder frei, wenn eine neue Abtheilung voll ist, und jetzt abermals gepreßt werden muß.

Beim Einlegen der II. Abtheilung bleiben die 12 Stifte der I. Abtheilung stecken, bis der 3. Wulst eingelegt ist; dann können schon einige ausgezogen und oben mit verwendet werden. Nach dem Einlegen des 4. Wulstes aber bringt man die Presse auf gleiche Weise wie früher in Anwendung, und nachdem die ganze Abtheilung wieder angefüllt worden, zieht man unten alle Stifte nach und nach aus, und schiebt sie eben so oben wieder über das Stroh.

Dasselbe Verfahren findet statt beim Einlegen und Pressen in der III. und IV. Abtheilung. In letzterer aber kommt oben auf noch der Deck=Ring (siehe Figur 4 Seite 166). — Ist diese letzte Abtheilung bereits so angefüllt, daß nur noch mit Noth das Stroh um einen Viertelszoll niedergepreßt werden kann, und stecken auch schon alle 12 Stifte darüber; dann legt man den Holzring stückweise auf das Stroh, indem zuvor immer einige Stifte ausgezogen und dann unter Anwendung des Hebels wieder ein= und über das Ringstück geschoben werden.

Hiezu besondere Bemerkungen:

a) Die 2 untersten Strohlagen oder Wülste drücke man ordentlich rechts und links gegen die Säulenreihen, damit sie nämlich die Ecken gehörig ausfüllen, und einen breiten, flachen, keinen run= den Rand bilden. Dasselbe beobachte man hinsichtlich des obe= ren Randes bei den 2 letzten Einlagen, auf welche der Deck=Ring gelegt wird. Diese beiden Wülste spanne man besonders wohl an, damit das Stroh zwischen zwei Stiften ausgestreckt liege, und keinen Bogen oder Buckel mache. Letzteres gibt dem Rande nach dem Abnähen ein ungleiches unsauberes Ansehen.

b) Beim Einlegen richte man so viel als möglich die Strohspitzen in's Innere; denn die nach außen stehenden müssen, wenn der Ring fertig ist, abgeschnitten werden. Man kann also dadurch das Geschäft des Abputzens erleichtern.

c) Hier muß ich auch eines erst vor Kurzem entdeckten wichtigen Vortheiles erwähnen. Man richte sich zu jedem Ringe nur ein paar Hände voll schönes weißes Stroh durch Entfernung der Aehren, der Blätter und Fasern ordentlich vor. Davon legt man dann kleine Lagen nur an die Außenseiten der Strohbahn, während nach Innen schlechteres Stroh gebracht wird. Ist nun auf diese Art schon die unterste Abtheilung vollgepreßt; dann steckt man ringsum 6 oder mehr Stifte oder auch spitzige Hölzer in senkrechter, mit den auswändigen Säulen paralell oder gleich= laufender Richtung, und von diesen einen halben oder einen Viertels=Zoll entfernt, mit den Spitzen in das Stroh der unter= sten Abtheilung, und legt nun geputztes Stroh ringsum zwischen die äußeren Säulen und die Stifte; dergestallt, daß an der äuße= ren Seite der Strohbahn gleichsam ein 2 bis $2\frac{1}{2}$ Zoll hoher Zaun entsteht. Das Heraussteigen des Strohes wird nöthigen= falls durch einen oder zwei quer übergesteckte Stifte verhindert. Darauf wird mit schlechterem Strohe der Raum hinter dem Zaun angefüllt; wobei die nöthigen Stifte, wie früher gelehrt wurde, durch die Säulen, und zugleich durch den Zaun, geschoben werden können.

Glaubt man endlich, daß die Abtheilung gehörig angefüllt sei; dann wendet man den Hebel an, und preßt jetzt alles Stroh, auch das am Zaune höher stehende, nieder; während sowohl die stehenden Stifte als die eingeschobenen ausgezogen, und oben durch den Schlitz des Hebels eingesteckt werden.

Nicht anders wird hernach in der III. und IV. Abtheilung verfahren. Unter dem Deckring jedoch wird gleichfalls geputztes Stroh gelegt; damit auch der Rand des Ringes sauber ausfalle.

Ist das übrige Stroh schwarz, kurz, faserig, mit einem Worte: schlecht; dann kann man von gutem Stroh einen zweiten Zaun auch an der inneren Säulenreihe bilden, und hernach nur zwischen beide Zäune hinein das schlechte Stroh legen.

Das Ganze gewährt einen unschätzbaren Vortheil. Denn auf diese Weise läßt sich der Strohring, besonders an der Außenseite und an den Rändern, ganz glatt und sauber herstellen, und man erspart später hier die langweilige Arbeit des Absäuberns. Auch kann man so zum größten Theile schlechtes Stroh gebrauchen, ja hiezu selbst Strohsurrogate, d. h. anderes Material, welches die Stelle des Strohes vertritt, verwenden. Von Letzterem wird im Anhange ferner Meldung geschehen.

§. 53. Das Vorrichten des Nähmaterials.

Zum Abnähen der Ringe gebraucht man Fichtenwurzeln, Korb- oder Zähweiden, Rohrholz, Spagat u. dgl.

a) Fichtenwurzeln sind besonders in Gebirgs- und Waldgegenden zu haben; dort wo der Wald abgetrieben wird. Sie von stehenden Bäumen zu nehmen, wäre verbotener Waldfrevel. Sie sind von der Dicke eines Strohhalmes bis zur zweizölligen Stärke brauchbar; müssen jedoch von gesunden Bäumen an trockenen Plätzen stammen und gehörig mit Erde bedeckt gewesen sein. Erst schneidet man sie in Stücke von 2 bis 2½ Ellen Länge, befreit solche von der Rinde, theilt jedes Stück in 2 Hälften, und spaltet jede davon in so viele Riemen, Bänder oder Wieden, als möglich ist. Jede Wiede — auch Schiene genannt — muß einen schwachen Messerrücken stark, und einen Viertels- zoll oder auch um etwas Weniges darüber breit sein. Zum Gebrauche im Winter trägt man sich den Wurzelvorrath schon im Herbste ein, und bewahrt solche an einem feuchten Orte auf; oder auch, man bereitet sie ganz zum Gebrauche vor, läßt sie in

Rollen gewunden, austrocknen, und hebt sie auf. Vor der Verwendung werden sie hernach ins warme Wasser gelegt, damit sie zähe und haltbar werden.

b) **Korb- oder Zähweiden** sind häufig im flachen Lande an den Ufern der Flüsse und Bäche und in sumpfigen Gegenden zu Hause. Sie sind noch fast haltbarer als Fichtenwurzeln; doch müssen die Ruthen gut ausgereift und schon im Herbste geschnitten sein. Die einfachste Zurichtungsart ist die: Man spaltet sie nach Zulaß der Stärke mittelst des Spaltkeiles in 3 oder 4 Theile, schwächere nur in 2 mit freier Hand; schabt sie dann über dem Knie mit einem scharfen Messer an der Kernseite glatt, und behandelt sie überhaupt so, wie zu andern Stroharbeiten, z. B. zur Verfertigung von Feuerkörben, Backschüsseln u. dgl. Im Anhange wird auch ein eigener Weidenhobel beschrieben.

c) **Rohrholz** läßt sich gleichfals und zwar vorzüglich gebrauchen. Es kann leicht gespalten werden, und nicht nur die Rinde, sondern auch der Kern ist sehr haltbar. Eingeweicht in warmes Wasser schneidet die Rinde weniger, trocken aber verletzt sie bei der Arbeit leicht die Hand. Rohrholz kommt freilich um Etwas theurer zu stehen, als ein andres Nähmaterial; aber es macht schnelle und dauerhafte Arbeit.

d) **Spagat** kann im Nothfalle auch dienen; jedoch seiner Dehnbarkeit wegen werden die damit genähten Ringe um Etwas weniger fest. Mit einer Mischung von Pech und Wachs gewichst, widersteht er längere Zeit der Erstockung. Endlich

e) Auch aus Weiden-, Eichen-, Eschen und anderem Holze sollen mittelst eines eigenen Hobels Bänder oder Schienen gezogen werden können. Wie solches geschehe, darüber mangelt mir die Erfahrung. *)

§. 54. Nadeln zum Abnähen der Ringe.

Figur 7 zeigt eine Nadel, die ohne Heft 8 Zoll Länge und das Dehr in der Spitze hat. Sie ist einen Drittelzoll breit, in der Mitte einen Achtelszoll dick, an den Seiten flach und von Eisen oder Stahl.

---

*) Amkg. Herr Lieutenant Donauer aus Koburg hat mir ein Muster von ausgezeichneter Stroharbeit übersendet, wo mit Bändern von Eschenholz genäht wurde. D. V.

Diese Nadel behält man bei der Arbeit immer in der
rechten Hand, und sticht damit allezeit nur von außen
nach innen durch den Ring. Erst fädelt man die Spitze
der Nähschiene anderthalb Zoll lang mit der linken
Hand ein; dann sticht man die eingefädelte Nadel durch
das Stroh; nimmt hernach mit der Linken inwendig
die Schiene aus dem Oehr und zieht solche ganz durch
und fest an; während man mit der Rechten auch die
Nadel wieder zurück nach außen zieht. Hierauf wird
die Nadel leer durchgestochen, inwendig eingefädelt, und
jetzt sammt der Schiene wieder nach außen gezogen.
So wird bei jedem Stiche verfahren.

Die Nadel ohne Heft — Fig. 8 — kann nur
beim Nähen mit Spagat gute Dienste leisten. Hier
wird der Spagat nur einmal eingefädelt, und die Nadel selber von außen nach innen und von innen nach
außen mit durchgezogen. Vorne bei der Spitze hat sie
einen kleinen Absatz zum leichteren Anfassen beim Durch-
ziehen.

Das Oehr in beiden Nadeln muß abgerundet sein,
damit es die Schiene oder den Spagat nicht zerschneide. *)

§. 55. Das Nähen selbst.

Hier wird es nothwendig, noch einmal Fig. 6
Seite 169 in Augenschein zu nehmen.

Immer wird zwischen einem Säulchen und einem
dreieckigen Holze eine Naht gemacht, so daß am Ende
der ganze Ring 24 Nähte zählt. Man näht stets von
unten nach oben. Zum Anfang wird unten zwischen dem
Brete und dem Stroh in der dort befindlichen Kerbe

(Fig. 7.)

(Fig. 8.)

---

*) Neuestens hat Laaber, Tischlermeister in Willomitz, eine Na-
del ohne Oehr erfunden, die recht zweckmäßig ist. Solche
ist vorne etwas stärker als die Nadel Fig. 7. und gleich
hinter der Spitze rinnenartig ausgehöhlt. Nach dem Durchstechen schiebt man die Spitze der Schiene nur in die Rinne,
und bringt sie so auf die entgegengesetzte Seite. Auf diese
Art wird das jedesmalige Einfädeln erspart.

D. V.

die eingefädelte Nadel durchgestochen; dann inwendig die Schiene aus
dem Oehr genommen und bis auf 3—4 Zoll durchgezogen. Hernach
fädelt man dieses 3—4 Zoll lange Ende auswendig ein, und sticht
die Nadel mit demselben einen Zoll höher durch und nach innen; so
wird von außen der erste Stich sichtbar. Das noch übriggeblie=
bene Endchen von etwa 1½ Zoll, jetzt inwendig, wird noch einmal
mittelst der Nadel nach außen gebracht; und so ist dann die Schiene
an dem einen Ende gehörig befestiget. Nunmehr sticht man die Na=
del einen Zoll höher, über dem Stich von außen durch, fädelt inwen=
dig ein, und zieht die Schiene heraus. So erscheint denn auch auf
der inwendigen Seite der erste Stich, und zwar da um 1 Zoll
höher als der auswendige. — Hierauf wird die eingefädelte Schiene
an dem auswendigen Stiche rechts, und zwar ganz oben, und zu=
gleich nach aufwärts eingestochen, so daß die Nadel an dem inwendi=
gen Stiche ebenfalls ganz oben, jedoch links heraus kommt. So
wird nun auf der Außenseite der zweite Stich sichtbar. Inwendig
wird die Schiene ausgefädelt und fest angezogen. Abermals sticht
man dann von außen die Nadel leer durch, und zwar einen
guten Zoll über dem zweiten Stiche, jedoch aufwärts, damit auch
inwendig die Nadel um 1 Zoll höher zum Vorschein komme; fädelt
dort ein und bringt so die Schiene nach außen. So wird auch in=
wendig der zweite Stich. Darauf wird auswendig eingefädelt,
wieder wie früher an dem letzten Stiche und oben und rechts einge=
stochen und so die Schiene inwendig an dem zweiten Stiche links
herausgebracht; wodurch von außen der dritte Stich entsteht.
Und so geht es fort, bis die Naht vollendet ist.

Ganz oben am Ende sticht man die Nadel zwischen dem Stroh
und dem Deck=Ringe in der hier befindlichen Kerbe durch, bringt so
die Schiene über den Rand des Stroh=Ringes, zieht solche von innen
so sehr als möglich an, und befestiget sie an ihrem Ende gut —
mittelst einiger kleinen Stiche hinein und heraus.

Dabei wird erinnert:
a) Die Stiche müssen sogenannte Hinterstiche werden, d. h.
  einer muß in dem andern gleichsam hängen; deßhalb sticht man
  eben von außen ein an der Schiene rechts, und kommt inwendig
  höher an der Schiene links heraus. Erscheinen aber die äußeren
  Stiche zu den inneren parallel oder gleichlaufend, dann hängen

sie nicht in einander, und der Ring läßt sich nach dem Abnähen aus einander ziehen und hat keine Festigkeit.

b) Das schärfere Anziehen der Schiene mit der linken Hand von innen läßt sich dadurch bewirken, daß man zugleich von außen mit dem Hefte der Nadel auf den Stich stark klopft; daher muß auch das Heft wenigstens 4 Zoll lang sein, damit das Ende desselben aus der Hand herausschaue.

c) Sechs Stiche in jeder Naht sind hinreichend; 7 oder 8 machen aber noch bessere Arbeit.

d) Man suche beim Nähen immer das Mittel zwischen der Säule und dem Holze zu halten, damit die Naht hübsch gerade, und eine von der andern gleich weit entfernt ausfalle. Dies gibt ein gutes Aussehen, und fällt nach einiger Uebung gar nicht schwer.

e) Wird mit Schienen genäht, die eine runde Seite oder Schwarte haben, z. B. mit Weiden, so muß diese Schwarte stets nach außen gewendet erscheinen, widrigens sie gerne bricht.

f) Zerreißt einmal die Schiene, dann müssen die abgerissenen Enden wohl verstochen werden, damit die Naht nicht aufgehe.

g) Gegen das Einschneiden der Schiene schützt man die Hände mittelst Handleder nach Weise der Schuhmacher. *)

§. 56. Die Bereitung der Fenster.

Viele und große Fenster in Bienenstöcken sind nicht anzurathen, weil letztere dadurch kälter werden, auch nässer; denn im Winter setzt sich an den Gläsern Schweiß an. Jedoch hie und da ein kleines Fenster im Stocke ist manchmal im Sommer sehr zuträglich, besonders für den Anfänger in der Bienenzucht.

---

*) In neuester Zeit sind einige Korbarbeiter von selbst auf eine andere Nähweise gekommen, die Nachahmung verdient. Sie nähen nicht Stich für Stich wie bisher, sondern ziehen erst um beide Seiten des Ringes oder der Wand einen ganzen Bund, und befestigen solchen gut; hernach übernähen sie denselben von unten nach oben mittelst kleiner Stiche in zollweiter Entfernung von einander. Die Schiene erscheint dann zu beiden Seiten anliegend und ausgestreckt, und ist eigentlich nur aus Stroh angenäht. Das Stroh behält dabei ein glattes Ansehen, und zu den kleineren Stichen lassen sich auch kürzere Stücke Nähmaterial verwenden; was Beides ein Vortheil ist.

D. B.

Auch in Strohringen lassen sich bequem Fensteröffnungen anbringen. Nach langem Nachsinnen und vielen Versuchen bin ich endlich auf folgende Bereitungsweise gekommen. Auf das zu machende Fenster muß schon beim Einlegen und Nähen des Ringes Bedacht genommen werden. Es darf nur 3 Zoll Höhe haben, so daß es nur aus der II. und III. Abtheilung des Ringes ausgeschnitten wird, die oberste und unterste Abtheilung aber unberührt bleiben, und gleichsam den Rahmen des Fensters bilden. Die Breite des Fensters richtet sich nach den 2 Säulchen der Maschine, an denen man später mit dem Messer herunterschneidet. Man betrachte nur noch einmal Figur 6, Seite 169, und Alles wird klar werden.

Ist nämlich beim Einlegen des Strohes die 1. Abtheilung der Maschine angefüllt, dann legt man an dem Orte, wo das Fenster werden soll, das Bretchen (b—c) dergestalt auf das Stroh, daß es rechts und links von zwei darüber geschobenen Stiften festgehalten wird.*) Dieses Bretchen ist einen starken Messerrücken dick, so breit und ein wenig ausgeschweift, wie die Strohbahn und 6½ Zoll lang. Hierauf fährt man fort die II. und III. Abtheilung einzulegen. Ist aber die letztere voll, dann wird ein zweites dem ersten ganz ähnliches Bretchen eben so, doch gerade darüber, eingelegt, und mittelst der Stifte befestiget; man sehe (d—f). Zuletzt wird auch die IV. Abtheilung mit Stroh ausgefüllt.

Während des Einlegens und Abnähens und bis zur Vollendung des Ringes, müssen die 4 Stifte, welche die Bretchen halten, an ihrem Platze bleiben, und dürfen nicht ausgezogen und oben mit verwendet werden; sonst ziehen sich manchmal die Bretchen schief. Deßhalb sind auch zum Ganzen mehr als 12 Stifte erforderlich.

Beim Abnähen werden vor Allen die beiden Nähte (g) und (h) — zu beiden Seiten des Fensters gemacht; indem diese die 4 Enden der Bretchen festhalten. Dann folgen die Nähte (i) und (k) ober- und unterhalb der Bretchen, jede nur aus 2 oder 3 Stichen bestehend; wobei die Schienen nicht um die Bretchen, sondern darunter hinweg

---

*) Man wähle sich an der Maschine die zwei nebeneinander stehenden geradesten Säulchen aus, zwischen welchen das Fenster entstehen soll, und bezeichne sich den Platz unten am Brete mit zwei Einschnitten; damit später alle Fenster an einem und dem nämlichen Orte angelegt, und desto gleichförmiger werden.   D. V.

geschlungen werden. Zuletzt näht man den Ring weiter und ringsum ab.

Nach beendigtem Nähen unternimmt man das Durchschneiden
des Strohes zum Behufe der Fensteröffnung. Der Schnitt geschieht
mit einem kurzen, scharfen und spitzigen Messer, das man erst oben
unter dem Bretchen durchsticht, und dann, indem man es mit beiden
Händen an der Spitze und am Hefte anfaßt, mit Gewalt hinabdrückt;
und zwar bis auf's untere Bretchen, nämlich an der Säule Nr. 4
links, und an der Säule Nr. 5 rechts; wobei die Säule zugleich
als Lineal dient. Die beiden Schnittlinien werden durch die Buchstaben (m) angezeigt.

Da die Nähte auf der inwendigen Seite des Ringes näher
beisammen sind, als auswendig, so hat man Acht zu geben, daß solche
dort mit der Spitze des Messers nicht verletzt werden.

Jetzt erst wird der Ring aus der Maschine gehoben. Die Fensteröffnung erscheint dann genau viereckig, und der Ring hat dadurch
nicht das Geringste an Festigkeit verloren. Und ein Fenster wird
genau wie das andere.

Solche Fensteröffnungen können auch zu anderem Gebrauche
dienen. Z. B. zum Füttern, als Durchgänge zum Ansatzkästchen, u. dgl.

§. 57. Das Absäubern und Pressen der Ringe.

a) An dem vollendeten Ringe schneidet man alle daran herumhän-
genden Schienenenden, Strohspitzen, Blät- (Fig. 9.)
ter und Fasern in- und auswendig ab.
Fasern auf der Innenseite können auch
mit einem brennenden Span abgesengt
werden. Uebrigens, wenn das Einlegen
mit Fleiß und nach obiger Vorschrift geschehen ist, verursacht das Absäubern geringe Arbeit.

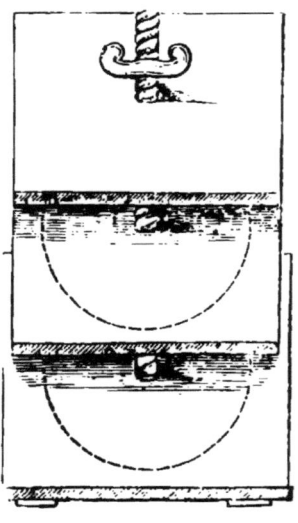

b) Obschon der obere und untere Rand des
Ringes ziemlich eben und flach ist, so läßt sich
doch beiden noch mehr Gleichheit durch's
Pressen geben. Am einfachsten geschieht
dies so: Man macht die beiden Ränder
ein wenig feucht, legt dann den Ring
zwischen zwei gleiche Breter, beschwert

dann das oberste Bret mit einem großen Stein, und läßt so den Ring stehen, bis ein neuer fertig ist, und die Stelle des gepreßten einnimmt.

Wer jedoch dieses Geschäft besonders genau nehmen, und einige Unkosten nicht scheuen will, verschaffe sich eine förmliche Presse, wie Fig. 9 darstellt. Sie braucht ihrer Einfachheit wegen keine Erklärung. Man kann damit 2 Ringe auf einmal pressen. Sie hat viereckige Form, damit sie auch bei viereckigen Strohkästchen, die im Nachhange vorkommen, in Anwendung gebracht werden kann. Letzterer wegen müssen die Breter dazu 22 Zoll lang und 18 Zoll breit sein. *)

§. 58. Das Einsetzen der Fensterscheiben und die Verfertigung der Fensterdeckel.

a) Die Glasscheibe läßt man — am besten nach einem Papiermuster — genau so groß schneiden, daß sie von außen in die Oeffnung eingesenkt, am innern engeren Rande derselben sich anlegt. Zuvor können zu diesem Zwecke in diesem Rande rechts und links einige kleine Holzstifte eingeschoben werden, die — wenn das Glas zu klein geschnitten wäre — das Durchfallen der Scheibe hindern. Dergleichen Holzstifte werden hernach auch auf der andern Seite vorgesteckt, damit die Scheibe auch nicht rückwärts fallen kann. Sollte zwischen der Fensterscheibe und dem oberen und unteren Fensterbretchen ein kleiner Zwischenraum bleiben, so kann solchen bequem ein langes Hölzchen verschließen, das man rechts und links ins Stroh einspießt. Passen die Scheiben wohl, so schließen sie auch die Oeffnung gut. Doch eine kleine Oeffnung kann auch mit ein wenig Lehm verstopft werden; ganz kleine verstopfen die Bienen selber mit Kittwachs.

b) Die Deckel — Figur 10 — werden aus einem (Fig. 10) starken Brete geschnitten. Jeder muß sich in die Fenstervertiefung einsenken, und einen der Rundung

---

*) Nach den ersten Versuchen in der Korbarbeit ließ ich jeden Ring, um ihn fest herzustellen, zwischen den Näthen mit hölzernen Nägeln auskeilen. Jetzt aber, wo das Stroh mittels des Hebels in die Maschine mit Gewalt hineingepreßt wird, erscheint der Ring, wenn er aus der Maschine kommt, fest genug; und die Holzkeile können weg bleiben.

D. B.

des Stockes entsprechenden Falz besitzen, so daß ein Vorsprung den Rand der Oeffnung ringsum bedeckt. *)

Da die Gläser im Winter kalt machen: so lege man bei der Einwinterung zwischen sie und die Deckel, trockenes Moos oder Werg.

§. 59. Das Zusammensetzen der Ringe zu ganzen Stöcken — zu Ständern und Lagerkörben; — und was noch zu beiden gehört.

(Fig. 11.)

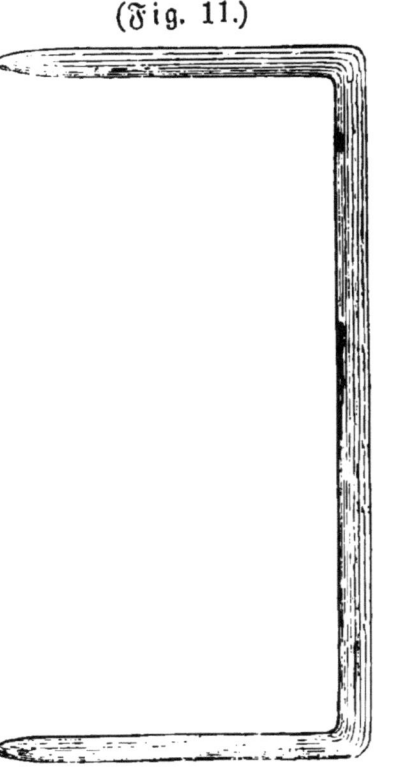

Die einzelnen Ringe werden mittelst Klammern zusammengefügt. Figur 11 zeigt eine in ihrer natürlichen Größe. Man verfertigt sich solche entweder selbst aus starkem Eisendraht, oder läßt sie vom Schmiede machen. Man drückt immer 2 Ringe fest auf einander, und schiebt über die sich berührenden Ränder auf 3 oder 4 Seiten solche Klammern ein.

Wohlfeiler wohl, aber auch minder sauber, geschieht die Verbindung dadurch, daß man statt jeder Klammer zwei Holznägel mit den Spitzen gegen einander in die beiden Ränder drückt, und beide mit Spagat fest umwindet.

Wenn nun einige Ringe über einander befestigt dastehen, dann ists —

*) Lehrer Hacker aus Rubig besitzt eine sehr sinnreiche Maschine zur Verfertigung solcher Deckel; wobei insbesondere der ausgeschweifte Falz sauber und genau gehobelt wird. Doch, um die Sache so leicht und wohlfeil als möglich zu machen und den Tischler zu entbehren, verfiel ich jüngst darauf, die Deckel ebenfalls nur aus Stroh, und zwar aus demselben, welches zum Behufe der Fensteröffnung ausgeschnitten wird, herstellen zu lassen.

Nachdem nämlich der Ring ringsherum bis auf die Fensteröffnung abgenäht ist, macht man an dem Fenster auf der Innenseite rechts und links einen, einen Viertelszoll tiefen Einschnitt ins Stroh, und nimmt dann dasselbe einen

A. Ein stehender Ringkorb oder Strohständer.

(Figur 12.)

Dazu gehören aber noch:

a) Querhölzer in die einzelnen Ringe. Die Querhölzer (a) und (b) sind einen schwachen halben Zoll stark und rund, und stecken zugespitzt ganz oben im Rande. Zwei solche Hölzer soll

(Fig. 12.)

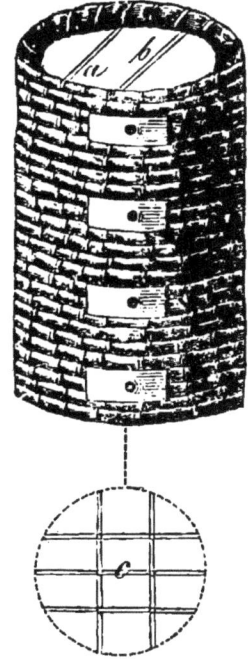

(Fig. 13.)

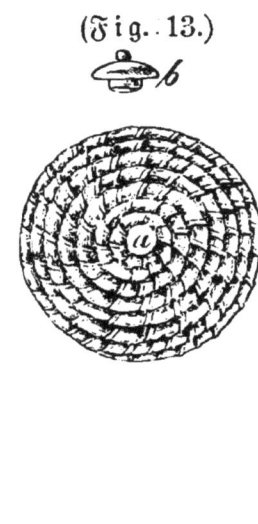

Viertelzoll tief heraus. Auf diese Weise erscheint jetzt der zurückgebliebene Strohspund, resp. Deckel, um einen Viertelszoll schwächer. Er wird dann abgenäht, hierauf rechts und links durch gerades Schneiden losgetrennt, und paßt nun genau in die entstandene Oeffnung. Der Festigkeit wegen gibt man ihm zuletzt aus freier Hand in der Mitte noch eine Naht.

Ein solcher Deckel erlaubt recht gut die Einfügung einer Glasscheibe auf der Innenseite der Oeffnung, und ist im Winter wärmer als ein Holzdeckel. Es wird durch ein Paar Holzstifte rechts und links fest gehalten. Im Stöcken von flachen Wänden — in viereckigen oder solchen von Strohbretern — lassen sich dergleichen Deckel zu Fenstern und Spundöffnungen besonders genau und zweckmäßig anfertigen. Beim Ausschneiden — das ist noch zu erinnern — führe man das Messer ein wenig schief, nämlich gegen die herzustellende Oeffnung; dann fällt der Spund auf der Innenseite um etwas schmäler als an der Außenseite aus, und kann als keilförmig nicht in die Oeffnung hineinfallen. D. V.

jeder Ring besitzen, damit die Bienen daran den Wachsbau be=
festigen können, welcher ohne dieselben leicht abbrechen kann, be=
sonders wenn er noch jung und zart ist. Jedoch müssen diese
Hölzer nicht in der Richtung der Waben, sondern quer über
gehen, widrigens sie ihren Zweck nicht erreicheten.

Um aber diesen Hölzern in jedem Ringe, je nachdem der Wachs=
bau geführt wird, die rechte Richtung zu geben, gibt es zwei
Wege: Entweder, man steckt im Rande des obersten Ringes, auf
welchen der Deckel kommt, 6 oder 7 Hölzer ein, die in e i n e r
Richtung gehen, einen guten Zoll breit sind und einen halben
Zoll von einander abstehen. An diesen Hölzern, die man der
Länge nach mit Honig oder Wachs bestreicht, oder woran man
Stückchen Wachsscheiben anpicht, befestiget der eingefaßte Schwarm
seine Waben. In den übrigen Ringen werden obige 2 Hölzer,
im Verhältnisse zu denen im obersten Ringe und zu den daran=
hängenden Scheiben, quer über eingemacht; und so werden diese
Hölzer stets den Wachsbau durchkreuzen, und jede Scheibe kann
daran befestiget werden. Oder: man macht im oberen Rande
des obersten Ringes von schwachen Hölzern ein doppeltes Kreuz
oder einen Rost (c). Nun mag der Schwarm in welcher Rich=
tung immer den Bau beginnen, so müssen doch allezeit die
Wachsblätter an einigen Punkten am Roste angeheftet werden.
Die genommene Richtung der Scheiben beobachtet man später
durch's Fenster, und richtet darnach die Querhölzer in den Rin=
gen ein, die wenigstens später untergesetzt werden. Sind aber
im 2. und 3. Ringe des Stockes noch gar keine Hölzer, weil
man vor dem Einfassen nicht wußte, welche Richtung der Bau
nehmen wird; so kann man solche, oder wenigstens ein's in
jedem Ringe, erst dann von außen durch das Stroh einschieben,
sobald man durch's Fenster die Richtung der Scheiben wahrge=
nommen hat.

Bei Schwärmen, besonders solchen, denen im Herbste, wegen
Fütterung oder Vereinigung, der Deckel abgenommen werden
soll, oder die transportirt werden müssen, vergesse man ja nicht,
im obersten Ringe, schon vor dem Einfassen, obigen Kreuz= oder
Stäbchen=Rost anzubringen. Mancher hat in diesem Punkte ein
bitteres Lehrgeld gegeben; er schnitt im Herbste den Deckel ab, und
das ganze Gebäude stürzte herunter, weil es daran befestiget war.

Dergleichen Roſte auch in den untern Ringen anzubringen, iſt überflüſſig; 2 Hölzer ſind ſchon genug; ja bei Stöcken, die ſchon viel älteren Bau haben, iſt ein einziges Querholz mitten im Rande des Ringes hinreichend. Mehrere Kreuze nöthigen auch die Bienen, den Bau ſehr zu verzwickeln, und ſind beim Zeideln und beim Abtreiben der Schwärme hinderlich.

b) Der Kopfdeckel — Figur 13 — wird auf den oberſten Ring gelegt, und muß 1½ Zoll ſtark ſein und die Rundung und Größe des Ringes beſitzen. Er wird gewöhnlich aus freier Hand, aus einem fortlaufenden, ſpiralförmigen Strohwulſte mit weiten Stichen gemacht. Vom Rande gegen das Centrum wer=den, wenn er fertig iſt, hie und da, ſo tief als möglich, ſchwa=che Holzkeile ins Stroh getrieben; was ihm Feſtigkeit verleiht. In der Mitte muß aber ein 3 Zoll breites Loch (a) bleiben, in welches ein Spund oder Stöpſel (b) gehört. Dieſes Loch dient zum Füttern und Aufſatzgeben.

c) Das Standbret, oder das Bret, worauf der Stock geſtellt wird. (Fig. 14.) Es muß 2 Zoll ſtark, unten gegen das Werfen mit Leiſten verſehen, 19 Zoll breit und 24 Zoll lang ſein. Um nicht in jedem neuuntergeſetzten Ringe ein Flugloch ausſchneiden

(Fig. 14.

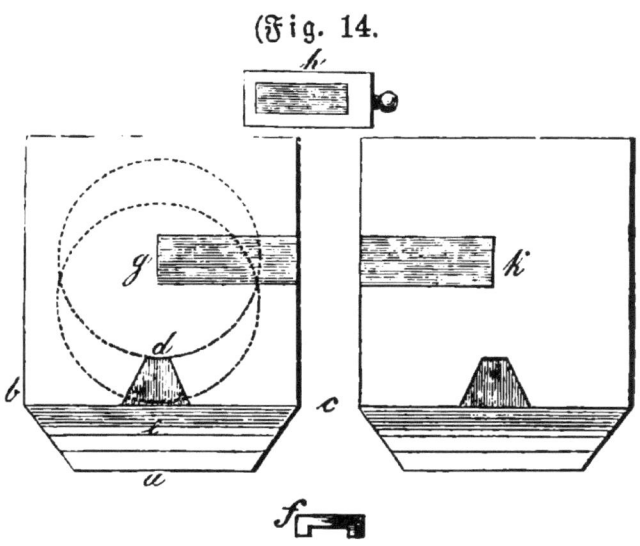

zu dürfen, bringt man dieſes als bleibend im Standbrete an. Das Bret wird daher vorne bei (a) 5—6 Zoll breit um einen halben Zoll ſchwächer gehobelt, und dann erſt wird in der Mitte des Absatzes (b—c) das Flugloch ausgestemmt, aber so, daß es sich 3 Zoll weit einwärts — bis (d) — erstreckt, und zugleich nicht allein immer enger, sondern auch niedriger wird. Bei (e) nämlich muß seine Breite 4 Zoll, bei (d) 1½ Zoll betragen. Im gleichen muß sich dessen Höhe von einem halben Zoll bis zu der eines starken Viertelzolls vermindern, und hinter (d) ganz verschwinden.

Das Ganze ist sehr zweckmäßig. Reicht z. B. der darauf stehende Stock bis (e), wie der erste punktirte Kreis andeutet; dann hat der Eingang die größte Weite. Und einen solchen Eingang muß wirklich der Stock erhalten, wenn viele Bienen aus= und eingehen. Z. B. zur besten Honigzeit. Rückt man hingegen den Stock weiter nach hinten, etwa bis nicht weit mehr von (d), dann erscheint der Eingang mehr als um die Hälfte kleiner, und nur wenige Bienen können nebeneinander aus und ein. Dies ist besonders gut zur Zeit der Räuberei und im Winter, wo große Fluglöcher Gefahr drohen. Stellt man endlich den Stock vollends bis (d) zurück, dann ist er gänzlich versperrt; was auch manchmal auf kurze Zeit nothwendig werden kann.

Bei Flugbretern, die kein immer enger werdendes Flugloch besitzen, kann solches durch den Einsatz (f) verengert werden. Dieser ist ein Stückchen Holz, welches genau ins Flugloch paßt, und in welchem erst die kleinere Oeffnung nach Belieben ausgeschnitten wird. Dieser Einsatz läßt sich bei jeder Art Stöcke in Anwendung bringen.

Bei Flugbretern von gleichweiten Flugöffnungen können solche auch mit 2—3 Zoll breiten Blechplatten überdeckt werden. Eine solche Platte nagelt man fest, und auf ihr steht hernach, wie auf einer Brücke, der Stock auf. Man will durch diese Vorrichtung dem Zerbeißen des Strohrandes von Seiten der Bienen und der Mäuse vorbeugen.

Endlich noch eine Vorrichtung zum Füttern beim Standbrete. An der einen Seite des Bretes, rechts oder links, z. B. in Figur 14 bei (g) höhlt man eine Vertiefung aus von 8 Zoll Länge, 3 Zoll Breite und 1 Zoll Tiefe. In diese Höhlung schiebt man ein Futtertröglein (h) nach Art eines Schiebers; nachdem man zuvor den Honig hineingegossen hat. Derselbe

muß jedoch gut passen und vom Rande einwärts keine Oeffnung
lassen. Außer der Fütterung wird dieses Tröglein verkehrt,
mit dem Böden aufwärts, eingeschoben; wo es dann bloß die
Höhlung ausfüllt.

Bei dieser Vorrichtung lassen sich aber sehr vortheilhaft auch
noch andere Zwecke erreichen, z. B. das Vereinigen weiselloser
Stöcke, Verbindung der Ansätze u. s. w. Nur ist hiezu ein
zweites ähnliches Standbret nothwendig, welches die erwähnte
Aushöhlung auf der entgegengesetzten Seite hat; so daß, wenn
beide Breter an einander geschoben werden, die Höhlungen auf
einander passen, und gleichsam eine einzige Rinne bilden. Man
sehe (*k*).

Will man nun z. B. einen weisellosen Stock, um ihn etwa
gegen Beraubung zu schützen und seinen schönen Bau zu erhalten, mit dem gesunden Stock, der auf dem Brete (*g*) steht,
vereinigen: so schiebt man das zweite Bret an, zieht beide Schieber aus, und stellt den weisellosen darauf. Hierauf bedeckt man
die Vereinigungsrinne (*g k*), so weit sie unbedeckt bleibt, mit
einer Glasscheibe, und auch diese mit einem Bretchen, und die
Vereinigung ist geschehen. Die Bienen machen jetzt gemein-
schaftliche Sache, reinigen den weisellosen Stock, und tragen zur
Trachtzeit, wenn es am Raume gebricht, Honig hinein, und
setzen auch da den Bau fort. Man hat dabei noch das Vergnügen, durch die Glasscheibe das wechselseitige Treiben der
Bienen sehen zu können.

Hätte ferner der Stock auf dem Brete (*g*) vollgebaut, und
man könnte ihm etwa des niedrigen Raumes wegen keinen Untersatz mehr geben; so dürfte man nur den Ansatz (Ring oder
Kasten) auf das darneben gelegte Flugbret (*k*) stellen, und die
Bienen würden durch den Verbindungsweg herübergehen und
hier den Bau fortsetzen. Auf diese Weise läßt sich in dergleichen
Nebensätzen sehr bequem der reinste Honig in jungen Scheiben
gewinnen.

Besonders zum Abtreiben oder Abtrommeln der Schwärme
ist diese Vorrichtung vortrefflich. Man stellt den Triebling neben
den Mutterstock. Ist bei dem ersteren wirklich der Weisel, so
theilen sich die Bienen von selbst in die 2 Stöcke, und der Triebling ist gelungen. Wäre der Weisel aber zurückgeblieben, so

gingen die Bienen ohne Aufruhr und Schaden durch den Verbindungsweg in den Mutterstock zurück.

Auch bei jener Art Ablegerei, wo ganze Stöcke zerschnitten
und getheilt werden, sind solche Standbreter zweckmäßig.

Eben so kann ein schwacher Stock durch einen starken sehr
verstärkt werden, wenn man sie beide auf solche Flugbreter setzt,
und zugleich ihre Plätze wechselt.

Endlich hätte Jemand zu voreilig im Herbste dem Stocke auf
dem Standbrete (g) einen oder gar zwei Ringe mit Honig oben
abgeschnitten, in welchen sich noch viele Bienen aufhielten, die
schwer heraus zu bringen wären; so dürfte er nur die abgeschnittenen Ringe auf das Bret darneben stellen und über Nacht stehen lassen. Am Morgen darauf würde er die Ringe ganz bienenfrei und zuglich den durch den Schnitt ausgeflossenen Honig
aufgesammelt finden.

Aller dieser Vortheile wegen lohnt es der Mühe, daß man sich
auch wenigstens

Ein Doppelbret im Ganzen anschafft; d. h. ein Bret,
welches 2 Stöcken zum Stehen Raum gibt, 2 Fluglöcher und

(Fig. 15.)

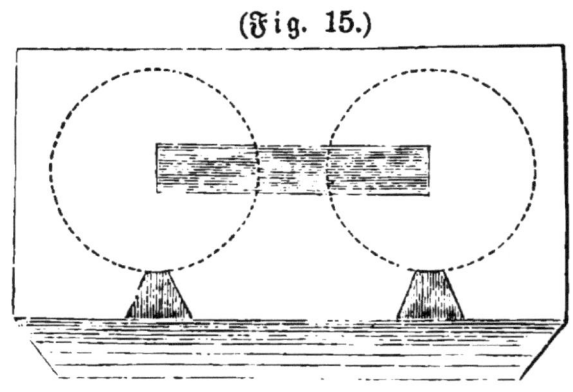

in der Mitte den gemeinschaftlichen Verbindungskanal hat.
Durch letzteren können dann auch beide Stöcke gefüttert werden.*)

---

*) Dieses Doppelbret hat Herr Stöhr aus Würzburg, der gelehrte Großvater
der deutschen Bienenzüchter, in der Eichstädter Bienenzeitung beschrieben und
anempfohlen.   D. V.

B. Ein liegender Stroh=Ringstock oder Lagerkorb.

Dieser entsteht, wenn die mittelst Klammern verbundenen Ringe nicht auf einander gestellt, sondern hinter einander gelegt erscheinen.

(Fig. 16.)

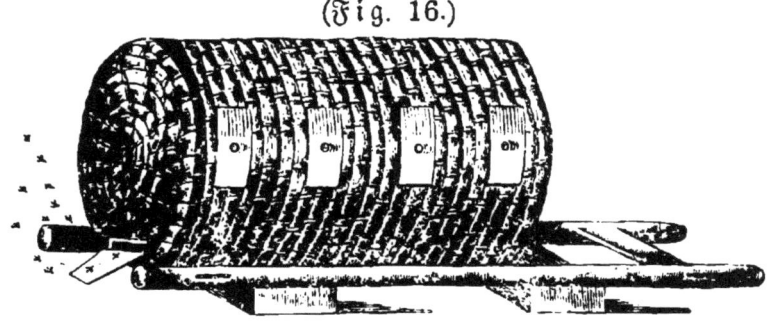

Dazu gehört:

a) Eine Stellage oder ein Gerüste, welches einer sogenannten Bierleiter sehr ähnlich ist. — Auch ein schlechtes Bret thut im Nothfalle den Dienst; der Stock liegt der Länge nach darauf, rechts und links aber werden Leisten oder ein paar Stücke Holz angelegt, damit er fest liege.

b) Querhölzer. Nur wenn die Bienen kalten Bau führen, muß in jedem Ringe (und zwar in dem einen Rande) ein Querholz eingeschoben werden, damit die Waben einigermaßen darauf ruhen können; bei warmem Bau dagegen, wo die Waben nicht nur oben, sondern auch an den Seiten gut befestiget werden, sind keine Hölzer nothwendig.

c) Zwei runde Scheiben oder Deckel von derselben Beschaf=fenheit wie der Kopfdeckel des Ständers, Fig. 13, Seite 185, um damit den ersten und letzten Ring verschließen zu können. Durch die Vorderscheibe fliegen die Bienen aus; darum muß hier eine Flugöffnung angebracht sein. Solche wird auf fol=gende Art hergestellt:

Ist die runde Scheibe vollendet, alsdann schneidet man 1½ Zoll vom Rande entfernt, mit einem scharfen Messer eine 3½ Zoll breite und ¾ Zoll hohe Oeffnung hinein. Damit aber die obere und untere Seite desselben nicht das rauhe, faserige Stroh behalten, was den Bienen lästig wäre, sondern glatt und eben werden, schiebt man zwei ⅛ Zoll starke Bretchen ein, welche dann oben und unten gleichsam den Rahmen des Flug=

loch8 bilden. Das durch den Schnitt ringsum locker gewordene Stroh wird hierauf mit Spagat vernäht, und die etwa vorhandenen kleinen Zwischenräume werden mit Lehm ausgeglichen.

Wer kürzer verfahren will, kann auch die ausgeschnittene Oeffnung bloß gut mit Schienen umnähen.

In der Mitte dieser Scheiben sind keine Löcher nothwendig; außer man wollte in ein solches eine Glasscheibe einsetzen, um zuweilen in den Stock sehen zu können.

Auch diese Scheiben befestiget man mit Klammern oder Holznägeln an die Ringe. Endlich

d) Ein kleines Flugbret ist auch nothwendig. Dasselbe kann so breit sein, daß es gerade zwischen die beiden Enden der Leiter hineinpaßt. Man befestiget es durch zwei Eisenstifte, die rechts und links in dasselbe eingeschlagen, und deren hervorragende Enden in den Rand der Scheibe eingedrückt werden.

In Bezug auf alle Ringstöcke wird schließlich bemerkt, daß, wo etwa die Ringe und Deckel nicht ganz genau aneinander schließen, die dadurch entstehenden Zwischenräume auswendig mit gutem Lehm verstrichen werden müssen.

Bei Lagerstöcken thut man wohl, wenn man auch inwendig die am Boden befindliche Fuge ein wenig mit Lehm ausschmiert, damit sich nämlich hier kein Gemülle ansammeln, und der Mottenschmetterling keine Eier hineinlegen kann.

Der beste und haltbarste Lehm ist jener, welcher mit einem Theile Asche und feiner Gerstenspreu, oder in Ermanglung der letzteren, mit einem Theil Rindsmist versetzt ist.

Drittes Hauptstück.

Klausens Auskünfte
über die
wichtigsten Punkte und Geschäfte der praktischen oder ausübenden Bienenzucht.

Ich komme wieder auf unseren lahmen Bienenvater und seine Nachbarn zurück. Hinz und Keinz hatten sich nach Klausens Anleitung ihre Strohkörbe selber verfertiget, und faßten nun, so oft Schwärme fielen, solche mit doppeltem Vergnügen hinein. Und ihre Stöcke mehrten sich von Jahr zu Jahr; ihre Klaglieder über Honignoth, Bienensterben und Mißjahre verstummten; und überhaupt das Bienenglück fing an sich bei ihnen einzunisten; weil sie nach den Grundsätzen ihres Lehrmeisters züchteten.

Jetzt gab es also schon drei Strohbienenzüchter im Dorfe, bei denen man das Vorwärtsgehen der Zucht nicht verkennen konnte. Dies verursachte Aufsehen und reizte zur Nachahmung.

Mancher, der am Sonn- und Feiertage aus den eingepfarrten Ortschaften ins Dorf zur Kirche kam, und die neumodischen Strohkörbe durch die Zäune schimmern und solche an Zahl und Größe immer mehr wachsen sah, wartete nach dem Gottesdienste unter den alten Linden vor der Kirche, bis Einer der drei Strohbienenmänner nahete, um mit ihm ein Wort über Bienen wechseln zu können. Ein kurzes Gespräch vermehrte bald die Lust des Fremden, die Bienenzucht ebenfalls mit Strohkörben zu versuchen; und oft ging er von da geradenwegs in das Häuschen des Korbmachers, um Strohkörbe zu betrachten und zu bestellen.

Klaus hätte unmöglich die vielen Kunden befriedigen können, wenn ihm nicht bereits in seinem kleinen Martin, dessen wir schon in der Einleitung erwähnt haben, ein tüchtiger Korbmachergehilfe erwachsen gewesen wäre. Dieser, nunmehr ein angehender Jüngling, arbeitete seinen Strohring so fest und sauber und so fertig wie der Vater, und unterstützte daher denselben recht wacker in der Bedienung der Kundschaften.

Aber fast Jeder, der bei Klausen einen Strohkorb kaufte, wollte von ihm auch Etwas in den Kauf haben, nämlich einen kleinen Unterricht oder einen guten Rath hinsichtlich der Bienen. Der Eine z. B. wollte zum Anfang einer Zucht erst die Stöcke dazu so vortheilhaft als möglich einkaufen; der Andere hatte solche schon gekauft, aber er wußte sie nicht zu transportiren; — der Dritte hatte als Anfänger gewaltigen Respekt vor dem Bienenstachel, und wollte die Bienen gerne recht zahm machen; — der Vierte wünschte die Bienen aus seinen Klötzen heraus und in Strohkörbe hinein; — der Fünfte, der Sechste, Siebente u. s. w. verstand noch nicht, Strohstöcke mit Schwärmen zu bevölkern, Strohstöcke zu zeideln, zu füttern u. dgl. Auch Hinz und Keinz waren noch nicht ausgelernt. Bald gab's mit dem Zuviel=, bald mit dem Zuwenigschwärmen einen Haken; bald wollten sie Etwas vom Kopulieren der Stöcke bald vom Ablegen und Austrommeln erfahren u. s. w., kurz von allen Seiten stellten Kunden, Schüler und Bienenfreunde an Klaus verschiedene Fragen über Bienen und Bienenbehandlung.

Der gutherzige Mann wurde nie des Fragens überdrüssig. Er zog sein Wissen, seine Selbsterfahrung und sein Bienenbuch zu Rathe, und gab Jedem freundliche Auskunft.

Solche Auskünfte Klausens sind in diesem Hauptstücke für meine Landsleute und für Alle gesammelt, welche sie nothwendig haben und annehmen wollen. Sie erscheinen in nachstehender Ordnung und auf folgende Fragen.

I. Abschnitt.

Ueber den Anfang einer Bienenzucht und den Ankauf von Bienenstöcken.

§. 60. Mit was für Stöcken soll man eine Bienenzucht anfangen? — wann, wo, und überhaupt unter welcher Vorsicht soll man sie kaufen?

Daß man eine Bienenzucht nur mit vollkommenen d. i. volkreichen, gesunden und gehörig mit Nahrung versehenen Stöcken anfangen und begründen soll; wie auch, daß dergleichen gute Stöcke, wären sie gleich im Ankaufe um etwas theuerer, sich besser auszahlen als wohlfeile oder geschenkte schlechte: dies wurde schon im §. 32 Seite 118, gelegenheitlich erwähnt. Weiter liegt aber die Beantwortung obiger Fragen in nachstehenden Punkten:

1. Es ist rathsam, sich zum Anfang nicht einen, sondern wenigstens gleich zwei oder drei gute Stöcke anzuschaffen. Wie leicht könnte nicht dem einzigen Stocke durch Zufall bald ein Unglück widerfahren, — so daß wohl gar der Anfang der Zucht schon wieder das Ende wäre, und die Lust zu den Bienen dadurch gleich im Entstehen geschwächt oder gar ausgetilgt würde? —

2. Hat man beim Ankaufe die Wahl zwischen Stroh- und Holzstöcken, die übrigens von gleichem inneren Werthe sind, so wähle man schon lieber Strohstöcke; vorausgesetzt, daß man ihnen einen angemessenen trockenen Standort zu geben im Stande ist, und es solche Strohstöcke sind, die hier in diesem Buche beschrieben werden. Die im I. Abschnitte des dritten Zauberspruches — Seite 151 — angeführten Vorzüge dieser Art Stöcke rechtfertigen die Wahl.

3. So wie es theilbare und untheilbare Holzstöcke gibt, eben so gibt es neben den theilbaren Strohstöcken auch untheilbare. Von dieser letzteren Gattung wird erst im Anhange dieses Buches die Rede sein. Steht nun die Wahl frei zwischen lauter Strohstöcken, oder auch zwischen lauter Holzstöcken, so greife man in beiderlei Fällen nach den theilbaren. Die Theilbarkeit ist da und dort ein wichtiger Vorzug, der im Verlaufe dieses Hauptstückes sich immer

13*

dentlicher herausstellen wird. Insbesondere können theilbare Holzstöcke leicht in theilbare Strohstöcke umwandelt werden, wenn mann letztere durchaus wünscht.

Ob die theilbaren Stöcke, bei übrigens gleicher innerer Beschaffenheit, Ständer oder Läger seien, ist fast gleichgiltig.

4. Der unerfahrene rufe beim Ankaufe und in der Auswahl der Stöcke einen Sachverständigen, der es ihm zugleich wohl meint, zu Hilfe, und folge seinem Rathe.

5. Man kaufe die Stöcke wo möglich im Frühjahre; jedoch nicht vor dem ersten Ausflug der Bienen; am besten, erst im April, wo die Bienen sich schon eingeflogen haben und bereits Blumenstaub tragen. Zu dieser Zeit nämlich läßt sich am ehesten über die wirkliche Beschaffenheit eines Stockes Gewißheit erlangen, wenn man ihn untersucht. Eine Untersuchung muß aber ohneweiters dem Kaufe vorangehen.

Man öffnet dabei den Stock, und sieht:

a) auf den Raum im Inneren. Eine Beute z. B. die kaum 8—9 Zoll Höhe und Tiefe (Breite und Tiefe bei stehenden) aufweist, mache man nur gleich wieder zu; sie taugt nichts, weil ihr zu beschränkter Raum kein starkes Volk aufkommen läßt, das ein unerläßliches Bedingniß eines guten Stockes ist. Eine ordentliche Beute soll 10 Zoll Höhe oder Weite, und 12—14 Zoll Tiefe haben, auch 2 Ellen lang sein. (Man sehe §. 47 Seite 156.)

b) Auf den Wachsbau. Dieser muß, wenn der Stock im Herbste gezeidelt worden ist, bei Beuten wenigstens den halben Stock, bei Magazinen wenigstens 3 Ringe oder Kästchen anfüllen. Vorjährige Schwärme müssen eben so viel, höchstens 3 Zoll weniger besitzen. Der Bau muß ferner — wenigstens an dem einen Ende — bei Ständern unten — jung, d. h. vom vorigen Jahre her sein; der übrige aber darf sich nur gelb oder gelbbraun, und im Brutneste nicht zu schwarz und veraltet zeigen. Zugleich dürfen die Waben weder abgerissen und mit Hölzern durchspießt, noch von Mäusen angefressen, noch von der Wachsmotte durchwühlt, noch vom Schimmel entstellt, noch auch mit Bienenunrath befleckt erscheinen. Dabei muß ein angenehmer Geruch aus dem Gebäude kommen, kein übler, der etwa von der Ruhr oder der Faulbrut käme.

c) **Auf das Volk.** Je größer das Lager ist, oder je mehr Bienen zwischen den Waben dicht beisammen liegen; auch, je bösartiger sich die Bienen benehmen, vorzüglich, wenn man zwischen die Waben haucht; je zahlreicher die Wache und die Fächler oder Trommler um das Flugloch stehen; je mehr Bienen — wenn gerade Flug ist — mit großen Blumenstaubhöschen ankommen; und je reiner es endlich auf dem Boden des Stockes aussieht: desto volkreicher, gesünder und fleißiger ist der Stock.

d) **Auf die Brut.** Ohne Brut im Frühjahre wäre der volkreichste Stock nichts werth; denn er hätte dann keinen oder nur einen unfruchtbaren Weisel. Wo es angeht, biege man daher die Wachsblätter ein wenig aus einander; vielleicht kann man so der Brut ansichtig werden. Die Blätter wegzuschneiden, um bis zur Brut zu gelangen, erlaubt nicht jeder, ist aber auch nicht unumgänglich nothwendig; die Menge der Bienen, ihr Muth und Fleiß, die Ordnung und Reinlichkeit im Stocke, beweisen allein schon die höchst wahrscheinliche Anwesenheit eines fruchtbaren Weisels und also auch der Brut.

e) **Auf den Honigvorrath.** Für die Monate April und Mai müssen in einem starken Stocke noch 8—10 Pfund Honig vorräthig sein, damit die Bienen im Falle ungünstiger Witterung davon zehren können. Bei der Untersuchung hierüber nimmt man den theilbaren Ständern den Kopfdeckel, Lägern den Hinterdeckel ab. Auch durch's Heben des Stockes und Abwägen mit der Hand läßt sich der Honigvorrath beiläufig schätzen. Ein Fenster auf der Rückseite kann ebenfalls hiezu dienen. Auch kann man mit einem spitzigen Holze oder mit einem Honig-Trokar, der im Anhange beschrieben ist, da und dort ins Stroh stechen und nach Honig visitiren. In Stöcken, z. B. Beuten, die vorne geöffnet werden, muß auch vorne noch einiger Honig zu sehen sein; mehr befindet sich aber dann noch nach hinten. Auch hier kann man mittelst eines spitzigen Holzes sich Gewißheit über die An- oder Abwesenheit des Honigs verschaffen.

6. **Ausnahmsweise lassen sich Stöcke auch im Herbste ankaufen;** wenn sie ungezeidelt alle Anzeichen der Gesundheit besitzen, und der Vortheil heraussieht, daß man durch's Zeideln auch gleich in den Besitz einer beträchtlichen Quantität Honig gelangen kann. Ein Honigvorrath im Topfe ist zum Anfange gut, für den Fall, daß

im künftigen Frühjahre besonders ungünstige Witterung oder eine unvorhergesehene Schwäche des Stockes das Füttern nothwendig machte. Durch einen glücklichen Kauf im Herbste kann manchmal der Honig allein fast den Kaufschilling werth sein. Jedoch man kaufe mit aller Vorsicht. Hat der Stock einen jungen Weisel, d. h. ist er ein abge- schwärmter Mutterstock, ein Singer- oder Nachschwarm vom vorigen Jahre, oder, weiß man sonst gewiß, daß er den Weisel in den letzten 2 Jahren glücklich gewechselt hat; hat das Volk im letzten Sommer wacker gebaut und Honig eingetragen; haben endlich auch die Bienen am Ende der Tracht die Drohnen abgebissen, worauf vorzüglich we- gen der Weisellosigkeit zu achten ist; dann greife man ohneweiters zu, und wage den Kauf. Stöcke dagegen, die nicht genug Nahrung bis zur vollen Tracht im Frühjahre haben, kaufe man nicht; denn man verpflichtet sich sonst zugleich zum Füttern, was die Stöcke erst sehr theuer machen kann.

Ein starker Stock braucht über Winter bis im Mai 25—30 Wiener Pfund Honig. Sieht man bei einem stehenden Stroh-Magazin durch die Fenster in den obersten 2 Ringen versiegelten Honig, dann ist der Stock geborgen; denn ein Ring mit ganz jungem Wachse hält 20, einer mit älterem Bau 14 bis 18 Pfund Honig. Bei Lagerma- gazinen, die man auf 2 Seiten öffnen, und auch durch die Fenster sehen kann, ist die Schätzung des Honigs eben so leicht. Bei untheil- baren muß ein Sachverständiger urtheilen.

7. Schwärme kaufe man nicht vom Mutterstocke oder vom Baume weg; beim schönsten weiß man nicht, ob er bleiben und ge- rathen werde; vorzüglich können solche mit jungen Weiseln leicht ver- unglücken. Zu Ende der Tracht kann man Schwärme in Hinsicht des nothwendigen Baues, des Volkes, der Brut, des Weisels, der Drohnen, des Honigs u. s. w. gehörig beurtheilen; daher ist jetzt der Kauf sicherer.

8. Man kaufe am liebsten Stöcke von einem redlichen Manne, dessen Wort man vertrauen kann, der die Auswahl gestattet, und eine fleißige Art von Bienen besitzt. In letzterer Beziehung gilt von den Bienen, was von andern Haus- und Zuchtthieren gilt. „Art läßt von Art nicht ab.“ Manche Stöcke sind schon von Natur aus fleißiger als andere, und vererben ihre guten Eigenschaften auch auf ihre Nach- kommen. Bei Leuten, die ihre Bienen nicht sonderlich pflegen und doch im Ganzen gute Stöcke besitzen, läßt sich auf eine gute Art

Bienen schließen; bei solchen versuche man den Kauf unter obigen Rücksichten.

9. Es ist nicht gut, Stöcke aus demselben Orte, wo man wohnt, zu kaufen; denn nach der Uebersetzung derselben auf den neuen Stand-ort, fliegen beim ersten Ausfluge, wenn dieser zufällig nicht lange nach dem letzteren Fluge auf dem alten Stande statt findet, auf den letzteren zurück und gehen verloren. Der neue von dem alten Stande soll wenigstens eine halbe Stunde entfernt sein, und die Uebersetzung der gekauften Stöcke soll noch vor dem ersten Ausfluge im Frühjahre geschehen. Endlich

10. Stöcke aus einer Gegend von magerer Tracht gedeihen besser, wenn sie in eine fette Honiggegend kommen, als umgekehrt.

II. Abschnitt.

Ueber das Transportiren der Stöcke.

§. 61. **Wann und wie können Bienenstöcke ohne Schaden transportirt, oder von einem Orte auf den andern gebracht werden?**

Bienenstöcke können bei Tag und Nacht, Sommer und Winter, vor und nach der Trachtzeit transportirt werden, jedoch nur unter Anwendung der Vorsichtsmaßregeln, die hier gelehrt werden.

Die Stöcke werden dabei entweder getragen oder gefahren. Ersteres geschieht meistens, wenn nur einzelne Stöcke und diese nicht weit auf andere Stände zu bringen sind; Letzteres, wenn mehrere Stöcke und besonders etliche oder viele Stunden weit übersetzt wer=den sollen.

Das Tragen wird verschieden bewerkstelliget. Eine Klotz=, Breter= oder Strohbeute z. B. legt man in die Quere über 2 Stan=gen oder eine Düngertrage, bindet sie daran fest, und läßt sie so von 2 Personen fortschaffen. Oder, man bindet sie an eine stärkere Stange, so daß sie daran hängt, während 2 Personen die Enden der Stange im Gehen auf den Achseln tragen. Auf dieselbe Art können auch theilbare Stroh= und Holzmagazine, wenn nur ihre einzelnen Theile fest zusammen hängen, transportirt werden. Jedoch solche kann auch ein einzelner Träger auf dem Rücken mittelst eines sogenannten Resses, oder eines weiten Korbes bequem forttragen.

Das Fahren geschieht mittelst eines Leiterwagens, der zur Hälfte mit Heu oder Stroh angefüllt ist, worauf die Stöcke so gepackt werden, daß sie möglich elastisch liegen und weder aneinander noch an die Leitern schlagen. Oder, man hängt in die Mitte des leeren Wagens der Länge nach ein Bret in Stricke, legt Stroh darauf, und packt darüber die Stöcke fest. Auch an den Seiten des Wagens, in den sogenannten Bauchstricken liegen die Stöcke sehr geschützt gegen die Stöße der Räder.

Im Winter lassen sich die Stöcke auch auf Fuhr- oder Hand=schlitten überführen.

Bei dem Transportiren ist vornehmlich auf dreierlei Bedacht zu nehmen; nämlich· daß die Bienen nicht zu sehr aufgeregt werden, und nicht aus den Stöcken kommen können; daß sie, während sie ein=gesperrt sind, nicht ersticken; und daß ihr Wachsbau nicht zusammen=stürze oder Schaden leide. Deshalb beobachte man Folgendes:

a) Man bereite erst die Stöcke gehörig zum Transporte vor. Vor Allen überzeuge man sich, ob die Stöcke vollgebaut sind, oder nicht. Ein leerer Raum im Innern ist sehr zweck=mäßig; denn dann ist um so weniger Gefahr des Erstickens vor=handen, wenn die Fluglöcher geschlossen werden. Letzteres muß geschehen, und kann mittelst eines durchlöcherten Bleches oder eines Drathgitters bewerkstelliget werden. Bei vollgebauten un=theilbaren Stöcken muß wenigstens die Oeffnung zum Zutritte frischer Luft größer gehalten, auch allenfalls eine zweite solche Oeffnung, etwa durch Einsetzen eines Gitters in eine Fenster- oder Futtereröffnung, hergestellt werden; oder auch, man zeidelt dem Stocke einige Tage vor der Transportation einen Theil Honig aus. Bei stehenden Magazinen verschließe man die Oef=nung unten mit einem Deckel, der ein vergittertes Spundloch hat, oder, wenn dieser Deckel ohne Oeffnung wäre, ziehe man oben den Spund aus, und bringe hier das Gitter an. Auch kann man einen solchen Stock auf ein schütteres Tuch heben, die 4 Zipfel in die Höhe schlagen, und dann mit einer Schnur das Tuch fest binden; so kann die Luft durch das Tuch in den Stock bringen. Bei liegenden Magazinen braucht nur das Flug=loch oder eine Fensteröffnung vergittert zu werden. Vollgebauten Magazinen gibt man einige Tage zuvor leere Ansätze. Wären Strohstöcke darunter, die nur wenige oder keine Querhölzer hätten, so daß das Abbrechen der Scheiben zu befürchten wäre: so schiebe man einige Tage vor der Transportation von außen durch das Stroh dergleichen Hölzer mitten durch den Bau, damit die Bienen, noch ehe die Reise losgeht, daran die Waben befestigen können. Bei theilbaren Stöcken müssen auch die Klammern und Verbindungen, welche die einzelnen Theile zusammen halten, untersucht und überhaupt alle Vorkehrungen gegen das Zerreißen der Stöcke beim Aufheben und Aufladen getroffen werden.

Je wärmer die Zeit ist, je zahlreicher das Volk, je weniger leerer Raum im Stocke, und je weiter der Weg: desto nothwendiger ist den eingesperrten Bienen der Zutritt frischer Lebensluft; dieß muß immer schon bei der Vorbereitung zum Transport in Erwägung kommen.

b) Man suche jeder Zerstörung des Wachsgebäudes beim Transport möglichst vorzubeugen. Im Sommer ist der Bau, besonders junger, sehr weich wegen der Wärme, im Winter dagegen sehr spröde wegen der Kälte; und die Schwere des Honigs verursacht bei einiger Erschütterung das Abreißen und Zusammenstürzen der Honigwaben, welche dabei viele Bienen erdrücken, und andere mit ausfließendem Honig beschmieren. Dadurch kann selber der Weisel getödtet werden, und der Stock zu Grunde gehen; weßhalb eben alle Vorsicht geboten ist.

Schon beim Herunternehmen der Stöcke vom Stande und beim Aufladen sei man behutsam. Man neige dabei jeden Stock in der Richtung seiner Wachsscheiben, und niemals in entgegengesetzter, und stelle oder lege ihn — was hauptsächlich ist — auf die Trage oder auf den Wagen so, daß immer die leeren Spitzen der Scheiben aufwärts stehen und die schweren Honigwaben unten liegen und nicht zu hängen brauchen. Z. B. Beutenstöcke und Lagermagazine müssen auf diese Weise gerade auf dem Rücken zu liegen, Ständermagazine aber auf den Kopf zu stehen kommen.

Durch dieses Umkehren des Baues gerathen nebenbei die Bienen in einige Verlegenheit, und benehmen sich eingeschlossen um so demüthiger und geduldiger.

Vorsichtiges Tragen, ohne irgendwo anzustoßen, und ein langsames Fahren auf einem möglichst ebenen Wege verstehen sich von selbst.

Beim Abladen und Aufstellen der Stöcke auf dem neuen Stande ist ebenfalls Achtsamkeit nothwendig. *)

Hieher gehört auch:

Eine Erinnerung über das Transportiren der Schwärme, mit denen man etwa eine Bienenzucht anfangen will.

a) **Frischgefallene Schwärme** sind entweder gleich), sobald sie eingefaßt worden sind, oder wenigstens noch denselben Abend weiter zu schaffen; aber wohlgemerkt! der Haufen Bienen birgt in seinem Innern große Hitze, und hat einige Pfunde flüssigen Honig aus dem Mutterstocke bei sich. Ist der Korb von geringem Raume, und vielleicht auch das vergitterte Flugloch klein; dann werden die Bienen unruhig; denn es wird ihnen zu warm, auch entgeht ihnen die Lebensluft, und Beides um so mehr, als viele Bienen sich zu dem Flugloche drängen, und hiedurch erst mit ihren Leibern die äußerste Luft vollends absperren. Nun rennen sie in Angst und Qual laut brausend im ganzen Stocke herum, entwickeln dadurch noch mehr Wärme, und lassen jetzt den Honig, den sie bei sich haben, fahren. Die Folge davon ist: daß alle Bienen fast im Honig schwimmen, und, indem sich dadurch die Luftröhren ihrer Hinterleiber, durch welche sie athmen, verstopfen, den Erstickungstod sterben. Je heißer der Tag und je stärker das Volk, desto eher kann der Unglücksfall eintreten.

Das Vernünftigste ist, dergleichen Schwärme Abends oder in der Nacht, und nur in einem geräumigen Stocke, oder in einer Art Weidenkorb zu transportiren, wo die Luft von allen Seiten eindringen kann; oder auch in einem andern Behältnisse, dessen ganze eine Seite ein Siebgitter hat.

b) **Schwärme, die schon einen oder einige Tage alt sind**, zu transportiren, ist noch mißlicher; weil die Bienen schon in der ersten Nacht den Wachsbau beginnen und allsogleich in die jungen noch nicht genug befestigten Scheiben den mitgebrachten oder schon eingesammelten Honig niederlegen, die dann ihrer Zartheit und Schwere wegen bei jeder geringen Erschütterung oder Neigung des Stockes abreißen und den Honig ausfließen

---

*) **Anmerkung.** Insbesondere, über das Transportiren des Prinzstockes siehe im Anhang „Einwendungen gegen den Strohprinzen" Punkt 4.

D. V.

laſſen. Hiedurch kommen die Bienen in Aufruhr, vermehren verderbliche Hitze, und können so während der Reiſe erſticken.

c) Schwärme, wenn ſie beim Sinken der Tracht bereits den Wachsbau eingeſtellt haben, können ſchon leichter transportirt werden. Denn nunmehr ſind die Waben an den Wänden und Hölzern feſtgemacht und das ganze Zellengebäude iſt erhärtet und mit einem ſteifen Lack überzogen; auch iſt der Haufen Bienen durch das Abſterben vieler alten ſchwächer geworden. Jetzt läßt ſich der Stock unter den übrigen Vorſichtsmaßregeln bei weniger Gefahr auf einen andern Ort bringen.

Anmerkung. Das Transportiren der Stöcke iſt beſonders bei der **Wanderbienenzucht** ein wichtiges Geſchäft; wo man nämlich die Bienenſtöcke mitten im Sommer der beſſeren Nahrung wegen in andere Gegenden bringt, und erſt am Ende der Trachtzeit wieder nach Hauſe holt. So z. B. führt man in Oeſterreich alle Jahre Tauſende von Stöcken auf das ſogenannte Marchfeld zuſammen, wenn dort die Buchweizenfelder blühen, und holt ſie am Ende dieſer Tracht wieder heim. So ſchafft man in Sachſen, Preußen, Holſtein, Lüneburg und andern deutſchen Ländern ſeine Bienenkörbe häufig erſt nach der Schwarmzeit hinaus in die Heidegegenden, wo die Blüthe des Heidekrautes den Bienen eine ſehr ausgiebige Herbſttracht gewährt. So verſetzt man auch zeitweilig Stöcke in Gegenden, wo die Fichte und Tanne, oder die Heidelbeere, oder die Linde, der Raps u. ſ. w. beſonders gute Tracht liefern. Eben ſo ließ auch ich durch mehrere Jahre im Frühling einen Theil meiner Strohſtöcke auf einem Leiterwagen in den 3 Viertelſtunden entfernten Schönhofer Park verführen; weil dort die Tracht zeitlicher und ausgiebiger iſt, als in meinem Wohnorte, und erſt nach Verlauf der Trachtzeit wurden die Stöcke wieder heim ins Winterquartier gebracht.

Ueberhaupt, ich weiß ſammt meinen Bienen Etwas vom Wandern zu reden. Denn viermal veränderte ich binnen 20 Jahren meinen Wohnſitz, und jedesmal mußten meine Bienen mitziehen. Die Wanderung geſchah unter verſchiedenen Umſtänden und doch immer glücklich. Im Jahre 1834 zog ich von L. nach M. aus dem flachen Lande ins Gebirge. Vier ſtarke Männer trugen damals im September und zur Nachtzeit jeder einen hölzernen Magazinſtock mittelſt eines Reffes auf dem Rücken; und obſchon die Stöcke von außerordeutlicher Schwere waren, so daß der vierstündige Weg erst nach 8 Stunden zurückgelegt werden konnte, so kamen doch alle 4 Stöcke — und darunter befand sich auch ein dießjähriger Vorschwarm — wohl erhalten an Ort und Stelle. Im Jahre 1839 übersiedelte ich von M. nach T., nur eine Stunde weit. Es war im Monat März und meine 15 Stöcke wanderten mit mir auf den Schlitten dahin. Im Jahre 1846 ging's wieder 5 Stunden weit landeinwärts nach R. Diesmal gingen nur 7 Strohstöcke mit; die übrigen wurden verkauft. Auf einem Leiterwagen, eben voll Heu, lagen die Stöcke sehr elastisch und gut. Es war im Monat Oktober. Endlich im Jahre 1849 ergriff ich den Wanderstab noch einmal, kam nach meinem jetzigen Aufenthaltsort, wieder 3 Stunden weit, und meine Bienen folgten mir, auf einem Wagen voll ungedroschenen Getreides. Es geschah dieß am 3. August nach verspäteter Abfahrt in ziemlich heißen Vor= mittagsstunden. Doch diesmal hätte ich bald zum guten Ende noch ein schmerzliches Merks! erfahren. Als ich nämlich die Stöcke auf dem neuen Stande aufgestellt hatte, sieh! da ließ einer den Honig fingerhoch zum Flugloche herausfließen; und im Kurzen umschwärm= ten ihn auch Hunderte von Nachbarbienen, und hießen ihn, den süßen Ankömmling, räuberisch willkommen. Ich wußte bald, wo ich gefehlt hatte. Es war ein starker Lagerstock, den ich, um Honig in jungem Wachse zu erhalten, von vorne nach hinten bauen ließ, der also sein Honigmagazin auf der Hinterseite in gebrechlichen Jungfernwaben hatte. Im Gedränge der Reisegeschäfte hatte ich vergessen, ihn beim Aufladen auf den Rücken zu legen, und ihm zuvor noch mehr Luft zu geben. Jetzt öffnete ich den Honigspeienden schnell, und richtig! der zarte Bau lag am Boden und die Waben schwammen durch ein= ander. Nun half kein langes Verwundern und Studieren, sondern schnelles Zugreifen. Ich schöpfte mit einem eisernen Rahmlöffel den Honig heraus in einen Topf, schloß dann den Stock wieder auf das Genaueste sammt der Flugöffnung, gab ihm hernach mehr Raum durch einen leeren Ring am andern Ende, drehte den Stock um und ließ jetzt die Bienen auf der trockenen Seite durch die andere Scheibe ausfliegen. Die Bienen säumten nicht das neue Flugloch zahlreich zu besetzen und alle Angriffe der Räuber herzhaft abzuschlagen, wäh= rend das ganze Volk im Innern den verkleksten Honig ungestört auf= leckte und in die Zellen des älteren Baues trug, der zum Glück sammt dem Brutneste unversehrt geblieben war. So kam ich noch mit geringem Schaden davon.

Ich weiß viele Fälle, wo man durch ähnliche Fehler, besonders bei der Transportation der Schwärme zur heißen Zeit gänzlich um solche gekommen ist, und führe das Ganze deßwegen an, damit meine lieben Leser in diesem Punkte stets recht vorsichtig sein, und lieber durch fremden als durch eigenen Schaden klug werden sollen.

Zum Schluße noch: Sollen mehrere Stöcke bei Flugzeit im Frühjahre oder Herbste ganze Tagreisen weit mittelst Wagen trans= portirt werden; dann muß die Reise bei der Nacht geschehen, und zwar so, daß über Tags dazwischen der bepackte Wagen irgendwo im Freien stehen bleibt, und die Bienen ausfliegen können. Die Stöcke müssen deßhalb schon beim Aufladen eine solche Lage erhalten, daß die Fluglöcher frei bleiben. In folgender Nacht werden letztere wie= der verschlossen, und die Fahrt geht weiter.

III. Abschnitt.

Ueber den Umgang mit Bienen überhaupt.

§. 62. Wie muß man mit Bienen umgehen, damit sie nicht leicht stechen?

Der weise Schöpfer hat der Biene den Stachel zu ihrem Schutze und zur Vertheidigung ihres Stockes gegeben. Honiglüsterne Men= schen und Thiere würden von jeher unablässig diese Honigsammler aufgesucht, beraubt, und dadurch vielleicht schon lange das ganze Ge= schlecht derselben ausgerottet haben, wären nicht auch von jeher die giftigen, schmerzdrohenden Bienenstachel gewesen.

Die Biene gebraucht auch im Grunde ihre Waffe nur zu dem Zwecke, wozu diese ihr verliehen worden ist; weßhalb wir ihr — was ihren Stich betrifft — weniger gram sein dürfen. Sie sticht nur dann, wenn sie beleidiget oder gereizt wird; wenn ihr oder ihrem Stocke Gefahr droht, oder solche zu drohen scheint, und übt somit bloß Nothwehr.

Wer daher von Bienenstacheln verschont bleiben will, der ver= meide überhaupt so viel als möglich Alles, was sowohl die Bienen

wirklich beleidigt, als auch, was sie nur für etwas Feindliches ansehen könnten.

Man befolge insbesondere folgende Vorsichtsmaßregeln:

1. Man vermeide jede unnöthige Beunruhigung
der Stöcke. Schon jede Erschütterung derselben bringt die Bienen
auf. Sie fürchten nämlich dabei den Einsturz des Wachsgebäudes,
oder sonst einen feindlichen Ueberfall, halten dann Jeden, den sie vor
dem Stocke antreffen, auch selber ein Thier, für den Urheber ihres
Schreckens, und suchen ihn mit ihren Stacheln in die Flucht zu jagen.

Man weiß Beispiele, daß sich durch Leichtsinnigkeit der Bienenhalter, Schweine, Rindvieh oder Pferde dem Bienenstande nahen konnten. Die Thiere rieben sich an den Stöcken, oder warfen solche gar
um, und wurden darauf von den erzürnten Bienen zu Tode gestochen.
Nur schon das bloße Umsichschlagen bei Pferden mit dem Kopfe und
Schweife, und mit den Füßen, reizt die Bienen zum Zorne. Auch
den Gänsen sind sie sehr aufsässig; weil diese, wenn sie einen Stich
erhalten, besonders heftig mit den Flügeln um sich schlagen, und
nicht geschwind genug davon kommen.

Hieraus läßt sich gelegenheitlich entnehmen, daß der Bienenstand
nicht bloß im Winter, sondern auch im Sommer einen ruhigen, und
in diesem Punkte sicheren Platz haben müsse.

Da hier von der unnöthigen Beunruhigung der Bienen die Rede
ist, so fällt mir auch mancher schöne Schwarm ein, der bisweilen
traulich und ruhig sich irgendwo angelegt hat, und das Einfangen
erwartet. Aber wie geschieht ihm! — Er wird oft unnöthig aufgestört, und gleichsam erst gemißhandelt, ehe er unter Dach und Fach
kommt. Man schüttelt oder kehrt ihn nämlich ungeschickt und gewaltsam in ein Sieb oder Tuch, und von da abermals erst in die
Klotz- oder Breterbeute. Ja oft wird dieser Erbitterungsprozeß für
die Bienen ein- oder mehrere Male wiederholt; denn man hatte nur
einen Theil des Schwarmes, und diesen ohne Weisel erwischt. Die
Folge davon ist, daß es Bienenstiche regnet, und manchmal der un-
väterliche Bienenvater sammt seinen Helfershelfern und Zuschauern
entweder Fersengeld geben, oder wenigstens geschwollene Hände und
Backen zum Lohne nehmen müssen.

An dem Ganzen ist freilich oft auch die Schwere und Unbehilf-
lichkeit der Holzstöcke mit Schuld, die sich nicht leicht in die unmittelbare Nähe des Schwarmes bringen lassen. Da geht's mit Stroh-

körben allerdings bequemer und friedlicher, und darum auch schmerz=
loser ab; wie im nächstfolgenden Abschnitte deutlicher dargethan wer=
den wird.

2. **Man stelle sich, während die Bienen fliegen,
nicht unnöthig vor die Stöcke, und gehe nicht vor dem
Bienenstande herum.** Dadurch hindert man die Bienen beim
Aus= und Einfluge; was sie sehr übel nehmen, besonders wenn sie
Honig tragen. Muß man aber dennoch einmal vor die Stöcke hin,
so gehe man langsamen Schrittes, und ohne mit dem Körper und
den Händen heftige und schnelle Bewegungen zu machen; dies verur=
sacht bei den Bienen Mißtrauen. Auch gehe und stelle man sich immer
mit dem Gesichte gegen das Flugloch gewendet; denn die leer aus=
fliegenden Bienen weichen dem im Wege stehenden Körper eher aus,
als die heimkehrenden, mit Honig und Blumenstaub beladenen. Diese
schießen in ihrer gewohnten Richtung herbei, stoßen an, und stechen
augenblicklich, wenn sie einen verwundbaren Theil berühren.

3. **Man berücksichtige gewisse Umstände, unter
welchen die Bienen um so reizbarer und böser sind, und
hüte sich, ihnen dann unnöthiger Weise zu nahe zu kom=
men; als:**

a) Sehr reizbar sind die Bienen zur Zeit der besten Honig=
tracht, wo ihnen das Honigsammeln über Alles geht, und wo
sie durchaus ungestört und ungehindert bleiben wollen. Jetzt,
wo die Biene in ihrem Honigmagen viel Honig läutert, wird
zugleich auch in ihre Giftblase viel Gift abgesondert; und viel=
leicht ist schon diese größere Giftmenge die Ursache ihres größe=
ren Zornes. Oder, vielleicht macht sie bloß der reichlich genos=
sene Honig nur etwas muthiger, wilder und kampflustiger; oder
auch, da ihr Honiggeiz unbegränzt ist, vielleicht fürchtet sie an dem
ihr zu nahe Tretenden gleich einen Feind, der ihr köstliches Gut
rauben will. Kurz, dem sei, wie ihm wolle, zu solcher guten
Honigzeit traue man den Bienen nicht.

b) Besonders stechlustig sind die Bienen an heißen
Tagen in den Mittagsstunden; weil um diese Zeit eben
die Blüthen den meisten Honigsaft ausschwitzen, und gerade die
beste Tracht ist. Heiße und trockene Zeit, so wie zugleich starker
Wind, der sie beim Aus= und Einfluge hin= und herwirft, ver=
mehren ihre Erbitterung.

c) Stöcke, die mehrere Male gefüttert wurden, sind gleichfalls des genommenen Honigs wegen — leicht stichfertig.

d) Außerordentlich böse werden auch die Bienen, wenn sie mi haarigen Dingen in Berührung kommen. Es ist bekannt, daß, wenn sie dem Menschen in die Kopfhaare gerathen, sie nicht leicht wieder davonfliegen, sondern sich vielmehr zornig summend, immer tiefer hinein wühlen, und endlich oft der Schwarte einen Stich versetzen. Der Grund hievon ist erklärbar. Die Biene nämlich bleibt mit den feinen an ihren Füssen befindlichen Klauen an den Haaren hängen, glaubt sich dann gefangen, will sich mit Gewalt losmachen und verwickelt sich nur noch mehr darein. Dies die Ursache ihres Zornes. Man gehe daher nicht zu den Bienen mit unbedecktem Haupte, oder in Kleidern von Pelzwerk; vorzüglich dann nicht, wenn man mit ihnen ein Geschäft vor hat, oder wenn andere aufreizende Umstände — die eben hier angeführt werden — obwalten.

Auch an Federn bleiben die Bienen hängen; darum soll z. B. der Flederwisch, den man beim Zeideln oder Schwarmfassen gebraucht, zuvor erst naß gemacht werden, damit die einzelnen Federfasern an einander kleben. *)

e) Nach einer gewaltsamen Operation, z. B. nach geschehener Zeidlung oder Copulation, lasse man die Bienen in nächster Zeit in Ruhe, und nahe sich ihnen nicht unnöthig; sie stechen sonst um so wüthender.

f) Man gehe nicht zu den Stöcken in Kleidern von schreienden Farben; solche fallen ihnen auf und reizen sie zum Bösewerden. Z. B. Eine Weibsperson in einem schneeweißen Kleide oder ein Mann in weißen Hemdärmeln oder mit einem schwarzen Hute auf dem Kopfe, werden leicht angefallen. Die schwarze Farbe können die Bienen vornehmlich nicht leiden. (Nach von Berlepsch.)

g) Endlich bezeigen sich die Bienen noch sehr feindselig und unleidig — selbst auch gegen ihre gewöhnlichen Wärter — in dem Falle und zur Zeit, wo sie eine junge und noch unbefruchtete Königin besitzen, und vornehmlich dann, wenn diese den Befruchtungsausflug wagt.

---

*) Anmkg. Statt des Flederwisches gebrauche man in den meisten Fällen lieber ein Hand-Beschen, aus feinen biegsamen Rüthchen zusammengebunden.

Die Bienen verrathen hiedurch, wie viel ihnen an ihrer Königin gelegen ist. Ginge diese jetzt in oder außer dem Stocke zu Grunde, oder mißglückte nur die Befruchtung derselben, dann wäre der ganze Stock verloren. Darum also sind sie jetzt so waffenfertig, und suchen Jeden fern zu halten, der ihrer Mutter schaden könnte.

4. **Man lasse sich mit keiner erzürnten Biene in den Kampf ein.** Fährt einem eine Biene hell singend um den Kopf herum, und macht somit Miene zum Stechen, dann gießt man Oel in's Feuer, wenn man mit den Händen nach ihr schlägt, um sie abzuwehren. Nun erkennt sie daran erst ihren wirklichen Feind, und dringt um so wüthender auf ihn ein. Ihr heller Zornruf ruft leicht auch noch andere Rachegehilfen herzu. Klüger ist's, sich langsam und mit verdecktem Gesichte zu entfernen, und dabei aus der Sonne in den Schatten oder unter einen Baum zu gehen; oder, wenn man Muth genug dazu hat, regungslos stehen zu bleiben, und durch ein wenig Zuplinzeln dabei die Augen zu sichern; in beiden Fällen läßt die argwöhnische Biene von weiterer Verfolgung ab.

5. **Während der verschiedenen Geschäfte mit den Stöcken nehme man sich so viel als möglich in Acht, Bienen, oder wohl gar die Königin selber zu quetschen, zu beschädigen oder zu tödten.** Jede gequetschte Biene gibt sterbend noch einen Klageruf von sich, der die nächsten Ihresgleichen zum Stiche herbeiruft; denn in dem Bienenstaate gilt gleichsam der gemeinsinnige Grundsatz: „Eine für Alle, und Alle für Eine!" — Wird aber vollends die Königin selbst beschädiget oder getödtet, was schon manchmal beim unvorsichtigen Schwarmfassen geschehen ist; dann zücken Hunderte ihrer getreuen Unterthanen auf einmal die rächende Waffe.

6. Bei den verschiedenen Verrichtungen der Bienenzucht **muß man wohl langsam und bedächtig mit den Bienen umgehen, aber dagegen auch mit einer gewissen Entschlossenheit, und ohne besondere Furcht blicken zu lassen.** Es ist so, als wüßten es die Bienen auf der Stelle, wenn ein Feiger sie behandelt. Einem solchen setzen sie gewaltig zu. Gegen den beherzten und entschlossenen Meister aber zeigen sie Nachgiebigkeit und Respekt.

7. Die Biene verabscheut von Natur aus, nicht allein jeden Gestank, sondern überhaupt alle üble, starke und geistige Gerüche. Wer

daher mit den Bienen nähern Umgang pflegt, muß seinen Athem, — sollte dieser etwa schon von Natur aus, oder wegen fauler Zähne, oder auch nach genossenen Speisen und Getränken, z. B. Zwiebeln, Knoblauch, Bier, Branntwein u. dgl. übel oder stark riechen, — so gut er kann, an sich halten und seitwärts hauchen, sonst beleidiget er die empfindlichen Insekten mit jedem Hauche. Ja, auch selbst nur der Luftzug des Athems, indem er die Fühlhörner und Flügel der Bienen in eine unwillkürliche Bewegung setzt, empört dieselben.

Auch starke Ausdünstung von Menschen und Thieren mißfällt den Bienen. Darum soll man sie auch, will man von ihren Stacheln unangefochten bleiben, nicht im Schweiße besuchen. Die Ausdünstung der Pferde ist ihnen am widerlichsten, und man muß sich hüten, solche, besonders wenn sie schon erbost sind, in ihre Nähe zu bringen. Endlich

8. Es ist wahr, daß Stöcke, die an einem Orte stehen, wo Menschen oft in ihre Nähe kommen, z. B. in einem Garten, minder boshaft sind, als Stöcke an einsamen Plätzen, wo sich ihnen selten Jemand naht. Daß sie sich aber an ihren Wärter gewöhnen, und diesen, ihn von Andern unterscheidend, weniger mit ihren Stacheln verfolgen sollen, ist nicht zu glauben. So weit geht ihre Zähmung nicht. Es ist schon deßhalb nicht anzunehmen, weil die Bevölkerung des Stockes fortwährend wechselt, indem im Sommer die Bienen nur ein Alter von 6—8 Wochen erreichen, und stets junge nachkommen. Wenn dessen ungeachtet der Bienenvater weniger gestochen wird als ein Anderer, so ist der Grund davon mehr in dem klugen Verfahren des Ersteren zu suchen, das Andere beim Umgange mit den bestachelten Thierchen nicht kennen und beobachten.

Wer nun im Umgang mit Bienen nur diese bisher aufgezählten Vorsichtsmaßregeln beobachtet, wird schon deßhalb nicht leicht einen Stich davon tragen. Allein, die Bienenzucht ordnet auch solche Operationen oder Geschäfte an, wobei man unausweichlich der Bienennatur äußerst wehe thun, und also auch die Bienen auf's Höchste zum Stechen reizen muß; z. B. beim Zeideln, beim schwierigen Einfangen eines Schwarmes, beim Kopuliren u. s. w. Da reichen erwähnte Maßregeln nicht aus; man muß, um die Bienen zu demüthigen und sich gegen den Stich zu sichern, nebenbei folgende Hilfsmittel gebrauchen:

a) **Die Räucherung.** Der Rauch ist den Bienen äußerst zuwider, und darum bedient man sich auch desselben als eines Mittels, sie zu bändigen und in die Flucht zu jagen, wenn dies die Nothwendigkeit erfordert. Man unterhält den Rauch, indem man gewöhnlich faules Holz (Zunderholz) auf Kohlen gibt, die man in einem irdenen oder blechernen Gefäße hat. Auch Stücke alten Wachses legt man darauf. Der Rauch von leinenen und baumwollenen Lumpen ist noch schärfer und wirksamer. Beim Gebrauche bläst oder fächelt man den Rauch in das Gewirke oder unter die Bienen. Es gibt auch eine eigene Rauchmaschine, die bei schwierigen (Fig. 17.) Operationen sehr zweckmäßig ist. Sie besteht aus einer blechernen Büchse

(Fig. 17.)

mit Sieblöchern, worin sich das Rauchmaterial befindet, und an welcher vorne eine Ausgangsröhre, hinten aber ein kleiner Blasbalg angebracht sind. Mittelst dieser Maschine läßt sich der Rauch desto stärker und sicherer dorthin blasen, wo man ihn braucht.

Statt der Rauchmaschine gebraucht man auch eine Art Tabakspfeife, deren Deckel in ein Rauchrohr endiget; oder die sogenannte Rauchpfeife, die in der Mitte in einem Cylinder die Rauchlunte, vorne ein Röhrchen zum Einblasen und hinten ein zweites hat, durch welches der Rauch ausströmt.

Uebrigens der erfahrene und beherzte Bienenmeister macht seine Geschäfte auch nur mit der gewöhnlichen brennenden Tabakspfeife oder Cigarre im Munde ab. *)

---

*) In gewissen Fällen, besonders beim Abfangen der Weisel und bei der Copulation bediente man sich sonst häufig zum Räuchern des Bovistes oder Blutschwammes. So heißt ein Kugelschwamm, der auf sandigen Wiesen und Hutweiden wächst, getrocknet wie Zunder brennt und einen giftigen und betäubenden Geruch gibt. Die Bienen fallen davon scheintodt aus dem Gewirke, erholen sich aber nach einer Viertelstunde wieder. Doch zu lange angewendet, kann dieser Rauch auch den Bienen tödtlich werden. Daher, und weil man jetzt andere, minder gewaltsame Mittel genug kennt, die Bienen zu meistern, ist der Bovist fast außer Gebrauch gekommen.

Dr. Raber empfiehlt in neuester Zeit hiezu das Schießpulver. Man feuchtet das Pulver an, und macht daraus ein sogenanntes Zischmännchen, unten ein Zoll dick, und 1½ Zoll hoch. Solches wird im Stocke mittelst

Damit aber keine dem Rauche entflohene Biene das Gesicht verwunde, so vergesse besonders ein Furchtsammer nicht auf

b) die Bienenhaube. Diese ist — wie bekannt — eine Kappe von Leinwand, die auf den Kopf gesetzt und unter dem Halse zugebunden wird, und auf der Gesichtsseite zum Athmen und Sehen ein Drahtgitter hat. Zweckmäßiger soll sie auch auf dem Scheitel ein solches Gitter besitzen, damit die Ausdünstung des Kopfes besser entweichen kann, und man weniger schwitze. Doch auch die Bienenhaube gebraucht der Beherzte selten, nicht allein des Schweißes, sondern auch des deutlicheren Sehens wegen.

Unterdessen, für unvorgesehene Fälle, wo die Bienen äußerst erbittert sein können, sollen stets Bienenkappen bei der Hand sein.

c) Das Wasser. Auch dieses Element ist den Bienen feindlich und nimmt ihnen den Muth. Man bespritzt z. B. einen Schwarm vor dem Einfassen erst wohl mit kaltem Wasser; wo dann die Bienen in den fallenden Tropfen einen Regen vermuthen, sich fester zusammenlegen, nicht unvermuthet auf und davon ziehen, sondern sich geduldiger in die neue Wohnung bringen lassen. So kann man auch, um den Weisel einem Schwarme abzufangen, letzteren in ein Sieb schlagen, und jetzt mittelst einer Gießkanne mit Wasser begießen. Nun können die Bienen nicht auffliegen und stechen; man thut jetzt den Klumpen Bienen mit einem Stäbchen auseinander, und sucht den Weisel auf. Das Durch-nässen schadet den Bienen nicht; nur darf das Wasser nicht zu kalt sein.

d) Handschuhe endlich, zum Schutz der Hände, halten Manche auch noch für nothwendig. Allein lederne nützen nichts, und machen das Uebel noch ärger, indem die Stachel durchgehen und

---

Schwamm angezündet, während es oben mit Etwas verdeckt steht, und der Stock wohl verschlossen ist.

Dr. Dönhoff gibt unter allen Betäubungsmitteln dem Schwefeläther den Vorzug. Er sagt in der Bienenzeitung: „Man gießt 1 bis 2 Drachmen Aether auf ein Stück Badeschwamm, und legt dieses unter den wohlver-schmierten Stock. Alsdann klopft man in Zwischenräumen an den Stock, um die betäubten Bienen besser zum Fallen zu bringen. Nach etwa 5 Minuten ist die Betäubung geschehen." Ich habe es im letzten Herbste versucht; die Bienen fielen wirklich, aber sie ließen zugleich den Honig fahren, und brauch-ten dann fast eine Stunde Zeit, ehe sie sich wieder rein machten und in die Höhe stiegen.   D. B.

bei jedem Stiche darin stecken bleiben, wodurch viele Bienen umkommen, und die andern um so erboster werden; wollene müßten aber besonders stark gestrickt sein, sollten nicht ebenfalls die Stachel durchlangen, und dann wären solche wieder zu plump und hinderlich zum Zugreifen. An letzteren bleiben auch die Bienen mit den Füßen hängen; wie schon Seite 208 im Punkte d bemerkt worden ist. Diesennach sind also weder lederne noch wollene brauchbar, aber auch überhaupt gar keine nothwendig. Wer bei schwierigen Bienengeschäften Rauch anwendet, zugleich mit den Händen vorsichtig zugreift, damit keine haftigen Bewegungen macht, und keine Bienen quetscht; der erhält darein nicht leicht einen Stich.

§. 63. Was hilft wider den Schmerz und die Geschwulst des Bienenstiches?

Der Bienenstich verursacht Schmerz und Geschwulst. Beide sind um so bedeutender bei Personen von reizbarem Körper, und solchen, die noch nicht oft gestochen worden sind; besonders aber dann, wenn der Stich zarte Theile getroffen hat, z. B. die Gegend unter den Augen, die Nase, die Lippen.

Das natürlichste Mittel, Schmerz und Geschwulst des Bienenstiches zu mildern, findet man leicht selbst, indem man die Beschaffenheit des Bienenstachels berücksichtiget, der schon im I. Hauptstücke Seite 49 beschrieben wurde. Beim Stiche nämlich entleert sich die mit dem Stachel verbundene Giftblase durch die Höhlung desselben in die Wunde, und das eingespritzte Gift bringt eben so Schmerz und Geschwulst hervor. Meistens bleibt aber der Stachel der Wiederhacken wegen sammt der Giftblase in der Wunde stecken. Obwohl nun schon die Biene, die gewöhnlich davon fliegt, vom Stachel getrennt ist, so fährt dennoch derselbe einige Augenblicke fort, sich immer tiefer in die Wunde zu graben; wobei sich auch die Giftblase so lange krampfhaft bewegt, bis sie ihren ganzen Inhalt in die Wunde ausgegossen hat. Hieraus wird denn einleuchtend, daß, je mehr die Giftblase Zeit gewinnt, sich zu entladen, auch desto mehr Gift in die Wunde bringe, und daß dann auch Schmerz und Geschwulst um so heftiger werden müssen. Mithin aber muß eine möglichst schnelle Entfernung des Stachels aus der Wunde das beste und natürlichste Mittel sein, das letztere zu verhindern.

Am geschwindesten wird der Stachel ausgezogen, wenn man augenblicklich nach empfundenem Stiche mit dem Nagel eines Fingers den verwundeten Fleck kratzt. Auch das schnelle Ausquetschen der Wunde mittelst der Nägel vermindert die unangenehmen Folgen des Stiches, indem wenigstens ein Theil des Giftes dadurch beseitiget und unwirksam gemacht wird.

Zur Minderung des Schmerzes wie der Geschwulst pflegt man kühle und feuchte Erde auf die Wunde zu legen. Es hilft, wenn man damit einige Zeit fortfährt. Eben so schlägt man gewöhnlich mit Erfolg warmen Essig über, oder reibt die Wunde mit Salmiakgeist, mit einer zerschnittenen frischen Zwiebel, mit Lilienöl, Baumöl und andern Dingen mehr. Doch Einem hilft dieses, dem Andern jenes Mittel; jedes muß aber gleich nach erhaltenem Stiche angewendet werden.

Personen, die nach und nach öfter gestochen werden, wird allmälich so zu sagen, das Bienengift eingeimpft; sie werden später durch Gewohnheit dagegen weniger empfindlich. *)

Zum Schluße noch ein Mittel, sich vor mehreren Stichen auf einmal zu bewahren. Wer einmal vor einem Bienenstocke gestochen worden ist, der mache sich ungesäumt aus dem Staube; denn nicht allein die helle Stimme der erzürnten Bienen, sondern auch der herbe säuerliche Geruch welcher sich durch das versprizte Gift beim Stechen verbreitet, rufen gewöhnlich auch andere Bienen mit ihren Stacheln herbei.

---

*) Neuestens tritt P. Kleine in der Bienenzeitung dieser Meinung bei, und führt dafür seine persönliche Erfahrung an. Auch ich verschwoll Anfangs durch einen Stich fürchterlich; nun nicht mehr. Mein ehemaliger Cooperator, Hr. P. Heller, nun Pfarrer in Poberfanka, ein junger robuster Mann, fiel bei dem ersten Stich in Ohnmacht, und die Biene hatte nur seine Fingerspitze getroffen, und ohne den Stachel stecken zu lassen. Beim zweiten Stiche einige Wochen darauf, erhielt er aber erst die ordentliche Bienenvater-Weihe; denn er fiel nicht allein mit einem hypokratischen Gesichte ohnmächtig vom Sitze, sondern hatte auch noch ein starkes Nesselfieber zu bestehen. Jedoch von itzt an war bei ihm der Giftreiz stumpfer geworden. Er erhielt seitdem oft mehrere Stiche auf einmal, und die Folge davon war stets nur eine mäßige Geschwulst. B. v. Berlepsch meint, das Erschrecken beim Stiche könne auf die Geschwulst Einfluß haben. Fast bin ich seiner Meinung.

D. R.

IV. Abschnitt.

Ueber das Verfahren bei natürlichen Schwärmen. *)

§. 64. Was ist beim Auszuge, beim Anlegen, beim Einfangen und Aufstellen der Schwärme zu beobachten?

a) Beim Auszuge eines Schwarmes hüte man sich, vor dem Stocke und mitten unter den Bienen herumzugehen; weil sich sonst leicht die Weisel verirren, auf darnebenliegende Stöcke fallen, und da getödtet werden können. Man lasse die Bienen ungestört herausströmen, und gönne ihnen die Freude des Schwarmfestes.

Daß beim Vorschwarme die Königin gewöhnlich in der Mitte, bei Nachschwärmen aber die jungen Weisel meistens gleich Anfangs, doch auch am Ende des Schwarmes aus dem Stocke kommen, wurde ebenfalls schon im I. Hauptstücke gesagt. Hat man Zeit und traut man sich genug Geschicklichkeit zu, so kann man jetzt gleich, dem Stock zur Seite stehend, einige junge Weisel abfangen. Man braucht sie nur, so wie sie auf dem Flugbrete ankommen, schnell mit kleinen Trinkgläsern zu bedecken. Dieses Abfangen, welches wohl auch später, obschon etwas schwieriger, beim Einfassen des Schwarmes geschehen kann, hat diesen Nutzen, daß sich der Schwarm ruhiger irgendwo anlegt, nicht so leicht wieder aufsteht und durchgeht, und auch im neuen Stocke eher bleibt; indem durch Enfernung der überzähligen Weisel die Ursache der Unruhe und des Streites im Schwarme gehoben wird.

Dann und wann kommt auch ein Vorschwarm, kehrt jedoch bald wieder in den Stock zurück. Hier zog entweder der Weisel nicht mit aus, oder er verlor sich im Freien. Im ersten Falle pflegt der Schwarm sammt dem Weisel am nächsten Tage wieder zu kommen.

---

*) Ueber die Entstehung der Schwärme und ihre besondere Bedingnisse, über ihre verschiedenen Gattungen und Namen, und vorausgehende Anzeichen, wie über den ganzen Schwarmakt selbst, wurde das Nöthige schon in der Naturgeschichte oder im I. Hauptstücke, Punkt D. §. 17—21 deutlich gelehrt.

D. V.

Im zweiten Falle, den man jederzeit vermuthen muß, sucht man den Weisel. Manchmal ist derselbe an den Flügeln lahm; er will abfliegen und fällt auf die Erde. Findet man ihn bald, so trägt man ihn zum Schwarme, der sich etwa unterdessen angesetzt hat; findet man ihn hingegen erst, nachdem der Schwarm schon wieder heimgezogen ist, so läßt man auch ihn wieder zum Flugloch hineinlaufen. Meistens erscheint der Schwarm mit demselben Weisel am folgenden Tage abermals. Jetzt fängt man jedoch den lahmen Weisel gleich vom Flugbrete weg, und verfährt dann am zweckmäßigsten so:

Man stellt den Mutterstock, sobald der Schwarm heraus ist, schnell bei Seite, und setzt an dessen Stelle den leeren, welchen der Schwarm bewohnen soll. Der Schwarm ohne Weisel kehrt bald um, zieht in den neuen Stock ein, und — jetzt läßt man auch den gefangenen Weisel mit hineinlaufen. Hierauf wird der Schwarm an den neuen, der Mutterstock aber an den alten Platz gestellt. So hat man sich zugleich mit die Mühe des Einfassens erspart.

Um im Ereignungsfalle einen verlorenen Weisel leichter zu finden, soll vor dem Bienenstande durchaus kein langes Gras oder Gesträuch geduldet werden.

Bleibt aber im obigen Falle der Weisel verloren; dann kommt der zurückgegangene Schwarm am 3, 7. oder 9. Tage mit jungen Weiseln als Singervorschwarm wieder.

Zuweilen geht der Weisel beim Auszuge des Schwarmes mit aus dem Flugloche; man sieht ihn, und glaubt ihn ganz sicher bei dem Schwarme, der sich aber dennoch entweder gar nicht anlegt, oder doch bald wieder aufsteht, und auf den Mutterstock zurückgeht. Die Ursache dieser Erscheinung liegt hier häufig darin, daß der Weisel — was vorzüglich bei Nachschwärmen geschieht — wohl aus dem Stocke lief, aber nicht abflog, sich nur ein wenig in der Gegend des Flugloches verweilte, dann wieder in den Stock zurückging. Es ist darum zweckmäßig, einen solchen Weisel, sobald man ihn gewahr wird, vom Stocke mit einem Flederwische abzukehren und ihn gleichsam fortzujagen. Fliegt er einmal unter den schwärmenden Bienen mit herum, dann kehrt er nicht leicht wieder in den Mutterstock zurück.

b) In Betreff des Ansetzens oder Anlegens der Schwärme muß vor Allen dafür gesorgt sein, daß 15 bis 30 Schritte vor dem Bienenstande in der Richtung des gewöhnlichen Fluges der Bienen Bäume stehen, woran dieses stattfinden kann.

Hohe Bäume sind hiezu nicht zweckmäßig, weil sich die Schwärme daran hoch anlegen können, und dann schwer einzufangen wären.

Besonders gern legen sich Schwärme an Bäume und Sträucher von kleinen Blättern z. B. an Pflaumen= und Weichselbäume, Quittensträucher u. dgl. Wo aber keine natürlichen Bäume stehen, da pflanze man wenigstens künstliche hin, d. h. man binde buschichte Baumäste an Stangen und stecke solche in gehöriger Entfernung in die Erde. Auch an eingesteckte junge Fichtenstämmchen hängen sich Schwärme gern. Eben so haben sie gewisse Vorliebe für nahestehende Holzbüschelhaufen, für die rauhe Seite im Schatten stehender Schwartenbreter u. s. w.

Uebrigens fällt oft der Bienenschwarm auch auf andere Gegenstände, z. B. auf eine Mauer= oder Holzwand, auf die Erde u. s. f. Höchst selten geht er beim erstenmal Ausziehen gerade ins Weite und entflieht. Ein echter Vorschwarm thut dieses nie; denn die dabei befindliche alte Königin, deren Leib der Hunderte von Eiern wegen schwer und unbehilflich ist, kann nur schwerfällig fliegen.

Damit sich der Schwarm desto schneller zusammenlege, wenn er sich einmal dazu einen Punkt gewählt hat, so besprengt man die noch herumstreifenden Bienen mittelst eines Pinsels, Strohwisches, oder auch mittelst einer eigends etwa aus einem alten Flintenlaufe dazu verfertigten Spritze mit frischem Wasser, das man darüber hin in die Luft spritzt. Doch, man fange damit nicht früher an, als bis der Schwarm beinahe ganz ausgezogen ist; denn sonst könnten die fallenden Tropfen des künstlichen Regens denselben bewegen, schnell umzukehren.

Das Geklingel mit Sensen oder blechernen Becken nach dem Schwarmauszuge — wie es sonst üblich war — ist unnütz, ja, kann vielmehr schädlich werden; die Bienen können dabei die eigends tönende Stimme der Königin weniger hören, und sich deßhalb um so mehr zerstreuen.

Auch der angesetzte Bienenhaufen wird sanft bespritzt, und besonders — was von Wichtigkeit ist — wenn er frei hängt, durch vorgelehnte Breter oder vorgehängte Tücher oder Sträucher gegen den Sonnenstich geschützt. Beides mildert die große Hitze des Schwarmes, und die Bienen werden zugleich zahmer und stechen weniger. Durch Schattengeben und häufiges Anspritzen kann man jeden Schwarm lange in Ruhe erhalten, und man hat nicht leicht das Davonfliegen zu fürchten.

Das Zusammenfliegen der Schwärme kann auch vorkommen. Z. B. während sich der eine Schwarm ansetzt, kann noch ein zweiter Stock zu schwärmen anfangen, und der letzte Schwarm Miene machen, sich auf den ersten zu legen; was ist da zu thun? —

Sind beide Schwärme Nachschwärme, dann ist die Sache erwünscht; sie kopuliren sich freiwillig, und bilden einen volkreichen Stock. Nur muß man vor dem Einfassen des Doppelschwarmes einige Weisel abzufangen suchen.

Sind beide Vorschwärme, wovon jeder für sich einen tauglichen Stock abgeben kann, dann wäre es freilich besser, wenn sie abgesondert würden; und darum, wenn es noch angeht, bedecke man schnell den ersten Schwarm mit einem Tuche. Doch, auch wirklich zusammengeflogene Vorschwärme lassen sich leicht wieder trennen, und zwar beim Einfassen, wovon bald die Rede sein soll.

Vorzüglich muß man das Zusammenfallen von Vor- und Nachschwärmen zu verhüten suchen; denn diese hegen wegen der Verschiedenheit der Weisel bittere Feindschaft gegen einander. Bienen und Weisel gerathen da leicht mit einander in Kampf und bisweilen ist das Aufstehen und Durchgehen des ganzen Haufens die Folge davon. Für einen solchen Fall soll man daher auch Tücher in Bereitschaft haben. Wie man auch solche zusammengeflogene Schwärme wieder trennt, wird gleichfalls beim Einfassen gelehrt werden. *)

---

*) Um das Zusammenfliegen mehrerer und verschiedener Schwärme zu verhindern, haben Freiherr von Ehrenfels, Pösl, Vogelbacher und Andere den Schwarmsack oder Schwarmbeutel gebraucht. Darunter versteht man einen Sack von Gaze oder Fliegenleinwand, der über ein Gerüste von Stäben und Reifen gespannt ist, und in dem Augenblicke an dem Stocke befestiget wird, wo der Schwarm anfängt auszuziehen. Hat sich dieser darin gefangen, so wird der Sack zugeschnürt, und irgendwo im Schatten aufgehängt, damit sich die Bienen darin auf einen Haufen zusammenlegen. Hernach wird erst der Schwarm in den neuen Stock geschüttelt. Da bei der Anwendung dieses Instrumentes alte Königinen nicht mit jungen von Nachschwärmen zusammentreffen, und deßhalb in Gefahr kommen; da flügellahme beim Auszuge nicht herabfallen und verloren gehen können; da auch auf diese Weise das Einfassen der Schwärme in den Stock leicht und bequem geht; so hat der Schwarmsack allerdings seine vortheilhaften Seiten; jedoch gehört auch genaues Aufpassen dazu, um keinen Schwarm zu übersehen, und bei großen Bienenständen würden mehrere Säcke auf einmal in Anwendung kommen

Endlich setzt sich häufig ein Nachschwarm in mehreren Klumpen und an verschiedenen Plätzen an. Dies gibt ein sicheres Zeichen, daß mehrere junge Königinnen dabei sind, wovon jede ihre besondere Volkspartei hat. Man sucht einige davon, die bald da bald dort an der Außenseite der Haufen zum Vorschein kommen, bei den Flügeln zu erhaschen und zu entfernen. Auch dieser Fall wird später noch einmal zur Sprache kommen.

Nunmehr aber frisch!

c) an das Einfassen oder Einfangen der Schwärme.

Bei diesem Geschäfte verfahre ich mit meinen Strohstöcken auf folgende Weise:

Zu starken Schwärmen halte ich die Körbe von 3, zu schwächern von 2 Ringen, die mit einem Deckel versehen sind, in Bereitschaft. Vor dem Einfassen streiche ich meistens in den Korb nach oben hinauf ein wenig flüssigen Honig. Wittern diesen die Bienen einmal, dann ziehen sie leicht selber hinein. Will ich einen Lagerkorb haben, so nehme ich 2 Deckel dazu, und zwar: wünsche ich, daß darin der Schwarm von vorne nach hinten baue, so wird daran der vordere Deckel festgemacht, das Flugloch verstopft, und der Honig oben in den ersten Ring gestrichen. Hierauf wird der Schwarm durch die hintere Oeffnung in den Stock gethan. Jetzt ziehen sich die Bienen vorwärts und fangen von vorne an zu bauen. Soll hingegen der Schwarm von hinten nach vorne den Bau führen, so mache ich das Gegentheil; die hintere Scheibe bleibt fest, und den Schwarm bringe ich von vorne hinein. Gleich nach dem Einfassen lege ich den Lagerkorb auf jenem Ende ein wenig höher, wo die Bienen den Bau beginnen sollen.

Liegt nun der Schwarm auf einer mehr ebenen Fläche oder an einem Orte, wo darüber oder darneben ein fester Punkt zum Aufsetzen eines Korbes ist, z. B. auf der Erde, auf einem Brete, auf einem Holzhaufen, an einem in der Quere laufenden Balken oder dickem Baumaste u. s. w., so setze ich bloß den Stock darüber, indem ich nach Bedürfniß dazu entweder eine schwache Unterlage, oder eine Stütze anwende, oder ihn auch mit der Hand halte, wenn er nur auf einer Seite aufsteht. Alsogleich ziehen die Bienen dem Schatten

---

müssen. Nicht überall, besonders nicht bei hochstehenden Stöcken, läßt sich der Schwarmsack gut appliziren.   D. B.

und Finstern und dem Honiggeruche nach. Bisweilen schiebe ich Anfangs mittelst eines Hölzchens ein Häufchen Bienen gegen den Korb, und zeige ihnen den Weg; dann ist oft eine Freude, zuzusehen, wie geradenwegs der ganze Schwarm hineinmarschirt. Auf diese Art ist das Einfangen eines Schwarmes am leichtesten und geschwindesten geschehen. Selten bedarf ich dabei des Rauches und der Bienenkappe.

Einen ins Gesträppe oder Strauchwerk gefallenen Schwarm treibe ich mit Rauch nach jener Seite hin, wo ich früher einige hinderliche Ruthen oder Zweige abgeschnitten hatte, und wo jetzt ebenfalls der Korb steht. Sollten die Bienen rechts oder links ausweichen wollen, lege ich Wermuth, Hollunderschößlinge, Brennesseln oder in Sauerkrautbrühe getauchte Tücher und andere übelriechende Sachen vor; und nöthige so die Bienen vorwärts in den Korb. Man kann auch an die Stelle des Korbes ein Bündel grünes Reisig legen; der Schwarm hängt sich daran und es wird zuletzt sammt dem Schwarme unter oder in den Korb gelegt.

Sitzt der Schwarm an einem dicken Baumstamme, oder an einem starken senkrechten Aste, lasse ich wieder den Korb darüber halten oder anbinden, und vermache die Winkel zwischen dem Baume und Korbe rechts und links mit Tüchern. Hierauf treibe ich die Bienen aufwärts, und wende hiezu, wenn es nicht anders geschehen kann, Rauch an. Doch mit dem Rauche muß man behutsam umgehen, damit er nicht auch in den Korb selber hinaufsteige, und die Bienen wieder heraustreibe.

Oder auch, ich lasse den Korb unterhalten, und streiche mit einem Spane oder schwachen Bretchen die Bienen hinein. Wohlgemerkt aber! wer es nachmachen will, streiche nicht von oben nach unten; denn so berührt er die Bienen meistens an den Köpfen und Fühlhörnern, wodurch sie außerordentlich böse werden, sondern er streiche mehr von unten nach oben, und lasse die Bienen über den Span herabstürzen.

Andere pflegen auch den Schwarm von einem Baumstamme oder von einem andern unbequemen Orte mittelst eines Rahmlöffels wegzunehmen. Man schöpft da ebenfalls immer von unten hinauf, und gibt die Bienen löffelweise in den Stock. Doch muß man sich hierbei vor Quetschungen hüten, und die Bienen nicht in Zorn bringen. Hat man nur einmal den Weisel mit im Korbe, dann ist gewonnenes Spiel.

Hängt der Schwarm frei an einem nicht zu hohen schwachen Aste oder Aestchen, so halte ich wieder den Korb darüber, und lasse ihn selber einziehen; oder ich lasse ihn von einem Andern, während ich den Korb darunter halte, hinein schütteln. Den Ast sammt dem Schwarme abbrechen oder absägen, und solchen hernach vor den Stock legen, oder in denselben hinein schütteln, darf man nur dann thun, wenn um den Ast nicht Schade und man selber der Eigenthümer des Baumes ist.

Doch alle diese Fälle verlangen nicht viel Kunst; wie aber, wenn der Schwarm an dem Gipfel eines hohen Baumes und an der Spitze eines weit hinausragenden schlanken Astes hängt, zu dem man nicht ohne Lebensgefahr hinauf steigen kann: was gilt da für Rath? — Hier thut man Eines von Beiden: entweder man trachtet dem Schwarme vom Baume aus, oder mittelst einer Leiter so nahe als möglich zu kommen, und besprigt ihn von da tüchtig mit Wasser; dann schüttelt man ihn mit einem langen Hacken herunter. Er legt sich jetzt gewöhnlich tiefer an, wo er bequemer einzufangen ist. Oder man nähet geschwind in die Mündung eines weiten Getreidesackes einen starken Holzreifen, befestiget diesen an die Spitze einer langen Stange, und hält jetzt die Oeffnung des Sackes unter den Schwarm. Darauf schüttelt Jemand den Schwarm mit einem Ruck hinein, und man verdreht dann schnell den Reif ein wenig, damit der Sack geschlossen erscheint. So bringt man den Schwarm herunter. Zum Glücke ereignen sich solche Fälle, die stets unangenehm sind, sehr selten.

Einen solchen Ast, woran ein Schwarm hing, und von welchem das Einfangen sehr schwer hielt, pflegt man wenn man dazu das Recht hat, abzusägen oder abzubrechen; weil sich andere Schwärme gerne wieder auf dasselbe Plätzchen legen. Doch, man braucht auch nur auf einen solchen Ort einen in eine übelriechende Flüssigkeit getauchten Leinwand= lappen zu hängen, um andere Schwärme fern zu halten. Das Aest= chen aber, von dem ein Schwarm leicht und bequem eingefangen wurde, wird aus gleicher Ursache verschont.

Endlich, wenn ein Schwarm in einen hohlen Baum gekrochen ist, was ist da anzufangen? — Vor Allem muß die Gegend ausgekundschaftet werden, in welcher der Schwarm sein Lager genommen hat. Gleich darunter oder darüber bohrt oder meißelt man ein Loch hinein, und bläst mittelst eines Blasebalges Rauch in die Höhlung. Der Schwarm

muß dann durch die Oeffnung wieder heraus, durch welche er einge=
zogen ist. Sollte er hartnäckig widerstehen, so gebraucht man zum
Rauche eine Lunte von Baumwoll=Lappen, in die man ein Bündel=
chen Menschenhaare gesteckt hat. Diesem stinkenden Rauche können
die Bienen nicht widerstehen; sie verlassen die Höhlung. Auch stin=
kendes Thieröl oder Teufelsdreck vertreibt den Schwarm. Das Loch,
welches die Bienen passiren müssen, kann zuvor ein wenig erweitert
werden. Man hängt darüber ein Bündel grünes Reisig, die Bienen
legen sich hinein, und werden damit in den Stock gethan.

Ist aber der Baum sehr stark und weniger zugänglich, sind
inwendig seine Höhlungen getheilt und ungleich; wohnt der Schwarm
schon längere Zeit darin und hat sich bereits angebaut; dann ist das
Heraustreiben eine schwierige und wohl gar eine vergebliche Arbeit.

Zuletzt, nachdem ich das Schwarmfangen in verschiedenen Fällen
beschrieben habe, darf ich auch auf folgenden Umstand nicht vergessen.
Hat man den Schwarm eingefaßt, und den Stock verschlossen, dann
muß man ihn noch ein Weilchen beobachten, um zu sehen, ob man
keinen vergeblichen Fang gethan, und auch den Weisel im Stocke
habe. Sind die Bienen darin auf einem Haufen beisammen, und
stehen einige mit gesenktem Kopfe und fächelnden Flügeln am Ein=
gange gegen den Stock gekehrt; kommen auch nicht viele Bienen wieder
heraus; so hat die Königin wirklich im Innern den Thron aufgeschla=
gen. Wo aber dieses Alles nicht Statt findet, wo mehr und mehr
Bienen summend und mit nach auswärts gerichteten Köpfen den Stock
verlassen; da ist die Königin nicht im Korbe. Bald wird auch der
Schwarm wieder ausziehen, und sich neuerdings irgendwo anlegen.
Man muß dann den Fang wiederholen, bis er besser glückt.

Nun will ich auch sagen, was zu thun sei, wenn gleich
beim Einfangen mehrere Schwärme vereiniget, oder
zusammengeflogene Schwärme wieder getrennt wer=
den sollen.

Hat sich ein Nachschwarm, — wie schon beim Anlegen im
vorigen Punkte gemeldet wurde — in mehreren Haufen angesetzt, so
faßt man einen nach dem andern in den Korb, nachdem man zuvor
nach Thunlichkeit junge Weisel abgefangen hat.

Dasselbe geschieht mit 2 oder 3 ganzen Nachschwärmen, die zu
gleicher Zeit, jedoch von einander abgesondert da hängen; sie werden
alle in einen Korb oder Stock gethan. Sollte man jedoch nur wenige

Weisel erhascht haben, dann wäre es möglich, daß nach dem Einfassen alle Bienen wieder auszögen. Um dies ganz sicher zu verhindern, verschließt man das Flugloch mit einem Drahtgitter, und stellt den Stock an einen kühlen, ruhigen und finsteren Ort. Erst am andern Tage gegen Abend wird er auf den Bienenstand gebracht, und ihm die Erlaubniß zum Fluge gegeben. Jetzt werden die Bienen alle überflüssige Weisel bis auf einen getödtet haben, und nicht mehr ausziehen.

Will man dagegen zwei zusammengeflogene Vorschwärme trennen, muß Folgendes geschehen:

Man breitet auf der Erde ein weißes Tuch aus, und setzt rechts und links einen vorgerichteten Korb oder Stock mit seiner offenen Seite darauf, doch so, daß die Ränder der Ringe vorne nicht ganz aufstehen; weßhalb man auch ein Stück Holz unterlegen kann. Hierauf wird der Doppelschwarm in einen 3. Korb gefaßt, und aus diesem durch einen Schlag auf den Deckel, zwischen beide Körbe auf das Tuch ausgeklopft. Dann besprengt man geschwind den Bienenhaufen mit Wasser, damit wenige Bienen auffliegen, und weist mit einem Hölzchen die eine Parthei rechts, die andere links. Jetzt wird sich bald jeder Schwarm mit seiner Königin einen Stock wählen, und also einer von dem andern sich absondernd einziehen.

Fängt man einen Doppelschwarm in einen geräumigen aus Ringen oder Kästchen bestehenden Lagerstock, dann theilen sich die Schwärme über Nacht meistens selber, vorzüglich wenn man die eine Hälfte des Bienenhaufens von der einen, die andere von der andern in den Stock gefaßt hat. Am Morgen darauf hängt jeder Schwarm darin abgesondert; man zertheilt jetzt den Stock, und stellt alsogleich jeden Schwarm dort auf, wo er fliegen soll.

Die Trennung zusammengefallener Vorschwärme kann auch noch auf andere Art bewirkt werden; nämlich, man schüttet den Doppelschwarm in ein leeres Schaff oder in eine reine Tonne, nachdem früher rechts und links an den Seiten grüne Reiser hineingehängt worden sind, und bedeckt das Gefäß locker mit einem nassen Tuche. Nach kurzer Zeit wird sich jeder Schwarm in ein Bündel Reiser hinein begeben haben; dieses nimmt man dann heraus, und legt es mit dem Schwarme in den Stock. Auf solche Weise kann man 5—10 und noch mehr zusammengefallene Schwärme wieder vereinzeln.

Endlich beim Trennen eines zusammengefallenen Vor- und Nachschwarmes hält man ebenfalls das oben erwähnte Tuch mit den 2 Körben bereit. Dann faßt man den Bienenklumpen in ein Sieb, und benetzt ihn darin mit einer Gießkanne. Darauf schüttet man die nassen Bienen auf das Tuch, und fängt an die Königinen herauszu= suchen. Die alte Königin läßt sich auf den ersten Augenblick erken= nen; sie ist stärker als die jungen und hat der vielen Eier wegen einen dickeren und längeren Hinterleib. Hat man nun die alten wie die jungen Königinen in seiner Gewalt (doch erstere muß man abge= sondert halten), dann läßt man nur eine — die schönste der Prin= zessinnen — in einen Korb laufen, und schiebt zu demselben auch einen Theil Bienen hin. Jene Bienen, welche zum Nachschwarme gehören, werden sich alsogleich zu der jungen Königin in den Korb verfügen; die aber heraußen bleiben, gehören zum Vorschwarme. Man weist solche jetzt zu dem andern Korb, und gibt ihnen die alte Mutter zu= rück, und so zieht auch der Vorschwarm in sein eigenes Haus. — So viel nun vom Schwarmfangen in Strohkörben.

In Betreff hölzerner Magazine, die aus Kästchen bestehen, gilt hinsichtlich des Einfassens fast dasselbe; nur sind diese zum Heben schon etwas schwerer.

Daß sich aber Schwärme in Klotz- oder Breterbeuten viel schwie= riger einfangen lassen, leuchtet ein. Aeußerst selten wird man die umfangreiche und ungeschickte Beute so stellen, legen oder heben kön= nen, daß der Schwarm, wie vorhin bei Strohkörben gezeigt wurde, von selbst hineinzöge. Ja man kann auch nur selten den Schwarm unmittelbar in die Beute hineinfassen; meistens muß derselbe zuvor in ein Sieb, oder in ein anderes Gefäß, und von da erst in den Stock geschlagen werden. Das gibt oft saure und lange Arbeit; da muß man zum Abkehren und Abschütteln seine Zuflucht nehmen, was die Bienen zum Zorne und zum Stiche reizt; da muß dann gewöhn= lich der Rauch dabei den Meister spielen.

Hier kann noch ein Fangkorb oder ein Schwarmfasser die besten Dienste thun, d. i. ein leichter Korb, einem Stülpkorbe ähnlich und mit Henkeln an den Seiten, allenfalls auch ein Kästchen, worein man den Schwarm von selbst ziehen läßt. Hernach trägt man ihn mit den Bienen vor den neuen Holzstock, schöpft diese mit einem

Rahmlöffel oder einem kleinen Teller aus dem Gefäße heraus, und läßt sie so nach einander in die neue Wohnung einlaufen. *)

Im Allgemeinen wird hier noch erinnert, daß jeder Stock, der zum Einfassen eines Schwarmes bestimmt ist, sauber und rein, und auch kühl sein müsse. Ist der Korb oder Stock inwendig durch Unrath und Gestank von Thieren, z. B. von Katzen, Mäusen, Federvieh u. dgl. verunreiniget, oder lag er in der heißen Sonne und ist erhitzt: dann ziehen die eingefaßten Schwärme gerne wieder aus.

Nach dem Einfangen ist das nächste Geschäft

d) Das Aufstellen der eingefaßten Schwärme. Viele lassen den Schwarm auf dem Standorte stehen, und tragen ihn erst gegen Abend auf den bestimmten Platz im Bienenhause. Dies ist ein Fehler. Denn so wie der Schwarm im neuen Hause zur Ruhe kommt, lernen die Bienen alsogleich den Flug und fliegen ordentlich aus und ein bis auf den Abend. Am andern Morgen, wo nun der Stock auf einem andern Platze steht, fliegen dieselben Bienen aus, kehren aber bei ihrer Zurückkunft auf dem Standorte ein, wo sie gestern den Flug eingeübt hatten, und heute den Stock nicht mehr antreffen. Sie summen itzt da den ganzen Tag bekümmert hin und her, versäumen die Zeit und verirren sich wohl ganz von den Ihrigen. Besser also, man schafft den eingefaßten Schwarm, sobald sich seine Bienen in das neue Haus gehörig hineingezogen haben, gleich dorthin, wo er für immer fliegen soll.

Ferner, man stelle Schwärme mit jungen Weiseln nicht mitten oder allzunahe an Vorschwärme und Stöcke von befruchteten Weiseln. Solche Stöcke — wie schon gemeldet wurde — sind gegen einander Feinde, und die Nachschwärme könnten deshalb verunglücken, besonders beim Ausfluge der jungen Königinnen Leicht könnte eine solche sich im Gewirre der vorspielenden Stöcke auf einen fremden Stock verirren, oder von einem Windstoße darauf geworfen werden. Sie würde im Augenblicke ergriffen und getödtet werden, und dann ihr Stock weisellos sein.

Ueberhaupt, sowohl wegen Verunglückung der Weisel, als auch wegen Verirrung der jungen Bienen, besteht die Regel: im ganzen

---

*) Ein solcher Fangkorb ist ebenfalls beim Austrommeln sehr dienlich; wie bald gezeigt werden soll.   D. B.

Bienenstande die Stöcke nicht zu nahe neben einander, um so weniger zu nahe und in vielen Reihen oder Etagen über einander zu stellen. *)

Allein, hätte man im Sinne, zwei aufgestellte Stöcke späterhin zu vereinigen, dann wäre es zweckmäßig, sie einander nahe zu stellen, oder wenigstens nach und nach an einander zu rücken. Geschieht dann die Vereinigung wirklich, so treffen die Bienen beider Stöcke desto eher in das einzige Flugloch. Wollte man demnach auch zwei eben eingefaßte Schwärme — wenn sie bis zum Herbste nicht genug stark sein sollten — später vereinigen, so ist es am besten, dieselben schon nach dem Einfangen neben einander zu postiren.

Schließlich wird auch bemerkt, daß man nicht gern einen Schwarm gleich neben seinem Mutterstock aufstellt, weil in der ersten Zeit doch viele Bienen des Schwarmes, wegen gleicher Richtung des Fluges, sich wieder in den Mutterstock verirren, und dort bleiben; wodurch der Schwarm schwächer werden muß.

Nachdem ich jetzt Vieles auch von Nachschwärmen gesprochen habe, so muß ich doch am Ende noch einmal gestehen: daß das Nütz= lichste sei, dem goldenen Zauberspruch gemäß, solche Nachschwärme, besonders späte, so sehr als möglich zu verhindern. Denn dann blei= ben die Mutterstöcke ungeschwächt, und man hat das Aufpassen auf dergleichen Schwärme, das Einfangen und Vereinigen, auch das Füt= tern, und zuletzt den öftern Verdruß über das Eingehen derselben zum Besten. Aber, wie kann man dies?

§. 65. Wie läßt sich das schädliche Viel- und Nachschwärmen verhindern?

a) Man sorge für Stöcke von angemessenem Raume, und vergrößere denselben nach Bedarf und Noth= wendigkeit. Kleine und enge Stöcke schwärmen in der Regel häufig. Ein solcher ist bald vollgebaut und mit Brut angefüllt. Die Bienen gerathen — woran hier nicht das erstemal erinnert wird — dadurch in Verlegenheit; sie haben bald nicht genug

---

*) Damit junge Weisel und Bienen nach dem ersten Ausflug ihre Stöcke leich= ter von andern unterscheiden und wieder finden, pflegt man die Fluglöcher mit verschiedenen hervorstechenden Farben anzustreichen, oder sonst andere Kennzeichen an den Stöcken anzubringen, z. B. ein darüber gestecktes Ge= sträuch, ein Bild, einen Lappen Tuch u. dgl.   D. V.

Zellen, um den Honig aufbewahren und um die Volksvermeh=
rung fortsetzen zu können. Dieses, wie die große Hitze in dem
angepfropften Stocke nöthigt sie, die Familie zu theilen und
Schwärme auszuschicken. Die im II. Hauptstücke beschriebenen
Körbe haben eine bedeutende, aber nach meiner Erfahrung ange=
messene Weite, und können überdies im Raume nach Bedürfniß
vergrößert werden. Man kann z. B. nicht allein regelmäßig
bei Ständern unten, bei Lagerkörben hinten und vorne e i n e n
l e e r e n Ring ansetzen, sondern auch — wenn es das Verhin=
dern der Nachschwärme gilt — z w e i auf einmal; nämlich bei
ersteren oben und unten, bei letzteren hinten und vorne. Die
Bienen dulden nicht gern auf zwei Seiten und über sich leeren
Raum; sie suchen wenigstens den einen auszubauen, und stellen
darum meistens das Schwärmen ein. Noch wirksamer ist in
diesem Bezuge ein Zwischensatz, d. h. wenn man zwei ausgebaute
Ringe trennt, und einen leeren dazwischen setzt. Doch dieses
Mittel läßt sich nur bei Lagermagazinen, die einen warmen Bau
haben, anrathen, weil hier die Trennung des Gebäudes, ohne
die Brut sehr zu verletzen, leichter möglich ist. Es versteht sich
hierbei von selbst, daß dergleichen Doppelansätze und Zwischen=
sätze erst nach Abgang der Vorschwärme gegeben werden müssen.

Das Nämliche kann auch bei hölzernen Magazinen in An=
wendung kommen, nicht so aber bei Klotz= und Breterbeuten.
Hier besteht das Raumgeben darin, daß man das ganze Vor=
setzbret wegnimmt, und einen leeren Kasten, wenigstens so groß
wie die halbe Beute, anhängt. Dies fällt Manchem zu beschwer=
lich; er unterläßt es daher, und gestattet lieber den Bienen im
Schwärmen freien Willen. Ist aber eine solche Beute klein,
und kaum von 6= bis 7zölliger Höhe oder Tiefe, dann gibt es
freilich keine Noth an Schwärmen, aber hintendrein auch keine
an Schwächlingen und Nothleidern. Dergleichen Stöcklein schwär=
men sogar dann bisweilen mehrere Male, wenn sie kaum
den halben Stock vollgebaut und also noch viel leeren Raum
haben. Solcher Erfahrungen wegen wollen auch manche Bienen=
besitzer auf das oben vorgeschlagene Mittel der Raumerweiterung
zur Verhinderung der Schwärme nichts halten. Doch diese Er=
fahrungen beweisen gegen dieses Mittel nichts; denn, wenn auch
in diesem Stöcklein noch leerer Raum der Länge nach vorhanden

15*

ist, so fehlt dieser doch in der Breite und Höhe; und eben schon diese Beengung des Wachsgebändes nöthiget zum Schwärmen.

Uebrigens kann auch ein Stock aus anderen Ursachen schwärmen. Wenn ihm z. B. die Königin abgestorben ist, und er mehrere junge angesetzt hat; dann geschieht es nicht selten, daß auch ein schwacher Stock, der kaum ein Drittel oder die Hälfte der Beute voll Bau besitzt, einen Singerschwarm und Nachschwärme gibt.

b) **Man beschneide die Stöcke nicht zu knapp in ihrem Wachsgebäude.** Stöcke, welche im Frühjahre 3, auch 4—5 Ringe Gebände behalten, geben laut der Erfahrung wenige Schwärme, und werden starke Honigstöcke. Das scharfe Zustutzen des Wachses in Beuten ist meistens mit Ursache der vielen und schwachen Schwärme.

c) **Man verstelle den Mutterstock mit seinem Vorschwarme;** d. h. man setze den Vorschwarm gleich nach dem Einfassen auf den Platz des Mutterstockes, und diesen an eine andere Stelle. Letzterer verliert dadurch einen Theil seiner Bienen, nämlich jene, welche in der ersten Zeit den Tag über im Felde arbeiten, heim kommen, nach ihrem gewohnten Fluge jetzt beim Vorschwarme einkehren, und denselben noch mehr verstärken. Dieses Volksverlustes halber zieht der Mutterstock die jungen Weisel aus den Zellen, und unterläßt meistens das fernere Schwärmen. Oder

d) Manche schneiden dem Schwarmstocke nach Abzug des Vorschwarmes einen großen Theil Drohnenbrut sammt den Waben aus; oder zerstören solche, indem sie die Drohnenzellen in den Waben mit dem Messer anritzen. Es hilft nicht immer.

e) Man zeidle dem Schwärmer — wo es leicht statt haben kann — selbst einen Theil Honig aus; dies hilft am sichersten, und kann wieder bei theilbaren Stöcken leichter geschehen, als bei Beuten; indem nur Ringe oder Kästchen (Ansätze) abgenommen werden dürfen.

f) Endlich, man fängt den Nachschwarm ein, badet ihn in einem Siebe mit der Gießkanne, sucht die Weisel heraus, und hält die Bienen bis gegen Abend eingesperrt. Dann schüttet man sie auf ein Bret vor dem Mutterstock, und läßt sie wieder zum

Flugloche hineinlaufen. Das kalte Bad wird die Schwarmlust abgekühlt haben.

1. Anmerkung. Die beiden ersten Mittel sind die wichtigsten. Wer sie anwendet, wird nicht leicht in die Nothwendigkeit versetzt werden, die letzteren gewaltsameren zu gebrauchen. Durch gewisse Abänderungen und Verbesserungen an den Bienenwohnungen und gewisse Kunstgriffe, die in den späteren Abschnitten und besonders im Anhange gelehrt werden, können aber auch die letzteren Mittel — die Entfernung der Drohnenwaben, das Honignehmen, Weiselabfangen u. s. w. — minder gewaltsam angewendet werden.

2. Anmerkung. Mit den Mitteln, das Vielschwärmen zu verhindern, sind zugleich die Mittel zum Gegentheile — zur Beförderung der Schwärme gegeben, nämlich: verengerter Raum im Stocke, knapperes Zuschneiden des Wachsbaues und Honiggeben, d. h. Füttern. Diese drei tragen wenigstens sehr zum Schwärmen bei.

V. Abschnitt.

Ueber das Abtreiben oder Abtrommeln der Schwärme.

§. 66. Wie macht man einen Kunstschwarm oder Ableger durch das sogenannte Austrommeln?

Ich zeige das ganze Verfahren, und zwar

a) bei stehenden Ringstöcken. Im Monat Juni, oder 8 bis 14 Tage vor der Schwarmzeit, oder überhaupt, wenn warme Witterung und Honignahrung ziemlich sicher sind, und sich die Brut in den Stöcken schon sehr ausgebreitet hat, wählt man sich solche Stöcke zum Austrommeln aus, die einen noch jungen und fruchtbaren Weisel, zahlreiches Volk, und einen nicht zu alten Wachsbau besitzen. Die Ursachen dieser Auswahl sind unschwer einzusehen. Wäre nämlich die Königin, die man mit dem Schwarme abtriebe, schon über 3 Jahre alt und bereits von abnehmender Fruchtbarkeit; dann wäre damit dem jungen Stocke wenig geholfen, ja dieser trüge dadurch die Quelle eines schlechten Anfanges in sich selber. Eben so könnte man einem schwachen Stocke auch nur wieder einen schwachen Schwarm abtreiben, und würde dennoch auch den Mutterstock vollends entkräften.

Und da durch das Abtreiben des Volkes ein Stock im Wachsbauen aufgehalten wird, so könnte ein solcher, der schon viel alten Bau besäße und ausgetrommelt würde, auch noch in diesem Jahre wenig junge Waben bauen, und müßte so um so mehr der Veraltung anheimfallen. Uebrigens können in Hinsicht dieser Auswahl auch Ausnahmen stattfinden, wie wir später sehen werden.

Nach geschehener Auswahl der Stöcke wählt man den ersten besten nicht zu schwülen Tag und dessen Nachmittagsstunden von 4 bis 6 Uhr zur Vornahme der Operation. In diesen Stunden nämlich mildert sich die Tageshitze, der Flug der Bienen wird schwächer, und der herannahende Abend macht sie nachgiebiger.

Zuerst bereitet man die Wohnung für den Triebling oder Ableger vor. Man nimmt 2 oder 3 Ringe sammt einem Deckel, verbindet solche wohl mittelst Klammern, und richtet sich so den Stock, daß er zur Hand ist, wenn man ihn braucht. Nachdem ebenfalls auch der Rauch mittelst einer Rauchmaschine oder einer Tabakspfeife oder Cigarre besorgt worden ist, geht es über den Mutterstock los.

Diesem nimmt man oben den Deckel ab, was am schnellsten — nicht mittelst des Drahtes — sondern durch bloßes Abbrechen oder Abreißen geschieht, und überrascht die in den obern Ringen befindlichen Bienen alsogleich mit etlichen derben Zügen oder Stößen Rauch; worauf diese erschreckt abwärts eilen. Jetzt hebt man den Stock vom Stande und stellt ihn auf den Kopf, und zwar auf zwei untergelegte handhohe Stücke Holz, damit er hohl stehe und man nöthigenfalls unten noch einmal mit Rauch nachhelfen könne. Hierauf wird auf die obere Mündung der leere Korb gesetzt, und durch Klammern die Verbindung beider Stöcke hergestellt.

Gut gearbeitete Stöcke passen ohnedies wohl auf einander und lassen keine Biene durch die Fuge kommen; wo aber eine kleine Oeffnung bliebe, müßte solche mit ein wenig Lehm verstopft werden.

Auf den früheren Platz des alten Stockes stellt man einen ähnlichen leeren, damit sich die unterdessen aus dem Felde heimkehrenden Bienen sammeln können.

Nun folgt das Klopfen oder Trommeln, von welchem die ganze Operation den Namen hat. Man nimmt in jede Hand ein fingerdickes Stäbchen und klopft, damit ziemlich stark rechts und links und ringsum an die Außenwände des untern Ringes; dann klopft man, allmälich höher steigend, ebenso an dem zweiten, dritten und — bis zuletzt — an den oberſten Ring. Eine gute Viertelſtunde kann dieſes Klopfen dauern; dann wird man aber ſchon, wenn man im oberen Stocke ein Fenſter öffnet, oder ein Ohr daran legt, die hinaufgeſtiegenen Bienen ſehen und brauſen hören. Gewahrt man jedoch durch die Glasfenſter des alten Stockes, daß die Bienen darin nicht recht aufwärts wollen, ſo mache man nur am Rande einer Glasſcheibe mittelſt eines ſpitzigen Nagels eine linſengroße Oeffnung, oder, wenn kein Fenſter wäre, mache man eine ſolche in der Fuge zwiſchen den Ringen, oder auch, man ſtoße einen Honigtrofar durch das Stroh und laſſe das Röhrchen darin ſtecken, und blaſe jetzt durch dieſe wie immer hergeſtellte Oeffnung ein wenig Rauch in den Stock; auf der Stelle wird der Marſch der Bienen ſchneller vorwärts gehen. Allein, man übereile ſich auch nicht; beim Auszuge laufen die Bienen — wie ſie es auch beim Abgange eines natürlichen Schwarmes thun — erſt zu den Honigzellen, um ſich die Honigblaſe zu füllen, und ſich ſo für die erſten Tage im neuen Stocke, wo ſie keine Vorräthe finden, zu verproviantiren, und die vielen Tauſende bedürfen hiezu einiger Zeit.

Hernach löſt man die Verbindung beider Stöcke, und hebt den oberen Stock auf einer Seite langſam in die Höhe; und man erblickt inwendig die ganzen Wände mit Bienen bedeckt, die kettenweiſe ganz ruhig über einander liegen. Man laſſe ſich aber nicht beim erſten Anblicke täuſchen: die jetzt noch zerſtreute Menge, ſpäter in eine Traube zuſammengezogen, ſtellt manchmal erſt einen ſchwachen oder mittelmäßigen Schwarm vor. Vermuthet man dieſes, ſo kann man noch mittelſt eines Rahmlöffels noch mehr Bienen von denen, die noch im letzten Ringe des alten Stockes hängen, in den Ableger hinauf ſchöpfen. *)

Endlich hebt man den oberen Stock ab und ſtellt ihn auf ein Standbret, und ein Gleiches thut man auch mit dem Mutterſtocke. Nachdem man letzterem auch den Kopfdeckel wieder aufgelegt und befeſtiget, und den leeren Stock, der einſtweilen die Stelle vertreten

---

*) Vortheilhaft iſt es, wenn der Mutterſtock unten beim jüngſten Bau, oder im letztern Ring wenig oder keinen leeren Raum hat, ſo daß die aufſteigenden Bienen hier nicht verweilen können, ſondern unmittelbar in den aufgeſtellten neuen Korb ſich begeben müſſen. Die Operation geht dann ſchneller von ſtatten, und der Weiſel iſt um ſo ſicherer unter dem hinaufgeſtiegenen Volke.

D. V.

mußte, bei Seite geschoben hat; stellt man beide, Mutterstock und Triebling, auf halben Flug.

Nun muß es sich binnen 10—20 Minuten entscheiden, ob der Ableger gelungen und also der Weisel mit dabei sei oder nicht. Ist Ersteres der Fall, dann vernimmt man im Inneren kein Gesumme; die Bienen ziehen ruhig in einen Haufen zusammen, und keine oder nur wenige zeigen sich unter dem Flugloche. Hat man dagegen den Weisel nicht mit abgetrieben, dann wird es im Ablegerstocke lebendig, die Bienen laufen darin summend hin und her, und mehrere, dann viele, und zuletzt alle kommen in Prozession zum Flugloche heraus, und laufen meistens, mit den Flügeln schlagend, geraden Weges in den Mutterstock zurück.*)

Verfährt man beim Austrommeln genau nach obiger Beschreibung, dann wird das Mißlingen äußerst selten sein; denn der Weisel säumt nicht, seine wichtige Person, wenn er Rauch und Gepolter empfindet, durch die Flucht in Sicherheit zu bringen. Jedoch geschieht es dennoch, daß er sich in sehr verzwickeltem Bau — wie solcher vorzüglich im Christischen Kasten der vielen Kreuzhölzer und Roste wegen gefunden wird — in einen Winkel verrennt und verkriecht, und nicht mit abgeht. Auch ist es möglich, daß der ausgetrommelte Stock just keine Königin besitzt; indem solche erst vor Kurzem eingegangen, und nur erst Weiselbrut vorhanden sein kann.

Hat man aber auch dann und wann einmal einen leeren Fang gethan, was ist's? — es ist weiter dabei nichts verloren als eine halbstündige Mühe; dem Mutterstocke schadet das Ganze nicht das Geringste, und auch nicht eine Biene wurde dabei, wenn man sonst vorsichtig handelte, getödtet.

---

*) Ob die Königin mit beim Triebling sei, davon verschafft man sich am besten Ueberzeugung, wenn man denselben nicht unmittelbar in den neuen Stock, sondern erst in den oben S. 224 beschriebenen Fangkorb abtreibt, dann aus demselben die Bienen löffelweise herausschöpft und in die neue Wohnung einlaufen läßt. Man breitet gewöhnlich dabei ein weißes Tuch unter. Das Abtreiben in den Fangkorb darf auch dann geschehen, wenn die Wohnung des Trieblings von jener des Mutterstockes verschieden ist, und dem letzteren nicht aufgestellt werden kann.

Geschieht das Abtrommeln bloß, um den Weisel abzufangen, so läßt man die Bienen aus dem Fangkorbe löffelweise gleich wieder in den Mutterstock zurücklaufen, und erhascht den Weisel, sobald man seiner ansichtig wird.

D. V.

In Bezug auf das Aufstellen des Mutterstockes neben dem Ableger ist noch zu erinnern: Ist der Erstere ziemlich vollgebaut, so, daß sich im Innern viele Bienen in der Gegend des Flugloches aufhalten; dann ereignet es sich, daß, wenn am andern Tage der Ableger vorspielt und den Flug lernt, viele Bienen wieder beim Mutterstocke einfliegen, angelockt durch die bei demselben heraußen sitzenden und dann fächelnden und summenden Bienen, wie auch durch den Honig- und Brutgeruch, der aus dem Flugloche kommt. In diesem Falle ist es zweckmäßiger, den Triebling ganz auf die frühere Flugstelle des Mutterstockes, und diesen mehr seitwärts zu postiren. Ueberhaupt muß Einem daran gelegen sein, den Ableger möglichst volkreich zu erhalten, der Mutterstock kann dabei nicht leicht verderben, besonders wenn warme Zeit ist: er erhält täglich durch die auslaufende Brut neuen und bedeutenden Zuwachs an Volk, und besitzt Honig und Bau in Fülle zu seiner Erstarkung, die dagegen der Ableger erst erwerben muß, und nur durch zahlreiches Volk hinlänglich erwerben kann.

Der gelungene Ableger fliegt am andern Tage wie ein natürlicher Vorschwarm; aber auch sein Mutterstock auf halben Flug, setzt seine Arbeit so fort, daß man seinen bedeutenden Volksverlust kaum gewahr wird. Dagegen, ein weiter, z. B. 10 Schritt verstellter Mutterstock stellt ein oder 2 Tage fast allen Flug ein, weil sein Volk zum Triebling geht; was ihm aber nicht schadet.

Sobald man die Ueberzeugung geschöpft hat, daß der abgetrommelte Schwarm im neuen Stocke bleibt, kann derselbe wie ein natürlicher Schwarm verschickt und auf einen andern, wenigstens eine halbe Stunde entfernten Stand transportirt werden. Soll er aber auf seinem Mutterstande stehen bleiben, so muß man ihn an der Seite des Mutterstockes stehen lassen, und darf ihn nicht etwa zwischen andere Stöcke hineinsetzen weil sonst seine Bienen nach der Heimkehr aus dem Felde, der gewohnten Flugrichtung folgend, den Mutterstock aufsuchen würden. Es versteht sich daher von selbst, daß man auch schon gleich Mutterstöcke auf dem Stande in gehöriger Entfernung von einander, mit dem nöthigen Raume rechts und links für allenfallsige Trieblinge, aufstellen müsse.

b) Bei liegenden Ringstöcken, die einen kalten Bau haben, geschieht das Austrommeln auf die nämliche Weise; man stellt sie dabei auf den Kopf, daß die jungen Wachsscheiben oben stehen.

Bei solchen aber, die einen Quer- oder warmen Bau besitzen, denen daher Querhölzer mangeln, ist das Aufdenkopfstellen nicht anzurathen, weil der junge Bau abbrechen könnte. Einen solchen Stock legt man lieber auf den Rücken, so daß der schwere Honig unten und die leichten Spitzen der Waben aufwärts stehen. Höchstens legt man auch noch den Stock vorne, wo die Wohnung des Ablegers angefügt wird, hand= hoch höher, als hinten. So steigen hernach die Bienen, wenn das Räuchern und Klopfen von hinten beginnt, aus dem Gebäude empor, und können an der Decke, wo die Waben nicht angebaut sind, unge= hindert vorwärts laufen und in den Ablegerstock gelangen.

c) Bei behenden und liegenden Holzmagazinen gilt ein gleiches Verfahren, wie bei Ringstöcken.

d) Bei untheilbaren Stöcken, besonders Klotz= und Breterbeuten ist das Austrommeln schwieriger und umständlicher. Eine stehende Beute muß hiezu entweder oben oder unten leeren Raum haben, wohin die Bienen ziehen können. Befindet sich der leere Raum, wie gewöhnlich, unten, dann muß der Stock vorsichtig in der Richtung der Scheibenkanten gewendet und auf den Kopf gestellt werden. Nach starker Räucherung und längerem Klopfen von unten zieht das Volk aufwärts und legt sich nach und nach oben zusammen. Die Königin aber, welche vorzüglich das Licht scheut, zögert bisweilen lange, ehe sie den Bau verläßt. Gewahrt man sie während des Hinaufsteigens, so fängt man sie ab, und man hat mit dem Schwarme gewonnenes Spiel. Häufig wird sie jedoch übersehen; dann muß man den Schwarm heraus in ein Sieb oder in den neuen Stock schöpfen, und aus der Ruhe oder Unruhe der Bienen auf die An= oder Abwesenheit der Königin schließen, und in letzterem Falle nach starker Räucherung die Operation wiederholen, bis es glückt, die Kö= nigin zu erhaschen. Zeitweise muß man den oberen Theil des Stockes mit dem Vorsetzbrete verschließen, damit er finster werde. Zweckmäßig ist es auch, in den leeren Theil ein genau passendes Kästchen einzu= fügen, dessen Oeffnung nach unten geht; der Schwarm zieht sich hin= ein, und man nimmt dann das Kästchen sammt ihm heraus. Zuwei= len verstopfen sich beim Aufwärtstreiben die Durchgänge, oder die Bienen setzen sich sonst an einer Seite des Baues zusammen; hier muß man mit einem Hölzchen nachhelfen, die Bienen aus einander schieben und aufwärts weisen. Manche Königin ist besonders schwer= fällig, oder hat fehlerhafte Füsse, und kann nicht wohl an der glatten

Holzwand hinauflaufen. Hier stellt man auf dem Wachsbau nach hinten leere Wachsscheiben; die Königin begibt sich darauf und kann mit denselben herausgenommen werden. Eine abgefangene

(Fig. 18.)

Königin gibt man einstweilen in ein Weiselhäuschen, bis man den Schwarm herausgebracht hat, und sie mit demselben wieder vereinigen kann. *)

Eine liegende Beute kann ebenfalls nur dann ausgetrommelt werden, wenn sie auf einer Seite leer ist; aber der Wachsbau darin muß zugleich der Länge nach geführt sein. Bei kaltem Bau brechen die Waben leicht ab, wenn man den Stock auf den Kopf stellt, und die Bienen sind dadurch gehindert aufwärts zu steigen.

Ueberhaupt, bei allen untheilbaren Stöcken ist das Ablegermachen durch Austrommeln ein mißliches Geschäft, während es bei unseren Strohringstöcken nur eine Spielerei ist. Dort muß viel Rauch angewendet werden, und dennoch werden die Bienen sehr erbittert; hier aber braucht man wenig Rauch und kann selbst die Bienenhaube

---

*) Unter Weiselhäuschen versteht man einen kleinen Käfig (Fig. 18), worein eine Königin gesperrt wird, um sie aufzubewahren, oder gegen fremde Königinen und Bienen zu schützen. Ein solches Häuschen läßt sich leicht auf diese Weise anfertigen:

Man nimmt einen Zoll starken glatten Weiden- oder Aspenstöcken, und schneidet sich ein 4 Zoll langes Klötzchen ab. An demselben macht man dann einen halben Zoll von den Rändern einwärts zwei senkrechte Quereinschnitte, die bis auf den 3. Theil des Holzes hineingehen, und spaltet hernach das zwischen diesen Einschnitten befindliche Holz heraus. Nun erscheinen die stehengebliebenen runden Theile des Klötzchens wie zwei Scheiben, die nur noch auf der einen Seite, wo das Holz nicht ausgespalten wurde, zusammenhängen. Jetzt sticht man an diesen Scheiben ringsum ⅛ Zoll weit von einander mit einer Ahle kleine Löcher, worein Drähte kommen. Diese Drähte mißt man nach der Länge ab, feilt sie spitzig, und biegt sie zu beiden Seiten ¼ Zoll lang zu einem Haken. Diese Haken werden hierauf in die Löcher eingedrückt. So ist also das Häuschen vergittert. Zuletzt wird in die eine Scheibe ein Loch gebohrt und mit einem Stöpsel versehen; hier ist also die Thüre des Gefängnisses. In die andere Scheibe aber kann ein eiserner Stift geschlagen werden, mittelst dessen das Häuschen mit der gefangenen Königin inwendig im Strohkorbe oder Holzstocke festgesteckt wird, damit es nicht etwa — besonders während einer Transportation — hin und her rolle.

D. B.

ganz entbehren; — dort muß man den Stock öffnen, und die Bie=
nen müssen die ihnen widerliche Tageshelle empfinden; hier dagegen
hält man den Stock verschlossen, und die Bienen bleiben im Finstern;
dort hat man es mit einem schweren ungeschickten Klotz oder Kasten
zu thun, hier mit einer Bienenwohnung, die sich leicht heben und
legen, größer oder kleiner machen, und bequem handhaben läßt. Kurz,
die Ringstöcke, vorzüglich die Ständer, haben in Hinsicht des Aus=
trommelns einen entschiedenen Vorzug vor den Beuten, und vielleicht
auch vor jeder anderen Gattung von Bienenwohnungen.

Auch Nachschwärme können bei theilbaren Stroh=
und Holzstöcken bequem abgetrommelt werden.

Nach dem Abtreiben des Vorschwarmes rufen in der Regel am
12., 13. und 14. Tage junge Weisel im Mutterstocke; und es kön=
nen dann ein oder mehrere natürliche Nachschwärme kommen. Sobald
man dieses Rufen hört, kann man dann einen Zweitschwarm abtrei=
ben. Das Verfahren dabei bleibt dasselbe, wie beim Vorschwarme.
Sind beim Nachschwarme mehrere Weisel, so halten die Bienen über
Nacht Königswahl, und werfen die überzähligen aus dem Stocke.
Bisweilen glückt es, schon während oder nach der Operation eine
Königin zu ertappen; man fängt sie und bewahrt sie auf. Auch er=
blickt man manchmal beim Aufmachen des Mutterstockes eine noch
uneröffnete Weiselzelle; diese schneidet man aus und legt sie in einen
Weiselkäfig oder unter ein Glas; bald wird dann der Weisel heraus=
schlüpfen. Auch kann man den abgetrommelten Schwarm, nachdem
er wohl beräuchert und besprützt worden ist, in ein Sieb schöpfen,
und so die überflüssigen Weisel heraussuchen. Doch man trage stets
Sorge, daß sowohl der Mutterstock als der Nachschwarm einen Weisel
behalte, und lasse lieber, da wo man das Gegentheil vermuthet, wieder
eine Königin einlaufen.

Sind einmal beim Nachschwarm=Triebling die Anzeichen des
Bleibens vorhanden, dann beträgt er sich nicht anders als ein na=
türlicher Nachschwarm.

Auf halben Flug gestellte Stöcke werden nach einigen Tagen
täglich um 1 oder 2 Zoll wieder auseinander gerückt, damit sich die
Bienen an ihren Stock gewöhnen und sich so wieder später ausflie=
gende junge Weisel nicht in den Nebenstock verirren.

§. 67. In wiefern sind Ableger durch Austrommeln vortheilhafter als natürliche Schwärme?

Obschon der Ableger durch Austrommeln unter allen Arten von Ablegern dem natürlichen Schwarme am ähnlichsten ist, so waltet doch zwischen beiden ein dreifacher Unterschied ob, nämlich:

a) Der natürliche Schwarm erscheint freiwillig, der Triebling durch Zwang. b) Die Bienen des natürlichen Schwarmes bleiben demselben in der neuen Wohnung, wenn auch solche in der Nähe des Mutterstockes aufgestellt wird, getreu, und kehren nicht mehr bei letzterem ein; während die Bienen des Trieblings, wenn er nicht weit fortgeschafft wird, nach den ersten Ausflügen wieder der Stelle des Mutterstockes zueilen, und, wenn dieser nicht bedeutend fortgerückt worden ist, auch wirklich in denselben heim gehen. Die Bienen des natürlichen Schwarmes müssen daher wissen, daß sie mit dem Weisel ausgezogen sind, die Bienen des Trieblings dagegen müssen nicht wissen, was ihnen im Schrecken des Austrommelns widerfahren ist, und mögen sich noch in demselben Stocke und auf dem früheren Platze zu befinden glauben. c) Wenn der natürliche Vorschwarm abgeht, befinden sich im Mutterstocke in der Regel schon angesetzte, zum Theil schon bedeckte Weiselzellen; im Mutterstocke des Trieblings aber werden erst nach Abgang desselben hiezu Anstalten gemacht; daher kommen auch bei ersterem Mutterstocke die Nachschwärme manchmal schon am 3., 7. oder 9. Tage nach dem Vorschwarm, während diese bei letzterem fast in der Regel erst in 14 Tagen erscheinen. Endlich d) unterscheiden sich auch die Kunstschwärme durch Abtrommeln von den natürlichen Schwärmen durch folgende Vortheile:

1. Man hat durch das Mittel des Abtreibens die Schwärme und überhaupt seine Zucht mehr in seiner Gewalt und Willkür, als bei natürlichen Schwärmen, die oft eigensinnig bald in zu geringer Menge, bald zu spät, bald gar nicht, und wohl auch von solchen Stöcken kommen, wo man sie weder vermuthet noch gewünscht hat. Man kann sich auf dem Stande die zum Austrommeln geeigneten Mutterstöcke in beliebiger Anzahl auswählen, und die übrigen zu Honigstöcken bestimmen; man kann sich den Zuwachs an Stöcken durch eine bestimmte angemessene Menge von Trieblingen festsetzen und sichern, und also mehr regel- und planmäßig oder systematisch seine Bienenzucht treiben. Und wenn auch einzelne Ausnah-

men statt finden, z. B. wenn auch unversehens ein natürlicher Schwarm folgt, oder ein Ableger mißräth, so gleicht sich dieses wieder von selbst aus, oder Plan und Ordnung bleiben wenigstens vorherrschend. So wie dem rationellen Landwirthe nicht gleichgiltig ist, ob und wie viel, und was für Jungvieh er jedes Jahr absetzt; eben so darf auch dem rationellen Bienenwirthe der jährliche Zuwachs an Stöcken nicht gleich= giltig sein, und er darf daher solchen nicht dem bloßen Zufalle und der Willkür der Bienen überlassen.

2. Man erspart bei solchen Ablegern das oft lange, und lä= stige und vergebliche Lauern auf natürliche Schwärme, und den Ver= druß, wenn die mit Mühe eingefangenen wieder aus= oder wohl gar fortziehen. Im Sommer 1852 tühteten auf meinem Bienenstande im Schönhofer Parke in einem ausgetrommelten Mutterstocke am 12. Tage nach der Operation junge Weisel, und ich erwartete am andern Tage einen Nachschwarm. Er kam richtig von zwei Königinen angeführt; allein, ich fing ihn umsonst ein, er ging in den Mutter= stock zurück. Ganz gewiß erwartete ich ihn wieder am 2. Tage. Diesmal fing ich ihm auf dem Flugbrete einen Weisel ab, und sah wirklich noch einen zweiten mit ausziehen. Aber wieder vereitelte er mir die Mühe des Einfangens. Das war mir nunmehr zu bunt; dem eigensinnigen Schwärmer noch am 3. Tage auflauern wollte und konnte ich nicht; denn es war Sonntag. Ich ließ nun den Stock ein paar Stunden in Ruhe, dann öffnete ich ihn, schnitt ihm eine vorfindige Weiselzelle aus, woraus der Weisel mir noch in der Hand auskroch, klopfte ihn aus, und stellte dann den Nachschwarm= Triebling darneben hin. Letzterer verhielt sich auf der Stelle ganz ruhig, und als ich erst am 2. Tage darauf Nachschau hielt, fand ich ihn sammt dem Mutterstocke im besten Wohlsein und in voller Thä= tigkeit. Damals befestigte sich in mir erst recht der Vorsatz, wo möglich keinen Stock mehr schwärmen zu lassen, sondern alle Schwär= me abzutrommeln

3. Durch das Austrommeln erhält man die Schwärme um 8 oder 14 Tage früher als die natürlichen, so daß sie, besonders Nachschwarmtrieblinge, die Tracht länger benützen können.

Natürliche Nachschwärme fallen meistens etwas spät, wo die Tracht schon im Sinken begriffen ist; daher sie selten mehr ihren ganzen Nahrungsbedarf für den Winter nebst einem hinreichenden Wachsbau besorgen können. Daher, welch' ein wichtiger Vortheil,

wenn man Nachschwärme mittelst des Austrommelns um 8 oder
14 Tage früher, und also schon zur Zeit erhält, wo die natürlichen
Vorschwärme erscheinen! — Endlich

4. Durch das Abtrommeln der Schwärme werden mit Sicher=
heit junge Königinen erzeugt und vermehrt; was auf das Gedeihen
des Bienenstandes einen vortheilhaften Einfluß äußert.

Wenn auf einem Stande ein oder mehrere Jahre wenige oder
gar keine Schwärme fallen, dann werden die Weisel zu alt und zu
wenig gewechselt; manche nehmen schon bedeutend an Fruchtbarkeit
ab, und die Stöcke kommen dadurch sichtlich zurück; manche wieder
sterben gar plötzlich im Winter oder gegen das Frühjahr hin, und
die Stöcke werden weisellos. Durch das Abtrommeln der Schwärme aber
werden ältere Stöcke gleichsam aufgefrischt. Auch hat man dabei
Gelegenheit, überzählige Weisel zu erhalten, womit man Stöcken von
fehlerhaften Königinen oder eben weisellos gewordenen Hilfe und
Rettung bringen kann.

Anmerkung. Das Austrommeln der Stöcke kann, — wie
schon gesagt — auch zu anderen Zwecken, nicht nur zur Erzeugung
künstlicher Schwärme geschehen. Z. B. um eine unfruchtbare Köni=
gin abzufangen; oder um ein Bienenvolk mit einem andern Stocke
zu vereinigen, so, daß ein Wachsbau leer wird, und anderwärts ge=
braucht werden kann u. s. w.; wovon am geeigneten Orte wieder Er=
wähnung geschehen soll.

(Mehr über Ableger im Anhange, unter E — der Strohprinz.)

VI. Abschnitt.

Ueber das Ueberpflanzen (Transplantiren) der Bienen aus Holzstöcken in Strohstöcke.

§. 68. Mir gefallen jetzt meine Klotz- und Breterbeuten nicht mehr;
wie könnte ich die Bienen heraus und in theilbare Strohkörbe
bringen?

Wer Klotz= und Breterbenten hat, die noch fest und dauerhaft
sind, der lasse die Bienen darin in Ruhe, denn das Herausschaffen
derselben — wie gleich gelehrt werden wird — macht die gänzliche
Vernichtung solcher Holzwohnungen nothwendig; und schon nur um

das Holz wäre Schade, welches in unserer Zeit so theuer ist. Er pflege nur die Bienen darin, so gut als es übrigens nach den Grundsätzen der Zaubersprüche geschehen kann, und sie werden auch ihren Nutzen abwerfen. Erhält er jedoch Schwärme, dann mag er diesen ohneweiters Strohwohnungen anweisen, damit er nach und nach auch einen Stand von ströhernen Stöcken erhalte.

Anders verhält es sich, wo Klotz- und Breterbeuten stehen, woran der Zahn der Zeit und auch der Holzwurm tüchtig genagt hatten, so daß durch Risse und Löcher Wind und Nässe, und allerhand Ungeziefer auf die Bienen eindringen, und sich die armen Thierchen kaum mehr zu rathen wissen; da wird es nothwendig, so bald als möglich die faulen Holzstöcke zu kassiren, und ihre Bewohner in neue gesündere Häuser zu versetzen. Aber wie soll das geschehen? — Man könnte wohl im Frühjahre die Bienen sammt dem Wachse herausschneiden, und Alles in möglichster Ordnung in einen Strohkorb hineinstiften; doch welche Plage! und dazu, wie leicht könnte nicht das Kunststück mißlingen? — Besser, man wähle folgendes nicht so gewaltsames Mittel:

Zur Zeit, wo man im Frühjahre die Stöcke zu reinigen pflegt, und wo sich darin die Brut noch nicht sehr ausgebreitet hat, beschneide man den alten Holzstock so daß aller überflüssiger Wachsbau entfernt wird, und daß das Bienenlager einen möglichst kleinen Raum einnimmt. Befindet sich dasselbe in einer liegenden Beute gegen das eine Ende derselben, oder in einer stehenden oben im Haupte — um so besser. Nun treibt man die Bienen in den übrig gebliebenen Bau mit Rauch hinein, und sägt jetzt mit einer großen Holzsäge knapp vor dem Wachsgebäude den leeren Theil des Stockes ab; was ohne Schwierigkeit angeht, indem die Bienen durch die Erschütterung des Sägens eingeschüchtert und ganz zahm werden.

a) Ist es eine stehende Beute, dann sägt man auch das Vorsatzbret kürzer, und befestiget es, wo es hin gehört. Jetzt hat man aber von der ganzen Beute nichts als einen Aufsatz, der auf jeden Strohring gestellt werden kann.

Dieser muß jedoch zuvor gehörig zubereitet worden sein; nämlich, er muß auf einem Untersatzbrete stehen, und in seinem obern Rande die nöthigen Querhölzer haben; letztere deswegen, damit die aus dem Holzstocke später herunter bauenden Bienen den Wachsbau daran befestigen können, und dieser nicht zusammenstürze, wenn einst der Holzstock ganz abgenommen wird. Zuletzt muß auf den so zubereiteten

Ring erst noch ein Bret (Vereini= (Fig. 19.)
gungsbret) gelegt werden, welches
einen halben Zoll stark ist, und den
ganzen Rand des Ringes überdeckt.
Im Mittelpunkte dieses Bretes muß
aber beiläufig eine so große viereckige
Durchgangsöffnung ausgeschnitten
sein, als die lichte Weite und Höhe
des darauf zu setzenden Holzstockes
beträgt. Dieses Bret dient vornehm=
lich dazu, dem Holzstocke einen festen
Stand zu bereiten, wie auch, um die
Nebenöffnungen zu verdecken, welche
beim Zusammenstoßen des Holz=
stockes mit dem Ringe entstehen.

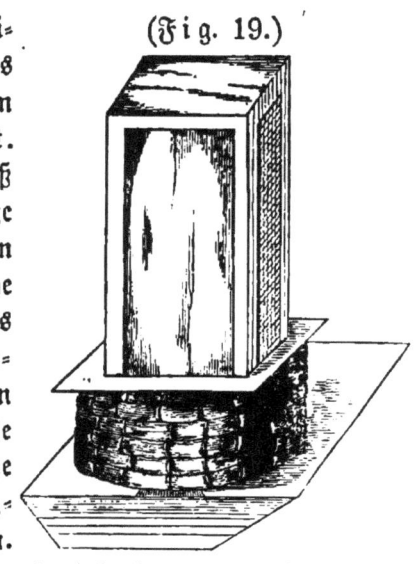

Das Bret kann bei einem Klotze rund, bei einem viereckigen Bre=
terstocke auch viereckig sein.

    Nun setzt man den Stock auf das Vermittlungsbret und sucht
das Ganze mittelst Drahtklammern oder wie immer zu befestigen, wie
auch jede kleinere Oeffnung vollkommen mit Lehm zu verstopfen.
(Siehe Fig. 19.)

    Ist der Stock sonst gesund, dann schadet ihm die ganze Ope=
ration nicht das Geringste; im Gegentheile, er sitzt jetzt warm und
hat die beste Hoffnung auf eine neue gesunde Wohnung. Nun fliegt
er durch das im Untersatzbrete angebrachte Flugloch ein und aus,
und ist genöthiget, in den Ring herunter zu bauen. Mangeln ihm
nur Honig und gute Witterung nicht, und verfällt er nicht auf's
Schwärmen, dann werden ihm im Verlaufe der Tracht wenigstens
noch 2 Ringe gegeben werden müssen. Er verlegt hernach das Brut=
nest ins Stroh und macht den alten Holzgiebel zum Honigmagazin,
und dieser kann meistens schon im nächsten Herbste abgenommen,
ausgeleert und weggeworfen werden.

    b) Ist die Beute eine liegende, so läßt sich solche be=
sonders leicht in einen ströhernen Lagerstock umwandeln.

    Auch hier bereitet man vor dem Absägen erst den Strohring
zu. Dieser muß auf der — Seite 191 erwähnten Leiter, oder auf
einem Brete liegen, vorne einen Deckel mit einem Flugloche und im
hintern Rande 2 Querhölzer haben. Dann muß ebenfalls ein im

(Fig. 20.)

Punkte a) beschriebenes Vereinigungsbret an den Ring gefügt werden, welches in der Mitte die viereckige Durchgangsöffnung besitzt, und die beim Aneinanderstoßen entstehenden Nebenöffnungen verdeckt. Nach dem Absägen wird hier die Beute der Länge nach auf die Leiter gelegt, so daß der Schnitt das Vermittlungsbret berührt, und dann Alles ordentlich an einander befestiget.

1. Anmerkung. Wollte man eine alte liegende Breterbeute gerade gern zu einem stehenden Strohmagazine machen, so ließe sich dies auch ausführen. Man dürfte nur, nachdem der leere Theil abgesägt und die dadurch entstandene Oeffnung wieder mit einem passenden Bretchen wohl verschlossen worden ist, unten am Boden unterhalb des Bienenlagers mit einem Centrumbohrer ein 5—6 Zoll weites Loch machen, und dann den Kasten auf den so zubereiteten Ring stellen.

2. Anmerkung. Bei Beuten, sowohl stehenden als liegenden, die das Brutnest gerade in der Mitte haben, verfährt man auf folgende Art: Man schneidet auf jener Seite, wo das leere Wachs ist, und wo die Verbindung mit dem Strohringe statt haben soll, bis ans Lager alles Wachs aus, macht den Sägeschnitt, und vereiniget, wie gelehrt wurde, das Holz mit dem Strohringe. Hierauf läßt man den Stock einen oder einige Tage in Ruhe; dann aber öffnet man das Vorsetzbret, und zeidelt auch auf dem andern Flügel, so viel nur entbehrlich ist, Wachs und Honig aus, und versetzt den hiedurch entstandenen leeren Raum mit einem genau passenden Bretchen (Blende), welches in der Quere eingeschoben wird. Die Seitenöffnung wird hernach wieder mit dem Vorsetzbrete geschlossen. So sind dann die Bienen eingeengt und genöthiget, vorwärts in's Stroh zu bauen.

Wem aber die Länge des Holzstockes etwa wegen Mangel an Raum im Bienenhause hinderlich wäre, der könnte auch den zweiten leeren Theil mittelst eines zweiten Sägeschnittes entfernen, der knapp hinter der eingeschobenen Blende gemacht wird.

3. Anmerkung. Da die Hauptsache ist, die Bienen auf einen möglichst kleinen Raum zusammenzudrängen, damit sie nämlich um so schneller vorwärts in's Stroh bauen und dahin das Brutnest verlegen; und damit zugleich die Hoffnung gehegt werden darf, daß im Herbste das ganze alte Nest im Holze, mit Honig gefüllt abgenommen werden kann: so darf man im Frühjahre beim Zuschneiden keineswegs die vorhandenen Honigtafeln schonen. Behält auch der scharf zugeschnittene Stock in dem übrig gelassenen Gewirke nicht so viel Honig, als er noch für die Frühlingsmonate braucht, so kann man ihm ja durch Fütterung zu Hilfe kommen. Jedoch man füttere dann nicht übermäßig, damit nämlich der Futterhonig nicht zu viele Zellen im beschränkten Gebäude einnehme, und hiedurch etwa die Vermehrung der Brut beschränkt werde.

4. Anmerkung. Ein großer Vortheil ist es bei der Ueberpflanzung, wenn der hiezu verwendete Strohring schon ausgebaut ist und junge Scheiben enthält. Wer schon Strohstöcke besitzt, kann davon leicht die letzten oder jüngsten Ringe nehmen und hiezu verwenden.

§. 69. Wie bringt man aus hölzernen Magazinen oder Kastenstöcken die Bienen in Strohmagazine?

a) Bei stehenden Holzmagazinen darf man nicht glauben, daß die Ueberpflanzung schon dadurch leicht und gut geschehen könne, wenn man nur statt Holzkästchen Strohringe untersetzt und ausbauen läßt, in der Hoffnung, daß oben nach und nach die Kästchen mit Honig abgenommen und entfernt werden. Ist der Jahrgang nicht ausnehmend gut und der Stock besonders volkreich, dann bauen die Bienen zu wenig ins Stroh, und behalten ihr Lager noch fort in den Holzkästchen, welche daher zum Herbste nicht weggenommen werden können, sondern über Winter stehen bleiben müssen. Ist aber dies der Fall, dann schwitzen zur Winterszeit und im zeitlichen Frühjahre die Kästchen, und der Schweiß läuft auf die Strohringe herab; wodurch diese sammt dem darin enthaltenen Bau verschimmeln und verderben, und deshalb wohl gar wieder abgeschnitten werden müssen

16*

Man hat dann in Hinsicht der Ueberpflanzung wohl einen Schritt vorwärts gethan, aber auch wieder rückwärts gemacht, und steht am alten Punkte.

Als eine weit schnellere und sichere Ueberpflanzungsweise wird folgende anempfohlen: Im April nimmt man dem stehenden Magazine von oben alle Honigkästchen, bis auf jenes, worin eben jetzt die Bienen zehren. Von unten aber stutzt man den Stock so weit zu, daß er im Ganzen, wenn er stark ist, aus 4, wenn er schwächer ist, aus 3 Kästchen besteht. Hierauf stellt man ihn vor sich auf's Haupt, und fängt an, im untersten Kästchen mittelst eines breiten Messers den Wachsbau rings von den Wänden loszutrennen. Ist dies geschehen, dann sägt man auch mit einer Säge ohne Biegel (Lochsäge) die das Gewirke haltenden und im Kästchen vorhandenen Quer- oder Kreuzhölzer knapp an den Wänden ab. Nun läßt sich das Kästchen ohne Hinderniß abnehmen und beseitigen, während der Wachsbau unverrückt stehen bleibt.

So und nicht anders verfährt man mit jedem andern Kästchen, das oberste ausgenommen, welches unberührt bleibt. Dann ist der Stock nach Bedürfniß seines alten hölzernen Kleides beraubt, und bedarf nur noch eines kleinen Zuschnittes, um in ein neues ströhernes schlüpfen zu können. Der ausgeschälte Wachsbau steht jetzt viereckig da, und soll in den runden Raum der Strohringe kommen. Daher werden jetzt noch die 4 hinderlichen Ecken desselben mit dem Messer abgeschnitten. Und somit ist die Zubereitung des Holzmagazins vollendet.

Die Vorbereitung des Strohstockes, welche schon früher vorzunehmen ist, besteht darin, daß man so viele Ringe ohne Querhölzer mittels Klammern zusammenfügt, als die Länge des ausgeschälten Wachsrumpfes verlangt.

Sind nun beide Stöcke in Richtigkeit gebracht, dann hebt man den alten Stock auf, und steckt ihn mit seinem ausgeschälten Gewirke in den Strohkorb, so daß dieses bloß noch an dem vorhandenen Kästchen hängt, welches itzt mit seinen Rändern auf dem obersten Ringe aufsitzt. Springen die Ecken des Kästchens vor dem Ringe etwas weit vor, so verstopft man jetzt gleich die dadurch entstandenen Oeffnungen mit Lehm.

Endlich, nachdem man noch in jedem Ringe auf entgegengesetzter Seite von außen durch das Stroh in die mit der breiten Seite zugekehrten Wachsblätter ein 6 bis 7 Zoll langes und spitziges Holz oder Stäbchen eingeschoben hat, um so der Haltbarkeit wegen die abgesägten Querhölzer zu ersetzen, ist die Ueberpflanzung vollbracht.

Bald befestigen hierauf die Bienen die Wachswaben wieder an die Strohwände, liegen von nun an und schon den ganzen Sommer hindurch in den Ringen, bauen unten weiter, und zeigen sichtbar das beste Wohlbefinden.

Es müßte nur ein völliges Mißjahr folgen, oder der Stock müßte krank oder volkarm gewesen sein, wenn er im Herbste das einzige noch aufsitzende Kästchen nicht entbehren, und man ihm dasselbe sammt dem darin befindlichen Honig nicht abnehmen können sollte.

Aber auch in dem Falle, daß der Stock den im Kästchen vorfindigen Honig braucht, gibt es Mittel und Wege, das Holzkästchen noch im Herbste zu beseitigen. Entweder nämlich schneidet man das Kästchen sammt dem Honig ab, und gibt dem Stocke dafür einen vollen Honigring von einem andern Stocke; oder, man schält im Herbste — wie oben gezeigt wurde — auch das letzte Kästchen von oben aus, läßt den Honig stehen, schneidet die 4 Ecken des Baues ab, und setzt jetzt einen leeren Strohring statt des Kästchens auf. So kommt das Holzmagazin in einem einzigen Jahre ins Stroh.

b) Bei liegenden Holzmagazinen, die seltener im Gebrauche sind, läßt sich das Ausschälen der Kästchen nicht anwenden; weil darüber die Waben herunter stürzen würden. Hier stutzt man bloß — wie bei liegenden Beuten — den Bau möglichst zu, nimmt alle entbehrlichen leeren Kästchen ab, und setzt über Sommer Strohringe an. Sollte man dann im Herbste nicht alle Holzkästchen auf einmal abnehmen können, so würde dies im Winter dem Strohe weniger schaden; indem sich hier das Holz nicht über, sondern neben dem Strohe befindet, und also der an den Holzwänden herabrollende Schweiß nicht unmittelbar das Stroh durchnässen kann.

1. Anmerkung. Es versteht sich von selbst, daß man die beschriebene Transplantation nicht etwa mit Stöcken von schwachen und armseligen Völkchen vornehmen darf. Solche geben wenig Hoffnung zum künftigen Wachsbauen, und würden vielleicht in Holze sitzen bleiben.

2. Anmerkung. Auf die in diesem Abschnitte beschriebene Weise, habe ich nach und nach alle meine Holzstöcke verschiedener Art in Strohstöcke umgewandelt. Manche, die früher als Holzstöcke nie

geschwärmt hatten, schwärmten jetzt im ersten Jahre der Umwandlung; und die früher nach dem Winter ganze Haufen todte Bienen hatten, wiesen jetzt nur äußerst wenige auf. Ueberhaupt ein unverkennbares Wohlsein ließ sich an den umgewandelten bemerken, woraus ich also immer mehr und sicherer auf die Vorzüglichkeit des Strohes vor dem Holze in Hinsicht der Ueberwinterung schließen mußte.

VII. Abschnitt.

Ueber das Unter=, Auf= und Ansatzgeben zur Erweiterung des Raumes im Stocke.

§. 70. Wann, wo und wie setzt man leere Ringe und Kästchen den verschiedenen Bienenwohnungen an?

Im Winter und zeitlichen Frühjahre beschränkt man den leeren Raum in den Stöcken so viel als möglich der Wärme wegen, und läßt nur so viel als gegen die Gefahr des Erstickens (siehe Seite 140 — b) räthlich ist; wie aber im Frühjahre die gute Tracht und mit derselben der Wachsbau beginnt, und Volk und Wärme sich Tag für Tag im Stocke mehren; tritt das Bedürfniß der Raumerweiterung ein.

a) Bei stehenden Ringstöcken werden jetzt in der Regel nach und nach einzelne Ringe als Untersätze gegeben; weil die Bienen von oben nach unten bauen. Man soll aber nie mehr als einen Ring auf einmal untersetzen, damit die Bienen gleichförmiger bauen. Setzt man nämlich z. B. 2 Ringe auf einmal unter, dann bauen sie öfters die auf der einen Seite zuerst angefangenen Wachs=scheiben ohne Unterbrechung fort bis auf den Boden, während auf der andern Seite gar keine oder nur kurze Scheiben zu sehen sind, die erst später nachgebaut und verlängert werden müssen. Dabei tritt der Uebelstand ein, daß die Bienen in ihrem Bestreben den großen leeren Raum baldmöglichst auszufüllen, große Zellen, d. h. Drohnenwachs anfangen, und solche Drohnenwaben hernach bis hinab fortbauen. Breitet sich nun später bis hieher das Brutnest aus; dann werden in den Drohnenscheiben zu viele Drohnen erzeugt, welche unnöthiger Weise auf theure Kosten des Stockes ernährt werden. Man gebe also dem Stocke erst einen 2. Untersatz, wenn der erste zu 2 Drittheilen oder bis auf einen Zoll ausgebaut erscheint; dann sind die Bienen genöthiget, den Bau auf allen Punkten zu führen, und sie führen ihn weniger schleuderhaft, sondern gedrungen, und errichten weniger Drohnenzellen.

Besitzt aber z. B. ein vorjähriger Schwarm 3 Ringe Bau, und hat er etwa im Frühjahre noch einen 4. unten ausgebaut, und man wünscht an ihm einen Honigstock und keinen Schwarmstock zu erhalten, dann setzt man ihm ferner leere Ringe oben auf; nachdem man jedesmal zuvor den Deckel abgenommen hat.

Jedem oben aufgesetzten Ringe müssen in dem oberen Rande zollbreite Stäbchen, bei Zwischenräumen von einem halben Zoll Weite, eingefügt werden, damit die Waben daran befestigt werden können. Da die Bienen niemals gern leeren Raum über sich leiden, so fangen sie alsogleich an, einen solchen Ring auszubauen, wenn anders die Witterung das Bauen erlaubt; und zögern um so weniger, wenn man früher einige Wachsspitzen an die Stäbchen angefügt hat, und besonders, wenn eine angeheftete Wachsscheibe bis auf den untern Bau herunterreicht. In 10—14 Tagen ist der Ring nicht nur vollgebaut, sondern auch mit dem reinsten Honig angefüllt. Ist der Stock ausgezeichnet, und die Trachtzeit noch nicht zu weit vorgeschritten, kann das Aufsetzen noch ein- oder zweimal statt finden. Doch jetzt schneidet man den vollen Ring mittels eines Drahtes ab, nachdem man die Bienen mit ein wenig Rauch hinabgetrieben hat, hebt ihn auf, und setzt den eben so vorgerichteten leeren Ring auf den Stock, und den vollen Ring wieder auf den leeren. Auf diese Art entsteht ein Zwischensatz, der gegen das Schwärmen hilft, und von den Bienen um so eifriger ausgebaut wird. Auch kann man statt des leeren Ringes, einen mit Wachsscheiben ausgebauten, den man etwa einem Stocke im Herbste oder Frühjahre als überflüssig unten abgenommen hat, als Aufsatz geben. Bei diesem ersparen die Bienen das Bauen, und können ihn um so schneller mit Honig füllen.

Nicht minder lassen sich am Rücken oder an den Seiten des Stockes leichte Kästchen mit eingefügten Wabenstücken anhängen, wenn sich dort ein Fenster befindet. Man darf nur die Glasscheibe herausnehmen, und die dadurch hergestellte Oeffnung mit einer ähnlichen an der Seite des Kästchens vorhandenen in Verbindung bringen. Eben so kann ein Nebenansatz geschehen; indem man,

wie im II. Hauptstücke, Seite 189, gezeigt wurde, ein zweites Flugbrett neben dem des Stockes legt, die Seitenschieber auszieht und
einen vorgerichteten und bedeckelten Strohring oder ein Kästchen darauf stellt; in welchen Ansatz dann die Bienen herüber gehen und hier
bauen und Honig eintragen.

Durch dergleichen Seitenansätze kann man sich vorzüglich dann
aus der Verlegenheit helfen, wenn ein Stock mit mehreren Ringen
schon oben an einem Balken ansteht, und deßhalb nicht mehr gehoben
werden, und also auch keinen Untersatz mehr erhalten kann.

Auch ohne den Deckel des Stockes hinwegzunehmen, macht
man Aufsätze. Man zieht nur den Spund aus, und setzt dann den
Ring oder das Kästchen, oder ein großes Glas u. dgl. darüber. Doch
in Gläser bauen die Bienen ungern hinein, weil sie an den glatten
Wänden den Bau nur schwer befestigen können, und sie hier den Bau von
unten nach aufwärts führen müssen. Stellt man ihnen aber ein langes
Stück von einer jungen Wachsscheibe in's Glas dann lassen sie sich
eher zum Baue bewegen. Das Glas muß mit einer Hülle umgeben
werden, damit die Bienen darin im Finstern sind.

Durch alle hier angeführte An= und Aufsätze gewinnt man ganz
reinen, vom Blumenstaube freien Honig, denn die Königin geht nicht
leicht aus dem Brutraume über den hier zu oberst aufgespeicherten
Honig in die darüber befindlichen Aufsätze, wie auch durch das Nebenflugloch am Boden in die Nebensätze, um hier Eier zu legen. Ein
einziger mit jungem Wachse angefüllter Ring kann 20 Wiener Pfund
Inhalt haben.

Die Auf= und Ansatzkästchen kann man so einrichten, daß die
Stäbchen oder Wabenträger beweglich sind, d. h. daß letztere sammt
den daranhängenden Wachs= und Honigscheiben eingesetzt und herausgenommen werden können; wovon ein Mehreres im Anhange.

Zwei Jahre kann man auf diese Weise einem Honigstocke ab-
nehmbare Auf= und Ansätze geben, ohne ihm auch unten Ringe unterzusetzen. Königin und Volk haben in den im 1. Jahre bebauten
untern 3 oder 4 Ringen Zellen genug, um hier das Brutgeschäft zu
pflegen und auch noch den nöthigen Nahrungshonig unterzubringen.
Allein im 3. Jahre muß man bedenken, daß hier der Wachsbau älter,
durch das häufige Brutsetzen schwärzer, und in seinen Zellen verengert wird, und man muß jetzt wenigstens seine Erneuerung einzuleiten
anfangen. Dieß geschieht durch Untersätze, in welchen die Bienen

neues Wachs bauen, und dahin allmählich das Brutnest verlegen. In 2 Jahren hat dann ein fehlerfreier Stock, wenn er zugleich nicht schwärmt, wenigstens 4 neue Ringe ausgebaut, während im Herbste zugleich sein älterer Bau in den oberen Ringen mit Honig gefüllt, nach und nach abgenommen wurde; worauf wieder statt Unter=, Auf= nnd Ansätze folgen können.

Dies von dem Auf= und Ansatzgeben, für den Fall, daß man Honig in reinster Qualität und im Jungfernwachse erhalten will. *)

Jetzt Einiges über das Wie des Untersetzens. Daß das Auf= und Ansetzen wenig Schwierigkeiten mache, muß Jeder selbst einsehen; aber einen Ring unterzusetzen, wenn der Stock schon aus 6, 7 oder noch mehr Ringen besteht, ein zahlreiches Volk hat, vielleicht vorliegt, und dazu heiße Zeit ist: das halten Viele, die nicht die nöthige Wissenschaft besitzen, für außerordentlich beschwerlich und gefährlich. So arg ist es wohl nicht; ich beschreibe hier das ganze Verfahren.

Nachmittags, wo noch die meisten Bienen im Felde sind, legt man ein Untersatzbret rechts oder links dicht an den Stock, und stellt den unterzusetzenden Ring, so wie er stehen bleiben soll, darauf. Dann schlingt man einen Strick doppelt um den Stock, etwa in der Höhe des 2. Ringes, und bindet seine Enden fest zusammen. Der Strick darf nicht straffer angezogen sein, als daß gerade zur Noth rechts und links die Finger einer Hand ihn umgreifen und sich des= selben als einer Handhabe zum Heben bedienen können. Der Strick, wenn er nicht zu schlapp geknüpft ist, rutscht nicht beim Heben; jedoch der Vorsicht halber können über denselben auf den zwischen die Hand= haben fallenden Punkten zwei eiserne Klammern in's Stroh gedrückt

---

*) In der Hitze des Streites und in der eifrigen Vertheidigung anderer Me= thoden hat man schon oft der Magazinbienenzucht den Vorwurf gemacht, daß sie viele Drohnen als unnöthige Fresser ziehe, und nur schlechten Honig in altem Wachse abwerfe. Diesen Vorwurf, der die alte Christ'sche Schlen= briandmethode treffen mag, weise ich von der unsrigen zurück. Wer mit sei= nen Magazinen auf oben beschriebene Art verfährt, erntet nicht allein reinen Honig, sondern hat durchaus auch nicht über viele Drohnen zu klagen; denn im Brutstocke befinden sich höchstens an den Seiten 1 oder 2 schmale Droh= nenwaben, die der Weisel, dem in der Mitte genug Bienenzellen zu Gebote stehen, nicht gezwungen ist, mit Drohneneiern zu besetzen. Ueberdieß können im Frühjahre wenigstens die jüngsten Drohnenscheiben ausgeschnitten werden.

D. B.

werden. Hierauf bläst man Rauch in das Flugloch, und jagt damit die unten sich aufhaltenden Bienen aufwärts; dann fassen alsogleich 2 Personen mit einer Hand den Strick, und heben den Stock, während die andere Hand ihn weiter oben gegen das Schwanken stützt, mit einem Ruck herüber auf den neuen Ring. Nun ist das Wichtigste und Gefährlichste geschehen. Jetzt wird der Stock nur vollends zurecht geschoben, damit er mit dem Ringe ordentlich zusammenpasse, und nachdem beide mit Klammern gehörig verbunden worden sind, gibt man das alte Flugbrett bei Seite, und schiebt das neue sammt dem Stocke an dessen Stelle.

Auf diese Weise können Stöcke, die sogar einen Centner Inhalt besitzen, auf das Schnellste Untersätze bekommen; wobei nur die hebenden Personen sich zuvor den rechten Standort wählen müssen Selten werden dabei einige wenige Bienen zerquetscht; und zum Bösewerden haben die Bienen fast keine Zeit; denn die Hauptsache erfordert ja nur einen Augenblick. Wohl muß man zum Geschäfte einen Gehilfen nehmen; doch wer wird hiezu nicht leicht einen dienstwilligen Nachbar oder einen Andern finden, den man allenfalls, wenn er furchtsam wäre, auch mit einer Bienenhaube bewaffnen kann? —

Wo aber wegen Mangel an dem nöthigen Raume um den Stock herum die Operation schwieriger wird, dort ist nicht das Untersetzen selbst, sondern die fehlerhafte Stellung der Stöcke Ursache. Jeder Stock soll nicht nur im Rücken bequem zugänglich sein, sondern auch rechts und links leeren Raum von der Breite eines Stockes behalten. Auch können Nachbarstöcke, so lange die Operation dauert, um einige Zoll zurückgeschoben stehen.

b) Bei ströhernen Lagerstöcken läßt man in der Regel die Bienen von hinten nach vorne bauen, und setzt daher die Ringe vorne an, indem jedesmal die Scheibe mit dem Flugloche zuvor abgenommen wird. Auch hier wird immer nur ein Ring als Ansatz gegeben. Will man es auch hier — wie oben bei Ständern gezeigt wurde — auf Honiggewinn in jungen Waben anlegen; dann macht man ebenfalls, wenn der Stock einmal 3 oder 4 Ringe Bau besitzt, die Ansätze von hinten. Damit jedoch die Königin nicht auch da in die jungen Waben Eier lege, und hernach die Bienen Blumenstaub für die Brut herbeischaffen, muß man diesen Raum von dem eigentlichen Brutstocke abzusperren suchen. Dies geschieht, wenn man in den ersten hinten angesetzten Ring einen runden Deckel von Stroh

oder Holz, der lose in den Ring hineinpaßt, einschiebt. Dieser De=
ckel muß unten, wo er an dem Boden aufsteht, ein Flugloch, und
auch an den Seiten einige Oeffnungen, so hoch, daß gerade Arbeits=
bienen durchgehen können, besitzen. Durch diese Oeffnungen geht der
Weisel nicht leicht, wohl aber verfügen sich durch selbe die Bienen in
den leeren Ring, bauen und legen hier vorzüglich das Honigmagazin
an. Später werden hier so viele Ringe angefügt, als nothwen=
dig sind.

Auch bei Lagerstöcken werden — wenn vorne das Gebäude zu
veralten anfängt — im 3. Jahre zur Verjüngung des Baues die
Ringe nicht mehr hinten, sondern vorne angesetzt.

An den Fenstern rechts und links lassen sich eben so wie bei
Ständern Kästchen mit eingefügten Wachsscheiben ansetzen. Und wird
ein Ansatzring mit seinem Fenster nach oben gestellt, dann kann ein
Kästchen oder Glas auch oben aufgestellt werden.

Wie in Lagerstöcken die Ringe so vorgerichtet werden, das die
Scheiben an Stäbchen oder Trägern hängen, und mit denselben her=
aus= und hineingebracht werden können; wird ebenfalls der Anhang
nachweisen.

Das Ansetzen der Ringe selber verlangt keine große Wissen=
schaft. Beim Vorneansetzen wird der Stock nach rückwärts ge=
schoben, der Deckel weggenommen, der Ring angestellt und mit
Klammern festgemacht, und zuletzt, nachdem auch der Deckel wieder
angefügt ist, der ganze Stock so viel als nöthig ist, vorwärts gezogen.
Beim Hintenansätzen bleibt gar der Stock unverrückt liegen.
Es versteht sich dabei von selbst, daß wo etwa die Ringe nicht ganz
genau an einander schließen, die Zwischenräume mit ein wenig Lehm
verstrichen werden müssen. Man merke jedoch insbesondere: Weil der
Stock am Boden auf der Leiter oder auf den Brete aufliegt, und man
also hier von Außen keine Fugen verstreichen kann, so muß man dieß
von inwendig thun. Zwischen jedem neuangesetzten Ring und dem
Stocke streiche man alsogleich die Fuge auf der Bodenseite mit Lehm
aus. So können die Bienen bequem aus einem Ring in den andern
laufen; es kann sich in den Fugen kein Gemülle zur Begünstigung
der Wachsmotte ansammeln und auch von außen ist dadurch den
Ameisen und andern Insekten der Zutritt verwehrt. Gut gearbei=
tete Strohringe erfordern hiezu eine äußerst geringe Quantität Lehm.

Eine einzige Person verrichtet das Ansätzen der Ringe bei dieser Gattung Stöcken ganz kommod; oft ohne Rauch, höchstens mit
ein wenig Tabakrauch).

c) Bei hölzernen Magazinstöcken — stehenden und liegenden —
ist dasselbe zu beobachten, was im Punkte a und b enthalten ist;
einige Abänderungen ausgenommen, die ein Jeder, ohne erst darauf
aufmerksam gemacht zu werden, einsehen kann.*) Endlich

d) Bei untheilbaren oder Beutenstöcken sind Auf-
und Ansätze schwieriger anzubringen. Gewöhnlich nimmt man der
stehenden oder liegenden Beute, wenn der Stock vollgebaut hat, ein
Vorsetzbret ab, und hängt dafür einen Kasten an, der die ganze
Oeffnung bedeckt. Doch dies geschieht gewöhnlich erst gegen das Ende
der Tracht, daher die Bienen oft nur sehr wenig mehr hinein-
bauen. Da beim Anhängen eines solchen Kastens wenigstens der
halbe Stock gegen die Lichtseite, und meistens, wenn schon die Bienen stark vorliegen, geöffnet werden muß; da sie häufig, besonders
Klötze, nur grob gearbeitet, sind, und die Anhängkästen nicht akkurat
in die Oeffnungen hineinpassen: so gibt es oft beim Anhängen zahlreiche Stiche selbst wenn viel Rauch angewendet wird, auch manchmal ein anderes unangenehmes Ereigniß. Ich sah z. B. irgendwo
eine große Klotzbeute, welcher ein ziemlich schwerer Kasten angehängt
worden war. Durch den hineingetragenen Honig wurde der Kasten
noch schwerer, so daß er eines Tages das Uebergewicht bekam, und
sich der ganze Klotz auf seinem Gestelle umwälzte. Darüber stürzte
der ganze Wachsbau zusammen, und der Honig floß in Strömen
um den Stock herum. Die Bienen der ganzen Stadt kamen, um ihr
Beileid zu bezeugen, und gelegenheitlich den Honig mitzunehmen. Der
Stock aber war schon durch das gänzliche Zerschmettern seines Baues,
und das Ersticken seines Volkes verloren. Dies zur Warnung vor
Unvorsichtigkeit.

Bei Breterbeuten lassen sich eher zweckmäßige Auf- und Ansätze
anbringen, wenn sie oben ein Spundloch, oder an den Seiten klei-

*) Jene, welche dem Auf- und Ansatzgeben bei Strohringen durchaus eine
Massakre unter den Bienen zumuthen, haben entweder selbst dieses Geschäft schlecht betrieben, oder auch nur schlecht betreiben sehen; oder sie lallen
nach, was Andere in gleicher Unwissenheit vorgeplaudert haben, zu dem Zwecke,
eine andere Methode, ihre eigene, dadurch hervorzuheben.

D. V.

nere Fensteröffnungen haben. Hier können ihnen ebenfalls Gläser und mit Wachsblättern ausgestattete Kästchen auf= und angesetzt werden.

VIII. Abschnitt.

Ueber das Reinigen der Stöcke im Frühjahre.

§. 71. **Wann und wie geschieht die Reinigung bei den verschiedenen Bienenwohnungen?**

Ist endlich der kalte Winter zum größten Theile vorüber; weht nun im Februar oder März auf einmal statt der kalten, warme Frühlingsluft, und zwar einen oder mehrere Tage; dann gibt es ein Fest für den Bienenvater; denn seine Lieblinge halten den ersten Ausflug. Erst stürzen einige Bienen ins Freie, dann folgen bald mehrere, und zuletzt hält jeder Stock ein lustiges Vorspiel, wobei alle Bienen in abwechselnder Ordnung den Stock verlassen, fröhlich um das Bienenhaus schwirren, und zugleich im Fluge ihre Leiber des langverhaltenen Winterunrathes entledigen.

Gestärkt durch den lang entbehrten Sonnenschein wie durch das Luftbad im Freien, eilen sie wieder in den Stock zurück, und geben itzt alsogleich Beweise von ihrer neuerwachenden Thätigkeit. Mit großer Mühe schleppen sie nämlich in den übrigen Stunden des Tages ihre Todten, verdorbenen Blumenstaub, und andern Unrath zum Flugloche heraus, und sagen damit gleichsam dem Bienenpfleger: Wir wollen vor Allen ein reinliches Haus! Dieser muß ihre Sprache verstehen, und sich anschicken, die Stöcke reinigen zu helfen.

Dieses Geschäft wird am klügsten gleich noch an demselben Tage unternommen; denn der morgige Tag und viele andere darauf können wieder unfreundliche Tage sein, die weder den Flug noch das Oeffnen der Stöcke erlauben. Also schnell ans Werk!

a) Strohständer neigt man auf, um mit einem Blick die Spitzen des Wachsbaues zu überfliegen; man wird daran nicht leicht zerstörenden Schimmel und Unreinigkeit sehen. Hierauf kehrt man schnell die auf dem Standbrete liegenden wenigen Bienenleichen sammt dem Wachsgemülle heraus, und stellt den Stock wieder nieder. Wenn aber dennoch das Bodenbret feucht, wohl gar naß und mit Schimmel

angelaufen erscheint, verwechselt man lieber dasselbe mit einem fri=
schen. Man legt solches neben den Stock, hebt diesen darauf, und
schiebt ihn hernach an seinen früheren Platz. Hat man an den Spi=
tzen des Baues und an den Wänden des unteren Ringes einige
Feuchtigkeit bemerkt, so schiebt man noch zwischen dem Stocke und
dem Brete rechts und links ein paar Hölzchen unter, und läßt so ein
oder zwei Stunden die äußere Luft durchstreichen; dann werden die
Hölzchen wieder entfernt, und das Reinigungsgeschäft ist zu Ende.

b) S t r o h l a g e r s t ö c k e werden durch Abnahme der vorderen
Scheibe geöffnet. Die Wachsscheiben sind darin nicht auf dem Boden
aufgebaut; man kann darunter hinsehen. Auch lassen sich die etwa
hindernden Spitzen der Waben leicht mit einem scharfen Bienenmesser
abschneiden. Man zieht dann mittelst eines kleinen Hakens oder
Krückchens die todten Bienen und das Gemülle hervor. Wer noch
genauer verfahren wollte, könnte auch den hinteren Deckel öffnen;
allein es wird selten nothwendig sein.

So Manche, die noch keinen Lagerstock im Innern kennen ge=
lernt hatten, wendeten dagegen ein: „Ach, die kann man ja im Früh=
jahre nicht ausputzen!“ — Ihnen schwebte der große Haufen Unrath
vor Augen, die sie in ihren Holzstöcken anzutreffen gewohnt sind, und
die Vorstellung, daß die Waben am Boden aufstehen. Man irrt in
Beiden. Todte Bienen gibt es in Strohstöcken äußerst wenig, und
außer einigem Wachsgemülle weiter nichts auszuputzen.

Doch, in feuchten Jahrgängen ist zuweilen der Vorsatzdeckel in=
inwendig mit einem Florschimmel überzogen, oder es findet sich ein
Anflug davon an den Wänden des ersten Ringes. In diesem Falle
fährt man nur mit einem Flederwisch oder einem Wischlappen darüber
und er ist verschwunden. Ist der Deckel feucht, so kann er auch mit
einem trockenen vertauscht werden. Oder man läßt ihn nach dem Zu=
machen blos lose angelehnt, damit ringsum eine oder zwei Stunden
lang die Luft ein wenig durchstreichen kann. So ist dann auch hier
das Reinigungsgeschäft vollbracht.

„Die meisten starken Stöcke können beim Reinigungsgeschäfte
des menschlichen Beistandes ganz entbehren.“ So heißt es im gol=
denen Zauberspruche. Dies hat seine volle Richtigkeit, besonders bei

Strohstöcken.*) Allein wer durch sein Zuthun und eine so geringe Mühe den Bienen Arbeit ersparen kann, wer wird es nicht machen?

c) Stehende Holzmagazine werden umgelegt, die etwa im untern Bau durch todte Bienen verstopften Durchgänge mittelst einer Feder geöffnet, und die vom Schweiße triefenden Wände des untern Kästchens mit einem Lappen abgetrocknet. Den Wust auf dem Boden beseitigt man durch das Vertauschen des nassen Stand= bretes mit einem reinen und trockenen. Auch hier kann eine zeitwei= lige Lüftung durch untergesteckte Hölzchen geschehen.

d) Liegende Holzmagazine werden wie Lagerkörbe be= handelt. Nur muß hier der am Boden angewachsene Moder mittelst eines scharfen Krückchens gut abgekratzt und herausgeschafft, und das durchnäßte Holz, so gut es geschehen kann, mit dem Wischlappen ge= trocknet werden. Einige Lüftung vorne am Vorsetzbrete ist hier be= sonders angezeigt.

e) Stehende Klotz= und Breterbeuten gewähren den Vortheil, daß die todten Bienen und anderer Unrath selten unmittel= bar unter dem Bienenlager liegen bleiben, sondern meistens herab auf den weit entfernten Boden fallen. Man kehrt von da alle Unreinig= keit heraus. Die zwischen den Waben, besonders in der Gegend des Flugloches, hängenden todten Bienen müssen mittelst eines Hölzchens herausgebracht werden, damit reine Luft zwischen den Bau und zu den Bienen gelangen kann. Endlich

f) Liegende Beuten erfordern die meiste Arbeit. Nach Ab= nahme des Vorsetzbretes findet man oft mehrere Finger hoch Moder und faulende Bienen auf dem Boden, und viele Zwischenräume zwi= schen den Waben davon ganz verstopft. Der Wust ist um so mehr angehäuft, wenn etwa noch Mäuse — wie im Winter 1851—1852 nicht selten der Fall war — sich durch das morsche Holz oder durch's Flugloch eingefressen und den Wachsbau zerschrotten haben. Hier muß der ganze Unrath weggeschafft, und vorzüglich für das Offenwerden der Zugänge zum Bienenlager und für den Zutritt gesunder Luft ge= sorgt werden. Letzteres ist freilich bei allen Beuten, welche warmen Bau haben, schwer; weil man die hinter den Waben steckenden tod= ten Bienen, die oft mit Schimmel überwachsen sind, nicht sehen kann.

---

*) Gar manchmal hat mich schon Krankheit abgehalten, meine Stöcke im Februar oder März reinigen zu helfen, und siehe da! ich fand sie darauf im Mai ausgeputzt und rein gefegt.   D. V.

Zuletzt noch in Beziehung auf das Reinigungsgeschäft überhaupt folgende Regeln:

1. Man unterlasse dieses Geschäft niemals; den Bienen wird dadurch eine wahre Wohlthat erzeugt, und Holzstöcke, die bisweilen im Wuste zu Grunde gingen, können dadurch gerettet werden. Kann man am ersten Ausflugstage dieses Geschäft nicht vornehmen, oder damit nicht zu Ende kommen; so unternehme man es, und setze es fort an dem nächsten dazu geeigneten Tage. Die Temperatur muß aber wenigstens auf 5 Grade Wärme stehen, damit die ausfliegenden Bienen nicht erstarren.

2. Man vermeide dabei jedes Ausschneiden der Wachsscheiben, damit der Stock nicht kälter werde, und suche denselben sobald als möglich wieder zu schließen. Nur, wo ein Theil des Wachsbaues gänzlich verdorben wäre, und der durch's Ausschneiden entstehende leere Raum beseitiget werden könnte, z. B. bei einem hölzernen Magazine durch Wegnehmen des untersten leeren Kästchens — dürfte eine Ausnahme statt finden.

3. Bei der Eröffnung des Stockes sehe man nicht nur, so wie beim Reinigungsausfluge selbst, auf das Verhalten der Bienen; sondern auch auf das, was auf dem Boden liegt. Ein hier liegender todter Weisel, oder kleine Drohnenbrut lassen auf Weisellosigkeit oder Weiselunrichtigkeit schließen; einige Arbeitsbienen-Fehlbrut dagegen auf Weiselrichtigkeit und Brutansatz; viele matte Bienen und herabgeworfener verzuckerter Honig auf Hunger oder Durst, dickleibige Bienen und wässeriger Auswurf auf Ruhr oder Erkältung u. s. w. — Alles Verdächtige merke man sich wohl, und habe deßhalb den betreffenden Stock von nun an sorgsam im Auge, um zur rechten Zeit das Geeignete dagegen zu veranlassen. Endlich

4. Man vermache nach der Reinigung wieder alle Fugen und Ritzen des Stockes wohl, und verkleinere das Flugloch von Neuem, wenn vielleicht abermals kalte und rauhe Witterung folgt. Dies der Wärme wegen, die jetzt beim zunehmenden Brutgeschäfte, dem Stocke so zuträglich ist.

Anmerkung. Vorstehender Abschnitt spricht wohl nur von der Reinigung der Stöcke im Frühjahre; allein es kann Fälle geben, wo auch mitten im Sommer eine Reinigung nothwendig wird, und — es versteht sich von selbst — jetzt geschehen muß. Z. B. Ein schwächerer Stock ist von Räubern überfallen worden, und in

Folge deſſen liegen jetzt Gemülle und todte Bienen auf dem Boden; — oder, in einem nicht gut verwahrten Stocke ſind Wachsmotten eingedrungen, und es iſt ihnen gelungen ſich in den Fugen des Untertheiles feſtzuſetzen; oder, ein anderer Stock hat fehlerhafte Brut ausgezogen, und ſie in ſolcher Menge auf den Boden herabgeworfen, daß es ihm viel Zeit und Mühe koſten, oder wenn das Flugloch ſich nicht am Boden befindet, ganz unmöglich ſein würde, ſie aus dem Stocke zu ſchaffen, u. dgl. In ſolchen und ähnlichen Fällen muß der Bienenpfleger einſchreiten. Er kann jetzt durch ſeine Hilfe dem Bienenvolke einen großen Dienſt erweiſen; vielleicht gar daſſelbe vom Untergange retten.

Die äußeren Erſcheinungen an dem Stocke, z. B. der ſchwache und träge Flug der Bienen, der ausgetragene Unrath, vorhandene Ritzen u. ſ. w. müſſen ihm ein Fingerzeig ſein, wann er nachſehen und den Stock öffnen ſoll. Solche außerordentliche Fälle abgerechnet, ſteht aber feſt, daß alle geſunde, fehlerfreie und volkreiche Stöcke ſich auch im Sommer ſelber vollkommen rein halten.

IX. Abſchnitt.

Ueber das Beſchneiden und Zeideln der Stöcke im Frühjahre.

§. 72. In welchen Fällen kann und muß eine Wachs- und Honigabnahme durch Beſchneiden und Zeideln der Stöcke im Frühjahre, ſtatt im Herbſte, geſchehen?

In der Regel ſoll die Zeidelung i m H e r b ſ t e vorgenommen werden; aus dieſen Urſachen:

a) um die Bienen durch Abnahme des überflüſſigen, kühlenden Honigs, und — bei theilbaren Stöcken, wo zugleich Ringe oder Käſtchen mit abgenommen werden, auch durch Verengerung des Raumes, ein wärmeres Winterlager zu bereiten; b) um den Honig dem Winterdunſte zu entziehen, der davon einen gewiſſen Beigeſchmack erhält; c) um vollgebauten untheilbaren Stöcken leeren Raum zum beſſeren Zutritt friſcher Luft im Winter zu verſchaffen, und — bei liegenden Beuten veralteten Wachsbau zu entfernen; und d) um den Honig, der über Winter Diebe anlocken, und zur Beraubung der

Stöcke anreizen könnte, sicher zu stellen. Diese Regel leidet jedoch, Ausnahmen, und es **kann, ja muß eine Honig- und Wachs-abnahme im Frühjahre vor sich gehen**, und zwar in folgenden Fällen:

1. **Wenn aus was immer für Hindernissen, die, wie in allen Dingen, auch hier eintreten konnten, die Herbstzeidelung unterblieben ist.** Hier wäre es wenigstens unklug und unwirthschaftlich, wollte man überflüssigen und wirklich für die Bienen entbehrlichen Honig auch über Sommer im Stocke belassen; denn die vollen Honigwaben verengern nur den Raum im Stocke und müssen von den Bienen fortwährend rein gehalten und bewacht werden; auch verzuckert der Honig darin, und die Bienen, wollen sie ihn nun genießen oder nur flüssig erhalten, sind genöthiget, ihn mühevoll mittels Wassers zuvor aufzulösen. Weil sich aber im Frühjahre bei steigender Tracht und immer häufiger werdender Brut wichtigere Geschäfte mehren; so ereignet es sich öfters, daß sich die Bienen nicht mehr die Mühe nehmen, den Zuckerhonig aufzulösen; sie werfen ihn dann theilweise aus den Zellen auf den Boden des Stockes, wo er verloren geht.

2. **Wenn die Stöcke untheilbare und Beutenstöcke sind, und es sich darum handelt, sehr veralteten Wachs-bau herauszubringen und die Wachserneuerung einzuleiten.** Haben z. B. die Bienen im Obertheile einer stehenden Beute schon mehrere Jahre hinter einander gebrütet, so muß endlich einmal wenigstens das halbe Nest ausgezeidelt werden. Geschähe dies im Herbste, so würde das Leben des Stockes wegen der Kälte im Winter auf dem Spiele stehen. Minder gefahrvoll, wenn auch noch mißlich genug — was aber schon die ungeschickte Einrichtung dieser Art Bienenwohnung mit sich bringt, — läßt sich diese Wachs-erneuerung im Frühjahre bei gehöriger Umsicht einleiten.

Bei Querbeuten kann es sogar nothwendig werden, daß, wenn schon im Herbste ein Theil veralteten Baues beseitiget worden ist, der noch stehen gebliebene, welcher erst im Frühjahre von den Bienen ausgezehrt und verlassen erscheint, jetzt erst vollends ausgezeidelt werde. Und

3. **Wenn gewisse, bei der Bienenzucht vorkommen-de Frühjahrs-Operationen unausweichlich mit einer** bedeutenderen oder geringeren Honig- oder Wachsab-

nahme verbunden sind; z. B. wenn nach einem ungünstigen Winter ein Holzstock so durch Nässe und Schimmel, oder Mäusefraß gelitten hat, daß ihm aus Gesundheitsrücksichten ganze Kästchen ab=, ganze Waben ausgeschnitten werden müssen; oder, wenn der weitläufige Bau eines guten Stockes zur um so sicheren Erzielung von Schwärmen, oder der eines herabgekommenen Volkes zugestutzt und verengt werden muß, damit letzteres wärmer sitze, und sich gegen eindringende Feinde besser vertheidigen könne; oder, wenn ein weiselloser Stock kassirt, oder mit einem andern vereiniget, oder auch, wenn eine Kolonie aus einem alten Hause in eine neue Wohnung transplantirt werden muß u. dgl.

Ist nun nach diesen 3 Punkten die Honig= und Wachsabnahme im Frühjahre zulässig, ja nothwendig, dann kömmt es nur darauf an, daß sie auch zweckmäßig geschieht.

§. 73. Welches ist das rationelle Verfahren bei der Frühjahrs-zeidelung?

Solches ist in nachstehenden Regeln enthalten:

1. Man zeidle zur rechten Zeit; d. h. weder zu früh noch zu spät im Frühjahre, und an dazu geeigneten Tagen und Stunden.

a) Zu frühes Zeideln ist das schädlichste, und zwar bei untheilbaren Stöcken. Denn im zeitlichen Frühjahre brauchen die Bienen die Wärme am nothwendigsten wegen der Brut; werden aber jetzt Honig= oder Wachswaben ausgeschnitten, so wird dadurch der Stock kälter, indem sich die Wärme in dem leeren Raume verliert. Fallen dazu noch starke Spätfröste ein, dann kann sich die nach Außen stehende Brut verkühlen, ja sammt dem Volke erfrieren. Im glücklichsten Falle nimmt das Brutsetzen wieder ab statt zu, und der Stock kommt wenigstens in seinem Gedeihen rückwärts.

Alle Jahre leiden sehr viele Beutenstöcke durch das Zufrühbeschneiden Schaden; und im Jahre 1850 sind nicht Hunderte, nein! Tausende von Stöcken nur in Böhmen dadurch zu Grunde gegangen. Der Jänner dieses Jahres zeigte sich sehr mild, und der Februar ausnehmend schön. Dies verleitete Viele, zu Ende dieses Monates zu beschneiden und zu zeideln. Darauf folgte aber der März als zweiter Winter mit 6—12 Graden Kälte, und machte den Stöcken den Garaus.

Möchte man sich doch durch solche Beispiele vor Voreiligkeit in diesem Punkte warnen lassen. Man zeidele niemals, bevor die wahrscheinlichste Sicherheit anhaltender Frühlingswärme vorhanden ist. Stöcken aber, die durch diese Frühjahrszeidelung vielen leeren Raum erhalten, sperre man wenigstens denselben durch eingeschobene Breter so lange ab, bis der Wachsbau beginnt. Kurz, man halte die Wärme möglichst zusammen.

h) Zu spätes Zeideln ist gleichfalls schädlich und gefährlich. Hat sich nämlich die Brut bereits sehr ausgebreitet, haben die Bienen schon viel Blumenstaub und wohl gar auch Honig eingesammelt, welche beide jetzt um das Brutnest herum aufgespeichert stehen; ist auch die Witterung sehr warm, und die gute Tracht im Zuge: dann ist das Zeideln ein lästiges, gefährliches und mitunter barbarisches Stück Arbeit; und dies wieder vornehmlich bei untheilbaren oder Beutenstöcken. Denn, will man jetzt einen Theil des veralteten Nestes beseitigen, so findet man schon Eier und Maden, Honig und Blumenstaub darin, und diese müßten mit herausgeschnitten werden. Der handwerksmäßige Bienenschneider thut Letzteres ohne Bedenken. Der frischeingetragene wasserhelle Honig läuft ihm dabei über die Finger und im ganzen Stocke herum, und besudelt Bau und Brut. Tausende von Bienen werden darüber erbittert; denn es gilt ja ihr Liebstes, ihre Kinder und Schätze; selbst Rauch kann sie nicht bändigen; sie fallen über den Honig her, um ihn wieder zu sammeln, und über den unväterlichen Bienenquäler, wie über jeden Andern, der in ihre Nähe geräth, um sich mit ihren Stacheln zu rächen. Noch kommt ein neuer Schrecken hinzu für die armen Bienen. Nachbarbarstöcke gewahren den Geruch des Honigs und der Brut, und ihr jetzt im Frühjahre von der Natur auf's Höchste gestachelte Sammeltrieb heißt sie in die geöffneten Stöcke dringen. Da gibt es auf der Stelle Rauferei und Kampf, und die Angefallenen können am Ende noch eine Beute der Räuber werden, wenn der Bienenvater sie nicht schnell schließt, und ringsum nicht alle Nebenöffnungen sorgfältig vermacht.

Auf diese Art können also in Folge des zu späten Zeidelns Tausende von Bienen, ja selber der Weisel und ganze Stöcke umkommen; so können wenigstens Völker geschwächt, Schwärme verspätet und unmöglich gemacht; mit einem Worte: so kann großer Schaden gestiftet werden.

Aber, wann ist denn der rechte Zeitpunkt des Zei= delns? — Der Punkt zwischen dem Zufrüh und Zuspät. Solcher läßt sich weder nach bestimmten Tagen, noch nach Monaten angeben; indem er von der Beschaffenheit des Jahrganges und der Witterung abhängt. Gewöhnlich setzt man ihn jedoch in die Zeit der beginnen= den Stachelbeerblüthe; weil man annimmt, daß die Bienen von die= ser Honigquelle schon bedeutend viel Honig eintragen, und um diese Zeit der Nachwinter doch meistens schon vorüber ist.

c) Tag und Stunde zum Zeideln sind ebenfalls nicht gleichgiltig. Ist der Tag kühl, dann erstarren die Bienen, welche mit Honig beschmiert aus dem Stocke kommen; sie fallen zu Boden und sind verloren. Ist im Gegentheile der Tag warm oder gar heiß; dann sind die Bienen zu muthig und stechlustig, und fremde Stöcke besonders raublustig. An einem heißen Tage, und wenn die Stöcke vollends in der Sonne und gegen Mittag stehen, kann durch's Zeideln leicht Bienenräuberei entstehen. Man wähle daher zum Zeideln wohl einen warmen aber mehr trüben Tag, und verrichte dieses Geschäft weder Vormittags noch in den heißen Mittagsstunden.

2. Man zeidele weder Honig noch Wachs zu geizig.

a) Bedarf die Bienenkolonie in ihrer Unthätigkeit im Winter monatlich nur 1 Pfund Nahrungshonig, so braucht sie in ihrer Thä= tigkeit und bei vermehrten Kostgängern im März, April und Mai monatlich 3—4 Pfund. Solches muß man beim Zeideln wohl berück= sichtigen, und nicht gleich jede Honigscheibe, welcher man ansichtig wird, etwa auf Rechnung der neuen Tracht, als gute Prise erklären. Es kann Wochen, ja Monate lang ungünstige Witterung nachfolgen, und dann Hungersnoth eintreten. Dann müßte man wenigstens zum lästigen Füttern greifen, wenn anders der Stock nicht jetzt erst nach der Auswinterung, an der Schwelle der Tragzeit, zurückkommen, für ein ganzes Jahr verkümmern oder gar verhungern sollte. Zur Beur= theilung, wie viel beiläufig dem Stocke Honig zu nehmen und zu lassen sei, berücksichtige man die allgemeine Vorschrift, welche sagt: „So viel die Bienen Honig seit Anfang Oktober bis Ende Februar verzehrt haben: doppelt soviel brauchen sie noch für die Brutmonate März, April und Mai." Wer nun die Lage der Bienen im Herbste betrachtet, und solche beim Reinigungsgeschäfte im Frühjahre wieder beobachtet hat, der kann jetzt in Berücksichtigung, wie weit gegenwärtig das Bienenlager vor=

gerückt ist und der Honig abgenommen hat, schon beiläufig beurthei=
len, wie viel der Stock noch Honig nothwendig habe.*)

---

*) Wo, an welcher Stelle Beutenstöcken der Honig zu nehmen
sei, muß bei der Zeidelung reiflich in Erwägung kommen. In der steh en=
den Beute wird schon im Herbste zwei, drei Jahre hinter einander Alles,
was sich in der untern Hälfte befindet, ausgezeidelt. Wenn aber so der obere
Theil schon alten Bau besitzt, dann muß endlich die Reihe auch an ihn kom=
men; und jetzt hat die Zeidelung — wie schon gesagt wurde — im Früh=
jahre zu geschehen. Gewöhnlich schneidet man hier erst zu oberst, oder im
Haupte, in einem Jahre die eine, im andern die zweite Hälfte aus, so, daß
der leere Raum in demselben Sommer von den Bienen wieder ausgebaut,
und also das Gebäude nach und nach erneuert wird. Das ganze Haupt auf
einmal herausnehmen, macht nicht allein das Bienenlager kalt, sondern wird
auch von den Bienen, die nicht gern aufwärts arbeiten, so ungern gesehen,
daß sie den leeren Raum gar nicht ausbauen. Indessen gibt es auch hiezu
Mittel. Läßt man z. B. nur eine Scheibe an der Seite des Hauptes unge=
zeidelt, dann gibt solche den Bienen zum Hinaufsteigen und Ausbau Veran=
lassung. Man kann auch oben Träger mit angeklebten leeren Waben einsetzen,
von denen wenigstens Eine ziemlich weit herabreicht; dann begeben sich die
Bienen ohneweiters hinauf und bauen.

Weiter herunter gegen das Flugloch zu, in der unmittelbaren Nähe des
Brutnestes, Honig und veralteten Bau herauszubringen, macht allemal Schwie=
rigkeiten. Der Honig steht im Rücken des Stockes; will man das vorstehende
Wachs schonen, kann man nicht dazu kommen; — soll es an die Hälfte des
alten Nestes mit dem Messer gehen, so findet sich schon Brut darin; — und
wollte man der Brut vorkommen, und etwa um 14 Tage früher hier den
Schnitt machen, so würde dadurch das Lager hohl und kalt. Kurz, lauter
Verlegenheiten, welche jedoch schon in der Unvollkommenheit des Stockes
selber liegen und unvermeidbar sind. Man wählt daher wenigstens unter
allen Uebeln das kleinste, das etwas frühere Halbschneiden, und sucht dafür
den Stock durch gänzliches Absperren der untern leeren Hälfte wärmer zu
halten.

Einige stürzen auch im Frühjahr die Beute, so daß der vollgebaute Theil
unten, der leere oben kommt. Dadurch werden die Bienen genöthiget, den
Obertheil auszubauen, und nach und nach dahin das Brutnest zu verlegen.
Wenn dieß geschehen ist, wird der alte Bau unten ausgezeidelt, und auf
diese Weise der Wachsbau verjüngt. Dieses Verfahren ist nicht ganz ver=
werflich; bringt aber dennoch die Bienen in große Verlegenheit; weil durch
das Umstürzen die alten Zellen statt aufwärts abwärts stehen und zum Theil
umgebaut werden müssen, wie auch, weil nun im Obertheil der Bau von un=
ten nach oben geführt werden muß, was den Bienen beschwerlich fällt.

Liegende Beuten, besonders vollgebaute, werden schon im Herbste
gezeidelt. Nicht ganz volle, bei denen die Zeidelung unterblieb, kommen jetzt
daran. So lang in ihnen der Wachsbau noch nicht über 3 Jahre alt ist,

b) Eine nicht minder wichtige Rolle wie der Honig, spielt im Stocke das Wachs; man meint hiemit leere Zellenwaben.

Diese vermitteln nicht nur das Zusammenhalten der Wärme, sondern sie sind auch zur Aufbewahrung des Honigs und Blumenstaubes und der Brut unumgänglich nothwendig. Wo solche daher gar nicht oder in ungenügender Menge vorhanden sind, dort müssen sie vor Allem und um jeden Preis hergestellt werden. Dieser Preis ist aber nebst vieler Zeit: ein kostbares Material; denn um 1 Loth Wachs bauen zu können, müssen die Bienen wenigstens 10 Loth Honig genießen; und auch viel Kraftaufwand; denn ein zahlreiches Volk muß zusammenwirken, um die gehörige Wärme zum Wachsausschwitzen hervorzubringen und Tausende von Zellen zu errichten.

Hieraus muß den Jeder erkennen, daß es höchst unzweckmäßig und unvernünftig sei, bei der Frühjahrszeidelung einem Stocke wohlerhaltene leere Wachsscheiben ohne Nothwendigkeit auszuschneiden, oder — wie man zu sagen pflegt — den Bau recht einzustutzen. Dadurch wirft man der Vollkommenheit des Stockes einen Hemmschuh in den Weg, und bereitet ihm dreierlei Verlegenheiten; die erste: Das gesammte Volk könnte z. B. beim Eintritte guter Tracht an einem einzigen Tage den Honig pfundweise einsammeln, allein es

mag man den Honig im jungen Wachse nehmen; ist aber der Bau bereits dreijährig, dann muß der junge Bau geschont, und der alte auf der andern Seite gezeidelt werden, um zugleich das Bienenlager vorwärts in den ersteren zu drängen. Die Einleitung hiezu muß schon bei der Herbstzeidelung, wie im XII. Abschnitte gelehrt wird, statt finden. Wenn jedoch ein Stück vom alten Neste erst über Winter frei geworden ist, muß dasselbe gleichfalls um etwas früher herausgenommen werden, damit nicht wieder Brut hinein komme. Dabei schützt man auch hier den Stock mittelst einer eingeschobenen Blende gegen Verkühlung. Beuten die vom Rücken geöffnet werden, gewähren den Vortheil, daß man bei ihnen den Honigvorrath leichter beurtheilen, und bequemer herausbringen kann, als bei jenen, welche die Thüre an der Vorderseite besitzen. Bei letzteren steht man während des Zeidelns den aus= und einfliegenden Bienen im Wege, das einfallende Sonnenlicht macht sie böser, und fremde Bienen finden durch die Vorderöffnung mehr Reiz und Zutritt. Es ist nicht schwer, eine vorne zu öffnende Beute umzukehren und an der früheren Rückenseite ein Flugloch einzubohren, wenn man dies wegen der kommoderen Behandlung wünscht. Andere und wichtigere Verbesserungen der Beutenstöcke in Bezug auf Wörmemachen und Zeideln kommen im Anhange vor. D. V.

sind nicht genug Zellen da, ihn aufzunehmen; daher muß wenigstens die Hälfte der Arbeiter zu Hause bleiben, und zuvor Zellen bauen. So kommt viel weniger Honig in's Haus, als kommen könnte. Die zweite: Die Bienen zum eilfertigen Bau getrieben, bauen jetzt häufig viel Drohnenwachs; was später dem Stocke unnöthige Zehrer bringt, und seine Vorräthe vermindert. — Die dritte: Bei reichlicher Tracht wo dennoch der Honigvorrath täglich zunimmt und die Brut immer häufiger wird, können die Wachsbereiter allen Fleißes ungeachtet mit der Herstellung der Zellen nicht klecken; wohin dann fernerhin mit Honig und Brut? — diese Verlegenheit veranlaßt dann häufig die noch keineswegs ganz vollkommene Kolonie, sich zu theilen, d. h. zu schwärmen. Und so kommen viele und schwache Schwärme zum Vorschein, die den sicheren Nutzen der Zucht in Frage stellen, indem sie öfters sammt den geschwächten Mutterstöcken nicht nur keinen Honig abwerfen, sondern auch noch gefüttert werden müssen, und auch wohl zum Theil wieder eingehen.

Sehr häufig weiß man diese eben beschriebene Wichtigkeit der leeren Wachsscheiben im Frühjahre nicht genug zu würdigen. Selbst Bienenväter, die viele Erfahrung besitzen, schneiden meistens ihre Klötze im Frühjahre scharf, weil sie sehen, daß solche darauf die ersten zu bauen anfangen, und weil sie zugleich irrthümlich eben diesen Frühbau für ein Zeichen besonderen Fleißes und für einen Vortheil halten, der jedoch nach Obigen eine Folge der Nothwendigkeit ist, und sogar zum Nachtheile gereicht.

Man gehe also lieber beim Beschneiden und Zeideln mit den leeren Wachsscheiben wirthschaftlich um. Nur verdorbene, veraltete schone man nicht, junge und brauchbare dagegen beschneide man höchstens an Rändern und Spitzen. Waben, die voll fauler Brut, oder todter Bienen stecken, die von Schimmel und Moder übersponnen, von Mäusen oder Motten durchfressen sind, müssen durchaus entfernt werden; denn solche sind die Bienen nicht im Stande zu reinigen und wieder herzustellen, und der Stock würde ihretwegen kränkeln und vielleicht auch eingehen. So kann es sogar nothwendig werden, hölzernen Magazinen ganze Kästchen mit verschimmelten Bau abzuschneiden.

Sollten aber dennoch irgendwo junge Scheiben, die leer sind, ausgeschnitten werden, z. B. beim Kassiren und Vereinigen der Stöcke, so hebe man solche sorgfältig auf, um sie volkreichen Stöcken zur

Zeit der üppigsten Tracht, oder Schwärmen zum Anfange ihres Haushaltes einzusetzen; man leistet ihnen dadurch einen großen Dienst.

Zu diesem Zwecke ist es wieder erlaubt, Stöcken, die sehr vielen leeren Bau haben, einen Theil zu nehmen; z. B. einer Beute, die im ganzen Untertheile leeres Gewirke hat; oder einem stehenden oder liegenden Stroh- oder Holzmagazin, dessen Bienen sich tief in's Innere hineingezehrt haben. Hier kann man ohneweiters von 2 Ringen oder Kästchen mit leerem Wachse einen oder eines abnehmen. *)

Dieses Verkürzen des übermäßigen leeren Gebäudes ist aber dann besonders geboten, wenn man Schwärme zu erlangen wünscht; — auch bei schwächeren Völkern in theilbaren Stöcken deßhalb, damit die Bienen im verkleinerten Raume und Gewirke zur kalten Frühjahrszeit wärmer sitzen.

Da theilbare Holz- und Strohstöcke im Herbste gezeidelt werden können, und auch meistens da wirklich gezeidelt werden; so bleiben sie hier weiter unerwähnt; indem das Fernere über das Zeideln derselben in den XII. Abschnitt gehört, und dort zur Sprache gebracht wird.

3. Man zeidele unter Anwendung der nöthigen Kunst- und Handgriffe und Vorsichtsmaßregeln und zwar:

a) Es wird zuvor Alles herbeigeschafft, was zum Zeideln erforderlich ist, als: Rauch, Bienenhauben, Messer, Gefäße für den Honig, Tücher zum Bedecken, kaltes Wasser zum Benetzen der Messer und Finger, ein nasser Flederwisch, Lehm zum Wiedervermachen der Oeffnungen u. s. w., auch, wo möglich, ein Gehilfe.

b) Der Rauch welcher die Bienen demüthigen muß, darf nicht im Uebermaße angewendet werden, so daß auch Funken mit unter die Bienen fliegen und solche versengen, oder überhaupt, daß er den in offenen Zellen daliegenden Bienenwürmern schadet.

c) Die Zeidelmesser — Fig. 21 — ein gerades und ein hakenförmiges, — beide 12 Zoll lang, müssen gehörig scharf sein, damit

---

*) Leere Wachsscheiben bewahrt man zum künftigen Gebrauche in einer dunklen, kühlen und trockenen Kammer auf; man hängt sie da, einzeln an Schnüre gereiht, auf. Ganze Ringe und Kästchen bedeckelt man, und vermacht sorgfältig alle Ritzen gegen Insekten, besonders gegen den Wachsmottenschmetterling.   D. V.

man damit die Waben ohne große Gewalt durch=
schneiden könne; und diese nicht vielmehr abge=
gedrückt und zusammengeschoben werden. Auch
ein ausgeglühter Draht mit 2 Handhaben an
den Enden muß in Bereitschaft stehen; für den
Fall, wo ganze Ringe oder Kästchen abgenom=
men werden sollen. Eben so ist ein kleineres
Messer vorzüglich zum Loslösen der Waben von
den Wänden zuträglich, dessen zweischneidige
spitzige Klinge nur 4—5 Zoll Länge und 1 Zoll
Breite hat, und hinten beim Heft unter einem
rechten Winkel gebogen ist.

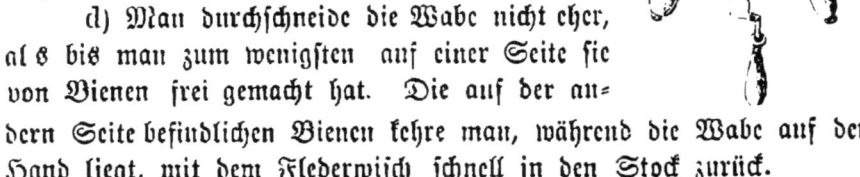

(Fig. 21.)

d) Man durchschneide die Wabe nicht eher,
als bis man zum wenigsten auf einer Seite sie
von Bienen frei gemacht hat. Die auf der an=
dern Seite befindlichen Bienen kehre man, während die Wabe auf der
Hand liegt, mit dem Flederwisch schnell in den Stock zurück.

e) Stößt man in der Nähe des Brutlagers schon auf eine
Scheibe, deren Zellen mit flüssigem Honig angefüllt, oder glatt po=
lirt, und also gereiniget und zur Aufnahme der Brut vorgerichtet
sind; dann muß man dem Messer Einhalt thun; denn schon mit der
nächsten Scheibe würde man Eier und Würmer mit auszeideln.

f) Man hüte sich im Gewirke unnöthig Lücken zu schneiden,
und stutze vielmehr die stehengebliebenen Wachstafeln hübsch gleich;
die Bienen haben so beim Anbau weniger Arbeit, und können die
Ränder leichter bedecken.

g) Den ausgezeidelten Honig bedecke man mit einem Tuche,
und das Gefäß lasse man, sobald es voll ist, alsogleich entfernen;
sonst werfen sich die Bienen mit Gewalt darauf, und sind schwer
wegzubringen.

h) Jeder Stock werde, sobald er beschnitten und gezeidelt ist,
überall wieder gut verschlossen. So erhalten die Bienen gegen ein=
dringende fremde freien Rücken, bekommen Muth, und können sich
unter dem einzigen Flugloche hinreichend vertheidigen.

i) Den im Stocke ausgeflossenen Honig räumen die Bienen
bald selber auf; solcher aber, der außer dem Stocke vertropft und
verschüttet wurde, muß sorgfältig von dem Bienenvater aufgewischt
oder wie immer beseitiget werden. Auch Messer, Breter, ausgeleerte

Ringe, Käften, und andere Werkzeuge, die mit Honig beschmiert wor= den sind, leeres Wachs u. dgl. müssen fortgeschafft werden, sonst zieht der Honiggeruch Näscher und Räuber an.

k) Endlich bei mehr als 4—10 Stöcken zeidle man nicht auf einmal den ganzen Bienenstand, vorzüglich wenn der Tag heiß ift; damit das Geschäft nicht allzulang dauere, und nicht alle Stöcke in Aufruhr gerathen; denn dies könnte Nachbarbienen herzulocken und Veranlassung zur Räuberei geben.*)

X. Abschnitt.

Ueber das Vereinigen oder Kopuliren der Stöcke.

§. 74. Wann und wie muß bei verschiedenen Stöcken die Vereinigung geschehen?

Dieses sehr wichtige Geschäft der Bienenzucht wird in verschie= denen Fällen verschieden verrichtet, und zwar gleich nach der Auswin= terung im Frühjahre, im Sommer und besonders in der Schwarmzeit und endlich im Herbste.

a) Im Frühjahre. Hat man im Frühjahre einen weisel= losen Stock auf dem Stande oder einen mit einem unfruchtbaren Weisel, oder sonst einen volksschwachen; so verlasse man sich nicht auf's Kuriren; es ist meistens vergebens, und kostet viel Futterhonig. Hier ist das Copuliren das Klügste und Beste. Den weisellosen gebe man zu dem volkarmen, der einen guten Weisel besitzt, und den wei= selunrichtigen, nachdem man ihm den Weisel abgefangen hat, einem andern, der noch mehr Volk brauchen kann; und so ist Vieren auf einmal geholfen. Das Verfahren dabei ist freilich nach der Gattung der Stöcke und ihrem Standorte verschieden, am leichtesten aber, wenn die zu vereinigenden Stöcke auf dem Stande

---

*) Ich habe mich absichtlich über das Beschneiden und Zeideln der Stöcke im Frühjahre ziemlich umständlich ausgesprochen; weil ich dabei grobe Fehler begehen sehe, zum Schaden der Bienen, der Bienenzucht und Bienenzüchter. Möge das Ausgesprochene fruchten. D. V.

neben einander stehen. Beide werden vor Allen nach und nach näher aneinander gerückt und auf halben Flug gestellt. Sind Beide theilbare Strohstöcke, Ständer oder Läger, so wird der weisellose, nachdem er in einen oder zwei Ringe zusammengetrieben, und die andern Ringe abgenommen worden sind, dem zweiten bloß unter- oder auf-, vorne oder hinten angesetzt, je nachdem er da oder dort dessen Bienenlager näher kommt. Dabei treibt man die zweierlei Bienen mit Rauch ein wenig durcheinander, und die Vereinigung ist geschehen. Den angesetzten Stock mit seinem Gebäude kann man später, wenn Letzteres überflüssig ist, wieder abnehmen und zu anderem Gebrauche aufheben. — Bei theilbaren Holzmagazinen gilt das Nämliche. Bei Beuten werden die Waben sammt den Bienen ausgeschnitten, und in den zweiten Stock gestellt, bis sich die Bienen vereiniget haben. Auch können die Bienen, nachdem sie sich voll Honig gesogen haben, von den Waben und aus ihrer Wohnung geradezu in die zweite Beute gekehrt werden.

Besitzt der zu vereinigende Stock einen schlechten Weisel, so fange man ihm, wenn er theilbar ist, denselben durch Austrommeln ab, und vereinige ihn, nachdem er 24 Stunden lang die Weisellosigkeit empfunden und deßhalb muthlos geworden ist, wie oben durch Auf-, oder Unter-, oder Anstellen mit dem zweiten. Oder, man trage den Stock einige Schritte vom Stande weg, stelle ihn auf's Haupt, und trommle ihn offen aus, so daß die Bienen ab- und selber dem zweiten Stocke zufliegen. Der unechte Weisel wird, sobald man ihn beim Austrommeln oder auf dem Flugbrete des zweiten Stockes erblickt, beseitiget. Der leere Stock aber, damit ihn die Bienen von falscher Brut säubern, und seinen Honig und Blumenstaub benützen, wird dem zweiten auf einige Zeit auf- oder angesetzt. Bei Beuten läßt sich hier wieder nur das Ausschneiden der Waben, und das Hineinkehren der Bienen in die zweite Beute am bequemsten anwenden; doch kann dabei leicht der Weisel abgefangen, und auch das brauchbare Gewirke auf einige Zeit in den Stock gestellt werden.

Ist der zu vereinigende Stock nur schwach, jedoch weiselgerecht und theilbar; dann dürfte er nur bis auf sein Brutnest verkleinert, und solches dem Lager des zweiten Stockes so nahe als möglich angesetzt werden. Der Weisel, der dann getödtet würde, könnte auch zuvor abgefangen werden; man könnte vielleicht damit einem andern Stocke helfen, der zwar kein Volk aber einen

besseren Weisel brauchte. Bei Beuten muß in diesem Falle das
Brutlager für Waben ausgeschnitten, in möglichster Ordnung neben oder
unter dem Brutneste der zweiten Beute eingesetzt, und mittelst Hölzer
und Stifte festgemacht werden.

Wenn die zu vereinigenden Stöcke getrennt und
zwischen anderen stehen, dann ist das Einzige zu befürchten und
zu verhüten, daß nach der Vereinigung die zugetheilten Bienen bei
den ersten Ausflügen nach der Rückkehr die neue Heimath nicht finden, sondern auf ihren alten Standort fliegen. Deshalb nun, nachdem die Vereinigung, wie gelehrt wurde (mit Ausnahme des Austrommelns vor dem Bienenstande bei weiselunrichtigen Stöcken) geschehen ist; setzt man alsogleich den vereinigten Völkern eine gute
Portion Futterhonig in den Stock, damit sie dabei Bruderschaft machen, und zugleich — wie überhaupt beim Aufnehmen des Futters zu
geschehen pflegt, — ein starkes Vorspiel halten. Dabei fliegen auch
die erst übersiedelten Bienen mit aus, und erkennen bei ihrer Rück-
kunft an den vielen Bienen vor dem Flugloche, und an den singenden und herumschwärmenden Genossen eben den Stock, aus welchem
sie das letztemal geflogen sind. Zuvor muß man aber noch eine andere List gebraucht haben; nämlich diese:

Schon mehrere Tage vor dem Kopuliren hängt man an dem
zu vereinigenden und von seinem Platze zu entfernenden Stocke auf
der Vorderseite ein recht auffallendes Kennzeichen, z. B. einen halben
Bogen weißes Papier; nach der Vereinigung aber befestiget man dieses Zeichen an dem vereinigten Stocke, und macht zugleich den Standort des kassirten so sehr als möglich unkenntlich, z. B. durch das
Vorlehnen einer Thüre, einiger Bunde Stroh u. dgl. Wenn nun
die Bienen des kassirten Stockes nach dem ersten Ausfluge zurückkommen, fliegen sie wohl in gewohnter Richtung auf ihren früheren
Platz; allein, da sie hier Alles verändert und das bekannte Kennzeichen an einem andern Stocke finden, und vor demselben den Jubel
des Vorspiels und ihre Bekannten sehen und hören: so kehren sie
wider Willen hier ein und bleiben. Zuträglich ist es auch, wenn
man sich selber während des ersten Ausfluges neben den maskirten
Platz stellt, und mit einigen Laubzweigen in der Hand die da herum-
suchenden Bienen sanft abwehrt. Die Vereinigung muß gegen Abend
vorgenommen werden, wo nämlich die übrigen Stöcke ihr Vorspiel
schon gehalten haben und nur noch schwach fliegen, damit der verei-

nigte Stock durch sein ungewöhnliches Vorspiel allein Aufsehen errege und anlocke. Einzeln auf dem verlassenen Standorte herumsitzende Bienen sammelt man gegen Abend in ein Glas, und läßt sie bei dem vereinigten Stocke einlaufen.

Auch die übrigen obigen Vereinigungen sollen gegen Abend um dieselbe Zeit geschehen. Dort erfolgt aber ein nützliches Vorspiel von selbst, wenn mit den zugetheilten Bienen auch Honig in den gemein= schaftlichen Stock gebracht worden ist. Man kann aber das vereinigte Volk zu diesem Zwecke auch geflissentlich füttern.

b) Im Sommer. Daß und wie man Nachschwärme, welche zu gleicher Zeit fallen, schon beim Einfangen vereinigen könne, wurde schon im IV. Abschnitte §. 64 S. 222 gezeigt.

Will man aber einen schwachen bereits aufgestell= ten Schwarm verstärken durch einen eben erst angekommenen Nachschwarm; so muß der erstere schon 8—10 Tage alt sein, sich angebaut haben und Brut besitzen. Der Tag, an welchem der zum Verstärken bestimmte Nachschwarm kommt, muß auch der Vereini= gungstag werden. Ein solcher Nachschwarm wird in einen Korb ohne Querhölzer gefaßt, und bleibt bis zum Abend ruhig stehen. Nach Sonnenuntergang breitet man vor dem Bienenstande ein Tuch aus, stellt beide zu vereinigende Stöcke rechts und links darauf, und legt in die Mitte etwa 9 Zoll weit von einander zwei fingerdicke Hölzer. Auf diese hebt man jetzt den Korb des jungen Schwarmes, und macht ein paar starke Schläge auf den Kopf oder Deckel desselben, damit der ganze Bienenklumpen herunter auf das Tuch falle. Hierauf stellt man den leeren Korb bei Seite, und setzt den angebauten Stock sachte über die Bienen. Alsogleich werden diese summend in den Korb hinaufsteigen. Am andern Morgen, oder auch schon in einer halben Stunde darauf trägt man den Korb auf seinen vorigen Platz, und die Vereinigung ist vollbracht. Am andern Tage früh findet man gewöhnlich die jüngere Königin todt vor dem Stocke.

Auch bei Lagerkörben läßt sich diese Vereinigungs=Art an= wenden, man darf nur jedem Stocke zuvor einen Deckel abnehmen.

Bei Klotz= und Breterbeuten faßt man den jungen Schwarm erst in ein kleines Gefäß, und schüttet ihn bei der Verei= nigung aus demselben in die Beute.

So verfährt man auch), wenn man mit einem frischen Nach=
schwarm einen alten, schwachen und volkarmen, oder durch's Schwär=
men weisellos gewordenen Mutterstock verstärken will.

Auf die nämliche Weise kann man auch einen abgeschwärmten,
nicht weisellosen, sondern nur schwachen Mutterstock mit einem Nach=
schwarm verstärken, der in dessen Nähe aufgestellt worden und schon
einige Tage alt ist. Wenn aber letzterer bereits Wachsbau hat, so
muß dieser zuvor ausgebrochen werden, sonst fällt das Volk beim
Ausklopfen nicht herunter. Nur darf man einem solchen Mutterstocke
nicht etwa seinen eigenen schon vor mehreren Tagen abgestoßenen Nach=
schwarm wieder zutheilen wollen; solche Bienen vertragen sich selten.

Ferner: Es lassen sich während der Honigtracht jederzeit zwei
neben einander stehende Stroh= oder Holzständer auf die leichteste
Manier kopuliren, wenn man auf den schwächeren, nachdem man den
Deckel davon abgenommen hat, den stärkeren setzt. Die Völker tödten
dann einen Weisel und vereinigen sich, tragen nach und nach den Ho=
nig des untern Stockes gemeinschaftlich hinauf ins Haupt, und legen
sich oben zusammen. Man kann oft später den untern Stock mit
leerem Bau wieder entfernen. Wer den fruchtbaren Weisel am Leben
erhalten, und etwa für einen andern Stock verwenden will, kann sol=
chen vor der Vereinigung durch Austrommeln abfangen.

Das Ganze leidet ebenfalls bei Lagermagazinen Anwendung,
indem man sie an oder hintereinander legt.

Noch leichter geht zuletzt die Vereinigung zweier neben einander
stehenden Ständermagazine an, wovon das eine weisellos ist. Man
stellt sie nämlich auf zwei im II. Hauptstücke S. 187 beschriebene
Standbreter, welche Seitenschieber haben, und die Vereinigung, welche
schon dort Seite 189 deutlich beschrieben wurde und nachzulesen ist,
ist geschehen. Endlich

c) Im Herbste vereiniget man Stroh= und Holzmagazine —
wie oben — durch Auf= und Aneinandersetzen zweier oder auch mehrerer.
Doch hier hat man darauf zu sehen, daß nach der Vereinigung der
zugedeckte Honig beider Stöcke auf einander zu stehen komme, und
sich zwischen den Honigringen oder Honigkästchen nicht etwa ein Ring
oder Kästchen voll leeren Wachses befinde. Wäre dies der Fall, dann
könnten die Bienen im Winter, nachdem sie den untern Honig aus=
gezehrt haben, nicht hinauf zu dem oberen gelangen, und müßten trotz
des Vorrathes im Haupte verhungern. Nicht minder muß, wo die

beiden Stöcke zusammenstoßen, Bau an Bau treffen, und kein leerer Raum bleiben. Am besten daher, man schneidet bei der Vereinigung zweier Stöcke, dem untern Stocke sein Honighaupt ab, und setzt es dem oberen auf; und wieder: man schneidet dem oberen einige untere Ringe oder Kästchen mit dem leeren Wachse hinweg, und stellt ihn so zugestutzt auf den unteren Stock.

Bei Lägern, die den Honigvorrath nach hinten haben, macht man ein Aehnliches.

Bei Beuten ist im Herbste keine andere Vereinigung möglich, als die durch Ausschneiden des schwächeren Stockes. Man schneidet gegen Abend Scheibe für Scheibe aus dem Schwächling, und kehrt davon die Bienen mit einem nassen Flederwisch in den zweiten Stock. Erblickt man während dieses Geschäftes auf einer Scheibe mitten unter dem größten Bienenhaufen den Weisel, so ergreift man ihn bei den Flügeln und fängt ihn ab.

Doch sollte der zu verstärkende Stock nicht genug Bau und Honig für den Winter haben: so müssen die ausgeschnittenen Waben in derselben Ordnung und Richtung, wie sie im Stocke gestanden, an den Bau des zu verstärkenden Stockes angefügt werden, den man aber zuvor zuzustutzen und gleich zu schneiden hat, damit zwischen ihm, und den eingesetzten Waben kein weiter leerer Raum bleibe. Um hierbei den Waben Festigkeit zu geben, und zugleich die nöthigen Zwischenräume zwischen denselben für die Bienen herzustellen, hilft man sich mit schwachen spitzigen Hölzern. Allein es gibt dabei allemal eine mühsame verdrießliche Arbeit.

Die Herbstvereinigung nimmt man am zweckmäßigsten schon im September vor, damit die Bienen noch vor Eintritt kalter Witterung den Bau befestigen, und den hinein gesetzten Honig an seinen Platz für den Winter schaffen können.

Zum Schluße sollen die verzüglichsten Kunstgriffe der Vereinigung überhaupt noch einmal im Kurzen aufgezählt werden. Diese sind: Das Aneinanderrücken der Stöcke und Stellen auf halben Flug, das Kennbarmachen des vereinigten Stockes durch auffallende Zeichen, das Abfangen des überflüssigen Weisels und geflissentliches Weisellosmachen des zu kassirenden Stockes, die Anwendung des Rauches und der Fütterung, und — in Berücksichtigung, daß Völker von befruchteten und unbefruchteten Weiseln feindlich gegen einander sind, und diese Feindschaft nur dann aufhört, wenn die zugetheilten Bienen mit

Honig beladen im neuen Stocke ankommen, — vorzüglich das Aus- trommeln; indem dabei die ausziehenden Bienen zuvor ihre Ho- nigblasen füllen. Endlich, Viele trachten auch den beiden Stöcken vor der Vereinigung einerlei Geruch zu geben. Zu diesem Zwecke füttern sie die Bienen zuvor mit Honig, worunter ein gewisser Spi- ritus, oder auch nur Sternanisthee gemischt wurde. Nach Herrn Kleine in der Bienenzeitung, soll ein wenig Moschus über Nacht in beide Stöcke gelegt, am zweckmäßigsten sein. -

Anmerkung, über das Verstellen schwacher Stöcke als Verstärkungsmittel.

Einige wollen statt der Vereinigung das Verstellen oder Ver- wechseln der Stöcke anempfehlen. Zur Honigzeit nämlich, und an einem Tage, wo die Stöcke im besten Fluge begriffen sind, stellen sie den Schwächling auf den Ort eines starken Stockes, und diesen an den Platz des schwachen; damit die vielen heimkommenden Bienen des starken zu den schwachen gehen und dessen Volk verstärken. Allein, abgesehen hievon, daß die Bienen dadurch in große Verlegenheit und Verwirrung gerathen und dabei kostbare Zeit versäumen; so wird auch schon an sich selbst durch dieses Mittel nichts gewonnen; denn was der schwache Stock auf solche Weise an Volk gewinnt, verliert ja dafür der starke. Das Ganze widerspricht auch, wenigstens in seiner Hälfte, dem goldenen Zauberspruche. Dieser sagt wohl: Duldet durchaus keine schwache Stöcke! aber er spricht auch: Schwächet starke Stöcke nicht! —

XI. Abschnitt.

Ueber Bienenfütterung.

§. 75. Wann ist das Füttern der Bienen nothwendig und vortheil- haft? — und womit wird gefüttert?

Unumgänglich nothwendig ist das Füttern in folgen- den Fällen, wo ein Stock nicht genug Nahrung hat, und daher in Gefahr ist, Hunger zu leiden, oder gar Hunger zu sterben.

1. Wenn ein Stock mit seinem Honigvorrathe den Winter über nicht auskommen kann, und doch durchwintert werden soll. Dieser wird schon im Herbste gefüttert.

2. Wenn ein Stock mit seiner Nahrung zwar durch den Winter reicht, aber in den Brutmonaten März, April und Mai Mangel hat. Diesen füttert man im Frühjahre.

3. Wenn ein wirkliches Mißjahr einfällt, wo die Stöcke auch im Sommer nichts einsammeln können; oder auch, wenn Schwärme, die erst gestern oder vor einigen Tagen gefallen sind, wegen etlicher kalter oder Regentage nicht aus den Stöcken können, und natürlich, in denselben auch keinen Honigvorrath haben. Hier muß in dieser Hungerzeit und auch mitten im Sommer gefüttert werden.*)

In allen genannten Fällen ist unumgängliche Nothwendigkeit da, sich seines Viehes zu erbarmen und — zu füttern. Doch erschrecket nicht über so viele Fälle einer nothwendigen Fütterung; sie kommen Euch nicht häufig vor, wenn Ihr nur dem Rathe des goldenen und silbernen Spruches folget. Bei Stöcken z. B., die sich nicht einmal ihre Winternahrung, geschweige Ueberflüssiges eingetragen haben, die also schwach oder krank sind, sagt der goldene Spruch: „Ueberwintert sie nicht!" — thut dieses, und Ihr werdet dem ersten Fütterungsfalle ausweichen. Ferner, bei guten Stöcken, die Ihr durchwintern wollt, heißt es wieder in demselben Spruche: „Schwächet starke Stöcke nicht — durch geiziges Zeideln!" befolget auch das,

---

*) Man kann auch mitten im Winter oder zu Ende desselben füttern müssen, nämlich in dem seltenen Falle, wo man etwa bei einer Untersuchung einen Stock findet, dessen Bienen gerade erst einen oder zwei Tage zuvor verhungert, oder itzt eben im Verhungern begriffen sind. Einen solchen Stock trägt man in ein temperirtes Zimmer, und besprengt hier die ermatteten oder todten Bienen mit erwärmten Honigwasser. Dieses mit der Wärme gibt den Scheintodten neues Leben. Sie fangen sich an zu regen und lecken den Honig auf. Dann wiederholt man das Bespritzen. Zuletzt füttert man sie gehörig mit Honig, während man das Flugloch verschließt, damit sie nicht herausfliegen. Und wenn so der Stock wieder auf einige Zeit mit Nahrung versehen worden ist, stellt man ihn wieder an einen kühlen und finstern Ort, bis er etwa neuerdings Futter braucht; wo hernach das Verfahren wiederholt wird.

Hier wird zugleich erinnert, daß überhaupt Bienen ohne alle Nahrung gar nicht lange aushalten. Nach Dönhoffs Versuchen sterben einige schon nach 3, die meisten nach 8, und alle binnen 24 Stunden, je nachdem sie einigen Nahrungsvorrath im Leibe gehabt haben. Zuckerwasser aber reicht hin, ihnen das Leben zu fristen. Man hüthe sich daher, Bienen ohne Nahrung längere Zeit eingesperrt zu halten und sie ohne Honig weit zu versenden.

D. V.

und es ist dadurch dem zweiten Falle ebenfalls vorgebeugt. Nun der dritte Fall hängt von dem lieben Gott ab. Zum Glücke schickt er aber gänzliche Mißjahre äußerst selten. In Jahren jedoch, wo nur einige Wochen gute Tracht ist, — auch dies steht in der Erklärung des goldenen Spruches — ist ein volkreicher Stock schon geborgen. Und also kann auch dieser Fütterungsfall nur äußerst selten vorkommen; so wie zugleich es ebenfalls nur höchst selten geschieht, daß ein kürzlich eingefaßter Schwarm durch schlechte Witterung mehrere Tage in der Arbeit aufgehalten wird, und der Fütterung bedarf.

Vortheilhaft bloß ist die Fütterung — nicht unumgänglich nothwendig — im Frühjahre, und zwar:

1. Wenn man da auch an sich gute Stöcke — wie schon im I. Hauptstück §. 34 Seite 122 gemeldet wurde — vor der Schwarmzeit und in den Tagen unterbrochener Tracht ein wenig füttert; was nämlich die Stöcke noch volkreicher macht, und meistens zeitliche und gute Schwärme bewirkt. Jedoch man thue hierin des Guten nicht zu viel. Besonders fange man nicht zu zeitlich an zu füttern, etwa schon im Februar oder März, wenn schöne Tage kommen; dadurch kann man eher Schaden statt Nutzen stiften. Denn eine so zeitliche Fütterung regt auch den Vermehrungstrieb der Bienen zu zeitlich auf. Die Königin fängt an mehr und mehr Eier zu legen, wie sonst, wo die Tracht schon angefangen hat, und die Bienen wagen sich zu sehr ins Freie, um Wasser, Blumenstaub und Honig zu suchen, und gehen bei schnell zurückkehrenden rauhen Winden häufig zu Grunde. Wenn aber hernach plötzlich — wie meistens geschieht — ein neuer Winter folgt, muß dieser Volksvermehrung im Stocke auch plötzlich wieder Einhalt gethan werden. Kurz, eine zu zeitliche Fütterung schwächet die Eierlage des Weisels vor der Zeit, hat wohl auf der einen Seite Volksvermehrung, auf der andern dagegen Volksverlust zur Folge, und bringt den Stock aus seiner natürlichen Ordnung, wie aus der ihm jetzt viel vortheilhafteren Ruhe. Ein sonst guter Stock, der bis zum wirklichen Eintritt andauernder warmer Witterung und der Tracht ruhig erhalten worden ist, entwickelt jetzt schnell seine bisher nicht versplitterte Kraft, und leistet damit in Bälde Außerordentliches. Jetzt erst soll man auch füttern. Dieß kann bei uns beim Eintritte der Stachelbeerblüthe geschehen. Heide=Imker oder Schwarmbienenzüchter in Heidegegenden, fangen an zu füttern, wenn die Eiche ausschlägt.

18*

2. Wenn man auch Stöcke füttert, die durch einen plötzlichen Unfall, z. B. durch das Kränkeln der Königin, durch einen Anfall von Raubbienen entmuthiget oder geschwächt worden sind. Diesen wird das Futter stärkende Arznei.

Womit gefüttert werden kann? —

a) Die Naturspeise der Biene, welche sie sich selber sucht und bereitet ist Honig. Gibt man ihr diesen, entweder noch zugespündet in der Wabe, oder auch schon geseimt; darin hat man ihr rechtes Futter getroffen.

Allein, zuerst muß man den Honig auch vorräthig haben; was nicht so schwer hält, wenn man klug und wirthschaftlich verfährt. Wer seine Bienenzucht gleich mit guten, volkreichen Stöcken anfängt, und diese nicht unmäßig schwärmen läßt, der erhält schon im ersten Jahre — wenn der Jahrgang nur mittelmäßig gut ist — einigen Honigvorrath. Diesen ersten Honig darf er nicht gleich verkaufen, noch im Hause vernaschen, sondern er muß ihn aufheben, bis eine zweite Ernte dazu kommt. Hat er diese einmal in Händen, dann erst kann er mit der vorjährigen nach Belieben verfügen. Und so muß es alle Jahre geschehen. Wie der kluge Landwirth um Lichtmeß, obschon der Frühling nahet, noch das halbe Winterfutter auf dem Boden hat, eben so muß auch der Bienenwirth, obschon seine Bienen den Winter überstanden haben, doch noch immer die vorjährige Honigernte im Topfe besitzen, und sich und seine Bienen für den Fall der Noth damit sicherstellen.

Wer diese Vorsichtsmaßregeln nicht beobachtet, kann freilich leicht Futterhonig kaufen, und theuer nur kaufen müssen; kann denselben vielleicht nicht einmal auftreiben können, ja manchmal für sein theueres Geld noch mit schlechtem ungesunden Honig betrogen werden.

Manche haben in Ermanglung des selbstgebauten Honigs polnischen, amerikanischen, dalmatinischen, überhaupt ausländischen gefüttert, den sie von Lebzeltlern und Kaufleuten um einen billigen Preis gekauft hatten, und haben damit Faulbrut, die schrecklichste Krankheit der Bienen, in ihre Stöcke gepflanzt. Denn bei diesem fremdländischen Honig kann Niemand für die nöthige Reinlichkeit beim Seimen bürgen. Todte Bienen, Brut, schwarzes Wachs, Honig von faulbrütigen Stöcken sind darunter, oder wenigstens beim Auslassen darunter gewesen. Und wenn man auch ein Nachseimen vornehmen wollte, durch Kochen mit Wasser und Abschäumen der Unreinigkeiten, so würde doch dadurch wenigstens das Gift der Faulbrut nicht beseitiget, und obendrein die Menge um ein Drittel vermindert werden, so daß man auch in letzterer Beziehung besser gethan hätte, wenn man gleich guten vaterländischen Futterhonig — wiewohl etwas theurer — gekauft hätte.

b) Im Nothfalle, wo durchaus kein Honig aufzutreiben ist, füttert man auch Honig-Surrogate d. h. andere Süßigkeiten, welche die Stelle des Honigs vertreten sollen, als: Kandis- und Farin- oder weißen Zucker, Malzsyrup, Birnsyrup und dergleichen.

Doch da Zucker, besonders Kandis, recht wohl die Stelle des Honigs vertreten kann, so braucht man nicht so leicht zum Malz- oder Birnsyrup seine Zuflucht zu nehmen; die ohnedies nur mit einem Theile Honig vermischt, und nur im Frühjahre gefüttert werden können, und in größerer Menge genossen, den Bienen Durchfall verursachen. Auch warme Schaf- oder Ziegenmilch — wie in manchen Bienenschriften zu lesen ist — soll man im April mit unter den Futterhonig mischen dürfen; man glaubt damit besonders den Brutansatz befördern zu können. Baron von Berlepsch rathet nicht dazu, er fürchtet das Sauerwerden der Mischung im Stocke.

Geistige Getränke, als: Wein, Spiritus, Branntwein, mischen Manche den Bienen ebenfalls unter das Futter, und wollen damit im Frühjahre ihre matten und kranken Stöcke geschwind kräftig und gesund, und ihre volkreichen und gesunden um so fleißiger machen. Doch dieses Verfahren verdient mehr den Namen der Quaksalberei. Man versuche es, und stelle den Bienen Spiritus, Branntwein, und selbst den süßesten Wein ohne Honig vor, sie werden ihn auch in Hungersnoth nicht berühren. Oder man nehme einen Schluck dieser geistigen Getränke und gehe dann zu dem zahmsten Stocke, dem man sonst ungestraft ins Flugloch sehen durfte, und man wird, sobald die Bienen den Athem riechen, Reißaus nehmen müssen. Hieraus ist zu schließen, daß die Bienen solche geistige Getränke eher verabscheuen, statt lieben, und daß sie solche nur des beigemischten Honigs wegen einschlürfen. Daß aber die Fütterung geistiger Flüssigkeiten selber großen Schaden anstiften könne, wird im Abschnitte von der Bienenräuberei nachgewiesen werden.

c) Blüthenstaub ist wie der Honig ein Nahrungsmittel der Bienen, indem sie solchen mit Honig vermischt verzehren, und aus beiden den Wachsstoff und den Futtersaft für die Brut bereiten. Blüthenstaub daher den Bienen verschaffen, zu einer Zeit, wo sie sich denselben nicht aus dem Felde holen können, ist auch eine Art Fütterung. Wie man wirklich auch Blumenstaub den Bienen im Stocke zusetzen kann, wird der nächste §. lehren.

In der neueren Zeit kennt man auch Surrogate des Blumenstaubes. Im zeitlichen Frühjahre tragen die Bienen auch Roggen-, Stärke- und Weizenmehl ein, wenn es ihnen im Freien vorgesetzt wird, und verwenden es unschädlich im Stocke. Die Sache ist nunmehr erprobt; wird aber schon in vornhinein annehmbar, da die Bienen in Ermanglung des Blüthenstaubes laut der Erfahrung, selber verschiedenen andern Staub sammeln und eintragen; wie schon im I. Hauptstücke Seite 67 gemeldet worden ist.

§. 76. Auf welche Weise geschieht die Bienenfütterung?

Die Fütterungsweise richtet sich nach den verschiedenen Bienenwohnungen, und darnach, ob man Honig in Scheiben oder im flüssigen Zustande, oder Zucker in Stücken, oder aufgelöst füttert; auch nach der Jahreszeit.

a) Honig in Scheiben zu füttern ist, wo es geschehen kann, am zweckmäßigsten; denn flüssigen verzehren die Bienen viel mehr, auch ist solcher, wenn er in größerer Menge gegeben wird, und unbedeckt in den Zellen vorhanden ist, dem Sauerwerden ausgesetzt.

Unstreitig geschieht die Wabenfütterung am vortheilhaftesten, wenn man vom Zeideln her ganze oder halbe mit Honig angefüllte Ringe oder Kästchen aufgehoben hat, und solche bedürftigen Ständern oder Lägern nur auf- oder ansetzt. Diese Art Fütterung ist im Augenblicke, und ein für allemal geschehen; und dem kleinsten Schwärmchen, z. B. mit dem man sonst Monate lang mit lauter Fütterung sein Kreuz hätte, und bei der Gefahr, daß es dennoch eingehe, ist augenblicklich geholfen; indem es nicht nur Honig, sondern zugleich Bau, und auch Blumenstaub erhält. Ein Vorzug, den untheilbare Stöcke durchaus entbehren. Eben so kann man ganze Ringe oder Kästchen mit Waben ausfüllen, und solche auf- oder ansetzen. Auch mit kleineren Gefäßen kann dies geschehen, welche hernach auf das Loch des Kopfdeckels, und bei Lägern auf eine nach oben gekehrte Fensteröffnung gesetzt werden.

Bei Beuten müssen die Honigtafeln inwendig so nahe als möglich an das Lager der Bienen gebracht, und mittelst Holzstifte an einander festgemacht werden.

Da in ganzen Honigwaben auch viel Blumenstaub mit enthalten ist, so ist mit dieser Honigfütterung, besonders in ganzen Ringen oder Kästchen, auch eine entsprechende Blumenstaubfütterung verbunden; was um so zweckmäßiger ist.

b) Besitzt man keine Honigscheiben, dann läßt sich zunächst ausgelassener aber schon verdickter Honig, der sich bisweilen wie Butter schneiden und ballen läßt, mit Vortheil verwenden. Man umhüllt einen Ballen mit schwachem Papier, und läßt bloß unten eine kleine Oeffnung; dann legt man den Ballen mit der Oeffnung abwärts entweder in das oben geöffnete Spundloch, oder in den Stock selber, nachdem man den Deckel abgenommen hat. So kann man zur Noth einen hungrigen Stock auch im Winter füttern. Im Frühjahre kann dieses Futter auch von unten, oder bei Beuten von vorne eingesetzt, und in die Nähe des Bienenlagers gebracht werden. Die Bienen lösen solchen Honig nach und nach auf, erwärmen sich darüber, und befinden sich wohl dabei.

c) Auf ähnliche Art wird auch trockener Kandiszucker gefüttert. Man schneidet einem Stücke von 1—2 Pfunden im oberen Theile des Stockes ein Lager, oder stellt ihn in einem eigenen Aufsatze auf's Haupt, so daß er den Wachsbau und Wabenhonig berührt. Gelangen die zehrenden Bienen bis zu ihm, dann lösen sie ihn langsam auf und nähren sich von ihm. *)

d) Eine Art Blumenstaubfütterung im zeitlichen Frühjahre mittelst ganzer Wachsscheiben wird dadurch möglich, daß man bei der Herbstzeidelung jene Waben, welche viele Blumenstaubzellen und wenig Honig enthalten, aussondert und aufbewahrt. Am besten. man stellt oder legt sie in Gefäße, und übergießt sie mit Honig; etwa mit demselben, welcher als Futterhonig im Frühjahre dienen soll. Zur Zeit können sie ganz unverdorben herausgenommen,

---

*) Nach den neuesten Erfahrungen muß der Stock genug Volk und der Kandis eine solche Lage haben, daß letzterer von dem ersteren wohl umlagert wird, widrigens der Kandis auch unaufgelöst bleiben und der Stock dabei verhungern kann. Bei Mangel an Feuchtigkeit im Stocke muß man überdieß einen zusammengeschlagenen Leinwandlappen auf den Kandis legen, und solchen von Zeit zu Zeit mit Wasser beträufeln.   T. B.

und nachdem der Honig von einer Seite abgetropft ist, mit der andern nach oben gerichtet, von unten in den Stock und in die möglichste Nähe des Bienenlagers gebracht werden.

e) Die Mehlfütterung geschieht im Freien. Man legt einige alte Wachsscheiben vor dem Bienenstande auf die Erde und in die Sonne, und streut das Mehl in die Zellen. Anfangs lockt man die Bienen dadurch herbei, daß man auch ein wenig Honig auf die Wabe streicht. Die Bienen machen sich sehr geschäftig Höschen; indem sie zugleich das Mehl mit einem gewissen scharfen Safte aus ihrem Innern befeuchten, so daß hernach die schmutzigweißen Bällchen auf der Zunge einen beißenden Geschmack haben. Sie holen sehr begierig das Mehl, so lang kein Blüthenstaub zu finden ist; und solches befördert, nach den Erfahrungen des Fr. v. Berlepsch und Anderer, ungemein den Brutansatz; nur muß der Stock hiezu auch genug vorräthigen Honig haben, sonst kann die Mehlfütterung umsomehr zum gänzlichen Verhungern desselben beitragen; deßhalb muß wenigstens Zuckerwasser reichlich gefüttert werden. In Gegenden, wo keine zeitliche Blumenstaubtracht ist, kann die Mehlfütterung anempfohlen werden, vorausgesetzt, daß man damit nicht gar zu zeitlich die Thätigkeit reizt. Im Stocke sollen die Bienen vorgesetztes Mehl nicht gern nehmen, und nur dann, wenn es unmittelbar unter den Bienenhaufen, und über ein mit erwärmten Honig gefülltes Gefäß gestellt wird.

Bei der Mehlfütterung im Freien ist das Einzige mißlich, daß sich dabei auch ungebetene Gäste, die Bienen der Nachbarn einfinden, und sich als Mehlräuber erweisen. *)

---

*) Wenn im Frühjahre noch wenig Ausflug ist, füttern Manche Mehl in solcher Weise: Sie kneten 1 Pfd. Weizenmehl 1 Pfd. gestoßenen Zucker und ½ Pfd. mit Wasser verdünnten Honig zusammen, geben den Teig in einen viereckigen Beutel von Fliegenleinwand, befestigen solchen an ein Wabenholz, und hängen den Beutel nachdem er recht flach gedrückt und mit warmen Wasser befeuchtet worden ist, in den Stock zwischen die Waben. Die Bienen sollen diese Speise sehr begierig nehmen.

Hr. P. Scholz gibt seinen Bienen sogar eine Mehlsuppe. Er löst 1 Pfd. Weizenmehl im kalten Wasser auf, so wie 1 Pfd. Kartoffelsyrub, ½ Pfd. Zucker und ½ Pfd. Honig in heißem Wasser unter fleißigem Umrühren, mischt das Ganze wohl, und setzt es den Bienen im Stocke vor; nämlich zur Zeit, wo sie nicht ausfliegen können und an Pollen und Wasser Mangel haben.

D. B.

l) Das Füttern mit flüssigem Honig ist umständlicher. Zuerst wird der Honig vorbereitet. Den dicken, pechartigen oder verzuckerten erwärmt man zuvor stark bei gelindem Feuer in der Ofenröhre. Bei der Frühlingsfütterung kann auch der sechste Theil Wasser hinzugegossen werden; hierauf setzt man das Ganze wohl vermischt und lauwarm den Bienen vor. Um dicken und kalten Honig einzusaugen, brauchen die Bienen längere Zeit; worüber sie bei kühler Witterung von dem gemeinsamen Haufen entfernt, erstarren.

g) Weißer oder Farinzucker wird gleichfalls erst flüssig gemacht; indem zu 3 Theilen der 4. Theil Wasser gegeben, beides am Feuer gekocht und abgeschäumt wird. Nach dem Erkalten hat die Flüssigkeit Honigdicke.

Man pflegt von oben und von unten zu füttern.

Von oben ist die Fütterung vorzüglicher und zweckmäßiger; einestheils, weil da die Bienen beim Genuße des Futters in der Wärme bleiben, und sich nicht verkühlen; anderentheils, weil so das Füttern unentdeckt bleibt, und keine Näscher und Räuber herbeigelockt werden.

Von oben kann bei allen Stöcken gefüttert werden, die im Haupte oder auf der oberen Seite eine Oeffnung haben. Auch bei liegenden Breterbeuten ist diese Fütterungsart anwendbar; indem man nur in das obere Bret ein etwas größeres Loch zu bohren braucht, das außer der Fütterungszeit bedeckt und verstöpselt wird.

Die Futtergeschirre hiezu sind besonderer Art. Das einfachste ist ein trichterförmiges Gefäß oder ein gewöhnliches Trinkglas. Man gießt den Honig hinein, spannt über die Mündung eine Leinwand, und stürzt es dann auf das Futterloch, damit so die Bienen den Honig durch die Leinwand heraussaugen können. Die Leinwand darf aber weder zu schütter noch zu dicht sein. Im ersten Falle läuft der Honig zu schnell durch, was den ganzen Stock in Aufruhr bringt und fremde Bienen herzulocken kann; im letzteren haben die Bienen zu große Mühe beim Einsaugen, und müssen die Leinwand erst da und dort zerbeißen. Man versuche daher vor dem Aufsetzen des Gefäßes, ob der Honig schnell oder spät durch die Leinwand komme, und wähle darnach dichtere oder dünnere.

Im Nothfalle kann man auf ähnliche Art einem liegenden Strohstocke, der oben keine Futteröffnung besitzt, und den man durch das Aufmachen der Vorder- oder Hinterscheibe nicht stören will, augenblicklich mit Futterhonig zu Hilfe kommen. Man schneidet nur mit einem scharfen Messer zwischen zwei Näthen das Stroh 1 Zoll breit aus, was mit zwei Stichen geschehen ist, füllt dann ein sogenanntes Rossoli-Fläschchen mit Honig, überbindet die Oeffnung mit Lein= wand, und steckt sodann den Hals des Fläschchens in das ausgeschnit= tene Loch. Auf diese Art kann man, so zu sagen, den Bienen den Honig in den Mund flößen. Die Oeffnung schadet dem Korbe durch= aus nicht, und wird außer Gebrauch verstopft. Im Rücken einer Klotz= oder Breterbeute läßt sich mittelst eines großen Bohrers, dort wo das Bienenlager ist, ebenfalls leicht eine solche Futteröffnung an= bringen.

Sehr zweckmäßig aber zur Fütterung von oben ist der soge= nannte **Futterteller des Bienenvaters Knauf. Fig. 22.** Solcher (a) aus Holz vom Drechsler gedreht, hat im Durchmesser 6 Zoll, 2½ Zoll Höhe, und im Centrum ein 2—2½ (Fig. 22.) Zoll weites Loch, durch welches die Bienen heraufsteigen. Um diese runde Oeffnung steht ein ¾ Zoll dicker Holz= rand, und an dem äußern Umkreis des Tellers ein zweiter Rand, nur etwas breiter, weil er den Falz für den Deckel hat. Der Raum zwischen den genannten beiden Rändern 1½ bis 2 Zoll breit, ist ausgehöhlt und nimmt den Honig auf. Der innere Rand ist jedoch um einen hal= ben Zoll niedriger als der äußere; damit, wenn auf dem äußern der Deckel liegt und das Gefäß geschlossen ist, die Bienen über den in= neren zum Honig gelangen können. Auf den eingegossenen Honig legt man Hölzchen oder Strohhalme, oder ein rundgedrehtes Bretchen mit kleinen Löchern, damit sich die Bienen beim Einsaugen des Ho= nigs darauf setzen können und nicht ertrinken. Der Teller wird über das Spundloch des Korbdeckels gestellt. Um aber beim jedesmaligen Eingießen des Honigs von den Bienen nicht inkomodirt zu werden, bedeckt man stets zuvor die Telleröffnung mit dem kleinen Deckel (b), und nimmt solchen erst hinweg, wenn der Honig eingeschüttet und mit Hölzchen bedeckt ist, und nun der ganze Teller mit dem Deckel (c) verschlossen wird. Unter dem großen Deckel kann man auch zuvor eine runde Glasscheibe auflegen, und durch dieselbe dem Honig= schmause zusehen.

Damit der Teller feststehe und unten gut anschließe, legt man ringsum ein wenig weichen Lehm unter. Das Geschirr bleibt an seinem Orte, so lang die Fütterung dauert; nur muß der Deckel stets gut schließen, damit keine Wärme entweiche.

Um den Bienen das Auf= und Absteigen in der Röhre beque= mer zu machen, stellt man einen fingerstarken Streifen Zellenwachs hinein, so daß er bis hinab auf dem Bau reicht. Beim erstenmal Füttern tröpfelt man einige Tropfen Honig an diesem Streifen hinunter in den Stock. Die Bienen lecken ihn auf, und finden so oben das Futter. Beim wiederholten Füttern kommen sie von selbst heraus.

Dieser Futterteller kann unten auch einen hohlen Zapfen haben der in die Deckelöffnung hinabgeht; damit er dadurch um so fester stehe. Auch kann man ihn von Zink oder Weißblech oder Töpferthon ver= fertigen lassen. Doch von solchem Material hält sich das Gefäß stets kühl, ein blechernes muß überdieß an den Innenwänden gerifft oder rauh gemacht sein, sonst können sich die Bienen nicht gut daran hal= ten, glitschen ab, und fallen in den Honig zurück, wo manche dann ertrinken.

Das Füttern von unten geschieht entweder mittelst An= wendung der Futterschieber, welche in den Standbretern der stehenden Stroh= und Holzstöcke angebracht, und schon im II. Hauptstücke Seite 184 beschrieben worden sind, oder mittelst eigener Futtertröglein, die mit Honig gefüllt in die Stöcke jeder Art gestellt werden.

Ein solches Tröglein, das man leicht selber aus Linden=, Weiden= oder Pappelholz verfertigen kann, ist 6—7 Zoll lang, 3—4 Zoll breit, und gegen 2 Zoll hoch. Die Aushölung beträgt an Tiefe 1—1½ Zoll. Es wird der Honig hineingegossen und dann mit einem Bretchen bedekt, welches erbsengroße Löcher hat, damit sich die Bienen darauf stellen, bequem den Honig einsaugen, und dabei nicht leicht ertrinken können. Mit dem abnehmenden Honig sinken auch die Bie= nen sammt dem Bretchen immer tiefer, bis der Boden erreicht ist.

Zum Füttern in kleineren Portionen können kleinere Tröglein verwendet werden.

Beim Füttern stellt man das gefüllte Tröglein — wenn der Stock ein Ständer ist — auf das Standbret, nachdem man letzteren ein wenig aufgeneigt hat; Lagerstöcken nimmt man die Vorder= oder Hinterscheibe ab, und setzt das Tröglein hinein. Ingleichen stellt man es in Bentenstöcke, nachdem man zuvor die Vorsetzbreter weggenom=

men hat; bei stehenden auf die sogenannte Brücke oder auf Quer=
sprossen, bei liegenden bloß auf den Boden.

Einzelne Stöcke, deren Volk nicht weit vom Flugloche gelagert
ist, kann man in warmen Tagen auch außer dem Stocke füttern;
man setzt nämlich nur das Futter auf das Flugbret, rechts oder links
hart am Flugloche. Doch wohlgemerkt! es darf dies nur geschehen,
wenn die anderen Stöcke nicht mehr fliegen, also erst nach Sonnen=
untergang.

Füttert man in kühler Zeit, dann muß stets das Futtergeschirr
so nahe als möglich unter das Bienenlager gebracht werden; sonst
gehen entweder die Bienen nicht darauf, oder die längere Zeit darauf
verweilenden erstarren. Bei liegenden Beuten müssen daher die Wa=
ben dort, wo das Tröglein untergeschoben werden soll, ein wenig
verkürzt werden.

Jedes Füttern soll nur gegen Abend und über Nacht vor sich
gehen, und am andern Morgen muß immer das leere Geschirr wieder
aus dem Stocke genommen werden. Bleibt es über Tags stehen, so
lecken unnöthig viele Bienen den ganzen Tag daran herum, und sein
Honiggeruch kann fremde Bienen herbeiziehen. Des letzteren Umstan=
des halber verschütte man auch vor den Stöcken keinen Honig, und
vermache alle Ritzen und Nebenöffnungen des gefütterten Stockes wohl.

Zum Schluße dieses Abschnittes noch eine Erinnerung
für Diejenigen, die etwa, aller Warnung des 2. Zauberspruches, un=
geachtet, dennoch einen honigarmen Schwarm einwintern und lieber
füttern als kassiren wollen. Sie mögen einen solchen Aermling schon
gleich im August und Anfangs September in größeren Portionen und
schnell hinter einander Futter reichen. Jetzt kann er nämlich einen
Theil dieses Futters noch verdeckeln, später nicht mehr; und viel
unverdeckelter Honig macht im Winter das Lager kalt, und kann auch
versäuern. Bei späterer und langsamerer Fütterung aber setzt die
Königin neuerdings mehr Brut, die gleich wieder mehr Honig braucht,
und in Gefahr kommt, durch bald einfallende üble Witterung zu ver=
derben.

———

XII. Abschnitt.

Ueber Herbstzeidlung.

§. 77. Wann und wie ist die Zeidlung im Herbste vorzunehmen?

Der Zeitpunkt des Zeidelns im Herbste ist nach Umständen ein verschiedener. Im Allgemeinen wird gezeidelt, wenn die Tracht zu Ende, und schon kühlere Zeit eingetreten ist, so daß sich die Bienen von den Honigwaben zurück- und mehr ins Brutlager zusammengezogen haben; was gewöhnlich um die Mitte des Monats September geschieht. Wenn aber um diese Zeit, wegen Verspätung der Tracht und noch anhaltender warmer Witterung die Bienen noch sehr zerstreut im Stocke liegen, noch zahlreiche Brut besitzen, und dabei die Honigwaben noch warm und weich sind, und letztere deshalb nur unter großer Beschwerde und um so größerer Erbitterung der Bienen ausgeschnitten werden könnten: dann muß der Zeitpunkt des Zeidelns weiter hinausgeschoben werden. Doch kommt es auch auf die Gattung der Bienenwohnung und auf andere Geschäfte, die man beim Zeideln zugleich abthun will, an, ob man früher oder später zeideln muß, z. B. wenn man dabei Stöcke vereinigen will. Wir werden bei jeder Gattung Stöcke auch in dieser Beziehung immer das Nöthige mit anführen, wenn wir jetzt das Wie der Zeidelung erklären.

1. **Der stehende Ringstock oder Strohständer.** Wartet man bei solchen Stöcken nicht schon auf den Honig; kann man ihn noch länger entbehren, und will man ihn recht kommod, binnen 5 Minuten, ganz rein von Bienen, und ohne eine Biene dabei zu verletzen, abnehmen; dann nehme man die Zeidlung erst vor, wenn kältere Nächte (im Oktober) eingetreten sind, und die Bienen sich unterhalb des Honigs ins Lager begeben haben. Am Tage zuvor untersucht man erst den Stock und sieht, in wie viel Ringen er versiegelten Honig habe, und überlegt, wie viele er behalten und entbehren könne. Das Fenster eines jeden Ringes und der Honigtrokar, die vorausgegangenen Beobachtungen über den schwächeren oder stärkeren Flug des Stockes während der Tracht, und allenfalls das Abwägen desselben mit der Hand beim Aufheben; dieses Alles zusammengenommen, kann auch ohne Wage zu einem bestimmten und ziemlich

richtigen Urtheile hinsichtlich der Honigmenge führen. Ueberhaupt aber gilt hier als Regel, daß dem Stocke zwei versiegelte Ringe zur Nahrung bleiben, und daß er damit sein Auskommen haben müsse, selbst wenn der zweite — bei einem etwas schwächeren Volke — nur zu zwei Dritteln angefüllt wäre; denn gewöhnlich findet sich auch noch in dem nächst folgenden Ringe einiger Honig vor. Was also sich über diesen zwei Ringen befindet, verfällt dem Zeidler. Die Fuge, wo der Stock getrennt werden soll, reiniget man gleichfalls schon am Tage zuvor von dem etwa vorhandenen Lehm, damit am andern Tage der Schnitt alsogleich und ohne alles vorausgehende Geräusch geschehen kann.

Zum Abschneiden nimmt man einen schwachen Messingdraht oder etwas stärkeren jedoch ausgeglühten Eisendraht, von 2½ Schuh Länge, der an beiden Enden zwei Knebel zum Anfassen hat. Diesen Draht zieht man ringsum, erst auf der einen, dann auf der anderen Seite so in die Fuge hinein, daß er überall die um die Strohränder geschlungenen Wieden oder Bänder über's Kreuz, und nicht in ihrer Längenrichtung trifft; wo hernach diese Bänder das Anziehen des Drahtes durchaus nicht hindern, und von ihm auch nicht zerschnitten werden. Ist hernach der Draht durch die Ränder hindurch und bis zur Verkittung der Fuge von Innen gedrungen, dann beginnt das eigentliche Schneiden; indem in der Richtung der Waben der Draht abwechselnd einmal mit der Rechten, das anderemal mit der Linken angezogen, und so den Bau durchschneidend, herausgebracht wird.

Hierauf wird der abgeschnittene Theil abgehoben, und auf den Deckel oder verkehrt gestellt; dann legt man dem Stocke einen anderen Deckel auf und befestiget denselben. So können zwei Ringe, ja noch mehr, mit einem Schnitte genommen werden, und die Bienen merken es kaum.

Daß etwa vorhandene Ansatzkästchen im Rücken des Stockes oder am Fuße desselben, schon zuvor und ebenfalls ohne alle Beschwerde abgenommen werden können, versteht sich von selbst.

Muß man aber die Honigringe in einer früheren Zeit abnehmen, wo noch einige Bienen auch im Honigraume des Stockes sich aufhalten dürften; dann wird derselbe gleichfalls schon einen oder einige Tage zuvor nur zum Schnitte vorbereitet, und es wird nicht nur die Schnittfuge, sondern auch die des Deckels gehörig frei gemacht.

Am Tage der Operation selber bereitet man Rauch vor, und nachdem schon der Draht zwischen die Ränder der beiden Ringe hineingebracht und itzt das Schneiden möglich ist, bricht man schnell bloß mit den Händen den Deckel los, schickt einige Stöße Rauch in das Gewirke, und wartet nur noch so lange, bis man aus dem entfernten Gesumme das Leersein der Ringe von Bienen vermuthet; worauf der Wachsbau eilig durchschnitten, der Honigring auf ein vorgerichtetes Bret umgekehrt gelegt, und der Stock mit dem abgebrochenen Deckel wieder verschlossen wird.

Keine Art Zeidlung geht so leicht und schnell, und so unschädlich für die Bienen ab, wie diese; und es ist wahrhaft lächerlich, wie lästig sich Manche das Abnehmen der Strohringe träumen, und wer weiß, wie viele Hunderte oder Tausende von Bienen ihre Einbildung dabei umkommen läßt! —

Man kann auch einwenden wollen, daß man Ringstöcken keine kleinere Quantitäten Honig nehmen könne, sondern immer einen ganzen Ring entweder nehmen oder stehen lassen müsse; Letzteres z. B. dann, wenn der Stock einen Theil des darin befindlichen Honigs noch zu seiner Nahrung brauchen möchte.

Die Antwort hierauf liegt in nachfolgendem Verfahren. Wenn man bei Ringstöcken — wie es Vorschrift ist — immer zwischen 2 ganzen Ringen einen 3 Zoll hohen oder Halbring stellt; so hat man beim Zeideln den Vortheil, daß man nach Zulaß und Belieben 1 1/2 Ring, oder 1, oder auch nur einen halben Ring mit Honig abnehmen kann.

Es läßt sich auch einem Stocke ein ganzer Ring abnehmen, wenn er auch nur einen halben entbehren kann; man setzt ihm nämlich von einem andern Stocke wieder einen halben Ring dafür auf. Stünde kein halber Ring von einem Nachbarstocke zu Gebote, so wäre noch zu helfen. Man schneidet nämlich jetzt dem Stocke den ganzen Ring nicht ab, sondern schält solchen bloß aus, was auf folgende Art geschieht: Es wird der Deckel abgenommen, dann werden die Querhölzer des Ringes, die ganz oben im Rande stecken, und woran die Waben hängen, knapp an dem Strohe mit einem scharfen Messer abgeschnitten. Hierauf werden die Waben auch ringsum, wo sie an den Wänden befestiget sind, mit dem scharfen Bienenmesser losgetrennt, und zuletzt wird der Strohring in die Höhe gezogen und leer abgenommen, so, daß der darin befindliche Bau stehen bleibt. Nun schiebt man an die Stelle des ganzen Ringes einen leeren Halbring über den Honig hinab, und schneidet den über den Halbring hervorragenden Honig, Wabe für Wabe ab und zeidelt somit nur den halben Inhalt des ganzen Ringes aus, während die andere Hälfte dem Stocke bleibt.

Eben so könnte man nöthigenfalls auch nur die Hälfte des Halbringes nehmen; oder überhaupt aus einem ganzen Ringe, den man nicht erst ausschält von oben nur einige Pfund herausschneiden, und den dadurch entstandenen leeren Raum für den Winter mit leeren Waben ausfüllen, oder sonst mittelst Bretchen absperren.

Uebrigens, obschon es auf ein Pfund Honig mehr oder weniger im Allgemeinen nicht ankommt, soll man doch an dem Grundsatze fest halten, jedem Stocke für den Winter lieber ein Pfund mehr statt weniger zu lassen.

In dem Falle, wo ein Ständer — wie im VII. Abschnitte Seite 284 gelehrt wird — nachdem ihm durch einige Jahre mittelst Aufsätzen Honig im jungen Bau abgenommen worden war, jetzt den ältesten Bau in den oberen Ringen besitzt, und durch Untersätze in seinem Gebäude verjüngt werden soll; muß man trachten, so bald als möglich die oberen Ringe zu entfernen. Man schneidet ihm daher im Herbste eher einen halben Ring mehr als weniger ab, und setzt ihm lieber bald nach der Zeidlung einige Pfund Futterhonig zu, die er etwa durch den Schnitt für sein Auskommen zu wenig behalten hätte.

Einen Ring, in welchem nach dem Abschneiden einige Bienen vorhanden sind, trägt man an einen dunklen Ort, am besten in eine Kammer, wo sie von selbst den Ring verlassen und in's Freie oder an's Fenster fliegen, welches dann geöffnet wird.

Noch zweckmäßiger stellt man den etwa gegen Abend abgeschnittenen Ring — wie schon Seite 190 gemeldet worden ist — über Nacht auf ein an den Stock angeschobenes Standbret, nach dem die Verbindung beider Breter durch das Ausziehen der Schieber hergestellt worden ist. So saugen die Bienen über Nacht den aus den zerschnittenen Zellen auslaufenden Honig auf, und ziehen sich dann alle zu dem gemeinschaftlichen Haufen in den Stock zurück. Früh kann man hernach den Honigring ganz reinlich und bienenfrei in Empfang nehmen.

2. Der liegende Ringstock oder ströherne Lagerstock. In diesem legen die Bienen das Magazin oder den Honigvorrath zum größten Theil in den hintersten Ringen an; es muß
darum auch hier gezeidelt werden. Hinsichtlich der früheren und spää-
teren Zeidlung ist dasselbe zu bemerken, was oben von dem Strohständer angeführt wurde.

Vor Allen werden etwaige Ansatzkästchen oben oder an den
Seiten abgenommen. Eben so die hintersten Ringe mit Honig im
jungen Wachse, wenn in diesem Sommer — nach Anweisung im
VII. Abschnitte Seite 250 — Ringe hinten angesetzt und durch ein
eingeschobenes Bret vom vorderen Brutraume getrennt worden sind.

Geschieht die Zeidlung in später und schon kühler Zeit, dann
befinden sich in diesem abgeschlossenen Raume wenige oder gar keine
Bienen, und alle Ringe hinter dem Ansatzbrete können mit einemmal
abgenommen werden. Doch ist zuvor auf die Art des Baues Rücksicht zu nehmen. Bei kaltem Bau geschieht der Schnitt und die ganze
Vorbereitung dazu, wie oben beim Ständer gezeigt wurde. Bei
warmen Bau dagegen läßt sich der Schnitt mit dem Drahte nicht
anwenden, weil man dabei Gefahr liefe, eine Honigwabe in ihrer
breiten Richtung zu treffen und zu zerschneiden; was wenigstens einen
bedeutenden Honigausfluß zur Folge hätte. Besser ist es dann, zu
versuchen, ob man den Ring nicht vielmehr von dem Stocke absprenn-
gen, und also ohne Schnitt ablösen kann; wobei allenfalls auch eine
gerade in der Fuge hängende Scheibe zerreißen könnte. Doch, wenn
man dies zu thun sich nicht getraut, so zeidle man Wabe für Wabe.

Nach Oeffnung des hintern Deckels hängen die Wachsscheiben
in Form runder Kuchen da. Man löst die erste ringsum mittelst des
Messers ab, und läßt sie sanft auf die linke flache Hand fallen, welche
sie heraus und in die Schüssel langt, die schon in Bereitschaft
steht. Nicht anders verfährt man mit der zweiten und allen andern
Honigwaben. Wenn sich Bienen zeigen, so werden solche mit Rauch
hinter die Wabe getrieben, und wenn hernach solche auf der Hand
liegt, werden die Bienen von der andern Seite mit dem Flederwische
in den Stock gekehrt. Auf diese Weise geht das Zeideln sehr leicht
und gut von statten.

Wurden dagegen dem Stocke in diesem Jahre Ansätze vorne
beim Ausfluge gegeben, und befindet sich darum der älteste Bau in
den hintersten Ringen; dann ist das Verfahren regelmäßig dieses:

Klaus, der Bienenvater. 4. Auflage. 19

Bei kaltem Bau wird das Abschneiden mit dem Drahte, bei warmem das wabenweise Ausschneiden in Anwendung gebracht.

Das Ausschälen wie bei Ständern geht hier nicht an; wohl aber läßt sich bei warmem Bau, wenn die Bienen weit zurück und ruhig liegen, bisweilen ein Halbring, wenn man ihn gerade braucht, sammt seinem Inhalte von 2 oder 3 Scheiben absprengen.

Von einer Beschwerlichkeit beim Zeideln, von der Tödtung vieler Bienen und Beschädigung der Brut dabei u. dgl., weiß man hier eben so wenig, wie beim Zeideln des Ständers.

In dieser Gattung Bienenwohnung befindet sich wohl der meiste Honig in den hintersten Ringen, jedoch er zieht sich auch an der Decke in immer weniger werdender Menge von hinten bis in den vordersten Ring, wenn dieser ausgebaut ist. In der Regel hat ein Stock in 3 oder 3½, und ein ausgezeichnet starker in 4 Ringen Bau und Honig genug zur Durchwinterung. Da der Stock in diesem Bezuge von beiden Seiten untersucht werden kann, so ist es, wenn auch noch die oben beim Ständer angegebenen Hilfsmittel gebraucht werden, nicht schwer, sich von dem vorhandenen Honiginhalt Ueberzeugung zu verschaffen.

3. Stehende und liegende Holzmagazine. Bei diesen gilt dasselbe, was von den ströhernen gesagt worden ist. Will man auch bei diesen, um den Honig zu erforschen, den Honigtrokar anwenden; so muß man zuvor mit einem kleinen Bohrer die Wand durchbohren. Endlich

4. Stehende und liegende Beutenstöcke. Stehende Beuten schneidet man im unteren Theile aus, läßt jedoch unter dem Flugloche noch eine Spanne hoch Bau stehen, damit der Stock im Winter wärmer bleibt. Den darin befindlichen und etwa überflüssigen Honig findet man bei der Frühjahrszeidlung, die, wie der IX. Abschnitt ausführlich lehrt, in Betreff der oberen Beutenhälfte statt finden muß.

Liegende Beuten, wenn sie vollgebaut sind, werden gleichfalls im Herbste gezeidelt; dies eineartheils schon deswegen, um ihnen für den Winter den gehörigen Zutritt frischer Luft zu verschaffen. Man zeidelt sie jetzt auf der Seite des ältesten Baues, und zwar bis nahe an das Brutlager, welches sich gewöhnlich in der Nähe des Flugloches befindet. Läßt man jedoch auf der gezeidelten Seite noch einen Theil Honig stehen, dann legt man auf der andern, wo die größere Honigmenge ist, den Stock ein wenig höher, damit sich die Bienen, die lieber aufwärts zehren, schon vom Herbste an dorthin ziehen, und nicht etwa nach der beschnittenen Seite, wo sie mitten im Winter den Honig erschöpfen und verhungern würden. Viele Stöcke gehen alle Jahre wegen Nichtbeachtung dieses Umstandes ein.

Wer aber dennoch — etwa aus Honigmangel — eine nicht ganz vollgebaute Lagerbeute schon im Herbste zeideln will, muß der Regel nach auf der vollen Seite Honig nehmen, und den jungen Bau auf der andern Seite schonen. Dann vergesse er aber nicht, den dadurch entstandenen leeren Raum mit einem passenden Brete oder einer Blende zu versetzen; denn leerer Raum auf beiden Seiten schadet meistens im Winter den Bienen.

Indessen darf man allerdings auch Honig in jungem Wachse ausschneiden, so lange nämlich das Gewirke auf der anderen Seite noch nicht zu alt geworden ist.

Einer Lagerbeute, die 2 Ellen lichte Länge, 10 Zoll Höhe und 10—12 Zoll Tiefe hat, kann die ganze Hälfte Inhalt ausgezeidelt werden, wenn Bau, Honig und Bienen die andere Hälfte gehörig ausfüllen. —

Die Verjüngung des Brutnestes, welches sich meistens in der Mitte befindet, muß schon im Herbste eingeleitet werden. Hat nämlich der Bienenhaufen seine ältesten und schwärzesten Waben zum Theile verlassen, sie mit Honig angefüllt, und sich ein wenig mehr rechts oder links gezogen, so nimmt man diese Gelegenheit wahr, um solche Scheiben bis an das Lager sammt allem Wachse desselben Flügels herauszuschneiden; jedoch natürlich unter der Vorsicht, daß dem Stocke im andern Flügel noch genug Bau und Honig bleibt. Man muß hiezu die Zeit abwarten, wo schon die meiste Brut ausgelaufen, aber doch noch warme Witterung ist, damit sich die Bienen noch vor dem Eintritte der Kälte ihr Lager wieder gehörig einrichten können. Im Frühjahre darauf — wie im IX. Abschnitte schon gelehrt wurde — sucht man das alte Brutnest, welches dann ausgezehrt und von Bienen verlassen ist, vollends herauszunehmen.

Weitere Kunst= und Handgriffe und Vorsichtsmaßregeln beim Zeideln wurden schon im IX. Abschnitte bei der Frühjahrszeidlung aufgezählt; sie finden auch bei der Herbstzeidlung größtentheils ihre Anwendung, und können dort Seite 265 nachgelesen werden.

§. 78. Ueber die Herbſtzeidlung des Schwarmbienenzüchters durch Abtödten oder Abſchwefeln ganzer Stöcke.

Iſt die Tracht auf dem Buchweizenfelde oder in: Heidelande zu Ende; dann brechen die Schwarmbienenzüchter alle jene Körbe, die nicht zur Fortzucht dienen ſollen, gänzlich aus, nachdem ſie zuvor die Bienen darin abgeſchlachtet, d. i. mit Schwefel getödtet haben; wie ſchon im I. Hauptſtücke bemerkt worden iſt.

Was iſt nun von dieſer Zeidel-Methode zu halten? — Iſt es nicht unvernünftig und unrationell, nicht grauſam und unmoraliſch, ſo viele Tauſende fleißiger und nützlicher Thierchen zu morden? —

„Nein!" — antworten Diejenigen, welche von jeher beſagte Schlächterei getrieben haben — „weil durch dieſe unſere Methode allein der möglichſt große Bienennutzen erzielt wird." —

Iſt nun dieſe Gegenbehauptung von dem möglichſt großen Bienennutzen wirklich und ausgemacht wahr; dann findet das Bienentödten allerdings hinreichende Entſchuldigung, und darf weder unvernünftig und unrationell, noch grauſam und unmoraliſch genannt werden. Denn, wie es ſicher überhaupt vernünftig und rationell iſt, jeden Zweig der Landwirthſchaft möglichſt auszunützen, und z. B. eine Korngarbe nicht nur bis auf einen Löffel voll Körner, ſondern ganz rein auszudreſchen; eben ſo muß es auch vernünftig und rationell heißen, wenn man ſeine Bienen ſo züchtet, daß dabei ein größerer Nutzen an Wachs und Honig heraus kommt, als verhältnißmäßig bei jeder anderen Zuchtweiſe. Und wieder: wenn der gütigſte Schöpfer die Thiere zum Dienſte und Nutzen der Menſchen erſchaffen, und ſeine Weisheit ein Geſetz der Sparſamkeit gegeben hat, nach welchem er ſelbſt in allen ſeinen Werken verfährt, und welches in der ganzen Natur lesbar geſchrieben ſteht: ſo handeln wir ſicher nur dieſem Geſetze entſprechend, wenn wir von den Bienen nicht nur einen Nutzen ſondern, wo möglich, den größten Nutzen zu ziehen trachten; ſelbſt wenn letzterer nur durch den Tod der Bienen erreichbar wäre. Aus dieſem Grunde tödten wir z. B. auch das Rind, wenn es nicht mehr zum Zuge und zur Zucht taugt, um zuletzt noch durch den Genuß ſeines Fleiſches von ihm den möglichſt großen Nutzen zu erlangen; ja, wir laſſen ſelber das vor Alter unbrauchbar gewordene Pferd zuletzt tödten, obſchon ſein Fleiſch ungenießbar iſt, um wenigſtens das fernere Futter zu erſparen, und dadurch den letztmög lichen Nutzen zu erzielen. Dies und Aehnliches thun wir mit unseren Nutzthieren, ohne daß es Jemanden einfällt, uns deßhalb grausam und unmoralisch zu nennen.

Ein Anderes wäre es, wenn Gewißheit statt fände, daß durch eine andere Zuchtmethode, wobei das Leben der Bienen geschont wird, der nämliche oder gar ein größerer Bienennutzen gewonnen werden kann, wie bei erwähnter Schlachtmethode; denn dann wäre das Bienentödten unnöthig, ja schädlich und darum auch unvernünftig und unrationell, wie auch grausam und unmoralisch.

Es kommt also, um hierin ein richtiges Urtheil fällen zu können, nur auf einen unumstößlichen Beweis an, daß wirklich die Schwarmbienenzucht mit der Bienentödterei unter allen andern Bienenzuchtarten den größten Nutzen abwirft. Ein solcher Beweis scheint aber noch nirgends geliefert worden zu sein. Wohl hat z. B. Aug. Ramdohr in seiner Schrift: „die einträglichste und einfachste Art der Bienenzucht," (Berlin 1833) diesen Beweis liefern wollen; indem er darin seine Erfahrungen anführt, die er durch vergleichende Versuche mit allen andern Arten der Zucht gemacht hat, und wobei er mit aller Aufmerksamkeit und mit der Wage in der Hand verfahren zu sein angibt: allein, da er bei Führung seines Beweises und als Gegenstand seiner vergleichenden Versuche die Zeidelbienenzucht seiner Zeit, und insbesondere die Christische Magazinbienenzucht im Auge hat, die jetzt eine andere, eine verbesserte ist; da zugleich seine Ansichten über Vereinigung der Stöcke und Volksverstärkung, über Ableger und Anwendung von ausgebauten und bienenfreien Körben u. dgl. mit neueren Erfahrungen nicht übereinstimmen; da endlich überhaupt seit dem J. 1833 Theorie und Praxis der Bienenzucht weit vorgeschritten sind und insbesondere die neue Dzierzonische Methode sowohl in die Schwarm- als Magazinirzucht höchst vortheilhaft eingreifen kann: so kann man füglich in die Richtigkeit des Ramdohr'schen Beweises Zweifel setzend, das Abschwefeln der Bienen in ganzen Stöcken wenigstens noch immer in Verdacht haben, daß es unrationell und unmoralisch sei.

Und womit vertheidigen weiter Schwarmbienenzüchter den gewaltsamen Bienentod? — Sie sagen: „Unsere Stöcke schwärmen zu häufig; was würden wir mit einer so großen Menge Schwärme machen? — sie müßten ja in ein paar Jahren einander selber aufzehren!" —

Man kann hierauf antworten: „Aber das unmäßige Schwär=
men zu verhindern, ist ja eben Sache der Zucht. Man gebe den
Bienen vor Allen geräumigere Wohnungen, und schaffe die gewöhn=
lichen Körbchen und sogenannte Pudelmützen ab; man lasse ihnen im
Herbste mehr Honig, im Frühjahre besonders mehr leeren Bau, und
richte sich so wenigstens einen Theil Honig= oder Magazinstöcke ein.
In dzierzonisirten Stöcken beseitige man nach Möglichkeit Drohnen=
wachs und Drohnenbrut und überflüssigen Honig; zwinge die Bie=
nen durch Herausnehmen der Waben mitten aus dem Stocke zum
Wachsbaue, wende bei theilbaren Stöcken Auf=, An= und Zwischen=
sätze an, u. dgl. Auch halte man auf Vereinigung schwächerer Schwärme
und alter Mutterstöcke zu gehöriger Zeit; setze ausgebaute Körbe auf
u. s. w. — Es wäre wahrlich die Bienenwissenschaft noch nicht weit
vorgeschritten, wenn sich das übermäßige Schwärmen nicht verhin=
dern ließe!

„Ach, dieses Alles ist uns zu umständlich! es braucht auch
viel Mühe und Zeit. Da kommen wir mit einwenig Schwefel ein=
facher, schneller und leichter zum Ziele!" — so heißt es wieder.

Antwort: Gegen das Leichte und Schnelle des Abschwefelns ist
nichts einzuwenden; aber in Betreff des eigentlichen Zieles ist noch
eine Frage zu beantworten: nämlich die, ob nicht etwa auch der
größere Aufwand von Mühe und Zeit bei Beschränkung der Schwärme,
durch ein noch größeres Honigerträgniß belohnt werde, und ne=
benbei doch der häßliche Bienenmord unterbleibt? — Diese Frage
muß erst die Erfahrung aus aufmerksamen und vergleichenden Ver=
suchen beantworten. — Beim Ganzen muß man aber doch zugestehen,
daß, wo die alten Schwarmkörbe und die bisherige Schwarm=Methode
beibehalten werden, und die Bienenwissenschaft noch in den Win=
deln liegt, so daß man rationellere Methoden nicht kennt und
anzuwenden versteht, wirklich nichts Anderes übrig bleibt, als die
überflüssigen Bienen abzuwürgen, um nur Honig und Wachs zu ge=
winnen; wie auch, daß diese Methode, obschon unrationell, wenig=
stens für den ungebildeten Züchter die leichteste und bequemste ist.

Ueber Herbstmusterung und Herbst=Reduktion oder Verminderung der Stöcke, und Einwinterung.

§. 79. **Was versteht man unter Musterung und Reduktion der Stöcke im Herbste, und unter Einwinterung?**

Der rationelle Bienenwirth und wahre Bienenvater weiß sehr wohl vom silbernen Zauberspruche her, welch ein Feind der Winter gegen die Bienen sei, und daß er dieselben zu ihrem und seinen eigenen Nutzen wider den schädlichen Einfluß dieses Feindes in Schutz nehmen müsse. Besorgt daher, ob auch seine Stöcke mit allem Nöthigen für den Winter ausgerüstet seien, und in der Absicht, ihnen, so lang es noch Zeit ist, das Mangelnde nach Möglichkeit zu gewähren, unterzieht er vor dem Eintritte des Winters seinen ganzen Bienenstand noch einmal einer strengen Untersuchung.

Der rationelle Bienenwirth macht aber auch schon jetzt im Herbste, je nach seinen besonderen Verhältnißen, seine Zuchtpläne für den künftigen Frühling und Sommer. Z. B. Er will es im kommenden Frühjahre zunächst auf natürliche oder künstliche Schwärme anlegen; indem er seinen Bienenstand noch mehr zu bevölkern wünscht; — oder im Gegentheile, er will es besonders auf Honigstöcke absehen, weil er hiedurch einen mehr sicheren Nutzen ziehen zu können glaubt als von Schwärmen, die nicht genug Käufer finden; — oder auch, er ist Willens, Stöcke zu verkaufen; denn sie sind ihm bereits zu einer solchen Zahl angewachsen, daß seine Zeit sie gehörig zu pflegen, nicht mehr ausreicht, und die beschränkte Örtlichkeit seines Bienenstandes keine Stöcke mehr fassen kann u. s. w. und auch deßwegen also untersucht er seine Stöcke im Herbste, um sich nämlich zu überzeugen, welche seinen besondern Plänen zu entsprechen im Stande wären, und um dadurch schon jetzt die nöthigen Voranstalten treffen zu können. Nun aber, diese Untersuchung des ganzen Bienenstandes im Herbste, äußerlich und innerlich ange=

stellt, und Stock für Stock zu den beiden oben ausge-
sprochenen Zwecken, heißt die **Herbstmusterung**.

Wenn es sich ferner bei dieser Musterung herausstellt, daß Stöcke
entweder wegen Mangel an Bau, oder Schwäche des Volkes, wegen
Weisellosigkeit oder Weiselunrichtigkeit, oder anderer Fehler halber im
Winter zu Grunde gehen müßten; oder wenn Stöcke gefunden werden,
denen es an hinreichendem Nahrungshonig gebricht, und bei denen die
Herbeischaffung einer beträchtlichen Menge Futterhonig große, die
Kräfte des Bienenherrn übersteigende Auslagen machte; und darum
lieber Stöcke von solchen Gebrechen gänzlich kassirt und mit einander
vereiniget werden; — wenn endlich bei übervölkerten Bienenständen
Stöcke zum Verkaufe ausgewählt und wirklich verkauft werden; —
wenn also überhaupt auf solche Weise jetzt nach der Herbstmusterung die Anzahl der Stöcke absichtlich auf eine min-
dere zurückgeführt, oder der Bienenstand verringert
wird: dann heißt dies die **Herbstreduktion**.

Endlich, wenn der Bienenvater die gemusterten und redu-
zirten Stöcke wirklich zu dem Zwecke der Fortdauer im
Winter und als Zucht- und Nutzstöcke auf dem Stande
läßt, oder sie gar geflissentlich an einen eigends hiezu
bestimmten Ort bringt (Einkammerung), und so die letzte
Hand an sie legt, um sie gegen Winterfeinde zu schützen:
dann wird dies die **Einwinterung** genannt.

Gehen wir jetzt diese 3 Geschäfte der Bienenpflege im Kurzen
durch:

a) Die Musterung kann zugleich mit der Herbstzeidlung statt
finden; wenigstens ist es leicht, bei Stöcken, die eben gezeidelt werden, sich unter Einem von der Menge des zurückbleibenden Honigs,
von der Beschaffenheit des Baues, der Brut und des Weisels zu
überzeugen, besonders wenn man auch den Stock schon von früher
her in seinem Betragen kennt. Stöcke, die erst im Frühjahre zu
zeideln sind; auch solche, von denen man im Voraus weiß, daß sie
höchstens ihr nothwendiges Auskommen haben, so wie die, bei denen
das Gegentheil zu erwarten ist; alle ohne Ausnahme werden, wenn
nicht am Tage der Zeidlung, doch bald darauf, geöffnet, und im Innern aufmerksam besichtiget und untersucht. Schwache und honigarme,
zurückgekommene Mutterstöcke, weisellose oder weiselverdächtige, von
Motten angegriffene oder wie immer fehlerhafte Stöcke werden wohl

gemerkt, und bei einem zahlreichen Bienenstande am besten mit einem Zettel bezeichnet, auf welchem die Nummer des Stockes sammt seinem Charakter oder seiner Beschaffenheit angemerkt ist.

Stöcke ferner, die etwa für's kommende Jahr als Schwarmstöcke gelten sollen, oder die zum Austrommeln bestimmt werden, müssen gleichfalls itzt schon beiläufig ausgewählt werden; erstere wegen der später vorzunehmenden knapperen Beschneidung des Baues, letztere wegen des zu besorgenden leeren Raumes zu beiden Seiten für die Trieblinge; auch wegen anderer darauf bezüglichen Eigenschaften. Man untersucht z. B. ob sie gehörig volkreich, jungen Bau und fruchtbare junge Weisel besitzen; welches Letztere man schon meistens aus anderen vorausgegangenen Umständen wissen kann, je nachdem nämlich der Stock ein Singer- oder Nachschwarm des heurigen oder vorigen Jahres, ein abgeschwärmter Mutterstock u. dgl. ist. *)

Auch die Nachbarstöcke der weisellosen, der schwachen und fehlerhaften, die durch Vereinigung kassirt werden sollen, muß man einer genauen Untersuchung unterwerfen; insbesondere, ob ihnen ein zugetheiltes Volk nothwendig oder zuträglich oder auch überflüssig sei u. dgl. Stöcke, die auf dem Stande bleiben, jedoch gefüttert werden müssen, werden in Hinsicht des Futterquantums, das sie schon im Herbste erhalten müssen, ausgeforscht. Stöcke, die man zum Verkaufe bestimmt, fordern gleichfalls eine genaue Untersuchung, um den Verkaufspreis bestimmen zu können. Man wähle solche aus, die wegen verschiedener Gattung der Bienenwohnung am wenigsten für den übrigen Bienenstand passen; auch solche, durch deren Entfernung der benöthigte Raum im Bienenstande gewonnen wird; aber auch solche, mit denen man auf rechtschaffene Weise die Käufer bewähren kann. Zuletzt sehe man bei Stöcken, die überwintert werden sollen, darauf, ob sie viel oder wenig leeren Raum besitzen; dies wegen des späteren Raumnehmens und ziehe am Ende auch noch das Aeußere der Stöcke in Betracht; namentlich, ob nicht zufällige Seitenöffnungen, und ob angemessene

---

*) Bei einer wohlgeordneten systematischen Zucht soll immer ein Verzeichniß oder Journal über den ganzen Bienenstand geführt werden, in welchem jeder Stock mit seiner Nummer erscheint, und wobei zugleich in jedem Jahre das Alter des im Stocke lebenden Weisels angemerkt steht. In den meisten Fällen ist es gar nicht schwer, das Alter der Königin zu wissen.

D. V.

Fluglöcher vorhanden sind. Letztere müssen gleich nach der Zeidlung wegen Bienenräuberei bedeutend verengert werden.

b) Die Reduktion des Bienenstandes wird nach der Herbst=zeidlung, etwa im halben September, und überhaupt noch zu einer Zeit vorgenommen, wo die Witterung hinreichend warm ist, damit bei den vorzunehmenden Operationen keine Bienen erstarren, und vereinigte Stöcke noch ordentlich ihr Winterlager vorzubereiten, und gefütterte den Honig bequem an Ort und Stelle zu bringen im Stande sind. Die Hauptoperation bei der Reduktion ist das Vereinigen und Kassiren jener Stöcke, die nicht für den Winter taugen. Wie es zu geschehen habe, lehrt der X. Abschnitt des III. Hauptstückes.

Zum Verkaufe bestimmte Stöcke werden natürlich, je nachdem sich Käufer finden, früher oder später vom Stande geschafft.

Die Reduktion ist das vortreffliche Mittel, nur gute Stöcke, welche einen möglichst sicheren und großen Ertrag abwerfen, auf dem Stande zu behalten, und schlechte, die nur Verdruß, vergebliche Mühe und Unkosten machen, sich vom Halse zu schaffen. In schlechten Jahrgängen, die jedoch äußerst selten kommen, und dann besonders, wenn man den Bienen in Rücksicht des Schwärmens zu große Freiheit gestattet hat, muß manchmal die Herbstreduktion in einem Umfange geschehen, der sehr wehe thut; dessen ungeachtet ist sie unter mehreren Uebeln nur das kleinste, und bringt oft noch gute Folgen. Ich mache dies durch ein thatsächliches Beispiel anschaulich.

Herr G....., Landwirth zu Tsch....., bekam im J. 1841 vier Schwärme, die er in stehende Ringstöcke faßte. Es waren die ersten Strohstöcke in seiner Gegend, und er hatte sich dieselben noch mit eigener Hand verfertiget. Natürlich wünschte er sich bald noch mehr und ließ sie darum im Frühjahre 1842 wacker schwärmen. Im September darauf besuchte ich ihn, und fand jetzt auf seinem Bienenstande 10 Strohstöcke aufgepflanzt. Ich freute mich darüber sehr; der Besitzer kam mir aber mit keinem freudigen Gesichte entgegen. „Sie sind alle 10 federleicht," — sprach er — „ich weiß mir damit nicht zu helfen!" — Wirklich hatte die außerordentliche Dürre dieses Jahrganges in der kahlen flachen Getreidegegend schon gleich nach der Schwarmzeit jedes blühende Pflänzchen getödtet, und alle Honigquellen waren für dieses Jahr versiegt. Ich untersuchte alle Stöcke genau, und wahrhaftig! die besten konnten höchstens jeder 10 Pfund, die Mehrzahl aber nur 5—7 Pfund Nahrungshonig besessen haben.

Jetzt verschwand auch bei mir die freudige Miene, denn ich mußte dem besorgten Manne sagen: „Lassen Sie die Stöcke für den Winter stehen, so verhungern alle 10, wenn sie nicht jetzt im Herbste noch einen Zentner Honig kaufen und füttern." — Das Pfund Honig kostete aber damals fast einen Gulden C. Mze., vom Kandiszucker als Bienenfutter wußte man damals noch nichts, und zur großartigen Pantscherei mit weißem Zucker, Birnsyrup u. dgl. wollte ich des ungewissen Ausganges wegen nicht rathen. Indem sich der verlegene Bienenherr weder für den Zentner Honig, noch für das Sterbenlassen seiner Lieblinge entschließen konnte; machte ich ihm endlich zur Reduktion den Vorschlag. Er willigte ein. Auf der Stelle ging's über die Stöcke her, und in einer kleinen Stunde waren durch Vereinigung mittelst Aufeinanderstellen 10 Stöcke verschwunden und wieder nur 4 vorfindig, jedoch 4 ausgezeichnete Stöcke. Bei meiner Abreise hinterließ ich den Rath, zum nächsten Frühjahre noch 10 Pfund Honig zu füttern. Im September des folgenden Jahres besuchte ich Herrn G. und seinen Bienenstand wieder. Siehe da! abermals 10 Stöcke waren aufgepflanzt. Der Bienenherr sah diesmal freundlicher drein, als im vorigen Jahre, was mir gleich als ein gutes Zeichen galt. Ich untersuchte den Stand, und fand, daß alle 10 ihre Nahrung, und einige noch etwas darüber eingetragen hatten. War die Reduktion nicht vortheilhaft?

Ein Anderes. Eines der schlechtesten Bienenjahre für unsere Gegend war das Jahr 1858. Der Landwirth Fl. zu P. hatte damals im Herbste 6 Stöcke auf dem Stande, von welchen keiner mehr als 6—8 Pf. Honig für den Winter besaß. Er schnitt aber die 6 auf 2 gute Stöcke zusammen, durfte solche darauf im Frühjahre nur wenig füttern, und bekam von diesen zweien in dem guten Jahre 1859, 4 ausgezeichnete Schwärme und noch eine namhafte Honigfechsung. Er hatte also seine 6 Stöcke wieder und fühlte jetzt den Verlust des Jahres 1858 um so weniger, als er damals bei seiner Reduktion wenigstens eine reichliche Wachsernte gehalten hatte.

c) Die Einwinterung verlangt nach geschehener Musterung und Reduktion nicht viel Mühe mehr. Höchstens kann noch da oder dort einem Ständer oder Lagerstock unten oder vorne, wenn sie hier viel leeres Gebäude haben, ein oder anderthalb Ringe abgenommen werden, damit die Bienen darin wärmer sitzen. Dafür setzt man ihnen aber einen halben leeren Ring an, damit so beim Flugloche im

Winter stets frische Luft einwirken könne. Wird die Witterung etwa schon zu Ende Oktober sehr rauh; dann denke man auch schon an die Mäuse, und bringe die Fluglöcher, wie es sich im Winter gehört, in Verwahrung; denn auch jetzt schon schleichen sich diese Thiere, der Wärme, den todten Bienen und dem Honig nachgehend, in die Stöcke. So lange es jedoch noch sonnenhelle, mitunter milde und stille Tage gibt, lasse man die Stöcke noch immer auf ihrem gewöhnlichen Sommerstand. Erst dann, wo der Winter mit Gewalt hereinbrechen will, und aller Wahrscheinlichkeit nach keine Flugtage mehr zu hoffen sind, lasse man die Bienen die Winterquartiere beziehen; d. h. man trage die Stöcke behutsam in die stille finstere Winterkammer, oder schließe die breiten Laden und Thüren des Bienenhauses, oder gebe den im Freien bleibenden Klötzen und Beuten eine Strohhülle, und auch vor die Fluglöcher blendende Breter gegen den schädlichen Sonnenschein. Wenn dann im Frühjahre darauf, mochten die Launen des Winters welche immer gewesen sein, alle Stöcke frisch und gesund fliegen, dann ist aus der guten Einwinterung eine gute Durchwinterung geworden, und der Bienenvater war nach dem silbernen Zauberspruche — ein Meister.

XIV. Abschnitt.

Ueber Krankheiten und Gebrechen des Bienenstockes, des Weisels, der Brut und der Bienen.

Diese sind vornehmlich:

Die Weisellosigkeit.

§. 80. Was ist Weisellosigkeit? — wie erkennt man sie? — und was gibt es für Mittel dagegen?

Die Weisellosigkeit ist nicht so sehr eine Bienenkrankheit, als vielmehr ein Gebrechen oder Fehler des Stockes zu nennen; jedoch sie ist in der That ein Hauptfehler; denn es fehlt da dem Stocke das Haupt — die Königin.

a) Entstehung derselben. Wenn ein Stock seine Königin oder Mutterbiene verliert, ist er weisellos, so lange er keine andere erhält.

Dies geschieht wohl in jedem Stocke öfters (denn der Weisel lebt selten über's 5. Jahr); aber ohne daß es bemerkbar und schädlich wird. Hinterläßt nur der abgegangene Weisel taugliche Eier oder Maden, so ist der Stock außer Gefahr. Dann nämlich legen die Bienen über ein solches Ei oder eine Made eine größere Zelle an, füttern die Made mit einem besonderen Futterbrei, und es wird ein junger Weisel daraus. Der Vorsicht halber — dies wurde schon im I. Hauptstücke beim Schwärmen berührt, — legen aber die Bienen gewöhnlich mehrere Weiselwiegen auf einmal an, und suchen dann aus den jungen Königinnen nur eine einzige, wahrscheinlich die beste aus.

Nun trifft es sich bisweilen, daß die Mutterbiene abgeht, und weder eine Weiselzelle, noch ein taugliches Bienenei oder eine solche Made im Stocke ist. Dies ist z. B. der Fall, wenn die alte Königin in den kalten Wintermonaten stirbt, wo sie noch keine Eier gelegt hat; so auch: wenn eine junge Königin beim Ausfluge zur Befruchtung verloren gegangen ist; dies geschieht ferner bei einem Schwarmstocke, wo zufällig mit dem letzten Nachschwarme alle junge Weisel abgeflogen sind, oder, wo zwar noch einige im Mutterstocke zurückblieben, die sich jedoch im Kampfe wechselseitig verletzten und tödteten; oder endlich, wo die letzten in den Weiselzellen noch befindlichen Königinnen entweder — was öfters geschieht — von den Bienen aus Ungeduld unreif ausgebissen wurden, oder auch bei plötzlich eingefallener kühler Witterung durch Verkühlung oder wegen Entvölkerung des Stockes, oder wie immer umgekommen sind. In allen solchen Fällen ist der Stock total oder gänzlich weisellos.

Man sieht hieraus, daß besonders ein alter Stock im Winter, ein Schwarm mit einer jungen Königin bald nach dem Einfassen oder Abtrommeln, ein Mutterstock bald nach dem Abschwärmen oder Austrommeln, und dieser zwar jetzt am leichtesten weisellos werden könne.

b) Kennzeichen der Weisellosigkeit. Gleich, nachdem die Bienen den Tod oder Verlust ihrer Königin bemerkt haben, entsteht ein allgemeiner Aufstand im Stocke; besonders dann, wenn der Stock brutlos ist. Mit einer eigenen Klagestimme hört man sie dabei einander das große Unglück kund machen. Sie kommen jetzt, wenn Sommerszeit ist, aus dem Stocke heraus, und laufen mit ausgestreckten Flügeln daran auf und ab, ängstlich hin und her, als ob sie etwas suchten, und bleiben dann und wann wieder stehen, gleichsam nachsinnend, was jetzt anzufangen sei. Klopft man an den Stock, vorzüglich Abends wo Stille herrscht; so hört man darin nicht mehr jene schnell aufbrausende gleichtönende Stimme des ganzen Haufens — das Zeichen des Wohlseins, sondern ein Heulen und nur einzelne abgebrochene Trauerstimmen, da im hohen, dort im niederen Tone. Auch das Flugloch steht jetzt leer; jene rastlosen Bienen, die sonst unter freudigem Gesumme und Flügelschlage hier Wache hielten, haben ihren Posten verlassen; denn ihre Herrin wohnt jetzt nicht mehr im Palaste. Oeffnet man den Stock, oder hebt man ihn auf, so sieht man den Bienenhaufen weniger als sonst geschlossen, und die Bienen brausen nicht wie sonst entgegen; haucht man unter sie, so erfolgt ein Heulen; sie stechen nicht leicht und sind ohne Muth, weil sie verwaist sind und keine Regentin mehr zu vertheidigen haben. Auch die Lust zur Arbeit ist dahin. Nur wenige fliegen ins Feld; wenige bringen Blumenstaub, und manche Biene bringt ein kaum bemerkbares Bällchen; gleichsam, als hätte sie mitten im Sammeln aufgehört, weil ihr einfiel, daß sie ja damit zu Hause keine Königin mehr erfreue. Gegen die ankommenden Bienen aber bäumen sich jene, welche traurig und unthätig unter dem Flugloche sitzen, haftig in die Höhe, so, als wollten sie fragen: Wißt ihr unsere Mutter? — *)

Dabei wird auch der Stock von Tag zu Tag leichter, und an Volk von Tag zu Tag ärmer; — leicht erklärlich! viele Bienen wandern aus, und unterwerfen sich freiwillig einer andern Königin in einem fremden Stocke, und die Quelle des Nachwuchses ist versieget, es kommen keine junge Bienen mehr nach.

---

*) Bei weisellosen Mutterstöcken, die noch ziemlich viel Volk und viele Drohnen besitzen, gilt hier in so fern eine Ausnahme, als solche oft fortfahren, ziemlich viel Honig und besonders Blumenstaub einzutragen; so daß man ihre Weisellosigkeit, wenn sie nicht gleich bei der Entstehung erkannt worden ist, später nicht eher erkennt, als bis zum Herbste, wo die Drohnen nicht abgebissen werden. Bei solchen Stöcken findet man bisweilen ganze Waben mit Blumenstaub gefüllt; natürlich, weil solcher weder mehr zum Wachsbau noch für die Brut verwendet werden konnte, indem ersterer schon längst aufgehört hatte, letztere aber ohne Weisel entweder gar nicht, oder nur als wenige Drohnen- oder Buckelbrut vorhanden war. So lang weisellose Bienen die Hoffnung nicht aufgegeben haben, sich einen Weisel zu erzeugen, oder wenn sie nur einen Afterweisel besitzen, sich aber noch an Volk stark fühlen, thun sie oft um so boshafter und stechlustiger; weßhalb man sich über ihren Zustand leicht täuschen kann. D. B.

Gleichfalls verschmähen weisellose Bienen das vorgesetzte Futter meistens ganz, oder verkosten doch nur etwas Weniges davon. Auch halten solche Stöcke kein Vorspiel.

Ferner ist auch das Erscheinen der Buckelbrut, oder besser gesagt: unrichtige Drohnenbrut ein Beweis der Weisellosigkeit. Schon im I. Hauptstücke §. 11 Seite 61, wo von dem Geschlechte der Arbeitsbiene die Rede war, wurde der sogenannten Drohnenmütter Erwähnung gethan, die nach Abgang des Weisels fähig sind, Drohneneier zu legen. Eine solche Drohnenmutter nun ist manchmal — nicht allemal — zufällig im weisellosen Stocke vorhanden; diese übernimmt dann das Legegeschäft. Sie legt jedoch nur wenige, und zwar nur Eier zu Drohnen, meistens nur in Drohnenzellen, und dazu sehr unregelmäßig, nämlich nur da und dort bei übergangenen Zellen, und oft 2 bis 4 und noch mehr in eine Zelle. Wenn aber hierauf die aus solchen Eiern entstandene Brut bedeckelt worden ist, so hat sie wegen der dazwischen stehenden leeren und unbedeckelten Zellen ein sehr ungleiches Ansehen, und sie wird deshalb oft Buckelbrut genannt, wie wohl uneigentlich; denn die wahre und eigentliche Buckelbrut kommt in Stöcken vor, die einen unfruchtbaren Weisel besitzen, und die im folgenden §. deutlicher bezeichnet werden wird. Solche Brut einer Drohnenmutter sollte man bloß „unrichtige oder unregelmäßige Drohnenbrut" nennen. Man pflegt jedoch weiselose Stöcke von solcher Beschaffenheit auch drohnenbrütig zu heißen.

Häufig findet man in weisellosen Stöcken auch eine Art kleiner Weiselzellen, die jedoch leer stehen, und das eichelartige Ansehen der rechten Weiselwiegen nicht haben. Sie scheinen die mißlungenen Versuche der Bienen, sich junge Weisel zu erziehen, zu beweisen.

Dzierzon sagt: „Sieht man in einem Stocke an einer Pollen enthaltenden Zelle die Erweiterung zu einer Weiselwiege, so ist dieses der sichere Beweis, daß der Stock weisellos ist; weil die Bienen nur bei gänzlichem Mangel an Brut zu diesem desperaten Mittel greifen.

Findet man auffallend viel Pollen, namentlich im eigentlichen Brutneste, zu einer Zeit, wo der Stock Brut haben sollte, so ist er höchst wahrscheinlich weisellos, und um so wahrscheinlicher, wenn der Pollen in den Zellen mit einem glänzenden Ueberzuge versehen ist. In Stöcken, wo die Bienen beständig von den Pollen zur Futtersaftbereitung zehren, fehlt dieser Glanzüberzug."

Endlich erkennt man nach der Trachtzeit die Weisellosigkeit daran, daß bei der allgemeinen Drohnenschlacht der weisellose Stock seinen Drohnen nichts zu Leide thut, sondern solche bis in die späteste Zeit hinein erhält.*)

c) **Mittel gegen die Weisellosigkeit.** Es kommt vor Allen darauf an, daß man das Eintreten der Weisellosigkeit gleich gewahr werde; dann nämlich läßt sich dagegen am leichtesten und sichersten ein Mittel anwenden. Zur Zeit der Nachschwärme soll man deshalb jeden Abend, wo eine über Tags eingetretene Weisellosigkeit am ehesten erkennbar ist, der Bienenstand besuchen, und besonders die abgeschwärmten Mutterstöcke, Nachschwärme und Ableger beobachten. Ist jetzt einem Stocke der Weisel verloren gegangen, so theilt man ihm ein Stück junge Brut, oder eine bedeckelte Weiselzelle aus einem andern Stocke zu, indem man solche entweder in einem kleinen Aufsatze auf die Oeffnung im Haupte stellt, oder mitten im Bienenlager mittelst Holzstifte befestiget. Hat man gerade eine Königin vorräthig, desto besser; man sperrt sie in einen Weiselkäfig, und legt diesen 24 Stunden lang in den Stock, damit sich die Bienen allmälich an die neue Königin gewöhnen, und gibt ihr erst dann die Freiheit. Hat man volle Gewißheit, das der Stock keine Königin besitzt, in diesem Falle kann man einem anderen gesunden Stocke seine Königin abfangen, und damit auf bemeldete Weise den weisellosen retten. Der so mit Gewalt seines Weisels beraubte wird nicht säumen, sich aus seiner Brut alsogleich einen andern Weisel zu erziehen.

---

*) Dr. Dönhoff sagt in der Bienenzeitung: „Setzt man eine fremde Königin in einem Pfeifendeckel (oder in einem kleinen Käfig) auf das Bodenbret eines Stockes, so wird derselbe sehr bald von den Bienen dicht belagert, wenn der Stock selbst keine Königin hat: der Käfig bleibt aber leer (es laufen wohl zuweilen einzelne Bienen auf demselben hin und her, die sich aber bald wieder entfernen) wenn der Stock im Besitze einer Königin ist.

Ausnahmen von der Regel mögen wohl in einzelnen unter den Fällen vorkommen, wo ein Stock einen Afterweisel, oder junge königliche Brut hat; dieselben sind aber jedenfalls selten.

Dieses Erkennungsmittel hat insofern praktischen Werth, als man z. B. im Herbste, wenn man versichert sein will, daß man keine weisellose Stöcke in den Winter hineinnimmt, nur eine Königin aus einem Stocke aufzufangen braucht, diese in sämmtlichen Stöcken die Runde passiren läßt, und sich von dem Verhalten der Bienen überzeugt." D. V.

Dergleichen Mittel lassen sich überhaupt nur dann in der Erwartung des Gelingens anwenden, wenn der weisellose Stock noch viel Volk und auch Drohnen besitzt, und zugleich der Ausflug möglich ist, damit der erzogene junge Weisel auch fruchtbar werden kann.

Soll sich der weisellose Stock — dies ist vorzüglich zu erinnern — aus eingesetzter Brut sicher eine Königin erziehen, dann muß man ihm auch junge Bienen mitgeben, oder wenigstens eine Bruttafel, auf welcher die Bienen im Auskriechen begriffen sind. Dergleichen junge Bienen treffen eben die Anstalt zur Erbrütung der Königin.

Wenn jedoch die Weisellosigkeit zu spät bemerkt worden, der Stock am Volke schon sehr herabgekommen und bereits drohnenbrütig ist, daher sich schon eine Drohnenmutter oder Afterkönigin gewählt hat; dann sind alle Rettungsmittel vergebens. Die Bienen erziehen jetzt aus zugetheilter Brut durchaus keine Königin; und auch jeder zugetheilte Weisel wird von ihnen getödtet. Und da man auch die Drohnenmutter, weil sie sich von andern Arbeitsbienen nicht unterscheidet, nicht erkennen und abfangen kann, so geht der Stock unrettbar verloren. Meistens ist auch sein noch übriges Volk nicht einmal durch Vereinigung zu retten; indem solches als ausgeartet von jedem weiselrichtigen Stocke erstochen wird. Um einen solchen Drohnenbrüter nur vom Stande zu bringen, klopft man ihn aus und überläßt die auf andere Stöcke fliegenden Bienen ihrem Schicksale.

Im Frühjahre, wo noch keine Drohnen zur Befruchtung einer jungen Königin vorhanden sind, kann einem weisellosen Stocke am zweckmäßigsten mit einer fruchtbaren Mutter, die etwa aus einem andern kassirten Stocke zu Gebote steht, geholfen werden. Andere Kuren anzufangen mittelst Brut, verlohnt nicht der Mühe; denn im glücklichen Falle vergehen 14 Tage, ehe der Weisel erzogen ist; dann sind jedoch noch keine Drohnen da zur Befruchtung; auch kann rauhe Witterung den Befruchtungsausflug hindern u. s. w. Unterdessen aber nimmt das Volk an Zahl immer mehr ab, und der Stock kann auch von Raubbienen ausgekundschaftet und angefallen werden. Und wenn man auch nach langem Warten endlich wieder ein beweiseltes Stöckchen zusammenbringt, welchen Nutzen hat man davon zu hoffen? — keinen, wenigstens in diesem Jahre; daher ist es am klügsten, solche weisellose im Frühjahre nach dem goldenen Spruche mit anderen Stöcken zu vereinigen.

Daſſelbe muß um ſo mehr mit weiſelloſen Völkern im Herbſte geſchehen. Man darf es dabei nicht für ein großes Unglück anſehen, wenn man unter 10 und mehreren Stöcken jetzt einen weiſelloſen zählt. Iſt dieſer ohnedies ein ſchwacher, honigarmer, dann iſt um ihn nicht Schade; iſt er aber ein guter honigſchwerer Stock, dann iſt mit ſeinem Volke einem andern ſchwächeren geholfen, ſein Honig gibt eine gute Ernte, und ſein Wachsgebäude hat für zukünftigen Gebrauch auch einen Werth. Und ſo trägt der Zauberſpruch „Haltet nur gute Stöcke!" auch ſelbſt im Falle unabänderlicher Weiſelloſigkeit noch gol= dene Früchte.

Die Weiſelunfruchtbarkeit.

§. 81. **Wie entſteht ſie? — was hat ſie für Kennzeichen? was iſt dabei zu thun?**

Die Weiſelunfruchtbarkeit beſteht darin, daß die Königin eines Stockes entweder gar keine, oder doch nur wenige Bieneneier und Drohneneier, oder auch bloß Drohneneier legt.

a) Die gänzliche oder totale Unfruchtbarkeit des Weiſels findet ſtatt, wenn entweder derſelbe vor Alter, zu Ende des 4. oder 5. Jahres, oder wegen einer zugeſtoßenen Krankheit, oder — bei einem jungen Weiſel — wegen unterbliebener Befruchtung gar keine Eier legt. Der letztere Fall kann eintreten, wenn die junge Königin ſchon eines angeborenen innerlichen Gebrechens halber für die Befruchtung und Eierlage unfähig iſt; oder wenn ſie nach dem Einfaſſen des Schwarmes wegen anhaltender ungünſtiger Witterung lange keinen Befruchtungs=Ausflug halten konnte, ſpäter aber zum Fruchtbarwerden ſchon zu alt geweſen war; oder wenn ſie verkrüppel= ter Flügel und Füße halber gar nicht aus dem Stocke kommen konnte; oder endlich, wenn ſie zu einer Zeit — im Spätherbſte, im Winter oder im zeitlichen Frühjahre — erzeugt wurde, wo weder Drohnen zur Befruchtung vorhanden, noch Ausflüge möglich geweſen ſind.

Die Hauptkennzeichen ſolcher totalen Unfruchtbarkeit ſind: gänz= liche Brutloſigkeit des Stockes und die fortdauernde Abnahme des Volkes.

b) Die theilweiſe Unfruchtbarkeit liegt darin, daß eine befruchtete Königin vor Alter oder Kränklichkeit nur noch einige Bieneneier mit Drohneneiern vermiſcht, zu legen im Stande iſt, und am Ende nur noch Drohneneier legt, weil der Inhalt ihres Befruchtungsbläschens erschöpft oder verdorben ist; wie auch: daß eine junge unbefruchtete Königin bloß Drohneneier, und manchmal in großer Menge legt. Was den letzteren Fall betrifft, so legt eine solche Jungfernkönigin, obschon sie nicht befruchtet worden ist, wie in weisellosen Stöcken eine Arbeitsbiene als Drohnenmutter, aus einem widernatürlichen Triebe und in Ausnahme von der Regel, Drohneneier; und sie muß im Vergleiche zu einer solchen Arbeitsbiene dazu um so fähiger sein, da sie von Natur aus das weibliche Geschlecht mehr als diese in sich ausgeprägt trägt.

Das Hauptkennzeichen einer solchen theilweisen Unfruchtbarkeit des Weisels ist die Brut. Solche ist wieder verschieden. Bei einer befruchteten Königin, die noch einige Bieneneier legt, findet man in den Bienenzellen Bienen- und Drohneneier unter einander gemischt, so daß daraus wirkliche Arbeitsbienen und kleine Drohnen hervorgehen; darneben aber auch in manchen Drohnenzellen Drohneneier, woraus große oder regelmäßige Drohnen entstehen. Da bei der Entwickelung der Drohneneier in den kleinen oder Bienenzellen, größere Larven oder Würmer wachsen, als die Zellen beherbergen können; so erhöhen die Bienen, wenn sich solche Würmer einspinnen und in den Nymphenstand übergehen wollen, diese Zellen um ein Beträchtliches, und überwölben sie mit großen Deckeln; während die dazwischen stehende Bienenbrut niedriger und regelmäßig bedeckelt erscheint. Diese Ungleichheit der Brut in Bienenzellen, und bisweilen darneben noch echte einzeln stehende Drohnenbrut in Drohnenzellen, hat im Ganzen ein unebenes, buckliches Ansehen, und ist die sogenannte eigentliche Buckelbrut, von welcher schon im vorigen §. gesprochen wurde. Sie beurkundet deutlich die abnehmende Fruchtbarkeit, oder theilweise Unfruchtbarkeit der Königin; wie auch später aus- und einfliegende kleine Drohnen mit jungen Arbeitsbienen hievon lebendige Beweise sind.

Legt aber der fehlerhafte Weisel bloß Drohneneier, so kommen solche theils in Bienen-, theils in Drohnenzellen vor; es entsteht daraus kleine und große Drohnenbrut, die ebenfalls ein ungleiches Aussehen hat, und woraus große und kleine Drohnen zugleich hervorgehen.

Die von einer Königin herrührenden Eier liegen mehr vereinzelt, gedrängter, regelmäßiger und zugleich zahlreicher in den Zellen, als jene die von einer Arbeitsbiene gelegt werden; auch setzt die Königin, weil sie Arbeitsbienen erzeugen will, solche Eier mehr in Bienen- als Drohnenzellen.

Auch Stöcke von solchen Weiseln und solcher Brut werden — wie die weisellosen mit Drohnenbrut — drohnenbrütig genannt.

Stöcke, deren Königinnen die hier beschriebenen Fehler an sich haben, sind arbeitsam und fleißig wie gewöhnlich; allein man bemerkt dabei, daß ihre Völker schwächer werden. Bleiben sie auf dem Stande, dann sterben sie gänzlich aus; sie werden jedoch meistens schon früher von Raubbienen aufgesucht und ausgeraubt. An einem solchen Stocke, wenn er bereits sehr herabgekommen ist, lohnt es nicht der Mühe, Rettungsmittel anzuwenden; man vereinige ihn mit einem gesunden. Einem noch starken Stocke dieser Art aber, muß man den schlechten Weisel abfangen, ihn 24 Stunden weisellos sein lassen, und ihm dann einen gesunden Weisel, unter der Vorsicht des Einsperrens am ersten Tage, beigeben.

Die Faulbrut.

§. 82. Worin besteht diese Krankheit und ihre Heilung?

Verliert ein Stock während der Brutzeit durch irgend einen Unfall, z. B. durch unvernünftiges Verstellen eines Mutterstockes, viel Volk, und tritt dazu vielleicht Kälte ein, so daß sich die Bienen enge zusammenziehen müssen; dann bleibt ein Theil Brut nicht gehörig bedeckt, stirbt ab, und geht später in Fäulniß über. Auch der Herbstbrut kann Aehnliches widerfahren, wenn zeitlich starke Fröste eintreten.

Einzelne Zellen solcher Brut vertrocknen bald von selbst, und werden von den Bienen selber ausgereiniget; ganze Waben aber damit angefüllt, muß der Bienenpfleger ausschneiden.

Ein gesunder, volkreicher, und im Stroh trocken und warm sitzender Stock, der dazu vernünftig behandelt wird, kennt diese Krankheit nicht; wohl aber kommt sie nicht selten der Nässe wegen in Holzkästchen vor.

Noch gibt's eine andere Faulbrut, welche weit verderblicher und außerordentlich ansteckend ist, und mit Recht Bienenpest heißt.

Im minderen Grade dieser Krankheit stirbt die auf dem Boden der Zelle liegende gekrümmte Made ab, und trocknet zu einer faulen Masse ein, die zwischen den Fingern zerrieben, wie verdorbenes Fleisch riecht. Jedoch bleiben die Zellen rein, und die Bruttafeln verbreiten weiter keinen übeln Geruch.

Diese Krankheit, die vielleicht nur von schädlicher Witterung, von schlecht bereitetem Futterbrei in nassen Jahrgängen, von vergiftetem Honig bei Gelegenheit der Räuberei u. s. w. ihre Entstehung herleitet, verschwindet wohl wieder, kann aber auch bösartig und ansteckend, und zur wirklichen Bienenpest im höheren Grade werden, wenn sie nicht beachtet und wie letztere behandelt wird.

Bei dieser bösartigen ansteckenden Bienenpest haben die Bruttafeln ein schwarzbraunes schmutziges Ansehen, und die Brutdeckel erscheinen daran wie eingesunken. In den Zellen stirbt meistens erst die bedeckelte Brut ab, doch ein Theil auch vor der Bedeckelung, und verwandelt sich in eine bräunlich schleimige und wiederlich anzusehende Masse, welche die Bienen vor lauter Abscheu nicht aus dem Stocke schaffen können, selbst wenn solche später vertrocknet. Schon aus dem Flugloche, und erst aus dem Stocke, wenn er geöffnet wird, strömt ein häßlicher Geruch, ähnlich dem des verdorbenen Leimes.

Der Honig aus einem faulbrütigen Stocke, und das Wachsgebäude sind für andere Bienen ansteckend; auch die von faulbrütigen Bienen bewohnt gewesene Beute oder Wohnung noch nach Jahren; ja selber die Stelle, wo ein faulbrütiger Stock gestanden hat.

Großartige Erfahrungen hat hinsichtlich dieser schrecklichen Seuche erst in neuerer Zeit Dzierzon gemacht. Dieser berühmte Bienenmeister verlor durch die Faulbrut in den Jahren 1848, 1849 und 1850 — wie er selber sagt — gegen 5 bis 600 Stöcke, und früher kannte er sie nur der Beschreibung nach. Er weiß weiter keine Ursache dieses seines Unglückes anzugeben, als daß er im Frühjahre 1848 amerikanischen Tonnenhonig fütterte, welchem Honig aus faulbrütigen Stöcken beigemischt gewesen sein mußte. Auch in meiner Gegend wurden vor einigen Jahren hie und da, wo man illirischen Tonnenhonig gefüttert hatte, die Stöcke faulbrütig.*)

---

*) Die Faulbrut mag aber auch noch aus anderen Ursachen entstehen. In aller neuester Zeit hat Dr. Aßmuß in faulbrütigen Stöcken gefunden, daß die bedeckelten Bienenlarven mit den Köpfen nach abwärts in den Zellen steckten, und daß jede Larve in ihrem Innern eine kleine Made (Phora incrassata) beherbergte; die als Schmarotzer-Insekt — wie die Schlupfwespenlarve in dem Leibe der Kohlraupe — von der Bienenlarve zehrt, solche dadurch tödtet, später durch ein kleines rundes Loch im Zellendeckel die Zelle verläßt, ins

Alle Kuren sind vergebens, wenn einmal das Ansteckungsgift dem Stocke, dem Honig und dem Volke eingeimpft ist. Das Kürzeste ist, einen faulbrütigen Stock ganz zu kassiren, und Alles, was von ihm stammt, zu entfernen, damit es nicht mit andern Bienen in Berührung kommt. Die Hungerkur soll noch am meisten sich als heilsam bewähren. Dzierzon nämlich trieb im Sommer das faulbrütige Volk aus dem Stocke in einen luftigen Korb, hielt es da 2 Tage gefangen und wies ihm dann erst eine ganz neue leere Wohnung an. Hatte der Stock eine junge noch unbefruchtete Königin, so daß bis zum Beginn des Brutansetzens noch einige Tage verflossen, binnen welcher Zeit die Bienen den in ihnen etwa noch enthaltenen ungesunden Stoff zu Wachs verdaut hatten; dann zeigte sich der Stock in der Folge meistens gesund.

Doch die Vorsicht räth an, auch bei einem ausgehungerten, und in einen ganz neuen Stock übersiedelten Volke nicht zu trauen; wenigstens den Patienten von andern gesunden Stöcken abzusondern, und wo möglich auf einem einsamen und stundenweit entfernten Platze aufzustellen. Durch die Weisel soll der Krankheitsstoff nicht mitgetheilt werden; Dzierzon fing sie in faulbrütigen Stöcken ab, und machte damit ohne Nachtheil Ableger.

Als Vorbeugungsmittel gegen diese Krankheit gilt nach dem Angeführten: keinen Tonnenhonig, und überhaupt fremden, von dessen Reinheit man nicht vollkommen überzeugt ist, zu füttern; stets selbstgeernteten Honig zum Futter in Vorrath zu halten, und im Falle der Noth lieber Kandis= und weißen Zucker, der unschädlich ist, zu gebrauchen.

Die Ruhr.

§. 83. Was ist von dieser Krankheit zu merken?

Diese Krankheit äußert sich im Frühjahre vor, oder während, und auch nach dem ersten Ausfluge der Bienen. Der Auswurf ruhriger Bienen ist wässeriger und etwas gelber als der der gesunden, welcher mehr dick und braun aussieht. Sie beschmutzen damit den

---

Gemülle herabfällt, sich hier einpuppt, und endlich aus der Puppe als vollkommenes Insekt, ähnlich einer kleinen Düngerfliege, etwas länger als eine Linie und schwarz von Farbe, hervorgeht.

Wachsbau, die Wände und das Flugloch des Stockes, auch einander selbst, und werden dabei matt und kraftlos.

Diese Krankheit entsteht durch längere Fütterung mit Honigsurrogaten, durch den Genuß von sauergewordenem oder verfälschtem Honig im Winter, durch Verkühlung, und endlich, wenn die Bienen von einem nicht gut ausgereiften oder schlecht geläuterten Honig zehren. Liefern nämlich — was das Letztere anbelangt — in einem Jahre Fichten und Tannen besonders viel Honigsaft, oder fällt noch im Spätsommer ein ausgiebiger Honigthau; dann sammeln ihn die Bienen zu geizig, und ohne ihn gehörig in ihren Leibern geläutert zu haben, speichern sie ihn in den Zellen auf. Genießen sie ihn nun im folgenden Winter, so bekommen sie davon Abweichen oder die Ruhr.

Doch meistens — behaupte ich — sind bloß Verkühlung und Aufstörung aus der Ruhe durch schädliche Nässe die Ursachen dieser Krankheit. Wenn bei eingetretenem Thauwetter große Tropfen Schweiß von der Decke des Stockes in die Zellen und ins Bienenlager fallen, dann kommen die Bienen darüber in Unruhe, saugen die schädliche Feuchtigkeit auf, um sie zu entfernen, bewegen sich dabei hin und her, werden selber durchnäßt, und so durch Verkühlung, Ueberfüllung und Bewegung der Leiber genöthiget, den Winterunrath fallen zu lassen. Seit ich die Bienen in warmen und trockenen Strohstöcken überwintere, ist an ihnen keine Spur von Ruhr zu sehen; während in manchem Holzstocke zu derselben Zeit Bau und Flugloch vom Bienenunrathe triefen.

Ruhrige Stöcke müssen schon nach dem ersten Ausfluge der Bienen auf dem Boden und an den Wänden möglichst gereiniget und warm gehalten, und die Bienen mit erwärmtem Blumen- oder Buchweizenhonig gefüttert werden. Auch eingestellter Kandiszucker soll erwärmend und stopfend wirken und also für diese Krankheit Arznei sein.

Die Läusekrankheit.

§. 84. Was für Bienenläuse gibt es? — woher entstehen sie?

Die Bienen werden bisweilen auch von Läusen geplagt, was man mit unter die Bienenkrankheiten zählt.

Sonst sprach man gewöhnlich von 3 Arten Bienenläuse; von einer rothbraunen, blaßgelben und schwarzen.

Die bekannteste und allgemeinste, und vielleicht die einzige wahre Bienenlaus (Braula coeca) ist rothbraun. Sie hat die Größe eines mittelmäßigen Stecknadelkopfes, sieht spinnenartig aus, läuft sehr schnell, und klammert sich mit ihren 6 Füßen fest an die Biene an.

Dieses Schmarotzer-Insekt kommt vorzüglich in nassen Frühjahren zum Vorschein, und war besonders im Jahre 1841 sehr häufig. Es gab damals Stöcke, die der Läuse wegen auszogen und zu Grunde gingen; denn zwei Drittel der Bienen und die Königin selber hatte 1, 2—4 und noch mehr solche Plagegeister am Leibe.

Daß sie ihre Entstehung besonders der Unreinlichkeit verdanken, ist nicht zu bezweifeln; da Bienen, welche in einem veralteten schmierigen Neste, und in feuchten schmutzigen Wohnungen überwintern, am meisten davon befallen werden. Ich habe sie stets häufiger in Holz- als in Strohstöcken gefunden. Im Allgemeinen sind sie auch mehr bei kränkelnden und schwachen, als bei gesunden und starken Stöcken anzutreffen.

Was man früher die schwarze Bienenlaus nannte, ist nach der Aeußerung des Prof. von Siebold nichts anderes als die Larve eines Melöe-Käfers (Melöe variegatus), die sich auf niedrig blühenden Blumen aufhält, wo sie zwischen den Staubfäden lauert, bis sogenannte Erdbienen die Blumen besuchen. Schnell hält sie sich dann mittelst ihrer 2 Freßspitzen und 6 Füsse an den Leibern derselben fest, läßt sich so in ihre Nester tragen, und lebt da von der der jungen Erdbienenbrut zubereiteten Speise. Solche Larven hängen sich nun auch zuweilen an die haarigen Leiber unserer Honigbienen, und gelangen somit in die Bienenstöcke; jedoch, ohne hier fortleben und Schaden stiften zu können. Im J. 1834 sah ich an meinen Bienen auffallend viel solche schwarze Geschöpfe; aber jeden Morgen lagen sie zu Hunderten todt heraußen vor dem Flugloche. Diese Larve kommt also mehr zufällig in den Stock, und ist keine eigentliche Bienenlaus, obschon sie von Linee und früheren Naturforschern so genannt wird.

Vor Kurzem hat Herr Köpp aus Oesterreich in der Bienenzeitung dieses Insekt als einen sehr schädlichen Bienenfeind geschildert. Er führt an, daß sich solches zwischen die Bauchringe und Gelenke der Bienen einzwänge und diese dadurch bis zum Sterben ängstige und quäle. Derselbe sagt, er habe im Jahre 1857, wo diese Insekten vorzüglich auf der Esparsettblüthe häufig waren, durch sie bei seinen bei seinen Stöcken die Hälfte des Volkes eingebüßt. Seit dem Jahre 1834 habe ich dieses Ungeziefer äußerst selten gesehen.

Walter hat — nach der Bienenzeitung — eine andere Art dieser Larve von citrongelber Farbe in den Stöcken gefunden, und vermuthet, daß diese die Ursache der Faulbrut sei. Allein v. Siebold nennt sie Meloë proscarabaeus, und beweist, daß auch solche wie die schwarze auf obige Weise in die Stöcke komme, dort aber unschädlich sei.

Ein anderes den Bienen lästiges Thierchen ist nach von Siebold eine Art Milbe (Gamasus). Solche ist ebenfalls hellbraun, hat 8 Beine, eine platt gedrückte ovale Gestalt, und ist kaum halb so groß wie die rothbraune Bienenlaus.

§. 85. Noch einige andere seinsollende Krankheiten. — Wie nennt man sie? und wie äußern sie sich?

a) Die sogenannte Hörner- oder Büschelkrankheit blieb früher in keinem Bienenbuche unangeführt; man weiß aber jetzt sicher, daß es gar keine Krankheit ist. Man verstand darunter gewisse gelbe Sträuschen oder Fädenbüschel, welche die Bienen zur Zeit der besten Blumenstaubtracht am Kopfe, und besonders an der Wurzel der Fühlhörner trugen, und hielt solche für Kopfauswüchse oder Schmarotzer-Pilze. Prof. v. Siebold hat aber dargethan, daß dergleichen Büschel blos Staubfäden von Blumen sind (besonders von Orchisarten), die beim Suchen nach Honig und Blumenstaub oftmals abgerissen und am Kopfe der Bienen hängen bleiben und sich dort festsetzen.

Solche Sträuschen oder Hörner fallen mit der Zeit von selbst wieder ab, und schaden also den Bienen nicht.

b) Die Kreiselkrankheit. Man hört manchmal klagen, daß mitten im Sommer, und während der Tracht viele Bienen im freien Fluge, vor dem Bienenhause, ja aus dem Stocke herausstürzend, niederfallen, sich einigemal im Kreise herumdrehen und sterben, und daß auf diese Weise die Stöcke plötzlich volkarm werden. Aehnliches sah ich selber im Jahre 1847 während der Rapsblüthe. Bei keineswegs zu kühler Witterung fand man damals draußen die Straßen mit Bienenleichen wie besät. Ohne Zweifel mögen die Bienen in solchen Fällen einen durch die Witterung verderbten Saft genossen haben.

c) Einige schreiben der Kirschen=, Andere der Apfelbaum= blüthe, noch Andere der Eber=Eschen= und Weißdornblüthe schädliche Eigenschaften zu, vermöge welcher die Bienen, wenn sie solche befliegen, kränkeln und matt werden sollen. Ich habe solches wohl nicht bemerkt, gebe jedoch zu, daß da oder dort eine Art Thau, oder ein sonstiger Einfluß der Witterung diese Blüthen minder ge= sund machen könne.

d) Man erzählt von einzelnen, jedoch höchst seltenen Fällen — auch Dzierzon führt einen solchen an — wo die Bienen in eine Wuth zu morden gerathen, und nicht allein fremde Bienen, die z. B. bei der Vereinigung ihnen zugetheilt werden, sondern selber einander im eigenen Stocke erstechen. Für diese Erscheinung hat man bis jetzt noch keine genügende Erklärung.

Bei den letztangeführten Krankheiten ist es jedenfalls zuträglich, ein wenig guten Blumenhonig zu füttern. Ein sonst gesunder und kräftiger Stock mit einer fruchtbaren Königin vermag auch solche Un= fälle bald zu überwinden, und den Volksabgang wieder zu ersetzen.

e) **Flugunfähigkeit.** Darauf macht vorzüglich B. v. Ber= lepsch in seiner neuen Bienenschrift aufmerksam. Diese Krankheit zeigt sich bei anhaltender Dürre gegen Ende Juni und im Juli, und zwar zur Zeit, wo die blaue Kornblume blüht und von den Bienen häufig beflogen wird. Um diese Zeit verbreitet sich Abends aus den Fluglöchern ein fast aasartiger Geruch; und jetzt wimmelt es auch vor dem Bienenstande von flugunfähigen Bienen. Man will ihre Ermattung eben den Kornblumen zuschreiben. Bezeichneter Geruch fiel mir vornehmlich im J. 1859 auf, weniger aber die vor dem Bie= nenstande herum kriechenden vielen Bienen. Die meisten davon halte ich für alte oder jetzt in der besten Tracht durch häufige Arbeit auf= geriebene und an Flügeln und Füßen defekte, wie auch für junge Bie= nen, die bei der Musterung ausgestoßen worden sind. — Endlich

f) **Die Pilzkrankheit.** Jüngst haben Naturforscher im Chylusmagen und Darm der Bienen einen Faden=Pilz (Öidium Le- nekarti) entdeckt, von dem sie meinen, daß er eine Krankheit bedinge und begleite, und ansteckend sei. Diese Pilzkrankheit ist häufig ver= breitet. Dr. Dönhoff fand unter 8 Stöcken verschiedener Gegend 5 damit angesteckt. Ob und wiefern jedoch diese Krankheit wirklich schade, ist noch nicht nachgewiesen.

XV. Abschnitt.

Ueber bienenfeindliche Thiere.

A. Raubbienen.

§. 86. **Wie entstehen Raubbienen? — woran erkennt man sie und wie kann man sie abwehren?**

„Die größten Feinde der fleißigen Bienen sind wieder Bienen — Raubbienen," so hieß es schon im goldenen Spruche; darum mögen sie hier unter den bienenfeindlichen Thieren am ersten Platze stehen.

Die Raubbienen sind keine besondere Gattung Bienen; sondern jeder Stock kann zum Räuber werden, wenn seine Bienen unbewachten Honig finden, und ihr Sammeltrieb sie reizt, denselben sich zuzueignen, ja seinen Besitz sich mit Gewalt zu erzwingen.

An dem Glauben Mancher, daß man Raubbienen machen könne, ist nur so viel wahr, daß man durch Unvorsichtigkeit und Nachlässigkeit seinen eigenen und fremden Bienen Veranlassung zum Rauben geben kann. Z. B. Wer nicht auf starke Stöcke hält; beim Füttern und Zeideln mit dem Honig unvorsichtig umgeht; unnöthige Ritzen und Löcher an den Stöcken nicht verstopft, und kranke und weisellose nicht vom Bienenstande schafft; — wovon bereits im Vorausgehenden ernstlich gewarnt worden ist: — wer auch seinem Bienenstande eine solche Lage gibt, daß starke Nachbarstände darüber hin den Flug haben; und wohl obendrein seine Stöcke zur Sommerszeit nicht beschattet, so, daß sie durchglüht von den Sonnenstrahlen, weit umher starken Honiggeruch verbreiten: der lockt auf diese Weise selber fremde Bienen herbei, und ist somit selber Ursache, wenn er öfters mit Bienenräuberei zu thun hat.

Diese eigene Schuld will man freilich selten zugestehen; sondern man klagt nur über die fremden Bienen und über den Nachbar, dem sie gehören; ja, man kommt wohl mit ihm deßhalb in heftigen Streit und Verdruß, und übet also doppeltes Unrecht. *)

---

*) Doch in einem Falle kann wenigstens der Nachbar Ursache sein, daß seine zum Rauben verlockten Bienen das Räuberhandwerk um so wüthender be-

Doch, tritt einmal der Fall des Raubens ein, gleichviel, ob auf eigene oder fremde Veranlassung, dann muß man trachten, dem Uebel so bald als möglich zu steuern, ehe es weiter um sich greift; und zwar um so mehr, da auch angefallene starke Stöcke, wenn gleich nicht leicht überwältigt — doch wenigstens in ihrer Arbeit gestört werden, und im Kampfe mit den Räubern viele Bienen verlieren.

Kennzeichen der Räuber.

Man erkennt die Räuber vor dem angefallenen Stocke auf den ersten Blick an ihrem auf= und nieder=, her= und hingehenden, ungewissen, schwebenden und zippernden Fluge, wobei sie die Füße schlenkern, und einen eigenen helleren Ton vernehmen lassen. Sie untersuchen da, ob sich nirgends an dem Stocke eine Oeffnung befinde, wodurch sie hineinkommen könnten. Auch schießen sie häufig gegen das Flugloch, und wollen bald da, bald dort eindringen. Dabei sind die wachhabenden Bienen unter dem Flugloche auf der Hut, und wie ein Räuber angefahren kommt, bäumen sie sich schnell in die Höhe, um ihn zu erhaschen. Zeigen sich mehrere Raublustige, wird alsogleich die Besatzung verstärkt; und jetzt, wenn die Räuber Ernst zeigen, beginnt der Kampf auf Leben und Tod. Jeder ertappte Räuber wird bei den Flügeln und Füßen hin= und hergezerrt, und mehrere Bienen zugleich fallen über ihn her. Zuletzt faßt ihn gewöhnlich nur eine, und indem beide Kämpfenden einander zu erstechen suchen, drehen sie

treiben, zuletzt zu ihrem und seinem eigenen größten Schaden, nämlich wenn er in warmer Zeit, um die Bienen recht fleißig zu machen, wie es manchmal geschieht, geistige Sachen, Wein, Spiritus oder Branntwein, unter den Futterhonig mischt. Die Bienen werden dadurch gleichsam berauscht, deßhalb noch raub= und kampflustiger, und fallen dann wohl selbst die eigenen Nachbarstöcke an. Solche Räuber werden viele von den sich wehrenden Bienen erstochen, von den Bienenbesitzern getödtet, vernachlässigen dabei den eigenen Haushalt, und bereiten also dem eigenen Stocke Schaden und Untergang.

Ueberdies, Stöcke, die einige Zeit mit Honig gefüttert werden, worunter geistige Flüssigkeiten gemischt sind, verlieren dadurch nach und nach den natürlichen Geruch, wodurch sie sich von einander, und ihre Bienen von fremden unterscheiden. Solche Bienen — wie ich mich überzeugt habe — gehen auf dem eigenen Stande aus einem Stocke in den andern, werden bei jedem ohne Hinderniß eingelassen, holen überall Honig heraus, und berauben so einander wechselweise.

Schon im Abschnitte über Bienenfütterung wurde vor solcher Quacksalberei gewarnt. D. B.

sich im Kreise so lang, bis sie vom Flugbrete herab auf den Boden fallen, und einer Partei der tödtliche Stich wirklich gelungen ist. Daher findet man auch — wo der Anfall heftig und die Gegenwehr tapfer ist — ganze Haufen von Bienenleichen vor dem Stocke. Während jedoch einige Räuber raufen und kämpfen und so die Wache beschäftigen, setzen andere ihre Absicht durch, und schießen pfeilschnell ins Flugloch.

Im Stocke selbst können sich einzelne Räuber zwischen den Waben leicht verbergen, bis mehrere dazu kommen. Sind aber schon viele eingedrungen, und ist der Stock schwach, dann machen sie einen kurzen Proceß. Sie tödten die Königin, damit die Vertheidiger vollends muthlos werden, und fallen jetzt hastig über die Honigzellen her, welche sie plündern. Hat der Stock ein Glasfenster, so kann man sehen, wie die Räuber hin- und herrennen, die Honigzellen ohne Ordnung — auch von den Seiten — aufreißen, allenthalben die Wachstheilchen herumstreuen, kurz, wie sie wirklich als Räuber wirthschaften.

Nicht minder erkennt man die Räuber, wenn sie aus dem beraubten Stock heraus kommen. Ihre Leiber erscheinen dann glänzend, wie durchsichtig und stark aufgeschwollen. Fängt man eine solche Biene bei den Flügeln, und drückt ihren Hinterleib auf dem Nagel des linken Daumens ein wenig auf, so gibt sie alsogleich durch den Rüssel einen Tropfen gestohlenen Honig von der Größe einer kleinen Erbse von sich.

Hat der Raub erst begonnen, dann kommen die Räuber aus dem Flugloche, drehen sich — wie die jungen Bienen beim ersten Ausfluge zu thun pflegen — auf dem Flugbrete rechts und links, und fliegen mit gegen den Stock gekehrtem Kopfe ab; später jedoch fliegen sie vom Flugloche gerade aus nach Hause.

Raubbienen, die ihr verbotenes Gewerbe schon längere Zeit getrieben haben, sehen überhaupt glatt, glänzend und schwärzer aus, als gewöhnliche Bienen. Beim hastigen Rauben nämlich beschmieren sie sich nicht allein öfters mit Honig, sondern nützen auch durch das häufige und ungestüme Hinein- und Herauskriechen beim Plündern der Honigzellen die grauen feinen Härchen ihrer Leiber ab. Daher ihre Glätte und Schwärze. Um zu erfahren, welcher Stock — und ob von dem eigenen oder einem fremden Stande — der raubende sei, darf man bloß Acht haben, welche Bienen zur ungewöhnlichen Zeit ſtark fliegen. Die Räuber fliegen oft ſchon vor Aufgang und noch nach Untergang der Sonne, wie auch bei kühler, regneriſcher Witterung, wo andere Bienen ſich nicht aus den Stöcken wagen. Auch aus der Richtung des Fluges kann man abnehmen, zu welchem Stocke oder Bienenſtande die Räuber gehören.

Endlich pflegt man die Räuber auch zu zeichnen, um ſie bei ihren Stöcken deſto leichter unterſcheiden, und nöthigenfalls — wenn es fremde Bienen ſind — auch den Herrn derſelben überweiſen zu können, daß ihm wirklich die Räuber angehören. Zu dieſem Zwecke fängt man mehrere zuſammen, gibt ſie in ein Glas mit gepulverter Kreide, und ſchüttelt ſie darin recht hin und her, bis ſie ganz beſtäubt ſind. Hierauf läßt man ſie nach Hauſe fliegen. An den weißen Müllerbienen kann man dann leicht den Raubſtock erkennen. Auch beſpritzt man ſie mit naſſer Kreide oder bepudert ſie mit Ziegelmehl.

Daß die hier angeführten Kennzeichen bei einem weiſelloſen Stocke, der beraubt wird, nicht alle vorkommen, braucht kaum erwähnt zu werden. Hier gibts keine Gegenwehr, keine Rauferei und kein beſonderes Herumſchwärmen der Räuber, ſondern dieſe fliegen ungeſtört ein und aus, wie wenn ſie in den Stock gehörten. Schon mancher Unerfahrene freute ſich einen Tag lang recht herzlich, über den ſchönen Flug ſeines ſchwachen Stöckleins, und wähnte, dasſelbe habe jetzt auf einmal ſein Volk recht verſtärkt; indeſſen bloß Räuber darin ihr Unweſen trieben, und dann auf einmal den Flug gänzlich einſtellten, ſobald das Stöcklein rein ausgeplündert war. Doch eben der ungewöhnliche ſtarke Flug der Bienen, die ohne Blumenſtaubhöschen und mit dünnen Leibern ankommen, vollgepfropft und ſchwerleibig wieder abfliegen, kann ſchon zur Genüge, wenn man nur darauf aufmerkſam iſt, die fremden Gäſte verrathen.*)

---

*) Mit den wirklichen Raubbienen darf man a) die ſogenannten Näſcher, b) fehlerhafte und junge Bienen nicht verwechſeln.

a) Näſcher, von denen ſchon im 1. Hauptſtücke §. 11 Meldung geſchah, ſind gewiſſe einzelne Bienen, gewöhnlich von magerem ſchwärzlichen Ausſehen, die Manche für Drohnenmütter halten, und die wahrſcheinlich wegen ihres Alters oder ſonſtiger Unbrauchbarkeit aus ihren Stöcken vertrieben wurden, und dann bald an dieſem, bald an jenem Stocke nach Art der Raubbienen herumwittern und in die Fluglöcher zu ſchlüpfen ſuchen. Auch ſie werden von den Bienen, wenn ſie ſich erlappen laſſen, herumgezerrt, fortgejagt und erſtochen. Sieht man dies einigemal, ſo darf man deshalb nicht ſchon den Anfang einer Räuberei fürchten.

Mittel gegen die Bienenräuberei.

Wenn im Eingang dieses §. angegeben wurde, wodurch man aus eigener Schuld Bienenräuberei veranlassen könne; so liegen zugleich im Gegentheile hievon die Mittel, dem Ausbruche des Raubens vorzubeugen, und ich brauche sie hier nicht zu wiederholen.

Ist aber Bienenräuberei schon ausgebrochen, dann muß man ihr nach Kräften entgegenarbeiten. Dies fordert die Pflicht, seinen eigenen und fremden Schaden zu verhüten, und den enstandenen so sehr als möglich zu verringern. Hiezu dienen folgende Mittel.

a) Das Erste ist: dem angefallenen Stocke das Flugloch zu verkleinern oder mit einem hohl vorgelegten Bretchen zu verblenden, damit nur wenige Bienen neben einander aus= und eingehen, und die Räuber nicht so geschwind eindringen können. Zugleich untersuche man, ob der Stock nirgends Nebenöffnungen habe, und vermache an ihm alle Ritzen und Fugen wohl, damit die Räuber den Bienen nicht auf den Rücken kommen können.

b) Auch kann man die Bienen über Nacht mit gutem Honig füttern; sie vertheidigen sich dann herzhafter.

c) Vortheilhaft ist es, dem Stocke, besonders wenn er theilbar ist, nicht viel leeren Raum zu lassen, und seinen weitläufigen Bau nach

---

b) Häufig, sowohl im Frühjahre als im Herbste, erblickt man auf dem Flugbrete mehrere Bienen, welche von anderen sehr haftig an den Flügeln und Füßen herumgezerrt und gebissen werden, und die zuletzt davon fliegen, aber noch öfter ganz lahm fortkriechen und dann sterben. Schon mancher Unkundige, da er dieses Gebeiße, so wie auch die herabfallenden todten Bienen sah, vermuthete darin einen Anfall und Kampf von Räubern, und war deshalb voll Sorgen. Doch wer genauer Acht geben will, kann sich hierüber leicht selber eines Besseren belehren. Solche Bienen, an denen andere herumbeißen, wehren sich ja nicht, sondern willigen von selbst in diese Behandlung; denn man sieht öfters, daß sie dabei die Zunge heraus strecken, dieselbe belecken lassen, und daß sie von selbst den Leib da und dorthin wenden, wo die Beißenden am nächsten stehen. Das ist nicht Sitte der Raubbienen. Dergleichen Bienen sind meistens junge, und solche, die an sich ein äußerliches oder innerliches Gebrechen haben, weßhalb sie im Stocke nicht bestehen können, der durchaus keine fehlerhafte und untaugliche Glieder duldet. Sie werden daher von den andern Bienen jetzt auf dem Flugbrete gleichsam durchvisitirt, und wenn sie untauglich befunden werden, ohneweiters erstochen.

Auffallend bleibt es, daß das Schlachtopfer zuvor erst durch seinen Rüssel den Honig hergibt, den es in der Honigblase bei sich trägt, und sichtbar selber in seinen Tod williget. D. V.

Thunlichkeit zu verkürzen und gleich zu schneiden. Die Bienen vermögen dann das Gewirke besser zu bedecken und zu vertheidigen, die Räuber aber haben weniger Gelegenheit, sich im Innern des Stockes zu verkriechen.

d) Man reibe das Flugloch mit Knoblauch oder Wermuth ein; der scharfe widerwärtige Geruch hievon schreckt die Räuber zurück, macht aber die eigenen Bienen um so zorniger gegen ihre Angreifer. Am meisten aber scheuen die Räuber den scharfen Geruch ihres eigenen Giftes. Man nehme daher — wie Dzierzon anräth — von frisch abgestochenen oder gefangenen fremden Bienen die Stacheln sammt den Giftblasen, und reibe damit das Flugloch ein, oder ein Hölzchen, das man ins Flugloch steckt. Wenn auch dieses die Räuber nicht achten und dennoch eindringen, dann ist der Stock vermuthlich weisellos oder weiselunrichtig. Ein ganz neues Mittel gibt Herr Kleine in der Bienenzeitung an. Er legt in den angefallenen Stock spät Abends eine kleine Portion Moschus. Am andern Morgen — wie er sagt — fliegen die heimischen Bienen den Räubern schon in die Luft entgegen, um sie anzugreifen; die Fremdlinge stutzen bei dem ungewohnten Geruche, und sollte dennoch einer derselben eindringen, und mit Beute beladen zu seinem Volke heimkehren, so würde dieses ihn nicht mehr anerkennen, ihn als einen Anrüchigen dem Tode weihen, oder doch aus seiner Mitte ausweisen. Die Räuberei hat so ein Ende auch wenn sie schon den höchsten Grad erreicht gehabt hätte. Doch, man sei vorsichtig, damit nicht etwa nebenstehende Stöcke den Moschusgeruch empfangen; wo sich hernach die Bienen auf dem eigenen Stande wechselseitig berauben können.

e) Ist der Räuber vom eigenen Bienenstande, so legt man ihm Hindernisse. Z. B. man steckt ihm eine buschigte Feder ins Flugloch, welche das Aus- und Eingehen hindert, und woran die Bienen längere Zeit zu beißen haben, oder: man wirft dem Räuber eine Hand voll Spreu oder Sägespäne ins Gewirke, um ihm die nothwendige Arbeit der Reinigung zu verschaffen; oder: man macht nebst dem Flugloche noch hie und da eine andere Oeffnung, zu deren Bewachung mehr Bienen erfordert werden; — oder endlich, wenn der Stock theilbar und Bauzeit ist — man setzt zwischen seinen von einander getrennten Bau einen leeren Ring oder ein Kästchen ein, und nöthiget ihn hiemit zum fleißigen Bauen.

f) Auch Arrest kann man versuchen. Man sperrt entweder den Räuber allein einige Tage hinter einander ein, oder abwechselnd mit ihm auch den Beraubten; so daß nur einer um den andern einen Tag fliegen kann. Jedoch, je heißer die Zeit ist, je zahlreicher das Volk des verschlossenen Stockes und je geringer der leere Raum darin; destomehr sei man besorgt um das Ersticken der Bienen, und lasse der frischen Luft genug Zutritt. Am zweckmäßigsten stellt man in diesem Falle den versperrten Stock an einen finstern, kühlen und ruhigen Ort.

g) Ferner, man stelle den Räuber auf den Platz des Beraubten, und diesen an den Ort des Räubers. Dies bringt den letzteren in Verlegenheit und verstärkt den ersteren als den schwächeren.

h) Oder, es werde der Räuber von seinem gewöhnlichen Platze hinweggenommen und abseits an einem ganz neuen Orte aufgestellt. Dadurch verliert er viele Bienen, die sich verfliegen und bei andern Stöcken auf dem Bienenstande einbetteln; weßhalb ihm das Rauben vergeht.

i) Endlich, weiß man an einem über eine halbe Stunde weit entfernten Orte einen Platz, wo ein Stock gut aufgehoben wäre; so kann man dorthin entweder den Räuber oder den Beraubten übersetzen.

k) Wie aber? — wenn sich der Raubstock auf einem fremden Stande in derselben Ortschaft befindet, was ist da zu thun? — Vor Allem muß sein Eigenthümer von der Raubgeschichte benachrichtiget, und zur Einsicht gebracht werden, wie großer Schaden aus der Räuberei entspringen könnte. Dann ersucht man denselben, seinen Stock durch eines der vorausgehenden Mittel vom Raube abzuhalten, indem man zugleich verspricht, auch von Seiten der Beraubten hiezu das Möglichste beizutragen. Hat man den Raub nicht selber veranlaßt, und ist der Nachbar oder Inhaber des Räubers ein rechtschaffener Mann, so wird er nicht wünschen, daß sein Vieh andern Schaden mache; er wird daher Gehör geben, und seinem Stocke das verbotene Handwerk legen. Verstünde er aber dies letztere nicht recht, so müßte man ihm freundschaftlich mit Rath und That dabei an die Hand gehen.

l) Will jedoch der Nachbar sich nicht zur Hemmung des Räubers herbeilassen, sondern vielmehr — was häufig geschieht — die Räuberei seiner Bienen läugnen; dann droht man ein Mittel der Nothwehr zu ergreifen, und seinen Raubstock zu schwächen. Dies thut man zuletzt wirklich, wenn weder friedliche Vorstellungen noch Drohungen fruchteten;

man fängt nämlich die Räuber ab, und zwar auf folgende Weise:

Abends, wenn alle Stöcke zur Ruhe sind, wird der Beraubte verschlossen und vom Bienenstande genommen, an seine Stelle aber ein ähnlicher leerer Stock gestellt. In das Flugloch desselben paßt man jetzt eine aus Pappendeckel verfertigte Röhre ein, die 6 bis 8 Zoll lang ist, vorne die Weite des Flugloches, hinten aber beim andern, im Innern des Stockes etwas aufwärts stehenden Ende nur eine so große Oeffnung hat, daß eine oder zwei Bienen bequem durchkriechen können. In den Stock hinein setzt man Honig, am besten noch im Wachse.

Am andern Morgen kommen die Räuber angeflogen, dringen durch das enge Pförtchen in den Stock, können aber nicht mehr den Rückweg finden, und sind eingekerkert.

Jetzt läßt man die Räuber einen Tag lang eingesperrt, damit sie das Gefühl der Weisellosigkeit gehörig erlangen; dann aber bringt man ihr Behältniß mit dem beraubten Stocke in Verbindung, damit sie mit demselben vereiniget werden. Um diese Vereinigung desto sicherer zu bezwecken, wird auch der Beraubte ein paar Tage verschlossen gehalten. Bei theilbaren Stöcken geht dieses Abfangen um so bequemer an. Man fängt z. B. die Räuber jeden Tag in einen leeren Ring, setzt dann diese Ringe auf einander, damit sich die Bienen in einem einzigen zusammenlegen, und setzt zuletzt diesen dem Beraubten auf. Man kann auch — wie im X. Abschnitte S. 270 gelehrt wurde — die Räuber Abends ausklopfen, den beraubten Stock darüber stellen, und so die Vereinigung bewerkstelligen. Eben so lassen sich die Räuber noch sicherer auf einem entfernten Stande mit andern Stöcken vereinigen, und vor der Schwarmzeit sehr wohl zur Verfertigung eines Ablegers benützen.

Auf diese Manier also schwächt man den Raubstock, der den Verlust seines Volkes fühlend, dem Raube entsagen muß. Dabei hat man die Bienen nicht grausam getödtet, sondern nur zur Besserung des Lebens genöthigt.

Alle diese hier aufgezählten Mittel gegen Raubbienen sind unschädlich und erlaubt; wohl aber ist unerlaubt, dieselben mit Gift oder andern giftähnlichen Dingen tödten zu wollen. Leicht könnte man dabei durch ein Mißgeschick nicht nur seine eigenen Bienen mit zu Grunde richten, sondern auch den Nachbar um alle seine Stöcke bringen; was jedenfalls, selbst dann, wenn er selber die Räuberei verursacht hätte, eine zu schwere und unchristliche Vergeltung wäre. Durch den zugleich mit vergifteten Honig könnten auch die Bienen Unschuldiger, vielleicht einer ganzen Gegend, ja sogar Menschenleben in Gefahr kommen. Gott bewahre davon einen Jeden! —

Anmerkung. Die Bienenräuberei habe ich auf meinem eigenen Bienenstande fast nur in ihrer Entstehung kennen gelernt, nämlich wenn ich weisellose Stöcke hatte, die von Räubern angefallen wurden, worauf ich sie aber stets kassirte, und damit zugleich dem Rauben ein Ende machte. Auf fremden Bienenständen sah ich öfters — besonders im zeitlichen Frühjahre — die Räuber arg wirthschaften. Wenn z. B. nach einem rauhen März im April auf einmal schöne und fast heiße Tage folgten, da stürzten die Bienen starker Stöcke arbeits- und erwerblustig ins Freie; allein es blühte noch nirgends ein Kätzchen, ein Blümchen. Da waren denn bald die weisellosen Stöcke nachlässiger Bienenherren ausfindig gemacht; erst wurden diese und hernach auch ihre Nachbarstöcke angefallen und ausgeplündert. Ehe man das Uebel erkannte und sich um Hilfe umsah, war der Schaden schon geschehen.

Doch einen merkwürdigen Fall von Räuberei habe ich dennoch auf meinem eigenen Bienenstande im Jahre 1847 gehabt, der wohl nur als seltene Ausnahme von der Regel gilt, und hier angeführt werden soll.

Bei einem sehr volkreichen Strohlagerstocke, der vor 8 Tagen einen Vorschwarm gegeben hatte, sah ich Anfangs Juli auf einen Zweitschwarm auf; denn ich hörte darin junge Weisel hütten und quaen. Die Bienen dieses Stockes flogen zugleich den ganzen Vormittag sehr fleißig, dabei regelmäßig und ohne Vorspiel. Diese ihre Geschäftigkeit fiel mir aber im Vergleiche zu den andern Stöcken gegen Abend auf, und jetzt erst bemerkte ich, daß die ausfliegenden Bienen mit honigstrotzenden Leibern aus dem Flugloche kamen. Richtig, es waren Räuber. Die Richtung ihres Fluges zeigte mir ihren Aufenthalt auf dem Stande eines andern Bienenzüchters im Dorfe. Wirklich fand ich dort einen Stock im gleichen thätigen Aus- und Einfluge begriffen, wie den meinigen. Als ich dann dem Eigenthümer sagte, daß dieser Stock einen von den meinigen beraube, antwortete er: „Herr! es kann nicht sein; dieser Stock hat vor 8 Tagen geschwärmt, und richtet sich eben zum Nachschwärmen; es schreien junge Weisel darin, wie Sie sich selbst überzeugen können." Es war in der That so. Um ihn aber zu überweisen, daß der Beraubte nicht etwa ein weisellofer sei, wie er glaubte, nahm ich ihn mit in mein Bienenhaus, und ließ ihn dort auch meine rufenden Weisel aushorchen. Wir ver= wunderten uns nun sehr über die zufälligen gleichen Eigenschaften beider Stöcke, aber noch mehr daß die Bienen meines mit Weiseln versehenen, sehr starken und übrigens ganz gesunden Stockes fremden Bienen den Aus= und Eingang, und sogar das Forttragen des Honigs so geduldig und ohne die geringste Abwehr gestatteten. Um aber dem Raube zu steuern, sperrte der Nachbar den Räuber am ersten und ich den Beraubten am zweiten Tage darnach ein. Der Letztere warf wäh= rend des Arrestes einige todte Weisel vor das Flugloch. Am 3. Tage ließen wir beide Stöcke wieder fliegen; aber das Blatt hatte sich jetzt gewendet. Der erste Flug der Räuber ging wieder zu meinem Stocke; seine Bienen jedoch fielen jetzt mit aller Wuth über dieselben her, und ließen keinen mehr durch's Flugloch gelangen. Der Stock des Nach= bars ließ sich nun bald das Rauben vergehen, und blieb gleichfalls den Nachschwarm schuldig.

Aus dieser Raubgeschichte geht hervor, daß Stöcke mit jungen Weiseln vor der Wahl des künftig allein regierenden, einander be= rauben können, und ohne Gegenwehr sich berauben lassen; entweder, weil sich in solchen gleichen Verhältnissen Freund und Feind nicht unterscheiden können, oder, weil die Bienen junger Königinnen, von denen noch keine als Herrscherin anerkannt ist, sich eben so muthlos wie gänzlich weisellose, und eben so gleichgiltig wie diese gegen alles Uebrige im Stocke verhalten. Das Erstere dürfte das Wahrscheinli= chere sein.

B. Andere feindliche Thiere.

§. 87. Welche sind es? — und worin besteht ihre Feindlichkeit?

a) Mäuse und Motten sind die gefährlichsten; wenigstens glauben dies Viele in Bezug auf ströherne Bienenwohnungen. Daß dies aber bei unseren Maschinen=Strohstöcken der Fall nicht sei, wurde schon im II. Hauptstücke §. 49 Seite 159 nachgewiesen, und ist dort nachzulesen. Mäuse, wenn sie in Stöcke gerathen, bauen über Win= ter, ja schon im Spätherbste ihre Nester hinein, zerbeißen die todten Bienen, fressen Wachs und Honig, und stören die Bienen in ihrer Winterruhe. Der Geruch von Mäusen ist den Bienen äußerst zu= wider; von Mäusen angefressene Waben bessern sie nicht gerne aus, und der Gestank des Mäuseunrathes kann Ursache werden, daß im Frühjahre die Bienen den Stock gänzlich verlassen. Verengte Fluglöcher, Katzen und Fallen sind drei wohlfeile Mittel gegen diese Feinde.

Die Wachs- und Honigmotte, in Etwas von einander unterschieden und an Gestalt dem Mehl- und Holzwurme ähnlich, stammen aus den Eiern kleiner grauer Nachtfalter, welche diese im Innern der Stöcke und in die Ritzen und Fugen derselben legen. Diese Motten durchwühlen die Wachs-, Honig- und Brutwaben; indem sie sich zugleich mittelst eines zähen Gewebes feste Gänge spinnen, welche die Bienen nicht durchzubeißen vermögen. Ihre Anwesenheit in einem Stocke verräth der auf dem Boden liegende schwärzliche, den Mohnkörnern ähnliche Unrath. Haben die Motten in einem Stocke einmal sehr überhandgenommen, dann verläßt die Bienenkolonie zuletzt Alles, Bau und Brut, und zieht gänzlich aus.

In warmen Sommerabenden umschwärmen in manchen Jahrgängen besonders die kleinere Gattung Schmetterlinge schon in der Dämmerung alle Flugöffnungen, und versuchen dreist da und dort zwischen die Bienenwachen hindurch in die Stöcke zu dringen. Die Bienen haben dann viel Sorge und Arbeit, diese Feinde abzuwehren. Die ganze Nacht hindurch laufen sie zahlreich um das Flugloch herum, und zornig und mit sichtbarem Abscheu zerzausen sie im Nu mit ihren Zangen den grauen Todfeind, wenn sie ihn ertappen. Und — wie schon öfters im Vorausgehenden behauptet wurde — gesunden und volkreichen Stöcken, die ringsum wohl verwahrt sind, und das Flugloch wohl besetzen, gelingt es auch vollkommen, Schmetterlinge und Motten von ihrem Haushalte fern zu halten.

Um diese Bienenfeinde nicht zu begünstigen oder selber zu ziehen, lasse man im Sommer nirgends im Bienenhause oder an anderen warmen Orten Stöcke mit leerem Gewirke, ausgeschnittene Waben, oder gesammeltes Wachsgemülle stehen; leicht bilden sich darin förmliche Mottenhecken.

Nach Dr. Dünhoff halten Raupen und Puppen des Wachsmottenschmetterlings, die im Spätherbste aus den Eiern kriechen, einen Winterschlaf. Die Wachsmotte gehört also zu den wenigen Schmetterlingsarten, die auch als Raupen überwintern.

Hr. Glas aus Selters reiniget leere Wachswaben dadurch von Motten, daß er sie eine kurze Zeit unter reines frisches Quellwasser bringt, dann aufgehängt wieder trocknen läßt. Bei diesem Verfahren werden die Motteneier abgespült und kleine Würmer getödtet.

Hammer schwefelt zuvor den leeren Stock aus, worin er Wachsscheiben aufbewahren will, und wiederholt dieß nach etlichen Wochen.

Junge Wachsscheiben ohne Blumenstaub sind meistens vor Wachsmotten sicher, wenn man sie in luftigen Kammern so aufhängt oder legt, daß sie einander nicht berühren; ältere Waben aber und solche mit Blumenstaub, müssen in kühlen Kellern, oder in gut verschlossenen Stöcken oder Kasten untergebracht werden.

Der Todtenkopfschwärmer (Sphinx atropos) wird auch für einen Bienenfeind gehalten. Er ist ein großer grauer Nachtfalter mit einer Todtenkopfzeichnung auf dem Rückenschilde, und entsteht aus einer schönen 3—4 Zoll langen Raupe. In unseren Gegenden sieht man ihn selten. Er schleicht sich in die Stöcke und stiehlt dort Honig. Pf. Stockmann aus Ungarn, wo dieser Honigdieb häufiger getroffen wird, erzählt, er habe einen solchen zerquetscht, und von ihm einen kleinen Caffeelöffel voll Honig erpreßt. Derselbe schützte gegen diesen Feind seine Stöcke durch Blechschuber vor den Fluglöchern, durch deren Oeffnungen nur die Bienen, nicht aber der dickere Schmetterling passiren können.*)

Ameisen und Ohrwürmer sind zu den Bienen auch keine Freunde; erstere gehen dem Honiggeruche letztere der Wärme nach, und schleichen sich durch alle Ritzen und Oeffnungen in die Stöcke; die Bienen sind ihrethalben genöthiget, alle Zugänge zu verkitten, und größere bewachen zu lassen. Um Ameisen abzuhalten, streut man Asche um den Fuß des Stockes, gießt Wasser herum, worin Fische verfault sind u. dgl. Am besten aber, man sucht ihre Wohnungen in der Nähe des Bienenstandes auf, und tödtet sie mittelst heißen Wassers in ihren Nestern. Die Ohrwürmer verkriechen sich über Tags gerne in Höhlungen; man legt daher geflissentlich Baumrinde, Hol-

---

*) In den letzten Jahren hat Köpp, der 27 Stück dieser Schmetterlinge fing, darüber Genaueres berichtet. Er bestättiget den Honigraub und behauptet, daß ein solcher Nachschwärmer, indem er mit seinen starken Flügeln und Füßen ganze Haufen Bienen von sich schleudert, mit Gewalt in die Stöcke bringe, dadurch die Bienen in den größten Aufruhr versetze, und den Raub begehe, ohne von den Bienenstacheln verletzt zu werden, gegen welche ihn starke Behaarung und eine harte Haut sicher stellen.

D. V.

lunderröhren u. s. w. in der Nähe der Stöcke herum; klopft dann solche zuweilen aus, und tödtet die Verborgenen.

Ameisen und Ohrwürmer haben für die Bienen einen sehr widerlichen Geruch, und machen diesen, wenn der Bienenvater nachlässig ist, sehr viel zu schaffen. Im vorigen Jahre kassirte ich Jemanden durch Transplantiren eine alte Klotzbeute, in welcher die Bienen durchaus nicht mehr gedeihen wollten. Ich fand darin nicht allein Ohrwürmer genug, sondern auch viele Tausende von Ameisen, die das Holz durchlöchert hatten und darin wohnten. Eine saubere Inwohnerschaft für die armen Bienen! —

Spinnen mit ihren Netzen sind gleichfalls schädlich. Unter und neben den Stöcken, besonders in den Winkeln des Bienenhauses darf kein Spinnengewebe geduldet werden, weil sich darin einzelne Bienen fangen. Man trachte aber die Spinne selber zu ertappen und zu tödten, sonst hängt statt des beseitigten Netzes bald ein frisches da.

Einmal klagte mir Jemand, während ich seine Stöcke besichtigte, daß ihm vor einigen Tagen ein Nachschwarm, dessen Weisel er ausfliegen aber nicht zurückkommen sah, weisellos geworden ist. Zufällig bückte ich mich und blickte unter das vorspringende Flugbret dieses Stockes, und — hier hing die Königin in einem Spinnengewebe.

Der Bienenwolf (Philanthus apivorus), eine einzeln lebende Graswespe, der gewöhnlichen Wespe sehr ähnlich, nur etwas gelber, mit dickerem Kopfe, größeren Augen und stärkeren Beiszangen. Diese Wespe fängt die Bienen von den Blumen weg und trägt sie in ihre Erdhöhle. Hellebusch in der Bienen-Zeitung klagt, dieser Wolf habe im Jahre 1859 seinen Stand entvölkert. Bei uns findet man diese Raubwespe selten.

Hornisse und Wespen gehören nicht minder unter die Bienenfeinde. Die Hornisse fangen die Bienen im Fluge weg, und tragen sie in ihre Nester. In Waldgegenden, wo viele zu Hause sind, stiften sie bedeutenden Schaden. Die Wespen drängen sich mit Gewalt in die Fluglöcher, und stehlen, wo sie nur zu einer abseitigen Zelle kommen können, daraus den Honig. Wenigstens beunruhigen sie die Bienen. Man vertilge, wo man kann, die Nester dieser feindlichen Thiere, und stelle da und dort im Bienenhause Flaschen auf, welche einen kurzen engen Hals haben und mit Zucker- oder Honigwasser, worunter ein wenig Bier gemischt wurde, gefüllt sind. Die

Bienen verabscheuen dies Getränke, die Wespen aber kriechen häufig in solche Flaschen und ertrinken.

Läuse. Siehe Lausekrankheit §. 84. S. 311.

Schwalben, Sperlinge und Rothschwänzchen sind Bienenfresser; doch nicht in einem so hohen Grade, wie Viele glau=ben. Nur wenn plötzlich die Witterung rauh wird und andere In=sekten, von denen sie sich ernähren, sich verbergen, sind ihnen die Bienen willkommen. Sie machen daher besonders Jagd darauf, wenn man zu solcher Zeit die Bienen füttert, und diese dabei — wie gewöhnlich — ausfliegen. Oft sah und hörte ich nahe vor dem Bienenhause kaum zwei Ellen hoch über mir, Bienen von Schwalben wegschnappen. Junge erst flügge gewordene schienen mir die zudring= lichsten zu sein. Eben so beobachtete ich Sperlinge. Zu gewissen Zeiten setzten sich, besonders junge, auf die vor dem Bienenhause stehenden Gartenpfeiler, flogen pfeilschnell in die Höhe, wenn 2 oder 3 Ellen hoch die Bienen darüber hinzogen, setzten sich dann mit der erschnappten Beute wieder auf den Pfeiler, und zerhackten und ver= schlangen sie. Das Rothschwänzchen verschmäht wohl auch einen lebendigen Bienenbraten nicht; jedoch sah ich es oft nur einen Bie= nenwurm oder todte Bienen von Flugbretern oder vor dem Bienen= hause aufklauben. — Es wäre unklug, gegen diese Vögel, weil sie einige Bienen verzehren, einen Vertilgungskrieg zu predigen; indem sie noch mehr schädliche Insekten vertilgen; allein, wenigstens ihre Nester nicht in der Nähe des Bienenstandes zu dulden, ist rathsam. Endlich

Meisen und Spechte werden häufig auch noch zu den Bie= nenfeinden gezählt; weil sie manchmal im Herbste und Winter an die Bienenstöcke klopfen, dadurch die Ruhe der Bienen stören, und die herauskommenden fressen. Besonders wird in diesem Bezuge die Kohlmeise schädlich.

Störche, wo solche zu Hause sind, machen gleichfalls großen Schaden, indem sie die Bienen häufig von den Blumen wegschnappen.

XVI. Abschnitt.

Ueber Bienengegenden und Honigquellen.

§. 88. Woher nehmen die Bienen den Honig- und Wachsstoff, und was ist in Hinsicht der Erzeugung dieses Stoffes für ein Unterschied bei den mancherlei Gegenden?

Daß die Biene Honigsaft und Blüthenstaub vornehmlich von Blumen und ersteren vorzüglich von den Blüthen und Zweigen verschiedener Pflanzen, Sträucher und Bäume, aber auch vom sogenannten Honigthau sammle, wurde schon im I. Hauptstücke Seite 64 angeführt. Den Blumenstaub nehmen die Bienen von der männlichen Blüthe, oder von den sogenannten Staubbeuteln, den Honigsaft aber von den Blumenkelchen; und zwar von der Fläche oder aus den Winkeln der Blumenblätter, meistens aber aus den am Grunde der Blumen befindlichen Honiggefäßen oder Nektarien, wo Honigdrüsen, Honiggruben oder Honigschuppen vorhanden sind. Aber auch an den Zweigspitzen und auf den Blättern der Bäume finden die Bienen manchmal reichlichen Honigsaft, der nach der Erfahrung gelehrter Naturforscher und Bienenväter seinen Ursprung vorzüglich den Blatt- und Schildläusen verdankt. Blattläuse kennt Jeder; sie sitzen oft haufenweise auf der unteren Blattseite des Hollunders, des Apfel- und Pflaumenbaumes und anderer Gewächse, wo sie sich vom Safte der Blätter nähren, und daraus Honigsaft bereiten. Sie haben nämlich am Ende des Hinterleibes 2 Röhren, aus welchen sie einen süßschmeckenden klebrigen und glänzenden Saft ausspritzen, den die Ameisen begierig aufsuchen und auflecken. Diesen süßen Saft wissen sich auch die Bienen zu Gute zu machen, und tragen davon zu gewissen Zeiten eine große Menge ein.*)

---

*) Stellt man sich gegen Abend vor einen Baum, auf welchem viele Blattläuse wohnen, so, daß im Hintergrunde ein dunkler Gegenstand ist, z. B. ein niedriges Gebäude, und daß die niedergehende Sonne darüber her, den nächsten Raum unter der Krone des Baumes bescheint: dann sieht man mit freiem Auge den von den Blattläusen ausgespritzten Honigsaft in Gestalt eines feinen Regens herabfallen. So habe ich es öfters beobachtet; ja bisweilen konnte ich auf dem schwarzen Tuche des ausgestreckten Armes ganz deutlich die einzelnen Tröpfchen liegen sehen. D. V.

Aehnliche Honigmacher sind gewisse Schildläuse an den jungen Zweigspitzen der Fichten, die Herr Pfarrer Stern aus Oesterreich erst in neuerer Zeit entdeckt hat. Von diesen Spitzen träufelt in manchem Jahre eine so große Menge Honigsaft, daß er an den Aesten und selbst am Stamme des Baumes herabläuft, und den Bienen eine überaus reiche Tracht gewährt. Früher nannte man diese Erscheinung an den Fichtenzweigen ein bloßes Ausschwitzen des Honigsaftes. Auch an den Knospen der Birnbäume, der Eiche und anderer Bäume finden in manchem Frühjahre vor dem Aufbrechen derselben die Bienen ähnlichen Honigsaft, von welchem vielleicht eben so wie bei den Fichten, gewisse Insekten, die man nur noch nicht ausgeforscht hat, die Ursache sein können. Auch an dem Getreide, besonders an den Kornähren — was im J. 1852 häufig der Fall war — erscheint manchmal ein süßer klebiger Saft, und kann einen gleichen Ursprung haben. Doch häufig will man das Erscheinen des süßen Saftes auf den Blättern, Stengeln, und überhaupt an der Außenseite der Gewächse dadurch erklären, daß man sagt, durch Einwirkung schnell abwechselnder Witterung während der üppigsten Vegetation erfolge ein Bersten der Saftgefäße, und der überflüssige mit Zuckerstoff geschwängerte Saft werfe sich nach außen, wo er verdickt als Honigsaft erscheint. Sei dem, wie ihm wolle; kurz, wenn die genannten Erscheinungen eintreten, nämlich: wenn zur fruchtbaren warmen Zeit die Blattläuse unter zusammengekräuselten Blättern zahlreich vorhanden sind; wenn die Blätter der Bäume und Gewächse vom verdickten Safte glänzen und kleben; wenn die Fichtenzweige tropfen, und die Bienen mit außerordentlicher Hast vom Morgen bis auf den Abend fliegen, und überhaupt, wenn jene Kennzeichen, die schon im I. Hauptstücke S. 6) aufgezählt wurden, wahrgenommen werden, dann heißt es in gewöhnlicher Sprache: „Es ist eine Honigtracht gefallen," und dann fließen Hunderte von Honigquellen, und reichlich ist dann der Tisch für die Bienen gedeckt.

Da in einer Landschaft oder Gegend die obenangedeuteten Honigquellen in größerer oder geringerer Menge vorfindig, und eine längere oder kürzere Zeit flüssig sein können, und dies von der Lage, vom Klima von der Fruchtbarkeit und Cultur des Bodens abhängt; so leuchtet von selbst ein, daß manche Gegend mehr oder weniger für die Bienenzucht geeignet, und überhaupt unter den Bienengegenden ein bedeutender Unterschied sein muß.

Man unterscheidet vornehmlich 3 Klassen von Bienengegenden, nämlich:

1. **Sehr gute oder honigreiche Bienengegenden.** Solche befinden sich

a) in den südlichen Ländern Europa's, wo der Winter kurz und gelinde ist, das Frühjahr zeitlich eintritt, ein gleichmäßig wärmeres Klima und häufige Nachtthaue einen üppigen Pflanzenwuchs und eine vermehrte Ausscheidung des Honigsaftes zur Folge haben; wo überdies noch der Anbau des Buchweizens in den ersten Getreidestoppeln, oder die Blüthe des Heidekrautes eine noch im August und September und bis in den Oktober hinein fortdauernde ausgiebige Bienenweide gewähren. Als Beispiel solcher Bienengegenden können im österreichischen Kaiserstaate genannt werden: das Banat im südlichen Ungarn, wo ein Stock in einem Jahre 8—10 Schwärme, sammt 1 oder 2 Jungferschwärmen geben, oder 80—100 Pfund Honig eintragen und ein Erträgniß von 80—100 Prozent liefern kann; so auch ein großer Theil von Dalmatien, Illirien, Steiermark u. s. w.;

b) in mehr nördlich gelegenen Ländern von Mitteleuropa, und zwar in warmen, von rauhen Nord-, Nordwest- und Ostwinden geschützten Gegenden, Gebirgs-, Wald- und gemischten Landschaften, wo die Bienen ganz in der Nähe ihres Standortes schon im März und April von Haselstauden, Erlen, Weiden und Pappeln, von Schmalz- und Löwenzahn-Blumen, Kornelkirschen, Stachelbeerstauden u. dgl. viel Blumenstaub und auch schon Honig einsammeln, und damit den Grund zu zeitlichen Schwärmen legen; wo ausgiebige Obstbaum-, Raps-, Klee- und Wiesenblüthen, oder auch Linden-, Himbeer-, Heidel- und Preißelbeerblüthen, und honiggebende Fichten reichliche Sommertracht gewähren; und wo überdies das Heidekraut den Bienen auch eine ausgiebige Herbstnahrung reicht.

Zu solchen Gegenden kann man manche Landschaften in verschiedenen Provinzen Deutschlands, ja selber das nördlich gelegene Holstein rechnen, wo meistens die reine Schwarm- oder Korbbienenzucht zu Hause und es Sitte ist, mit den Bienen nach der Sommertracht in's Heideland zu wandern. Wenigstens dürfte hier das Bienenerträgniß dem im Banate, wenn auch noch lange nicht gleich, doch am nächsten kommen; freilich mit dem

Unterschiede, daß der Deutsche mit Sorgfalt dabei seine Bienen züchten muß, während der Banater seine Bienenstände fast nur sich selber zu überlassen braucht.

Aber auch viele Gegenden Böhmens reihe ich solchen ausgezeichneten Bienengegenden an; und verstehe darunter vornehmlich die gesegneten Landstriche, die sich am Fuße der Berge und Wälder des Erz- und Riesengebirges hinabziehen, wie auch ähnliche Gegenden in gemischter Landschaft des südlichen und östlichen Landes, und die fruchtbaren Thäler des Mittelgebirges. Dort, wo Feld und Wald, Berg und Thal, Gärten und Triften, der öde Heidegrund wie der blumige Wiesenplan der Biene tributpflichtig sind, und sie vom zeitlichen Frühjahre an bis in den Herbst nähren: dort, sage ich, ist das Land wo Milch und Honig fließt, und wo in Böhmen eine rationelle Bienenzucht den höchsten Ertrag abwerfen kann.

2. Bloß gute oder nur mittelmäßig honigreiche Gegenden. Diese besitzen wohl auch honiggebende Gewächse in Fülle, allein sie unterscheiden sich von den Bienengegenden 1. Klasse dadurch, daß ihre Lage freier und darum kälter ist, und der Frühling später eintritt; daß die Sommertracht durch ungleichmäßige Wärme geringer, und bisweilen durch Kühle ganz unterbrochen wird; daß meistens die Herbstnahrung gänzlich mangelt, und daß die Honigzeit in der Regel erst mit der Stachelbeerblüthe beginnt und schon mit der Getreideernte im Juli oder in der Mitte des August zu Ende geht, und also nur 3 höchstens 4 Monate dauert.

Zu dieser 2. Klasse von Bienengegenden muß bei Weitem der größere Theil gebirgiger und ebener Landschaften unseres herrlichen Vaterlandes gezählt werden; Landschaften, wo größere oder kleinere Waldungen und Gebüsche mit Laub- und Nadelholz, und darneben unübersehbare Saatfelder mit honiggebenden Unkräutern, mit Oelgewächsen, mit üppigen Futterpflanzen mit Hülsenfrüchten vorkommen; — Landschaften, wo sich zahlreiche Straßen und Wege mit honigduftenden Alleen durchkreuzen; wo buschige Auen und bewässerte Fluren mit ausgespannten Wiesenteppichen voll süßer Futterkräuter und Weidepflanzen das Auge erfreuen; — Landschaften auch, wo großartige Parkanlagen mit einem Heere blühender in- und ausländischer Bäume und Sträucher angetroffen werden, und wo unzählige lebendige Zäune und Gehäge die Gärten und das Besitzthum des Landmannes wie des Städters umschließen; — endlich Landschaften gehören zu den guten Bienengegenden, wo die Zier-, Obst-, Haus- und Küchengärtnerei gepflegt wird; wo die Hügel von Obstbaumwäldern bedeckt erscheinen, deren Kern-, Stein-, Schalen- und Beerenobst weit und breit verführt wird; wo zwischen zierlichen Einfassungen, Geländern und Spalieren, Salat und Suppenkräuter, Gewürzpflanzen, Wurzel-, Knollen-, Zwiebel und Fruchtgemüse, von denen viele ein Gegenstand des Ausfuhrhandels sind, gepflanzt und gezogen werden.

In solchen Landschaften und Gegenden fehlt wohl die zeitliche Frühjahrswärme des Südens, und die Herbsttracht der nordischen Heide, und von den 3 oder 4 Monaten der Honigzeit gehen wohl auch noch einige Wochen durch plötzlich eingefallene ungünstige Witterung verloren; allein starke und vollkommene Stöcke der freien Willkür nicht überlassen, sondern rationell und nach Klausens Grundsätzen gezüchtet und wohl auch nach Dzierzon'scher Manier behandelt, schmieden das Eisen gut, wenn es auch nur kurze Zeit glüht, und leisten Außerordentliches auch nur in 2 bis 3 Monaten.

In 4 solchen Gegenden trieb ich seither Bienenzucht; und obschon 2 darunter flaches einförmiges Getreideland waren, wo manche der oben aufgezählten Honigquellen mangelten, verinteressirten sich doch meine Bienen jährlich im Durchschnitte mit 42 Prozent. Einige meiner Nachbarn und Freunde in etwas besserer Gegend haben es bis 45 und darüber gebracht.

3. Schlechte, oder honigarme Bienengegenden. Honigarm kann eine Gegend entweder wegen einer kalten Lage, oder wegen Unfruchtbarkeit des Bodens sein, oder auch aus beiden Ursachen zugleich. Auf Bergen und freiliegenden Höhen, wo beständig kühle Luft weht; so auch in hochgelegenen Thälern von Norden oder Westen nach Osten, wo fortwährend rauher Zugwind ist; dort schwitzen die Blüthen und Blumen nicht allein wenig Honigsaft aus, sondern dieser ist auch bald wieder vertrocknet. Auch Honigthau gibt es dort nicht. Dorthin also taugt die Biene nicht. Wo aber die Gegend selber wegen Unfruchtbarkeit der Erde nicht genug blühende Gewächse hervorbringt, gilt dasselbe; auch hier findet die Biene nicht genug Nahrung, und die Gegend ist eine schlechte Bienengegend.

Jedoch man glaube nicht, eine Gegend sei schon dann honigarm und zur Bienenzucht untauglich, wenn ihr einige der oben angeführten Honigquellen abgehen. So kann z. B. eine Gegend in der

Nähe des Waldes auch ohne die Blüthe des Obstbaumes und selbst des Saatfeldes zu den Bienengegenden 1. oder 2. Klasse gehören; und umgekehrt: eine flache Landgegend recht gut sein, auch ohne Waldnahrung Erzeugt nur die Gegend so viele Honigblüthen verschiedener Art und in gehöriger Aufeinanderfolge, daß davon die Bienen wenigstens 3 oder 4 Monate ununterbrochen Honig einsammeln können; dann ist die Gegend keineswegs eine honigarme und für die Bienenzucht ungeeignete zu nennen.

Und also, lieber Landmann! weißt Du nun, wo Du Dein Glück versuchen und machen sollst mit Klausens Zaubersprüchen und Körben; nicht in den honigarmen Gegenden, sondern dort in den Gegenden der 1. und 2. Klasse, wo die freigebige Natur alljährlich in Millionen und Millionen Blüthenkelchen die kostbare Süßigkeit des Honigs reicht, und den edelsten Brennstoff, das Wachs, anbietet; dort nur sollst Du die emsige Biene anstellen, damit sie jene köstlichen Gaben sammle, und diese nicht zu Grunde gehen; — damit so zugleich die Sammlerin sich selber ernähre, Dir vielen Nutzen schaffe, und durch ihre Honig= und Wachsschätze mit zur Bereicherung des Landes beitrage.

„Aber", — sprichst Du — „in solchen Gegenden wird ja auch schon Bienenzucht getrieben." Bienenzucht wohl — antworte ich — aber welche! oft genug ist es bloße Bienenhalterei auf's Geradewohl, und ohne wirkliche Zucht; oft auch nur Bienenliebhaberei ohne Bienenwirthschaft, und öfter noch, nur mechanische Bienenbehandlung nach gewohnter Großvaterweise statt rationeller Bienenpflege. — Und in welchem Umfange wird Bienenzucht getrieben! In mancher herrlich gelegenen Ortschaft wird nur ein Bienenstand von etwa 5—10 Stöcken gefunden, indessen eben so gut 5—10 solche Bienenstände und noch mehr bestehen könnten, ohne an Nahrung Mangel zu leiden. Und gerade in diesen wenig benützten Gegenden und bei solcher Afterbienenzucht würden Klausens Sprüche und Körbe am rechten Platze sein; dort würden sie in der That wahre Zaubersprüche und goldene Körbe dadurch werden, daß sie einen größeren Bienennutzen als der bisherige war, herbeizauberten, dieser aber Andere zur Nachahmung spornte, und auf diese Weise die Bienenzucht überhaupt weiter verbreitet und eifriger betrieben würde.*)

---

*) Eine der reichsten Bienengegenden fand ich im Sommer 1855 während meiner Kur zu Karlsbad in dem dortigen Thale. Ich beschrieb sie umständlich in

§. 89. Kann eine gute Gegend leicht mit Bienen überlegt — und wie kann eine magere verbessert werden?

a) Wenn eine zu zahlreiche Schafheerde täglich auf einer beschränkten Trift weidet, gebricht es den Schafen bald an Nahrung. Gleiches läßt sich von den Bienen nicht behaupten. Eine gute Bienengegend wird in Betreff der Honigweide nicht leicht mit Bienen überlegt. Denn, heute an einem feuchtwarmen windstillen Tage, hat eine blüthenreiche Landschaft überall Ueberfluß an Honigsaft, morgen aber an einem kalten Tage, wieder gänzlichen Mangel daran. Dies geht so zu: Bei hinlänglicher Feuchte und Wärme steigt der süße Saft aus den Pflanzen in die Blüthenkelche empor, und wird sogar da, wenn ihn die Bienen einmal herausgesogen haben, wieder durch neuen ersetzt. Bei eingetretener Kühle hingegen zieht sich dieser Saft in die Pflanzen zurück, und ist für die Bienen gänzlich verschwunden, wenn nicht bald eintretende Wärme ihn neuerdings emportreibt. So macht also auch jede kühle Nacht den vorhanden gewesenen Honigsaft rückgängig. Eben so hat die heute noch blühende morgen aber verblühte Blume nur heute noch Honig und morgen keinen mehr. Die Bienen können daher nicht etwa, wie Manche vermuthen, den heute übriggelassenen Honigsaft morgen oder ein andersmal, wo Noth darum ist, nach Hause tragen, wie z. B. Schafe, die heute übriggelassenen Weidegräser an einem andern Tage wiederfinden und verzehren können.

Dasselbe findet statt in Rücksicht des Honigthaues oder der gefallenen Tracht. Diese Süßigkeit auf den Blättern und Zweigen der Gewächse können die Bienen nur so lange genießen, als sie nicht

---

einem Aufsatze, betitelt: „Honigquellen neben den Heilquellen zu Karlsbad," welcher in Nro. 1—3 des Wochenblattes für Land-, Forst- und Hauswirthschaft, herausg. von der k. k. pat. ök. Gesellschaft in Prag, — J. 1856 — erschienen ist. Und in diesem Bienen-Paradiese standen bloß etliche 20 Klotzbeuten! —

Auch in den herrlichen Gegenden am Fuße des Erzgebirges erscheinen die Bienenstöcke noch dünn gesäet; wie die Zählung im J. 1856 verrathen hat. Während z. B. im J. 1855 unser Bezirk im flachen Getreidelande — der Pobersamer — 2124 Stöcke zählte, hatte der Bezirk Kommotau nur 364, Görkau nur 383, Brüx nur 675, Dux nur 200 und Bilin nur 773 aufzuweisen. Auf diese Gegenden hat nun unser Verein besonders seine Aufmerksamkeit gerichtet, und deßhalb auch in den Städten Kommotau, Teplitz, Leitmeritz, Brüx u. s. w. bereits General-Versammlungen gehalten.

durch Luft und Wärme dick und unhebbar geworden, oder durch Re=
gen abgespült worden ist. Gewöhnlich ist aber der übriggebliebene
Theil schon am andern Tage erhärtet, und dann nicht mehr zu
gebrauchen.

Folglich, wenn z. B. 10 Stöcke einer Gegend täglich nur den
5. Theil des vorhandenen Honigs aufzusammeln im Stande wären,
so würden diese in ihrer Nahrung nicht beeinträchtiget, wenn man
ihnen noch 40 Stöcke zugesellte, die auch die übrigen 4 Theile Ho=
nig sammelten; denn diese gingen für jene 10 Stöcke ohnedies nur
verloren.

b) Was die Verbesserung der Bienenweide in mageren oder
minder honigreichen Gegenden betrifft, so muß man unserer Zeit zum
Lobe sagen, daß sie hierin Namhaftes leistet, theils durch jährlich zu=
nehmende Obstbaumpflanzungen, theils auch durch die immer mehr
um sich greifende Fruchtwechselwirthschaft mit ihrem Raps=, Klee=
und Futterbau. Auch den Buchweizen wird sie uns noch bringen als
Nachtrag zur Sommertracht, der jedoch — wie die Erfahrung gelehrt
hat — nicht aller Orten honigt, und von den Bienen nicht immer
besucht wird.

Aber noch manches Andere könnte geschehen. Gibt es z. B.
nicht noch manchen Uferdamm, manchen Sumpf oder Graben, wo Er=
len, Pappeln, Palm=, Saal=, Bruch= und Korbweiden gepflanzt wer=
den könnten, die das Land entwässern und befestigen und gutes Brenn=
und Nutzholz liefern, aber zugleich auch den Bienen zeitliche und gute
Weide gewähren würden? — Findet man nicht auch noch genug öde
Plätze, wo die genügsame schnellwachsende Akazie mit ihrem kostbaren
Holze, mit ihrem herrlichen Grün und ihren duftenden Blüthenbü=
scheln, zur Abhilfe der Holznoth, zur Verschönerung der Gegend und
zur Erquickung der Bienen die besten Dienste leistete? Wie freund=
lich könnte dieser Baum besonders an den Mauern manches einsam
und kahl gelegenen Kirchhofes, diesen, das Reich der Todten, beschat=
ten; er, in jedem Frühjahre ein Sinnbild des gestorbenen und wie=
der auferstandenen Lebens! — Dürfte nicht auch mancher weitläufige
Gartenzaun von Holz, der eben verfault ist und bei herrschender
Holztheuerung nur mit großen Kosten erneuert werden kann, und
wieder nur einige Jahre dauert, besser, wohlfeiler und dauerhafter
mit einem lebendigen Zaune vertauscht werden, in welchem Kornel=
kirschen, Kreuz= und Weißdorn, Stachelbeersträucher, Berberitzen,

Brombeer=, Jasmin=, Himbeer= und Maßholderstauden den Bienen die beste Nahrung lieferten?

Wäre es endlich etwas Unmögliches, daß Landwirthe einer und derselben Ortschaft, die zugleich Bienenwirthe sind, bei dem Anbau ihrer Felder auch den Bienen eine Nebenrücksicht schenkten, ohne das Felderträgniß zu verringern? — ich meine, daß nach gepflogener Uebereinkunft der Eine einen größeren oder kleineren Acker mit Winter=, der Zweite mit Sommerraps, der Dritte mit weißem Klee, der Vierte mit Esparsette, der Fünfte mit Mohn, Fisolen u. s. w. bebaute, welche alle nicht allein ein gutes Erträgniß, sondern auch durch ihre Blüthen den Bienen reichlichen Honig und Blumenstaub geben?

Auf solche Art würde gewiß die Gegend honigreicher und die Bienenweide, wenigstens im Frühjahre und Sommer, ergiebiger werden.

§. 90. Welche sind die wichtigsten in Böhmen vorfindlichen, Blüthenstaub, Kitt und Honig liefernden Pflanzen und Gewächse?

Hierauf antwortet folgendes

Verzeichniß.*

I. Forstgewächse

und andere in Ziergärten, Alleen, Hecken, lebendigen Zäunen u. s. w. häufig vorkommende in= und ausländische Holzgewächse.

A. Laubbäume.

Ahorn (Acer). Davon gibt es 3 Arten:
  a. der weiße, große oder Bergahorn (A. pseudoplatamus), H.;
  b. der Spitz= oder spitzblätterige (A. platanoides), v. H.;
  c. der Feldahorn, auch Maßholder (A. campestris), H. — Bl.
  i. Mai.

---

*) Zusammengestellt vom gegenwärtigen Ausschußmitgliede des böhm. Bienenzüchter=Vereines Herrn Dr. Med. et Chir. Wendelin Hanff aus Maschau.

Der deutsche Name mancher Gewächse ist in verschiedenen Gegenden und Ländern verschieden, der botanische und lateinische Name aber überall der nämliche, und in allen Ländern wenigstens den Gelehrten bekannt. Daher, um jeden Zweifel und jede Ungewißheit, welche Pflanze mit dem deutschen Namen gemeint sei, zu beseitigen, wird derselben in obigem Verzeichnisse immer auch ihr botanischer Name beigegeben.

Akazie, eigentlich Robinie (Robina), und zwar:

 a. die gemeine Robine oder falsche Akazie (R. pseudoacatia), v. H.;

 b. die rothe (R. rubra) in Ziergärten, H. Bl. i. Juni.

Birke (Betula). Unter vielen Arten nur die Weißbirke oder Maibirke (B. alba), K. u. H. — Bl. i. April.

Eiche (Quercus) und zwar:

 a. die Trauben=, Stein= oder Wintereiche (Q. sessiliflora), Hth. vor der Blüthe;

 b. die Stiel= oder Sommereiche (Q. pedunculata), Hth. im Sommer.

Eberesche (Sorbus), und zwar:

 a. die gemeine oder der Vogelbeerbaum (S. aucuparia), H. Bl. i. Mai.

 b. der Elsebeerbaum (S. trominalis), v. H Bl. i. April.

Erle (Alnus) oder Iller; die gemeine oder Schwarzerle (A. glutinosa, auch Betula alnus), v. B. Bl. i. Feber o. März.

Esche (Fraxinus), die gemeine oder Hochesche (F. excelsior) und die Blütheneche (F. ornus), B. u. H. Bl. i. Mai.

Linde (Tilia), B. u. v. H.:

 a. die großblätterige, Früh= oder Sommerlinde (T. grandiflora auch plattyphyllos): Bl. i. Juni u. Juli.

 b. die kleinblättrige oder Winter= auch Spätlinde (T. parvifoli). Bl. 14 Tage später.

Pappel (Populus), v. B. einigen H. auch K. u. Hth. v. Blattläusen;

 a. die weiße oder Silberpappel (P. alba);

 b. Schwarzpappel (P. nigra);

 c. Zitterpappel oder Espe (P. tremula);

 d. Allee=, oder italienische, oder Pyramiden=Pappel (P. italica, pyramidalis);

 e. Balsampappel (P. balsamifera). — Alle bl. im März und April.

Roßkastanie (Aesculus), v. B. einigen H. Bl. Anfangs Mai.

 a. die gemeine (Ae. hypocastanum);

 b. die rothe (Ae. pavia).

Zugleich werden diese Abkürzungen gebraucht: H. bedeutet Honig. — Hth. Honigthau. — B.: Blumenstaub. — K.: Kitt. — v.: viel. — bl. i.: blüht im.   D. V.

Ulme oder Ilme, oder Rüster (Ulmus campestris) B. u. H. Bl. i. April.

Weide (Salix), v. B. auch H. im Sommer Hth. auf den Blättern. In Böhmen sind zahlreich:

a. die Palm= oder Süßweide (S. caprea);

b. „ weiße oder gemeine (S. alba);

c. „ Trauerweide (S. babilonica);

d. „ gelbe oder Dotterweide (S. vitellina);

e. „ Bruch= oder Fieberweide (S. fragilis); v. Bl. u. H.

f. „ strauchartige Band= oder Korbweide (S. viminalis). Alle bl. i. März bis Anfangs Mai.

B. Laubsträucher.

Berberitzen, Sauerdorn, Weinschärlein (Berberis vulgaris) in der Blüthe im Mai v. H.

Brombeerartiges Gesträuch (Rubus), H.:

a. die Brombeere oder Kratzbeere (R. polymorphus); wovon wieder 2 Unterarten sind: 1. die gemeine Brombeere (R. p. commis oder fruticosus) in Gebüschen oder Zäunen; und 2. die Ackerbrombeere oder blaufrüchtige (R. cesius).

b. die Himbeere (R. idaeus), v. H.: — bl. i. Juni u. Juli.

Dintenbeerstrauch (Ligustrum vulgare), oder die gemeine Rhein= weide — in Hecken. H. — Bl. i. Mai.

Erdbeere (Fragaria), H. — Bl. i. Mai und Juni.

Geißblattgewächse (Caprifoliaceae), H.:

a. das zahme Geißblatt, Nachtschatten (Lonicera caprifolium) in Gärten;

b. das gemeine Geißblatt oder die deutsche Speckilie (L. peri= clymenum);

c einige ausländische Arten (L. tartarica, sibirica) in Ziergär= ten. — Alle bl. i. Mai.

Geißklee, Bohnenbaum (Citisus), H.:

a. gemeine B. Goldregen (C. laburnum);

b. der schwärzliche (C. nigricans). — Bl. i. Mai.

Hagebutte oder Hundsrose (Rosa canina), B. Bl. i. Mai und Juni.

Haselstrauch (Corilus) zeitlich v. B.: — Bl i. Febr und März.

a. die gemeine Haselstaude (C. avelana); und

b. türkische oder Lambertsnuß (C. coturna).

Himbeerstrauch, siehe Brombeerst. (Rubus), v. H. Bl. i. Mai und Juni.

Hornstrauch (Cornus) 3 Arten in Wäldern und Hecken, in Lustgär-
ten; v. Bl. — Bl. im März und April.

a. der gelbblühende oder

Hartriegel (Dirlitzen, Hornkirsche, Kornelkirsche C. mascula);

b. der rothe Hartriegl (S. sanguinea);

c. der weißbeerige (C. alba).

Judenkirsche, Blasenkirsche, Schlutte, die gemeine, (Physalis A.), B.
und H. — B. im Mai.

Johannis- und Stachelbeerarten (Ribes):

a. rothe Johannisbeere, Zeitbeere (R. rubrum), wenig H.;

b. die gemeine Stachelbeere (R. gossularia) mit vielen Abarten,
v. H. — Bl. im April und Anfangs Mai.

Kreuzdorn oder Wegdorn (Rhamnus):

a. der gemeine Kreuzdorn oder Hirschdorn (Rh. catharticus);

b. der glatte Wegdorn, auch Faulbaum, Schießbeerbaum, Pul-
verholz, Läusebaum genannt, (Rh. frangula), B. u. H. —
Bl. im Mai.

Pfeifenstrauch (Philadelphus) und zwar der wohlriechende oder wilde
Jasmin (Ph. coronarius), v. H. u. B. — Bl. i. Mai.

Pimpernuß, Klappernuß, wilde Pistazie (Stophilea pinnata) in Parkanlagen, H. im Juni.

Preißeln (Vaccinium) v. H. in Wäldern.

a. die gemeine Heidelbeere oder Bickbeere (V. myrtillus), und

b. die Preißelbeere (V. vitis idaea). — Bl. i. Mai und Juni.

Seidelbast oder Kellerhals (Daphne mezereum) in Gebirgswäldern.
B. — Bl. im Febr. und März.

Schlehe oder Schwarzdorn (Prunus spinosa), und die Trauben- oder
Ahlkirsche (Pr. padus), B. u. H. — Bl. im April und Mai.

Stachelbeere, siehe Johannisbeere (Ribes).

Sumacharten (Rhus.) in Parkanlagen, B. u. H.:

a. der Perückenbaum, Gelbholz (Rh. cotinus);

b. der Gift-Sumach (Rh. toxicodendron);

c. der Hirschkolben-Sumach oder Essigbaum (Rh. typhina), v.
H. — Bl. i. Juni.

Teufelszwirn oder Bocksdorn (Lycium barbarum), H. den ganzen
Sommer hindurch von der Blüthe.

Weißdorn oder Hagedorn (Crataegus oxyacantha), im Mai v. H.

C. Nadelhölzer.

1. Die Fichte (Picea) auch Rothtanne, von welcher Gattung die gemeine Fichte (Picea vulgaris oder excelsior) ganze Gebirgswälder bildet, v. H., durch Schildläuse im Juni — bis August.
2. Die Kiefer (Pinus), und zwar in Böhmen:
   a. die gemeine Kiefer, Föhre, der Kienbaum (Pinus sylvestris), v. B.;
   b. die Zürbelkiefer, Zürbelnußbaum (P. cembra);
   c. die Weimuthskiefer, weiße oder Mastbaumfichte (P. strobus), die beiden letztern in Ziergärten.
3. Die Lärche, Lärchenbaum (Larix europaea), K. u. B. — Bl. im Mai.
4. Die Tanne (Abies) in Gebirgswäldern, und zwar: die Weißtanne, Edeltanne, Pechtanne (A. pectinata), v. H. im August.
5. Der Wachholder (Juniperus communis), B. u. H. bl. i. Mai.

II. Obstbäume.

Diese sind für die Bienenzucht sehr wichtig. Die Obstbaumblüthe, die größtentheils in den Monat Mai fällt, gibt den Bienen fast durch 4 Wochen gute Nahrung. Nebstdem finden die Bienen Honig an den Blüthenknospen, auf den Blättern und an den Früchten der Obstbäume. Hieher gehören:

Der Apfelbaum (Pirus malus). Von den sehr vielen Abarten scheinen die Bienen besonders zu lieben:
   a. die Reinetten (malus prasomela), Goldreinetten, Borsdorfer, Lederapfel u. s. w.
   b. die Plattäpfel (M. plana), z. B. Zwiebelapfel, Silberling u. dgl. — B. und H.

Aprikose (Amygdalus Armeniaca) und Pfirsich (A. persica), H. u. B. zeitlich.

Birnbaum (Pirus communis). Vorzüglich B. u. H. geben:
   a. der wilde oder Holzbirnbaum (P. achras);
   b. die kultivirte Margarethenbirne, Miskateller-Butterbirne, die große Zuckerbirne, Bergamotte u. s. w.

Kirschbaum (Prunus cerasus). Viele Arten Süß- und Sauerkirschen, B. u. H. zeitlich.

Nebst diesen:

a. die Vogelkirsche, Zwieselbeere (P. avium);

b. die Steinweichsel (P. mahaleb oder cerasus macedonica) in Parkanlagen.

Maulbeerbaum (Morus), v. H. von Blüthen und Früchten.

a. Der weiße M. (M. alba), welcher am besten fortkommt;

b. der schwarze und rothe (M. nigra und rubra).

Pflaumenbaum (Prunus), B. u. H. Unter den vielen Arten zeichnen, sich aus: die Weißzwetschke, die gelbe Mirabelle, die rothe, violette und blaue Kaiserpflaume, die große und kleine grüne Reineklaude u. a. m.

Wallnußbaum (Juglans regia) in vielen Spielarten; geben in manchen Jahrgängen v. H u. B.

Weinstock (Vitis vinifera), H. u. B.

III. Getreide- und Hülsen-Frucht-Gewächse.

Im Juni und Juli tragen die Bienen viel Honig aus den Getreidefeldern, doch nicht von den Getreideähren, sondern von den Blüthen der Ackerunkräuter, welche später aufgezählt werden. Es gehören daher nur hieher:

1. Das Heidekorn oder der Buchweizen (Polygonum fagopyrum) v. H.; wird leider noch wenig in Böhmen angebaut: erfordert aber einen leichten Sandboden, wenn er honigen soll. Der Buchweizen blüht vom Juli bis in den Oktober hinein.

2. Die verschiedenen Gattungen Hülsenfrüchte, welche im Juni und halben Juli blühen, als:

a. Die Bohne (Phaseolus) und ihre Arten: die gemeine Schminkbohne (Ph. communis); — Abarten: Stangenbohne Speckbohne, Eierbohne, Kugel= und Zwergebohne; — die vielblumige türkische Feuerbohne (Ph. multiflores, coccineus, u. s. w. — H.;

b. die Erbse (Pisum), von Blattläusen H.; besonders die Saat= erbse (P. sativum) und die Zuckererbse (P. sacharatum);

c. die Linse (Ervum), vorzüglich die Saatlinse (E. lens), B. u. H. von der Blüthe;

d. die Wicke (Vicia), v. H. im Sommer.

Die wichtigsten Arten sind: die Futterwicke (V sativa) v. H. aus den Honigdrüsen in den Zweig=Winkeln; die Sau=

ober Pferdwicke, Buf= oder Saubohne (V. faba); die **Vogel-
wicke** (V. Cracca) in Feldern nnd Wiesen.

IV. Futter- und Weidepflanzen.

1. Kultivirte, d. h. im Großen angebaute Futterkräuter.

Esparsette, ewiger oder spanischer Klee (Onobrychis sativa), v. H.
im Juni.

Wiesenklee (Trifolium pratense) und zwar:

    a. gemeiner (T. p. vulgare), H.;

    b. Saatklee oder Brabanter (T. p. sativum). Letzterer enthält
    sehr viel Honig: allein die Bienen können ihn in den langen
    Blumenröhrchen mit ihren Rüsseln nicht erreichen. Jedoch
    aus kürzeren und auf aufgeschlitzen oder verkrüppelten Röhr-
    chen gewinnen sie doch auch B. u. H.; vom Juni bis August.

Kriechender oder weißer Klee (Trifolium Repens). Ein wahrer Segen
    für die Bienen, wo er in ganzen Feldern angebaut wird.
    Uebrigens gibt auch der wildwachsende, auf Rändern und
    Hutweiden, den ganzen Sommer hindurch gute Bienenweide.

Luzerne (Medicago sativa), H. Mehr H. gibt der Hopfenklee (M. lu-
    pulina), der Steinklee oder Riesenklee genannt, gelber und
    weißer, (Melilotus officinalis); auch der gemeine Bockshorn-
    klee (Trigonella, foenum graecum) nnd andere Kleearten. —
    Bl. im Juni und Juli.

Ackerspergel (Spergula arvensis), von H. Bl. im Juni oder Juli.

2. Wildwachsende Futterkräuter.

Augentrost (Euphrasia), wovon 2 Arten häufig auf Wiesen zu finden
    sind:

    a. der gemeine oder weiße Augentrost (E. officinalis), H. im
    August und September;

    b. der rothe A. (E. odontites) im Frühjahre u. Sommer v. H.

Biebernell (Pimpinella), a. die große (P. magna), und die gemeine
    (P. saxifraga), H.

Bocksbart (Tragopogon pratense), H.

Dotterblume, Schmalzblume (Caltha palustris) auf sumpfigen Wiesen,
    B. — Blüht im April und Mai.

Feld-Thymian oder Quendl (Thymus serpyllum), v. H. im Juni
    und Juli.

Löwenzahn, Kettenblumen (Taraxacum officinale), v. B. im April.

Ranunkel, Butterblume auch Hahnenfuß (Ranunculus). Hievon mehrere Arten B. Bl. im Mai.

Storchschnabel (Geranium pratense), v. H. im Sommer.

Wiesensalbei (Salvia pratensis), v. H. Bl. im Juni.

V. Oelgewächse.

Im Mai und Juni blühende.

Hellerkraut (Thlapsi arvense).

Lein (Linum usitatissimum), H.

Leindotter (Camelina sativa), H.

Mohn (Papaver somniferum), v. B.

Rettig= und Rübenarten in der Blüthe, (Raphanus), v. H. u. B. insbesondere

der chinesische Oel=Rettig, (R. chinensis). — auch

Acker=Rettig (Raphanus Raphanistrum), auch Heberich genannt, als Unkraut in den Feldern, v. H. und B.

Rüben=Raps (Brassica rapa oleifera) in 2 Arten:
    a. Winterraps (B. r. biennis) und
    b. Sommerraps (B. r. annua).

Raps=Kohl (Brassica napus oleifera):
    a. zweijähriger oder Winterkohlraps (B. n. biennis), und
    b. Sommer=Kohlraps (B. n. annua). Alle Rapsarten v. B. u. H.

Senf (Sinapis);
    a. schwarzer Senf (S. nigra), B. u. H.;
    b. weißer Senf (S. alba), B. u. H.;
    c. Ackersenf (S. arvensis), B. u. H.

Sonnenblume (Helianthus annuus), B. — Bl. im August und September.

VI. Küchengewächse.

a. Gewürzpflanzen in der Blüthe im Mai bis Juli.

Anis (Pimpinella anisum), H.

Basilika (Ocymum) kleines und großes, H.

Fenchel (Foeniculum officinale), v. H.

Kümmel (Carum carvi), H.

Lavendl (Lavendula spica), H.

Majoran (Oringanum vulgare), H.

Melisse Melissa (officinalis), von H.

Pfefferkraut (Satureja hortensis), H.

Pfeffer-Münze (Mentha piperita), H.

Raute (Ruta graveolens), H.

Rosmarin (Rosmarinus officinalis), H.

Salbei (Salvia officinalis), v. H.

Thymian (Thymus vulgaris), v. H.

Ysop (Hyssopus officinalis), v. H.

Zwiebelgewürze; wozu folgende gehören, und zuweilen v. H. in der
    Blüthe geben:

    a. gemeine Zwiebel, Sommerzwiebel (Allium cepa);

    b. Schnitt- oder Suppenlauch (A. Schoenoprasum);

    c. röhriger Lauch, Jakobszwiebel (A. fistulosum);

    d. gemeiner Lauch oder Porrey (A. porrum).

<h3 style="text-align:center">b. Gemüse- und Salatpflanzen.</h3>

Beinwurz oder Schwarzwurz (Symphytum officinale), H.

Borretsch, Borrago, Gurkenkraut (Borrago officinalis), v. H. den
    ganzen Sommer und bis zum Spätherbste.

Haferwurz, Schwarzwurz (Scorconera hispanica), H.

Gurke, (Cucumis) B. u. H., und zwar: ⎫
    a. die gemeine (C. sativa), B. u. H.; ⎬ Bl. im Juni bis Aug.
    b. die Melone (C. melo), B. u. H.   ⎭

Kürbis-Arten (cucurbita), B.

Löffelkraut (Cochlearia officinalis), H. u. B.

Spargel (Asparagus officinalis), B. u. H.

VII. Zierpflanzen,

größtentheils kultivirt, einige aber auch wildwachsend, die meistens
    früher oder später, vom Mai bis Ende Juli blühen.

Acklei, falsche Glockenblume (Aequilegia vulgaris). B.

Ehrenpreis (Veronica austriaca) v. H. Bl. im Juli und August.

Eibisch, (Althea), zwei Arten:

    a. die Stockrose (A. rosea), B.;

    b. die Sammetpappel (A officinalis), B.

Georginien (leere) (Georginea variabilis), B.

Goldlack, gemeiner (Cheirantus Cheiri), B. u. H.

Hyazinthen (Hyazinthus orientalis), leere B.

Kaiserkrone (Fritillaria imperialis). Bl. i. März und April.

Levkoje (Mathiola) — leere — Sommer-Levkoje (annua); und (M. incana). Winter-Levkoje, H.

Lilien (Lilium), und zwar:
- a. Türkenbund, Gelbwurz (L. martagon);
- b. Feuerlilie (L. bulbiferum), v. B.;
- c. weiße Lilie (L. candidum), v. B.

Malvenarten (Malva), und zwar:
- a. Siegmars-Malve, Rosenpappel (M. alcea);
- b. wilde M. (M. sylvestris);
- c. gemeine M. (M. vulgaris oder rotundifolia), alle von B.

Märzenglöckchen, Schneeglöckchen (Palanthus nivalis). im März B.

Narzisse (Narcissus), a. gemeine (pseudo-N.), und echte N. (N. poeticus). B. — Bl. im März u. April.

Nelkenblüthige Pflanzen (Caryophyllinae):
- a. Bartnelken (Dianthus barbatus). H.;
- b. klebrige Lichtnelke, Pechnelke (Lychnis viscaria). v. H.; letztere auch auf Wiesen.

Reseda (R. odorata), von B. bis in den Herbst,

Schüsselblume (Primula veris), und zwar:
- a. gemeine Sch. P. officinalis);
- b. Garten-Sch. (P. elatior), B.

Seidepflanze (Asclepias syriaca), H. im Mai.

Spierstaude (Spyrea). In Ziergärten:
- a. weidenblätterige (Sp. salicifolia);
- b. schneeballblätterige (Sp. opulifolia);
- c. Johanniskrautblätterige (Sp. hypericifolia);
- d. geißbärtige (Sp. annua) B.

Tulpe (Tulipa) 2 Arten, B.:
- a. Gartentulpe (T. Gesneriana);
- b. wilde T. (T. sylvestris) anf Waldwiesen.

Weidröschen (Anemone). Hievon für Bienen wichtig:
- a. das Leberblümchen (A. hepatica) in Laubwäldern und Anlagen sehr zeitlich blühend, B. und einigen H.;
- b. die Küchenschelle (A. pulsatilla), und zwar: die große violette K. (A. p. vulgaris) und die kleine oder Wiesenküchenschelle (A. p. pratensis), B. u. H.

VIII. Verschiedene Unkräuter

auf Aeckern, Wiesen, in Gärten, Wäldern u. s. w.

Andorn (Marubium vulgare), H.

Bienensaug oder Taubenessel (Lamium), v. H. und zwar mehrererlei Arten. — Bl. den ganzen Sommer.

Distelpflanzen (Cynarocephalae) mehrere Arten, H.

Gauchheil (Anagallis):

    a. Acker-G. oder Meienkraut (A. arvensis);

    b. blauer G. (A. coerulea), B. u. H.

Ginster (Genista tinctoria) in Wäldern und trockenen Wiesen, H.

Hederich — siehe Oelgewächse. Rettig.

Heidekraut (Erica vulgaris) in lichten Waldungen und öden Plätzen. Sie liefert den ganzen Sommer hindurch und bis zum Spätherbste ungemein viel Honig.

Huflattich (Tussilago). Die Blüthen erscheinen schon im März vor den Blättern, und geben v. H. u. B.

Jakobskraut (Senecio Jacobaea), und

Johanniskraut (Hypericum perforatum), geben H., K. u. B. vom Juni bis August.

Kornblume (Centaurea cyanus), v. H. im Juni und Juli.

Lungenkraut (Pulmonaria officinalis), H.

Natterkopf (Echium vulgare), v. H. im Sommer.

Ochsenzunge (Anchusa officinalis), B.

Wachtelweizen (Melampyrum), und zwar:

    a. Acker-Wachtelweizen, auch Bienenbrod genannt, (M. arvense) eine ausgezeichnete Bienenpflanze, die außerordentlich viel Honig liefert, und zwar im Juli und August bis zur Roggenernte. Sie ist im Halbgebirge, weniger auf dem platten Lande, im Wintergetreide, aber auch auf Wegrändern und andern öden Plätzen anzutreffen blüht roth, nach Art des Heidekrautes und hat weißen Honig. Je schütterer Korn und Weizen stehen, desto häufiger ist sie darunter;

    b. Gebirgs-W. (M. silvaticum) und

    c. kornähriger W. (M. cristatum) auf Gebirgswiesen, H.

Wollkraut oder Königskerze (Verbascum) auf Hutweiden und öden Plätzen, H. u. B. Bl. i. Juni.

XVII. Abschnitt.

Ueber das Unbeschwerliche bei der Betreibung einer kleinen Bienenzucht, und von der dazu erforderlichen Zeit und Gelegenheit.

(Zugleich statt eines Bienenkalenders.)

§. 91. Die Bienen und ihr Nutzen gefallen mir; allein man hat andere Geschäfte genug; soll man diese mit den Bienen noch vermehren? — und woher immer Zeit und Gelegenheit dazu?

Ich bin weit entfernt — was schon in der Vorrede angedeutet wird — an eine Bienenzucht im Großen zu denken, und dazu ermuntern zu wollen. Eine Zucht von 50 bis 100 und noch mehr Stöcken würde allerdings zu viel Pflege und Zeit verlangen, und Jedem, der noch andere Geschäfte hat, beschwerlich fallen. Aber nach Verschiedenheit der Umstände einen Bienenstand nur von 2 bis 5, oder von 5 bis 10 und 20 Stöcken zu halten und zu pflegen: das — dies ist meine Behauptung — können ohne Beschwerde, ohne besonderen Zeitaufwand, und also ihren Berufsgeschäften unbeschadet, so Viele aus verschiedenen Ständen; das können insbesondere die Meisten von gemeinen Land- und Gewerbsleuten; das kann selbst nach Umständen der Gärtler, der Häusler, der Taglöhner.*)

Du aber vorzüglich, lieber Landwirth! findest an einer kleinen Bienenzucht nur Etwas, was ganz zu Deinem Berufe paßt und gehört. Denn wie das Rind und das Schaf, lebt auch die Biene von Deinen Fluren, und bringt Dir von dorther wie jene Nutzen; nur mit dem Unterschiede, daß Dir ihre Zucht verhälnißmäßig viel weniger Zeit raubt, viel weniger Beschwerden verursacht, als die Schaf- und Rindviehzucht und jeder andere Zweig Deiner Landwirthschaft.

---

*) Die vielen Herren Mitarbeiter der Bienenzeitung aus allen Ländern Deutschlands, welche dem geistlichen und Lehrerstande, dem ärztlichen und Juristenstande, dem Beamten- und Gewerbsstande u. s. w. angehören, haben alle ihre Berufsgeschäfte, und dessenungeachtet noch Zeit und Gelegenheit, nicht nur selber Bienenzucht zu treiben, sondern auch über Bienenzucht zu schreiben. D. V.

Aber dies Letztere ist es eben, was ich Dir erst beweisen soll? — Wohlan! komm und geh mit mir vergleichungsweise Deine und die Geschäfte der Bienenzucht durch, und — ich wette — Du mußt am Ende meiner Behauptung beipflichten.

Fangen wir an im Frühjahre. Sieh! mildere Luft fängt an zu wehen, der Schnee verschwindet vor dem Bienenstande, und die Bienen sehnen sich aus dem Winterquartier ins Freie. Da unternimmst Du das erste schwierige Geschäft, — trägst die Stöcke aus der Winterkammer, oder öffnest bloß das Bienenhaus, und gestattest den Bienen den Ausflug. Dann blickst Du noch einigemal auf den Flug der Stöcke, um zu beurtheilen, ob sie glücklich den Winter überkamen. Fehlt es irgendwo, so siehst Du auf einen Augenblick nach. Gleich, oder an dem ersten besten Tage darauf, wo Du Zeit hast, öffnest Du jeden Stock, um zu sehen, ob er seines Winterunrathes mächtig, sich selber hinlänglich reinigen könne. Wo einer allein zu viel Zeit dazu brauchte, da hilfst Du ihm Schimmel und Moder entfernen, und seine Todten begraben. Dies ganze Geschäft aber, wenn Du gute Stöcke hast, wird selten erforderlich sein; ist aber auch in einigen Minuten abgethan.

Kann Dir daher dasselbe so mühevoll und beschwerlich vorkommen, Dir, der Du das ganze Jahr hindurch Tag für Tag Deine Pferd-, Schwein- und Rindviehställe reinigen mußt, und jetzt im Frühjahre die weit lästigere Reinigung der Ställe Deines Feder- und Schafviehes gerne besorgst? —

Später, je näher die Trachtzeit herankommt, mußt Du freilich zu Mittag oder Abends nach Deinem Wirthschaftsgeschäften auch Deinem Bienenstande dann und wann eine Viertel- oder halbe Stunde Zeit widmen, und etwa einen alten Klotz transplantiren, oder einen weisellosen kassiren, einem Hungrigen mit Futter beispringen, dem Einen Raum nehmen, dem Andern Raum geben und dergleichen; allein wie könnte Dich dieses Wirthschaften unter den Bienen verdrießen, da es dem Schwarmeinfangen und der Honigernte unausweichlich voraus gehen muß, und nur zu Deinem Nutzen geschieht? — wie könnte es Dich verdrießen, da Du viel öfter Aehnliches in deiner übrigen Vieh- und Hauswirthschaft zu thun genöthiget bist? Bald z. B. gibt's für Dich unter den Pferden, bald unter dem Rindvieh, bald unter den Schafen eine kleine Kur; und in der Geräthekammer mußt Du Verschiedenes umändern, repariren, abstiften und durch Neues ersetzen; auch gibt's für Dich verschiedene Arbeit bald in der Scheuer, bald auf dem Getreid- und Futterboden, bald im Keller, noch ehe die Ernte kommt. Und um diese Zeit, wo die Bienen Deinen geringen Beistand nur einigemal in Anspruch nehmen, verlangt selber die Zucht der einfältigen Gänse, Enten und Hühner von Deiner Hauswirthin täglich Sorgfalt und Mühe, und sie läßt sich solche nicht verdrießen. Darum nein! Du willst sicher jetzt bei den nur seltenen Geschäften der Bienenzucht Deine Hände nicht in den Schooß legen, die Du gerne regst in den täglichen und mannigfaltigen Geschäften Deiner übrigen Wirthschaft. —

Gehen wir aber weiter. Nun rückt der Sommer heran. Schon vor oder beim Anfange desselben beginnt die Schwarmzeit — die erste Freudenzeit des Bienenzüchters. Jetzt, lieber Landwirth! mußt Du wohl ein wenig Aufmerksamkeit auf die Schwärme haben. Doch, obschon Du Deine Schwarm- oder Mutterstöcke von den übrigen nicht schwarmgerechten nicht so sicher unterscheiden kannst, wie Deine trächtigen Kühe und Schafmütter von den gelten Thieren: so kannst Du dennoch — wenn Du nur einige Kenntniß zu Grunde liegen hast — das Nöthige aus den Vorzeichen des Schwärmens schließen; und brauchst also der Schwärme wegen nicht viel und unnöthig Zeit zu verlauern. Zudem kommen wenigstens Vorschwärme gewöhnlich um die Mittagszeit, wo Du meistens zu Hause bist. Auch gehen diese nicht leicht durch; Du darfst also auch dieserwegen nicht sehr in Sorgen sein. Eben so brauchst Du nicht selbst und geflissentlich das Aufpassen zu übernehmen; Deine Kinder und Dienstboten, überhaupt Deine Angehörigen, die so oft des Tages vor dem Bienenstande vorbei, und im Hause aus- und eingehen; auch wohl Deine nächsten Nachbarsleute, wenn Du mit ihnen im vertraulichen Frieden lebst, werden nicht so leicht einen Schwarm übersehen, unangemeldet und uneingefangen lassen. Wenn aber doch einiges Aufpassen erforderlich ist; kann es Dir beschwerlicher fallen, als das gewöhnliche Lauern auf das Kalben Deiner Milchkuh, und auf das Lammen Deiner Schafe? — Ist ein schöner Schwarm nicht auf der Stelle mehr werth, als das beste Lamm, ja selbst als das schönste Kalb? — Und aus demselben Grunde kann Dir auch das Einfangen der Schwärme unmöglich Verdruß, sondern nur Herzensfreude verursachen.

Aber, Du kannst es Dir hinsichtlich der Schwärme noch leichter machen. Setze Dir eine beiläufige Zahl fest, die Du brauchen kannst,

und mache sie Dir selber — wie der V. Abschnitt des III. Haupt=
stückes lehrt — durch Austrommeln, nöthigenfalls durch Ablegen. So
hängen die Schwärme von Dir und Deiner Willkür, und von der
Stunde und dem Augenblicke, wo Du dazu Zeit und Lust hast, ab,
und nicht Du von den Schwärmen. Die andern Stöcke aber außer
den Mutterstöcken behandle nach der Vorschrift als Honigstöcke; und
sie werden Dich nicht leicht unversehens mit natürlichen Schwärmen
überraschen.

Die Schwärme jedoch, die Du einmal hast, verursachen Dir
nebst dem bloßen Aufstellen weiter gar keine Mühe. Sie fordern von
Dir keine Muttermilch, wie Du solche Deinen Säugethieren im Stalle
mit mancher Beschwerde wochenlang reichen mußt; der Honigsaft in
den Blumenkelchen der Flur ist ihre Muttermilch, und diese holen
sie sich selbst.

Dabei mußt Du freilich Spätschwärme durch An= und Aufsätze,
durch Verstellen oder wie immer zu verhindern, und schlechte Schwärme
überhaupt durch alsogleiche Vereinigung zu beseitigen suchen; was
wieder nur geringe Mühe kostet, und im Unterlassungsfalle Dir scha=
den möchte. Und dieser Mühe mußt Du Dich ja eben so gern un=
terziehen, als Du Dich auch beeilest, Deinen Acker zeitlich zu bestellen,
um eine schädliche Spätsaat zu verhüthen, und als Du auch besorgt
bist, daß kein schlechtes Jungvieh in Deinem Stalle zur Zucht abge=
setzt werde. Bringt Dir doch Jenes so gut wie dieses in der Folge
Nutzen! —

Von itzt an, lieber Landmann! gehst Du ruhig und ungestört
Deinen andern Wirthschaftsgeschäften nach. Höchstens, wenn Dich der
Weg vor dem Bienenstande vorbeiführt, wirfst Du einen Blick hin,
damit Du siehst, wie eifrig Deine Bienen für Dich sammeln und
Du Dich darüber freuest. Dann überzeugst Du Dich auch bisweis
len, ob die Stöcke noch hinlänglichen Raum haben, ihre Honigschätze
aufhäufen zu können, und ob nicht übermäßige Hitze die Honigsammler
zum müssigen Vorliegen nöthige. In solchen Fällen schaffst Du
Hilfe in einigen Minuten durch Unter=, An= und Aufsätze. Du mußt
hierbei wenigstens im Kleinen dieselbe Freude empfinden, als Du im
Großen fühlst, wenn Deine Scheuern zu klein werden für den reichen
Segen der Felder, und Du nun genöthiget bist, Getreideschober im
Freien zu bauen.

Neigt sich aber die Tracht bereits ihrem Ende zu, und Du hast etwa dennoch einen Schwächling oder fehlerhaften Stock auf dem Stande, dann beugst Du nach Möglichkeit der Räuberei vor, und verkleinerst vor Allen den Bedürftigen das Flugloch. Dies kann auch manchmal schon vor Beginn der Honigzeit Deine Pflicht sein. Indessen, alle gute, volkreiche Stöcke überheben Dich auch dieser Mühe.

Nun, da hast Du die ganzen Sommergeschäfte. Wer wird darüber klagen: O, die sind beschwerlich und unliebsam, die brauchen viel Zeit!? —

Weiter! jetzt ist der Herbst vor der Thüre. Er nimmt gleichfalls nur ein paar Male Deine Thätigkeit in Anspruch; während er dafür die zweite Freudenzeit der Bienenväter mit sich bringt — die Zeit der Ernte. Du zeidelst also Stock für Stock; außer Du findest es für zweckmäßiger, bei einigen dieses Geschäft erst im Frühjahre vorzunehmen. Bei gehörigen Kunst= und Handgriffen und mit einem Gehilfen entledigst Du in wenigen Stunden 10 bis 20 Stöcke ihres Ueberflusses. Die Zeit dazu wählst Du Dir nach Belieben. Und könntest Du abermals dieses Zeideln — das angenehmste Geschäft von der Welt, das Hantieren mit duftendem Honig in vollen Schüsseln — lästig und beschwerlich heißen? — Ist es denn lästiger, als beim Obstbau das Tage lange Pflücken der Pflaumen, Aepfel und Birnen? — und nicht eben so süß, als beim Weinbau das Geschäft, Trauben zu sammeln? —

Schon während der Zeidelung, oder auch später, wenn es Dir beliebt, musterst Du nur noch die Stöcke durch, ob sie alles Nöthige für den Winter besitzen, und reduzirst allenfalls durch Kopuliren eines oder des Andern untauglichen Deinen Bienenstand nur auf lauter tüchtige Zuchtstöcke. Wenn Du jedoch die Mutterstöcke schon beim Schwärmen gut geleitet hast, so wirst Du dies letztere Geschäft nur selten verrichten müssen. Du kannst aber dabei auch wenig Zeit verlieren, indem hiezu die Stunde nach dem Feierabend am besten taugt. Endlich den Schluß der ganzen Sommergeschäfte macht die Einwinterung. Jetzt wenn der Winter eintritt, verwahrst Du die Fluglöcher, gibst freistehenden Stöcken eine Stroh= oder Breterhülle, trägst andere in die finstere Winterkammer, oder, wenn Du ein Bienenhaus hast, machst Du bloß dessen Thüren und Laden zu. Bedenke dabei, daß Du jetzt im Herbste auch in Deiner übrigen Wirthschaft Musterung hältst, insbesondere Deine Getreid= und Futtervorräthe in

Ueberschlag bringst und für den Winter berechnest, und auch Deinen sämmtlichen Viehstand nöthigenfalls durch Verkauf fehlerhafter und überzähliger Stöcke reduzirst; wie auch, daß Du Deine eigene Wohnung, Deine Keller und Stallungen, Deine Spalierbäume und freistehende Obstpflanzungen u. s. w. gegen die Gewalt und den Schaden des Winters verwahrst: bedenke dies Alles — sage ich — und die sämmtlichen Vorbereitungsgeschäfte für den Winter auf Deinem Bienenstande werden Dir dagegen nur als eine Kleinigkeit vorkommen.

Zuletzt betrachten wir noch die halsbrechenden Geschäfte des Winters. Im Winter hat der Bienenvater, wie seine Bienen, nur Feiertage. Sind die Bienen nur gegen ihre Winterfeinde geschützt, wie im silbernen Spruche geschrieben steht, dann pflegen sie der Ruhe, und haben weiter kein Bedürfniß. Da, lieber Landwirth! ist höchstens Dein Geschäft, alle Monate einmal zu Deinem Bienenstande oder in Dein Bienenhaus zu schleichen, um nachzusehen, ob es dort nicht etwa an Ruhe und frischer Luft gebreche. Und wenn Du nebenbei aus Neugierde das Ohr an jeden Stock gelegt, und bei einem leisen Klopfen darin ein lautes einstimmiges Gesumme — das des Wohlbefindens der Bienen — vernommen hast: dann gehst Du unbesorgt wieder zu Deinen übrigen Wirthschaftsgeschäften. O, nicht wahr? das ist bequem! Könnte so wie diese Bienenheerde auch Deine Schafherde eine solche Winterruhe feiern; wie viele Zeit und Beschwerden würdest Du ersparen! —

Doch halt! Etwas könntest Du doch noch im Winter für Deine Bienen thun; aber Etwas, wie nur zum Zeitvertreibe und zur Verkürzung der langen Winterabende. So wie Du z. B. jetzt schon manches Haus- und Feldgeräth, obschon Du es erst im Frühjahre und Sommer nothwendig hast, besorgst und verfertigest; so wie Du Dich auch jetzt schon, obschon das Garbenbinden erst in der Ernte kommt, um die nöthigen Strohbänder dazu bekümmerst: eben so könntest Du jetzt schon auf Deine zukünftigen Schwärme denken, und die für sie benöthigten Strohkörbe im Winter selber verfertigen oder von Deinen Kindern, Dienstboten und Arbeitern verfertigen lassen. Es ist eine herrliche Sache um Alles, was man selber bereitet; es macht Einem doppelte Freude, und kostet so immer am wenigsten. Es ist eine schlechte Bienenwirthschaft, wenn die Schwärme schon am Baume hängen, und man jetzt erst weiß, daß man neue Körbe braucht. In der Verlegenheit muß man dann entweder die leeren Stöcke um so theuerer kaufen; oder man kann solche nicht einmal anstreiben, und ist genöthiget, den Schwarm in den ersten besten schlechten Kasten oder Klotz zu verbannen.

Zum Schluße, lieber Landwirth! ist noch ein Geschäft der Bie=nenzucht, welches im Frühjahre, im Sommer und Herbste eintreten kann, erwähnungswerth: das Füttern der Bienen.

Wie selten dieses Geschäft bei einer vollkommenen Zucht noth=wendig wird, und wie leicht man es verrichtet, hast Du im XI. Ab=schnitte des III. Hauptstückes vernommen. Du stellst meistens nur am Abend das Futtergeschirr mit Honig in den Stock, und bist im Augenblicke fertig; oder gießest — wenn Du von oben fütterst — bloß den Honig ins Geschirr.

Das heißt doch kurz abgethan! — Oder scheint Dir auch diese Fütterung zu mühevoll? — Denke ein wenig nach über die unaus=weichlichen größeren Beschwerden der Fütterung bei Deiner anderen Haus= und Landwirthschaft. Alles will gefüttert sein und abermals gefüttert werden. Mit welcher sauren Mühe z. B. mußt Du nicht oft den ganzen Sommer hindurch Deine Gemüsegärten begießen? — wie beschwerlich von Zeit zu Zeit Deine Felder, Weinberge und Hop=fengärten düngen? — wie lästig den ganzen Winter hindurch, ja Tag für Tag im ganzen Jahre, Dein anderes Haus= und Nutzvieh füt=tern? — Erwäge dies und Du wirst dann selbst gestehen müssen, daß wahrhaftig unter allen Fütterungen die der Bienen sowohl die sel=tenste als leichteste ist.

Und also, guter Landwirth! nickst Du mir jetzt gewiß Beifall zu, wenn ich sage: Bei den Meisten ist es pures Vorurtheil, wenn sie behaupten wollen, daß die Bienenzucht für sie zu beschwerlich und zeitraubend sei. Ich wiederhole: Jeder Landmann kann — wenn nur die Gegend für Bienen taugt, und er sonst Platz und Gelegenheit für einen Bienenstand und dabei die nöthige Kenntniß hat, einer klei=nen Zucht recht wohl vorstehen.

Um so leichter aber kann dies der Handwerker und Ge=werbsmann überhaupt, den seine Hantirung oder sein Gewerbe meistens zu Hause hält. Diesen kann es gar unmöglich belästigen, wenn er seinen Bienen, die gleichsam stets unter seinen Augen fliegen, ein wenig Aufmerksamkeit schenkt, und denselben von seiner Erholungs=zeit, die er doch auch haben muß, dann und wann ein paar Minu=ten oder auch eine Stunde opfert.

Und zugegeben, Jemand könnte sich an Wochentagen wirklich sel= ten von seinen Berufsgeschäften entfernen: so dürfte er nur d i e f r e i e n S t u n d e n d e s S o n n = u n d F e i e r t a g s zu Hilfe neh= men, welche liederliche Hauswirthe beim Bier= und Branntweinglase, bei den Karten, oder in fauler Ruhe verschwenden; und er hätte über= flüssig Zeit, bei einer Zucht von 2 bis 5, und 10 bis 20 Stöcken, die wichtigsten und nothwendigsten Geschäfte zu verrichten.

Letzterem Umstande zu Folge ist also auch der T a g l ö h n e r, der die Woche hindurch größtentheils in fremden Häusern arbeitet, vom Bienenhalten und Bienenpflegen nicht ausgeschlossen; wenn er nur ein Plätzchen sein nennt, wo ein Paar Stöcke stehen können. Und hätte er hiezu nicht einmal ein Gärtchen, so stelle er die Stöcke in den Dachgiebel seines Häuschens, und lasse da die Bienen durch hiezu ausgeschnittene Oeffnungen in den Bretern hinausfliegen in den wei= ten Gottesgarten der Natur. Und wenn auch wirklich Tage lang keine Seele im Häuschen wohnte, und also des Schwärmens wegen Unannehmlichkeiten zu fürchten wären; so halte er sich bloß Honigstöcke, starke Stöcke mit weitläufigem Gebäude, und wende die im §. 67. angegebenen Mittel an, Schwärme zu verhindern. Wünscht er jedoch durchaus einen Schwarm, so mache er sich einen am Sonn= oder Fei= ertage durch Austrommeln. Auf diese Weise können 2 oder 3 voll= kommene Honigstöcke auch dem armen Taglöhner, ohne daß er dabei einen Taglohn versäumt, oder nur einen Tropfen Schweiß vergossen hat, in einem Jahre 20, 40—50 und noch mehr Pfunde Honig sammt etlichen Pfunden Wachs bloß dafür ins Haus tragen, daß er den Bienen gegönnt hat, seine Inwohner zu sein.

XVIII. Abschnitt.

Ueber die Zurechtmachung und Benützung des gezeidelten Honigs und Wachses.

§. 92. Wie wird der Wabenhonig geläutert und geseimt? — und wozu wird er verwendet?

Das ausgezeidelte Gut — Honig und Wachs — darf nicht lange Zeit herumstehen, ehe es zurecht gemacht wird, weil es sonst theils durch Staub verunreiniget, theils auch leicht von Mäusen,

Motten, Milben, Fliegen, Ameisen und anderem Ungeziefer he imge= sucht wird Man macht sich also an dem ersten besten schicklichen Tage

a) an's Läutern und Seimen. Ein trüber, kühler Tag ist am passendsten. Denn an schönen warmen Tagen, wo die Bienen stark fliegen, gehen diese dem durch's Auslassen weit verbreiteten Ho= niggeruche zu sehr nach, kommen durch Thüren und Fenster und jede andere Oeffnung, ja sogar durch den Rauchfang in die Küche und in's Haus, und erschweren das Läuterungsgeschäft. Auch Veranlassung zum Raube kann so geschehen.

Zum Seimen werden mehrere Geschirre erfordert, die, wenn sie von Thon sind, gut gebrannt und glasirt, auch sauber und rein sein müssen. Mehl, Brod, Milch, Fett und Säuren dürfen nirgends mit dem Honig in Berührung kommen; dadurch wird dieser sauer und verdirbt. Blecherne, messingene und kupferne Gefäße müssen gut verzinnt sein; indem sonst die Schärfe des Honigs schädlichen Rost und giftigen Grünspan erzeugt.

Zuerst werden die Honigscheiben sortirt. Zu die= sem Zwecke stellt man 4 Schüsseln oder Töpfe vor sich hin. Man nimmt jetzt jede Honigscheibe in die Hand und schneidet davon alles leere Wachs ab. Dieses kommt in die erste Schüssel, so wie auch alle anderen Wachsabfälle. Die ganz weißen und reinen Honigwaben legt man hierauf in die zweite Schüssel, und alle gelben und brau= nen in die dritte. Mit den ganz schwarzen sehr verunreinigten Schei= ben, wie auch mit denen, welche meistens nur Blumenstaub enthalten, wird endlich die vierte Schüssel angefüllt. Einzelne Stücke vertrockne= ter oder verdorbener Brut werden zu dem leeren Wachse gethan.

Jetzt folgt das Seimen. Man setzt die erste Schüssel mit dem leeren Wachse bei Seite, und macht mit der zweiten den Anfang. Die weißen zarten Scheiben werden mit einem Löffel zu Brei gedrückt, und in einem Topfe in die Ofenröhre, nachdem das Feuer im Ofen schon ausgegangen ist, gestellt, damit da der Honig bloß sehr warm werde. Hierauf nimmt man den Topf wieder aus der Röhre, und läßt den Honig ein wenig abkühlen. Dann hat sich das Wachs vom Honig abgesondert, und schwimmt oben. Man nimmt es jetzt mit einem Löffel sauber ab, und der Honig darunter ist rein und schön wie Gold.

Nach anderer Manier schneidet man die weißen Waben gröblich in ein Haarsieb, welches über einer Schüssel steht, und läßt den Honig in der lauen Ofenröhre, oder wohl nur in der Sonne zwischen dem Doppelfenster, von selbst austräufeln.

Dieser Honig, der aus ganz reinem Wachse, in welchem sich noch keine Brut und kein Blumenstaub befand, gewonnen wird, heißt Jungfernhonig, und wird als der feinste gern in Apotheken zu Arzneien gekauft.

Die zweite Gattung Honig, wovon der größte Theil wird, erhält man aus den gelben und braunen Honigscheiben. Diese werden in kleinere Stücke zerschnitten, und in einen verhältnißmäßig großen Topf gethan. Auch das vom Jungfernhonig abgeschöpfte Wachs, woran noch viel Honig hängt, wird dazugegeben. Nun hat man bloß dafür zu sorgen, daß dieser Honig heiß stehe, und sammt dem Wachse zerfließe, aber ja nicht koche. Am einfachsten ist folgendes Verfahren: Man stelle den Topf in den geheizten Backofen, nachdem das Brod herausgenommen worden ist, und lasse ihn da stehen bis am andern Tage. Jetzt befindet sich das Wachs und alles Ausgestoßene oben auf in einer festen Scheibe; diese nehme man vorsichtig heraus, und man hat jetzt den reinen Honig im Topfe. Aber auch in die Ofenröhre kann man den Topf stellen, und da den Honig allmälig heiß werden lassen. Feuer aber unmittelbar unter den Topf zu schüren, ist nicht rathsam; weil dann der untere Honig anbrennt, braun wird, und einen brenzlichen Geschmack erhält. Am besten ist's, wenn man den Honigtopf in einen Kessel voll siedendes Wasser hängt; hier zerfließen die Wachsscheiben recht bald, und der Honig bleibt unverdorben.

Auch das häufige Umrühren der Masse muß man vermeiden, indem dadurch der in einigen Zellen befindliche Blumenstaub, so wie das Braune der Scheiben aufgelöst, und der Honig davon verunreiniget wird.

Sieht man, daß die Scheiben gehörig geschmolzen sind; so läßt man das Ganze auskühlen, nimmt dann die oben angesetzte Scheibe von Wachs und Trebern ab, und schüttet jetzt alsogleich den Honig in das Gefäß aus, in welchem er aufbewahrt werden soll.

Um die etwa noch zurückgebliebenen Krümmchen Wachs oder Hülsen vollends abzusondern, kann man den Honig beim Ausschütten durch ein Sieb gießen; oder, weil sie im neuen Gefäße abermals obenauf schwimmen, solche am andern Tage mit einem Löffel hier sauber abnehmen.

Wer dieses letztere Geschäft noch kürzer und bequemer zu ver=
richten wünscht, der lasse sich beim Töpfer gleich einen eigenen Topf
hiezu anfertigen; nämlich einen solchen, der unten nahe am Boden
ein etwas starkes zolllanges Röhrchen hat, dessen Weite einen schwa=
chen halben Zoll beträgt. Dieses Röhrchen verschließt er mit einem
Korkstöpsel, und bindet darüber ein Leinwandfleckchen, um gegen das
Herausspringen des Korkes gesichert zu sein. Ist nun in diesem
Topfe der Honig geklärt und abgekühlt, so zieht er den Stöpsel aus,
und läßt den Honig in das dazu bestimmte Aufbewahrungsgefäß so
lange ablaufen, bis er merkt, daß derselbe etwas trüb und unrein
kommt Jetzt verstopft er die Röhre wieder, und hat somit den rei=
nen Honig abgesondert von dem unreinen im Gefäße.

Dies ist also die zweite Gattung Honig, die vorzüglich zum
Verkaufe und zum Füttern taugt. Wer keinen Jungfernhonig abge=
sondert haben will, der gibt auch die weißen Honigscheiben mit unter
die gelben und braunen, und erhält sodann nur e i n e Gattung
V o r h o n i g.*)

Der Vorhonig wird in gut verzinnten blechernen, und noch
besser in Töpfen von Steingut (Wildstein) aufbewahrt, die mit Papier
zugebunden, und mit passenden Deckeln besonders gegen Mäuse und
Ameisen verwahrt werden. Man stelle diese Honigtöpfe nicht in feuchte

---

*) Hr. Lehrer Gura aus Pressern lehrte bei der Vereins=Versammlung zu Saaz
im J. 1858 noch ein anderes Verfahren, aus altem Wachse reinen Honig
zu gewinnen. Er schneidet erst mit einem scharfen Messer die Honigdeckel ab,
läßt dann die Waben in der Ofenröhre so weit erwärmen, bis sie ein wenig
geschmeidig erscheinen; hernach schneidet er sie in Stücke, die gerade eine
Hand fassen kann, und drückt nun jedes Stück in der Hand so stark als
möglich aus; wobei der ausgepreßte Honig über die Finger in ein Gefäß
läuft. Die ausgequetschten Ballen, so auch die abgeschnittenen Zellendeckel
gibt er in ein zweites Geschirr, wo Alles später zerkleinert, ausgewaschen
und zum Nachhonig verwendet wird. Der ausgepreßte Honig aber bleibt in
seinem Topfe ruhig stehen bis am andern Tage. Jetzt haben sich alle Wachs=
theilchen oben auf in einer Haut angesammelt, die vorsichtig abgenommen wird.
Auf diese einfache Art wird der reinste Honig aus alten Scheiben gewonnen
ohne Beigeschmack und unvermischt mit Blumenstaub, welcher in den Ballen
zurückbleibt.
Dieser beim reinlichen Vorgehen durch die Handpresse erzeugter Honig
darf einen eben so wenig anekeln, als die Butter, welche die reingewachsene
Hand der Hausfrau aus dem Butterfasse nimmt und weiblich durchknetet.
D. R.

und dumpfige Keller oder Gewölbe, sondern in kühle luftige Kammern, und verschließe sie da in breterne Verschläge.

Nach dem Abzapfen des Vorhonigs bleiben die Hülsen mit dem Wachse zurück, woran noch ein ziemlicher Theil unreinen Honigs hängt. Dieses Alles sammt den schwarzen und unreinen Scheiben aus der vierten Schüssel gibt noch einen Trüb= oder Nachhonig.

Um diesen zu erhalten, drückt man die schwarzen Waben mit der Hand aus, und in den Topf. Desgleichen thut man mit den übriggebliebenen Trebern des Vorhonigs, und legt die Ballen bei Seite in ein Gefäß.

Hierauf gießt man auf den ausgepreßten Honig den 4. Theil Wasser, rührt Beides wohl untereinander, und läßt es bei gelindem Feuer sieden; indem zugleich die Flüssigkeit mit einem Löffel fort= während abgeschäumt wird. Auch kann man das Weiße von einem Ei zu Schaum schlagen, und unter den Honig rühren — damit sich derselbe leichter kläre — und dann die ausgestoßene Unreinigkeit abnehmen.

Hat aber der Honig durch Kochen seine natürliche Dicke wieder erlangt, so wird er vom Feuer genommen und — der Nachhonig ist fertig. Er erscheint wohl ein wenig braun, ist aber doch rein und gut, und kann nicht nur zum Hausgebrauch, sondern auch selbst noch als Futter für die Bienen verwendet werden.

b) Honigessig. Nach der Bereitung des Nachhonigs kann sogleich das Essigmachen folgen. Das mit der Hand ausgedrückte Wachs enthält noch viele Süßigkeit. Die Wachsballen werden daher zerbröckelt, und mit siedend heißem Wasser übergossen, welches 1 oder 2 Tage darauf stehen bleiben muß, damit es das Süße recht aus= ziehe. Auch jenes Wasser, womit man nach dem Zeideln und Zurecht= machen des Honigs die Messer, Breter, Schüsseln und Töpfe abge= spült hat, wird hinzugegossen. Sollte aber dennoch das Ganze nicht süß genug sein, so gibt man ein wenig Nachhonig darunter; denn je süßer das Wasser ist, desto besser und schärfer wird der Essig.

Hierauf seihet man das süße Wasser durch ein Tuch, damit jede Unreinigkeit ausgeschieden werde, und füllt es in ein Geschirr, am besten in ein Fäßchen, in welchem schon Essig gewesen ist, legt das= selbe hinter den Ofen oder in die Sonne, und gießt ein wenig Bier= oder Weinessig hinein. In einigen Tagen tritt die Gährung ein, welche 10 bis 14 Tage dauert, und während welcher alles Unreine durch das Spundloch ausgestoßen wird. Dabei aber muß man täglich das Fäßchen mit Essig oder warmem Wasser auffüllen. Nach beendigter Gährung verspündet man das Fäßchen, und der Essig kann nach einigen Wochen gebraucht werden. Man zieht ihn dann auf Flaschen ab, worin er immer besser wird, und oft jeden andern Essig an Lieblichkeit und Schärfe übertrifft.

Wird der Essig in Töpfen angesetzt, so muß die ausgestoßene Unreinigkeit von Zeit zu Zeit abgesäubert werden.

c) Honigmeth und Honigwein. Aus dem Honig und Honigwasser läßt sich ein wohlschmeckendes, kühlendes, besonders gesundes geistiges Getränk bereiten, welches je nach der Menge des dazu verwendeten Honigs schwächer oder stärker, mehr oder weniger haltbar ist, und nach diesem Verhältniß Honigmeth oder Honigwein genannt wird.

Verfertigung des Meths.*) Das süße Honigwasser koche man in einem Kessel beim fleißigen Abschäumen so lange, bis es ein frisches Hühnerei trägt, so daß die Spitze ein wenig aus der Flüssigkeit heraussieht. Nun läßt man es abkühlen, füllt ein eichenes Faß beinahe voll damit, bringt es in eine mäßige Wärme von 10—12° R. und überläßt es mit einem nassen Leinwandläppchen bedeckt, der Selbstgährung. Nach 6 Wochen bringt man den Meth auf ein kleines Faß, wobei man das Letzte durch Löschpapier filtrirt. Was übrig bleibt, wird auf Flaschen gefüllt, welche bloß mit zusammengedrehter Leinwand verstopft im Keller aufbewahrt werden. Die Gährung dauert auch auf dem zweiten Fasse, welches mit einem nicht ganz genau passenden Spunde leicht verstopft und daher mit einem Leinwandlappen überdeckt wird, fort. Der Meth legt sich darauf ein, und muß aus den Flaschen aufgefüllt werden. Endlich nach Jahresfrist wird derselbe wieder auf ein anderes Faß gebracht, dies fest verspundet und in den Keller oder an einen anderen kühlen Ort gelegt. Das etwa Trübe muß sorgfältig filtrirt werden. Nach 6 Wochen hat sich der Meth vollkommen geklärt und gewährt ein gesundes Getränk. Auf Flaschen mit Harz verpicht, hält er sich Jahre lang, und nimmt an Güte immer mehr zu.

---

*) Dieses Rezept führt Herr Pfarrer Dzierzon in seinem Bienenbuche an. Er nennt es ein bewährt befundenes.

Honigwein. In einem reinen Kessel zerläßt man 30 Pfund Honig in 50 Quart Wasser.*) Dies wird zwei Stunden gelind gekocht, abgeschäumt, abgekühlt, und überhaupt damit verfahren, wie beim Meth, nur mit dem Unterschiede, daß man eine Muskatnuß und ein Loth Zimmet gröblich zerstößt, in ein Leinwandbeutelchen bindet und dieses durch das Spundloch das Fasses in den gährenden Wein hängt, wodurch er einen sehr angenehmen Geschmack erhält. Der Wein wird dem spanischen Traubenwein sehr ähnlich, und übertrifft ihn bei Weitem. Er stärkt den Magen, befördert die Verdauung, reinigt das Blut, ist heilsam für die Brust, überhaupt für die Gesundheit, wenn man täglich Vormittags etwas davon trinkt.

d) Bereitung des Haus=Pfefferkuchens.

Man knetet unter eine beliebige Menge Trüb= oder Nachhonig so viel Roggenmehl, daß daraus ein ziemlich steifer Teig wird. Dieser, möglichst durchgearbeitet und abgetrieben, bleibt ein paar Tage an einem kühlen Orte stehen. Will man aber zum Backen schreiten, so nimmt man auf 5 Pfunde Teig 2½ Loth Pottasche, löst solche am Abende zuvor mit ein wenig Wasser zu einem dünnen Brei auf, der auch noch ein wenig abgerieben werden kann. Am Morgen darauf gibt man auf den Teig eine kleine Hand voll Mehl mit 3 Eierdottern, fügt die aufgelöste Pottasche hinzu, und knetet jetzt zuerst diese ganze Zuthat, und hernach Alles, recht gut durcheinander. Hierauf kann gleich zum Backen geschritten werden, welches in Kuchen= oder Laibform entweder in der Bratröhre auf einem mit Mehl bestreuten Blech, oder in einer Pfanne, oder auch im Backofen nach dem Einsetzen der Brodlaibe — bei mäßigem Hitzgrade — geschieht.

e) Aus dem Honigwasser und den Hülsen oder Trebern kann auch Branntwein gebrannt werden.

Der Honig kann in der Haushaltung vielfach die Stelle des Zuckers und Syrups vertreten; auch läßt er sich durch Kochen und Abschäumen, während ihm Kreide und gestoßene Kohlen beigemischt sind, seines eigenthümlichen Honiggeschmackes berauben, so daß er nur die einfache Süßigkeit des Zuckers behält.

Endlich ist die Güte des Honigs nicht immer gleich. Der Blumen= und Landhonig ist besser und milder als der Waldhonig; Gebirgshonig ist schärfer und aromatischer. Der Lindenhonig schmeckt

*) Quart ist der 4. Theil einer Maß oder 1 Seidel.   D. V.

am lieblichsten, der Buchweizenhonig am geistigsten. Der Heidehonig ist viel schlechter.

Anmerkung. Es bleibt ausgemacht, daß im Allgemeinen genommen, die Zeidelbienenzucht einen besseren Honig erzeugt, als die Schwarm- und Korbbienenzucht. Bei Letzterer wird der bessere Honig, nämlich der von der Raps-, Esparsett- und Baumblüthe u. dgl. auf Erzeugung von Schwärmen verwendet, und jener, welcher hernach im Herbste gefechset wird, ist größtentheils der erst am Ende der Sommer- und Herbsttracht auf Buchweizen und Heidekraut gewonnene, daher der schlechteste. Bei der Zeidelbienenzucht dagegen, die in Gegenden zu Hause ist, welche keine späte Sommertracht gewähren, und deren Hauptziel Honigerzeugung ist; wo also Schwärme seltener sind, und wo grundsätzlich auf starke Völker schon gleich beim Beginn der Tracht gesehen wird: dort ist der Erntehonig ein Ueberbleibsel vom edlen Blumenhonig, den die zahlreichen Bienen in größter Menge von der Baumblüthe, vom Raps, Klee, Esparsett, von Wicken und Linden u. s. w. eingetragen haben.

§. 93. Wie wird das Wachs auf die einfachste Weise geläutert und gereiniget?

Die Honighülsen oder Trebern mit den abgesonderten leeren Wachsscheiben dürfen ebenfalls nicht lange unbenützt herum liegen, weil sich bald Milben und Würmer davon mästen, wodurch der Wachsstoff verringert wird. Sie werden in einen Topf geworfen, zerkleinert, mit Wasser begossen und an's gelinde Feuer zum Kochen gestellt. Der Topf oder Kessel darf nicht ganz voll sein, auch muß man wohl Acht haben auf's Ueberlaufen, weil dadurch nicht allein viel Wachs verloren gehen, sondern auch Feuerschaden entstehen könnte. Des Anbrennens halber rührt man die Masse öfters um, und versäumt dies um so weniger, da angebranntes Wachs eine unscheinliche braune Farbe bekommt, schwer zu bleichen ist, und darum nicht so theuer wie reines bezahlt wird

Wenn das Wachs im Topfe einmal recht flüssig ist, und auf seiner Oberfläche über und über ein gelber Schaum erscheint, dann ist es Zeit, das reine Wachs von den Trebern abzusondern.

Diese Absonderung geschieht häufig mittelst einer Schrauben- oder Hebelpresse. Jedoch eine gute Presse ist theuer, eine schlechte aber macht schlechte Arbeit, so daß das Wachs zum Theil in den Trebern bleibt, zum Theil herumgespritzt wird, und trotz eines mühevollen Bestrebens verloren geht. Man braucht aber nicht einmal eine Presse. Es gibt ein ganz einfaches Verfahren, wo man bei weniger Beschwerden das Wachs rein von den Trebern trennen kann.

Es gehört dazu weiter nichts als gewöhnliches Küchengeräth, nämlich: Töpfe, ein runder eiserner Rahm= oder Schöpflöffel, und ein gewöhnlicher großer blechener Seiher (Durchschlag), der jedoch keinen spitzigen, sondern einen breiten und etwas hohlen Boden haben muß, und zwar mit Löchern von der Größe eines Hirsekorns. Dann verfährt man auf folgende Weise:

Man stellt den einen Topf neben die Ofenplatte oder den Herd, worauf das Wachs bei gelindem Feuer kochend erhalten wird, hängt den Seiher mittelst seines gewöhnlichen Henkels und Stiels über diesen Topf, und fängt nun an, die kochenden Trebern mit dem Schöpflöffel in den Seiher zu schöpfen. Nach jedem Schöpfen kehrt man aber sogleich den Löffel um, und preßt mit dessen runder Seite die Trebern so lange gegen den hohlen Boden und an die Wände des Seihers, bis dieselben gänzlich saftlos erscheinen. Hierauf nimmt man sie mit dem Löffel heraus und gibt sie in den zweiten darnebenstehenden Topf. So wie mit dem ersten Löffel voll Trebern verfährt man auch mit allen andern, bis der Topf auf dem Herde geleert ist. Zuletzt schüttet man auch die übrig gebliebene Flüssigkeit durch den Seiher.

Ging man genau zu Werke, so hat man nun schon die Trebern abgesondert. Doch auch der geringste Theil Wachs soll in denselben nicht zurückbleiben. Darum schütte man lieber noch einmal Wasser auf die Treben, lasse sie von Neuem kochen, und wiederhole das Auspressen.

Auf diese Art werden die Trebern reiner ausgepreßt, als mittelst einer wirklichen Presse; denn beim Gebrauche einer solchen Maschine wird die ganze Masse auf einmal gepreßt, und dazu, ehe man diese kochend vom Feuer nimmt, in den Preßsack schüttet, diesen in die Presse legt und gänzlich ausquetscht, verfließen dennoch — selbst bei der größten Eilfertigkeit — mehrere Minuten Zeit, so daß zuletzt die Masse nicht mehr siedend ist, und sich deshalb das Wachs nicht mehr so leicht absondert. Bei obigem Verfahren hingegen wird immer die Masse nur in kleinen Portionen und jede derselben siedend heiß ausgepreßt. *)

---

*) Die bequemste Art, das Wachs von den Trebern zu sondern, geschieht mittelst

Je schwieriger sich die ausgepreßten Hülsen am Ende der Ar=
beit in Ballen zusammendrücken lassen, indem sie nicht zusammenhalten
wollen; desto mehr fehlt das Wachs als Verbindungsmittel und desto
reiner also ist das Wachs ausgesondert worden.

Jetzt folgt noch die letzte Reinigung des Wachses.
Die durch den Seiher gepreßte Flüssigkeit läßt man im Topfe ruhig
stehen und auskühlen; wobei oben das Wachs gerinnt, und sammt der
Unreinigkeit, die mit durch den Seiher ging, eine feste Scheibe bildet.
Diese wird stückweise herausgenommen, zerkleinert in einen frischen
Topf gethan, mit ein wenig Wasser begossen, und abermals entweder
bei gelindem Feuer, oder in einem Kessel voll siedenden Wassers ge=
schmolzen. Man vermeide aber jetzt alles überflüssige Kochen, weil
sonst viele ölige Theile des Wachses sich verflüchtigen, und dasselbe
an Gehalt schlechter, so wie an Farbe bräuner wird.

Sobald daher das Wachs flüssig erscheint, gießt man es be=
hutsam in vorgerichtete tiefe Teller und Schüsseln, welche zuvor naß
gemacht wurden, damit später die geronnene Wachsscheibe leicht her=
auszubringen sei. Nach dem Hineingießen hütet man sich, den Teller
zu rütteln und zu bewegen, auch leitet man die auf der Oberfläche hie
und da schwimmenden Bläschen mit einem Hölzchen an den Rand
der Schüssel, damit die Scheibe nach dem Erkalten desto glatter und
ansehnlicher ausfalle. Eben so, damit die Scheibe durch schnelles Er=
kalten oben nicht rissig werde, deckt man die Schüssel zu, und läßt
sie ruhig stehen bis am andern Tage.

Hierauf werden die Wachskuchen aus den Schüsseln genommen.
Alle Unreinigkeit, die noch im Wasser war, hat sich an der Unterseite
des Kuchens angesetzt, und wird jetzt mit einem Messer abgeschabt.
Das mit einiger Unreinigkeit vermischte unten von den Kuchen abge=
schabte Wachs wird zum eigenen Hausgebrauch verwendet, oder bis
zur künftigen Wachsreinigung aufgehoben, wo es noch einmal mit
geschmolzen werden kann.

Die gereinigten Wachskuchen bewahrt man an feuchten Orten
auf, und verkauft sie gelegentlich an Wachszieher und Kaufleute.

Endlich, was geschieht mit den ausgepreßten Hül=
sen oder Trebern? — Auch diese sind noch nützlich. Sie wer=

---

des Schneiderischen Topfes, der sammt dem Verfahren dabei im Anhange be=
schrieben wird.   D. V.

den in Ballen gedrückt, und an Leute verkauft, welche dieselben für Wachsleinwandfabriken einzusammeln pflegen. Auch gebraucht man diese Wachstreberballen als Hausmittel zum Räuchern bei Flußkrankheiten, zu Ueberschlägen bei Gliederverrenkungen an Menschen und Thieren u. dgl. —

> Seh't, wie viele edle Gaben
> Wir von unsern Bienen haben:
> Honig, Wachs, auch Meth und Wein,
> Essig, Branntwein obendrein;
> Pfefferkuchen, Treberballen: —
> Lauter Sachen, die gefallen!
> D'rum, wenn Euch ein Bienlein sticht,
> Denket d'ran, und — zürnet nicht!

XIX. Abschnitt.

Ueber den sittlichen Honig der Unterhaltung und Erbauung, welcher obendrein aus dem aufmerksamen Umgang mit Bienen fließt.

(Als Schlußwort des Verfassers.)

Wenn im XVII. Abschnitte S. 355 behauptet wird, man könne die wichtigsten Geschäfte der Bienenzucht nöthigenfalls in den freien Stunden des Sonn- und Feiertags verrichten; so gilt nicht etwa die Einwendung: „Der Sonn- und Feiertag gehört der Ruhe und Erholung;" und zwar nicht in dem Sinne, als ob man an solchen Tagen, nachdem man seine Christenpflicht gegen Gott und das Gotteshaus erfüllt hat, sich ganz dem Nichtsthun überlassen, und Körper und Geist in gänzliche Unthätigkeit versetzen soll. Nein, eine solche Ruhe wäre für Menschen, die an nützliche Thätigkeit gewohnt sind, nichts Angenehmes, und eine solche Erholungszeit würde wegen Langeweile nur lästig werden. Darum bestrebt man sich auch häufig, die Langeweile am Sonn- und Feiertage durch Thätigkeit und Beschäftigung anderer Art als an Wochentagen zu vertreiben, und verfällt dabei leider sehr oft selbst auf unrechte, unsittliche und sündhafte Dinge. Z. B. Der Eine will die Langeweile am Ruhetage beim vollen Glase tödten, und er, der die ganze Woche hindurch mäßig gewesen, wird am Sonn- und Feiertage ein Säufer; — der Zweite will sich die Langweile im Umgange mit Andern verkürzen, und er wird in ihrer Gesellschaft ein Klätscher, Verläumder, Ehrabschneider oder ein Zänker; — der Dritte will sich die Langweile durch's Spiel verscheuchen, und geräth darüber in Zorn und Neid und leidenschaftliche Verschwendung; — der Vierte will die Langweile durch Lesen verbannen, und greift nach Büchern; er erhält aber zufällig solche, die ihn um Glauben und Tugend bringen; — der Fünfte und Sechste u. s. w. thut ferner am Sonn- und Feiertage aus purer Langweile noch dies und jenes Andere, was unvernünftig und schädlich, unsittlich und unchristlich, was der Heiligung des Sonn- und Feiertags gerade entgegen, und weder zur wahren Erholung nothwendig noch ersprießlich ist.

Wie viel zweckmäßiger ist nicht in dieser Beziehung ein aufmerksamer Umgang und eine nützliche Beschäftigung mit den Bienen! Welch' eine unschuldige und doch angenehme und nützliche Unterhaltung geht daraus nicht hervor! —

Wie viel Stoff zum Denken, zum Beobachten, zum Versuchen, gibt das geheimnißvolle Honiginsekt! Wie reißen seine merkwürdigen Eigenschaften zur Bewunderung hin! — Wie verursacht es nicht Freude, wenn es gelingt, der Biene dies und jenes Geheimniß abzulauschen, Dies und Jenes an ihr selber mit Augen zu sehen, was man früher bloß von Andern oder aus Büchern gewußt hat? — Welch ein Vergnügen, ihren kunstvollen Wachsbau, das Zunehmen ihrer Brut, die wachsende Honigmenge in den Zellen, ihren unermüdlichen Fleiß, ihre musterhafte Ordnung, kurz, ihren ganzen wunderbollen Haushalt betrachten zu können! — Und wie süß ist dabei nicht das Bewußtsein, daß in jedem Stocke Tausende von Geschöpfen rastlos arbeiten Tag und Nacht, im Dienste und zum Nutzen und unter den Augen ihres Herrn!

Gewiß, die Unterhaltung mit den Bienen in Erholungsstunden ist eine die Langweile sicher tödtende, angenehme, eines vernünftigen denkenden Menschen würdige, kein Amt und keine Würde schändende, den Geist schärfende und erhebende, und auch dem Zwecke des Sonn- und Feiertages nicht zuwiderlaufende Unterhaltung. Sie wird aber auch insofern nützlich, als man dadurch die Natur der Bienen immer besser kennen lernt, und gestützt auf diese Kenntniß ihre Zucht um so zweckmäßiger und rationeller betreiben, und hieraus einen um so größeren und sicheren Bienennutzen erlangen kann.

Aber nicht nur unterhalten — auch selbst erbauen kann man sich an der wunderbaren Biene, — wenn man mit ihr umgeht, sie genauer beobachtet, und dabei ein Herz besitzt, welches Erbauung liebet.

Wie viele schöne lobenswerthe Eigenschaften besitzt nicht die Biene! Eigenschaften, die ihr der weise Schöpfer durch den Instinkt verleiht, die aber bei uns vernünftigen und mit freiem Willen begabten Menschen Tugenden heißen. Einzelne dieser Eigenschaften haben auch andere Thiere an sich. So z. B. bewundern wir die Großmuth des Löwen, die Treue des Hundes, die Sanftmuth des Lammes, die Emsigkeit der Ameise, die Mutterliebe der Bruthenne, die Einfalt der Taube, die Reinlichkeit der Katze u. s. w.; allein in unserem kleinen Honigthierchen sind dergleichen schöne sittliche Eigenschaften in Menge beisammen; und es muß sich nicht allein in uns die Verwunderung darüber vermehren, sondern auch dabei unwillkürlich die Frage aufdrängen: ob wir selber, als unendlich erhabene Wesen, als Geschöpfe nach dem Ebenbilde Gottes, diese sittlich guten Eigenschaften der Biene besitzen oder nicht?

Stellen wir hier zu diesem Zwecke über den Bienenstock eine kurze Betrachtung an.

Wie unermüdet z. B., wie fleißig arbeiten die Bienen ohne Zwang und Geheiß, im Stocke und im Felde, so lang es nur Arbeit gibt, und so lang sie dazu Kräfte haben! — Was sagt dazu der Faule, der Müßiggänger, dessen ganze Arbeit vom Morgen bis auf den Abend ist — zu genießen und zu verzehren? —

Wie sauber und rein halten die Bienen ihr schönes Zellenhaus! — Wie emsig wird darin geputzt und gefegt, polirt und reparirt! — Und welche Ordnung in der Eintheilung des Raumes, in der Vertheilung der Arbeit, im Kommen und Gehen, und in der Abwechslung der Arbeiter! — Wie schön und nützlich ist auch dem Menschen Reinlichkeit! — Reinlichkeit an seinem Körper, an seiner Kleidung, in seiner Wohnung! — Und wie erfreulich, wenn Ordnungsliebe auch aus seinem Thun und Lassen, aus seinen Geschäften blickt, und in seiner Wohnung, in seinem Haushalte zu Hause ist!

Wie geizen die Bienen um den kleinsten Tropfen Honig, und verschwenden auch nicht das geringste Krümmchen Wachs! — welche Sparsamkeit! — Wie beschämen sie Denjenigen, der Geld und Gut, oft sauer erworben, leichtsinnig verschleudert, durch unsinnige Verschwendung die Gaben Gottes mißbraucht, und sich und die Seinigen zu Bettlern macht! —

Welch' ein rasches, gemeinsames Zusammenwirken Aller im Stocke zum Wohle ihrer Gemeinde, ihres kleinen Staates! — So viele Tausende haben hier nur Einen Sinn, Einen Willen, ohne Eigennutz, Neid und Unfrieden! — „Mit vereinten Kräften!" ist ihr Lösungswort. O, daß doch ähnlicher Gemeinsinn in jeder Stadt- oder Dorfgemeinde, in jedem Lande und Staate herrschte, und schmutziger Eigennutz, Geiz und Neid, und zerstörende Uneinigkeit nirgends zu finden wären! — Viel mehr des Guten würde allenthalben geschehen, zum Besten des Ganzen wie des Einzelnen! —

Wie leuchtet auch die Liebe in mehrfacher Gestalt aus dem Bienenstocke heraus; die Liebe der Bienen zu ihrer Königin als ihrer Mutter, um die sie sich in sichtbarer Wonne drängen; die Liebe zu ihren Jungen, die sie mit größter Aufopferung erziehen; die Liebe zu einander selber; indem sie friedlich im engsten Kreise beisammen wohnen, eine die andere in Allem unterstützt, und alle für einander leben und wirken! — Ein Spiegel für Kinder, die dem angebornen Triebe und dem ausdrücklichen Gebote Gottes gemäß, die Eltern mit dankbarer Liebe erfreuen; ein Spiegel für Eltern, die ihren Kindern das Beste — eine vernünftige und christliche Erziehung nicht versagen; — ein Spiegel für Alle, die einander als Brüder und Schwestern, als Kinder der Einen Gottesfamilie wahrhaft lieben sollen. —

Endlich, wie treu und anhänglich sind nicht alle Bienen ihrer Königin und Regentin! wie treu auch dem ganzen Stocke, ihrem gemeinschaftlichen Vaterlande! Keine kündiget der Königin den Gehorsam auf, so lange diese lebt; keine unterwirft sich freiwillig der Königin eines fremden Stockes; keine verläßt freiwillig für immer ihren kleinen Staat, und niemals wirft eine feindlich gegen denselben. Und wehe dem Feinde, durch den Gefahr droht der geliebten Königin, ihren Unterthanen und dem mütterlichen Hause! — jede zückt dann die abwehrende und rächende Waffe, und Eine für Alle, und Alle für Eine sind bereit zu kämpfen, und allenfalls auch zu sterben. — Ein schönes Bild für Bürger des Staates, die durch Vernunft und Religion verpflichtet sind, dem Staatsoberhaupte Gehorsam und Anhänglichkeit, und ihm wie dem Staate selber Treue zu bezeugen, das Vaterland zu lieben, und nöthigenfalls es mit Hab und Gut, mit Blut und Leben zu vertheidigen.

Solche Betrachtungen, liebe Leser! lassen sich über den Bienen=
stock anstellen; und sie sind doch wahrhaft erbaulich. Wenn man
aber neben diesen Eigenschaften der Biene auch noch ihre überaus
künstlich und zweckmäßig gebauten Gliedmassen betrachtet; wie auch
die besondere Geschicklichkeit im Gebrauche derselben; wenn man fer=
ner die seltsame Bereitung des Wachses, des unübertrefflichen Zellen=
baues, und noch andere Kunstfertigkeiten, — mit einem Worte —
das ganze wunderbare Leben und Wirken der Bienen anstaunt und
bewundert: was ist dann natürlicher, als daß man zuletzt von dem
bewunderten Geschöpfe aufblickt zu seinem unendlich vollkommenen
Schöpfer, und in tiefster Ehrfurcht und Anbetung ausruft: Wie groß
ist nicht Deine Allmacht, Weisheit und Güte, o Gott! alle Deine
Werke zeugen von ihnen; auch die von ihnen erschaffene und durch
sie lebende und wirkende Biene! —

Auf diese Art also, liebe Landsleute und Leser! erinnert uns die
Biene durch ihr Beispiel an die Tugenden der Arbeitsamkeit, der
Reinlichkeit, der Sparsamkeit und Mäßigkeit, der Eintracht und Ge=
meinnützigkeit, der Nächsten= und Vaterlandsliebe, der Kinder= und
Elternliebe, des Gehorsams, der Treue gegen Regenten und Obrig=
keiten, selbst an die schuldige Gottesverehrung, und noch an manche
andere Tugend, welche Vernunft, Religion und die bürgerlichen Ge=
setze ausdrücklich von uns verlangen. Und so kann uns der Bienen=
stock nicht nur zweckmäßige Unterhaltung, sondern auch fromme Er=
bauung gewähren. Beides, was vornehmlich dem Zwecke der Sonn=
und Feiertage entspricht, ist auch Etwas werth, und ist eben der sitt=
liche Honig, der obendrein das Herz des denkenden und frommen
Bienenzüchters mit eigener Süßigkeit erfüllet.

So wie aber der wirkliche Honig aus dem Bienenstocke Heil=
kräfte besitzt, und darum häufig auch in der Apotheke verwendet wird,
eben so äußert auch der genannte sittliche Honig auf manchen Bienen=
züchter selbst eine heilsame sittliche Wirkung.

Einst kam zu mir ein alter Mann und redete mich mit diesen
Worten an: „Herr! ich weiß, Sie sind mit Vorliebe Bienenzüchter.
Ich habe aber stets den Glauben gehabt, daß solche Bienenfreunde
in der Regel gute Menschen sind; darum nehme ich mir auch als
Fremder ungescheut die Freiheit, Sie um Etwas zu bitten, und denke,
Ihnen damit nicht lästig zu fallen u. s. w.“

Klaus, der Bienenvater. 4. Auflage.   24

Auf den erſten Augenblick hielt ich das Ganze nur für ein wohl einſtudiertes Kompliment; allein bald zeigte es ſich; der Mann war wirklich eine ſchlichte herzliche Natur. Seitdem habe ich nun ſchon ſo manchen Bienenfreund nach dem Maßſtabe dieſes Alten gemeſſen; und in der That! in ſehr vielen fand ich „gute Menſchen“, d. h. Menſchen mit gutmüthigem Sinne, mit ſanften Sitten und frommen Herzen. — Dieſe Erſcheinung wird durch das oben Angeführte erklär- lich. Der freundliche und väterliche Umgang mit unſeren Honig- thierchen macht auch menſchenfreundlich; die geiſtreiche Unterhaltung mit ihnen in müſſigen Stunden bewahrt vor böſer Leidenſchaft, die aus dem Müſſiggange kommt; und das ſittlich Schöne und Erbauliche an ihnen mildert die Sitten und veredelt die Herzen. So entſtehen „gute Menſchen.“

Möchte darum die edle Bienenzucht überall blühen, nicht nur, damit die köſtlichen Produkte, Honig und Wachs ſich mehren, ſondern auch ihres ſittlichen Honigs wegen, und des heilſamen Einfluſſes auf die Menſchen!

Auch der Bienenfreund Klaus, den ich noch einmal erwähnen muß, gehörte zu der Zahl guter Menſchen. Dies geht nicht allein aus ſeiner kurzen Lebensgeſchichte in der Einleitung dieſes Buches her- vor, ſondern auch aus ſeinem menſchenfreundlichen Benehmen gegen ſeine Nachbarn, die er mit Mühe und ohne allen Eigennutz in der Bienenzucht und in der Korbmacherei unterrichtete. In ſeinen Erho- lungsſtunden am Sonn- und Feiertage, wo ſein Korbmachergeſchäft ruhte, war ihm das Liebſte, der Geſchäftigkeit ſeiner Lieblinge zuzu- ſehen, und ſich mit ihnen zu unterhalten. Daß ihn aber ſeine Bienen auch erbauten, das läßt ſich ſchon aus einem Liedchen ſchließen, das er häufig während ſeiner Korbmacherarbeit ſammt ſeinem Arbeitsge- hilfen Martin mit frohem Herzen zu ſingen pflegte.

Dieſes Liedchen gebe ich noch zum Schluſſe meinen lieben Le- ſern zum Beſten, mit dem aufrichtigen Wunſche, es auswendig zu lernen und bisweilen zu ſingen; und ſich alſo um ſo öfter an den lahmen Bienenvater zu erinnern, und an deſſen nachahmungswürdige Bienenzucht.

Klausens Bienenlied.

Wenn's Bienlein Honig, Blüthenstaub
So mühsam sucht und bringt,
Und dennoch stets im Gras und Laub
Nur froh sein Stimmchen klingt:
Dann denk' ich: Mensch! geh' unverdrossen
Zur Arbeit; hör den Mitgenossen —
Das Bienlein — wie es singt! —

Wenn's Bienlein seine Waben baut,
Von weißem Wachs, so rein,
So länglich rund, so niedlich, traut,
Als sollten's Herzen sein*):
Dann denk' ich: Schön sind reine Herzen:
Willst Du das Deine je verschwärzen
Durch Sündenmackel? - - nein!

Wenn's Bienlein sich so liebevoll
Im Stock an's Bienlein schmiegt,
Von Mißgunst Eigensinn und Groll,
Von Zwietracht nie bekriegt:
Dann denk' ich: Dort nur blüht hienieden
Der Brüder Wohl, wo Eintracht, Frieden
Das Herz zum Herzen fügt.

Wenn's Bienlein freudig, unverweilt —
So oft's dem Schwarme gilt,
Heraus und hin zur Mutter eilt,
Und liebend sie umhüllt:
Dann denk' ich: O, ihr Menschenkinder!
Ehrt eure Eltern ja nicht minder;
Was Gott befahl erfüllt! —

Wenn's Bienlein rasch die Waffe zieht, —
Den Stachel scharf und kühn —
Wo's einen Feind des Stockes sieht
Und seiner Königin:
Dann denk' ich: Leute, seht ein wenig!
So schützt man Vaterland und König
Voll Patriotensinn! —

---

*) Ganz junge Wachsscheiben von der Größe einer Hand haben die Gestalt eines Herzens. D. V.

24*

Wenn's Bienlein Dies und Anb'res thut,
So weise, wunderbar:
Dann bin ich ihm von Herzen gut,
Und blick' zum Himmel dar,
Und denke : Schöpfer! selbst im Kleinen
Muß deine Größe uns erscheinen, —
Im Bienlein auch sogar! —

Anhang.

Klaus der Jüngere.

Zehn Jahre waren verflossen, seitdem Vater Klaus den Bienen=
schwarm im Bettelkorbe nach Hause getragen, und letzteren unter Bei=
hilfe seines 10jährigen Martins für immer in einen Bienenkorb um=
gewandelt hatte. Nun hatte sich auch das Söhnlein in einen wackeren
Sohn umgewandelt; denn Klaus bewährte sich nicht nur als tüchtiger
Bienenzüchter, sondern auch als braver Kindererzieher. Er hielt seine
Kleinen fleißig an zum Schulunterrichte, zur Arbeitsamkeit und Got=
tesfurcht, und stellte ihnen recht oft die Bienen als Muster des Flei=
ßes vor Augen. Im Gespräche mit ihnen pflegte er öfters Tugend
und Weisheit das „Honig und Wachs" der Jugend zu nennen.
Und so gedieh unter dem Segen Gottes seine Kinder= und Bienen=
zucht zugleich.

Martin aber zeichnete sich besonders aus vor seinen Geschwi=
stern. Nach den wohlbenützten Schuljahren griff er mit zur Korbar=
beit, und wir haben ihn, den angehenden Jüngling, schon im Ein=
gange des III. Hauptstückes als Korbmacher=Gehilfen rühmen müssen.
In wenigen Jahren wußte er auch die ganze Bienenzuchtlehre aus
dem Fundamente, und jetzt in seinem 20. Lebensjahre verstand er in
der Bienensache selber noch Etwas mehr, als sein Vater und Meister.

Dies ging wieder ganz ohne Zauberei und auf folgende Weise
zu. Die ersten Eindrücke in das Herz der unschuldigen Jugend sind
bleibend; dies ist eine anerkannte Wahrheit, die sich auch an Martin
bewährte. Von dem Tage an nämlich, wo er mit unbeschreiblicher
Freude die Bienen das erstemal aus dem Bettelkorbe fliegen sah,

liebte er die beftachelten Thierchen; und diefe Liebe wuchs, je mehr der wißbegierige Knabe durch den Umgang mit ihnen und durch den gefliffentlichen Unterricht feines Baters ihre wunderbaren Eigenfchaften kennen lernte, und je öfter das Schwarmfeft und die Zeidlung — das Feft der Honigfchnitten — wiederkehrten.

Diefe Liebe trieb ihn nebenbei an, das Bienenbuch feines Ba= ters zu lefen und abermals zu lefen; und fchon in feinem 14. Jahre konnte er daffelbe faft auswendig. Späterhin wußte er fich noch an= dere Bienenfchriften zu verfchaffen, die er an Sonn= und Feiertagen förmlich ftudierte. Auf folche Art lernte er die Bienenzucht anderer Länder, die verfchiedenen Methoden derfelben, die Schriften der neue= ren Bienengelehrten und die verfchiedenen Gattungen von Bienenwoh= nungen kennen. Das Ganze führte ihn aber nach und nach zu man= cher Umänderung und Verbefferung an feinen Mafchinen und Körben, und zu Verfuchen, zweckmäßige Bienenwohnungen auch auf andere Weife herzuftellen. Er verfertigte jetzt Mafchinen und Geräthfchaften, von denen der alte Klaus nicht einmal geträumt hatte.

Dabei kam dem jungen Korbmacher befonders feine Gefchicklich= keit in Schnitzarbeiten fehr wohl zu ftatten. Schon als Schulknabe nämlich, und fpäter immer noch, befuchte er manchmal die Werkftatt des Nachbars Beit, eines Tifchlers, und lernte da vom bloßen Zu= fehen und fleißigen Achtgeben mancherlei, was er bei feinem Korb= machergefchäfte wohl brauchen konnte. So z. B. wußte er jetzt mit eigener Hand und bei wenigem Werkzeug, das er fich nach und nach vom zufammengefparten Wochenlohn angefchafft hatte, ein Bret zu hobeln, einen Rahmen oder ein Käftchen zufammenzuzinken, und über= haupt die Säge, den Bohrer, das Stemmeifen u. f. w. für den Haus= gebrauch ganz gut zu führen. Kurz, Martin hatte in feinem 20. Jahre feinen Vater in der theoretifchen und praktifchen Bienenzucht und in der Verfertigung zweckmäßiger Mafchinen und verfchiedener Bienen= wohnungen längft überflügelt. Er ift jetzt der raftlofe Meifter in der Werkftatt; während fein Vater, dem fein Greifenalter nur noch leichte Arbeiten geftattet, von der zehnjährigen Anftrengung ausruht.

Wir wollen hier in diefem Abfchnitte die verfchiedenen Abän= derungen, Verbefferungen und Erfindungen des jüngeren Klaus im Gebiete der Bienenkorbmacherei und der Bienenzucht überhaupt, den Lefern und Bienenfreunden vor Augen ftellen und erklären, und folche zugleich anempfehlen.

Zuvor jedoch — bei Gelegenheit der Jugendgeschichte des Martin Klaus

eine Bemerkung.

Es ist Thatsache, so wie die Süßigkeit des Honigs den Gaumen der Kinder vorzüglich reizt; ebenso reizt gewissermaßen die wunderbare Naturgeschichte der Biene, in passenden Erzählungen, Fabeln, Gleichnissen und Sittenlehren der Jugend vorgetragen, die Aufmerksamkeit und Wißbegierde derselben. Die nächste Folge davon ist, daß Kinder die Bienen kennen lernen und lieben; Letzteres trotz der giftigen Stacheln derselben. Ich spreche hier aus Selbsterfahrung. In meinen Knabenjahren hatte ich oft Gelegenheit, in einem alten Buche mancherlei Sprüche, Gleichnisse und Erzählungen von den Bienen zu lesen. Und von daher stammt meine erste Bienenkenntniß und Bienenliebe. Wo ich dann eine Biene auf einer Blume antraf, beobachtete ich sie mit Neugierde und Freude. Zufällig flog mir gar einmal ein fremder Bienenschwarm in's Gärtchen. Jetzt war die Freude vollends ohne Grenzen. Der Schwarm wurde eingefangen, und nun ging immer mein erster und letzter Weg Früh und Abends, vor und nach der Schule, hin zu dem Findling. Darauf hatte ich wohl viele, viele Jahre weder Zeit noch Gelegenheit, mich mit den Bienen zu beschäftigen; allein, die Bienenliebe erstarb unterdessen doch nicht in mir. Kaum hatte ich das Ziel meines Berufes erreicht, so veranlaßte sie mich, einen Theil meiner Erholungsstunden der Zucht und dem Studium dieser Insekten zu widmen; und ich thue dies bis auf den heutigen Tag.

Diesem nach — glaube ich — ist es gewiß wünschenswerth, daß, um Bienenkenntniß und Bienenliebe, als die Grundlagen einer blühenden Zucht im Lande, zu vermehren, man hierin schon bei der Jugend anfange; wie man ein Gleiches auch hinsichtlich der Obstbaumzucht für nothwendig findet; — daß also Eltern und Lehrer das bekannte: „Kinder, geht zur Biene hin; seh't die kleine Künstlerin!" recht oft sprächen, und die Kinder in gelegentlichen Erzählungen auf die merkwürdigen Eigenschaften dieser Insekten wenigstens aufmerksam machten. Weiter ist wünschenswerth, daß besonders Volksschullehrer nicht nur hierzu selber die nöthige Bienenkenntniß besäßen, sondern auch, daß sie eine kleine Zucht, die sich mit ihrem Amte wohl verträgt, wo möglich in eigener Person praktisch betrieben; um nach

Thunlichkeit größeren Schülern (Wiederholungs= und Christenlehr=
pflichtigen, die dafür Lust und Talent haben) praktischen Unterricht
ertheilen zu können.

In erwähnter Beziehung habe ich schon im Jahre 1838 im
Leitmeritzer Schullehrer=Kalender die Herren Volksschullehrer wohl=
meinend aufgefordert; — in dieser Beziehung ermuntert auch unser
Verein zur Hebung der Bienenzucht Böhmens Lehrer und größere
Schüler durch Prämien, die bei der allgemeinen Versammlung des
Vereines nach überstandener Prüfung den besten Schülern, und nach
Zulaß auch ihren Lehrern verliehen werden; — in dieser Beziehung
endlich habe ich zum Theil auch die Umarbeitung vorliegenden Bie=
nenwerkes unternommen, und ihm der Vollständigkeit wegen bedeu=
tende Ausdehnung in den 3 letzten Auflagen gegeben. Möge dieses
Alles, wenigstens nach und nach, zum wirklichen Zwecke führen. Dies
zu hoffen, berechtiget schon der Umstand, daß immer mehr Lehrer, die
schon jetzt tüchtige praktische Bienenzüchter sind, sich unserem Vereine
anschließen und versprechen, in obiger Beziehung wirken zu wollen.

I.
Die Dzierzon'sche Methode.

A. Das Wichtigste davon, und über die innere Einrichtung der Stöcke nach Dzierzon'scher Manier.

Die vollkommenste Bienenwohnung ist überhaupt die, in wel=
cher der Bienenvater die Bienen am meisten in seiner Gewalt hat,
und mit ihnen, ohne ihren Wachsbau zu zerstören oder ihnen wie im=
mer zu schaden, willkürlich verfahren kann.

Obschon in diesem Punkte alle theilbare Stöcke vor den untheil=
baren einen entschiedenen Vorzug haben; was aus dem III. Haupt=
stücke genug ersichtlich wird: so ist doch auch mit den ersteren noch
lange nicht alles Wünschenswerthe erreicht; wenigstens können auch
bei diesen die Waben nicht einzeln durchgesehen, um so weniger be=
quem und ohne Schaden herausgenommen und wieder eingesetzt wer=
den. Vollkommener in dieser Hinsicht ist der schon längst dagewesene
Huberische Bücherstock und die Rahmenbude des v. Morlot, wie auch
der neue Jähnische Reifenstock, aus welchen wohl jede Wabe auch aus

der Mitte, jedoch immer mit ihrem Rahmen oder Reifen herausgenommen und wieder eingestellt werden kann. Allein noch vollkommener und zweckmäßiger erscheinen ohne weiters die Stöcke Dzierzons; weil man in denselben noch mit mehr Willkür die Waben behandeln kann, und weil dabei ihre innere Einrichtung sehr einfach und auch bei anderen Gattungen Bienenwohnungen anwendbar ist.

Dzierzons einfacher Stock ist ein Holzkasten, und entweder Lagerstock oder Ständer. Der Lagerstock ist 30—32 Zoll lang, 9 bis 11 Zoll breit und 10—15 Zoll hoch. Derselbe, wenn er nur 10 Zoll Höhe hat, besitzt dann nur eine Reihe Waben, ist er aber höher, 2 Reihen über einander. Die Thüren befinden sich an den 2 schmalen Seiten. Jener mit einer Wabenreihe kann auch oben zum Oeffnen eingerichtet werden, und hier blos eine Decke von Stroh erhalten. Der Ständer hat 30—32 Zoll Höhe, 12—14 Zoll Tiefe, und 9—11 Zoll Weite. Die Rückwand bildet die Thüre. In einem solchen Ständer können übereinander 4—6 Wabenreihen sein.

Niemand ist an die Form dieser zwei Stöcke gebunden; solche ist gerade nicht wesentlich; Dzierzon selbst ist wieder davon abgegangen, vornehmlich in seinem sogenannten Zwillingsstocke.

Diese Bienenwohnung, die Dzierzon selbst die beste unter allen, das Non plus ultra heißt, steht hier in Fig. 23 abgebildet, denn wir werden solche später besonders mit dem Strohprinzen, an dem sie einen Rivalen gefunden, öfters vergleichen.

Der Zwillingsstock ist ein Lagerkasten von halbzollstarken Bretern zusammengenagelt, neuestens aber an der Vorderwand (a) mit einer Schichte Stroh und und Schilf verkleidet, mit zwei Thüren und inwendig mit einem Scheidebrete versehen. Jede breite Seite besitzt ein Flug-

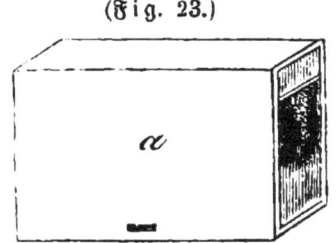

(Fig. 23.)

loch. Der Stock hat 15 Zoll Höhe, 12 Zoll hoch, unten eine Reihe Wabenträger, und darüber 3 Zoll hoch Raum für Willkürbau (ohne Wabenträger). Der Stock wird paarweise und übers Kreuz in einen Stoß zusammengestellt, so daß das eine Flugloch mit jenem seines Nebenstockes korrespondirt und nöthigenfalls in Verbindung gesetzt werden kann. Baron v. Berlepsch nennt diesen Stock, weil er beweglichen und unbeweglichen Bau zugleich enthält „Zwitterstock."

So wie Dzierzon selbst, sind auch andere Bienenfreunde von dem Dzierzon'schen Originalstock in der Form und in anderen Stöcken abgewichen, haben aber die Wabenbeweglichkeit beibehalten.

Worin nun die Einrichtung für die Wabenbeweg= lichkeit bestehe, soll hier etwas deutlicher beschrieben werden.

Diese Einrichtung besteht darin, daß die Bienen durch — auf Leisten oder in Fugen der Seitenwände — eingeschobene Stäbe oder Bretchen, welche wir von hier an Wabenträger heißen wollen, veranlaßt werden, die Waben daran zu befestigen; jedoch immer nach deren Längenrichtung, so daß jede Wabe sammt ihrem Träger aus dem Stocke genommen, und wieder hineingeschoben, wie auch in einen andern Stock, von gleicher Weite und Vorrichtung, gebracht werden kann.

Die Wabenträger müssen beiläufig ¼ Zoll Dicke (rhein. oder österr. Maß) 1 Zoll Breite, und nach der verschiedenen Weite der Stöcke, die man jedoch ein für allemal beibehält, 9½ — 11 Zoll Länge haben. Die Breite darf beim Zoll eher ½ Linie weniger als mehr betragen.

Die Träger müssen aber nach dem Einsetzen ½ Zoll von ein= ander entfernt liegen, damit für die Bienen eben so breite Durchgänge bleiben. Um daher das Zusammenschieben derselben sicher zu vermei= den, läßt man nach Fig. 24 entweder, wie bei *a* zu bei= den Seiten an jedem Ende des Trägers ¼ Zoll breit und 1 Zoll lang (von der ganzen ⁶⁄₄ zölligen Breite) Holz stehen, während das übrige abgeschnitzt wird; oder, wie bei *b* auf ei=

(Fig 24.)

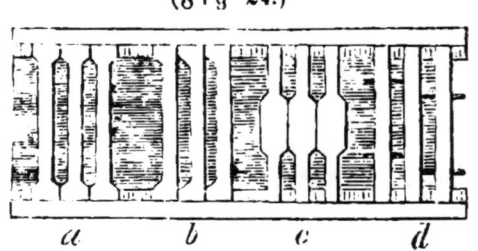

ner Seite ½ Zoll, während die andere gerade bleibt; oder, wie bei *c* die ganze Breite in der Mitte, während nach den Enden hin rechts und links ', Zoll breit abgenommen wird; oder endlich man macht die Stäbe wie bei *d* durchaus nur 1 Zoll breit, schlägt aber in die= selben rechts und links Holz= oder Drahtstifte, die ½ Zoll heraus= stehen, und das Zusammenschieben verhindern.

Man wähle welche Art Träger immer; nur sehe man auf mög= lichste Genauigkeit beim Schnitzen derselben. Am schnellsten verfährt damit der Tischler, der sich gleich nach der nöthigen Form ein ganzes Bret vorrichtet, und hernach davon mit jedem Sägenschnitt einen ganz fertigen Träger gewinnt. Solcher braucht auch nicht mehr gehobelt zu werden; denn an der rauhen Fläche hält das angeklebte Wachs desto besser. Damit nämlich die Bienen ihre Scheiben wirklich in der Richtung der Träger, und nicht etwa querüber bauen, gibt man ihnen an jedem Träger eine Vorschrift, indem man Spitzen von leeren Wachsscheiben, oder auch nur Streifen davon, der ganzen Länge nach daran anklebt.

Leere Wachscheiben, welche die Bienen gehörig an Träger befestiget haben, hebt man auf, um sie ein andersmal wieder einhängen zu können. Honigscheiben werden so lange abgeschnitten, daß an den Trägern wenigstens 1 oder 2 Reihen Zellen verbleiben, die dann bei neuerlicher Verwendung den Bienen wieder zur Richtschnur dienen.

Die Leisten, worauf die Träger ruhen, sind $\frac{1}{2}$ Zoll stark und breit. Bei liegenden Stöcken sind sie der Länge nach, bei stehenden aber in mehreren Etagen übereinander rechts und links befestiget. Statt der Leisten sind in Holzstöcken $\frac{1}{4}$ Zoll tiefe und weite Fugen in die Wände geschnitten, in welche die Wabenträger eingeschoben werden.

Dzierzon gibt bei seinen Holzstöcken den Fugen den Vorzug vor den Leisten. Bei den meisten Arten von Strohstöcken sind aber nur Leisten anwendbar. Und warum sollten solche auch schlechter sein? — Im Gegentheile: dem Holze ist des Werfens wegen niemals zu trauen; und ich halte den Fall für sehr leicht möglich, daß dann die Träger in den Fugen fest eingeklemmt werden und weder vor- noch rückwärts zu bringen sind; was bei Leisten nicht leicht geschehen kann.

Die überflüssigen oder leeren Etagen eines Stockes werden mittelst Deckbretchen von den besetzten abgeschlossen. Es sind dieß Bretchen von der Länge der Wabenträger, welche auf je 2 gelegt werden, damit sie den Durchgang zwischen beiden bedecken. Auch können sie breiter sein, und über mehrere reichen.

Einen Schwarm gibt man bei einem Ständer nur die 3 untersten Etagen ein, nachdem zuvor wenigstens zwei mit Trägern und Wachsstücken versehen worden sind. Auf die Träger der 3. Etage werden die Deckbretchen angebracht, und über Winter wird der leere Raum darüber mit Stroh oder anderen Decken angefüllt, der Wärme wegen. Erst, wenn im nächsten Frühjahre die Bienen weiter bauen wollen, werden die Deckbretchen hinweggenommen, und über eine Etage weiter hinauf gelegt. — In liegenden Stöcken wird der überflüssige leere Raum über Winter durch ein eingeschobenes Querbret abgeschlossen, und mit Heu oder anderen warmhaltenden Dingen ausgestopft.

Endlich beim Ausschneiden der Waben löf't man erst rechts und links mittelst des Messers jede von den Wänden ab, so auch unten, wenn sie da aufgebaut sein sollte; greift hernach mit dem Finger oder mit einem krummgebogenen Nagel über den Träger, woran sie hängt, und zieht sie so behutsam auf der Leiste oder in der Fuge hervor.

Hier wird noch einer Stellage oder eines Gerüstes Meldung gethan, das zum Dzierzon-Stocke gehört, und auf welchem ausgeschnittene Brut-, Wachs- und Honigwaben mittelst ihrer Träger einstweilen aufgehangen und aufbewahrt werden, bis man sie wieder verwendet; denn durch bloßes Hin- und Aufeinanderlegen würden sie Schaden leiden. Am zweckmäßigsten hiezu ist eine Art Kasten, auf dessen beiden Seitenwänden die Trägerenden ruhen, während die beiden andern Wände wie Thüren geöffnet und geschlossen werden können. Der von den Waben tropfende Honig sammelt sich am Boden des Kastens, und geht so nicht verloren. Und wenn ein Deckel das Ganze gut verschließt, können darin Honig- und Wachswaben recht wohl über Winter aufbewahrt werden. Freiherr von Berlepsch heißt ein solches Geräth Wabenknecht.

Als eine Abart des Dzierzonstockes gilt der Rähmchenstock des Freiherrn v. Berlepsch, der hier gleich mit erwähnt werden muß. Während bei jenem jede Wabe oben an einem Bretchen oder Stäbchen hängt und hiedurch beweglich gemacht ist, ist dieselbe bei diesem von allen 4 Seiten mit solchen Stäbchen, d. h. mit einem Rähmchen umschlossen. Die beiden vorspringenden Enden am Obertheil des Rähmchens werden in die Fugen eingeschoben. Auch diese Rähmchen werden mit Lehrwachs beklebt, und zwar nicht nur an dem Obertheile, sondern wo möglich auch unten und an den Seitentheilen.

Daß diese Rähmchen-Einrichtung noch zweckmäßiger ist, als jene mit Stäben, springt in die Augen. Beim Losschneiden der StäbchenWaben von den Seitenwänden z. B. fließt von den zerschnittenen Zellen der Honig aus, und wenn sie Brut enthalten, wird manchmal dabei auch diese beschädiget; eben so reißen bisweilen schwere Honig- und Brutwaben über der Manipulation ab; bei Rähmchen dagegen bleibt Alles innerhalb derselben unversehrt, und die Hantirung geht reinlicher, sicherer, bequemer und schneller zugleich. Wohl machen dergleichen Rähmchen mehr Auslagen, aber v. Berlepsch hat damit dennoch, was Beweglichkeit der Waben betrifft, das Möglichste und Vorzüglichste geleistet.

Zum Schlusse hier noch Einiges, was zur Regelmäßigkeit, Befestigung und zum Herausnehmen und Einfügen der Waben gehört.

Das Ankleben des Lehrwachses geschieht in der Regel auf folgende Weise: Man läßt in einem länglichen Tröglein von Steingut, Zink oder Eisenblech gelbes Wachs schmelzen, taucht darein das Zellenwachs ein wenig ein, und drückt solches hernach schnell in rechter Richtung auf den Träger. Ganz junges Wachs kann man auch blos am Kerzenlichte anschmelzen, und geschwind aufdrücken; älteres jedoch muß stets eingetaucht werden. Auch nur Wachsstreifen von 2 Zellenreihen reichen hin. Man klebt sie stückweise hinter einander an, wenn das Anfügen im Ganzen nicht wohl angeht. Es ist, wo möglich, der ganze Träger zu bekleben; denn fügt man z. B. nur rechts und links ein Stückchen an, so beginnen die Bienen an diesen 2 Stellen den Bau, und bilden so zwei Scheiben, die sich später in der Mitte berühren, und sich in eine verwandeln, die jedoch gewöhnlich in der Mitte muldenförmig oder krumm erscheint. Eine Folge davon ist, daß sich die nächste Scheibe darnach richtet, und so unregelmäßiger Bau entsteht. Um solchen zu vermeiden, weil dabei die Waben krumm und aneinander gebaut werden, und dadurch ihre Beweglichkeit aufhört, kommt Alles auf das gerade und feste Anfügen des Lehrwachses an, wie auch auf den Umstand, daß die Träger nicht verschoben werden, und selber die gehörige Breite haben. Ich habe bemerkt, daß $1\frac{1}{2}$ Zoll rhein. oder österr. Breite an den Wabenhölzern fast schon um eine Linie zu breit ist. Die Durchgänge zwischen Waben sind dabei verhältnißmäßig zu weit, und die Bienen ziehen deßhalb die Waben nach unten näher an einander, wodurch der Bau ungleich wird; bei etwas schmäleren Trägern dagegen bleiben die Waben gleichmäßiger.

Zum Ankleben gebraucht man Käsekitt, aufgelöstes arabisches Gummi, auch Leim; doch ich glaube, mit geschmolzenem Wachse geschehe dieses Geschäft am einfachsten und schnellsten.

Wie aber, wenn man kein Zellenwachs zum Ankleben hat, was dann? — wie z. B. im Jahre 1859, wo die Bienen auch die jüngsten Wachsscheiben mit Honig vollgefüllt hatten? —

Um aus solcher Verlegenheit zu helfen, hat Herr Möhring aus Frankenthal nicht nur einen Stempel erfunden, mit welchem den Bienen auf dem Wabenholze die Grundlinien der Zellen mittelst geschmolzenen Wachses vorgezeichnet werden, sondern auch den Versuch gemacht, eine Art künstlicher Wachswaben zum Einhängen herzustellen. Die Erfindung ist noch zu neu, als daß über ihre Anwendbarkeit etwas Verläßliches angegeben werden könnte. Ich habe mir aber im heurigen Jahre aus besagter Verlegenheit auf andere Weise geholfen.

Ich gebrauchte nämlich einen Wabenträger als Lehre, in welchem ich längs der Mitte, ³/₄ Zoll von beiden Enden anfangend, einen zwei Linien breiten Spalt oder Schlitz ausgeschnitten hatte. Dieses so zubereitete Holz legte ich genau auf den vorzurichtenden Wabenträger, und strich dann mittelst eines steifen Pinsels oder stumpfen Hölzchens recht heißes Wachs durch den Schlitz auf den Träger. Mit ein paar Mal Hin- und Herstreichen erschien nun darauf ein Streifchen Wachs, welches den Bienen die Richtung der zu bauenden Scheibe bezeichnen sollte. Ich täuschte mich nicht. Sie hielten wirklich diese Wachslinie fest; vorausgesetzt, daß die Träger richtig lagen und die erste dahängende Scheibe regelmäßig war. Wer in gleicher Verlegenheit sich befindet, mag es machen wie ich.

Eine krummgebaute Scheibe muß man so bald als möglich korrigiren, sonst werden die andern mit ihr paralell, d. h. auch krumm gebaut. Man entfernt sie und vertauscht sie mit einer besseren. Eine solche von leeren Zellen, läßt man in der Wärme etwas erweichen, und drückt sie mit der flachen Hand auf dem Tische gerade, oder schneidet davon den krummen Theil ganz weg, und klebt dafür ein anderes Stück Wachs an.

Beim Einhängen ganzer Waben muß man Acht haben, daß dieselben sich nicht berühren, sondern gerade und in gehöriger Distanz von einander hängen; sonst müssen die Bienen daran Veränderungen vornehmen. Die Fingerspitzen müssen besonders am untern Saume die Entfernung erforschen. Noch mehr Vorsicht ist beim Herausnehmen erforderlich. Die Enden der Träger sind in den Fugen oder an den Tragleisten ziemlich fest angekittet. Nachdem jede Wabe zuvor an beiden Seiten losgeschnitten ist, beseitiget man mit der Messerspitze den an den Enden etwa vorstehenden Kitt so viel als möglich, dann hebt man ja nicht etwa hier mit dem Messer das eine Ende ein wenig in die Höhe; nein, die Wabe würde sonst alsogleich vom Holze abreißen; sondern man sucht jetzt mittelst eines eisernen Hakens das eine Ende los= und hervorzuziehen. Oft ist hiezu bedeutende Gewalt nothwendig. Man hat hiezu eine eigene Wabenzange, die mit dem einen Kiefer unten, und mit dem anderen über den Träger greift; jedoch die Sache läßt sich auch einfacher abthun. Ich gebrauche zu diesem Geschäfte nur eine gewöhnliche starke Drahtklammer, womit Strohringe verbunden werden. Das eine Ende dient mir als Haken, das andere als Handhabe; es läßt sich damit hinreichend Gewalt machen. Ist auf diese Art das eine Ende des Trägers losgezogen, so kommt hernach das andere von selbst nach. Ein weiteres Zugreifen versteht Jeder von selbst.

Wenn aber dennoch ein Malheur stattfindet, und über der Manipulation, weil man unversehens irgendwo angestoßen hat, oder sonst ungeschickt war, eine schwere Wabe abreißt, was gilt dann der Rath? — Ist die abgerissene Wabe eine Honigwabe, so nimmt man den abgerissenen Theil ganz weg. Ist Bauzeit, so ergänzen ihn die Bienen alsogleich. Oder man hängt eine andere Wabe dafür ein, im Nothfalle auch eine leere. Ist die losgetrennte Wabe aber eine Brutwabe, dann legt man den Träger mit dem stehengebliebenen Theil auf den Boden des Stockes, und zwar auf den Rücken, stellt hernach den abgerissenen Theil auf den Riß, und überläßt so das Zusammenschweißen den Bienen, die solches auch auf der Stelle bewerkstelligen. Nach 1 oder 2 Tagen nimmt man die Wabe aus ihrer Stellung und gibt sie wieder an ihren Platz.

Wenn eine schwere Wabe wohl abgerissen, aber nur auf den Boden herabgesunken und da stehen geblieben ist, so füllt man den hiedurch entstandenen Spalt oder Riß mit einem entsprechenden Streifen Zellenwachs aus, den man einschiebt. Die Bienen machen sich hier gleich an die Arbeit und fügen das Schadhafte fest an einander. Nach ein paar Tagen schneidet man die Wabe vom Boden, wo sie jetzt angebaut erscheint, los, sorgt hier durch Unterschneiden oder Entfernung der Wabenkante für den früheren Durchgang, und die Wabe hängt jetzt wie früher da.

Für solche unvorhergesehene Fälle sollte man immer einige v. Berlepsch'sche Rähmchen in Bereitschaft haben. In ein solches Rähmchen kann die abgebrochene Wabe festgestellt, mit Stücken Wachs ergänzt und wieder eingehängt werden. Zur Vorsicht umbindet man die Wabe noch mit einem Zwirnfaden. Die Bienen heften alsogleich die

Wabe rings um das Rähmchen an, zerbeißen hernach den Faden und schaffen ihn stückweise aus dem Stocke.

Anmerkung. Dieß Ganze glaubte ich, Anfängern zu Liebe, hier vorausschicken zu müssen, damit sie in dergleichen Verlegenheitsfällen sich zu rathen wissen und nicht gleich den Muth verlieren.

B. Der Haupt-Vorzug des Dzierzon'schen Stockes oder der Dzierzon'schen Methode deutlicher aus einander gesetzt. *).

Solcher — wie bereits angedeutet wurde, besteht darin, daß man bei der Behandlung, mittelst der Bewegbarkeit der Waben die Bienen meistern und zwingen kann, nicht ihrer Laune, sondern dem bienenväterlichen Willen zu gehorchen. So z. B. kann man hier:

1. Die Brut vermehren, vermindern, und auch auf einen bestimmten Raum einschränken; — das Erste und Zweite augenblicklich, durch Einsetzen oder Herausnehmen von Brutwaben; das Dritte aber, indem man den oberen oder Seitentheil des Stockes insoweit absperrt, daß wohl die Arbeitsbienen in dem abgeschlossenen Raume den Wabenbau fortsetzen können, die eierlegende Königin dagegen nicht dahin gelangen kann. Zu letzterem Zwecke wird bei Ständern blos an der Rückseite ein Deckbretchen so weit abgerückt, daß eine Oeffnung entsteht, wodurch zur Noth Arbeitsbienen kriechen, bei Lägern aber wird nur ein Blendenbret eingesetzt, das unten am Boden, wohin die Königin nicht leicht kommt, eine Oeffnung wie ein kleines Flugloch, und höchstens auch noch an den Seiten einen kleinen Durchgang für Bienen besitzt.

---

*) Um Mißverständnißn zu begegnen, muß man Dzierzons Princip oder Hauptgrundsatz, Dzierzon Zweck, Mittel und Methode von einander unterscheiden. Dzierzons Princip ist: die Bienen möglichst in seiner Gewalt zu haben. Dieses Princip ist nichts Neues; alle rationelle Züchter hatten von jeher diesen Grundsatz. Dzierzons Zweck dabei ist: Die Bienen möglichst zur ihrem Wohle und zu seinem eigenen größtmöglichen Vortheil zu züchten. Denselben Zweck haben sich alle rationelle Züchter schon lange vorgesetzt. Dzierzons Mittel zum Zwecke sind: nebst der nöthigen Theorie und praktischen Fertigkeit die Gesammteinrichtung des Stockes überhaupt, und insbesondere die Wabenbeweglichkeit, welche durch das Nöthigen der Bienen zum regelrechten Bau bedingt ist. Hierin hat Dzierzon viel Vorzügliches geleistet und in vielen Stücken Andere übertroffen; sein Verdienst ist anzuerkennen. Endlich Dzierzons Methode besteht der rationellen und dem obigen Princip entsprechenden Anwendung der genannten Mittel zu dem angeführten Zwecke.   D. B.

Das Erste und Zweite vermag man in keinem andern Stocke — wenigstens nicht so schnell und bequem wie hier; das Dritte dagegen kann man auch in dem S. 191 beschriebenen Strohringstocke; indem man hier nur von hinten einen runden Deckel einzuschieben braucht, der unten ein kleines Flugloch hat, und den Brutraum beengt und abschließt.

2. Zu häufige Drohnenbrut verhindern, durch Vertauschen überflüssiger Drohnenwachs= mit Bienenwachsscheiben, oder auch nur durch Herausnehmen der ersteren. Auch dieses geht bei keinem andern Stocke so leicht und sicher.

3. Leicht den Weisel abfangen, Weiselzellen, Brut und Volk herausnehmen, und also auch Ableger machen. Bei allen anderen Stöcken, wo die Waben unbeweglich sind, macht wieder dieses Alles viel größere Schwierigkeiten. Zwar ist auch das Abfangen des Weisels bei einem Dzierzonstocke, welcher volkreich ist, nicht so geschwind geschehen, als man es sagt oder schreibt; allein es läßt sich doch leichter thun, als bei einem anderen Stocke; ausgenommen vielleicht, wenn man einen Magazinstock abtrommelt, um so den Weisel zu erhalten; was auch nicht so schwer angeht. —

Ist aber der Dzierzonstock nicht zu stark, dann ist das Weiselfangen eine Kleinigkeit; man nimmt die Waben heraus, bis man auf jene kommt, worauf der Weisel sitzt. Auch die Weiselzellen kann man nirgends so gut aufsuchen und ausschneiden wie hier. Das Volk, wenn man es braucht, schüttelt und kehrt man nur von den herausgenommenen Waben; was wieder bei anderen Stöcken nicht angeht. —

Sperrt man dann den Weisel in einen Käfig, oder nimmt man statt seiner nur eine Weiselzelle mit Volk, und eine Wabe Honig, gibt alles in ein dazu vorbereitetes Kästchen, das auf einer Seite ein Drahtgitter hat, und trägt solches auf einen eine halbe Stunde entfernten Stand, damit die Bienen nicht wieder zu ihren Mutterstöcken zurückkommen: so hat man auf nicht gar beschwerliche Weise einen Ableger gemacht. Doch hierin hat das Ablegen durch Austrommeln bei unseren Stroh=Magazinen den Vorzug; denn es geht schneller und minder umständlich, und der Triebling oder Ableger kann auf dem Stande neben dem Mutterstocke stehen bleiben. Aber auch der Dzierzonstock läßt dies Austrommeln zu; man darf den Kunstschwarm nur in ein im Haupte eingeschobenes, oder oben über eine Oeffnung aufgestelltes, oder bei einer Thür angehängtes Kästchen treiben. Auch kann man ja zum Ableger das ganze Volk aus einem starken Mutterstock, Brut- und Weiselzelle aber, oder den Weisel, aus anderen Stöcken nehmen, und sodann den Ableger auf den Platz des Mutterstockes stellen. — Bei theilbaren Stöcken mit Dzierzonscher Einrichtung, die in der Folge beschrieben werden, ist das Ablegen gar im Nu geschehen, nämlich sobald ein solcher Stock nur in 2 Theile getheilt ist. —

4. **Honig und Wachs zu jeder Zeit bequem zeideln,** wenn der Stock daran Ueberfluß hat, und man es gerade bedarf; oder wenn es sich darum handelt, leeren Raum für den Honig herzu stellen. Z. B. ein Stock hat vollgebaut: man nimmt dann aus der obersten Etage oder von der Rückseite des einfachen Lägers die zu- gesiegelten Waben heraus, und setzt dafür Träger mit leeren Scheiben; besonders Drohnenscheiben zur Anfüllung hinein. In guten Jahrgängen läßt sich durch ein solches Abzapfen der Bienenfleiß und das Honig- erträgniß steigern. — Bei anderen Stöcken kann man wohl etwas Aehnliches thun, nämlich durch Abnahme vollgebauter Auf- und An- sätze, und durch Ansätze, die mit leerem Wachs gefüllt sind: allein einzelne Honigwaben ganz unverletzt herausnehmen, und eben so ein- zelne leere ordentlich einsetzen, kann man hier nicht zu jeder Zeit.

5. **Honig, ganz frei von Brut und Blumenstaub im Jungfernwachse, gewinnen:** wenn man wie im Punkte 1. den Weisel abhält, Eier in den abgesonderten Honigraum zu legen. Letzteres hat wohl bisweilen seine Schwierigkeiten nach dem Zeugnisse des F. v. Berlepsch, aber das Ganze wird eben so erreicht bei Lager- magazinen, wo der Honigraum durch eine Blende vom Brutraume abgeschieden wird. Am sichersten und schnellsten wird Jungfernhonig bei stehenden Magazinen gewonnen, wenn man ihnen zur rechten Zeit leere Aufsätze gibt, die bald ausgebaut werden, und wohin der Weisel niemals kommt.

6. **Bedürftige Stöcke leicht und schnell füttern;** indem man ihnen nur so viel Honigwaben als sie vonnöthen haben, einzustellen braucht. — Durch ganze oder halbe mit Honig gefüllte Ringe als Auf- und Ansätze kann man dieß bei unseren Magazin- stöcken noch leichter und schneller; allein wieder nicht so mit ein- zelnen Waben. Die Fütterung mit flüssigem Honig und mit Kandis macht zwischen beiderlei Stöcken kaum einen Unterschied.

7. **Weisellose Bienen leicht Hilfe schaffen.** Man gibt ihnen ohne große Beschwerde, aus einem anderen Stocke eine

Königin oder Königszelle, oder wenigstens eine taugliche Brut; wenn hiezu noch Zeit, und nicht etwa das Kassiren durch Vereinigung rathsamer ist. So leicht wie hier ist abermals diese Hilfe bei anderen Stöcken nicht.

8. Die Vereinigung bequem verrichten. Man setzt nur die Waben des zu kassirenden Stockes sammt den Bienen in den zweiten Stock. Diese Vereinigung ist bei anderen Stöcken viel umständlicher, weil hier die Waben nicht beweglich sind. Endlich

9. jeden verdächtigen Stock — hinsichtlich der Weisellosigkeit, der Brut, der Ruhr, der Motten u. s. w. leicht untersuchen, und überhaupt das Geschäft der Reinigung, Musterung und dgl. viel bequemer als bei anderen Stöcken vornehmen. Ein wirklicher und unschätzbarer Vorzug! —

Man sieht nun hieraus, daß obschon unsere Zeidelstöcke manche gute Eigenschaft besitzen, und mehr oder weniger mit dem Dzierzonstock gemein haben, sie dennoch von demselben durch die Beweglichkeit seiner Waben, worauf neue wichtige Vortheile beruhen, übertroffen werden.

Wir begnügen uns aber mit der bisherigen Untersuchung des Dzierzonstockes noch nicht. Noch haben wir für denselben einen tüchtigen Probirstein in Vorbehalt, und den wollen wir jetzt in Anwendung bringen.

C. Wie verträgt sich der Dzierzonstock oder die Dzierzon'sche Methode mit Klausens Zaubersprüchen, oder mit den drei Hauptgrundsätzen einer rationellen Zucht?

a) Der erste Grundsatz sagt: „Lerne vor Allem die Natur der Bienen kennen; denn diese Kenntniß oder Theorie ist die Grundlage einer rationellen Praxis!" Und wo könnte man sich diese Kenntniß leichter erwerben als am Dzierzonstocke? — ist er doch gleichsam wie ein Buch, dessen Blätter man nach Belieben aufschlagen, lesen und umwenden kann. Jede einzelne Wabe nämlich läßt sich hier herausnehmen; sie, und was darauf sich befindet, Königin, Volk, Brut, Honig und Blumenstaub, lassen sich hier betrachten und studieren; und die verschiedensten Versuche lassen sich dabei anstellen. Dzierzon selbst hat aus diesem Buche Vieles herausgelesen, was früher für ihn und alle Welt ein Geheimniß war. Die Bienenwissenschaft überhaupt hat durch dieses Buch in kurzer Zeit wichtige Fortschritte gemacht, und wird, was sich erwarten läßt, solche noch mehrere machen.

25 *

Und, wenn man überdieß berücksichtiget, daß an besagtem Stocke — besonders als Läger — 2 Thüren vorkommen, welche von zwei entgegengesetzten Seiten Einsicht gewähren; ja, daß selber auch die Decke zum Oeffnen eingerichtet werden kann, und auch, daß sich in den Thüren zwei große Glasscheiben anbringen lassen: dann kann er förmlich als Beobachtungsstock gelten, und ermöglicht als solcher umsomehr das Studium des Honiginsektes.

Klaus ist also in dieser Beziehung mit dem neuen Stocke ganz zufrieden; „Schönen Dank dafür, Vater Dzierzon!" — spricht er gleichsam — „der Stock ist ganz wie für meinen diamantenen Spruch gemacht!" —

b) Der zweite Grundsatz lautet: „Halte auf gesunde und volkreiche — oder vollkommene — Stöcke; denn nur diese geben reichlichen und sicheren Nutzen!"

Nun ist etwa zu diesem Grundsatze der Dzierzonstock seiner Natur nach ein Feind? — Ei behüte! ist dieser Stock nur nicht zu eng und klein, so daß dadurch die Vermehrung des Volkes gehemmt, und ein Uebermaß von Schwärmchen erzeugt wird; dann können bei ihm auch alle Regeln in Anwendung kommen, die der goldene Spruch aufstellt, z. B. „Kaufet keine schwache Stöcke! überwintert solche nicht! — schwächet starke Stöcke nicht durch geiziges und unvernünftiges Zeideln und unmäßiges Beschneiden des Wachsbaues! schwächet sie nicht durch übermäßiges Schwärmen! unterstützt selbst starke Stöcke dann und wann mittelst Fütterung!" u. s. w. Ja, im Gegentheile: die Einrichtung mit bewegbaren Waben ist ein herrliches Mittel, genannte Vorschriften und Regeln um so leichter und zweckmäßiger erfüllen zu können. So z. B. ehe man einen dzierzonirten Stock kauft, kann man sich erst von seiner Gesundheit und Volksstärke und überhaupt von seiner inneren Beschaffenheit überzeugen; so auch, bevor man ihn zur Einwinterung bestimmt. Eben so sieht man, wenn man seine Waben herausnimmt, wie viel er Honig beim Zeideln entbehren kann, wie viel er leere Scheiben hat und braucht. Er gestattet ebenfalls, die Weiselzellen aufzusuchen und auszuschneiden, die Drohnenbrut zu entfernen, den Honigvorrath zu vermindern, Lücken in den Bau zu machen, welche die Bienen vor Allen ausfüllen und dgl., was Alles zur Verhinderung der Schwärme beiträgt. Kurz die Bewegbarkeit der Waben ist zu Allen nütze, und unterstützt den Willen des Bienenvaters bei jeder Operation.

Klaus ist daher auch hier mit dem neuen Stocke einverstanden und sagt gleichsam wieder: „Der haut just in das Holz meines goldenen Spruches!“ Doch halt! dieser Spruch hat auch eine Regel, welche spricht: „Schwächet starke Stöcke nicht durch unmäßiges und unzweckmäßiges Ablegermachen!“ Dzierzon ist aber gerade ein Ableger= macher von Profession; er macht von seinen Stöcken Hunderte in einem Jahre; was spricht dazu Vater Klaus?

Dzierzon macht Ableger, und hat dabei guten Grund und Zweck. Er verkauft sie, und zieht hieraus seinen Bienennutzen; während wir und Andere angewiesen sind diesen Nutzen mehr aus der Honigerzeu= gung zu schöpfen. Er ist daher ein Schwarmbienenzüchter und treibt künstliche Schwarmzucht; wobei ihn seine dazu geeignete bessere Ge= gend unterstützt. Zugleich beweist er so, daß sein Stock gleichfalls zum Ablegermachen geschickt und tauglich ist.

Hieraus folgt aber nicht, daß wir und Leute in allen Gegenden es gerade so wie er treiben sollen, und müssen. Wir halten uns an unsere Gegend, wo nur die Zeidelbienenzucht Nutzen abwerfen kann, behandeln darum den Dzierzonstock magazinmäßig; ändern ihn hiezu nach Bedürfniß ab, und machen uns mittelst desselben höchstens nur so viele Kunstschwärme, als wir zur Fortzucht benöthigen. Und es ist eben wieder eine sehr gute Eigenschaft des Dzierzonstockes, daß man bei demselben die Schwärme in seiner Hand hat; man kann dabei die Bienen zwingen, wie man will, Jedes von Beiden zu thun, nämlich: keine natürliche Schwärme, oder Kunstschwärme, so und so viel zu geben.

Im Punkte des Ablegermachens könnten wohl alle Magazin= bienenzüchter den Dzierzonstock leicht ganz entbehren; denn sie besitzen in dem Abtrommeln ein schätzbares und hinreichendes Mittel, sich die wenigen Schwärme, die sie bedürfen, zu verschaffen; allein, da dem Dzierzonstock neben vielem anderen Guten auch dies eigen ist, daß bei ihm auf verschiedene Art abgelegt werden kann; und da bei ihm einige Ablege=Weisen noch sicherer und schneller von statten gehen, als das Aus= trommeln: so wäre es unvernünftig, wollten wir den Stock nicht auch in dieser Hinsicht schätzen, und um so mehr, als ja Klaus nicht alles Ablegermachen, sondern nur das unmäßige und unzweckmäßige ta= delt. (Siehe §. 33. Seite 121).

c) Der dritte Grundsatz ist: „Auch eine gute Durchwinterung der Bienen ist hauptsächlich; sorge dafür!“ —

Entspricht auch diesem Grundsaße der Dzierzon'sche Stock? — Insofern man bei ihm die Bienenkolonie vor der Einwinterung gehörig durchmustern, und sie mit dem nöthigen Wachsbau und Nahrungshonig für den Winter bequem versehen kann, muß man diese Frage allerdings bejahen. Allein im Weiteren hat der ursprüngliche Dzierzonstock doch e i n e s c h w a c h e S e i t e; denn er ist von Holz, in dieser Beziehung weniger trocken und warm als unsere Strohstöcke, und daher zur g u t e n D u r c h w i n t e r u n g weniger geeig= n e t. Ueberdieß wird in Gegenden, wo das Holz selten und theuer ist, für Viele seine Anschaffung zu schwer, wenn nicht gar unmöglich; um so mehr, als er, soll er doch einigermaßen wärmer sein, von guten Bohlen verfertiget werden muß.

Als mir daher der Dzierzonstock bekannt, und ich von der Vortrefflichkeit seiner inneren Einrichtung ganz eingenommen worden war, war auch mein erster Gedanke, ihn wie die Ring= und andere Strohstöcke von Stroh herzustellen; was ich auch schon im J. 1851 bewerkstelligte. Dzierzon ermunterte mich selber geflissentlich in der Bienen=Zeitung dazu, und machte mich auf ein Verdienst aufmerksam, das ich mir auf diese Weise, und durch die Vereinigung seiner Methode mit der meinigen um die Bienenzucht überhaupt erwerben könnte. Er sagt es unverholen, daß sein Holzstock im Winter kalt ist. Er sucht auch in seinen Schriften alle Mittel hervor, ihn wärmer zu machen. Z. B. er bedeckt ihn im Winter mit Strohmatten, mit warmhaltenden Lappen, und stopft seine leeren Räume mit Heu und Lumpen aus; er verfertigt daran doppelte Wände mit dazwischen gestopftem warmem Materiale; er bekleidet den Zwilling an der Außenwand mit Stroh und Schilf, die durch darüber genagelte Leisten festgehalten werden; — er läßt 2, 3, 6, 12 und 24 Völker in einem einzigen Stocke mit eben so vielen getrennten Fächern beisammen wohnen, damit sie sich gegenseitig erwärmen sollen; — er stellt einen solchen Fächerstock auf eine Erdgrube, damit ihm die im Winter aus derselben strömende wärmere Luft zu Gute kommen soll u. s. w. Allein über diesem Ringen nach dem Vortheile der Wärme geht wieder der Vortheil der Einfachheit und mancher andere verloren. Z. B. doppelte Wände verlangen doppelte Arbeit bei der Anfertigung; ein Doppelstock — für 2 Kolonien — wird in manchen Fällen unbequem. Hat man z. B. nur einen Schwarm zum Hineingeben, oder ist die eine Kolonie abgestorben, so nimmt der halbe Stock umsonst den Platz ein, kann wenigstens ein ganzes Jahr unbenützt stehen müßen, muß unnöthig mit übersteüt, mit transportirt werden u. dgl. Bei mehr= fächerigen Stöcken, die alle besetzt sind, läßt sich wieder der einzelne nicht trennen, z. B. zum Verkaufe. An Beuten von 3, 6, 12—24 Fächern wäre wieder dies zu tadeln, daß so viele Bienen auf einen so kleinen Raum — von kaum 1—2 □ Klft. zusammenfliegen müs= sen, wenn auch die Flugöffnungen nach verschiedenen Seiten hin ge= hen; das aber wieder — was wenigstens die Nord= und Westseite betrifft — eine besonders geschützte Lage voraussetzt. Ueberhaupt ge= sagt, bei kleinen Zuchten, welche für das allgemeine Beste des Lan= des in recht großer Anzahl wünschenswerther sind, als wenigere aber große Bienenstände, sind jedenfalls vereinzelte Stöcke viel zweckmäßi= ger, als solche, mit mehreren Colonien bevölkerte. Kurz, ich machte mir zur Aufgabe, sowohl meinen bisher bestandenen ströhernen Stöcken die dzierzonische Einrichtung, so weit als thunlich anzupassen, als auch neue Strohstöcke, vornehmlich von eckiger Form zu erfinden, die mit genannter Einrichtung versehen werden können. Es gelang mir auf verschiedenerlei Weise; wie im nächstfolgenden Abschnitte zu ersehen ist.

Nun konnten also dzierzonirte Stöcke im Strohe sich auch einer guten Durchwinterung erfreuen, und Klaus war jetzt auch in Betreff seines silbernen Spruches mit der Dzierzon'schen Methode ausgesöhnt. —

Mithin verträgt sich wirklich die Dzierzon'sche Methode mit Klausens Magazinir= oder Zeidel=Methode und beide lassen sich zweckmäßig vereinigen. Letztere bleibt was sie ist — eine Magazin= bienenzucht, und ändert ihre rationellen Grundsätze und Regeln nicht; nur vertauscht sie meistens zu Gunsten der Vereinigung, die bisherige runde Form ihrer Strohbienenwohnungen mit der eckigen, der Waben= träger wegen, die einzuschieben und herauszunehmen sind; dagegen müssen letztere — so viel muß der Dzierzonstock nachgeben — sich bequemen, statt im Holze im Strohe, und statt in Fugen, meistens auf Leisten zu liegen; indem Fugen nicht immer anzubringen sind; auch muß die neue Methode sich gefallen lassen, sich auch theilbaren Stöcken anzubequemen.

Nun, bevor ich die verschiedenen Strohstöcke mit Dzierzonscher Einrichtung aufführe, muß ich erst noch eine oftgestellte Frage beant= worten, nämlich die:

D. Ist die Dzierzon'sche Methode nicht zu umständlich und zu künstlich für den gemeinen Mann? und paßt sie für die Allgemeinheit?

Es ist wahr, wollte man verlangen, daß der gemeine Mann alle jene Vorschriften, die Dzierzon in Bezug auf seine Methode bisher gegeben, erfüllen, und alle jene Kunstgriffe, Vortheile und Vortheilchen, die dieser Meister, wie auch sein ebenbürtiger Nachfolger, Fr. v. Berlepsch Behufs dieser Methode angewendet hat, anwenden soll: dann würde man sich sehr täuschen; denn der gemeine Mann müßte, um solches zu thun, selber ein raffinirter Bienenmeister sein, besondere Intelligenz besitzen, und darum eigentlich aufhören ein gemeiner Züchter zu sein. So z. B. dürfte sich unter Hunderten von ordinären Leuten kaum Einer entschließen und Geschick genug haben, aus seinen Stöcken, wenn sie just am volkreichsten sind, gegen das Ende der Tracht hin, — wie Dzierzon will — die Weisel auszufangen und einzusperren, damit so der fernere Brutansatz beschränkt werde; und eben so kaum Einer, der — wie v. Berlepsch anräth — jetzt sämmtliche Brut= und Honigwaben aus den Stöcken nimmt, und so wieder einsetzt, daß die ersteren mehr geschlossen nach vorne, und die letzteren nach hinten zu stehen kommen. So vortheilhaft Dieß und Aehnliches auch sein mag, der gemeine Mann thut es nicht; weil es ihm zu umständlich, zu mühsam, zu zeitraubend, zu künstlich erscheint, wenn auch bisweilen nur in seiner Einbildung. Es ist daher ausgemachte Wahrheit, daß eine Methode, die allgemeine Einführung erlangen soll, so einfach als möglich sein muß; und daß zu diesem Zwecke auch die Dzierzon'sche Methode, nur in einfachster Weise genommen, tauge; alles Künstliche daran aber gelehrteren Züchtern und raffinirten Meistern überlassen bleiben müsse.

Das Erste und Unumgänglichste, der Dzierzon'schen Methode beim gemeinen Manne Eingang zu verschaffen, ist: ihn zur Anschaffung dzierzonirter Stöcke zu vermögen. Das Beispiel Anderer vor seinen Augen, und noch mehr der sichtbare gute Erfolg einer solchen neuen Zucht, können hierin das Meiste ausrichten. Das Einfachste, aber Unerläßliche bei solchen Stöcken ist hernach das Einsetzen vorgerichteter Wabenträger, und wieder das Herausnehmen der Waben. Das kann aber doch Jeder bald lernen, und leicht thun! — Und wenn er jetzt wirklich einen solchen Stock nur, wie bisher seine Klotzbeute, behandelt; nämlich zweimal im Jahre öffnet, im Frühjahre, um ihn auszuputzen und zu beschneiden, im Herbste, um ihn zu zeideln:

so ist schon damit viel gewonnen; denn er kann die genannten Geschäfte schon viel leichter und zweckmäßiger thun als früher; er wird jedoch bald von selbst finden, daß auch andere Operationen im neuen Stocke eben so auszuführen sind. — Nun kommt es ferner darauf an, daß sich der gemeine Anfänger und Züchter auch die einfachste und bequemste Art Stöcke anschafft, und wo möglich, auch die wohlfeilste. Jener, den er sich selber von Stroh oder Holz anfertigen kann, wird ihm meistens der liebste sein. Nicht minder dürften ihm Lagerstöcke mit einer Wabenreihe besser zusagen, als Ständer mit mehreren Etagen übereinander; denn bei ersteren erspart er die seckanten Deckbretchen, die bei letzteren nothwendig sind, und zur rechten Zeit und am gehörigen Orte angebracht werden müssen. Das Besetzen mit Schwärmen, die Einwinterung, selber nur das Herausnehmen der Waben geht dort in mancher Beziehung leichter als hier.

Theilbare Lagerstöcke gewähren nach meiner Erfahrnng gar manche Erleichterung in der Behandlung; sie muß ich hier vorzüglich anrathen. Man kann sie nach Nothwendigkeit schnell vergrößern und verkleinern, trennen und zusammenfügen; man braucht dabei keine Deckbretchen, im Winter kein Ausstopfen, und der simpelste Mensch kann hier in ein paar Minuten seinen sicheren Ableger machen; wie ich später bei der Beschreibung eines solchen Stockes (des Strohprinzen) nachweisen werde.

Dieß wären einige Winke für die Ausbreitung und Verallgemeinerung der neuen Methode. Und wenn der gemeine Mann dabei nur nach den allgemeinen Grundsätzen der rationellen Zucht, und insbesondere der Magazinzucht verfährt, so kann dies hinreichen, und er bedarf dazu weder außerordentliche Kenntnisse, noch besondere Kunstfertigkeit.

Und gesetzt, die Behandlung dzierzonirter Stöcke fordere einige Mühe und Geschicklichkeit mehr als jene anderer Stöcke: so wird doch dieses Alles durch die oben im Punkte B aufgezählten Vortheile, und überhaupt durch einen besseren Nutzen auch belohnt. Auch in anderen Zweigen der Landwithschaft fordern neue Fortschritte etwas mehr Mühe und Geschick, als der frühere Großvatergang. Bei der rationellen Fruchtwechselwirthschaft z. B. werden mehr Zeit, mehr Arbeitskräfte, mehr Auslagen, mehr Nachdenken u. dgl. erforderlich, als bei der bequemen Dreifelderwirthschaft; erstere trägt aber dafür auch mehr ein, und nur der träge Landwirth kann sie für zu beschwerlich und künstlich erklären.

II.

Anwendung der Dzierzon'schen Einrichtung und Methode bei den früheren und neuesten Strohstöcken nach Klaus, wie auch bei den gegenwärtig bestehenden Holzstöcken.

Seit dem J. 1851, wo ich den ersten Dzierzonstock aus sogenannten Strohbretern anfertigte, habe ich weitere und fast alle nur mögliche Versuche gemacht, und glaube, nun mehr das Möglichste in Bereitung der Maschinen-Strohstöcke wirklich erreicht zu haben.

Nach der aus diesen Versuchen geschöpften Erfahrung können nicht nur Ringstöcke nach Klaus, sondern auch andere Arten später von mir erfundener Strohstöcke, theilbarer und untheilbarer, ja selber Holzstöcke, wie solche eben im Gebrauche sind, nach Dzierzon'scher Manier eingerichtet und behandelt werden.

Hier folgt nun jede einzelne Art genannter Stöcke in ihrer Beschreibung, wie auch bei den neueren ihre Anfertigungsweise sammt den dazu gehörigen Maschinen. *)

A. Der stehende Ringstock.

Dieser, wie er im II. Hauptstücke S. 185 beschrieben wurde, läßt die Anwendung der Dzierzon'schen Methode nicht anders als in Auf- und Nebensätzen zu; und zwar nur mittelst eines hiezu eingerichteten Kästchens, zu dem Zwecke, darin in der besten Tracht dem

---

*) Alle gegenwärtig existirenden Bienenwohnungen lassen sich zweckgemäß in zwei Klassen abtheilen, in solche mit beweglichem Bau (Mobilbau) und mit unbeweglichem Bau (Stabilbau). Erstere heißen auch „Dzierzonirte Stöcke", wenn sie von Dzierzon weiter nichts als die Wabenbeweglichkeit an sich haben. Mit dem kürzesten Ausdrucke werden alle Stöcke mit beweglichen Waben „Mobilstöcke" genannt. Nur der Originalstock Dzierzons, so auch sein sogenannter Zwillingsstock, gehören ihm ganz an, und sind die eigentlichen „Dzierzonsstöcke oder Dzierzons."

Dieß zum leichteren Verständniß der in der Folge öfter vorkommenden Ausdrücke: „dzierzonirt", „Mobilbau", „Mobilstock", Stabilbau" und dgl.　　　　　　　　　　　　　　　　　　　　D. B.

Stocke leere Waben beizugeben, oder auch ganz neuen Bau aufführen zu lassen, und dadurch Honig in reinem Wachse zu gewinnen.

Die Beschaffenheit dieses Kästchens wird in Fig. 25 ersichtlich gemacht. Es ist im Lichten 10 Zoll im Quadrat weit, und 6—8 Zoll hoch. Oben hat es bei (a) und (b) einen 1 Viertelszoll tiefen und breiten Falz, in welchen zu entgegengesetzten Seiten die 10½ Zoll langen Wabenhölzer eingesenkt werden, und wird hier mit einem Deckel verschlossen, der angeschraubt oder angeklammert wird. Auf einer oder oder zwei Seiten sind Fenster zum Nachsehen.

(Fig. 25.)

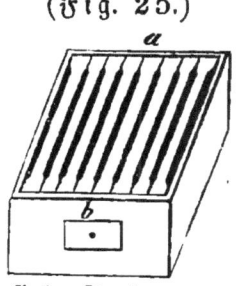

Bevor dieses Kästchen auf den Stock gestellt wird, nimmt man den Kopfdeckel desselben ab, und legt dafür ein viereckiges Bret mit einem 4—6 Zoll breitem Loche in der Mitte auf. Oder auch, man zieht blos den Spund aus dem Deckel, und setzt unmittelbar das Kästchen darüber; indem man zugleich eine etwa an den Ecken bleibende Oeffnung mit einwenig Lehm verstopft.

Bei Stöcken, die etwa wegen Mangel an Raum in der Höhe, oben keinen Aufsatz zulassen, kann das Kästchen neben dem Stocke auf ein Doppelbret oder Verbindungsbret — wie schon S. 189 und 247 erwähnt werden — gestellt werden.

Erwähntes Kästchen läßt sich nicht minder bei Holzmagazinen und bei Breterbeuten, die oben eine 2—5 Zoll breite Spundöffnung haben, mit Vortheil anwenden.

B. Der Lager = Ringstock.

Hier besteht die ganze Vorrichtung darin, daß man in jedem der Ringe, die hinter einander liegen, zwei Leisten befestiget worauf die 10½ Zoll langen Wabenträger ruhen und hin= und hergeschoben werden können.

Den Ort, wo die Leisten anzubringen sind, findet man, wenn man die eine Leiste erst fest macht, (hat der Ring ein Fenster, gleich über demselben) und dann von ihr mittelst eines Wabenträgers herüber auf die entgegengesetzte Seite mißt; wo sich hernach das Plätzchen für die 2. Leiste unter dem 2. Ende des Trägers von selbst zeigt.

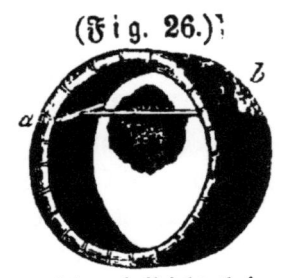

(Fig. 26.)

In Fig. 26 bezeichnen (*a*) und (*b*) die Leisten, auf welchen der Träger liegt. Diese Leisten sind einen halben Zoll breit und so geschnitten, daß sie, während sie an der schiefen Fläche der Wand anliegen, oben eine wagrechte Fläche haben. Sie sind, wenn der Ring 6 Zoll breit ist, 6 Zoll lang, können jedoch auch um einen Viertelszoll kürzer sein, damit sie nicht vielleicht beim straffen Zusammenklammern der Ringe an einander stemmen.

Um diese Tragleisten zu befestigen, treibt man zwischen den 2 Nähten, wo sie aufliegen müssen, von beiden Rändern des Ringes zwei Keile von Holz, $\frac{1}{2}$ Zoll breit und $2\frac{1}{2}$ Zoll lang, ins Stroh, und nagelt jetzt die Leiste an ihren beiden Enden mittelst eines Rohr- oder Drahtzweckens daran an.

In jedem 6zölligen Ringe haben 4 Wabenträger Raum. Um das Verschieben derselben zu verhindern, z. B. beim Schwarmeinfangen, braucht man nur noch über ihre beide Enden kleine Holzstifte ins Stroh zu drücken.

An den Wabenträgern — wie Fig. 26 darstellt — kann man oben und unten Wachsanfänge ankleben. Den oberen Anfang bauen die Bienen von unten nach aufwärts weiter. Auf diese Weise zwingt man die Bienen auch im oberen Theile, wo meistens nur Honig abgelagert wird, zum Warmbau, und man erhält hier beim Zeideln hübsche halbrunde Honigtafeln. Man kann auch 2 Wabenträger auf einander legen, und dann wird die obere Scheibe eben so unverletzt wie die untere, mit ihrem Träger heraus genommen, nachdem sie ringsum zuvor abgelöst worden ist.

Ein auf diese Art zubereiteter Lager-Ringstock läßt sich auf 2 Seiten öffnen und behandeln, während die Bienen auch auf der einen — vorne — den Flug haben. Man könnte ihn auch in der Quere aufstellen, und die Bienen durch ein im mittleren Ringe angebrachtes Seitenflugloch ausfliegen lassen.

Ein solcher Stock hat vor allen gewöhnlichen Dzierzonischen Stöcken den Vortheil der Theilbarkeit voraus, die zum Raumgeben und Raumnehmen, zum Ableger machen, zum Copuliren und zu noch anderen Verrichtungen vortreffliche Dienste leistet. Wir werden dieß umständlicher später beim Prinzstocke nachweisen, der sich als ein eckiger Stock desselben Vortheiles erfreut.

Bei liegenden Holz-Magazinen gilt dasselbe, was bisher von dem Lager-Ringstocke angeführt wurde; sie können gleichfalls in Mobilstöcke verwandelt werden. Bei ihnen werden die Tragleisten einen guten halben Zoll unter der Decke angenagelt, oder es werden dort in die Seitenwände Fugen eingeschnitten. Auch auf diese Art Binenwohnung werden wir beim Prinzstocke wieder zur Rede kommen.

Zu unserem Lager-Ringstocke zurück kehrend, füge ich noch bei:

Gesetzt aber, Jemand wollte durchaus einen untheilbaren Lager-Ringstock, so könnte auf einfachste Weise auch dieser Wunsch in Erfüllung kommen. Er nähe nur 3 Ringe fest zusammen, befestige inwendig rechts und links — wie oben gelehrt wurde — durch den ganzen Stock laufende unzerschnittene Leisten, und lasse die Bienen durch die vordere Scheibe ausfliegen. So erhält er einen sogenannten Walzenstock, und diesen zugleich für beweglichen Bau eingerichtet. Oder, er bringe im mittleren Ringe ein Seiten-Flugloch an, und stelle den Stock als Querstock auf; dann kann er ihn rechts und links öffnen und um so bequemer behandeln. Man sehe Fig. 27.

Eine fernere Erweiterung des Raumes kann er durch einen 4. oder 5. Ring, der auf einer Seite angesetzt wird, und eine Verengerung desselben durch einen von hinten eingeschobenen Strohdeckel a) mit passenden Ausschnitten für die Leisten, bewerkstelligen. Mittelst dieses Deckels läßt sich auch der Brutraum von dem Honigraume (in den angesetzten Ringen) trennen. In diesem Falle muß aber

(Fig. 27.)

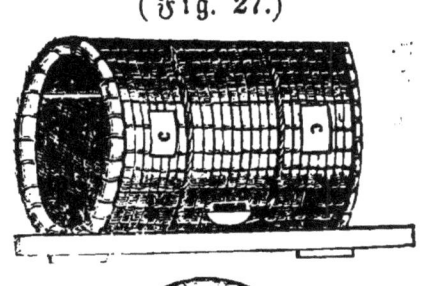

besagter Deckel unten einen Ausschnitt wie ein Flugloch haben, durch welchen die Bienen, so wie etwa auch durch ein paar kleine Zwischenöffnungen oben an den Leisten, gehen, und hier den Honig ohne Blumenstaub im jungen Wachse nieder legen. Zum bequemeren Anfassen hat der Deckel in der Mitte einen Henkel.

Somit wäre das Nöthigste über die Dzierzonirung der bisher bestandenen Ringstöcke angeführt.

Obschon ich nun überhaupt auf die Theilbarkeit der Stöcke viel halte, so bin ich doch keineswegs für diese Eigenschaft der Art eingenommen, daß ich untheilbare Stöcke verwerfe. Im Gegentheile, ich habe auch untheilbare Maschinen=Ströhstöcke ausgesonnen, anfertigen lassen und versucht, die ich hiemit anempfehle. Eben gehe ich daran, die besten Arten davon deutlich zu beschreiben.

C. Maschinen=Strohbeuten. *)

Nachdem ich einmal einige Ringstöcke nach Klaus im Bienenhause hatte, die ersten im Böhmerlande, da fanden sich bei ihnen verschiedene Beschauer und Bewunderer ein. „Die Stöcke sind nicht übel," — sagte mancher Klotzbeutenmann — „sie müssen wirklich im Winter wärmer und gesünder sein, als die unsrigen; allein, wenn sie nur der Länge nach aufgemacht werden könnten! — Wie kann man denn solche Stöcke ausputzen?" — Und es half nichts, wenn ich antwortete, daß in dergleichen Stöcken wenig auszureinigen sei; man ging mit ungläubigen Kopfschütteln von dannen. Kurz ich merkte, daß man nicht so geschwind vom Alten zum Neuen, vom Holze zum Strohe überspringen werde. Ich sann daher auf ein Mittel zur Angewöhnung ans Stroh, auf eine Brücke zum leichteren Uebergang. Darüber erfand ich nun die Strohbeute, eine Bienenwohnung, welche wohl in der Behandlung nicht viel besser ist, als die Klotz= und Bretterbeute, jedoch die Vortheile besitzt, daß sie der Länge nach geöffnet werden kann, daß sie warm und trocken im Winter, dem Werfen und Reißen nicht ausgesetzt ist, und auf einer eigenen Maschine aus wohlfeilem Material, und dazu von manchen Züchtern selber verfertiget werden kann.

Die neuen Stöcke fanden allenthalben Beifall; ich ließ davon 2 Arten anfertigen, eine von eirunder, die andere von langer viereckiger Form. Die eirunde als die erst erfundene, wurde sehr beliebt; meine Freunde gaben ihr den Namen „Schachtelstock". Doch späterhin, nach dem Dzierzon die Wabenbeweglichkeit gelehrt hatte, lief ihr ihre viereckige Nebenbuhlerin den Rang ab, weil solche sich besser dzierzoniren ließ. Diese letzterwähnte Strohbeute halte ich selbst aus dem angegebenen Grunde für wichtiger, und ich will sie darum zuerst

---

*) Unter Beuten versteht man überhaupt alle untheilbare Stöcke, die trogartig ausgehölt sind.   D. V.

sammt ihrer Maschine und Anfertigungsweise umständlich beschreiben, und zugleich lehren, wie sie auf Mobilbau einzurichten sei.

Nr. 1. Die viereckige Lager - Strohbeute.

a) Die Maschine dazu, wie auch zu Strohbretern.

Figur 28 stellt eine solche Strohbeute vor, und zwar mit einer hinten aufgemachten Thüre und mit ihrer inneren Einrichtung. Beides

(Fig. 28.)

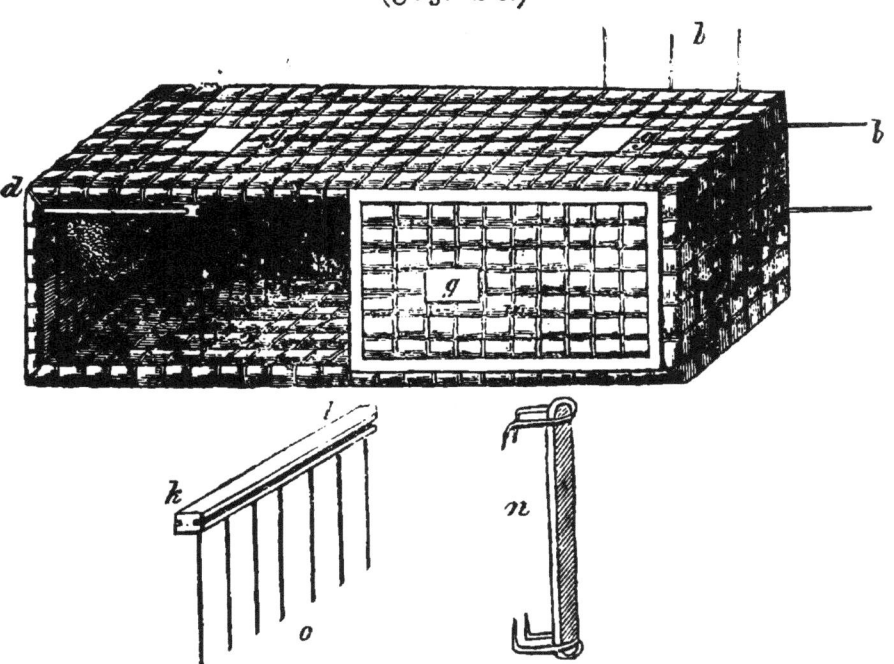

hier weggedacht, besteht die Beute aus zwei Haupttheilen; nämlich aus dem viereckigen Kasten oder Kranze, und aus der in denselben eingesetzten Vorderwand mit den Fluglöchern. Beide Theile werden auf einer Maschine verfertigt, welche der im II. Hauptstücke beschriebenen ähnlich ist, mit dem Unterschiede, daß sie größer und statt rund viereckig erscheint. (k—l) stellt den Rechen vor, der im Innern die 4 Fächer bildet. Er besteht aus der Tragleiste mit Fugen oder Falzen für die Wabenträger, die an der Decke befestigt wird, und aus 7 Stäbchen, die oben in der Leiste eingesteckt, unten aber in den Böden eingespießt werden, (m) bezeichnet die Thüren aus Stroh-bretern, mit Holzrahmen eingefaßt, (n) ist eine Vorrichtung zum Ver-schließen der Thüren.

Nach der vorläufigen Benennung und Darstellung der Haupt-
bestandtheile des Stockes folgt hier die Beschreibung der Maschine,
auf welcher der Strohkasten und die nöthigen Strohbreter angefertiget
werden.

Das Grundbret der Maschine und seine Vorrichtung wird
in Fig. 29 versinnlicht. Dasselbe ist von hartem Holze, oder auch

(Fig. 29.)

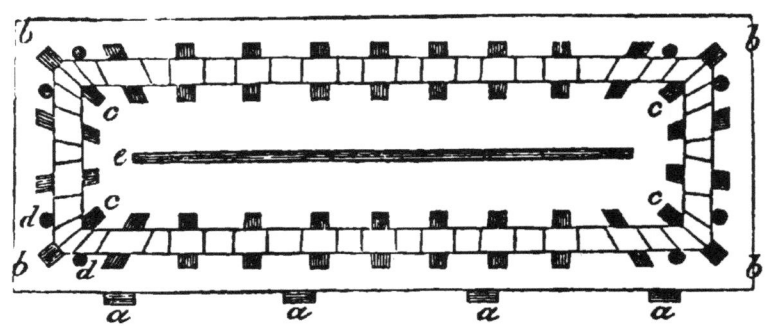

von zwei aufeinander geleimten weichen Bretern, 1½ Zoll stark, und
im Rücken mit den Querleisten (a) versehen. Es ist 52½ Zoll lang
und 19 ½ Zoll breit. Die zwei darauf mit einander paralell laufenden Linien im Viereck sind von einander 1¾ Zoll weit entfernt
und schließen die Strohbahn ein. Die Strohwände des Stockes erhalten daher eine ⁷/₄zöllige Dicke. Die innere jener 2 Linien umgibt
einen Raum von 43½ Zoll Länge und 10½ Zoll Breite; und so
viel beträgt auch in dem fertigen Stocke seine Länge und Höhe im
Lichten.

An beiden Seiten der Strohbahn werden 26 Paar Zapfenlöcher ersichtlich, und sind zur Aufnahme eben so vieler Säulen bestimmt. 14 Paar derselben stehen an den Längenseiten einander in
gerader Richtung gegenüber, 12 Paar aber — gegen die Ecken —
stehen schief. Die Löcher an den Außenseiten sind beiläufig 3½ Zoll
seitlich von einander entfernt, mit Ausnahme der 2 mittleren an jeder
schmalen Seite, welche um Etwas näher zusammen gerückt sind. Jedes
Loch hat einen Quadratzoll Weite.

Die Ecklöcher (b) und (c) sind um einen Viertelszoll länger
weil stärkere Zapfen hineingehören. Die äußeren (b) stumpfen die
Ecken der Strohbahn um einen halben Zoll ab, weil sie um so viel
in dieselbe hineinreichen; die inneren (c) aber laufen gegen die Stroh-

bahn spitzig zu ; damit das an die Spitze sich anschmiegende Stroh einen scharfen rechten Winkel gestalte.

Bei (d) — an allen 4 Ecken rechts und links — werden noch Löcher von einem halben Zoll Weite gebohrt, worein mit einem runden Zapfen dreieckige H ö l z e r gesteckt werden; damit sich hier das Stroh nicht auswärts biegen kann. Statt dieser Hölzer können auch eiserne Stäbchen, nur ¼ Zoll stark, die weniger Raum einnehmen und beim Nähen minder unbequem sind, in kleinere Löcher eingefügt werden.

Zwischen je 2 Paar viereckige Löcher kommen quer durch die Strohbahn 2 K e r b e n oder Einschnitte, ¼ Zoll breit und tief, für den Durchgang der Nadel beim Abnähen. Sie stehen beiläufig 4¼ Zoll von einander ab, sind an der Zahl 56 und in der Figur durch Striche bezeichnet.

In der Mitte des Bretes besteht noch der einen halben Zoll breite S ch l i tz (e) für das Preß=Eisen, welches in demselben nach Bedürfniß vor oder rückwärts geschoben wird; weßhalb auch die 2 mittleren Querleisten des Bretes (a a), wo der Kopf des Eisens durchgehen muß, in ihrer halben Holzstärke ausgehöhlt sein müssen.

In den 2 äußeren Querleisten (a a) werden zugleich die 4 Füße — 24 bis 26 Zoll hoch — worauf die ganze Maschine ruht, eingezapft.

D i e   S ä u l e n dazu in Fig. 30.

(F i g. 30.)

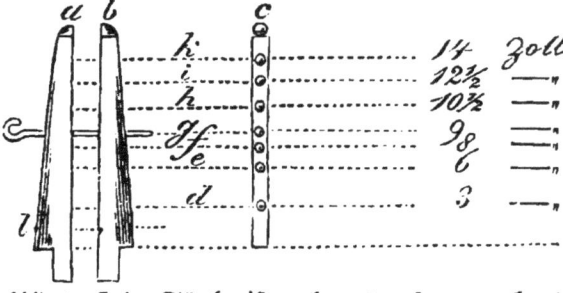

Sie stehen je 2 und 2 in ihren Zapfen= löchern an der Stroh= bahn, und jedes Paar ist von der Seite wie (a) und (b) zu sehen. Die 3. Säule (c) ist hier mit ihrer gegen die Strohbahn gekehr= ten oder Vorderseite abgebildet. Jede Säule ist, ohne Zapfen gerechnet, 15 Zoll lang, an dem oberen Ende einen Zoll breit und dick, unten aber einen Zoll dick und zwei Zoll nach hinten breit; wodurch sich mit dem Zapfen ein rechtwinklicher Absatz gestaltet.

Die 8 E ck s ä u l e n (b) und (c) in Fig. 29 richten sich mit den Zapfen nach ihren etwas größeren Löchern. Sie bleiben beweg= lich und werden nicht wie die übrigen eingeleimt. Ihre Zapfen müssen unter dem Brete 1½ Zoll lang vorgehen, jeder muß dort ein

Querloch besitzen, durch welches ein Riegel geschoben wird, oder auch ein Schraubengewinde, und dann mit einer hölzernen Schraubenmutter festgehalten werden.

Die in die Löcher (d) zu steckenden Hölzer oder Eisenstäbchen haben mit den Säulen gleiche Höhe.

Bevor die Säulen winkelrecht eingeleimt werden, muß eine wie die andere, auch die Ecksäulen, an denselben Punkten die nöthigen Löcher zum Durchschieben der Drahtstifte erhalten. Wie solche zu bohren sind, weiset Fig. 30.

Bei (d), 3 Zoll vom Zapfen, bohrt man das erste;

   „ (e) 3 Zoll höher,   „   „   „ zweite;

   „ (f) noch 2 Zoll höher   „   „   „ dritte;

   „ (g) wieder 1 Zoll höher „   „   „ vierte;

   „ (h) um $1\frac{1}{2}$ Zoll weiter hinauf „   „ fünfte; —

   „ (i) noch um 2 Zoll weiter „   „   „ sechste;

   „ (k) endlich, abermals um $1\frac{1}{2}$ Zoll höher das siebente.

Überdieß werden in allen 8 Ecksäulen, dann auch im 3 oder 4. Säulenpaar darneben, Aushilflöcher (siehe §. 51. S. 173 Anmerkung) angebracht; und zwar in der untersten oder 1. Abtheilung. In den Ecksäulen kommen diese Löcher in beide einander gegenüberstehenden Säulen, nicht blos in diese auswendige, und mit den anderen sieben in gleicher Linie. Sie haben den Zweck, die erste Stroh-Einlage mittelst Stiften auf den Boden niederzuhalten. Siehe (l).

Die Presse ist der Hauptsache nach dieselbe, wie bei der runden Maschine, nur sind Preßeisen und Hebel länger und stärker. Das Preßeisen muß — wie oben die Säule (c.) sieben Löcher, und solche in der bezeichneten Entfernung von einander, haben. Bei dem ersten oder untersten Loche muß man jedoch auf die Stärke des Hebels Rücksicht nehmen, und es muß dasselbe in solcher Höhe angebracht werden, daß beim Niederdrücken in der 1. Abtheilung der Hebel nicht schief, sondern horizontal auf das Stroh preßt. Bei den übrigen Löchern wird dann das Entfernungs-Verhältniß der Säulenlöcher beobachtet.

Der Hals des Preßeisens richtet sich nach der Weite des Schlitzes. Unten wird eine Schraubenmutter als Kopf angeschraubt, nachdem ein rundes Blech sowohl oder als unter dem Brete an den Hals gesteckt worden ist; dieß der Reibung am Holze wegen. Die Mutter darf nur so weit angezogen werden, daß sich das Preßeisen in dem Schlitze leicht hin= und herschieben läßt.

Stifte gehören zu dieser Maschine für jedes Säulenpaar einer, dann zum Fenstermachen 8, also zusammen 34.

Wer auf besondere Genauigkeit sehen will, der schaffe sich nebstdem 26 Stück Schraubenstifte an; sie sind vortrefflich zu nachstehendem Zwecke: Hat man nämlich die Maschine bis fast zur Hälfte voll Stroh gepreßt, dann geben sich die Säulen, wenn sie auch noch so fest stehen, oben aus einander; was, wenn mit dem Einpressen fortgefahren wird, zuletzt einen Viertel= oder gar einen halben Zoll ausmacht. Dadurch wird der obere Rand des Stockes bedeutend stärker als der untere; was wohl auch nicht schadet, aber doch unschön ist. Zur Vermeidung dessen bohrt man die Säulenlöcher (g) so weit, daß ein Stift von der Dicke einer schwachen Federspule, der an der Spitze ein Schraubengewinde, und hinten eine Schlinge mit einem unterlegten Blechscheibchen hat, durchgehen kann. An jedes Gewinde kommt dann eine Flügelmutter. Mittels dieser Schrauben wird nun jedes Säulenpaar zusammengezogen, und wenn jetzt auch das Einlegen und Pressen fortgesetzt werden, müssen die Säulen Stand halten.

Die Drahtstifte müssen im Schafte $4\frac{1}{2}$ Zoll, die Schraubenstifte aber $5\frac{1}{2}$ Zoll Länge besitzen. Vortheilhaft ist es die Schrauben von innen nach außen einzuschieben; denn, findet das Gegentheil statt, so werden die Flügelmütter inwendig im Stocke beim Nähen hinderlich; indem man häufig mit der Hand daran stößt, und sich auch die Nähschiene gern daran verwickelt.

Endlich gehören zu der Maschine noch 4 Stäbe, $\frac{1}{4}$ Zoll dick und $\frac{7}{4}$ Zoll breit, die — wie der Deckring auf der runden Maschine — ganz oben rings auf das Stroh gelegt, und worüber zuletzt alle Stifte geschoben werden. Sie erhalten keine Kerben wie der Deckring, müssen aber in den Ecken so zusammengeschnitten sein, daß der Eckstift immer beide Enden trifft und gemeinschaftlich niederdrückt.

b. Anfertigung der einzelnen Theile von der Strohbeute. Das Einlegen des Strohes, das Pressen und Nähen geschieht so wie bei der runden Maschine, worüber das II. Hauptstück Unterricht gibt. In Hinsicht des Nähens ist blos noch zu bemerken, daß man auf beiden Seiten der Ecken den Anfang macht und gegen die Mitte fortarbeitet, zuletzt aber, nachdem alle 4 Seiten abgenäht sind, die 8 Ecksäulen herausschlägt, und nun, wo diese standen, auch die Eckennähte vollendet. Auf diese Art werden die Ecken inwendig scharf, winkelrecht und vollkommen fest. *)

Noch muß darauf aufmerksam gemacht werden, daß die Decke des Kastens, wenn später im Stocke schwere Honigstafeln daran hingen, sich nach und nach einsenken würde. Zur Vermeidung dessen werden in der Decke, und zwar gegen die beiden Ränder hin, 2 gerade, zollstarke Stecken oder Stäbe mit ins Stroh gelegt und darin verborgen; desgleichen 3 andere in den Boden, wie auch 2 kurze in die Seitenwand. Solche geben der Beute außerordentliche Festigkeit.

Schiene etwa der Strohkasten, wenn er aus der Maschine genommen ist, etwas locker genäht und nicht fest genug zu sein; was beim ersten Versuch der Arbeit leicht der Fall sein kann; dann könnte man auch Holznägel, $\frac{1}{4}$ Zoll stark und $\frac{1}{3}$ Zoll breit durch die Ränder zwischen die Nähte so weit als nur möglich in die Wände treiben. Dieß vermehrt die Spannung des Strohes und der Nähte, und solche Wände klingen wie Holz. Allein man darf dieses Nägeleinschlagen auch nicht übertreiben; indem sonst das Aeußere der Wände ein unebenes Ansehen erhält. Gut eingelegte, wohl gepreßte und abgenähte Wände können dergleichen Holznägel ganz entbehren.

Ein bis zu den Säulenlöchern (k) — 14 Zoll hoch — eingelegter und abgenähter Strohkasten gibt nun zu der Strohbeute erst 4 Wände her, nämlich die beiden langen als Decke und Boden, und die zwei kurzen oder Seitenwände. Man bedarf jetzt einer Vorderwand mit dem Flugloche, und der Hinterwand oder der Thüren.

Zur Anfertigung Beider ist nur eine Seite der Maschine nothwendig, eine lange. Hier wird das Stroh eingelegt und abgenäht, und man erhält so ein Strohbret. Dieses kann von verschiedener Breite sein, je nach dem man es wünscht, und das Stroh 3, 6, 9, $10\frac{1}{2}$ Zoll u. s. w. hoch einlegt. Zur Vorderwand der hier ge=

---

*) Einen Anfänger in dieser Stroharbeit machen gewöhnlich diese Ecken am meisten zu schaffen. Die Hauptsache dabei ist das Stroheinpressen. Es muß stets darauf gesehen werden, daß das Stroh aus- und inwendig angespannt werde, sonst baucht es aus. In die scharfe Ecke hinein muß nöthigenfalls das Stroh vor dem Niederpressen mittelst eines Holzstückes mit Gewalt gedrückt werden. Doch darf man das Einpressen auch nicht übertreiben. „Der Vortheil treibt's Handwerk!", heißt es auch hier, wie bei anderen Geschäften.

D. V.

meinten Beute braucht man aber ein solches von 10½" Zoll Breite; weil nämlich die Decke des Kastens vom Boden so weit entfernt ist, zwischen welche diese Wand hineinkommen soll. Es wird also das Stroh bis zu den Säulenlöchern (h) eingelegt.

Das vollendete Strohbret schneidet man an beiden Enden gehörig zu, und paßt es in den vorderen Rand des Strohkastens hinein. Bevor jedoch dies geschieht, bereite man erst noch darin das Flugloch (a) vor.

Man sehe hier noch einmal Fig. 28 an.

(Fig. 28.)

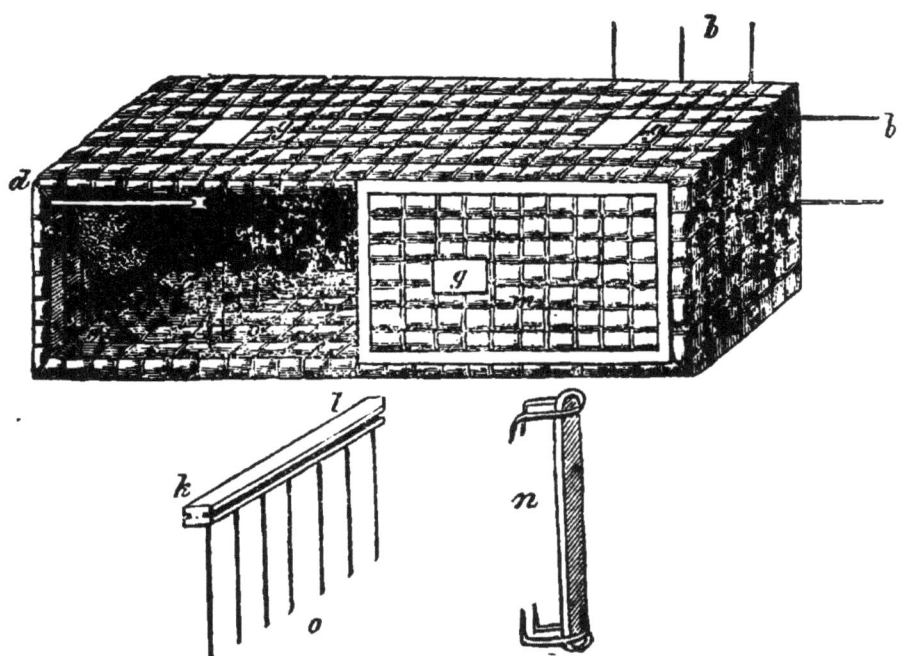

Ein Flugloch wird überhaupt am zweckmäßigsten auf diese Weise verfertiget. Man nagelt aus 1¾ Zoll breiten und ¼ Zoll dicken Bretchen von der Größe der herzustellenden Flugöffnung mittels kleiner Drathstifte einen Rahmen zusammen, nachdem man zuvor in jedes der 4 Bretchen ein kleines Loch für einen Holznagel gebohrt hat. In der Größe dieses Rähmchens schneidet man am unteren Rande des Strohbreters, dort wo das Flugloch sein soll, das Stroh aus. Jetzt wird zuvor die Vorderwand eingesetzt und dadurch befestiget, daß man auf allen 4 Seiten des Strohkastens, durch dessen Rand 6—8 Zoll lange, mehr breite als dicke Holznägel (b) in die

Wand treibt. Nun wird erst in die ausgeschnittene Oeffnung der Fluglochrahmen eingezwängt, und mittels Holznägel, die in die 4 Löcher der 4 Rahmentheile, welche etwas schief gebohrt sein müssen, eingeschlagen werden, fest gemacht. Die durch das Ausschneiden des Strohes aufgegangenen Stiche werden noch vor dem Einsetzen der Wand wieder vernäht und alle etwa um das Flugloch herum vorhandenen kleinen Oeffnungen mit gut zubereitetem haltbaren Lehm verstrichen. So ist jetzt die Vorderwand sammt dem Flugloche ein für allemal fest und sauber hergestellt. *)

In kürzeren Lager=Beuten von nur 3 Wabenfächern, wird das einzige Flugloch gewöhnlich gerade in die Mitte der Vorderwand angebracht; in der Fig. 28 dargestellten größeren Beute von 4 Fächern aber sind 2 Fluglöcher vortheilhaft. Sie erscheinen hier in den beiden Seitenfächern, z. B. bei (a). Bewohnt ein einziges starkes Volk die Beute, so läßt man, je nach dem es zuträglich ist, die Bienen durch das eine oder durch das andere fliegen. Es kann jedoch diese Beute auch als Doppelstock gebraucht werden; indem durch ein eingeschobenes Scheidebret in der Mitte eine Wohnung für 2 Völker je zu 2 Fächern, hergestellt wird. Als Lager= und Brutraum sind die 2 Fächer groß genug, und der Honigraum kann dabei durch Aufsätze über den Spundöffnungen in der Decke angebracht und stets nach Erforderniß vergrößert werden. Dann fliegt also jedes Volk durch sein eigenes Flugloch, und der Stock ist ein Zwilling.

Die Hinterwand muß beweglich bleiben, und in 2 Hälften getheilt, die Thüren abgeben. Wenn diese Thüren in den Rand des Strohkastens hineinpassen und eingelassen werden sollen, so muß hiezu ein 10½ Zoll hohes Strohbret angefertigt und in 2 Theile zerschnitten werden. Jede dieser Thüren erhält dann noch auf der Außenseite zwei querübergelegte und angenähte schwache Holzleisten gegen das Krummbiegen.

Wer solche Thüren besonders genau, sauber und fest haben will, der lasse sich zwei 10½ Zoll hohe Holzrahmen, ⁵⁄₄ Zoll stark

---

*) So wie hier gelehrt wurde, lassen sich Fluglöcher am saubersten und dauerhaftesten auch in anderen Strohstöcken an jedem beliebigen Orte anbringen. Besonders leicht geht dieß an, wo das Flugloch der Länge nach zwischen 2 Nähte kommen kann. Z. B. beim untheilbaren Lager=Ringstock. Fig. 27, Seite 397.   D. V.

anfertigen, und fülle sie mit einem 8 Zoll breitem Strohbrete aus. Um der Füllung Festigkeit zu geben, bohre er ringsum durch den Rahmen 12—16 Löcher, und schlage dann durch dieselbe 4—6 Zoll lange Holznägel zwischen die Nähte ins Stroh. Auch können an der Außenseite, da, wo das Stroh an die Rahmen stößt, schwache Stäbchen, etwa von gespaltetem Rohrholz, mittelst Drahtstiften so aufgenagelt werden, daß dadurch jeder kleine Zwischenraum verdeckt wird. Letzteres macht den Einsatz sehr sauber und fest.

Wenn sich die Thüren, wie es bisher gemeint war, oben und unten und an der Seite in den Kastenrand einsenken, geschieht es manchmal, daß sie nicht ganz leicht wieder heraus zu bringen sind. Besser ists jedenfalls, wenn sie nur unten und an der Seite vom Rande bedeckt werden, oben aber sich blos an denselben anlehnen. Dann muß aber der ganze Oberrand des Kastens fehlen, oder die Decke des Kastens muß vorne um so viel schmäler sein, als die Stärke der anliegenden Thüre beträgt. Hierauf muß schon beim Einlegen des Strohes in die Maschine Bedacht genommen werden. Die letzte Abtheilung Stroh legt man nur auf der unteren und an Seitentheilen ein, und schneidet den Strohwulst bei (d d) Fig. 28, ab. Der Obertheil zwischen (d-d) bleibt sodann um 1½ Zoll niedriger! indem man hier die Stifte, statt wie an den übrigen 3 Seiten in die Seitenlöcher (k) in jene (i) einschiebt, und also hier die Stroheinlage um 1½ Zoll tiefer schließt, als bei den übrigen 3 Seiten. Der obere Ausschnitt (d-d) wird hernach eben so abgenäht, wie die breiteren 3 Seiten.

Da nun die Thüre dann nicht unter den oberen Rand sich einsenkt, sondern darüber hinaufgeht und sich daran anlehnt, so muß sie jetzt auch um so viel höher sein und wenigstens 12 Zoll Höhe besitzen. Das Strohbret, welches die Thürrahmen ausfüllt, muß daher statt 8, 9 Zoll breit sein.

In Fig. 28 ist auf diese Weise eine Thüre vorgemacht. Eine solche läßt sich ganz bequem öffnen; man darf nur mit dem Messer oben zwischen den Rahmen und den Stockrand stechen, und hier die Thüre langsam zurück drücken. Bläst man zugleich von oben ein wenig Rauch ein, so ziehen sich die Bienen zurück, und man nimmt die Thüre bienenfrei ab. *)

*) Wie obige Thürrahmen, so können auch andere Holzrahmen mit Holzbretern gefüllt und daraus ganze Stöcke verschiedener Art, ja gleichsam ganze Bienen-

Die Fenster in den Wänden und die Spundlöcher in der Decke (*g*) werden wie die bei runden Körben, und wie im II. Hauptstücke gelehrt wurde, bereitet; nämlich, man legt in der Mitte der Wand, gleich beim Einpressen des Strohes, 2 Bretchen — 3 Zoll von einander — auf das Stroh, und steckt Stifte darüber, die bis zur Vollendung des Strohkastens oder Strohbretes stecken bleiben. Dann wird das Stroh, nachdem auch der Strohspund innerhalb der 2 Bretchen abgenäht ist, an den beiden Säulen, worin die Stifte stecken, etwas schief durchgeschnitten. Der Ausschnitt oder Spund dient dann als Fensterdeckel; wie schon §. 58 in der Anmerkung gemeldet wurde.

In der Wand, welche zur Decke bestimmt ist, und wo gegen beide Enden hin, die Spund= oder Ansatz=Oeffnungen kommen sollen, kann statt des einen Bretchens lieber gleich ein ganzer Stab von der Dicke und Breite des Bretchens und so lang als die ganze Beute — mit eingelegt werden. Dadurch erhält zugleich die Decke besondere Festigkeit.

Das Gesagte findet auch Anwendung auf einzelne Strohbreter und Thüren, die Fenster erhalten sollen.

---

häuser zusammengesetzt werden; was in der Folge durch Beispiele nachgewiesen werden wird.

Hieraus leuchtet auch die Wichtigkeit der Strohbreter ein, welche dazu ohne viel Beschwerde angefertigt werden können. Wer hiezu keine Beuten=Maschine besitzt, lasse sich wenigstens eine Strohbret=Maschine machen. Eine solche besteht aus einem Brete mit oben beschriebenem Schlitz und der Presse, und aus 11 oder 12 Paar Säulen, die in einer einzigen geraden Reihe stehen. Er kann darauf nach Belieben lange und kurze, breite und und schmale Breter herstellen.

Auch schwächere Breter lassen sich darauf bereiten; z. B. nur ⁶⁄₄ Zoll starke statt ⁷⁄₄ zöllige. Dazu gehören 12 Stäbe, so lang und breit als die Säulen, und ¼ Zoll dick. Zugleich muß jeder Stab dieselben Löcher wie die Säulen haben. Jede Säule der einen Reihe wird dann durch einen solchen Stab verstärkt, dadurch, daß man ihn an die Innen-Seite der Säule anlegt und befestiget. Letzteres geschieht mittelst einer beweglichen Drahtschlinge an seinem Obertheile, die über den Säulenkopf gedrückt, und und da niederwärts geschoben wird. D. B.

c) Die innere Einrichtung der Lager-Strohbeute.

Die liegende Beute ist durch 3 eingefügte Rechen in 4 Fächer getheilt. Der eine Rechen ist in Fig. 28 zu sehen, wie er in der Beute erscheint. *)

Ein solcher Rechen besteht aus der Tragleiste (k-l) und aus 7 Stäbchen (o), welche oben in 7 Löcher eingeschoben und unten mit der Spitze in das Stroh des Bodens eingedrückt werden. Die Tragleiste ist genau 10½ Zoll lang, und über dieß hinten bei (l) mit einer breiten 1 Zoll langen Spitze versehen. Sie hat im Ganzen 1 Zoll Dicke oder Höhe, 1¼ Zoll Breite, und rechts und links eine Fuge, oder einen Falz, der einen starken Viertelzoll hoch, und einen schwachen halben Zoll tief ist, in welchem nämlich die Wabenhölzer liegen. Die 7 Löcher auf ihrer Unterseite bohrt man einen halben Zoll tief, und so, daß das erste und letzte vom Ende der Leiste noch einen Viertelzoll entfernt steht. Die weiteren 5 Löcher werden in gleicher 1½zölligen Entfernung von einander angebracht. So vorbereitet wird die Leiste am rechten Platze der Decke befestiget; in dem man die Spitze (l) in die Vorderwand eintreibt, und die Leiste selbst mit Nägeln an den eingelegten Holzstäben der Decke annagelt. Bei diesem Geschäfte stürzt man die Beute um, so daß die Decke auf dem Tische aufliegt. Beim Einfügen der 2. und 3. Rechens mißt man stets zuvor mittelst eines Wabenträgers die gehörige Distanz ab.

An den beiden Seitenwänden des Stockes ist nur eine Halbleiste, d. h. eine solche mit nur einem Falz, erforderlich. Sie wird ebenfalls in der Vorderwand eingespießt und festgenagelt. Stäbchen sind hier gerade nicht nothwendig. Wünscht man solche, so kann man sie unten einspießen, und oben an die Halbleiste blos annageln.

Nach Befestigung der Tragleisten werden in jede die 7 Stäbchen eingefügt. Jedes ist 11½ Zoll lang, einen halben Zoll breit, einen starken Viertelzoll dick, hat oben einen runden Zapfen und unten eine scharfe Spitze. Beim Einmachen drückt man die Spitze so tief in den Boden, bis man oben den Zapfen in das dazu bestimmte Loch stecken kann; dann schiebt man das Stäbchen wieder in die Höhe, bis der Zapfen das Loch ausfüllt und ersteres feststeht. Alle Stäbchen müssen möglichst senkrecht unter der Leiste, in gerader Linie

---

*) In der 3. Auflage bilden 3 durchbrochene Scheidebretter die 4 Fächer. Die angedeuteten Rechen sind aber viel einfacher, auch leichter zu verfertigen und einzufügen, weßhalb sie hier vorgezogen werden. D. V.

und in gleicher Entfernung von einander dastehen; wobei es darauf ankommt, daß man jedes am Boden an dem rechten Orte einspießt; was aber keine Schwierigkeiten hat.

Die Stäbchen haben nicht allein die Bestimmung, die Fächer bilden zu helfen, sondern auch, daß die 7 Waben in jedem Fache mit den Seitenkanten daran befestiget werden; daß hier beim Losschneiden der Waben und Herausnehmen derselben sammt den Trägern, die Waben des Nebenfaches an der andern Seite der Stäbchen hängen bleiben; daß der Schnitt mit dem Messer an den Stäbchen hinauf um so leichter und glatter geschehe; daß sie beim Einhängen der Waben die nöthige Richtung der Kanten andeuten u. s. w. Insbesondere vermitteln diese Stäbchen gerade und durch den ganzen Stock fortlaufende Gassen zwischen den Waben, und die Beute erhält dadurch den Vorzug vor allen andern dzierzon'schen Stöcken, daß die Bienen darin auch in dem härtesten Winter von einer Seite zur anderen ungehindert vorrücken können.

Jedes äußere Fach hat in der Decke ein Spundloch (g) 4—5 Zoll lang und 3 Zoll breit, welches zum Füttern, zum Lüften (man legt da ein Drahtgitter ein) zum Abtreiben mit Rauch, und vorzüglich zum Aufsatzgeben dient. Jedes Seitenfach kann leicht abgesperrt werden. Im Sommer legt man an den Rechen ein schwaches Bretchen an, welches unten eine Oeffnung wie ein Flugloch hat, durch welches die Bienen, aber nicht der Weisel, gehen, und dann hier den meisten Honig im Jungfernwachse aufspeichern. Im Winter wieder läßt sich hier der Stock leicht verengern und wärmer machen; indem man an den Rechen ein Strohbret legt, und so das leere Fach abschließt.

(d.) Verschluß der Strohbeute. Die Thüren legen sich oben wie Fig. 28 zeigt, an den Rand des Stockes an, oder, wenn der obere Rand nicht ausgeschnitten ist, bei der Einsenkung an die Tragleisten-Köpfe.

Unten schlägt man in den Boden blos für jede Thüre 2 Holzkeile ein, damit sie auch hier anliege. Oder man näht dort eine schwache Holzleiste an, welche den Anschlag bildet. Damit die beiden Thüren da, wo sie zusammenstoßen, keinen Spalt lassen, spießt man vor der mittleren Tragleiste oben und unten ein ³/₄ Zoll breites und 2 Linien dickes Bretchen ein. Es verdeckt den Spalt, und kann, wenn es bei einer Manipulation hindern sollte, herausgenommen und später wieder eingefügt werden.

Auf eine andere Art. Nach der Zeichnung (n) Fig. 23 — verfertiget man sich von starkem Eisendrahte zwei Doppelhaken. Jeder besteht aus einer 4½ Zoll langen Schlinge mit 2 umgebogenen Spitzen von ¾ Zoll Länge. Dazu gehört dann noch ein 2 Zoll breites, ½ Zoll dickes und gegen 15 Zoll langes Bretchen von hartem Holze, welches auf der einen Seite an seinen beiden Enden eine Erhöhung oder hervorstehenden Absatz haben muß, hinter welchen die Schlingen anliegen und nicht abschlüpfen können. Will man nun die Thüren in der Mitte festmachen, so drückt man den einen Doppelhacken mit den Spitzen von unten in den Boden des Stockes und zwar so, daß die Schlinge vor dessen Rand hervorragt; in solche steckt man das Bretchen mit einem Ende, und drückt dasselbe mit dem anderen gegen den Stock, bis es straff an der Fuge zwischen den beiden Thüren anliegt und solche zudeckt. Hierauf nimmt man den 2. Doppelhaken, steckt dessen Schlinge über das 2. Ende oder über den Kopf des Bretchens, und drückt jetzt, indem man zugleich das Bretchen möglichst vorwärts beugt, bei starker Spannung des Ganzen, die Hakenspitzen von oben in das Stroh der Decke. Diese Vorrichtung gewährt große Festigkeit. Beim Oeffnen des Stockes wird der obere Haken zuerst herausgenommen.

(Fig. 31.)

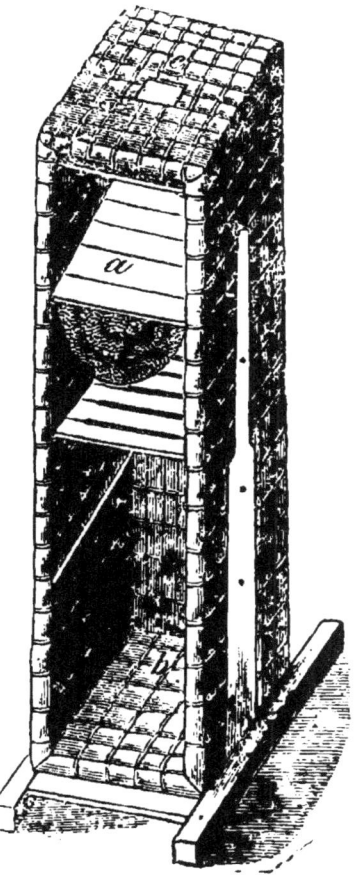

Bei genauer Arbeit bleiben um die Thüren herum unbedeutende Ritzen oder Zwischenräume; man kann sie mit ein wenig Lehm verstreichen.

Anmerkung. Was hier umständlich von der Bereitung der Strohbreter, der Fenster und Spundöffnungen, der Tragleisten, Fluglöcher u. s. w. gesagt wurde, wird nun bei den folgenden Bienenwohnungen nicht wiederholt, sondern als bekannt vorausgesetzt.

Nr. 2. Die viereckige Maschinen-Ständer-Strohbeute.

Diese bedarf keiner Erklärung, da sie die nämliche wie N. 1 — und nur stehend ist. Sie ruht, wie Fig. 31 darstellt, auf einem einfachen Gestell, woran ihre Wände mit starken Holznägeln befestigt werden. Die Tragleisten sind paarweise vorne in der Wand eingespießt und hinten angenagelt. Die Beute ist von der Rückseite geöffnet. Sie enthält 4 Fächer oder Etagen. Die oberste gilt für den Honigraum. Dieser wird vom Brutraume Anfangs abgesperrt — durch Deckbretchen, die auf die Wabenträger bei (a) gelegt werden. Man kann auch 5 oder 6 Paar Leisten anbringen und eben so viel Fächer herstellen, wodurch die Waben kürzer und minder schwer werden. Das Flugloch befindet sich in der Vorderwand ganz unten (b). Die 2 Thüren stehen über einander und werden in den Rand eingesenkt; oder, sie können auch nur oben und unten sich einsenken, und an den Seiten anlegen; wo sie hernach anzuklammern sind. In der Vorderwand und in den Thüren lassen sich beliebig Fenster (c) und in der Decke ein Spundloch anbringen.

Nr. 3. Die eirunde Strohbeute oder der liegende Schachtelstock.

Die Maschine dazu ist die nämliche, wie die viereckige, bis auf die Rundung zu beiden Seiten, wo die Säulen im Halbkreise stehen (Fig. 32.)

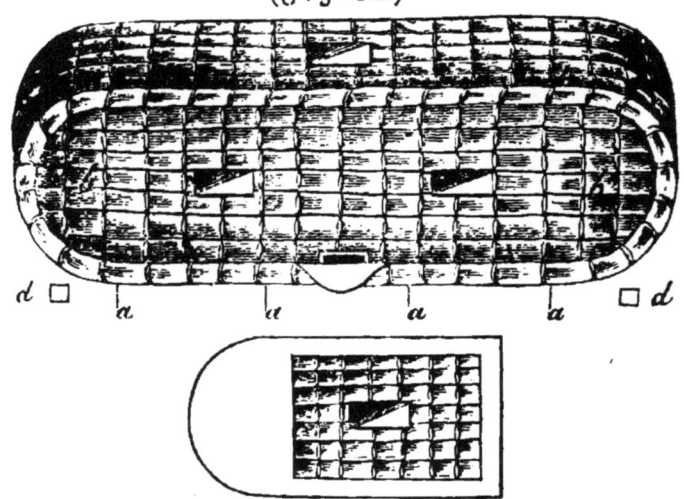

und alle eingeleimt sind. In die langen Seiten kommen beim Einlegen Stäbe; in die Rundungen werden längs der Nähte lange Holznägel von beiden Seiten eingetrieben. Inwendig sind 4 Tragleisten oder Rechen in der Gegend und Richtung (a) angebracht. Die 3 Fächer dazwischen haben dieselbe Weite und Höhe, wie in der eckigen Beute. Den halbrunden leeren Raum (b,) der rechts und links übrig bleibt, läßt man den Bienen nach Willkühr ausbauen. Oder man spießt da 2 oder 3 Traghölzer in der Vorderwand ein, und legt ihre Enden hinten auf ein in der Quere eingestecktes Holz auf. So kann man hernach, wenn das Querholz beseitigt wird, die Waben an den Traghölzern ebenfalls herausnehmen.

Die Vorderwand zu dem Schachtelstocke läßt sich gleichfalls auf der eirunden Maschine bereiten; nur muß man im Maschinenbrete an den 2 Seiten, wo die Rundung beiläufig 2 Zoll angefangen hat, in fortgesetzter Richtung der äußeren Säulenreihe die Zapfenlöcher (d) haben, damit hier noch 2 Säulen eingestellt und unten verriegelt werden können, und so das Strohbret die erforderliche Länge erhalte.

Das viereckige Bret schneidet man rund zu, und nachdem die durch den Schnitt aufgegangenen Nähte wieder festgemacht sind, wird es in den ovalen Ring eingepaßt und rings mit Holznägeln befestiget. Das Flugloch kommt in die Mitte der Vorderwand.

Die Thüren (c) bestehen aus Strohbretern in Rahmen, deren runder Seitentheil ganz von Holz ist.

Nr. 4. Der stehende Schachtelstock.

Er steht auf einem Gerüste, wie die viereckige Ständer-Beute. Der Abwechslung wegen sind die Thüren als an der Vorderseite angebracht dargestellt, und zwar mit dem Flugloche in der Mitte. Doch hält man stets das Flugloch unten für zweckmäßiger, so auch die Thüren auf der Rückseite. Bei (a) stoßen die Thüren aneinander.

(Fig. 33.)

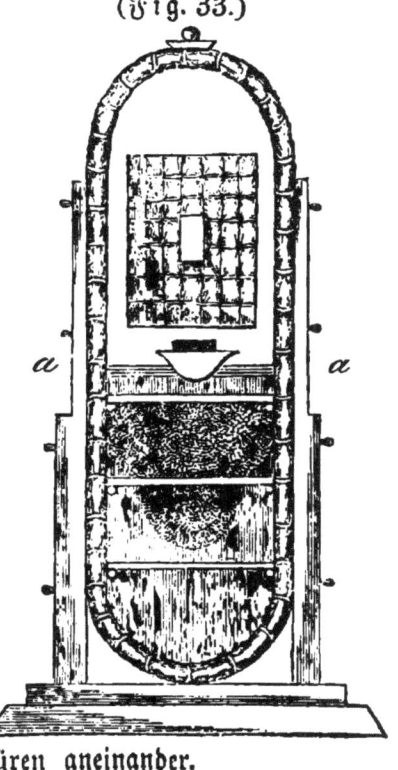

Man hat diesen Stock als Ständer auch unten ohne Rundung — eckig angefertigt, was aber auch eine anders gebaute Maschine erfordert.

Nr. 5. Die liegende Rahmen-Strohbeute.

Solche besteht aus 2 Seitenrahmen (*a*) welche — das Holz mitgerechnet 10$^1/_2$ Zoll hoch und 14 Zoll breit sind. Der Hintertheil dieser Rahmen (*b*) steht oben um 1$^3/_4$ Zoll vor. Auf diese (Fig. 34.)

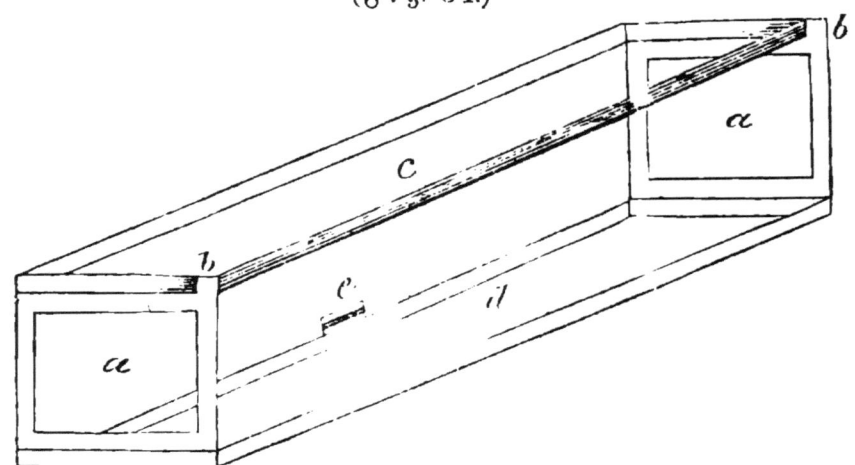

Seitenrahmen wird der Oberrahmen (*c*) genagelt, welcher mit dem Holze 47 Zoll lang und 12$^1/_4$ Zoll breit ist; eben so der Unterrahmen (*d*) der gleiche Länge, jedoch 14 Zoll Breite besitzt. Das Holz hat die Stärke der Strohbreter, nämlich 1$^3/_4$ Zoll.

Der Tischler kann auch die langen Theile des Ober= und Unterrahmens in die Seitenrahmen blos einzapfen; wodurch das Holz von 4 kurzen Seitentheilen erspart wird.

Alle 4 Rahmen werden im ersterem Falle, bevor man sie mit eisernen Nägeln an einander befestiget, mit Strohbretern ausgefüllt. Zu diesem Behufe bohrt man erst ringsum durch die Rahmen 3—4 Zoll von einander, mittelst eines Brustbohrers Löcher von der Weite eines Drittelzolls, in welche hernach Holznägel einschlagen werden.

Sind auf beschriebene Weise die 4 Wände des Stockes hergestellt, dann fügt man eben so auch ein Strohbret als Vorderwand ein, worin zugleich das Flugloch (*e*) oder wie bei der Strohbeute Nr. 1. zwei Flugöffnungen angebracht sind.

Nr. 6. Die liegende Rahmen-Strohbeute, von 3 Seiten zum Oeffnen mit Fugen statt Waben-Tragleisten.

Dieser Stock ist dem hölzernen, zuerst bekannt gewordenen Dzierzons nachgebildet, und besteht vorzüglich aus 2 Holzrahmen (*a*), die mit Strohbretern ausgefüllt werden, und aus den 2 Rahmen (*c*) welche die Bestimmung haben, die Wände des Stockes mit einander zu verbinden, und zugleich die Vorder= und Hinterthüre aufzunehmen. Der Obertheil des Rahmens (*a*) ist 3 Zoll breit, 1³/₄ Zoll dick; hat an beiden Enden 1³/₄ Zoll lange und 1 Zoll tiefe Einschnitte, und ³/₄ Zoll von unten hinauf die Fuge (*bb*), welche einen (Fig. 35.)

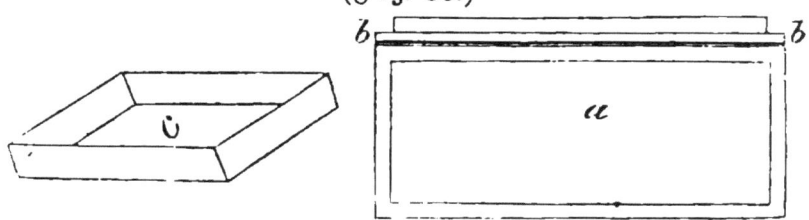

guten Viertelzoll tief und breit ist. Einen Viertelzoll über der Fuge ist das Bret bis oben hinaus um einen starken halben Zoll dünner gehobelt, so daß es oben an der Kante ⁵/₄ Zoll dick erscheint. Die beiden kurzen Theile des Rahmens sind ⁶/₄ Zoll breit, der untere lange Theil ⁷/₄ Zoll; alle 3 Theile aber haben ⁷/₄ Zoll Dicke. Der Rahmen ist im Ganzen 25 Zoll lang und 14 Zoll hoch.

Der Rahmen (*c*) ist aus einem ⁵/₄ Zoll starken Brete geschnitten, und hält im Lichten an Breite 13¹/₂ Zoll, an Höhe 13 Zoll. Die Breite seiner 4 Theile beträgt 3¹/₂ Zoll.

Sind nun die 4 Rahmen ordentlich vorgerichtet, und auch die Rahmen (*a*) mit Strohbretern — wie früher gelehrt wurde — ausgefüllt; dann legt man letztere zu beiden Seiten ⁵/₄ Zoll weit, oder so weit es die Eckenausschnitte gestatten, in die Rahmen (*c*) hinein, und nagelt sie da mit eisernen Nägeln gehörig fest.

Das Fernere wird aus dem zusammengesetzten Stocke in gegenwärtiger Figur verdeutlicht.

Um jetzt auch den Boden des Stockes herzustellen, verfertige man ein 10¹/₂ Zoll breites Strohbret, schneide es genau so lang als die Seitenwände sammt Holz und Stroh sind, und zwänge es mit Gewalt in den 10 Zoll breiten Raum hinein. Hierauf befeſtige man es an den Seitenrahmen ringsum mit Holznägeln. Damit ſich der Abſchnitt des Strohes im längeren Gebrauche nicht auffaſere, nagle man die ¼ Zoll ſtarke Leiſte (a) darüber.

(F i g. 36.)

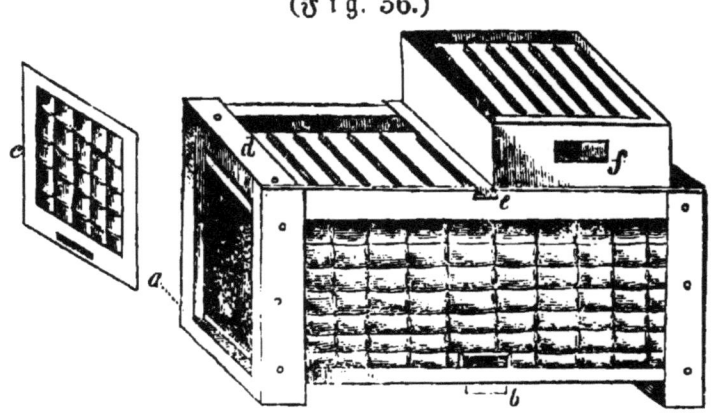

Zur größerer Haltbarkeit kann man auch quer über den Boden die Leiſte (b) anbringen.

Noch ſind 2 Thüren (c) nothwendig. Sie haben Fluglöcher, und werden in die vorſpringenden Eingangsrahmen eingeſenkt. Auch an der breiten Seite des Stockes über der Leiſte (b) kann ein Flug- loch ſein, um nach Belieben den Bienen auch von hier aus den Flug möglich zu machen.

Die Thüren werden mittelſt Vorreiber oder wie immer befeſtiget. Weil die Wabenträger um einen halben Zoll in die Fugen ein- gelaſſen ſind, ſo beträgt die lichte Weite des Stockes nur 10 Zoll.

Dieſer Stock iſt alſo von 3 Seiten zu öffnen und ſein Inneres ſo vielmal zugänglich. Um aber das Herausnehmen der Waben noch bequemer zu machen, kann der obere Quertheil des Vorder- und Hinterrahmens (d) auch zum Herausnehmen hergerichtet werden; in- dem er nur auf beiden Seiten mit einem Zinkenſchloß verſehen zu werden braucht. Damit ſich dann oben die beiden Seitenwände nicht von einandergeben, kann die Querleiſte (e) in Anwendung kommen, oder auch ein ſchwaches Eiſen mit Haken auf beiden Seiten als Zwänge.

Oben kommen auf die Wabenträger Deckbretchen, darauf im Winter eine fingerdicke Strohdecke, und darüber ein Deckenbret in Hälften getheilt, das allenfalls noch mit einem Falz oder Uiberſchlag die Kanten des Stockes bedeckt.

Zur Absperrung des Raumes im Innern dient ein Einschub=
bret, welches unten die Oeffnung eines Fluglockes hat, welche aber
auch verstopft werden kann, namentlich im Winter.

Das Aufsatzkästchen *f*, welches nach Belieben aufgestellt werden
kann, darf im Holze nicht dicker sein als einen halben Zoll, damit es
zwischen die Seitenwände des Stockes hineingehe, welche zu diesem
Zwecke auch um einen Zoll schwächer gehobelt worden sind.

Nr. 7. Die einfache Ständerbeute aus Rahmen und Stroh.

Diese wird auf ähnliche Art wie Nr. 6 verfertiget, nur noch
einfacher und leichter. Sie besteht ebenfalls aus 4 Hauptrahmen,
aus dem Ober= und Unterrahmen (*a*) und den beiden Seitenrahmen (*b*).

Die Rahmen (*a*) sind aus einem
2 Zoll starken Brete geschnitten und ha=
ben 3 Zoll Breite. Im Lichten halten
sie 14 Zoll Weite und 16 Zoll Tiefe,
d. h. Weite von vorne nach hinten.

(Fig. 37.)

Die Rahmen (*b*) sind 1¾ Zoll
stark, an den langen Theilen 2¾ Zoll,
an den kurzen aber nur auch 1¾ Zoll
breit.

Die Höhe dieser Seitenrahmen,
das Holz mitgerechnet, beträgt 32 Zoll
die Breite 16 Zoll.

Die mit Strohbretern angefüllten
Seitenrahmen werden rechts und links
in die Rahmen (*a*) hineingenagelt, nach=
dem zuvor an ihren Ecken in den Län=
gentheilen ein zollbreiter Ausschnitt ge=
macht worden ist; jedoch auch so, daß oben der Rahmen (*a*) noch
um 1¾ Zoll hervorsteht, und also ein eben so tiefer Falz oder Ab=
satz für den Deckel entsteht, und wieder im Gegentheile, daß unten
beide Rahmen (*a* und *b*) gleich auf den Boden aufstehen.

Der Boden des Stockes wird aus einem 4 eckigem Strohörete
geschnitten, zwischen die Wände eingezwängt, und, wie bekannt be=
festiget.

Klaus, der Bienenvater. 4. Auflage.   27

Auf gleiche Art wird die Vorder- und Hinterwand, je nachdem man die Thüre hinten oder vorne anbringen will, eingemacht.

Die Thüre ist auch hier ein berahmtes Strohbret. Der Untertheil des Thürrahmens kann 3 Zoll breit sein, und das Flugloch mit enthalten. Auch 2 Thüren lassen sich verwenden; wodurch der Stock auf 2 Seiten geöffnet und behandelt werden kann. Doch Regel bleibt, die Vorderwand, mit dem Flugloche unten, fest zu lassen. Die Thüre auf der Rückseite darf dann auch ein Flugloch besitzen. Solches wird im Sommer verschlossen, im Winter aber geöffnet und vergittert, während jenes in der Vorderwand verstopft bleibt. Im heißen Sommer kann die Hinterthüre umgedreht werden, so daß die Flugöffnung oben kommt, und hier mit Siebgitter verwahrt, zur Lüftung verwendbar wird.

Die Thüren werden zwischen die Rahmen eingesenkt, und legen sich an die Tragleisten-Enden im Innern an. Doch es läßt sich auch, wie bei der Beute Nr. 1 die Einrichtung treffen, daß sich die Thüren nur oben und unten einsenken, rechts und links aber sich an die Rahmen blos anlegen.

Die Thüre kann auch aus 2 Theilen bestehen; aus einem kleineren Theil, der oben den Honigraum zugänglich macht, und aus einem größeren, unten für den Brutraum. Im Sommer können die Strohthüren mit Glasthüren vertauscht werden.

Die zusammengenagelten Rahmen gewähren dem Stocke hinlängliche Festigkeit; wer aber ihn mehr befestigen zu müssen glaubt, kann zu beiden Seiten noch die Leiste (r) in den Ober- und Unterrahmen einzapfen.

Der Deckel wird oben eingesenkt. Auf jener Seite, wo die Thüre ist, nagelt man oben an dem Quertheile inwendig noch eine schwache Leiste an, damit auch hier wie auf den anderen Seiten der Deckel aufliege. Soll der Deckel unbeweglich bleiben, dann nimmt man hiezu bloß ein Stück Strohbret, welches rings mit Holznägeln festgemacht wird; soll er aber abnehmbar sein, faßt man das Stroh in einen Rahmen.

Diese Ständerbeute hat im Lichten 31 Zoll Höhe, 10½ Zoll Breite und 12½ Zoll Tiefe. Es werden im Innern 5 Paar Tragleisten an den Seitenrahmen, die etwas breiter gemacht sind, mit Schlosserzwecken angenagelt. Es können auch nur 4 Paar befestiget werden; wo hernach die Waben größer ausfallen. B. v. Berlepsch.

hat in einem ähnlichen Holzstocke gar nur 3 Etagen; aber er gebraucht dafür Rähmchen statt Tragstäbchen, die das Abreißen der schweren Waben verhüten und die Manipulation erleichtern.

Die Tragleisten brauchen nur einen schwachen halben Zoll stark zu sein; es haben darauf 8 Wabenträger neben einander Platz.

Der obere oder Honigraum wird Anfangs durch Deckbretchen auf der 2. Etage vom Brutraume abgesondert. Ersterer, wenn er vollgebaut ist, kann durch einen Aufsatz erweitert werden.

Wer Stöcke von beträchtlicherer Tiefe wünscht (B. v. Berlepsch hat solche, die 12 Waben in einer Etage fassen;) der verfertige sich zur Herstellung genug breiter Wände zwei schmälere Strohbreter, die zusammengenäht die erforderliche Breite hergeben. In solchem Falle muß aber in der Mitte eines jeden Bretes ein Holzstab ins Stroh gelegt werden, damit sich später die breite Wand nicht einschwenke. Letzteres ist durchaus nicht zu fürchten, wenn überdieß die Tragleisten auch an diesem Stabe mit angenagelt werden.

Anmerkung. Um eingesenkte Rahmenthüren beim Oeffnen leicht herauszubringen, gebraucht man nach dem Beispiele Dzierzons eine Art Schraubenbohrer, den man in den Rahmen einbohrt, und womit man, wie mit einer Handhabe, Gewalt machen kann.

Nr. 8. Der Dreistock oder die dreifache Ständerbeute aus Holzrahmen und Stroh.

Wie schon vorausgeschickt, läßt Dzierzon die Bienenwohnungen von 2, 3, 4, 6, 8, 12 und noch mehr Fächern anfertigen, und darin also mehrere Bienenkolonien nahe beisammen wohnen; damit sie sich, weil das Holz kalt ist, im Winter gegenseitig erwärmen sollen. Obschon nun bei den bisher beschriebenen Strohstöcken der Zweck des Wärmermachens wegfällt, indem schon ihr Material wärmer ist als Holz; und obschon mehrfächerige Stöcke auch ihre Mängel besitzen — wie S. 391 angedeutet wurde: so will ich dessen ungeachtet hier auch eine mehrfächerige Ständerbeute von Stroh beschreiben, aus dem Grunde, weil bei derselben bedeutend weniger Arbeit und Material erfordert werden, als bei eben so vielen einfachen Stöcken zusammengenommen; aber auch um zu zeigen, daß man mit Holzrahmen und Strohbretern alle Arten Bienenwohnungen nachahmen, und selber ganze Bienenhäuser errichten kann.

27*

Dieſer hier abgebildete Dreiſtock wird eben ſo verfertiget; wie die einfache Ständerbeute Nr. 7. mit dem Unterſchiede, daß der Ober- und Unter-Rahmen dreimal länger iſt, als bei jener, und daß nebſt den

(Fig. 38.)

2 Seitenrahmen noch 2 andere, voll- kommen gleiche, in der Mitte noth- wendig ſind. Alle 4 ſtehende Rahmen werden mit Strohbretern ausgefüllt, und dann in gleicher Entfernung von einander in den oberen und un- teren Rahmen hineingenagelt. So entſtehen 3 Fächer, von denen jedes 10½ Zoll Breite, kurz die- ſelbe Höhe, Weite und Tiefe wie der einfache Ständer beſitzt. Von den Thüren auf der Rückſeite gilt das nämliche, was bei dem ein- fachen Stocke hierüber angeführt wurde.

Beim Einfügen der Strohbreter in die Vorderwand iſt dieß zu bemerken: Man fange damit beim Mittelfache an, wo das Einſchlagen der Holznägel ohne Schwierigkeit geſchehen kann. Man ſchlage ſie jedoch ſo ein, daß ſie noch 1—2 Zoll herauſſen vorſtehen bleiben. Dieſe Enden oder Köpfe ſpitze man dann mit dem Meſſer zu, und drücke ſolche in die Ränder des Strohbretes rechts und links, nach- dem auch dieſe zum Einfügen in die Seitenfächer vorbereitet worden ſind. Zuletzt werden die beiden letzteren auch auf der entgegengeſetzten Seite oder an den Seitenrahmen feſtgemacht. Auch durch von der Vorderſeite etwas ſchief gebohrte Löcher können Nägel in das Stroh- bret rechts und links getrieben werden. Der größeren Haltbarkeit wegen kann man auch die ſchwache Holzleiſte (a) auswendig querüber an- nageln.

Die Fluglöcher befinden ſich unten am Boden; und zwar jenes des Mittelſtockes an der Stirnſeite, die in den Nebenſtöcken aber in den Seitenwänden. Auf dieſe Weiſe fliegen die Bienen von 3 ver- ſchiedenen Seiten, und verirren ſich weniger in die Nachbarſtöcke.

Der Kopfdeckel kann entweder für jedes Fach ſeparat gemacht werden oder nur ein gemeinſchaftliches Strohbret ſein, das eingeſenkt und ringsum feſtgemacht iſt.

Die innere Einrichtung bleibt dieſelbe wie bei der einfachen Beute.

Wie die Fluglöcher am zweckmäßigsten herzustellen sind, wurde Seite 305 gelehrt.

Nr. 9. Der Sechs-Stock oder die sechsfache Ständerbeute aus Holzrahmen und Stroh.

Stellt man 2 Dreistöcke von gleichem Maß und gleicher Beschaffenheit auf einander, und gibt ihnen mittelst Klammern oder Schrauben die gehörige Verbindung, so ist ein Sechs=Stock fertig. Man
braucht dann nur noch für einen
festen Stand und ein kleines Dach
zu sorgen, und man hat in den
6 Bienenwohnungen zugleich ein
kleines Bienenhaus.

(Fig. 39.)

Nr. 10. Der Zwölf-Stock oder
die zwölffache Ständerbeute, oder
das ströherne Bienenhaus.

Zwei Sechs=Stöcke bei einem
60 Zoll weiten Zwischenraume
einander gerade gegenübergestellt,
zugleich oben mittelst einiger Lat-
ten verbunden und mit einem Dache
bedeckt, geben ein stattliches Bienenhaus von 12 Stöcken (Fig.
40); ähnlich demjenigen, welches
Pf. Dzierzon und Baron v. Berlepsch in ihren Schriften — jedoch
von Holz — beschreiben.

Das Dach kann auf 4 Säulen ruhen, die ohnedieß schon des
festen Standes wegen, auf beiden Seiten des Häuschens angebracht
werden müssen.

Der ganze Zwölf=Stock nimmt am Boden kaum eine halbe
Quadratklafter Raum ein, und hat bis ans Dach 5 Schuh 7½ Zoll
Höhe. Ein sehr geringer Raum, und doch groß genug für 12 Kolo-
nien, und deren 360.000—800.000 fleißige Bienen.

Die Fluglöcher sind so vertheilt, daß 4 Stöcke nach vorne, eben so viele nach hinten und zwei auf jeder Seite den Ausflug haben; weßhalb auch das Häuschen auf einem freien Platze stehen muß, (Fig 40.)

jedoch auch von Weitem wieder geschützt, durch vorstehende Gebäude und hohe Bäume gegen Nord= und Westwind.

In einer solchen Zwölfbeute befinden sich sämmtliche Thüren inwendig, und es ist dort Raum und Licht genug zur Behandlung. Das ganze Strohhaus kann auch mit Thüren verschlossen werden; man darf nur zu diesem Behufe an beiden Eingängen Thürpfosten anschrauben. Halbe Thüren, in der Quere getheilt, wären vielleicht am zweckmäßigsten. Die oberen Hälften könnten oben an der Schwelle ihre Angeln haben, und nach Innen aufgeschlagen werden, wo sie nirgends hinderten, so daß im Sommer, während die unteren geschlossen sind, Licht ins Innere fallen und der Luftzug Kühlung bringen kann.

Dzierzon und v. Berlepsch machen in der Mitte ihre Zwölf= und Vierundzwanzig=Beuten von Holz, eine ausgemauerte Grube von 3 Fuß Tiefe und Weite, die mit durchlöcherten Bretern bedeckt wird, um durch die aus der Erde strömenden Luft, die im Winter wärmer, im Sommer kühler ist als im Freien, die Holzstöcke zu erwärmen und abzukühlen. In unserem Strohhause bedarf man nun wohl im Winter keines Wärmekellers; indem jeder schon für sich allein warm genug ist; jedoch, wer da wollte, könnte sich auch eine solche Grube zum Abkühlen im Sommer anlegen. Da aber übermäßige Hitze im Sommer nur dann in den Stöcken entsteht, wenn auf dieselbe unmittelbar die Mittagssonne scheint; so ist es am zweckmäßigsten, wenn ein hochstämmiger Baum, der den Ausflug der Bienen nicht hindert, das Strohhaus auf der Mittagsseite beschattet. Auch wäre es nicht unmöglich, im Nothfalle über jeder Etage auf der Südseite ein ausgespanntes Tuch (Rouleau) bis über die Fluglöcher anzubringen. Fernere Mittel sind: das Umkehren der Rahmenthüren, und zur Abendzeit das Oeffnen ihrer vergitterten Fluglöcher, die jetzt oben stehen, (Lüftung); erweiterte Flugöffnungen von außen; Herstellung von leeren Räumen durch Herausnehmen gefüllter Honigwaben; allenfalls auch durch Ansatzkästchen, die an den Fenstern der Thüren angebracht werden. Dies Alles, verbunden mit dem Durchstrich der Luft durch die halben geöffneten Eingangsthüren dürfte eine Abkühlungsgrube in der Erde ganz entbehrlich machen.

Bei der Einwinterung werden alle Fluglöcher an den Außenwänden verschlossen, und nur die an den Rahmenthüren, welche jetzt am Boden sind, offen gelassen, jedoch im verengerten Zustande — der Mäuse wegen. Die nöthige frische Luft über Winter kann durch das Dach, das nicht luftdicht aufliegen darf, eindringen. Man hat erfahren, daß in solchen Vierundzwanzig=Beuten (Pavilions) nach Dzierzon oder v. Berlepsch, die Bienen im Winter stark brausten, unruhig wurden, sehr viel Schweiß erzeugten, und daß die Stöcke verschimmelten. Natürlich, in dem von allen Seiten dicht verschlossenen Pavilion konsumirt die große Masse Bienen viel Sauerstoff und kein neuer kann hinzutreten; dafür aber häuft sich mehr und mehr schädliche Stickluft an. Beides erschwert dann den Bienen das Athmen; es gebricht ihnen an der nöthigen Lebensluft; daher ihre Unruhe, ihr Tumult. Hieran erinnert schon nach älteren Erfahrungen der Punkt c im §. 39, in Bezug auf geschlossene Bienenhäuser.

Das Strohhaus muß durch ein gutes, um einen Schuh vor=
springendes Dach gegen Schnee und Regen, und am Fuße gegen die
Traufe wohl geschützt sein, und in letzterer Beziehung auf einer er=
höhten Unterlage von Holz oder Stein ruhen. Wer es thun will, kann
es auch von außen mit einem Cement oder mit Oelfarbe anstreichen;
wodurch es destomehr Dauerhaftigkeit erhält.

Bei Wohnungsveränderungen und Todesfällen der Eigenthümer
läßt sich eine solche Zwölf=Beute wieder in 4 Theile theilen, und da=
durch eine leichtere Transportation und ein bequemerer Verkauf er=
möglichen.

Es ist möglich aus solchen mehrfächerigen Beuten auch
Stroh=Pavillione von 34 und selbst 49 Fächern zusammenzustellen.

Hier wird noch erwähnt, daß auch Lager=Beuten — wie
die Nr. 1. besonders aber Nr. 5. (Fig. 28 und 34) — zu ganzen
Stößen zusammengestellt werden können, und zwar so, daß
jeder Stoß gleichsam ein förmliches Bienenhaus bildet. Am einfachsten
geschieht dieß, wenn die Stöcke in dieser Form .⌐⌐. aufeinander ge=
stellt werden, und dabei stets darauf Rücksicht genommen wird, daß
die 3 Fluglöcher auf verschiedenen Seiten und in möglichster Entfer=
nung von einander zu stehen kommen. Die Punkte in der kleinen
Figur bezeichnen die Fluglöcher. In den zunächst darauf gestellten 3
Stöcken stehen diese Fluglöcher an den entgegengesetzten Enden z.
B. .⌐⌐. in der 3. Schichte wieder so, wie in der ersten, und in
in der 4. wie in der zweiten. Die 4. Seite des Stoßes bleibt
offen, und vertritt die Stelle der Thüre. Eine solche kann für den
Winter angebracht werden; und diese mit einem leichten Dache
machen ein förmliches Bienenhaus fertig, aus welchen 12 Bienen=
Colonien — auf jeder Seite 3 — fliegen. Stöcke auf diese Art zusam=
mengestellt, müssen Thüren haben, die sich ringsum einsenken, nicht
oben blos anlehnen. Denn sonst würde der darüberstehende das Auf=
machen des unteren hindern. *)

---

*) Seitdem Mobilstöcke bekannt sind, hat im Allgemeinen auch das Stroh mehr
Anerkennung gefunden. Auch ein Dzierzon, der Anfangs durchaus vom Strohe
nichts wissen wollte, schützt jetzt wenigstens damit die Vorderseite seines Zwil=
lingsstockes gegen die Kälte; und Baron Berlepsch empfiehlt an seinen Holz=
stöcken eine ähnliche Verkleidung, und überzieht solche noch mit darüberge=
spannter Leinwand. Insbesondere haben bisher gar Manche Strohbreter, ihrer
Festigkeit, Sauberkeit und Warmhaltigkeit wegen, für gar vortrefflich gefunden,

D. Theilbare Maschinen-Strohstöcke neuester Art.

Nr. 1. Der Thor- oder Kapellen- oder Hufeisenstock.

Seine Gestalt, so wie auch die der Maschine dazu, zeigt Fig. 41.

Er enthält eine Etage mit beweglichen Waben (Fig 41.)
10½ Zoll hoch und breit für den Brutraum, und
darüber einen 5 Zoll hohen halbrunden Raum
für den Honig. Ueber die innere Einrichtung gilt
das Nämliche, was von dem Dzierzonirten Lager-
Ringstock S. 395 von dem stehenden Schachtelstock S. 413 und überhaupt bei den vorausgehenden
Stöcken gesagt worden ist.

Dieser Stock besteht aus halbrunden Kästchen, 6 Zoll breit,
die hinter einander gestellt mit Drahtklammern verbunden, und mit
entsprechenden Thüren (Fig. 33.) verschlossen werden. Die Maschine
ist jener in der nächsten Nr. (Strohkönig) ähnlich. In den Seitenwänden werden beim Einlegen des Strohes je 2 fingerdicke Holzstäbe
an der Innenseite mit ins Stroh gelegt; daran werden später die
Tragleisten angenagelt. Eben so kann man beim runden Theile 2
biegsame Weidenstäbe mit einlegen. Ein Weiteres läßt sich hiefür
entnehmen, wenn vom Strohkönig die Rede sein wird.

Dieser Stock zeichnet sich aus durch eine hübsche Form, und
vermöge seiner Theilbarkeit durch bequeme Behandlung. Wer ihn
dessen ungeachtet untheilbar wünschen sollte, dürfte nur 3 Kästchen
zusammennähen.

Jedoch mir selber genügte dieser Stock nicht ganz; ich wünschte
den halbrunden Raum fort, und statt desselben einen eckigen, worin
die Waben gleichfalls an eingeschobenen Stäben hängen, und leichter
als die halbrunden herauszunehmen sind. Und so ging ich über zu
der nächstfolgenden 4eckigen Bienenwohnung.

---

und sich daraus nicht nur Beuten der oben beschriebenen Arten, sondern auch
noch andere nach ihrem Sinne konstruirt. So z. B. hat Hr. Tischlermeister Laaber
eine Art Doppelstock angefertigt; in welchem der Honigraum sich seitlich oder im
Nebenfache befindet; Hr. Gallus Spieß aus Lubau einen ströhernen Zwilling,
und Hr. Asten aus Böhm. Kamnitz Beuten noch anderer Art. Recht so!
Klaus will zu solchen Arbeiten nicht gebleterisch vorschreiben, sondern bloß
rathen und anleiten.   D. V.

Nr. 2. Der Strohkönig.

Nachdem ich auch diesen Maschinenstock hergestellt hatte, handelte es sich für ihn um einen Namen, um ihn von seinen bisher aufge= zählten und beschriebenen Strohbrüdern leicht unterscheiden zu können. Und da ich ihn unter denselben damals für den praktikabelsten und besten hielt, war ich bald fertig; ich dachte: „Der beste sei König!" und gab ihm daher den Namen „Strohkönig". An dem Namen liegt wenig; mehr an seiner sonstigen Beschaffenheit. Darum folge hier

a) Eine genauere Beschreibung desselben.

Bei (A) — Fig. 42 — wird ein einzelnes Kästchen, bei (B) der aus solchen zusammengesetzte Stock dargestellt.

(Fig. 42.)

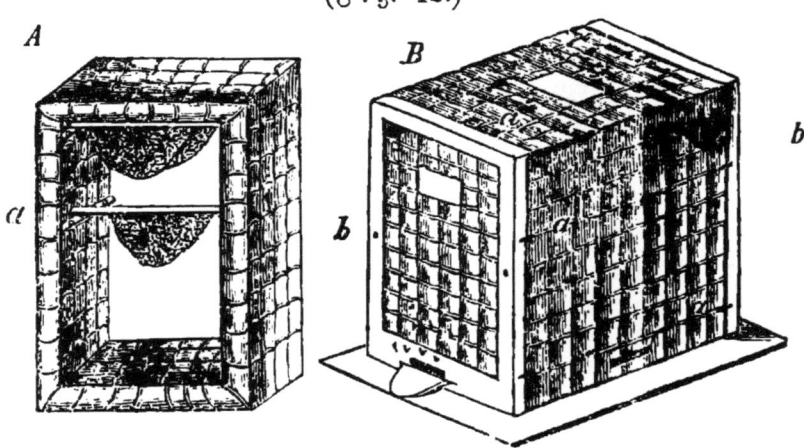

Das Kästchen hat 16 Zoll Höhe und 10½ Zoll Weite im Lich= ten; dabei 6 Zoll Tiefe.

Einen guten halben Zoll unter der Decke ist das erste Leisten= paar, und 5½ Zoll darunter das zweite. Die obere Etage ist für den Honig= die untere für den Brutraum bestimmt.

Drei Kästchen oder vier hinter einander gestellt, mit einander verbunden und an den offenen Seiten mit Thüren verschlossen, bilden den Stock. In der Vorderthüre befindet sich das Flugloch. Man kann die Bienen auch von der breiten Seite aufliegen lassen; und zu diesem Zwecke ist im mittleren Kästchen auch ein Nebenflugloch an= gebracht.

Die Thüren sind einfache Holzrahmen, mit Strohbretern ausgefüllt. Oder, nach neuerer Erfindung, kann auch ein solcher Thür= rahmen nur von Stroh sein, und dieselbe Füllung erhalten. Wie solche Thüren zu verfertigen sind, wird später bei der Maschine vorkommen. Auch dient auf die einfachste Weise ein bloßes Strohbret als Thüre; indem man denselben auf der Außenseite gegen das Biegen nur noch zwei schwache Querleisten annäht.

Die Verbindung der Kästchen wird durch gute Drahtklammern, die über je ein Paar Kastenränder an jeder Seite oben und unten eingedrückt werden, vermittelt. Auch die Thüren, die sich bei diesem Stocke stets nur an den Kastenrand anlegen, werden mit Klammern festgemacht. Bei (*b*) sind in der Figur solche Klammern angedeutet. Thüren mit Strohrahmen schmiegen sich besonders gut an. Damit sich die glatten Holzrahmen nicht leicht verschieben, bohrt man bei (*b*) ein Loch, und schiebt durch dasselbe einen eisernen Nagel ins Stroh; oder man wendet bei der Thüre eine Klammer mehr an.

Die wohlfeilste Verbindung der Kästchen wäre wohl die, daß man in die Ränder einander gegenüber Holzkeile fest einschlüge, und ihre vorstehende Köpfe mit Spagat umwickelte; allein es gäbe dieß kein hübsches Aussehen.

In der 2. und 3. Auflage hatte ich noch eine andere Verbindungsweise beschrieben, und auch in der Zeichnung ersichtlich gemacht, nämlich die, mittelst auswendiger Holzleisten und Schrauben. Es gehören dazu 2 Leisten, die an den Enden ein eisernes Schraubengewinde haben, und über 3 Kästchen sammt den Thüren reichen. An den Holzrahmen der Thüren sind in der Mitte rechts und links vorstehende eiserne Lappen, in welchen sich ein Loch befindet, angenagelt. Durch diese Löcher eben werden die Schrauben gesteckt und dann mit einer Flügel-Schraubenmutter angezogen. Auf diese Art lassen sich die Kästchen, so viel man will, zusammenpressen, und der Stock erhält dadurch besondere Festigkeit. Um aber nicht jedesmal diese ganze Vorrichtung aus einander nehmen zu müssen, wenn man blos durch die Thür in den Stock sehen will, so lasse man den Thürrahmen mit den Lappen separat bestehen, und senke erst wieder in demselben die eigentlichen Thüren mit einem schwächeren Rahmen ein.

Diese Einrichtung ist solid und zweckmäßig; allein man braucht dazu den Schlosser und Tischler, und sie verursacht Kosten. Darum habe ich sie auch schon in den früheren Auflagen nicht als obligat oder unumgänglich nothwendig beschrieben, sondern freigestellt, „nach Belieben" diese oder früher angegebene wohlfeilere und einfachere Verbindungsweisen zu wählen.

Da erst unlängst in der Bienenzeitung ein böswilliger Kritiker über diese Schrauben, Lappen und Leisten einen Tadel aussprach, und solche ganz unwahr „obligat" nannte, so habe ich solche lieber in Fig. 42 ganz weggelassen, wodurch ich eben am deutlichsten an den Tag zu legen glaube, daß sie nicht obligat sind.

Fenster können in den Thüren und auch an den Seitenwänden hergestellt werden; jedoch durch letztere sieht man wenig, und sie sind überflüssig. Zuträglicher sind Spundöffnungen in der Decke. Wenigstens soll das mittlere Kästchen eine aufweisen, vornehmlich zum Behufe des Aufsatzgebens.

Der Rauminhalt dreier Kästchen beträgt 3024 Kubikzoll, und reicht für eine starke Kolonie hin. Will man aber diesen Raum noch erweitern, so setzt man ein viertes Kästchen an. Besser aber, man gibt ein solches dem Stocke als Aufsatz. Es wird dabei so verfahren.

Man legt das Kästchen der Länge nach vor sich auf den Tisch, und spießt einen guten Viertelszoll abwärts an den Rändern der kurzen Seiten, zwei an den Längenseiten hinlaufende fingerdicke Hölzer ins Stroh. Diese Hölzer müssen die Stelle der Tragleisten vertreten. Dann legt man Wabenträger, mit Wachsspitzen ausgestattet, in gewöhnlicher Ordnung darüber. Hierauf legt man einen Deckel darauf, etwa eine Thüre von einem anderen vorräthigen Stocke derselben Art, welche genau dazu paßt, und macht sie mit Klammern fest. Jetzt, nachdem man noch den Spund aus der Decke gezogen, setzt man das Kästchen darüber, befestiget es mittelst Klammern, und verstreicht etwaige kleine Zwischenräume mit Lehm. In einem solchen Aufsatze erntete ich schon 32 Pf. Oe. G. reinen Jungfernhonig.

Daß auch ein anderes kleineres Kästchen aufgestellt werden kann, versteht sich von selbst.

Für eine schwächere Kolonie, wie auch in der Regel zum Einfassen eines Schwarmes, werden nur 2 Kästchen genommen. Ein hübsches Volk kann darin überwintern. Ein schwacher Schwarm hat auch in einem Kästchen Platz und bleibt darin stehen, bis es wohin verwendet wird.

Zuerst wird den Bienen nur die untere Etage zum Ausbau eingeräumt; indem die untere Reihe Wabenträger mit Deckbretchen belegt wird.

Im Winter kann man das obere leere Fach der Wärme wegen mit Stroh, Heu oder Moos ausstopfen; wie es Dzierzon auch bei seinen Stöcken thut.

Wieder steht es jedem frei, der etwa auf die Vortheile der Theilbarkeit verzichten will, 3 Käſtchen zuſammenzunähen, und den Stock als Ganzſtock zu behandeln.

Ich enthalte mich, hier die Vortheile der Theilbarkeit bei der Behandlung des Strohkönigs ſpeziell nachzuweiſen; weil ich dieſes bei der nächſtfolgenden ähnlichen Bienenwohnung, die ich für noch wichtiger halte — beim Prinzſtocke — vorzüglich zu thun Willens bin, und man hieraus das auch auf gegenwärtigen Stock Anwendbare von ſelbſt entnehmen kann.

b) Die Maſchine des Strohkönigs und die Verfertigungsweiſe der einzelnen Strohkäſtchen und Strohthüren.

Dieſe Maſchine unterſcheidet ſich von jener der viereckigen Strohbeute Fig. 28. S. 399. faſt nur durch geringere Größe; weßhalb ich in ihrer Beſchreibung in vielen Stücken nur auf jene größere zu verweiſen brauche.

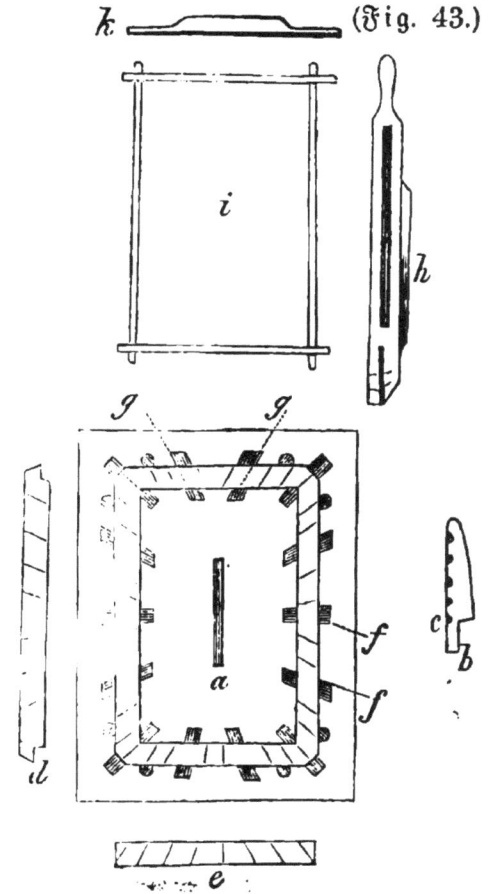

(Fig. 43.)

Das Grundbret dazu — (a) in Fig. 43 — iſt 27 Zoll lang und 20 Zoll breit In dieſe Länge ſind auch die Quer- oder Hirnleiſten an den beiden Kanten mit einbegriffen, die nach unten 3 Zoll vorſtehen, ſo daß das Bret darauf ruht, und unten ein hohler Raum bleibt. Es enthält 14 Paar Zapfenlöcher. Die Eckenlöcher ſind die nämlichen wie bei der großen Maſchine. Alle Löcher ſtehen etwas ſchief, mit Ausnahme der mittelſten in den 2 langen Seiten.

Die Strohbahn hat gleichfalls 1³/₄ Zoll Breite, und ſchließt einen 16 Zoll hohen und 10¹/₂ Zoll breiten, lichten

Raum ein. Der Schlitz in der Mitte' ist beiläufig 8 Zoll lang und einen halben Zoll breit.

Die Säulen (b) sind 7 Zoll ohne Zapfen hoch, übrigens so beschaffen, wie in der runden Maschine, Fig. 6, S. 169. Die 8 Ecksäulen haben längere Zapfen, unten mit Riegeln, wie in der großen Beutenmaschine. In diesen Säulen ist unten in der Mitte der I. Abtheilung, nämlich ¾ Zoll vom Zapfen entfernt, ein Loch mehr gebohrt (Aushilfsloch) (c) zum besseren Niederhalten der ersten Stroheinlage, und zur vollkommeneren Herstellung der Kasten=Ecken.

Daß Preßeisen gleicht jenem in der großen Maschine, nur ist es kürzer. Der Hebel ist der der runden Maschine; wobei hier nachträglich bemerkt wird, daß solcher dort, wo er beim Pressen auf das Stroh drückt — bei (h) — mehr Holz haben und tiefer hinab-gehen soll, als weiter vorne; damit man nämlich etwas bequemer — vor diesem Holzabsatz durch den Schlitz von unten — die Stifte in die Säulenlöcher einschieben kann.

Beim Stroheinlegen ist zu merken: Nach dem schon die I. Abtheilung — nämlich 1½ Zoll hoch Stroh eingelegt ist, gibt man die 4 Stäbchen (i) darauf, jedoch mehr gegen die Innen-seiten der Strohbahn. Sie sind einen guten halben Zoll breit und dick, und um etwa ¾ Zoll kürzer als die Seiten der Bahn, damit sie an den Ecken, wo sie über einander liegen, und deßhalb etwas flächer zugeschnitten sind, nicht sichtbar werden.

Beabsichtigt man oben in dem Kästchen ein Spundloch, so legt man da statt des Stäbchens ein Bretchen von der Gestalt (k) ein, welches einen Viertelzoll dick und in der Mitte schwache ¾ Zoll breit ist. Der breite Theil bildet dann zugleich mit den Rahmen des Spundloches. Hierauf werden weitere 2 Abtheilungen voll Stroh gepreßt. Dann kommen benannte 4 Stäbchen das zweitemal aufs Stroh, und wo ein Spundloch werden soll, auch das zweite Bretchen (k), und zuletzt wird die Einlage auch in der IV. Abtheilung vollendet.

Oben auf werden, wie bei der runden Maschine der Deckring, so hier die Deckbretchen (d) und (e) gelegt. Solche besitzen die entsprechenden Kerben für den Durchgang der Nadel beim Nähen, und sind in den Ecken in einander geschnitten, damit der hier darüber ge-schobene Stift beide Enden zugleich niederhalte, und nicht das eine in die Höhe stehe.

Die Spundlöcher werden immer an demselben Orte z. B. bei (gg), wo der Ausschnitt a igedeutet ist, gemacht, die Fenster aber auf der langen Seite, bei (ff).

Die Tragleisten. Oben erwähnte 8 Stäbchen (i) geben nicht nur dem Kästchen große Festigkeit, sondern die 4 senkrecht stehenden davon machen es überdieß möglich, daß die Tragleisten angenagelt werden können.

Die Leisten sind einen starken Viertelszoll dick und einen halben Zoll breit; die breite Seite legt sich an der Wand an, die schmale ist oben, und dient eben dem Wabenträger als Unterlage.

Beim Annageln legt man zuerst die schwache 6 Zoll lange Leiste dorthin, wo sie angenagelt werden soll, dann sticht man zugleich mit dem Messer ins Stroh, um zu erfahren, wo das verborgene Stäbchen liege. Hat man es zu beiden Seiten gefunden, so bezeichnet man an der Leiste alsogleich den Platz, wo der Nagel einzuschlagen ist. Dann bohrt man Löcher vor und nagelt mit Schlosserzweken oder mit starken Drahtnägeln die Leiste wirklich fest.

Das erste Leistenpaar kommt einen guten halben Zoll unter der Decke, damit, wenn die viertelzölligen Träger aufliegen, zwischen diesen und der Decke noch ein viertelzollhoher Raum bleibt. Das 2. Leistenpaar befindet sich um 5¼ Zoll weiter unten. Wer es hier thun will, kann über diese Leiste in viertelzölliger Entfernung eine zweite annageln; so entsteht dann ein Falz, in welchem die Träger hin und her geschoben werden können, und nicht über einander fallen. Oben beim ersten Leistenpaar läßt sich dieß schwieriger machen. Hier wieder gibt es ein anderes Mittel, das Verschieben der Träger zu verhüten. Man schiebt nämlich quer über die aufgelegten Wabenträger ein mehr breites Holz, und wendet solches, wenn es eingeschoben ist, mit der schmalen Kante aufwärts, so daß es jetzt straff da steht, und die Träger niederdrückt und festhält. Nach ein paar Tagen, wo die Bienen die Träger schon angekittet haben, oder auch erst später beim Zeideln, lassen sich solche Hölzer wieder entfernen; indem man sie wendend aus der Spannung bringt und herauszieht.

Nun soll auch noch gelehrt werden, wie Rahmenthüren ganz von Stroh für den Strohkönig, so auch für den nachfolgenden Prinzstock anzufertigen sind.

Man legt die I. Abtheilung der Maschine — 1½ Zoll hoch — voll Stroh. Zugleich werden die 4 Stäbchen (i), an den

Ecken zusammengefügt, allenfalls zusammengebunden, mit eingelegt und im Stroh verborgen. Sie dürfen nicht gerade in der Mitte des Strohwulstes liegen, damit sie hier später das Einschlagen der Holz=nägel nicht hindern.

Nachdem auf diese Art die ganze Abtheilung eingelegt und auch fest gepreßt ist, werden die Stifte, wie bei der vollen Maschine, darübergeschoben nnd man näht den Rahmen ab. Hierauf aus der Maschine gehoben, wird derselbe noch fester gemacht; indem man von den 4 Ecken aus, nach allen 4 Seiten lange spitzige Hölzer eintreibt und dadurch die Spannung der Nähte vermehrt. Man kann diese Hölzer so einschlagen, daß dadurch die eine Seite des Rahmens rund=lich und erhaben erscheint, während die andere flach bleibt. Die flache Seite wird dann zum Anlegen an den Stock, die mehr runde als Außenseite bestimmt. Hierauf wird ein Strohbret genau in den Rah=men hineingeschnitten, und — wie schon bekannt — mittels Holz=nägel, die von allen Seiten durch den Rahmen ins Bret eingeschla=gen werden, darin befestigt. Kleine Zwischenräume, die vielleicht blei=ben, werden mit Lehm verstrichen.

Wenn sich auf der Anlege=Seite der Thüre, Bret und Rah=men gut vergleichen, steht letzterer auf der Außenseite vor dem erste=ren etwas vor, und die Füllung des Rahmens erscheint etwas ver=tieft; was ein hübsches Ansehen gewährt. Wer besonders auf Sau=berheit sehen will, kann noch den Zusammenstoß des Bretes mit dem Rahmen von Außen, durch 4 Holz= oder Rohrstäbchen, die einge=spießt, angenäht oder angenagelt werden, verkleiden.

Wer keine eigene Bret=Maschine hätte, um sich darauf das Füll=Bret machen zu können, dürfte sich ein solches im Nothfalle auch auf der viereckigen Königs= oder Prinz=Maschine in folgender Weise bereiten. Er lege nur 2 Seiten der Maschine ein und nähe solche wie gewöhnlich ab. Dann schneide er in der Ecke das Stroh durch, und er erhält so zwei einzelne Bretchen 6 Zoll breit. Hierauf lege er die Maschine abermals, jedoch nur zu 3 Vierteltheilen oder 4½ Zoll hoch, voll; nähe wieder, und trenne zuletzt abermals durch einen Eckenschnitt das Ganze. Nun hat er 2 Bretchen 4½ Zoll breit. Jetzt nähe er jedes breite Bretchen mit einem schmalen zusammen, und er erhält ein Bret 10½ Zoll im Quadrat, also von der nöthigen Größe zur Füllung des Rahmens.

Es freut mich noch heute sehr, daß ich erst noch vor einigen Jahren auf die Zubereitung solcher Thüren verfiel und mir dieselbe gelungen ist. Eine solche Thüre läßt den Tischler entbehren, ist sauber, paßt genau zum Stocke, schmiegt sich daran wohl an, kann auch ein Fenster enthalten, ist im Winter warm, verquillt und reißt nicht und läßt sich auch bei jedem als Aufsatz gebrauchten Kästchen seiner Art, als genau passenden Deckel verwenden.

Anmerkung. Auch runde Thüren oder Deckel zu Ringstöcken kann man auf dieselbe Art machen. Dabei wird der Rahmen auf der runden Maschine bereitet. Das Strohbret wird, bevor man es zuschneidet, erst kreisrund mit Spagat abgenäht; wenigstens da, wo die Nähte durch den Schnitt aufzugehen drohen. In den Rahmen legt man einen biegsamen Weidenstab ein, und auch zur Verkleidung des Zusammenstoßes näht man rundum eine schlanke Wiede oder Weidenruthe an.

Nr. 3. Der Prinzstock.

„Der Mensch lernet nie aus," sagt ein wahres Sprichwort; und wer diesem Wahr=Spruche entgegen, glaubt, wirklich schon in einem Geschäfte so ausgelernet zu haben, daß er dabei unmöglich mehr etwas verbessern könnte, leidet an einem garstigen Dünkel. Ein solcher Dünkel ist meine schwache Seite nicht; ich strebte stets mich davon fern zu halten; namentlich auch bei der Erfindung und Fabrikation der verschiedenen Maschinen=Strohstöcke. Ich begann mit den Ringstöcken, ging dann über zu den eirunden und eckigen Beuten verschiedener Art, und hernach auch zu den theilbaren eckigen Stroh=bienenwohnungen, überall Neues und Altes, Gutes und Zweckmäßiges benützend; indem ich zugleich Jedem freistellte, sich nach seinem Geschmacke, oder sonstigen Verhältnißen diesen oder jenen Stock zum Gebrauche zu wählen, oder auch dessen Anfertigung selbst zu versuchen. Nun war ich beim Strohkönig angekommen. Daß ich ihm den Vorzug vor seinen Vorgängern gab, bezeugt schon sein Name. Aber bald erwachte in mir der Sinn für Abänderung und weitere Verbesserung wieder. Nachdem ich den Strohkönig ein paar Jahre, mit Bienen besetzt, erprobt hatte, wollte mir daran Dieß und Jenes nicht recht gefallen; und ich wünschte ihn überhaupt noch einfacher und bequemer in der Behandlung. Namentlich hinderte mich manchmal die eine Etage, wenn ich in der anderen etwas zu thun hatte; die Manipulation mit den Deckbretchen kam mir bisweilen seckant vor, und das Ausstopfen des leeren Oberraumes im Winter wollte mir auch nicht behagen. *)

Auch Andere, welche diesen Stock oder ähnliche Dzierzonstöcke versucht hatten, theilten hierin mein Urtheil. Ich sann darüber nach, und kam zu dem Entschlußce, den Stock abzuändern. „Fort mit der oberen Etage! — dachte ich — sie ist für den Honigraum bestimmt dieser kann auf eine andere Weise hergestellt werden; — fort damit, und die Deckbretchen fallen auch weg; und das Ausstopfen hat man obendrein auch zum Besten!" — Gedacht gethan. Ich verkleinerte die Maschine des Königstockes, und ließ jetzt genau quadratförmige, 6 Zoll tiefe und $10\frac{1}{2}$ Zoll im Lichten breite und hohe Strohkästchen machen. Und solche, hinter= oder nebeneinander gestellt, mit Draht-

---

*) Es will hiemit durchaus nicht gesagt sein, daß sich mit einem Stocke von mehreren Etagen, und insbesondere mit den Deckbretchen nicht hantiren lasse; nein, der Passionirte und Meister in der Sache kommt auch damit zurecht. Aber der gemeine Züchter, der nicht immer genug Zeit, Geduld und Geschick zu solcher Hantirung hat, stößt sich daran. Ihm ist es jedenfalls lieber, wenn er z. B. gar keine Deckbretchen braucht. Solche müssen vor Allen zweckmäßig angefertigt sein, so, daß sie genau aufliegen und an einander treffen. Dabei müssen sie gehörige Stärke besitzen, sonst werfen sie sich, lassen Lücken, welche die Bienen unter großem Kitt= und Arbeits=Aufwand zu verstopfen genöthiget sind, und gestatten im Winter der Wärme, sich in den leeren Oberraum zu flüchten, wo dadurch Nässe und Schimmel entstehen, während unten Trockenheit eintritt, und die Bienen verdursten können. Dergleichen akkurate und gehörig starke Bretchen kann aber in der Regel nur der Tischler aus gutem Holze verfertigen, und bei einem bedeutenden Bienenstande müssen davon stets eine ansehnliche Menge vorräthig sein.

Pf. Dzierzon sagt freilich in seinen Schriften, man könne sich selbst von einem Klötzchen Holz solche Bretchen schockweise herunterspalten; aber wie viele davon werden nicht windflüglich, nicht an den Kanten ungleich, nicht zu schmal, zu schwach, und überhaupt nicht tauglich zum Zwecke sein! — Derselbe räth aber in Ermanglung des Holzes an, Schindeln dazu zu verwenden. Jedoch wo Holz noth ist, dort sind auch Schindeln rar und theuer; man braucht solche für die Dächer nothwendiger. Und beim Spalten der Schindeln geht es wie bei den Klötzchen. Wenn endlich der große Meister sogar den Rath gibt, Bretchen von Zigarren- Kästchen oder Schusterspäne zum Decken in Mobilstöcken zu gebrauchen: so weiß man zuletzt nicht, was man darüber denken soll. Wie soll dergleichen Zeug im Winter die Wärme zusammenhalten in seiner Schwäche, und wenn es sich von Wärme und Kälte berührt, krümmt, und Risse bekommt! Dann, welche Herkules-Arbeit für die Bienen, die Ritzen und Löcher zu verstopfen! D. B.

klammern verbunden und mit ähnlichen Thüren wie beim Strohkönig geschlossen, bildeten jetzt statt eines Ständers einen theilbaren Lager= stock. Ich machte den neuen Stock schon im J. 1854 im Wochen= blatt der k. k. patr. ökon. Gesellschaft Nr. 11—14, so auch in der Bienenzeitung in Nr. 11 und 12; ingleichen in der 3. Aufl. „Klaus" v. J. 1857 bekannt.

Jetzt kam ich aber einen Augenblick seines Namens wegen in Verlegenheit. Sollte ich denjenigen, von dem er abstammte — den Strohkönig — vom Throne stossen, und ihn, den Neuling darauf= setzen als den Besseren, nach dem früheren Grundsatze: „Der beste sei König?" — Das würde Verwirrung in der Benennung Beider zur Folge gehabt haben! Es war aber dieß auch nicht ein= mal nothwendig. „Der Strohkönig bleibe, was er ist," — dachte ich zuletzt — „der aber von ihm abstammt und ihm ähnlich sieht, ist sein Sohn — also ein königl. Prinz; und dieser kann allerdings noch einige bessere Eigenschaften besitzen als sein Papa; und darum mag der neue Stock ohneweiters „Prinzstock," allenfalls auch „Stroh= prinz" heißen." Wem jedoch vielleicht dieser Name zu poetisch klingt, der mag sich meinetwegen lieber mit dem ellenlangen Prädikate: „Theilbarer Stroh-Lager-Eckstock" herumschleppen, um ihn damit ordentlich zu charakterisiren.

Doch auch der Strohprinz steht nunmehr nicht allein in sei= ner Art da, sondern hat bereits in dem Holzprinz auch einen Stiefbruder erhalten, der ihm, was Gestalt und innere Eigenschaften betrifft, wohl wie aus den Augen geschnitten ähnlich sieht, aber doch von einer anderen Mutter — dem Holze — stammt. — Noch mehr, in jüngster Zeit ist sogar noch ein Posthumus oder Spätling nachge= kommen, der das Kleeblatt der Prinzstöcke erst vollkommen macht nämlich der Prinz mit v. Berlep'schen Rähmchen. Obendrein schließt sich diesen Dreien noch ein vierter Prinz, aber aus einer an= deren Linie an, nämlich der Strohprinz-Ständer. Wir wer= den sie jetzt alle vier hinter einander kennen lernen.

a) Der Strohprinz.

Daß dieser aus Strohkästchen besteht, die $10\frac{1}{2}$ Zoll im Lichten hoch und breit und 6 Zoll tief sind, mithin genau viereckig ist und eine einzige Wabenreihe enthält, wurde schon gesagt.

Die Maschine dazu ist die des Strohkönigs, nur ist solche kleiner und genau ein Quadrat. Wie bei der Königs-Maschine — Fig. 43 — in Betreff der Säulenstellung eine schmale Seite aussieht, so sieht bei der Prinzen-Maschine jede der 4 Seiten aus. Auch in der Anfertigungsweise herrscht kein Unterschied, und es gilt alles auch hier, was darüber beim Strohkönig geschrieben steht. Uebrigens mag die beigegebene Abbildung den neuen Stock erklären helfen.

Fig. 44 stellt ein einzelnes Stroh-käftchen vor, wie solches im Gebrauche auf-recht dasteht. Oben rechts und links, einen halben Zoll unter der Decke befinden sich die 2 bekannten Tragleisten, und sind dort an den in Stroh verborgenen 4 Holzstäben angenagelt. Auf diesen Leisten liegen die Wabenträger. *)

(Fig. 44).

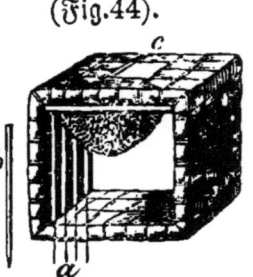

Bemerkenswerth an diesem Käftchen sind:

1) Die 4 senkrecht an jeder Seitenwand im In-nern stehenden Hölzer oder Stäbchen (a). Jedes —

---

*) Pf. Dzierzon schreibt vor, die Leisten oder Fugen unter der Decke seines Stockes einen Zoll tief anzubringen; allein aus Gründen der Erfahrung weiche ich hiervon ab, und rathe nur die Entfernung eines guten halben Zolls an. Denn wenn die Träger eingeschoben sind, bleibt bei einer zölligen Ent-fernung noch ein ¾ Zoll hoher Raum, welcher den Bienen sehr läftig ist. Sie können nämlich auf den Trägern stehend, die Decke nicht erreichen, und müssen, um dahin zu gelangen, und um z. B. zu der dort befirblichen Futter-öffnung zu kommen, erst einen Umweg von den Seitenwänden hinauf machen. Deßhalb und weil sie überhaupt keinen leeren Raum gern über sich leiden, bauen sie den erwähnten ¾ zölligen Raum ganz mit Wachs aus, und legen dort auch Honig nieder. Dieser Umstand erschwert aber hernach das Herausnehmen der Waben sehr. Bleibt dagegen nach Auflegen der Träger nur ein viertelzölliger leerer Raum übrig, so lassen die Bienen solchen wenigstens honigfrei. Dieser Raum gestattet ihnen den nöthigen Durchgang zwischen der Decke und den Trägern und sie können erstere augenblicklich mit den Füssen erreichen. Beim Herausnehmen der Waben gewährt der viertel-zöllige Raum noch Platz genug, daß man mit einem Haken über den Träger gelangen und solchen hervor ziehen kann. Da nur 4 Waben in einem Käftchen sind, so geschieht dieses Herausnehmen freilich leichter, als in einem un-ren Stocke, wo oft viele Waben durch eine und dieselbe Thüre her-ausgefördert werden müssen.   D. R.

wie (*b*) zeigt — ist vom weichen Holze, einen schwachen halben Zoll breit, einen schwachen Viertelszoll dick und 11½ Zoll lang. Um diese Hölzer am rechten Orte an die Tragleisten annageln zu können, müssen letztere, bevor sie selber befestiget werden, dazu die nöthige Bezeichnung erhalten. Zu diesem Zwecke legt man die Tragleiste mit ihrer Strohseite auf den Tisch, mißt mit dem Zollstab auf jedem Ende ¾ Zoll einwärts, und hat somit schon 2 Punkte, nämlich, wo die 2 äußeren Stäbchen anzunageln sind. Dann bezeichnet man auch noch die dazwischen fallenden 2 übrigen Punkte, die immer von einander ⁶⁄₄ Zoll abstehen.

Nach der Befestigung der Tragleisten folgt jetzt das Anbringen der Stäbchen. Jedes wird an einem Ende spitzig zugeschnitzt, und dann mit seiner Spitze, dort wo es stehen soll, ¾—1 Zoll tief in den Boden des Kästchens eingedrückt, während das obere Ende am bezeichneten Punkte angelegt, und sobald Alles paßt, an dem Träger mittelst eines kleinen Tapezierstiftes festgenagelt wird. Das Stäbchen muß nicht nur möglichst senkrecht stehen, sondern auch, weil die Tragleiste ¼ Zoll dick ist, von oben bis herab einen Viertelszoll von der Wand abstehen. Es läßt sich dabei leicht nachhelfen; oben etwa durch Abschnitzen, und unten durch Vor- oder Rückwärtsdrücken oder Anderseinstecken der Spitze. Gerade über jedem Paar Seitenstäbchen muß oben im Mittelpunkte ein Wabenträger zu liegen kommen.

Beschriebene Stäbchen bringen folgende Vortheile:

aa) Wie oben die Wabenträger, so dienen sie an den Seitenwänden den Bienen gleichsam als Lineal oder Vorschrift, wie diese die Waben bauen sollen, und nöthigen die kleinen Baumeister, welche von Natur aus den Bau gewöhnlich an dem erhabeneren Theil einer Wand zu befestigen pflegen, in der Regel an ihnen, und nicht an dem tiefer liegenden Strohe, die Wabenkanten anzukitten. Dadurch wird einem schädlichen Krummbau vorgebeugt; nur müssen zuvor die Waben auch oben in der rechten Richtung und Entfernung von einander begonnen worden sein.

bb) Das Ausschneiden der Waben geht leichter und ordentlicher von statten, als wenn diese unmittelbar an der Wand befestigt sind. Man braucht nur mit dem Messer an dem Stäbchen von unten nach oben zu fahren, und die Wabe ist da vollkommen gelöst und ohne Scharten. Auch bleibt so das Stroh an der Wand unverletzt.

cc) Beim Einsetzen ganzer Waben geben die Stäbchen zugleich dem Auge und dem Finger einen Wink, wie solche hängen müssen, damit die Zwischenräume oder Gassen regelmäßig bleiben. Die Waben passen auch, weil sie gleich geschnitten sind, gut aus einem Stocke in den andern, und der gleiche Schnitt erleichtert den Bienen das Wiederanfügen.

dd) Die Bienen sind vermöge dieser Einrichtung im Stande, das ganze Wachsgebäude, auch an den Wänden (so wie in dem Rähmchenstock von Berlepsch, wo die Rahmenschenkel gleichfalls einen Viertelszoll von der Wand abstehen) bequem zu umgehen; selbst dann noch, wenn ausnahmsweise da und dort ein wenig Wachs an die Wand gebaut ist; sie können überall auf dem kürzesten Wege in jede Zwischengasse gelangen, während sie anders meistens nur vom Boden aus dahin kommen. Im Winter kann der ganze Bienenhaufen, wenn er die Waben bis an den Seitenrand ausgezehrt hat, von hieraus leicht auf die Nebenwaben vorrücken. Beim Austreiben des Volkes vermittelt auch die freie Passage an den Wänden das bessere Vorwärtslaufen der Bienen; während beim gewöhnlichem Quer- oder Staffelbau sie sich manchmal sammt der Königin in eine Sackgasse verrennen.

ee) Auch auf die Gesundheit und Reinlichkeit des Stockes hat endlich die Stäbcheneinrichtung Einfluß. Die Luft kann dadurch um den warmen Bau ebenfalls zirkuliren; die Waben kommen mit der Wand nicht in Berührung, wenn sich an ihr im Winter Feuchtigkeit niederschlägt, und sind so um so sicherer vor Schimmel. Nicht minder können todte Bienen und andere Unreinigkeit leicht aus den Gassen geschafft werden. Im Sommer dagegen ist es den Bienen möglich gemacht, den Bau auch an den Wänden zu überwachen und zu vertheidigen; der Wachsmottenschmetterling und andere Insekten finden hier keinen Versteck.

Anmerkung. Man erkennt gewiß die Vortheilhaftigkeit benannter Seitenstäbchen, und es lohnt die geringe Mühe, sie anzufertigen und anzubringen. Jedoch absolut nothwendig sind sie nicht. Wer auf ihre Vortheile verzichten will, mag sie weglassen; seine übrigen Vorzüge behält dabei der Strohprinz dennoch.

2. Die Spundöffnung an der Decke (c). Solche ist von Wichtigkeit. Man verfertiget sie nach Vorschrift, die beim Stroh= könig S. 430 bei der viereckigen Lagerbeute S. 408, und schon bei dem Ringstocke gegeben worden ist. Der keilförmige Spund (c) ist — wie gleichfalls schon gesagt — aus dem ausgeschnittenen Stroh bereitet. Die Spundöffnung dient zum Füttern, zum Aufsatzgeben, zur Transplantation, zum Raucheinblasen beim Austreiben, zur Lüftung u. s. w.

Anmerkung. In der 2. Auflage wurde auch ein Bretchen oder eine Blechplatte mit 2 Linien breiten Durchgängen zum Einsen= ken in die Spundöffnung erwähnt, wenn ein Aufsatz gegeben wird. Durch diese Durchgänge sollte der Weisel nicht, und nur die Bienen in den Aufsatz hinauf gehen können, folglich dieser brutfrei bleiben und nur reinen Honig enthalten. Dieses Bretchen ist ganz über= flüssig. Nach besserer Erfahrung hat der Weisel unten Raum genug zum Eierabsetzen; er überschreitet nie die in den Waben zu oberst befindlichen Honigzellen, um in das Spundloch und durch dasselbe in den Aufsatz zu gelangen.

Nunmehr, nach geschehener Beschreibung des einzelnen Käst= chens, soll in Fig. 45 der ganze Stock in seiner Zusammensetzung erscheinen.

Die Kästchen werden wie beim Strohkönig hinter oder ne= ben einander auf einem Brete aufgestellt, und mittelst Draht= klammern an einander befestigt.

(Fig. 45.)

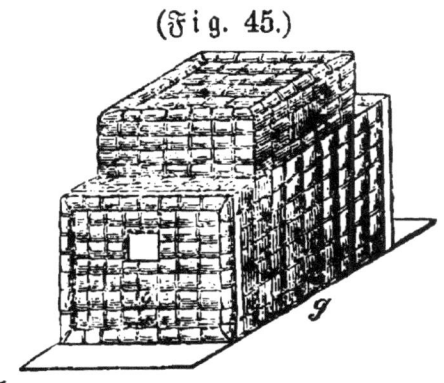

Ein hübscher Schwarm hat im 1. Jahre in 3 Kästchen Raum, ein besonders volkreicher kann noch ein 4. verlangen, welches später angesetzt wird. Ein schwächerer Schwarm begnügt sich mit 2 Kästchen.

Ein kleines Völkchen hat in einem Kästchen genug, und kann als Reservstöckchen stehen bleiben.

3. Von den Thüren, Flugöffnungen und Auf= satzkästchen gilt dasselbe, was hievon beim Strohkönig gemel= det wurde.

Wie Thüren sowohl mit Stroh- als Holzrahmen zu verfertigen und anzuwenden sind, wurde dort gelehrt.

Wenn der Stock in der Länge — als Schmalstock — aufgestellt wird, was er in der Regel soll, so befindet sich das Flugloch (*a*) in der vorderen Thüre. Doch auch in der Quere — als Breitstock — kann er aufgestellt werden. Für diesen Fall soll ein Mittelkästchen ebenfalls ein Flugloch haben.

Ein solches Seitenflugloch wird erst aus dem vollendeten Kästchen ausgeschnitten, und zwar zwischen der 2. und 3. Naht, von der Eckennaht gezählt. Vor dem Ausschneiden wird es erst umnäht, damit durch den Schnitt die Nähte nicht aufgehen. In die ausgeschnittene Oeffnung paßt man hernach den Fluglochrahmen ein, wie bei der 4eckigen Lagerbeute Seite 405 gelehrt worden ist. Zugleich schnitzt man die 2 inwendig vor diesem Flugloch stehenden Seitenstäbchen unten etwas schwächer, damit sie die aus- und eingehenden Bienen weniger behindern; besser aber, man nagelt über dem Flugloche ein schwaches Querleistchen an, und befestiget kürzere Stäbchen mit ihren unteren Enden daran.

Jedes leere Kästchen des Stockes kann auf der Stelle auf jeder offenen Seite als Ansatz, aber auch als Aufsatz gebraucht werden. Als Aufsatz bedarf es weiter keiner Vorrichtung. Auf die breite Seite gelegt, geben die 2 obersten Seitenstäbchen, die jetzt horizontal erscheinen, die Tragleisten ab; man legt Wabenträger mit Wachsspitzen versehen darauf, befestiget darüber eine Thüre als Deckel, zieht den Spund aus, setzt das Ganze darüber, klammert es an den Stock fest, und verschmiert etwa gebliebene Zwischenräume ein wenig mit Lehm.

Wenn sonst das Wachsbauen möglich ist, steigen die Bienen sehr gern zur Arbeit in einen solchen Aufsatz hinauf, besonders, wenn man eine angefügte Wachsspitze bis herunter in das Spundloch reichen läßt. Die Höhe des Aufsatzes beträgt nur 6 Zoll; das lieben die Bienen. In einen hohen Aufsatz gehen sie unliebsam.

Hat der Stock unten 3 Kästchen, so läßt sich der Aufsatz so aufstellen, daß 2 Spundöffnungen darein münden; was die Bienen umsomehr zur Fortsetzung des Baues oben — reizt, und für sie desto bequemer ist. Befinden sich unten 4 Kästchen; dann können darüber 2 Kästchen neben einander gestellt werden. Auch kann, wenn schon ein Aufsatz vollgebaut erscheint, derselbe aufgehoben, und darunter ein zweiter leerer gestellt werden. Der hohle Raum zwischen ihrem Bau reizt jetzt die Bienen destomehr, denselben auszufüllen. Einen vollen Honigaufsatz kann man auch ganz wegnehmen, und ihn wieder durch einen leeren ersetzen. Daß eben so andere Kästchen, z. B. von Holz, und insbesondere Honiggläser zweckmäßig aufgestellt werden können, leuchtet ein.

Bei einem als Aufsatz gebrauchten Strohkästchen vertritt das nun an der Seite befindliche Spundloch die Stelle eines Fensters zum Nachsehen. *)

Vortheile des Strohprinzen und zwar vornehmlich in seiner Behandlung.

Erstens. Diese Bienenwohnung ist aus einem warmen Material verfertiget, und deßhalb, wie auch ihrer inneren Einrichtung nach, zur guten Durchwinterung der Bienen vorzüglich geeignet. Schon durch etliche Jahre winterte ich 10—20 Strohprinzen ein, im Bienenhause wie im Freien, und ich habe nicht erfahren, daß einer verschimmelt oder erfroren, oder wegen Nicht=Weiterrückens des Volkes zum Honig verhungert, oder aus Feuchtigkeits= Mangel verdurstet, oder auch nur mitten im Winter in Aufruhr gerathen wäre; wie solches bei manchen anderen Stöcken beklagt wird. Auch selbst Miniatur=Völkchen, in Reserve aufgestellt, brachte ich in einem einzelnen Strohkästchen ohne andere Erwärmung glücklich durch den Winter.

Zweitens. Dieser Stock zeichnet sich durch möglichste Einfachheit aus. Die Seitenstäbchen abgerechnet, — die aber nachgewiesener Maßen auch ihre Vortheile bringen, nöthigenfalls jedoch wegbleiben können, — kann Alles daran kaum einfacher gedacht werden. Z. B. Man hat es bei demselben nur mit einer einzigen Wabenreihe zu thun; man bedarf keiner Deckbretchen, auch keiner

---

*) In jüngster Zeit habe ich mir auch einige Halbkästchen verfertigen lassen, d. h. solche, die nur 3 Zoll hoch sind und nur 2 Waben fassen. Es wird dabei die Maschine nur halb voll Stroh gelegt. Ich fand sie dann sehr zuträglich, wenn beim Honig= oder Brutzusatz zum Behufe der Ausstattung für den Winter oder des Ablegermachens ein ganzes Kästchen zu viel Inhalt an Honig oder Brut hätte. Steht zwischen 2 Kästchen bisweilen ein halbes, so leistet es manchmal beim Theilen des Stockes gute Dienste. Wem ein Ganzkästchen als Aufsatz zu niedrig dünkt, und wer breitere Honigwaben wünscht, der lege auf das ganze noch ein halbes, und er erhält sodann im Aufsatze 9 Zoll hohe Scheiben. D. V.

Scheidebreter zum Absperren unnöthigen Raumes, auch keiner Aus=
stopferei im Winter, und hat im Frühjahre kein oft dumpfig gewor-
denes Stopfmaterial auszuräumen. Die Thüren sind klein und die
Spundöffnungen zweckdienlich zu mancherlei Verrichtungen.

Die zweckmäßige Einfachheit des Stockes wird sich aber erst
noch mehr in der Folge, bei der Beschreibung der verschiedensten Operationen, herausstellen.

D r i t t e n s. Wie jeder Maschinen=Stock, weiß auch der Strohprinz **n i c h t s v o m V e r q u e l l e n u n d W e r f e n d e r T h ü r e n,
v o m S c h i e f z i e h e n d e r W ä n d e, v o m A u s e i n a n d e r g e h e n
d e r Z i n k e n u n d E c k e n;** und wieder auch nichts vom gegen=
theiligen Eindorren, Schwinden und Reißen; wie dergleichen bei
Holzstöcken gar nichts Seltenes ist. Endlich

V i e r t e n s — und das ist der Glanzpunkt des Strohprinzen —
**e r i s t b e s o n d e r s g e s c h i c k t u n d t a u g l i c h z u r l e i c h t e n
u n d b e q u e m e n A u s f ü h r u n g a l l e r B i e n e n z u c h t g e -
s c h ä f t e, d a h e r p o p u l ä r, u n d p r a k t i k a b e l a u c h f ü r d e n
m i n d e r E r f a h r e n e n i n d e r B i e n e n z u c h t.**

Ich will nun diesen letzten Vortheil des Strohprinzen, der sich
großentheils auf dessen **T h e i l b a r k e i t u n d Z u g ä n g l i c h k e i t**
gründet, durch Beispiele der Praxis wirklich nachweisen.

1) Beim **F ü t t e r n** lassen sich nicht allein durch beide Thüren
Honigwaben einhängen, sondern auch flüßiger Honig von jener Seite,
wo das Bienenlager am nächsten ist, in Futtergefäßen an oder unter
den Bau schieben. Das kann auch in andern Mobilstöcken geschehen,
die, wie z. B. der Zwillingsstock, ebenfalls zwei Thüren haben. Doch
der Strohprinz erlaubt auch ganz zweckmäßig und bequem das Füttern von oben. Man zieht hier den Spund aus, setzt das Futtergeschirr darneben oder darauf, und bedeckt das Ganze. Oder noch besser;
man setzt ein kleines Tröglein mit Honig gar durch die Oeffnung
hinein auf die Wabenträger, und gibt der Oeffnung eine Bedeckung.
So braucht man nicht einmal die Thüren zu öffnen; die Bienen sind
auf der Stelle am Futter und bleiben in warmer Temperatur, selbst
wenn es mitten im Winter wäre. Dem schwächsten Volke kann man
auf diese Art zu Hilfe kommen; denn man wählt jenes Spundloch,
wo es gerade lagert, und flößt ihm so den Honig gleichsam in den
Mund. Alle Bienenwohnungen, die wie z. B. der Zwillingsstock keine
Spundöffnungen besitzen, erlauben das Füttern von außen nicht.

Nicht minder bequem und zweckmäßig kann die Kandisfütterung geschehen. Man legt ein Stück weites Sieb hinein auf die Träger, füllt das Spundloch mit nußgroßen Kandisstücken an, und gibt von Außen eine warmhaltende Hülle darüber. Sollten die Bienen den Kandis zu hart finden, so lassen sich leicht einige Tropfen lauen Wassers oder ein benetzter Lappen darauf bringen, wodurch derselbe löslich wird. Und wenn es wahr ist, wie Manche behaupten, daß es bisweilen den Bienen im Winter an Feuchtigkeit mangle, und daß sie förmlich verdursten: (ich kann noch immer nicht recht daran glauben, weil ich an meinen Strohstöcken noch kein Beispiel dieser Art erlebt habe;) so läßt sich wahrlich nirgends leichter als beim Strohprinzen wässern. Es wird ihm nur ein nasser Schwamm ins Spundloch gelegt, oder da ein kleines Wassergefäß hinein auf die Träger gestellt.

2) **Das Raumgeben und Raumnehmen.** Ein unerläßliches Geschäft bei der rationellen Bienenpflege; und wo könnte solches leichter, bequemer und geschickter vor sich gehen, als beim Strohprinzen! — Durch Ansetzen und Abnehmen von Kästchen kann hier stets der Bienenkolonie der just angemessene Raum fürgesorgt werden. Z. B. zum Einfassen des Schwarmes, zur Fortführung des Wachsbaues, zur Unterbringung des Honigs, zum Wandern, zur Ein- und Durchwinterung u. s. w. Ich will hier nicht erst an die Plackerei des Klotzbeutenmannes erinnern, und an die vielen Stiche, die es regnet, wenn er seinen Klotz durch einen Kasten als Anhängsel erweitert; sondern ich will nur an Mobilstöcke von mehreren Fächern denken, und hier dabei einräumen, daß es ein Leichtes sei, von einer Decke ein Deckbretchen wegzurücken, und so den Bienen den Einzug in ein leeres Fach zu gestatten; allein eben so leicht ist es sicher, am Strohprinzen den Spund auszuziehen und ein leeres Kästchen darüber zu stürzen; man braucht, bei nicht einmal die Bienen durchs Oeffnen der Thüre zu stören. Ob aber im dzierzonischen Zwilling es eben so leicht sei, Raum zu geben — durch Zurückziehung der Blende oder Scheidewand, die, knapp gearbeitet und angequollen, leicht wie eingewachsen erscheinen — oder im Gegentheile, lose hergestellt, rings Zwischenräume lassen und kaum stehen bleiben kann, will ich dahin gestellt sein lassen.

Und wenn das letzte Fach z. B. in einer stehenden Mobilbeute, ebenfalls ausgebaut ist und neuer Raum erforderlich ist, wenn die

Bienen nicht faulenzen sollen, was dann? Dann tritt die Nothwendigkeit ein, das Fach zu räumen, und die Honigwaben heraus zu nehmen. Es ist thunlich; aber es macht Arbeit, und die Bienen schauen
mit den Stacheln auch nicht gleichgiltig zu. Gerade das Nämliche
kann man auch beim Strohprinzen thun; man kann das hinterste
Honigkästchen seines Inhaltes entledigen Jedoch man hat hiezu oft
weder Zeit noch Lust, bei Vielen ist dieß der Fall. Und darum läßt
man, das Geschäft auf gelegenere Zeit verschiebend, die Bienen und
sich selber ungeschoren, und hängt dem Stocke blos ein neues leeres
Kästchen an. Das ist aber in einigen Sekunden vollbracht; denn man
befestiget zuvor an das Kästchen zugleich eine andere Thüre, nimmt
hernach die alte schnell fort, und schiebt dafür das Kästchen an. Dabei hat man hier nur mit wenigen Bienen zu schaffen; denn die
Oeffnung des Stockes beträgt nur $10\frac{1}{2}$ Zoll im Quadrat; während
die Thüre der Beute zweimal größer ist, und nach ihrer Wegnahme
eine weit größere Bienenmenge zu bewältigen ist.

Andererseits schleppen alle untheilbare Stöcke den abgesperrten
und für gewisse Zeiten unnöthigen leeren Raum als Ballast oft Monate, ganze Sommer und Winter, auch selbst auf der Wanderschaft
mit herum; während beim Strohprinzen stets nur so viele Kästchen,
als nothwendig sind, ökonomischer Weise in Verwendung kommen,
jedes leere aber gleich wieder bei einem anderen Stocke Dienste
nehmen kann.

3. Die Reinigung und Durchmusterung des
Stockes. Die Bienen bauen im Strohprinzen die Waben nicht
unten an; man kann daher durch beide Thüren unter den Bau sehen,
und nöthigenfalls den Winterunrath auch mittelst eines eisernen Krückchens herausfördern. Dasselbe läßt sich auch bei anderen Lagerstöcken,
auch beim Zwillinge Dzierzons thun. Aber der Strohprinz läßt sich
überdieß jeden Augenblick mitten ins Herz schauen. Hat er z. B.
4 Kästchen, so wägt man ihn mit einem Stemmeisen mitten von
einander, und kann jetzt jede Hälfte von der Mitte aus radikal reinigen. Bei dieser Gelegenheit kann man sich zugleich die höchst nützliche Ueberzeugung von der Beschaffenheit des Volkes, des Lagers,
der Brut, vom Stande des Nahrungshonigs u. s. w. verschaffen.
Aber auch zu einer anderen Zeit, im Sommer oder Herbste, kann
man auf solche Weise leicht eine Untersuchung anstellen, z. B. bei
einem Stocke, welcher der Weisellosigkeit, Drohnenbrütigkeit, der

Motten u. dgl. verdächtig ist. Man darf hiezu vielleicht höchstens nur noch die Wabe rechts oder links extra herausnehmen. Man bedarf hiezu nur geringer Zeit, und mit einem einzigen Blicke hat man manchmal genug erfahren.

Oder man will im Herbste einen Stock kaufen, aber sich zuvor von dessen Honigvorrath überzeugen. Bei einem Beutenstocke wird nun der Verkäufer nicht so leicht erlaub.n, daß man zu diesem Behufe erst mehrere Waben herausnimmt, um zu sehen, wie weit der Honig reiche. Dagegen bei einem Prinzstocke braucht man fast ohne Erlaubniß nur einen Stich zwischen das 1. und 2. Honigkästchen zu thun, und man erfährt im Nu, wie es mit dem Honig steht.

Diesen wichtigen Vortheil gewähren alle untheilbaren Stöcke nicht. Insbesondere, um hier die Mitte des Lagers inspiciren zu können, müssen alle vorstehenden Waben, vielleicht 4, 6—8, Stück für Stück losgeschnitten, herausgenommen, aufgehängt und dann in derselben Ordnung wieder in den Stock gebracht werden. Daß dieß Zeit verlangt und Mühe macht, und daß auch die Bienen dagegen stark protestiren, ist natürlich. Gar viele Züchter scheuen sich darum auch vor einer solchen Operation; sie unterlassen diese und bleiben so von der Beschaffenheit des Stockes in Unkenntniß.

4. Das Transplantiren der Bienen aus anderen Stöcken in Strohprinzen in leichtester und zweckmäßigster Manier. Als bei der Stuttgarter Versammlung deutscher Bienenwirthe im Jahre 1858 die Rede davon war, wie man bei Stülp-Körben am leichtesten zu Mobilstöcken übergehen könne, gab Pf. Dzierzon einen doppelten Rath: zuerst den der Klausischen Methode (3. Aufl. S. 462) halb analogen, den möglichst verkürzten Korb auf Dzierzonirte Kästchen zu stellen, dann die Waben mit den Trägern herauszunehmen und erst „in eine ordentliche Wohnung hinüber zu schaffen." Unter einer „ordentlichen Wohnung" verstand er aber sicher vor allen sein Non plus ultra, den Zwillingsstock. Er gab daher hiemit selber zu, daß letzterer zur unmittelbaren Transplantation eines Stülpkorbes und überhaupt eines Stockes mit stabilem Bau nicht geeignet ist. Sein zweiter Rath, den er noch dazu „den besten" nannte, ging dahin, daß man gedulde, bis die Bienen schwärmen, und dann die Schwärme in Mobilstöcke fasse. Ein weiter und unsicherer Umweg zum Ziele! — Hätte nun damals der Herr Bienenmeister aus Carlsmarkt dem Strohprinzen, den er doch aus der

3. Auflage Klaus, von der Dresdner Versammlung her, und weil
Pf. Richter einen solchen selbst zu Stuttgart ausgestellt hatte, kennen
mußte, so viel Ehre erzeugen wollen, ihn auch mit zu den „ordent=
lichen Bienenwohnungen" zu zählen, so hätte er sagen
müssen: „Nehmet nur (nach Klaus S. 462 und nach Oettls offenem
Briefe in der Bienenzeitung J. 1858. S. 144) zwei Prinzkästchen,
hänget ein paar Wachsscheiben hinein, gebt ihnen 2 Thüren, und setzt
dann, wenn auch die 2 Spünde an der Decke ausgezogen sind, den
stark zugestutzten Stülpkorb darüber. So werden die Bienen schnell
die 2 Kästchen ausbauen, dann noch eins oder zwei andere verlangen,
dahin das Brutnest verlegen, und oben blos Honig ansammeln. Her=
nach wird im Herbste der Korb abgenommen, und man hat so das
Volk gleich im ersten Jahre herausgebracht und den Stülper am ge=
schwindesten in einen Mobilstock verwandelt." Auf solche Weise hat
nun leider Pf. Dzierzon zu Stuttgart nicht gesprochen. Man kann es
ihm nachsehen; er hätte ja mit solcher Rede in eigener Person beur=
kunden müssen, daß — was das Transplantiren betrifft — der
Strohprinz vorzüglich dazu tauglich — sein Liebling dagegen ganz
ungeschickt sei.

Ferner, so wie nach Absch. VI. S. 239 alte Klotz= und Bre=
terbeuten durch Zerschneiden und Oben= oder Hintenansetzen in Ring=
ständer und Läger überpflanzt werden; eben so werden dergleichen
Beuten und selbst wieder Ringstöcke, die ebenfalls möglichst zu ver=
kürzen sind, in Prinzstöcke umgewandelt. In Holzstöcken aber, die man
dabei schonen und nicht zerschneiden will, wird blos das Bienen=
lager eingeengt, und mit der Rückseite des Prinzen in Verbindung
gebracht.

In jedem Falle der Transplatation wird stets vorausgesetzt,
daß das Volk gesund, kräftig und zahlreich sei. Ein Völkchen, lebens=
satt und ohne Kraft und Lust zum Bauen, transplantiren zu wollen
oder auch von einem stärkeren Volke in einem weitläufigen Wachs=
gebäude, das nicht zuvor zugestutzt wird, 3—4 Kästchen Neubau zu
erwarten, wäre Unsinn.

Endlich nichts leichter, als auch aus einem Mobilstocke, von
welcher Art immer, auf der Stelle einen Strohprinzen zu machen
Man überträgt die Waben sammt den Bienen in den neuen Stock;
und zwar am zweckmäßigsten im Frühjahre, wenn der Wachsbau be=
ginnt. Sind die Wabenhölzer vielleicht für den Strohprinz zu lang,

so werden solche mit einem scharfen Messer oder mit einer feinen Säge vorsichtig abgeschnitten. Wären sie dagegen zu kurz, so dürfte man nur mittelst schwachen ausgeglühten Eisendrahtes auf jedes Wabenholz ein zweites längeres festmachen.

5. Das Ablegermachen auf einfachste und sicherste Weise. Enthält ein Strohprinz zu Anfang oder in der Mitte Juni, auch noch etwas später, 4 Kästchen voll Volk, Bau, Honig und Brut; dann trennt man ihn beim zweiten Kästchen; fügt jeder Hälfte ein leeres Kästchen mit ein paar Wachsscheiben und einer Thüre an, und stellt jetzt beide Stöcke nebeneinander auf halben Flug. Der Ableger ist fertig.

Das Volk theilt sich von selbst, und fliegt aus beiden Fluglöchern so ununterbrochen, daß es oft schwer hält, aus dem Fluge zu unterscheiden, in welchem Theile der Weisel geblieben, und welcher demnach der Mutterstock und der Ableger sei. Letzterer setzt darauf Weiselzellen an. Nachdem sich hernach die Bienen in einigen Tagen eingeflogen haben, rückt man die Stöcke täglich um 2—3 Zoll wieder aus einander, bis sie die Entfernung von $1\frac{1}{2}$—2 Schuh erreicht haben.

Diese Ablegeweise, so schnell, leicht und sicher, ist beim Prinzstocke allein möglich. Für den gemeinen Züchter, der zu künstlicheren Methoden zu wenig Kenntniß und Geschick besitzt und bei seiner Zucht stets bald fertig werden will, reicht nöthigenfalls diese einzige Methode hin, seinen Bienenstand mäßig zu vermehren. Selbst wenn er sich darauf um den gemachten Ableger wenig mehr umsieht, und dieser, wie es manchmal sich ereignet, der angesetzten jungen Weisel wegen sogar nachschwärmen sollte, ist das Unglück dabei keineswegs groß. Er darf nur die Weisel abfangen und den Schwarm zurückgeben; oder er mag letzteren Aufstellen, um ihn später mit einem anderen Volke zu vereinigen.

Die jungen Königinnen des Ablegers fangen aber vom 10—14. Tage nach dem Ablegen an auszuschlüpfen, und ihr Tüh! und Qua! zu rufen. Wer das Schwärmen verhindern will, und sonst noch kein Anzeichen gemerkt hat, welches der Ableger sei, trennt schon einige Tage früher auf gut Glück das angefügte leere Kästchen von dem einen oder dem anderen Stocke wieder los, und wird dann wohl schon an der ersten, höchstens an der 2. Brutwabe des Ablegers Weiselzellen hängen sehen. Er schneidet jetzt dieselben aus, bis auf eine, die ihm die schönste dünkt. Am spätesten kann er dieß thun, wenn er schon eine Königin rufen hört. Diese läßt er dem Stocke, die übrigen, noch in den Zellen, entfernt er. Er kann damit, wenn er die Sache versteht, wieder Ableger anderer Art machen.

Eine andere eben so leichte Methode. Man nimmt einem guten Stocke ein Kästchen mit Brut und Honig, nachdem man ein Weilchen zuvor die Bienen darin mit Rauch beunruhiget, und dadurch den Weisel daraus verscheucht hat; setzt demselben ein 2. Kästchen mit leeren Waben an, und stellt das Ganze, mit Thüren versehen, auf den Platz eines entfernt stehenden starken Stockes, der weggenommen und mehrere Schritte davon postirt wird. Nun fliegen die Bienen des Verstellten nach ihrer Heimkehr aus dem Felde nach ihrem gewohnten Standort, und bevölkern hier den Ableger. Ein paar Tage betragen sie sich hier wohl ängstlich und unruhig, gehen abwechselnd ins Flugloch und kommen wieder heraus; endlich aber siedeln sie sich ein, und machen in der Regel den Ableger sehr stark, der jetzt Weiselwiegen ansetzt, zu bauen anfängt und wacker Honig einträgt. *)

Dergleichen Ableger beider Art gleichen in guten Jahrgängen den besten Vorschwärmen. Der Hauptvortheil ist bei ihnen der, daß sie schon vom Mutterstocke aus eine ansehnliche Menge Bau, Honig und Brut mitbekommen; was eben die Kästchen ohne Matzerei, die bei anderen Methoden unvermeidlich ist, vermitteln. Beim Ablegen der 2. Art, wo die Mitgift nur der Inhalt eines einzigen Kästchens ist, gibt wieder die größere Volks-Menge den Ausschlag.

Überhaupt hat man beim ganzen Verfahren nur darauf zu sehen, daß sich in den Ablegerkästchen, Eier, kleine Würmer wo möglich auch eben ausschlüpfende Brut, und insbesondere junge Bienen, welche die Pflegerinnen der Brut und die Baumeister der Königszellen sind, mit befinden; woran es jedoch um diese Zeit in einem vollkommenen Mutterstock= nicht leicht mangelt.

Andere Ableger=Kunststüke, außer den angeführten, z. B. mit einer jungen Königin, oder mit einer Weiselzelle; mit einer Brut= wabe, wozu das Volk aus mehreren Stöcken zusammengeraubt wird,

*) Der alte Weisel des Mutterstockes darf ja nicht mit beim Ableger sein; die fremden Bienen würden ihn erstechen. Eben so dürfen in unmittelbarer Nähe des Ablegers keine Nachbarstöcke stehen; denn sonst fallen viele fremde Bienen, ihren Mutterstock suchend, auch auf diese, und werden hier gleichfalls erstochen. D. B.

u. b. gl. sind dem minder Erfahrenen fast eher zu widerrathen als an=
zuempfehlen. Solche Ableger machen Mühe, fordern Umsicht und
öfteres Nachsehen, schlagen oft um, oder werden nur Schwächlinge.

6) Das Abtreiben oder Austrommeln. Auch dazu
ist der Strohprinz geschickt, troß dem, daß er warmen Bau hat, in
welchem die Bienen gewöhnlich nicht gut vorwärts laufen. Dafür
kann aber durch seine Spundöffnungen der Rauch wirksamer applicirt
werden, als bei anderen Stöcken, und hinter den Seitenstäbchen kön=
nen die Bienen auch an den Wänden fortlaufen. Sind vielleicht in
dem vordersten Kästchen gerade nur ein paar halbe Waben und Trä=
ger mit Wachsanfängen, so nimmt man es ganz weg, und ersetzt es
mit einem ganz leeren, welches angeklammert und mit einer Thüre
ohne Flugloch versehen wird. Hierauf bläst man durch die Hinter=
thüre Rauch ein und beginnt da beim hintersten Kästchen das Klopfen.
Man läßt den Bienen Zeit, sich erst voll Honig zu saugen und über=
stürzt die Operation nicht. Man schreitet so von Kästchen zu Käst=
chen weiter, und mit dem Räuchern von Spundloch zu Spundloch,
dessen Spund jedesmal erst ausgezogen wird. Auch durch den Zu=
sammenstoß der Kästchen an den Seiten, wenn sich da etwa ein wenig
Lehm entfernen läßt, kann man nöthigenfalls Rauch einblasen. Das
Weitere geschicht, wie im V. Abschnitte gelehrt worden.

7. Das Verhindern natürlicher Schwärme.
Wenn überhaupt — wie schon §. 65 geschrieben steht — Raum=
erweiterung durch An= Auf= und Zwischensätze, ein nicht zu beschränktes
Wachsgebäude, und Honigabnahme die wirksamsten Mittel sind, die
Schwarmlust eines Stockes niederzuhalten: so können solche nirgends
leichter in Anwendung kommen als bei Strohprinzen — seiner Theilbarkeit
wegen. Bei ihm sind Ansätze auf 3 Seiten möglich. Besonders aber
ist hier ein Zwischensatz — das kräftigste Mittel — augenblicklich ge=
macht. Man trennt den Stock, und schiebt ein Ganz= oder Halb=
kästchen, mit Trägern versehen ein   Will man wieder den beschränk=
ten Brutraum, der zum Schwärmen nöthiget, erweitern, so setzt man
ein Kästchen mit leeren Scheiben an. Und soll der Schwarmmuth,
der sich mit auf großen Honigvorrath gründet, fallen; so ist es ein
Leichtes, aus dem vollen Kästchen im Honigraume die Bienen mit
Rauch zu vertreiben, und solches abzunehmen.

In honigarmen Gegenden, wo das Vielschwärmen zum Ver=
derben gereicht, erfordert die Klugheit, sich eine mäßige Anzahl von

jungen Stöcken in bester Zeit durch Ablegen zu verschaffen, und hernach bei allen übrigen Stöcken auf Verhütung der Schwärme hinzuwirken. Da ist eben der Strohprinz am rechten Orte; er ist zu Beiden geschickt und tauglich.

8. **Das Vereinigen schwacher Stöcke.** Hat man dennoch einige schwache, späte, unliebsame Nachschwärme in Aussicht, so fasse man jeden nur in ein einziges Strohkästchen, und stelle sie separat nebeneinander, jedoch in schuhweiter Entfernung auf. Glaubt man nach einigen Tagen, daß ihre Weisel alle ausgeflogen und bereits fruchtbar geworden sind, dann hält man Untersuchung, und bestimmt jene Stöcklein zum Fortbestande, welche schon den meisten Bau und die schönste Brut aufweisen, und also gute Weisel haben. Die übrigen werden zur Vereinigung verurtheilt. Letztere rückt man alle Tage um einige Zoll dem Ausständer näher, damit ihre Bienen den künftigen Flugort leichter treffen; und nachdem so 3 oder 4 Tage verfahren worden, werden ihnen gegen Abend die Weisel ausgefangen, — was in den kleinen Stöcken gar nicht schwierig ist — und sie selbst rechts und links mit dem Ausständer, unter Anwendung von ein wenig Rauch, zusammengestellt und zusammengeklammert. So kann man ohne Metzelei unter den Bienen aus 2 oder 3 elenden Schwärmchen die besten Stöcke bilden, deren vereinigtes Volk noch in demselben Sommer ein Namhaftes im Bau und Honig zu Wege bringt. Wem an den überzähligen Weisel nichts gelegen, und vorzüglich zu komod ist, sie abzufangen, der mag auch ohneweiters die Stöckchen, wenn sie einmal Brut enthalten, zusammenstellen, die Völker mit Rauch durch einander treiben, und so den kopulirten Stock seinem Schicksale überlassen. Die Bienen werden dann die überflüssigen Weisel tödten und herauswerfen, und von nun an vereinigt sein.

Durch das Zusammenstellen der Kästchen werden auch alte Stöcke bequem kopulirt.

Alle Bienenwohnungen, die untheilbar sind, auch der Zwillingsstock, machen die Vereinigung umständlicher und schwieriger. Sie nehmen viel Raum ein, lassen sich selten nahe genug an einander bringen, und gestatten die Vereinigung nicht anders, als daß die Waben des einen Stockes ausgeschnitten, und sammt den Bienen in den Vereinigungsstock übertragen werden.

9. Das Herausnehmen und Einhängen einer Brutwabe, wenn man solche etwa braucht zu einem Ableger oder zur Rettung eines Weiselosen, kann, den schwierigsten Fall angenommen, beim Strohprinzen noch am leichtesten geschehen. Gesetzt, ein solcher hätte 4 volle Kästchen; und es wäre zu vermuthen, daß sich das Brutnest gerade in der Mitte befinde, wie dieß auch oft der Fall ist: so dürfte man nur das 2. vom 3. Kästchen trennen, und man stünde augenblicklich an der Brut. Enthielten aber die beiden jetzt zu Tage hängenden Waben gerade nicht die rechte Brut, welche man wünscht, so wäre eine Kleinigkeit, noch die eine oder die andere herauszunehmen, um hinter derselben das Gewünschte zu suchen und zu finden. Uebertragen wir diesen Fall auf einen untheilbaren Stock. Nehmen wir z. B. an, ein dzierzonischer Zwilling hätte, wie jener Strohprinz, ebenfalls 16 Waben, und die Brut, die man gerade wünscht, nicht in der Nähe der Thüre, sondern mehr in der Mitte. Welche saure Arbeit, wenn man hier auch erst in der 8. oder 9. Wabe die gewünschte Brut fände! Müßten hier nicht durch die eine Thüre 8, 9 Waben Stück für Stück ausgeschnitten, herausgezogen, aufgehängt, und zuletzt auch wieder in den Stock hineingeschafft werden? Welche Plackerei! wenn gar auch der Oberraum des Stockes just ausgebaut wäre! Wie müßten über der langen, schwierigen Hantirung die Bienen aufs Aeußerste erbittert werden! — Der große Unterschied zwischen den beiden Stöcken springt in die Augen. Dort werden nur eine oder zwei Bruttafeln in kürzester Zeit und ohne die Bienen sonderlich zu reizen, und bei geringster Mühe herausgenommen; hier dagegen muß der halbe Stock ausgeweidet werden unter unsäglicher Plage und größter Aufstörung der Bienen.

Auf dieselbe Weise gelangt man zu der 4. und 5. Wabe, wenn man nur Ein Kästchen absondert, und hier die geeignete Brut sucht.

Beim Einsetzen einer Brutwabe z. B. in einen weiselosen Stock, trennt man wieder das Brutnest, nimmt hier eine Tafel heraus und hängt die Brut hinein. In einer oder 2 Minuten kann die Operation geschehen sein. Beim untheilbaren Stocke muß man abermals wenigstens alle Waben, die vor dem Brutneste hängen, ausmarschiren lassen.

10. Das Ausfangen der Königin, manchmal ein schwieriges Geschäft, muß auch in Erwähnung kommen. Bei einem schwachen Stocke, der nur 1 oder 2 Kästchen hat, ist es eine Kleinig-

keit. Wie aber, wenn der Stock volkreich ist, und 3 oder 4 oder noch mehr volle Kästchen aufweist? Dann ist das Klügste, durch Weg= nahme von Kästchen den Stock erst möglichst zu verkürzen, hernach das Volk auszutreiben, und erst aus dem Bienenhaufen während des Wiedereinlaufens, den Weisel auszufangen.

Aber auf kürzeste Art kann man auch blos das Kästchen, wo der Hauptsitz der Brut ist, und wo sich die Anwesenheit des Weisels vermuthen läßt, auslösen, das Volk darin in ein angehängtes leeres Kästchen austrommeln, und dann beim Wiedereinlaufen den Weisel erhaschen.

Man schließt unterdessen den Stock wieder, um die Bienen darin in Ruhe zu erhalten. Noch anders stellt man das ausgelöste Kästchen darneben auf einen Tisch, und nimmt so Wabe für Wabe nach Be= quemlichkeit zum Durchsehen heraus. Die durchgemusterten Waben hängt man eine nach der andern in ein zweites Kästchen, worin sie auch verbleiben, und später wieder in den Stock kommen. Fände man so den Weisel nicht, so müßte man freilich sich bequemen, noch ein anderes Kästchen ebenso zu durchsuchen. Letztere Operation wäre wohl schwierig, aber dennoch leichter und bequemer, als dieselbe in einem Zwillingsstocke, wo Wabe für Wabe herausgenommen, viel= leicht der ganze Stock durchstöbert, wo in dem finsteren Kasten ma= nipulirt, und das ganze Volk noch mehr und gewaltsamer aufgeregt werden müßten; und wo, wenn sich der Weisel in den Oberbau flüchtet, das Ganze vergebliche Arbeit ist.

11. Beschränkung des Brutraumes und Gewinn an Jungfernhonig. Honig in reinem Jungfernwachse ist köst= lich und hat einen bedeutend größeren Werth, als solcher, der in braunen Waben mit Blumenstaub vermischt gewonnen wird. Man sollte sich mehr darauf verlegen, ersteren in möglichster Menge zu er= zeugen. Hiezu ist abermals den Strohprinz vorzüglich geeignet. Hat derselbe, als Schmalstock aufgestellt nur 4 Kästchen, so legen die Bie= nen ohne dieß im hintersten das Honigmagazin an, und selten erstreckt sich die Brut, die in der Regel nach vorne steht, bis in's 4. Kästchen, und solches enthält oft nur reinen Honig. Jedoch, um auch einer Ausnahme von der Regel vorzubeugen, und die eierlegende Königin sicher vom letzten Kästchen fern zu halten, bedarf es nur einer einfa= chen Vorkehrung; nämlich einer verzinnten Blechtafel, welche unten auf dem Boden die Oeffnung eines kleinen Flugloches, dann weiter

oben rechts und links einen Durchgang hat, letzteren so eng, daß zur Noth nur Arbeitsbienen, nicht aber die stärkere Königin durchkriechen können.

Eine solche Tafel klammert man in die Fuge zwischen den letzten und vorletzten Kästchen mit ein, und sperrt so ersteres vom Brutraume ab. Durch die Oeffnung am Boden geht die Königin nicht so leicht, weil sie von den Waben, die unten nicht aufgebaut sind, nicht herabsteigt. Hinter dieser Blechblende bauen nun die Bienen fleißig fort, und speichern im jungen Wachse nur reinen Honig auf.

Zur heißesten Zeit kann man in diesem Kästchen ein Drahtgitter ins Spundloch legen, und stets über Nacht den Spund weggeben. So bewirkt man zugleich eine wohlthätige Abkühlung; wozu auch die sich stets kühl haltende Blechtafel mit beiträgt.

Auch im Strohprinzen als Quer- oder Breitstock aufgestellt, läßt sich in einem Seitenkästchen dieselbe Vorrichtung anwenden und dadurch das Nämliche erzwecken. Daß in Aufsätzen gleichfalls nur reiner Honig gewonnen wird, wurde schon gesagt; und hier bedarf es gar weiter keiner Vorkehrung, als daß man den Spund auszieht und die mit Trägern und Wachsspitzen versehenen Kästchen darüber stürzt.

Man kann sogar einen Stock nöthigen, sämmtlichen Ueberschuß- oder Erntehonig eines Jahres nur im Jungfernwachse abzulagern. Besitzt z. B. ein vollkommenes Volk im Frühjahre vor der Tracht 3 oder 4 Kästchen gesunden Bau, so hat es darin Raum genug für die Brut, und selbst auch für so viel Honig, als es für den Winter braucht. Einem solchen Stocke gebe man während der ganzen Bauzeit keine An- sondern lauter Aufsätze; und Alles, was er da an Wachs und Honig aufhäuft, kann im Herbste als gute Preise für den Zeidler in Empfang genommen werden. Dasselbe Verfahren darf man auch im nächsten Jahre wiederholen; es schadet dem Stocke durchaus nicht. Jetzt aber, nachdem man durch 2 Jahre ganze Massen des schönsten Honigs geechset hat, muß man unten wieder auf Verjüngung des Brutnestes denken. Im 3. Frühjahre stutzt man dort den alten Bau — wo möglich auf 2 Kästchen zu; und setzt dann vorne beim Flugloch mit Bienenwachs bestiftete Kästchen zum Ausbauen an. So rückt dann das Brutnest wieder in junges Gebäude vor, während hinten im alten Bau Honig niedergelegt wird. Im Herbste werden die alten Kästchen gezeidelt und hiedurch beseitiget.

Bei einem vollkommenen Stocke und in einem guten Jahrgange kann wohl schon im 4. Jahre das Obenaufsetzen und Vonobenfechsen wieder vor sich gehen.

Aehnliches kann wohl auch in untheilbaren Mobilstöcken geschehen, aber immer nur dadurch, daß da ein Ober= oder Seitenraum abgesperrt, und derselbe, wenn er voll ist, alsogleich, auch mitten im Sommer, Wabenweise ausgeräumt und wieder leer gemacht wird. Zuletzt müssen aber, um das Brutlager zu erneuern, die alten Waben nach und nach ganz herausgenommen, und Stück für Stück mit jungen vertauscht werden. Welches Verfahren ist leichter und bequemer, dieses oder jenes? — Endlich)

12., um auch das Zeideln als ein Hauptgeschäft nicht nur, wie bisher nebenbei, sondern geflissentlich zu erwähnen, wird behauptet: Beim untheilbaren Mobilstock, z. B. Zwillingsstock, muß man mitten im Sommer, wenn der Stock vollgebaut ist, zeideln; und zwar Wabe für Wabe, wenn es auch lästig fällt, und die Bienen böse werden; beim Strohprinz dagegen, wie schon im Punkte 2 gemeldet wurde, muß man nicht, wenn man dazu gerade weder Zeit noch Lust hat, sondern man verschafft blos den Bienen durch einen An= oder Aufsatz Raum zum Weiterbau. Wer jedoch etwa glaubt, daß die Bienen — wie es heißt — durch eine so zeitliche Honigabnahme zum um so größeren Fleiße angespornt werden, der kann jetzt seinen Strohprinzen auch zeideln, aber schneller und bequemer als der Beutenmann; indem er ein ganzes Kästchen, woraus er die Bienen mit ein wenig Rauch vertrieben hat, an einer Seite oder von oben abnimmt. Wartet aber Ersterer mit dem Zeideln bis zum Herbste, wo sich die Bienen schon vom verdeckelten Honig zurückgezogen haben, dann ists gar eine Freude; er zeidelt kästchenweise, und braucht dazu fast nur so viel Zeit, als er davon spricht; während Letzterer auch jetzt noch wabenweise fechset, und natürlich dabei nur umständlicher verfahren und länger zubringen muß.

Das sind also die Hauptvortheile des Strohprinzen, die ein Jeder fast mit Händen greifen kann. Warum ich bei ihrer Beschreibung öfters den untheilbaren Zwillingsstock Dzierzons, dessen Abriß ich S. 377 gegeben, neben den Strohprinzen stellte, und Beide in Vergleich setzte; davon wird man den Grund noch mehr aus den Einwendungen erkennen, die man gegen den Prinzstock gemacht hat, und die ich hier alsogleich nachfolgen lasse.

Einwendungen gegen den Strohprinzen und ihre Widerlegung. *)

1. Bei der Stuttgarter Versammlung meinte Pf. Dzierzon, der Strohprinz wäre noch annehmbar, wenn er nur nicht theilbar wäre. Er erklärte also dessen Theilbarkeit für einen Fehler statt für einen Vorzug. Auf diese Aeußerung ist eigentlich gar nichts zu antworten; denn sie will dem gesunden Menschenverstande mit Gewalt die Augen zuhalten. Gründen sich nicht die vorausgeschickten 12

---

*) Pf. Dzierzon hat — wie schon gemeldet — in der Bienenzeitung Nr. 1. Jahrg. 1858 seinen sogenannten Zwillingsstock (siehe S. 377) für das Non plus ultra aller Bienenwohnungen angepriesen, und dort geschrieben: „Ich wage dreist die Behauptung, daß mein Zwillingsstock in jeder Hinsicht der zweckmäßigste ist." Ueberzeugt von den Vortheilen des Strohprinzen, die ich oben vorausgeschickt habe, hielt ich es für meine Pflicht, der Wahrheit das Zeugniß zu geben und dieser Behauptung zu widersprechen. Und ich habe es ungescheut gethan und Angesichts aller deutschen Imker, nämlich: in meinem „offenen Briefe an Dzierzon" Nr. 12, 13, 14 der Bienenzeitung Jahrg. 1858; indem ich darin nachweis, daß der Strohprinz in jeder Hinsicht, den Kostenpreis ausgenommen, zweckmäßiger, und insbesondere in der Behandlung viel bequemer, und daher praktischer und populärer ist, als der Zwilling. Das war nun freilich ein Stich in ein Wespennest; was ich aber voraus gewußt und auch voraus gesagt hatte. Dzierzon und einige Verehrer seines Kastens, die Sekundanten des Zwillings, fuhren darauf in Leidenschaft gegen mich und den ströhernen Prinzen los, und glaubten gegen denselben allerhand Tadel vorbringen und verschiedene Einwendungen machen zu müssen, die jedoch lächerlich sind und nur verrathen, daß man die guten Eigenschaften dieses Stockes absolut nicht anerkennen will. Besagte Einwendungen werden hier widerlegt. Uebrigens bin ich nicht der Einzige geblieben, der obige Behauptung Dzierzons umgestoßen hat. Neuestens und nachträglich that dieß auch Hr. Baron von Berlepsch in seinem schönen Werke: „Die Biene und die Bienenzucht in honigarmen Gegenden" (Mühlhausen 1860.) Derselbe hat im §. XXVII. „Der Zwitterstock" die von Dzierzon aufgezählten 30 Vorzüge des Zwillings theils auch an seinem Rähmchenstocke und anderen Stöcken nachgewiesen, theils auf ein Nichts reduzirt. Aber auch viele Andere waren gegen den Zwillingsstock; nur „hatte der Spuk, die Frechheit mit dem Zwitter' — wie v. Berlepsch schreibt — „Alle eingeschüchtert. Niemand wagte mehr, den Mund gegen den Zwitter aufzuthun, fürchtend in ähnlich empörender Weise (wie ich) beschimpft zu werden." — D. V.

Vortheile des Strohprinzen größtentheils gerade auf dessen Theilbarkeit und Zugänglichkeit von allen Seiten? — Bei der Dresdner Versammlung wußte Dzierzon an dem Zwillingsstocke, der Rähmchenbeute v. Berlepsch's gegenüber, es hoch hervorzuheben, daß ersterer durch 2 Thüren und also von 2 Seiten zugänglich ist; aber beim Strohprinz gelten dieselben 2 Thüren nichts, und auch nicht der Umstand, daß hier überdieß jedes Kästchen durch das Spundloch, und vermöge der Theilbarkeit auch von den 2 breiten Seiten zugänglich ist!

Fast alle rationellen Bienenmeister von jeher haben — wie die Geschichte der Bienenwohnungen lehrt — theilbare Stöcke erfunden und konstruirt; weil alle in der Theilbarkeit ein geeignetes Mittel erblickten, die Bienen besser in ihre Gewalt zu bekommen, und die verschiedenen Zuchtgeschäfte leichter und zweckmäßiger zu verrichten Selbst der Korb-Bienenzüchter Freiherr von Ehrenfels hat seinem Korbe das Haupt abgeschnitten, und ihm Auf- und Untersätze gegeben; er hat mithin den Schwarmkorb theilbar hergestellt, und ihn sodann einen verbesserten genannt. Und jetzt, wo die Bienenwissenschaft am weitesten vorgeschritten ist, und alle Mittel hervorgesucht werden, die Bienen der Willkür des Züchters unterthänig zu machen, soll die Theilbarkeit der Bienenwohnung ein Fehler heißen?

„Ja" — sprechen hier die Dzierzonianer — „seit dem die Wabenbeweglichkeit entdeckt und dadurch der Inhalt des Stockes selber theilbar geworden, ist die Theilbarkeit der Bienenwohnung überflüssig."

Antwort: Nichts ist überflüssig, was Vortheil bringt, und eher zum Zwecke führt. Gewährt mir die bloße Wabenbeweglichkeit 10 Vortheile, aber nebenseitig die Theilbarkeit der Wohnung noch 10 andere; so bin ich ein Thor, wenn ich letztere verachte, und mich schon mit der ersteren begnüge. In diesem Augenblicke höre ich auch auf, rationell zu sein, denn ich lasse das Hauptziel einer rationellen Zucht „die möglichste Herrschaft über die Bienen" aus den Augen. Warum hat Dzierzon zu Stuttgart — wie im Punkte 4, S. 445 erwähnt wurde — nicht gelehrt, wie der schwäbische Korb unmittelbar in den untheilbaren Zwillingsstock transplantirt werden könne, und warum hat er erst gerathen, Kästchen unterzusetzen, oder Schwärme abzuwarten, und diese hineinzugeben? — Darum, weil der Zwilling zu der Operation des Transplantirens zu wenig Zugänglichkeit hat. Dzierzon kann daher in diesem Punkte bei seinem Stocke seinen

Willen nicht auf der Stelle durchsetzen, er muß insbesondere in Betreff des Schwärmens den Bienen den ihrigen lassen, und begibt sich, blos durch den Umstand, daß sein Zwilling oben keine Spundöffnungen hat, über welche man den Stülpkorb, wie auf den Strohprinzen, stellen könnte, eines Theiles seiner bienenväterlichen Oberherrlichkeit. Ferner, Dzierzon m u ß unausweichlich zeideln, mitten im Sommer, und stets Wabe für Wabe, wenn sein Stock vollgebaut hat, und er ihm wieder Raum verschaffen will. Beim Strohprinzen hingegen hat der Bienenvater mehr Freiheit, und die Bienen müssen sich nach seinem Willen bequemen; nämlich er k a n n auch zeideln, wenn er will, aber wieder nach Willkür, entweder auch wabenweise, oder durch Abnahme eines ganzen Kästchens; jedoch er m u ß Solches, weder das Eine noch das Andere, durchaus nicht; sondern er braucht nur leere Kästchen an- oder aufzusetzen. Diese größere Freiheit und Ungebundenheit verdankt Letzterer wieder nur der Theilbarkeit und besseren Zugänglichkeit des Strohprinzen. Und ist denn ein kürzeres Verfahren und eine gewisse Bequemlichkeit dabei nicht auch zu schätzen? Z. B. ich bemerke bei einem Stocke von 16 Waben Zeichen von Drohnenbrütigkeit. Wenn ich nun ihn deßhalb in der Mitte des Lagers trenne, und hier Buckelbrut finde, weiß ich augenblicklich wie viel es geschlagen. Dzierzon aber, um bei seinem Stocke zu derselben Ueberzeugung zu gelangen muß erst 7 oder 8 Waben ausschneiden und herausnehmen, und hat dann wohl auch noch die Mühe, sie wieder hineinzuschaffen. Wem wird nicht das ersterere und kürzere Verfahren besser gefallen als das letztere umständlichere, zeitraubendere und mühevollere? — Das macht dort die Theilbarkeit, hier die Untheilbarkeit des Stockes.

Irgendwo behauptet Dzierzon sogar, sein Stock wäre besser, weil er Waben herausnehmen könne ohne ihn zu theilen; während ich den Prinzen erst theilen müsse, um Waben herauszunehmen. Das ist wahrhaftig Sophisterei, wie v. Berlepsch solche dem großen Bienenmeister vorwirft. Vom „T h e i l e n m ü s s e n" gar keine Rede! Man kann den Strohprinzen eben so durch die beiden Thüren behandeln, wie den Zwilingsstock. Wirklich kann ersterer einen ganzen Sommer dastehen, ohne ein einziges Mal getheilt zu werden. Nur wenn damit ein Vortheil herauskommt, wird getheilt, sonst nicht. Z. B. wenn ich Untersuchung halten, durch Trennung Ablegermachen, durch einen Zwischensatz das Schwärmen verhindern will u. s. w.

wird die Theilung der einzelnen Herausnahme der Waben durch die Thüren vorgezogen. Wieder also hier freie Willkür, während dort im Zwilling nur das unabänderliche „Muß" schaltet; und abermals liegt der Unterschied in der Theilbarkeit und Ganzheit des Stockes.

2. Pf. Dzierzon macht sich von dem Trennen des Strohprinzen und von dem Wiederzusammenfügen der Kästchen einen gräulichen Begriff. Er schreibt in der Bienenzeitung: „Die Bienen können ja dabei rechts und links gleich Teufeln aus der Hölle herausfahren und den Operirenden in ein Kreuzfeuer nehmen, daß er sehen muß, wo der Zimmermann das Loch gelassen. Unter Umständen können Tausende erzürnter Bienen den auseinander genommenen Stock belagern und Tausende die Luft durchschwärmen. Ohne Hunderte von Bienen zu zerdrücken wäre ein Zusammenfügen kaum möglich." u. s. w. Und nun, um das Gespenst noch schauerlicher zu malen, führt er Beispiele an, wo Dummheit und Ungeschick Bienen in Wuth gebracht haben, die hernach selbst Tauben und Sperlinge auf den Dächern mit ihren Stacheln verfolgten.

Wenn so ein solcher Meister selber von einer Bienen Operation redet; wäre es dann ein Wunder, wenn einem Laien und Dilettanten in der Sache, darüber die Gänsehaut überliefe, und sich alle Haare sträubten, sobald er nur den schrecklichen Prinzen von Weiten sieht! — Das Ganze ist aber in der That nichts weiter als ein Gespenst der Phantasie zum Furchtsammachen, und die geschilderte Operation eine ganz andere. Ich muß sie schon etwas umständlicher beschreiben; es gehört Dieß mit zum Unterricht über die Behandlung des Prinzstockes. Doch jeden Griff dabei und jedes Kleinste kann ich wegen Mangel an Raum nicht bezeichnen, sondern ich setze voraus, daß Jeden die Vernunft leiten, und er überhaupt die Regeln über den Umgang mit Bienen im III. Abschnitte auch bei diesem Geschäfte befolgen werde.

Das Trennen der Kästchen in kühler Zeit, z. B. im Frühjahre, ist nur eine Kleinigkeit. Ohne den Stock erst zu beunruhigen, sticht man ein starkes Messer oder ein Stemmeisen in eine der oberen Ecken zwischen die Fuge, und wägt den Stock auseinander. Zugleich bläst man einwenig Rauch in die Oeffnung, und schiebt den einen Theil zurück um zwischen beide sehen zu können. Da ist dann kein Gedanke von einem „Hervorquellen der Bienen", und nun so weniger von einem Kreuzfeuer". Im Gegentheile, die Bienen thun ein paar Sekunden ganz erschrocken. Zwischen den beiden getrennten Tafeln befinden sich ja auch nicht gar viele. Im Brutneste, wenn es getrennt wurde, sind es meistens junge Bienen, welche die Brut pflegen; darunter auch solche die noch keinen Ausflug gehalten haben; beiderlei sind sanftmüthiger als die alten. Die übrigen hinter der Wabe merken eine geraume Zeit gar nicht, was geschehen ist, und können nur nach und nach von denen, die jetzt durch die engen Durchgänge an den Kanten der Waben rückwärts gehen, davon Mittheilung erhalten. Währt die Operation nicht lang, so reicht der Rauch einer Zigarre, der Tabakspfeife, oder von einem Stück glimmenden Zunderholz in der Hand hin, um die wenigen Bienen, welche böse thun wollen, in Respekt zu erhalten. Den Stock läßt man dabei auf seinem Standorte.

Eine wichtigere Operation, die voraussichtlich länger dauern kann, und dazu in warmer Zeit vor sich gehen soll, ist umständlicher. Kein Vernünftiger wird solche vornehmen wollen an einem Stocke, der erst kurz zuvor oder an demselben Tage wie immer gereizt wurde, oder wenn Stöcke daneben aufgeregt worden sind; oder im heißen Sonnenschein; auch, wenn gerade ein Gewitter im Anzuge ist, wo überhaupt die Bienen sich stechlustig zeigen. Bei einer solchen Operation trägt man den Stock abseits an einen schattigen Ort und stellt ihn hier auf einen Tisch. Auf einem ungewohnten Standorte verlieren die Bienen die Courage; und mit Hilfe einer ordentlichen Rauchmaschine ist hier der stärkste Stock zu bezähmen. Unter dessen stellt man aber an seinen Platz einen ähnlichen leeren Stock, damit sich abfliegende Bienen darin sammeln können.

Ich nehme hier des Beispiels halber das schwierigste Geschäft an, das aber selten vorkommen wird, — das Ausfangen des Weisels. Hier löst man — wie schon S. 452 gemeldet worden, — zunächst jenes Kästchen aus, worin man seine Anwesenheit vermuthen darf, und nimmt Wabe für Wabe sammt den Bienen heraus, nach dem solche unter Anwendung des Rauches an den Seiten bienenfrei gemacht und abgetrennt worden sind. Jede durchgesehene hängt man aber gleich in ein nebenstehendes leeres Kästchen, worin sie auch verbleibt. So verfährt man auch mit anderen Kästchen, wenn sich im ersten der Weisel nicht befunden hat. Durchgemusterte Kästchen stellt man gleich wieder an einander, damit darin die Bienen wieder ins

Dunkle und in Ruhe kommen. Kürzer noch kann auch das Brutkästchen, wo man den Weisel vermuthet, wie oben S. 452 Punkt 10
gemeldet wurde, ausgetrommelt und so der Weisel abgefangen
werden.

Aber das Wiederzusammenfügen des Stockes —
meint Pf. Dzierzon — ist schlimm; da müssen ja Hunderte von Bienen zerquetscht werden! — Er täuscht sich, indem ihm die Todt-
schlägerei seiner früheren Magazinbienenzucht alten Styls, worauf er
sich noch beruft, vor Augen schwebt. War die Operation schwierig,
und haben die Bienen darüber Honig eingesaugt; dann können sie in
kleineren und größeren Haufen an den Kastenrändern und oben an
der Decke hängen und liegen. Das ist aber noch kein Unglück. Man
schiebt jetzt die Kästchen behutsam näher und näher zusammen, und
endlich so weit, daß zwischen ihnen nur noch ein Spalt bleibt, durch
welchen Bienen, ohne gequetscht zu werden, gehen können. Hierauf
spritzt man die Klümpchen mit kalten Wasser an, und schiebt sie sanft
mittelst eines Hand-Beschens von feinen Reisern dem Spalte zu.
Oben zieht man den Spund aus, und thut desgleichen. Brausend
ziehen nun von selbst die Bienen durch die Oeffnungen ins Innere.
Man befördert den Einzug noch durch Rauch.

Jetzt sucht man den Spalt erst auf der einen Seite des Kästchens bienenfrei zu machen. Es geschieht, wenn man Rauch einhaucht,
und zugleich mit einem Hölzchen durch den Spalt fährt. In dem
Augenblicke, wo man keine Biene mehr zwischen den Rändern sieht,
schiebt man hier alsogleich die Kästchen näher zusammen, aber immer
nur allmälig, so daß eine dennoch zurückgebliebene Biene, sobald sie
den Druck des Kästchens spürt, noch immer Zeit gewinnt, nach Innen
zu entfliehen; und endlich drückt man die Kästchen schärfer aneinander,
und schließt den Spalt mit einer Klammer. Auf der entgegengesetzten Seite, wo der Spalt noch offen steht, geschieht das Nämliche.
So wie dieser sich aber nach und nach schließt, so verengert und
schließt sich auch der Spalt oben und unten von selbst; während auch
hier die wenigen dazwischen befindlichen Bienen, den stärker und stärker werdenden Druck der Ränder spürend, entweichen.

Das Anfügen der Thüre geht eben so vor sich. Man kehrt
den Rand des Stockes ab, legt dann die Thüre erst unten an, drückt
sie dann langsam auch oben dem Stocke näher und näher, bis sie sich
auch hier vollkommen anlegt

Das ist nun die ganze Hexerei mit dem Trennen und Wieder=
zusammensetzen des Strohprinzen; und ihr Kunststück, daß darüber
die Bienen nicht in Wuth kommen, und Menschen und Thiere an=
fallen, beruht auf dem Umstande, daß dabei die Bienen nicht mal=
traitirt und massakrirt werden. Wer mit Geschick und Vorsicht ma=
nipulirt, kann fast für die Erhaltung einer jeden Biene, und um so
gewisser für das Leben Hunderter bürgen.

3. Ein weiterer Ein= und Vorwurf gegen den Strohprinzen
betrifft die Motten, die er vorzüglich begünstigen soll.

Herr Pastor Kleine aus Hanover, als erster Sekundant des
Zwillings, hat das unbestrittene Verdienst, als Naturforscher die
Motten auch ohne Mikroskop im Strohprinzen zu allererst entdeckt zu
haben; und damit ihm kein Anderer vorkäme, säumte er nicht, auch
seine Entdeckung in der Bienenzeitung zu publiziren. Höchlichst auf=
gebracht darüber, daß ich den Zwillingsstock angegriffen, dessen Ver=
götterung er eben beantragen wollte, nachdem er zuvor auch dessen
unübertreffliche beste und zweckmäßigste Stockform in eigenen Artikeln
der Imkerwelt vor Augen gestellt hatte, wußte er im ersten Augen=
blicke nicht, mit welchem Schimpfe zuerst er mich und den Prinzen
überschütten sollte. Da machte ihn aber die Leidenschaften zum Hell=
seher; und als solcher sieht er im Strohprinzen „Späne an den
Seitenwänden stecken" und darhinter nichts als „Motten;"
und er nennt diese Späne „Mottenherbergen," „Motten=
spelunken," und empfiehlt darum den Strohprinzen allen „Mot=
tenliebhabern."

Ich hielt es bisher für höchst unnöthig, hierauf auch nur eine
Sylbe als Wiederlegung zu verlautbaren; konnte ich doch sicher vor=
aussetzen, daß ein jeder Vernünftige, welcher meinen Strohprinzen
gesehen und wirklich betrachtet hat, und neben bei auch Einiges von
der Entstehung der Wachsmotte weiß, über obigen Vorwurf beiläufig
folgende Betrachtung anstellen wird:

„Späne! — Entweder weiß der gelehrte Herr Pastor nicht
was ein Span sei; oder er hat noch keinen echten Strohprinzen ge=
sehen! — Nach dem allgemeinen Gesetze vernünftigen Denkens ist
ein Span (Holzspan) ein vom Ganzen unregelmäßig abgetrennter
Holztheil in verschiedenster, mehr zufälliger Form. Wie kann er
daher die Seitenstäbchen des Strohprinzen „Späne" heißen, da solche
plan= und regelmäßig geschnitzt, und in beabsichtigter genauer Ord=

nung, und paralell zu einander und zu der Wand, von welcher sie einen Viertelszoll abstehen, wie die Orgelpfeifen aufgepflanzt sind! — Wenn das Späne sind, so kann man wahrhaftig auch die Holzpfeifen der Orgel nur Späne nennen! —

Dann — — der große Kleine als Bienenforscher kann doch nicht glauben, daß die Motten aus dem Strohe oder Spanholze von selbst hervorwachsen, wie etwa die Champignons aus dem Compost= haufen; sondern muß wenigstens gehört haben, daß diese Bienenfeinde von Außen in den Stock kommen; und zwar nur durch den Unver= stand und die Fahrläßigkeit des Bienenherrn! — Wo die zwei Letz= teren das Regiment haben, da schützt selbst ein Stock von Glas oder Gußeisen gegen Motten nicht.

Und — endlich haben diese Stäbchen gerade noch den Neben= zweck, hinter ihren Rücken den Bienen freien Durchgang zu lassen, damit diese die Wände rings umgehen, besser bewachen und im Sommer gegen Insekten, und also auch gegen eindringende Wachs= motten=Falter vertheidigen können; (siehe S. 435 den Punkt (ee) wie ausdrücklich schon in der 3. Auflage Klaus. S. 453 zu lesen ist. Und just dieser Bestimmung zuwider heißt P. Kleine die Stäbchen „Mottenherbergen!“

Dieser Betrachtung habe ich weiter nichts beizufügen, als etwa den mildernden Grund: Herr Kleine sollte wohl den Strohprinzen schon bei der Dresdner Ausstellung 1857 genau kennen gelernt haben; denn damals war er als Mitglied der Beurtheilungs=Commission ins= besondere verpflichtet, denselben aus= und inwendig gut zu besichtigen. Er hat aber dieses nicht gethan, vielleicht nur aus Unlust zu solchem Geschäfte, weil ihm damals eine gewisse literarische Spekulation, die sich rentiren sollte, ins Wasser fiel. Und so hat er, in flüchtiger Vor= stellung, an dem Strohprinzen nicht nur die Stäbchen mit Spänen verwechselt, sondern auch die glatten und festen Wände, die accuraten und gleich bleibenden Winkel, worüber sich sein Tadel ebenfalls aus= läßt, gänzlich unbemerkt gelassen.

Aber Herr Kleine — das muß ich auch noch sagen — hat für die Motten im Strohprinzen einen gewichtigen Gewährsmann, den Grafen Stosch aus Preußen. Derselbe war einer der Ersten, welcher den Original=Zwilling Dzierzons in mehreren Stücken getadelt und abgeändert, und nach dem damaligen Ausspruche Kleines, damit nur verschlechtert und verballhornt hat. *) Jedoch später drehte der Herr Graf den Mantel. Er mochte sich seiner Landsmannschaft zu Dzierzon erinnern, und überhaupt die Zwillings=Parthei wieder mit sich aussöhnen wollen; daher gab er zwei lange Artikel in die Bienenzeitung; (Jhrgg. 1860.) worin er besagte Verballhornung des Dzierzonstockes möglichst exkusirt, aber dafür sich mit aller Macht gegen den Strohprinzen wendet, um denselben todt zu schlagen. Er bramarbasirt: er kenne den Prinzstock wohl; — er habe Jahrelang damit geimkert; — er könne sich darüber umsomehr ein unpartheiisches Urtheil zutrauen, da er an den Prinzstock mit Enthusiasmus gegangen; — er habe die Feder nur deßhalb ergriffen, um Imkern, die etwa den Strohprinzen dem Zwillingsstocke vorziehen wollten, das Lehrgeld zu ersparen; denn in der Praxis hätte der Prinzstock den Nimbus eingebüßt, mit welchem ihn sein Erfinder umgeben hat" u. s. w.

Während nun auf diese Weise der Herr Graf den Sachverständigen spielt, und dabei vergleichsweise verschiedene Operationen mit beiden Stöcken vornimmt, wobei, natürlich! der Zwillingsstock imme obenauf bleibt; widerfährt ihm unbewußt ein Malheur, das kaum malitiöser und fataler für ihn gedacht werden kann. Was für eins? —

Aus dem ganzen Geschreibe merkt man bald, daß er einen ganz anderen Stock als den Strohprinzen im Sinne und in der Meinung hat. Es ist in der That so! er verwechselt den Strohkönig mit dem Strohprinzen, — Stöcke, die doch von einander sehr unterschieden sind, indem Ersterer höhere und längliche Form, 2 Etagen, Deckbret-

---

*) Verballhornt. Da der Herr Pastor denselben Ausdruck auch gegen den Strohprinzen gebraucht, so kann ich dem Leser den außerordentlichen Witz darin nicht vorenthalten. Ich erkläre ihn: Ein gewisser Johann Ballhorn hat dem Hahne der Fibel eine Schwanzfeder mehr zugefügt, und dann auf den Titel geschrieben: Vermehrte und verbesserte Auflage. Das ist Alles. Man wende es nun auf den Strohprinzen an, den man bisher von allen Seiten, und besonders im Vergleiche mit dem Zwillingsstock Dzierzons kennen gelernt hat, und urtheile selbst: Ist es wahr, daß der Unterschied zwischen beiden Stöcken nur eine unbedeutender sei? so groß wie ein einzige Feder — eine Kleinigkeit nach Kleine? — D. V.

chen über der unteren, und nicht in jedem Kästchen ein Spundloch aufweist, und wovon der Strohprinz gerade das Widerspiel ist. Es ist zwar kaum glaublich, und dennoch wahr, daß dem Herrn Grafen statt des wirklichen Prinzen der Königsstock vor Augen schwebte. Tadelt er doch ausdrücklich an seinem vermeintlichen Prinzstocke die „obligaten eisernen Lappen an den Thüren, und die dazu gehörigen Schrauben und Leisten" zum Zusammenhalten der Kasten! Wer hat nun je von einem solchen Apparate an dem Strohprinzen gehört? Keiner; dagegen weiß man wohl, daß derselbe nach dem Buche Klaus bei dem Strohkönig und dort sogar in der Abbildung — wenn auch nicht als obligat vorkommt. Aber der Herr Graf beweist seinen Irthum selbst noch eklatanter. Citirt er doch auch noch, zur Begründung seiner Behauptung für den Prinzen seiner Einbildung, Stellen mit Angabe der Seitenzahl aus der 2. Auflage Klaus von J. 1853! — Freunde! haltet das Lachen! in dieser Auflage steht auch nicht einmal eine Sylbe von dem Prinzstocke; aus dem einfachen Grunde, weil in dem genannten Jahre derselbe noch nicht geboren war. Hätte er den wirklichen Strohprinzen gemeint, und zugleich von der 3. Aufl. Klaus vom J. 1857 gewußt; worin erst diese Bienenwohnung sowohl in der Abbildung als in der Beschreibung erscheint: so hätte er sicher sich auf letztere Auflage berufen, und aus dieser sein Citat gemacht.

Außer allen Zweifel also hat Graf Stosch den wahrhaften Strohprinzen weder in dessen Wirklichkeit, noch Abbildung, noch auch die 3. Auflage Klaus gekannt. Und in solcher dicken Unwissenheit eine so dünkelhafte, schiedsrichterliche, absprechende und verletzende Sprache zu führen!! Hier kann man die beliebten Redensarten, eines P. Kleine mit Recht anwenden, nämlich: „Heißt das sich nicht nach allen Seiten hin bloßstellen? — dem Gegner die vollste Satisfaktion geben? und Andere in blinder Leidenschaft verdammen?"

Doch um auf das frühere Thema — auf die Motten zurückzukommen; was gibt denn Graf Stosch dem Pastor Kleine hierin für ein Zeugniß? — Was hat derselbe in seiner enormen Praxis an dem falschen Prinzen oder an dem Strohkönig hinsichtlich der Motten für Erfahrungen gemacht? Er selbst gar keine; wenigstens spricht er nichts davon. Das scheint denn doch wenigstens zu beweisen, daß weder das Stroh an sich, noch der Königsstock an sich schon Motten hecke. Aber Graf Stosch schreibt doch so viel: „er habe die Meldung empfangen, daß an einem Orte aus einem Strohstocke a la Oettl das Volk der Raupmaden wegen auszog, und an einem andern sogar die Strohwände voll Maden steckten." Dieses Beispiel vom Hörensagen beweist gegen den Strohprinzen nicht das Geringste; einmal, weil nicht gesagt ist, daß die Mottenstöcke Strohprinzen gewesen; das anderemal, weil troß dem noch immer die allgemein anerkannte Wahrheit feststeht. Nicht die Stöcke an sich erzeugen Motten, sondern wo letztere gefunden werden, dort sind allezeit die unwissenden und nachläßigen Bienenväter zugleich die Mottenväter. Erwähntes nichts sagende Beispiel hat aber dennoch Graf Stosch mit angeführt; vielleicht nur, um damit der Beschuldigung Kleines gegen den Strohprinzen einigermaffen zu sekundiren, oder überhaupt dem verhaßten Prinzen zu Liebe, nach dem sauberen Grundsaße: „Nur kühn zu verläumdet; es bleibt immer etwas hängen!" —

Wenn endlich Herr Graf Stosch in der Beschreibung, die er von seinen Strohkönigen oder Preßstöcken macht, diese als rauhe, widerborstige, schiefwinklige und wankelmüthige Gesellen darstellt, und diese Eigenschaften auch den echten Strohprinzen, in die Schuhe schieben will, so muß ich dagegen protestiren. Seine Schilderung beweist nur, daß er mit elendem Machwerke, mit der Pfuscharbeit eines erst angehenden Korbarbeiters oder Schleuderers — mit Strohbären geimpfert hat. Strohprinzen, die ich anempfohlen, und die meine Korbmacher schon zu Hunderten versendet haben, sind anderer Qualität: — glatt, fest wie Holz, genau rechtwinklich und von bleibender Form.

4) Der Strohprinz soll auch nicht zum Transportiren und Wandern taugen. Dzierzon, Kleine, Gr. Stosch, die Vertreter des Zwillingsstockes, welche den Strohprinz gerade am wenigsten kennen, weil sie ihn von vornehmein verworfen haben, wollen dieß behaupten. Sie haben aber für ihren Vorwurf auch nicht Einen stichhaltigen Grund.

Vor Allen ist dieser Stock so beschaffen, daß man ihn auf die zweckmäßigste Weise erst zur Wanderschaft vorbereiten kann; wozu abermals seine Theilbarkeit viel beiträgt. Schon seine Form, mehr niedrig als hoch und viereckig, erlaubt, daß man ihn fest stellen auf jede Weise bequem tragen, und auf den Wagen ordentlich und sicher poſtiren kann. Volle Honigkäſtchen und ſolche mit gebrechlichem Bau laſſen ſich vor dem Transport bequem abnehmen, und dafür ein leeres, der Lüftung wegen auch anſetzen. Während der Schwächling in einer untheilbaren Beute 2 Drittheile ſeiner Behauſung unnöthig mit auf der Wanderſchaft herumſchleppt, und auf dem Wagen den Raum ſchmälert, wird derſelbe im Strohprinzen nur auf den nothwendigen Raum reduzirt, und wird dadurch leichter, zum Heben und Stellen und Packen tauglicher. Sehr zuträglich zur Lüftung ſind die Spund-öffnungen; man legt eine durchſchlagene Blechplatte oder ein Sieb-gitter hinein, und zieht dann nur den Spund aus, wenn man lüften will. Und warum ſollte man nach Abnahme der Thüre über die Oeffnung nicht eben ſo ein ſchütteres Tuch ſpannen können, wie man dieß auch beim ungeſtürzten Stülpkorbe zu thun pflegt? —

Und warum ſollte gerade beim Strohprinzen im Innern das Zuſammenſtürzen der Waben mehr zu fürchten ſein, als beim Zwil-lingsſtocke? Seine Waben ſind wohl etwas breiter als beim Zwilling, aber dafür auch nur etwas kürzer als bei dieſem, und eben ſo auf 3 Seiten angebaut. Es gibt keinen vernünftigen Grund dieß zu be-haupten. Eher dürfte man das Gegentheil annehmen können, da die Holzwand gegen die Stöße des Wagens nicht ſo elaſtiſch iſt, wie die Strohwand des Prinzen.

Wer aber dennoch das Zuſammenfallen des Wachsgebäudes be-fürchtete, könnte beſſer als in einem Holzſtocke, im Innern dagegen Vorkehrungen treffen. Z. B. Einige Tage vor der Wanderung, und nachdem er allen unnöthigen Bau entfernt hat, bohre er ein ſpitziges Holz, einen kleinen Finger ſtark, durch die Mitte der erſten Wabe; jedoch ſchief abwärts, ſo daß es noch durch 2 oder 3 Waben geht, und bis es im Boden recht feſtſteckt. Desgleichen thue er auch von der anderen Thüre aus. Die Bienen hängen dann die Waben an dem eingeſteckten Holze an, und ſolche haben hernach auch von unten beſſeren Halt. Nach der Wanderung werden dieſe Hölzer unter drehender Bewegung wieder entfernt. — Eine andere Vorkehrung. Man trenne das End-Käſtchen ab, lege unten gegen den Rand der Waben ein mehr breites als dickes Holz, das an den Enden flach geſchnitzt iſt, in den Spalt, und klammere es mit ein; oder man ſchiebe ein ſolches von der Decke nach unten. Ja ſelbſt durch das Spundloch könnte ein ſolches Holz zwiſchen 2 recht gerade hängenden Waben hinabgeſchoben werden. An ſolchen Hölzern hängen die Bienen die Waben an, und es erhalten wenigstens die 2 nächst anliegenden mehr Festigkeit. Von der Thüre aus lassen sich sogar unter die halb vollendeten Waben, wenn solche bleiben sollen, Stützen und Unterlagen anbringen; indem die Strohwände stets auch den Vortheil gewähren, daß man darin Hölzer in jeder Richtung feststecken kann. Bei Holzstöcken sind solche Vorkehrungen nicht auszuführen.

Damit hier nicht etwa die Zwillingsfreunde — wie schon geschehen — wieder schreien: „Welche Umständlichkeit! was alles für Requisiten beim Stroh-Prinzen!" so erinnere ich noch ausdrücklich, daß das Angeführte nicht durchaus geschehen muß, sondern nur geschehen kann, und ich gebe es bloß Anfängern und Furchtsamen zum Besten. Gelegenheitlich kann man aber daraus wieder abnehmen, zu was Alles die Theilbarkeit und sonstige Beschaffenheit des Strohprinzen nütze sind.

Wer beim Wandern zur Vorsicht noch mehr thun will, der lege den Prinzstock auf dem Wagen ohne Bedenken auf den Rücken. So hängen dann schwere Waben nicht, und finden unten einen Stützpunkt. In diesem Falle hängt man das leere Kästchen mit dem vergitterten Spundloche so an, daß letzteres oben auf sich befindet.

„Aber der theilbare Stock kann ja beim Auf- und Abladen, und auf dem Wege in der Mitte zerreißen; dann ist ein Unglück fertig!" — So wenden die Zwillingsmänner ferner ein.

Antwort: Fürs Erste kitten die Bienen die Kästchen fest zusammen; das zeigt sich beim Trennen, wo man mit dem Stemmeisen ziemlich viel Gewalt machen muß; — fürs Zweite, wofür sind denn die Klammern da? Vier im Ganzen, nur von 2 Linien Stärke, $6/4$ Zoll tief eingedrückt bei gehöriger Spannung, geben je zweien Kästchen hinreichende Festigkeit; nur mit außerordentlicher Gewalt, bis zu ihrer Zerstörung, könnten die Kästchen auseinandergerissen werden. Mir ist es schon ein paar Mal geschehen, daß ein Stock vom Stande fiel und sich überschlug; keine Klammer aber hatte dabei nachgegeben. *)

---

*) Herr Baron von dem Bussche-Hünnefeld aus Hannover, dem ich viele Stöcke und fast alle Maschinen senden mußte, hat sich eine eigene Verbindungsweise der Kästchen ausgesonnen; nämlich, er befestiget auswendig an den sich berührenden Kastenrändern rechts und links Holzleisten, und schiebt über jedes Paar eine Zwänge.

30*

Furchtsamen jedoch habe ich den Rath gegeben, beim Forttragen und Aufladen des Strohprinzen ihn auf seinem Standbrete zu lassen, ja ihm noch auf den Wagen das Bret unterzulegen, und damit er davon nicht abrutsche, ihn mittelst eines Spagates oder Strickes lieber darauf zu binden.

Aber das Bret! das Bret! Darüber schreien eben die Tadler am meisten; weil sie einmal beim Strohprinzen über Etwas schreien wollen und müssen, und doch ist nichts natürlicher, vernünftiger und zweckmäßiger als der Gebrauch dieses Bretes! Der Stock bedarf doch eine ebene Unterlage, damit man darauf die Kästchen schieben und drehen kann. Eine solche Unterlage vermittelt das Bret. Solches kann ganz ordinär, auch nur einen halben Zoll stark, 2 bis 3 Schuh lang und 9 bis 12 Zoll breit sein, und ist so gewiß kein kostbares Requisit. Dieses Bret braucht aber der Stock auf dem neuen Stande nach der Reise ebenfalls; daher läßt man ihn gleich darauf stehen, bindet ihn daran an, wenn auch nur mit einem einzigen Bund in der Mitte, trägt ihn so am bequemsten auf den Wagen, legt ihn da im Strohe fest, und nimmt ihn von da, nach zurückgelegter Fahrt, wieder sammt dem Brete am sichersten herunter. Ich begreife nicht, wie man in diesem Verfahren etwas Tadelnswürdiges finden kann!

Kurz, der Strohprinz läßt sich so gut wie der Zwillingsstock, wenn nicht noch besser, transportiren; aber verstehen muß man dabei die Sache, und die nöthige Vorsicht nicht außer Acht lassen. Darauf hat schon der II. Abschnitt hingewiesen. Erst am 30. August v. J. transportirten wir 2 ausgezeichnete Strohprinzen 6 Meilen weit nach Brüx zu unserer Vereinsausstellung. Einer war ein Echt-Italiener, den ich um Weihnachten zuvor direkt aus der Lombardei erhielt — als Schwärmchen. Er war vortrefflich gediehen, und hatte, nachdem ich von ihm auch Ableger gemacht hatte, fast 4 volle Kästchen. Es war mir an ihm sicher viel gelegen, und dennoch hatte ich keine Furcht wegen seiner Wanderung. Der zweite, dem Tischlermeister Laaber aus Willomitz gehörig, gleichfalls ein vorjähriger Nachschwarm, besaß fünf Kästchen, und natürlich, mit diesjährigem Bau. Und wir legten beide

---

Die Sache wäre nicht übel; allein das gute und akurate Befestigen dieser Leisten an den Strohkästchen hat seine Schwierigkeiten. Dazu sollten die Leisten stets von hartem Holze und vom Tischler verfertigt sein. Dadurch muß die ganze Vorrichtung nicht nur zeitraubender sondern auch kostspieliger werden als jene mit Klammern.   D. V.

Stöcke, auf ihre Standbreter gebunden, auf denselben Leiterwagen, der die andern Ausstellungsgegenstände führte, mitten ins Stroh; und sie haben ohne Gefahr und unbeschädigt den Ausstellungsort erreicht; was 500 Menschen, welche sie dort fliegen sahen, bezeugen könnten.

5. Sogar das nothwendige Verstreichen der Fugen mit Lehm wurde am Strohprinzen vom Tadel beschnüffelt. Ich sage darauf: Wie manchem Holzstücke muß man ebenfalls mit Lehm zu Hilfe kommen, wenn seine Ritzen und Fugen klaffen! Oder ist es etwas Anderes und Angenehmeres, wenn man mit Dzierzon die Fugen der eingeschwundenen Scheidebreter und Thüren am Zwillings= stocke mit Werg oder Lumpen und Fetzen ausstopft? — Gut gear= beitete Strohkästchen lassen beim Zusammensetzen nur geringe Zwi= schenräume, welche die Bienen selber verkitten. Aber wer wird ihnen dabei nicht mit einem Wulst Lehm, kaum von der Dicke einer Feder= spule, von Außen zu Hilfe kommen wollen? — Inwendig ist das Verschmieren nur am Boden nothwendig, wenn da die etwas rundli= chen Ränder eine Fuge bilden, worin sich das Gemülle festsetzen könnte. Hier legt man sich jedesmal einen Lehmwulst zurecht, so oft man ein Kästchen ansetzt, und drückt solchen ein. Auswendig am Boden braucht nicht verschmiert zu werden. Und diese Arbeit macht man ja nicht alle Tage. Verstrichene Kästchen bleiben oft ein, ja zwei Jahre un= versehrt; denn man braucht sie so lange auch nicht zu trennen. Und, war der Lehm zäh und gut vorbereitet, so reißt er blos mitten ent= zwei beim Trennen, bleibt aber an den Rändern hängen. Beim Wie= derzusammengeben merkt man hernach auf die Spur des Risses; der Lehm fügt sich, wie er früher war, zusammen, und es ist jetzt selten ein Verschmieren nothwendig. Dieß gilt auch von den Thüren. Im Sommer pflege ich gar manchmal auf einen Augenblick in diesen oder jenen Stock zu sehen, indem ich die Thüre leise abnehme, und nach der Spur des getrennten Lehmes ohne neues Verschmieren wieder an= füge. Manchem schon habe ich auf diese Weise und auf eine Minute die im Bau begriffenen Bienen an der Hinterthüre gezeigt, ohne Rauch und Bienenkappe, und ohne ein darauffolgendes Verstreichen mit Lehm. Strohthüren haben überhaupt das Gute, daß sie sich an den Stock wohl anschmiegen.

6. Ein anderer Fehler: Der Strohprinz ist noch ein= mal so theuer als der Zwillingsstock. Theuer und wohl= feil sein, sind relative oder beziehungsweise Begriffe, wobei es auf

die Zweckmäßigkeit und den dadurch bestimmten eigentlichen Werth ankommt. Eine Sache kann wohlfeil sein, und man kann bei ihr doch mehr Geld hinauswerfen, als bei einer andern die viel mehr kostet; nämlich wenn erstere wenig taugt, letztere aber vortheilhaft und wirklich zweckmäßig ist. Im Handel und Wandel des gewöhnlichen Lebens richtet man sich allgemein darnach. Z. B. Holzschuhe sind wohlfeil, und Lederschuhe wieder um Vieles theurer; dennoch gebraucht man Lederschuhe häufiger, weil sie bequemer und überhaupt zweckmäßiger sind. Also: da sich der Strohprinz nach den oben aufgezählten Vortheilen wenigstens noch einmal so zweckmäßig herausstellt als der Zwilling, so ist er auch um den doppelten Preis nicht zu theuer, und vollends gar nicht in holzarmen Gegenden, wo selbst eine simple Klotzbeute eben so hoch und noch höher zu stehen kommt.

Ich ließ zu unserer dießjährigen Vereinsausstellung absichtlich 2 neue Klotzbeuten mit Dzierzonischer Einrichtung machen, und jede kostete ohne Dach und Gestell 4 fl. 55 kr. Oest. Währ. Ein Strohprinz kostet 4 fl.

7. Noch heißt es: „Der Zwilling kann als Doppelstock neben und über einander, also stoßweise aufgestellt werden, wobei das Bienenhaus entbehrt wird; dasselbe kann mit dem Strohprinzen nicht geschehen." Antwort: Der Vordersatz ist wahr, der Nachsatz aber nicht. In meinem Garten steht schon zwei Jahre ein Stoß von Strohprinzen. Vier Kästchen in einem Stocke sind gerade im Ganzen noch einmal so lang als breit, folglich bilden 2 Stöcke nebeneinander ein regelmäßiges Quadrat, und wenn mehrere Paar übereinander gestellt werden, erscheint der Stoß regelmäßig viereckig. Das Beste dabei ist, daß man den ganzen Stoß unter einen Hut bringt, d. h., für ihn nur ein kleines Dach braucht; wie auch, daß, da jeder Stock ohnedieß schon für sich warm genug ist, und durch die anstoßenden Neben-, Unter- und Oberstöcke noch wärmer wird, der ganze Stoß bei der Einwinterung, außer kleinen Blenden vor den Fluglöchern, weiter keine Hülle benöthiget. Der Stoß von Zwillingen dagegen muß seiner schwachen Breter, seiner Fugen an den Thüren und zwischen den Rückwänden und seiner Hinter-Fluglöcher wegen einen Mantel erhalten, sonst würden die Bienen trotz der Erdgrube erfrieren. Es soll daher jede Fuge mit Moos ausgestopft, der Stoß von unten auf mit Streu und Laub bedeckt, und durch angeworfene Erde verwahrt und

bis hinauf das Ganze mit Stroh, Reisig und Bretern belegt werden. Schöne Arbeit! ich danke dafür; besonders wenn etwa mitten im Winter bei einem anhaltenden Thauwetter, die Bienen zum Ausfluge drängen, und jetzt der Mantel ausgezogen, und hernach, wenn ein neuer Winter eintritt, von Neuem angezogen werden soll.

Obschon nun in diesem Punkte der Prinzenstoß im Vortheil ist, und ungeachtet dessen, daß ich hier jeden Stock ebenfalls von 2 Seiten öffnen, auch denselben mit seinem Standbrete herausdrehen und ganz wegnehmen und so nöthigenfalls auch theilen kann: so muß ich doch gestehen, daß beim Ganzen die Hauptsache, die Bequemlichkeit in der Behandlung, viel einbüßt; weßhalb ich auch das stoßweise Aufstellen des Strohprinzen Niemandem anempfehle. Im Zwillings-stoße geht aber die Behandlung ja nicht leichter und bequemer, vielmehr noch schwieriger. Welche Vorkehrungen und Manipulationen müssen nur da mit den Verbindungslöchern im Rücken der Stöcke geschehen! Dabei müssen so oft Stöcke herausgenommen, verwechselt und wieder eingeschoben werden. Das verlangt Zeit, Helfershelfer und alle Achtsamkeit, sonst kann ein Stoß ganz über den Haufen stürzen. B. v. Berlepsch sagt: „er mache sich verbindlich, die 12 Waben eines Faches aus seinem Ständerstocke bedeutend schneller in eine andere Beute zu übersiedeln, als Dzierzon einen Zwitter aus einem Achterstoß herausnimmt, den Stoß wieder kompletirt und in Ordnung bringt."

Die Kunststücke aber, die Dzierzon im Stoße besonders durch Verbindung zweier Nachbarstöcke ausführen will, das Ablegermachen, Uebersiedeln, Verstellen u. s. w. bezeichnet von Berlepsch als sehr schwer oder gar nicht ausführbar; und er, der erste Schüler Dzierzons, und ebenfalls ein Meister, muß doch die Sache kennen! Nicht minder tadelt derselbe, daß wenn ein Ableger gemacht werden soll, immer der Nebenstock ein leerer sein muß. „Welch einen jämmerlichen Eindruck macht es" — schreibt er, „wenn 4 Ableger gemacht werden sollen, und darum vom Februar bis Juni nur die Hälfte der Stöcke fliegt!" — Wer muß ihm nicht Recht geben? — Kurz, ich halte gerade die stoßweise Behandlung des Dzierzonstockes, womit man so viel Wesens macht, für dessen schwächste Seite, und insbesondere für den gemeinen Züchter für ganz unpraktikabel und daher auch für unpopulär. Indessen, ein Meister wie Dzierzon mag wohl auch damit zurecht kommen. Und wenn ich am Ende auch nicht mit

Verlepsch behaupten will, „der Zwillingsstock sei der Rumpelkammer verfallen," so kann ich doch wenigstens denselben nicht für die Krone aller Bienenwohnungen, für den besten Stock in jeder Hinsicht, für das Non plus ultra halten, für welchen ihn Dzierzon und seine Sekundanten angesehen wissen wollen.

8) Endlich um das Maß der Einwendungen gegen den Strohprinzen voll zu machen — darf nur ein unwissender Anfänger referiren: „Mein Prinz ist verhungert;" (er hatte nicht genug für Nahrung gesorgt) — ein Zweiter: „Der meinige ist auf dem Transport zusammengebrochen;" — (er hatte dagegen keine Vorkehrung getroffen) — ein Dritter: „Mir haben die Bienen darin die Tafeln schief und aneinander gebaut;" (er hatte die Träger verschoben und ihnen kein Lehrwachs gegeben), — ein Vierter: „Mir ist im Winter eine Maus hineingerathen und hat seinen Bau zernagt;" (er vergaß das Flugloch zu vergittern) u. s. w.: dann haben die Feinde des Strohprinzen noch mehr Steine, um auf denselben zu werfen. Und nicht blos Unwissende, die nicht einsehen, wer am Malheuer schuld gewesen sei, greifen darnach, sondern manchmal auch gelehrte Männer, wenn es sich in der Leidenschaft darum handelt, dem Strohprinzen Eins mehr auf den Pelz zu geben; wie wir es oben an den Herren Kleine und Stosch, hinsichtlich der Motten, wirklich gesehen haben.

b. Der Holzprinz.

Herr Marquis Balsamo Crivelli aus Mailand, der bei mir um die Erlaubniß nachsuchte, das Buch „Klaus" ins Italienische übersetzen zu dürfen, und dem ich auch einen Strohprinzen senden mußte, schrieb mir schon vor 2 Jahren, er werde, da das Stroh in Italien seltener, und bei dem wärmeren Klima die gute Durchwinterung der Bienen auch im Holze eher möglich ist, sich den Prinzstock von Holz anfertigen lassen. Ich konnte seinem Vorhaben nur Beifall geben. Eben so werden auch andere Gegenden und Länder gefunden, wo das Holz fast eher zu haben ist als Stroh, und wo man leichter zu einem Holz- als Strohstock kommen kann. Und wieder gibt es Leute, die aus purer Gewohnheit an's Holz nicht fürs Stroh eingenommen sind, die sich Strohstöcke weder selber machen, noch aus Mangel an Gelegenheit kaufen können; und noch Andere, die besonders geschickt sind, sich Holzstöcke für den Eigenbedarf selber anzufertigen; z. B. Tischler, Binder, Wagner, Zimmerleute und andere

Holzarbeiter. Alle diese muß man beim Holze lassen; denn es ist doch besser, sie treiben die Bienenzucht im Holze als gar keine. Diesen Betreffenden möchte ich nun, wenn auch nicht den Strohprinzen selbst, doch wenigstens alle dessen Vortheile desselben, die nicht mit dem Strohe zusammenhängen, zugänglich machen; und darum beschreibe ich hier auch einen Holzprinzen.

Wer etwa in seiner Rumpelkammer noch einen Christ'schen Magazin=Ständer hat, mit 6 Zoll hohen Kästchen und Fensterchen am Rücken; der ziehe ihn hervor; lege ihn auf den Bauch; gebe ihm eine Thüre mit einem Flugloche, und nagle jedem Kästchen einen guten halben Zoll unter der Decke ein Paar viertelszolldicke Tragleisten an: so hat er ein leibhaftes Ebenbild des Strohprinzen von Holz. Es gab aber auch dergleichen Lagermagazine von Holz; ich kenne solche vom Anfange meiner Bienenzucht her. Ein solches versinnbildet noch mehr den Holzprinzen; denn es geht ihm fast nichts weiter ab, als die Tragleisten für den beweglichen Bau.*)

---

*) Hier könnte sich Herr P. Kleine sehr leicht aus dem Traume helfen, der in der Bienenzeitung, durch Leidenschaft geblendet, nicht schnell genug die alte Schlendrians=Idee auffindet, welcher ich bei meinem Strohprinzen, dem er zugleich alle Originalität abspricht, gefolgt sein soll. Ich sage: Die Idee vom Christ'schen Magazinstock hergenommen, ist in der That eine ältere; dessenungeachtet aber ist der Strohprinz nicht aller Originalität baar; was ich dem Herrn Pastor durch ihm recht nahe liegende Gründe beweisen kann. Ich thue es auf der Stelle. Vor einiger Zeit ist in Hannover ein Werk erschienen unter dem Titel: „Neue Beobachtungen an den Bienen von Franz Huber, deutsch und mit Anmerkungen herausgegeben von Georg Kleine." Würde nun Jemand gegen dieses Werk einwenden: „Ach, die Grund=Idee dieses Buches ist schon ziemlich alt, und die Beobachtungen, die der schon längst verstorbene Naturforscher Huber an den Bienen machte, sollte man diese „neue" heißen können? — Das Buch erscheint vielmehr nur als etwas Aufgewärmtes; es hat bloß den französischen Frack mit dem deutschen Paletot vertauscht, und besitzt daher keine Originalität!" wenn so Jemand — wiederhole ich — gegen das Kleine'sche Buch spräche, so könnte man darauf wetten, daß sein Uebersetzer entrüstet antworten würde: „Wie? was? — Was ist originell? Das, was früher noch nicht dagewesen, und jetzt erst entstanden ist. Nun war wohl Hubers Werk schon längst vorhanden jedoch in französischer Sprache; aber eine deutsche Uebersetzung davon ist erst durch mich entstanden; folglich ist erstens mein Buch wenigstens dieser Uebersetzung wegen originell. Zweitens, habe ich dem Huber'schen Texte eigene

Wer jedoch sich einen solchen Stock von Neuem machen will, nehme dazu wenigstens 1½ Zoll starke fichtene Breter. Es sollten wohl Bohlen von anderem Holze sein; allein, solche machen den Stock

---

Anmerkungen beigegeben; und diese machen das Buch noch einmal originell. Und also entbehrt mein Werk keineswegs der Originalität, wenn auch die Grund-Idee dazu von Huber und schon vor langer Zeit geschöpft worden ist." —

Man muß dem Herrn Pastor jedenfalls Recht geben. Jetzt will ich aber seine Rechtsgründe im ganz analogen Falle an dem Strohprinzen applizirend, auch dessen Originalität nachweisen und gegen Absprecher vertheidigen.

Die Grund-Idee des Strohprinzen ist wohl auch schon längst an dem Christ'schen Magazine dagewesen; allein dieses war von Holz, während der Prinz von Stroh ist. Diese Umwandlung erscheint daher als ein noch nicht Dagewesenes, und der Strohprinz gleichsam auch als eine neue Uebersetzung aus dem Hölzernen ins Stroherne; und Letzterer ist erstens in dieser Hinsicht gleichfalls originell. Zweitens dem Strohprinzen sind nicht minder wie dem Huber'schen Buche eigene Anmerkungen beigegeben; d. h. er besitzt noch andere Eigenschaften, die seine Originalität um so besser bemerken lassen z. B. a) er ist ein viereckiger Strohstock. Solche Stöcke kannte man vor Klaus (2. Aufl.) gar nicht, b) ein viereckiger Strohstock auf beweglichen Bau eingerichtet. Als man es noch für unmöglich hielt, Strohstöcke mit beweglichen Bau herzustellen (denn man kannte nur runde Strohstöcke) machte ich den ersten solcher Art, einen untheilbaren, in der Bienenzeitung (1852) bekannt. c) Er ist ein viereckiger Strohstock mit Mobilbau, aber zugleich theilbar. Als solcher existirt bis dato, der gleichfalls von mir herrührende Strohkönig ausgenommen, weiter keiner; d) ist er zugleich ein vollkommener Lager-Strohstock mit einer einzigen Wabenreihe, und als solcher steht er seit dem J. 1853, wo ich ihn erfand, unter allen Bienenwohnungen als noch nicht dagewesen allein da, und läßt sich also seine Originalität nicht abstreiten.

Nebst dem besteht der Strohprinz aus 4eckigen eigenthümlich bereiteten Strohkästchen, ganz geeignet zum Stellen und Legen als An- und Aufsätze; aus Kästchen mit haltbaren Wänden und scharfen Recht-Winkeln, mit Seitenstäbchen, mit originell angefertigten Spundöffnungen und Spünden; und man darf keck fragen: Wo sind dergleichen Kästchen schon einmal vorgekommen? — Auch die Thüren daran mit gefüllten Strohrahmen sind eine der neuesten Erfindungen.

Ueberhaupt, sowohl die Verfertigungsweise des Strohprinzen, als auch dessen Eigenthümlichkeit in manchen Stücken der Behandlung, wie imgleichen die ausgezeichneten Vortheile, die er darbietet, geben mit Zeugniß von seiner Originalität.

Dieß auf das grobe Absprechen des P. Kleine, der entweder den Strohprinzen gar nicht kannte, oder absichtlich nicht kennen wollte.   D. V.

theuer. Manche empfehlen zu dergleichen und ähnlichen Stöcken besonders Linden= oder Pappelholz; ich halte dieses gerade für das schlechteste, denn ohne Schweiß im Winter geht es hier nicht ab, und solche schwammige Hölzer saufen sich so voll Wasser, daß sie lange Zeit nicht austrocknen und viel Schimmel erzeugen. Daß die Kästchen gut gezinkt und wohl an einander passend sein müssen, versteht sich von selbst; denn jedenfalls versucht der Witterungswechsel an ihnen seine Gewalt. Ihr lichtes Ausmaß ist das nämliche, wie beim Stroh= prinzen, 10½ Zoll Höhe und Breite und 6 Zoll Tiefe. Wer Fugen statt Tragleisten wünscht, mag sich solche einen guten Viertelszoll unter der Decke in die Seitentheile einschneiden. Dann müßten aber die Kästchen nur 10 Zoll weit sein, weil auch der Viertelszoll an je= dem Ende des Wabenträgers in der Fuge mitzurechnen wäre. Da aber Tragleisten etwas weniger Mühe machen, so ziehe ich solche vor. Fugen, wer sie durchaus haben will, können auch noch anders herge= stellt werden. Man darf nur über der bereits festgemachten Trag- leiste in den Winkel hinein noch ein zweites viereckiges Leistchen na= geln, und es bildet sich so zwischen diesem und jenem, die gewünschte Fuge. Letztere ist um so zweckmäßiger, weil solche zugleich das An= nageln von Seitenstäbchen, falls man solche haben will, erlaubt Diese Stäbchen sind ebenfalls ganz leicht anzubringen. Man nagle nur auch in die untere Ecke ein viereckiges Leistchen wie oben hinein, und es können hernach auch daran unten, wie an den Tragleisten oben, die besagten 4 Seitenstäbchen mittelst Drahtstiften ordentlich und ganz bequem befestiget werden.

Da ohne Zweifel solche Holzprinzen dem Schweiße und der Nässe mehr unterworfen sind als Strohprinzen, so muß man für den ersteren die Seitenstäbchen umsomehr als zweckmäßig anrathen. Der an demselben angehängte Wachsbau kommt nicht so sehr in unmittel= bare Berührung mit der vom Schweiße triefenden und vielleicht schon mit Schimmel überzogenen Holzwand, und ist dadurch mehr gegen Verderben geschützt.

Die zweckmäßigsten Thüren würden in Holzrahmen gefaßte Strohbreter sein; zum allerwenigsten die hintere; damit im Winter die hier lagernden Bienen doch von einer Seite etwas wärmer lägen.

Die Verbindung der Kästchen mag auf beliebige Art geschehen; am wohlfeilsten durch eingeschlagene Nägel mit Spagat umwickelt; oder am theuersten, durch vom Schlosser verfertigte Schlingen und Haken

ober was die Mittelstraße ist — durch starke Drahtklammern, wie beim
Strohprinzen.

Die Manipulation mit dem Holzprinzen ist dieselbe, wie die
mit seinem ströhernen Stiefbruder, und die oben aufgezählten Vortheile
des Letzteren, welche nicht vom Strohe abhängen, werden auch bei
ihm erreicht. Seiner etwas kälteren Natur aber kommt man im
Winter mit Strohmatten und anderen wärmenden Hüllen zu Hilfe;
und selbst gegen seinen Erbfehler der Nässe läßt sich vermöge sei
ner Theilbarkeit Etwas thun. Beim ersten Ausfluge nämlich im
Frühjahre kann man das erste Kästchen sammt der Thüre, wo sich die
meiste Feuchtigkeit als in der Nähe des Flugloches niedergeschlagen,
augenblicklich entfernen, und mit einem trockenen vertauschen, und nebenbei den Boden der übrigen Kästchen wenigstens im Gröbsten aus-
wischen und reinigen. Nöthigenfalls trennt man den Stock auch in
der Mitte, und wirkt dann der schädlichen Nässe, dem Schimmel und
überhaupt der Verunreinigung auch von hieraus wohlthätig entgegen. —

c) Der Prinz mit Rähmchen.

„Prüfet Alles, und das Gute behaltet!" Nach diesem Grundsatze habe ich an dem Strohprinzen auch Versuche mit Rähmchen gemacht, und solche auch hier anwendbar und in der That für gut befunden. Ja, wer dabei die etwas größere Auslage (beiläufig 4—6
Neukreuzer pr. Rähmchen) nicht scheut, der hat beim Prinzstocke durch
dergleichen Rähmchen, in Verbindung mit der Theilbarkeit des Stockes,
erst das Höchste der Bequemlichkeit in der Behandlung und Manipulation erreicht; was wohl aus dem Vorausgegangenen einleuchtet,
und keines besonderen Beweises bedarf.

Unter Anwendung der Rähmchen sind in den Prinzkästchen die
Seitenstäbchen überflüssig; die Rähmchenschenkel vertreten eben die Stelle
derselben, und die Bienen können sich hinter den Rähmchen in einem viertelzölligen freien Raume an der Wand eben so hin- und her-
bewegen, wie hinter den Stäbchen. Mit den Stäbchen ist daher zugleich die Arbeit und Zeit ihrer Anfertigung erspart, was den Preis
der Rähmchen wieder um Einiges herabmindert.

Ein solches Rähmchen Fig. 46 ist aus fichtenen oder kiefer-
nen Bretchen von viertelzölliger Stärke verfertiget, deren breite Theile
(Ohren) 1½ Zoll, und deren schmale genau 1 Zoll querüber messen.

Die beiden Quertheile (a) haben sammt den Zapfen 10½ Zoll Länge, die Zapfen selber einen halben Zoll. Die Seiten= oder Schenkeltheile (b) sind im Ganzen 9¾ Zoll lang, haben oben, ¼ Zoll von der Kante einwärts, die Löcher (c), welche einen halben Zoll unten breit, einen Viertelzoll hoch sind, und in ihrer Gestalt den Zapfen der Quertheile entsprechen, die beim Zusammenfügen durchgeschoben werden. Die Zapfenlöcher unten (d) sind dieselben, nur in verkehrter Richtung, und auf der schmalen Seite offen. In diese werden die Zapfen des unteren Querholzes eingeschoben.

F i g. 46.

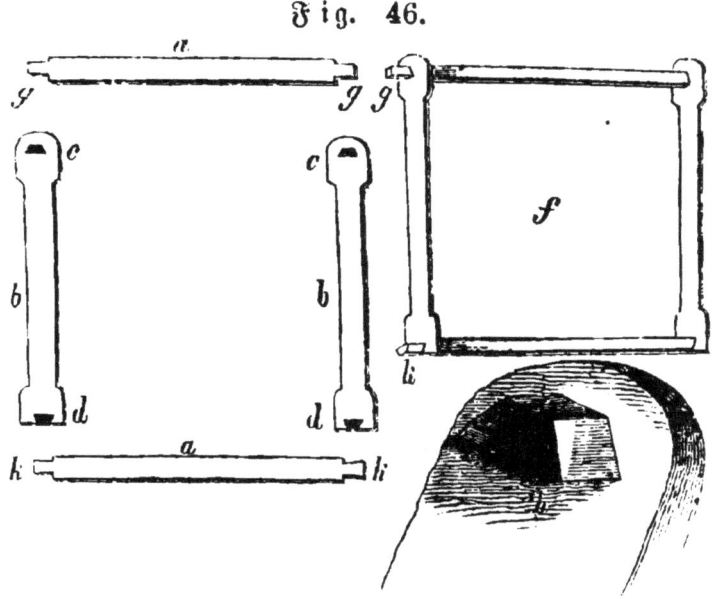

Nach dem Einleimen der Zapfen ist das Rähmchen (f) fertig. Die oberen Zapfen (g) springen um einen guten Viertels=Zoll vor; und diese sind es eben, welche auf der Tragleiste aufliegen, und das ganze Rähmchen halten. Bei h wird ein solcher Zapfen i n f e i n e r n a t ü r l i c h e n G r ö ß e u n d G e s t a l t d a r g e s t e l l t. Ist nur das Holz in den Zapfen gesund, so leidet die Sache kein Hinderniß; dabei läßt sich das Rähmchen, wenn es die Bienen angekittet haben, leichter losmachen, als wenn die ganze ⁶⁄₄ zöllige Breite des Ober=Querholzes aufliegt, wie dieß bei Rähmchen anderer Construktion der Fall ist, wo die Ohren an den Enden der Querhölzer vorkommen, und die Schenkeltheile in dieselben eingezapft erscheinen. Die Abrundung des Seitentheiles oben erlaubt auch, mit einem

spitzigen Messer unter den Zapfen zu stechen, und so ihn loszubre-
chen. Die auch unten vorspringenden Zapfen (k) sind nicht nothwendig und könnten weggeschnitten werden; doch sie schaden auch nicht;
ja sie könnten dem Rähmchen, falls es sich ziehen oder werfen wollte,
einen Halt mehr geben, indem sie sich an die Wände anstemmen.

Das Herausnehmen eines Rähmchens geht ganz leicht. Nachdem man es rechts und links, wo es etwa doch da oder dort mit
ein wenig Wachs an die Wand geheftet war, losgeschnitten, dann die
beiden Zapfen ebenfalls gelüftet hat, fährt man mit dem Finger unten,
wo das Rähmchen $\frac{1}{2}$ Zoll vom Boden absteht, hinter das Querholz,
und zieht solches langsam gegen sich. So lösen sich auch an den
Seiten die an einander gekitteten Ohren von selbst.

Man hat gegen Rähmchen, wie solche im v. Berlepsch'schen Stocke
in 3 Etagen über einander vorkommen, eingewendet: daß solche, wo
sie auf einander stehen, zu viel Holz ins Brutlager bringen, welches
die Königin beim Eierlegen nicht gern überschreitet; daß die Bienen
die zwei sich berührenden Quertheile fest an einander kitten, und daß
beim Trennen zweier solcher Rähmchen leicht Bienen dazwischen kommen und gequetscht werden können. Dergleichen Einwendungen fallen
beim Strohprinzen ganz weg; denn hier ist die Einrichtung und Manipulation mit Rähmchen die einfachste von der Welt. Oben und an
den Seiten haben hier die Bienen einen Viertelzoll freien Spielraum,
und auf dem Boden gar einen halben Zoll, und sind darum nirgends
behindert. Ein solcher Rähmchenstock, dessen Bau man ordentlich geleitet hat, läßt sich in wenigen Minuten, ohne daß Honig ausfließt,
aus einander nehmen Wabe für Wabe, und eben so schnell wieder
zusammensetzen. Rähmchen läßt der Holzprinz eben so gut wie der
Strohprinz in Anwendung bringen.

d) Der Strohprinz-Ständer.

Die Kästchen des Strohprinzen gewähren noch den Vortheil,
daß sie sich nach Art des Christ'schen Holzmagazins auf einander stellen, und sich auf einem Standbrete und mit einem Strohdeckel versehen, wie dieser Christ'sche Stock behandeln lassen, wobei sie jedoch
stets den Vorzug der wärmeren Durchwinterung vor dem genannten
Holzstocke vorausbehalten. Doch weit entfernt, hiemit die alte Christ'sche
Methode, die sich mit dem Zerschneiden des Wachsgebäudes und mit

regelmäßigem Untersatzgeben befaßte, hier auch bei Strohkästchen em=
pfehlen zu wollen, setze ich vielmehr einen großen Werth darein, daß
besagte Kästchen auch dzierzonirt über einander stehend, ganz anders
und rationell behandelt werden können, und so auch einen Strohprin=
zen als Ständer darstellen.

Gewöhnliche Prinzkästchen von 6 Zoll Höhe, jedes mit Waben=
trägern versehen, würden aber zu viele Etagen bilden, den Bau zu
oft unterbrechen, und zu viel Holz in den Stock bringen. Zwei solche
Kästchen zu einem verbinden und nur eine Reihe Wabenträger anbrin=
gen, gäbe wieder 12 Zoll lange und daher zu schwere Waben, und
eine zu schwierige Hantirung mit denselben. Das Beste wäre wohl,
$10\frac{1}{2}$ Zoll hohe Kästchen zu gebrauchen. Wer sich bisher auf der
Maschine nur 6zöllige anfertigte, kann sich hiezu auch noch $4\frac{1}{2}$ Zoll
hohe bereiten, indem er nur 3 Abtheilungen der Maschine voll Stroh
preßt, solche abnäht, und hernach beide Kästchen fest zusammennäht.

Wer zu dergleichen Stöcken besondere Lust hat, und deßhalb
größere Kästchen wünscht, dem ist zu rathen, sich gleich die Maschine
mit längeren Säulen machen zu lassen, so daß darauf nicht nur 6
Zoll, sondern auch 9 Zoll und $10\frac{1}{2}$ Zoll hohe Kästchen verfertigt
werden können.

Solche Kästchen erfordern weniger Genauigkeit in der Anferti=
gung, bedürfen keine angenagelte Tragleisten und Seitenstäbchen und
sind leichter anzufertigen, als die eigentlichen Strohprinzkästchen. Man
kann in jedem ein Glasfenster anbringen.

Die innere Einrichtung ist die allereinfachste. Als
Tragleisten spießt man rechts und links, einen Viertelszoll vom Rande
abwärts, zwei spitzige Hölzer ein, die einen Viertelszoll stark und $\frac{3}{4}$
Zoll breit sind, und zwar so, daß die Breite sich an die Wand schmiegt.
Auf diese Hölzer werden die 7 Wabenträger gelegt. Am zweckmäßig=
sten wählt man hiezu die Gattung (d) in Fig. 24 S. 378, nämlich
blos gleichlaufende Stäbe ohne Ohren, mit eingeschlagenen und einen
halben Zoll vorstehenden Stiften, welche die halbzölligen Durchgänge
vermitteln. Bei solchen Stäben bleiben nicht allein die Durchgänge
für die Bienen freier, sondern man kann auch mit einem hakenförmi=
gen Messer bequemer von oben die Waben von den Seitenwänden
losschneiden, als wenn oben Träger mit Ohren liegen.

Ein solcher Stock wird Fig. 47 mit abgenommenem Strohdeckel
und auf einem Standbret stehend dargestellt.

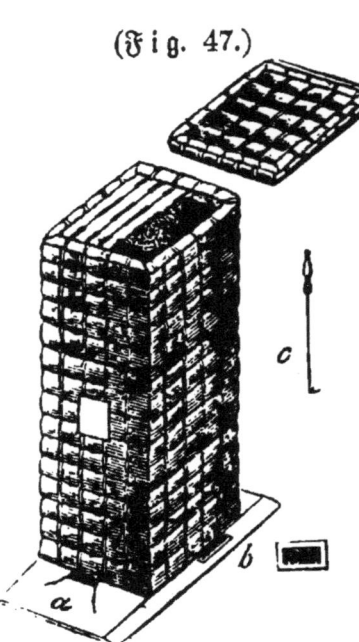

(Fig. 47.)

Der Deckel ist die gewöhnliche Hinterthüre des Strohprinzen. Wer eine 10½ Zoll hohe Maschine hat, bereitet sich erst den 1½ Zoll hohen Strohrahmen, dann kann er auf derselben Maschine auch das Strohbret, welches in den Rahmen hineinkommt, machen. Er legt nämlich nur zwei Seiten der Maschine voll, und nachdem er solche vollständig abgenäht hat, schneidet er da, wo die Eckennaht kommen soll, das Ganze durch und in 2 Theile. Auf diese Weise erhält er gleich 2 Breter für 2 Deckel.

Das Standbret ist das bekannte mit ausgehöhltem Flugloche, (a). An der Seite hat es den Schuber (b). Dieser ist ausgehöhlt und kann zum Füttern von unten dienen. In diesem Falle wird er umgekehrt und mit Honig gefüllt eingeschoben.

Zum Behufe eines Neben-Ansatzes ist ein zweites gleiches Bret nothwendig, welches aber besagten Schuber auf der entgegengesetzten Seite haben muß. Man zieht dabei die beiden Schuber aus, stößt dann die Breter hart an einander, bedeckt den Zusammenstoß der Schuberöffnungen mit einem dünnen Bretchen, und setzt das Ansatzkästchen knapp darüber und an den Stock. So ist zwischen beiden ein Verbindungsweg hergestellt. Die Bienen gehen aus dem Stock herüber, besonders wenn der Ansatz einige Wachswaben enthält, setzen hier den Bau fort, und tragen den schönsten Honig hinein. Weitere Vortheile bei den beiden Flugbretern wurden schon Seite 187 angeführt.

Zwei solche Kästchen (10½ Zoll im Quadrat) bleiben für den Brutraum bestimmt. Darin kann schon eine ziemlich starke Kolonie überwintern, und im Sommer das Brutgeschäft treiben. Das dritte Kästchen wird als Honigraum aufgesetzt, und es kann wohl auch hier noch ein viertes in Anwendung kommen. Diese Honigkästchen können entweder unmittelbar auf die Brutkästchen oder auf den Deckel derselben, nachdem der Spund ausgezogen worden, gestellt werden.

Beim Trennen der Kästchen werden die Bienen mit Rauch zu-

rückgetrieben, dann wird der Draht angewendet und langsam durch=
gezogen, weil wenigstens theilweise die Waben auf den unteren Wa=
benhölzern aufgebaut sein können. Die einzelnen Waben schneidet
man mit dem hakenförmigen Messer (c), welches eine feine Schneide
und einen schuhlangen Stiel haben muß, von den Wänden los. Die
erste Wabe schneidet man ein wenig keilförmig ab, damit man sie an
dem Wabenholze leichter oben herausziehen kann; dann hat es bei den
übrigen weniger Schwierigkeit.

Den alten Bau im Brutraume erneuert man, indem man die
Waben nach und nach mit jüngern vertauscht. Auch kann man gleich
ein ganzes Kästchen, mit Bienenwachs ausgestattet, untersetzen.

Dieser Strohprinzständer besitzt gar manche gute Eigenschaften.
Seine Kästchen müssen wohl fest, aber brauchen nicht so akkurat ge=
arbeitet zu sein. Der Stock ist leicht zu bzierzoniren, gut zu reini=
gen, leicht zu füttern. Er ist besonders zum Austrommeln geeignet,
und nöthigenfalls auch zum Ablegermachen; insofern ihm bei zwei
vollen Brutkästchen auch leicht das eine genommen und als Ableger dar=
nebengestellt werden kann. Man darf aber den Stock nicht gegen die
breite Seite der Waben neigen, weil solche, wenn sie nicht genug be=
festiget sind, sich zusammenlegen könnten. Auch Rähmchen kann man
mit großem Vortheil anwenden. Ueberdieß gewährt dieser Stock den
Bienen im Winter ein sicheres, warmes und trockenes Lager; und
kann also in vieler Beziehung anempfohlen werden. *)

e) Die Lager=Sturzbeute von Stroh.

Diese Bienenwohnung gehört wohl als eine untheilbare in die
früher aufgeführte Klasse der Beuten; allein da sie gewissermassen
mit dem Stroh=Prinzen verwandt und eine noch neuere Erfindung

---

*) Dieser Prinz=Ständer ist d m Magazinstocke des Hr. Consistorialraths
   Zacke sehr ähnlich; mit dem Unterschiede, daß letzterer von Holz ist und
   in jedem Kasten eine bewegliche Wand hat, nach deren Wegnahme dort die
   Waben an den Trägern herausgenommen und auch eingehängt werden kön=
   nen. Ueberdieß besitzt eine Seite des Kastens ein großes Glasfenster; um
   die Bienen beobachten zu können. Von Stroh läßt sich der Zackesche Stock
   nicht herstellen, weil, wenn eine Seite des Strohkästchens beweglich gemacht
   wird, die zwei Nebenwände dadurch die Festigkeit verlieren. Jedoch aus
   Rahmen und Strohbrettern ließe sich derselbe ebenfalls herstellen.

als dieser ist; und da sie zugleich Eigenthümlichkeiten besitzt, wodurch sie sich nicht nur von Beuten sondern auch noch von anderen Stöcken unterscheidet, so sei ihr hier ein Extra=Platz gewidmet.

Insbesondere charakterisirt sich diese Beute dadurch, daß sie keinen festen Boden hat und nöthigenfalls aufgewendet und umgestürzt werden kann. Daher auch ihr Name: Sturzbeute.

Sie ist ein Strohkasten, der wie die Lagerbeute Nr. Fig. 28 jedoch auf einer etwas kürzeren Maschine (blos für 3 Fächer) verfertiget wird und 32½ Zoll im Lichten lang ist.

Fig. 48 verdeutliche sie. Ihre Bestandtheile sind: Der Kasten, das Bodenbret, die innere Einrichtung und die Decke.

(Fig. 48.)

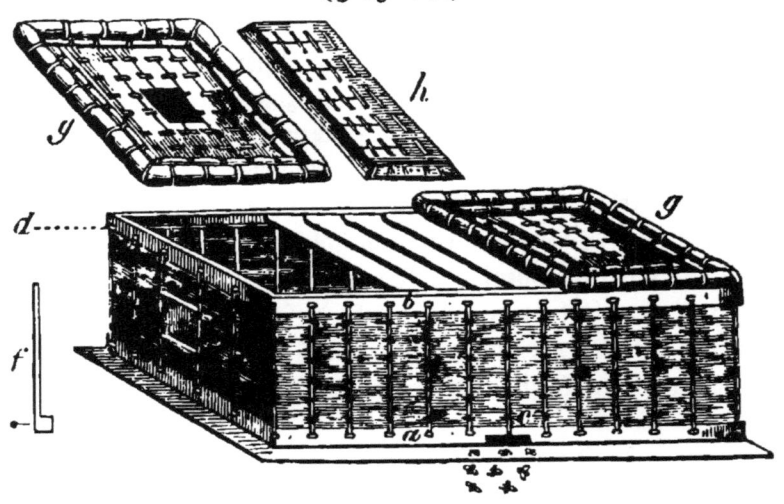

1. Der Kasten hat unten und oben die beiden Holzrahmen (a) und (b). Beide läßt man sich von ⅘ Zoll Höhe und so dick und lang machen, daß sie fest zusammengezinkt, wie das Stroh sich in die Maschine legen lassen. Liegen sie beide auf dem Boden der Maschine, dann zeichnet man sie zusammen, und bezeichnet zugleich daran mit Bleistift die Stellen, wo Nähte kommen müssen, hebt sie hernach heraus, und bohrt an diesen Stellen — etwa einen guten halben Zoll von oben herein — Löcher, für die durchzuziehenden Rohrschienen. Jetzt legt man den einen Rahmen genau wie früher in die Maschine, und preßt dann so viel Stroh darauf, als die Höhe der Wand verlangt, die mit dem 2. Rahmen, der auf gleiche Art oben aufgelegt wird, 10½ Zoll betragen kann.

Diesem folgt hernach das Abnähen in gewöhnlicher Weise; wobei immer die Nähschiene oben und unten durch ein Loch des Rahmens gezogen wird, und also zuletzt beide Rahmen an den Strohkasten ringsum angenäht erscheinen.

Nach dem Abnähen wird der Kasten aus der Maschine gehoben. Jetzt kann man die Rahmen noch mehr an's Stroh befestigen; indem man nähmlich rings da und dort ein Loch bohrt, und durch die Rahmen und zwischen die Nähte 3—5 Zoll lange Holznägel treibt. Nachdem darauf auf der einen Seite in den Rahmen auch ein Flugloch eingeschnitten worden ist, wird der Stock mit der unteren offenen Seite auf ein Bodenbret von Holz gestellt, das Querleisten gegen das Werfen, und beim Flugloche einen Vorsprung von 2—3 Zoll besitzt. Das Bret wird mittelst Klammern am Kasten fest gemacht.

Das Flugloch kann mitten in der langen Seite, aber noch besser, an einer der schmalen Seiten angebracht werden. Im letzteren Falle wird die Beute als Schmalstock oder in der Länge aufgestellt; worin die Bienen vorne das Brutlager, hinten aber das Honigmagazin anlegen.

3. Die innere Einrichtung. In die Längentheile des oberen Rahmens hinein, und zwar einen halben Zoll einwärts, nagelt man die Leisten (d), auf welche die Wabenträger gelegt werden. Diese Leisten brauchen nur einen Viertelszoll stark zu sein. Will man auch Seitenstäbchen, wie beim Stroh-Prinzen anbringen, — siehe (e) — so muß man erst an der Leiste die Punkte ausmessen und bezeichnen, wo die Stäbchen anzunageln sind. Am untern Rahmen geschieht das Nämliche. Hier schnitzt man an jedes Stäbchen einen Fuß (f) d. i. man läßt am untern Ende einen Viertelszoll Holz mehr stehen, und schlägt hernach durch solchen den Stift.

Noch gehört zur inneren Einrichtung ein Einschubbret, um nöthigenfalls damit den überflüssigen leeren Raum absperren zu können. Ein solches von Stroh ohne Rahmen ist am zweckmäßigsten; es hält im Winter warm, ist elastisch, läßt sich darum zwischen einem Stäbchenpaare auf jeder Seite von oben nach unten bequem einschieben, und behält festen Stand.

4. Die Decke muß ringsum den Stock gut schließen. Sie ist am bequemsten und zweckmäßigsten, wenn sie aus 3 Theilen besteht, und zwar, wenn die beiden Endtheile (g) ein vollkommenes Viereck

bilden, welches hernach den Umfang und das Maß eines Strohprinz-
kästchens hat. So braucht man dann nicht immer den ganzen Stock
zu öffnen, sondern nach Erforderniß nur diesen oder jenen Deckel abzunehmen. Zu den beiden Deckeln rechts und links dienen vortrefflich
zwei Thüren von einem Strohprinzen, welche hier genau passen. Den
mittleren oder kleineren Theil bedeckt ein einfaches Strohbret (k),
welches auch in einen schwachen Holzrahmen gefaßt sein kann. Alle
werden mit Drahtklammern an dem Stocke befestigt.

Daß dieser Stock auch sein Gutes habe, kann man gewiß nicht
läugnen.

1. Er ist von unten und oben in seiner ganzen Länge zugänglich. Man kann ihn umstürzen, sein Bodenbret im Augenblicke reinigen, und dabei von unten sein ganzes Wachsgebäude durchsehen.
Von oben ein Gleiches.

2. Seine Stäbcheneinrichtung befördert einen regelmäßigen
Wachsbau, und erleichtert das Herausnehmen der Waben von oben.
Man fährt nur mit dem hakenförmigen Messer in der Wabengasse
hinab, dreht unten die Schneide bis ans Stäbchen, und fährt sodann
schneidend daran herauf. Ist nur einmal eine Wabe herausgebracht,
so geht die Arbeit bei den übrigen desto leichter.

3. Die Deckel liegen sehr zweckmäßig nur einen Viertelszoll
über den Wabenträgern. So machen sie Deckbretchen entbehrlich und
die Bienen ersparen das gewöhnliche Ankitten derselben, und können
ohne Hinderniß zu den Spundöffnungen an der Decke gelangen.
Endlich

4. das Aufsatzgeben kann auf zweierlei Art geschehen; entweder,
indem man blos einen Spund auszieht, und das Kästchen darüber
stellt, wie beim Strohprinzen; oder in dem man einen Seitendeckel
wegnimmt, und das Strohkästchen unmittelbar auf den Stock setzt.
— Gefüttert wird durch das Spundloch. Das Austrommeln geht
leicht; man treibt die Bienen in ein aufgesetztes leeres Kästchen. Durch
ein eingeschobenes Bret, unten mit einem Flugloche, läßt sich auch der
Honigraum in dem einen Flügel ganz bequem vom Brutraum ab-
sondern.

f) Ein Observations- oder Beobachtungsstock.

Derselbe ist in Fig. 49 abgebildet. Er ist ein Rahmen-Glas-
und Strohstock mit beweglichen Waben, und während er manche von

den besten Eigenschaften der vorausgehenden Stöcke in sich vereiniget, entspricht er auch dem besonderen Zwecke der Bienenbeobachtung. Hier seine kurze Beschreibung.

(Fig. 49.)

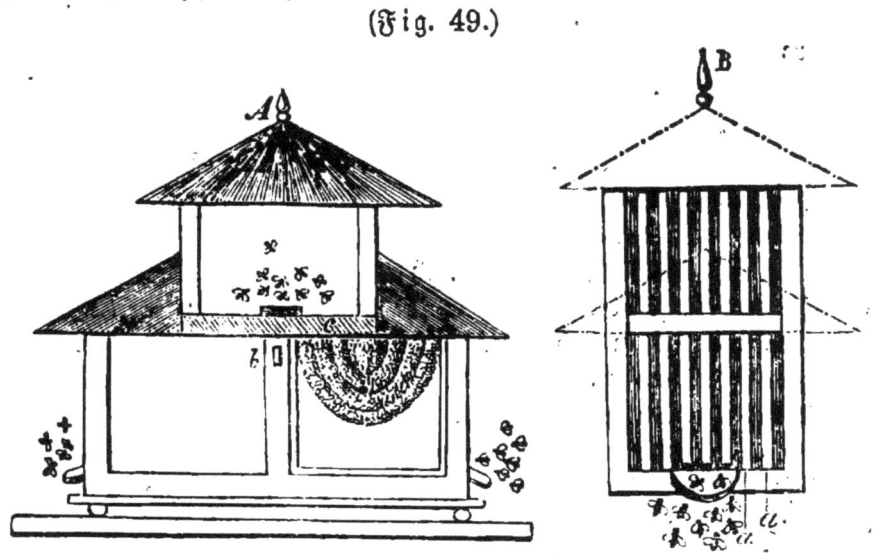

A gibt die Ansicht des Stockes von vorne, B von der Seite, wenn hier das Seitendach und die Deckel weggedacht werden. Er besteht aus Holzrahmen, in welche wieder 10 kleinere Rahmen, jeder mit einer Glastafel und einem Holzdeckel versehen, eingelassen sind. Statt dieser letzteren werden im Winter 10 andere Rahmen mit Strohbretern gefüllt, eingesetzt. Will man diese Winterrahmen ersparen, so kann man auch im Herbste Bau und Bienen in einen Strohprinzen oder in einen anderen Stock transplantiren.

Deckel, Boden und Zwischenwand sind gleichfalls von Stroh.

Jedes Fach hat das gewöhnliche Maß — 10½ Zoll im Lichten, und faßt 7 Waben, die an Trägern von zwei Seiten — indem letztere in Fugen liegen — herausgenommen und eingeschoben werden können.

Jedes der drei Fächer kann eine separate Bienenkolonia beherbergen. In diesem Falle wird in der Zwischenwand der Durchgang (b), so wie ein zweiter unten am Boden abgesperrt. Die Bienen fliegen dann von 3 verschiedenen Seiten aus.

Jedes Fach hat ferner oben unter dem Dache eine kleine Spundöffnung zum Füttern, und aus jedem Unterfache geht zugleich eine verschließbare Oeffnung ins obere Stockwerk, um nöthigenfalls hiedurch eine Vereinigung der Bienen oben und unten erzielen zu können.

Inwendig sind so wohl an der Zwischenwand als auch an der gegenüberstehenden Glaswand Seitenstäbchen (a) wie beim Strohprinzen angebracht, die einen Viertelszoll von der Wand abstehen, und woran die Waben regelmäßig angebaut werden. Man kann darum auch nicht nur von der Stäbchenseite ebenfalls durch das Glas sehen und die Bienen beobachten, sondern nöthigenfalls auch hier Glas und Rahmen ganz entfernen, ohne das Wabengebäude zu verletzen.

Statt der Stäbchen ließen sich auch Rähmchen gebrauchen.

Alle 3 Dächer sind abnehmbar. Das obere Dach ist unten viereckig und läuft oben in eine Spitze aus; die beiden Seitendächer erscheinen wie das in 2 Hälften getheilte Oberdach. Sie springen um 2½ Zoll vor und werden mittelst Häkchen und Schlingen, gleich dem Oberdache, am Stocke festgemacht.

Das Bretchen (e) reicht von einem Seitendache zum anderen, bildet so eine Dachfortsetzung und dient an der Vorderseite den darüber ausfliegenden Bienen zugleich als Flugbret. Es greift mit kleinen Zapfen in die Nebendächer ein, und hat in der Mitte noch eine Art Stütze, die angeschraubt ist.

Die Nebendächer müssen nur dann abgenommen werden, wenn man auch die Seitenwände des Oberfaches öffnen oder beschauen will.

Ein solcher Stock kostet wohl so viel als drei andere, aber er gewährt auch viel Vergnügen und man kann dabei die Bienen ordentlich beobachten und studiren. Zehn große Glastafeln erlauben jeden Augenblick den Einblick; und von 6 Seiten kann man leicht die Waben selbst herausnehmen und wieder einsetzen.

Ganz einfach und wohlfeiler ist der Beobachtungsstock, wenn man sich nur ein Kästchen mit 4 Glasscheiben und so eingerichtet verfertigen läßt, wie der Obertheil des beschriebenen dreifachen beschaffen ist.

Genannter breifächeriger Stock, der zugleich in seiner hübschen Figur eine Zierde des Gartens ist, hat mir schon manche Freude gemacht.

Im J. 1853 brachte ich ihn zur Wiener Ausstellung, wo die Versammlung der deutschen Bienenzüchter tagte. Er erhielt daselbst das Accessit oder den Nebenpreis. Mit drei diesjährigen Nachschwärmen besetzt, und trotz seiner zarten Jungfernwaben mußte er die weite Wanderung unternehmen. In einem Verschlage fuhr er mit mir auf der Kalesche bis Prag, 10 Meilen weit; von da aber reiste er auf der Eisenbahn bis Wien. Es waren die wärmsten und schönsten Tage des Septembers. Glücklich brachte ich den Stock bis in den Wiener Bahnhof; dort aber beim Abladen stürzte man die Kiste, und es brachen im Obertheile die schweren Honigwaben ab. Die anderen zwei Stöckchen blieben unbeschädigt, und flogen lustig bei der Ausstellung. Nicht leicht wird ein anderer Stock eine ähnliche Reise gemacht haben.

Seitdem stand ein solcher Stock stets in meinem Bienengarten, und ich machte bisher mit ihm allerhand Manöver. Z. B. Ich besetzte alle 3 Wohnungen mit Nachschwärmen oder Ablegern, und transplantirte sie in andere Stöcke, nachdem sie gehörig erstarkt waren. Oder ich gab einem Vorschwarme die beiden Unterfächer ein, und machte dann auch von diesem einen Ableger, indem ich den Durchgang absperrte den Stock umdrehte, und jetzt den Ableger in der früheren Stelle des Mutterstockes fliegen ließ. Die dem Ableger eingesetzte Brutscheibe postirte ich aus Glas, und ich konnte hier das Werden der Königszellen vom Anfange bis zum Ende betrachten. Oder, ich ließ die 3 Völker im Glasstocke überwintern; weil mich Krankheit abhielt, sie im Herbste zu transplantiren, und auch die Fenster mit Strohrahmen zu vertauschen. Sie kamen prächtig durch. Aber auch jetzt im Frühjahre unterblieb die Uebersiedlung. Nun kam die Bauzeit und alle drei hatten keinen Platz mehr. Ich verschaffte ihnen Raum; indem ich den zwei unteren Völkern die Glasthüren mit den Flugöffnungen abnahm und jedem nach und nach 3 Strohprinzkästchen ansetzte. Dem oberen Stocke setzte ich dagegen 2 Kästchen auf. Der Stock hatte sich auf diese Weise in ein Monstrum verwandelt, das Jedem auffiel und Freude machte. Zum Herbste jedoch mußte damit eine Aenderung geschehen. Die beiden untern Colonien gaben jede ein Kästchen mit 20 Pfd. Jungfernhonig her, und wurden vollends in Strohprinzen verwandelt; die obern aber wurden ein Strohprinzständer. Das geschah im heurigen schlechten Bienenjahre 1860. Nun ist der Glas-Palast wieder frei, und steht für das J. 1861 und für neue Manöver wieder zu Diensten.

Aehnliches praktizirte ich bisher auch an einem einfachen Observationsstöckchen von nur 7 zehnzölligen Waben und 4 Glastafeln. Mit italienischen Bienen besetzt, mußte solches insbesondere schon manchmal per Wagen mehrere Meilen weit mit mir zu unseren Vereinsausstellungen wandern.

g) Verbesserte Kloß- und Breterbeuten alter Art.

Daß wir Holzstöcke nicht unbedingt verwerfen, und insbesondere auch die herkömmlichen ordinären Kloß- und Breterbeuten, die noch zu Tausenden bestehen, pardoniren, wenn solche nur im Raume nicht allzusehr beschränkt, von gehöriger Holzstärke und von Alter nicht zerklüftet und verfault sind; dieß wurde schon im §. 47 und 48 ausdrücklich, und auch in den späteren §§. da und dort zu verstehen gegeben. So schwer zugänglich auch diese alten Stöcke sind, und so schwierig in der Behandlung; man muß sie einstweilen Demjenigen lassen, der keine besseren Bienenwohnungen besißt, und vielleicht nicht einmal kennt. Aber hier wollen wir ihm wenigstens sagen, wie er seine alten Klöße und Kästen verbessern, und wenn er sich neue anschafft, wie er solche einrichten könne, daß sie als recht zweckmäßige Stöcke in allen Ehren bestehen.

Hauptsächlich hierin ist

1. Die Dzierzonirung derselben, damit der Bau darin mobil oder beweglich werde. Wie es zu geschehen habe, und zwar:

a) bei stehenden Kloß- und Breterbeuten, die gegenwärtig mit Bienen beseßt sind, soll zuerst gelehrt werden. *)

Man schneide im Frühjahre die Beute unten aus, und bis hinauf gegen das Brutlager; je weiter dieß angeht, desto besser. Und alsogleich nagle man auch an die Seitenwände Tragleisten von der Stärke eines schwachen halben Zolls; von unten anzufangen alle 8—10 Zoll hoch ein Paar, und so fort bis hinauf ans Lager. Die oberen Leisten belege man aber auch gleich mit Wabenhölzern, woran Wachsanfänge kleben; und seße dieß nach und nach fort bis zur untersten Etage. Hierauf werden die Bienen beim nächsten Bauen die Waben willig an die Träger hängen, und so bis herab beweglichen Bau liefern.

Sollte der Stock auch ober dem Lager bedeutend viel Bau besißen, so schneide man von oben herunter ebenfalls so viel davon aus, als nur entbehrlich ist, damit nämlich die Bienen um so mehr genöthiget sind, das Brutnest weiter herunter in die dzierzonirten

---

*) Es sind hier überhaupt Kloß-Beuten gemeint, die eine viereckige Höhlung, keine runde haben. Rund ausgehauene sind die dümmsten und ungeschicktesten Stöcke von der Welt; solche lassen sich nicht oder nur schwer dzierzoniren.

D. B.

Fächer zu verlegen, und damit um so mehr Aussicht ist, daß bis zum Herbste das alte Lager mit Honig gefüllt werde, und solches aus-gezeidelt werden könne.

Letzteres muß dann zur Zeidlung auch wirklich geschehen. Hierauf wird das Annageln der weiteren Leisten-Paare bis hinauf fortgesetzt. *)

Ueber Winter scheidet man hernach den leeren Oberraum von dem bebauten ab, indem man auf die Wabenhölzer gut schließende Deckbretchen und der Wärme wegen allenfalls noch ein Stroh-bret legt.

Sobald im nächsten Frühjahre der Bau beginnt, oder sobald die Bienen den Unterraum vollgebaut haben, gibt man ihnen jetzt auch Raum nach oben; indem man da nach und nach die Deckbret-chen weiter hinauf legt, und ihnen also auch hier eine Etage nach der anderen einräumt.

So ist dann die Beute dzierzonirt; und man kann von nun an mit ihrem Wachsgebäude Alles thun, was man will, — Waben her-ausnehmen, einsetzen, versetzen, den ganzen Stock durchmustern u. s. w.; während man sonst selbst vor der offenen Beute vor einem Räthsel stand, und nur durch Zerstörung des Gebäudes sich von der inneren Beschaffenheit desselben überzeugen konnte. Ein unschätzbarer Vor-theil — dieser Mobilbau! —

Für die weitere Behandlung einer solchen Beute wird nochmals bemerkt, daß das oberste Fach, oder zwei Fächer oben, den Bienen nicht eher eingeräumt werden sollen, als bis sie unten vollgebaut haben, und hiezu erst die Nothwendigkeit eintritt. Denn hier ist der eigentliche Honigraum, aus welchem der Zeidelhonig zu nehmen ist; und da wird er zugleich als reiner Jungfernhonig gewonnen. Sind davon diese Fächer angefüllt, so können solche auch mitten im Sommer ausgeleert, und hiedurch wieder Raum zum Weiterbau gegeben werden.

2. Eine weitere Verbesserung betrifft die T h ü r e n. In Klotz- und Breter-Ständern sind häufig die Thüren an der Vorderseite an-gebracht. Ein Uibelstand für die Bienen und für den Bienenvater zu-gleich. Letzterer steht da bei einer Operation den aus- und einfliegen-

---

*) Selbstverständlich müssen aus den alten Klötzen und Kasten auch die oft massiv vorhandenen Hölzer, Kreuze und Brücken herausgeschlagen werden, welche den Bau oft sehr verzwickelten. Sie sind nicht mehr nothwendig. Weit zweckmäßiger vertreten jetzt die Wabenträger ihre Stelle.   D. V.

den Bienen gerade im Wege; was die Bienen übel aufnehmen. Bei offener Thüre fällt auch das Licht zu grell in den Stock, wohl gar der Sonnenschein. Der ausströmende Geruch und der Allarm der aufgestörten Bienen rufen leicht auch fremde Biene herzu. Und dieß Alles trägt bei, daß die Bienen um so erboster werden, und daß die Operation des Bienenvaters um so schwieriger wird.

Weit zweckmäßiger ist die Thüre an der Rückseite des Stockes. Dort operirt man im Schatten und weniger angefochten. Andere Stöcke merken nicht so geschwind, was geschieht, und die Bienen können vorne wie früher ungehindert aus= und einfliegen.

Man kehre also ohneweiters dergleichen Stöcke um, damit die Thüre hinten sei. Es handelt sich dabei nur um das Flugloch, Ein solches läßt sich aber nicht gar schwer auch in der neuen Vorderwand herstellen. Man bohre da nur mit einem großen Bohrer knapp an einander etliche Löcher, und schneide solche hernach mittelst einer Lochsäge oder eines scharfen Messers vollends zu einer vollkommenen Flugöffnung aus.

Was aber die Thüren selber betrifft, findet man oft genug, daß elende schwache Bretchen ihre Stelle vertreten. Diese sind im Winter kalt, werfen sich und lassen manchmal ringsum weite Spalten offen, die mit ganzen Ladungen Lehm oder Rindsmist verstopft werden müssen. Das ist schädlich und häßlich.

Tausendmal besser sind Thüren von Holzrahmen mit Strohbretern gefüllt. Diese, einmal befestigt, bleiben, wie sie sind, gewähren den Bienen eine warme, trockene Seite im Winter, und dem Stocke ein gefälligeres Aussehen. Solche Thüren wende man an. Endlich

3) Auch das Flugloch ist bei den meisten Klotz= und Breterständern schlecht angebracht, und auch hierin kann eine Verbesserung stattfinden. Gewöhnlich erscheint die Flugöffnung in der Mitte des Stockes, wo auch die Bienen meistens ihr Winterlager nehmen. Das bringt aber dem Stocke Nachtheil. Denn dergleichen Bienen werden leicht aus der Ruhe aufgestört, weil sie in der Nähe des Flugloches jede Störung gleich gewahr werden. Z. B. ein eingetretenes Thauwetter mitten im Winter empfinden sie auf der Stelle; sie werden daher unruhig und wünschen auszufliegen. Eben so bringt das in das Flugloch fallende Licht Aufregung hervor. Aufregung erzeugt aber dann Schweiß, Nässe und Schimmel. Nebstdem je höher das Flugloch, desto mehr Wärme geht durch dasselbe verloren; dergleichen Bie-

nen liegen also auch kälter. Ueberdieß lieben die Bienen, ihren Honig=
vorrath oberhalb des Brutnestes anzulegen, damit sie zu demselben
aufwärts zehrend ohne Hinderniß gelangen, und ihn auch gehörig be=
schützen können. Man kann sich hievon am besten bei einem Maga=
zinständer überzeugen; wo wir stets oben den Honigvorrath und dar=
unter das Bienenlager antreffen. Weil nun aber die Bienen in einem
Klotz= oder Breterständer mit dem Flugloche in der Mitte, in dessen
Nähe zugleich, der Bewachung wegen, ihr Lager haben, so behalten
sie oft über sich nicht genug Raum, um da den ganzen Honig unterzu=
bringen, und sie sind dann wider ihren Willen genöthiget, einen Theil
Honig unterhalb ihres Lagers aufzubewahren. Dieser steht dann ge=
wissermassen außer ihrem Schutz, und wenn sie oben über Winter
nicht genug Nahrung hätten, auch außer ihrem Gebrauch; denn die
Kälte verwehrt ihnen das Herabsteigen, um ihn zu holen. Letzterer
Umstand ist daher ohne Zweifel gegen die Natur der Bienen.

Allen diesen Mißständen und Nachtheilen wird nun begegnet,
wenn das Flugloch am Boden des Stockes, oder wenigstens in der
Nähe des Bodens angebracht wird. Dann liegt der Bienenhaufen im
Winter im Finstern, er spürt nicht gleich jeden Witterungswechsel,
bleibt darum ruhiger, liegt zugleich wärmer, weil die Wärme oben
nicht entweichen kann, und hat zugleich naturgemäß seinen ganzen Ho=
nigvorrath über sich, wo er ihn zur Zehrung sicher findet, und der
Bienenherr den Ueberfluß davon allen bei einander antrifft.

Man mache also, wenn man den Stock der Thüre wegen umge=
dreht hat, das neue Flugloch gleich am rechten Orte, nämlich ganz
unten am Boden. Dadurch wird zugleich ermöglichet, daß die Bienen
selber allen Unrath aus dem Stocke schaffen können, was sie bei
einem Flugloche in der Mitte nicht vermögen. Ein solches Flugloch
muß freilich im Winter insofern beaufsichtiget werden, daß es sich nicht
durch todte Bienen verstopfe; außer man schließt es da, und öffnet
ein zweites, das um ein paar Zoll höher angebracht ist; was auch
thunlich wäre.

Dieß wäre also das Wichtigste, was die Reform und Verbes=
serung der alten bestehenden Klotz= und Breterständer angeht. Wer
sich aber neue Stöcke dieser Art machen lassen wollte, wüßte aus dem
Angeführten zugleich, wie solche in Hinsicht der Wabenbeweglichkeit,
der Thüren und Fluglöcher gleich Anfangs einzurichten wären. Wir
übergehen daher

b) zu den Lager= Klotz= und Breterbeuten, und sprechen hier wieder zuerst von jenen, die eben im Gebrauche sind, und wie auch diese verbessert werden können. Dergleichen Stöcke sind in der Behandlung fast noch kritischer als die Ständer und auch ihnen kann zunächst nur geholfen werden durch Dzierzonirung, durch zweckmäßigere Thüren und Flugöffnungen.

1. Die Dzierzonirung geschieht hier, wo die Fächer nicht über einander wie beim Ständer, sondern nebeneinander gebildet werden müssen, in anderer Weise. Man nagelt dabei Tragleisten, ähnlich denen, die bei der viereckigen Lager= Strohbeute S. 399 Fig. 28 be= schrieben und dargestellt wurden, an der Decke an, und legt auf diese die Wabenhölzer.

Zuerst muß aber im Stocke hiezu Platz gemacht werden. Man treffe daher schon im Herbste beim Zeideln und noch mehr darauf im Frühjahre Veranstaltung, daß das Brutlager, welches sich meistens in der Mitte befindet, durch Beseitigung der Waben möglichst nach einer Seite des Stockes gedrängt werde. Dann schlage man alsogleich in dem leergewordenen Raume die Leisten an. Die erste ganz einfache einen halben Zoll starke Leiste nagle man einen halben Zoll von oben herab an das Kopfende oder an die Seitenwand. Dann messe man mittelst eines aufgelegten Wabenholzes weiter, und schlage jetzt eine Doppelleiste, d. h. eine solche mit einem Falz auf jeder Seite an; so, daß sich das eingelegte Wabenholz bequem vor= und rückwärts schieben läßt. Hierauf messe man abermals, und befestige eine zweite Doppelleiste, und fahre so fort bis an das Bienenlager.

Doch, damit jetzt wirkliche Fächer entstehen, und wenn man an einem Wabenholze eine Scheibe herausnimmt die Nebenwaben rechts und links mit ihren Kanten fest bleiben, mache man eine Vorrichtung wie in Fig. 50 dargestellt wird.

(Fig. 50.)

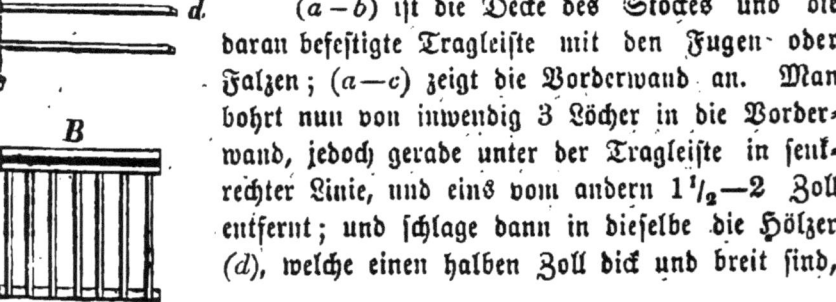

(a—b) ist die Decke des Stockes und die daran befestigte Tragleiste mit den Fugen- oder Falzen; (a—c) zeigt die Vorderwand an. Man bohrt nun von inwendig 3 Löcher in die Vorder= wand, jedoch gerade unter der Tragleiste in senk= rechter Linie, und eins vom andern 1½—2 Zoll entfernt; und schlage dann in dieselbe die Hölzer (d), welche einen halben Zoll dick und breit sind, ganz fest ein. So entsteht eine Art Scheidewand, woran die Bienen die Waben anhängen. Löst man dann eine Scheibe zum Herausnehmen los, so bleiben die Nachbarscheiben wenigstens an der anderen Seite der Hölzer fest. Es ist die einfachste Fächerbildung.

Ist nun auf diese Weise der Stock bis an das Bienenlager hergerichtet, so hänge man gleich in das nächste Fach Scheiben oder Wabenanfänge ein, und thue ein Gleiches nach und nach auch in den andern Fächern. Beim Beschneiden im Frühjahre muß man hernach auf der andern Seite des Stockes den Bau möglichst verkürzen, und die Bienen zu den eingehängten Waben hinzudrängen suchen. Man schneide hier aus bis an die Brut, und füttere lieber den Stock, wenn ihm der Honig genommen werden muß. Es handelt sich nähmlich auch hier darum, die Bienen hinüber in die vorgerichteten Fächer zu drängen, damit wenigstens bis zum Herbste das alte Lager frei werde und entfernt werden könne. Es geschieht wirklich, wenn sonst die Colonie gesund und volkreich ist. Dann setze man auch auf dieser Seite die Dzierzonirung fort.

2. Was oben bei den Ständern von den T h ü r e n u n d F l u g ö f f n u n g e n gesagt wurde, gilt auch hier bei den Lagerbeuten. Rahmenstrohthüren vom Rücken sind viel zweckmäßiger, als die gewöhnlichen schlechten Breterthüren an der Vorderseite.

Fast allgemein findet man in solchen Klotz- und Breter-Lägern das Flugloch in der Mitte. Es ist schlecht, aus denselben Gründen, die oben bei Ständern angeführt wurden. Insbesondere bei dem Umstande, daß auch hier oft der Honig rechts und links neben dem Bienenlager aufgestappelt ist ereignet es sich nicht selten, daß die Bienen im Winter zufällig nach jener Seite hinzehren, wo sich der geringere Theil Honig befindet; und daß sie nach seiner Aufzehrung mitten im Winter verhungern; weil sie sich unmöglich auf die andere Seite hinüber begeben können. Dieser Theilung des Honigs wird aber vorgebeugt, wenn das Flugloch sich gegen das eine Ende des Stockes hin befindet; denn dann legen die Bienen das Lager in der Nähe des Flugloches an, und schaffen sämmtlichen Honig hinter dasselbe und auf die andere Seite.

Also wer auch seine Lagerklötze umlehrt, und darin neue Fluglöcher bohrt, der bohre sie ja nicht in der Mitte, sondern in dem äußersten Fache; so weiß er dann auch, wo er das Honigmagazin zu suchen habe, nämlich auf dem anderen Flügel des Stockes, wo er dazu noch den reinsten Jungfernhonig ernten kann, wenn er es verstanden hat, den Weisel von dem Honigraume zurückzuhalten. Auch in Lagerstöcken geschieht das Absperren des leeren Honigraumes vortheilhaft mittelst eines warmhaltenden Strohbretes, welches an die Scheidewand angelehnt wird.

Auch hier wird erinnert, daß, wer sich neue Klotz- und Breter-Lagerstöcke anfertigen lassen will, gleich auf die angeführten Verbesserungen dabei Bedacht nehme. Wünscht er darin die Fächer und Scheidewände noch vollkommener hergestellt; so lasse er darin — wie in der Lagerstrohbeute Fig. 28 S. 399 Rechen einfügen.

Man sehe Fig. 50 B. — Da man die perpendikulär stehenden Stäbchen hier nicht, wie in dem Strohboden, einspießen kann, so macht man erst das kleine Leistchen (e) auf dem Boden fest, und nagelt hernach den Fuß der Stäbchen daran an.

Lagerbeuten aus Bretern oder Bohlen erhalten auch dadurch noch eine Verbesserung, wenn man daran in der Decke gegen die beiden Enden hin Spundöffnungen anbringt. Solche können dann zum Lüften, zum Füttern, zum Aufsetzen von Kästchen u. s. w. benützt werden.

III.

Als Zugabe.

A. Noch einige Werkzeuge.

1. Der Schneider'sche Wachsläuterungs-Topf.

Bei der 2. General-Versammlung unseres böhmischen Bienenzüchter-Vereines am 21. Sept. 1852 brachte Herr Karl Schneider, Stadtarzt in Flöhau, ein Gefäß von Weißblech zur Ausstellung, welches er sich zur Absonderung des Wachses von den Trebern eigens ausgesonnen hatte. Der Blechtopf fand allgemeinen Beifall; denn seine Einrichtung beruht auf dem natürlichen aber häufig ganz unberücksichtigten Grundsatze, daß das Wachs im geschmolzenen Zustande als ein fetter und leichterer Körper auf Wasser schwimmt, und sich durch Kochen von denselben, wie auch von den Trebern, wenn solche durch ein Sieb oder einen Seiher zurückgehalten werden, von selbst absondert. Es folgt hier die Abbildung des Topfes und dessen Beschreibung.

Das Läuterungsgefäß be-
steht aus dem eigentlichen Topfe
(A) und dem Seiher (B), welcher in ersteren eingehängt wird.
Beide sind von starkem Weißblech.

Der Topf hat 12 Zoll
Höhe und 11 Zoll im Durchmesser. Der untere 7 Zoll hohe
Raum bis (a) enthält die zu
schmelzenden Wachsscheiben. Bis
dahin wird auch von oben der
Seiher eingehängt. Einen Zoll
höher, bei (b) befindet sich an
der einen Seite eine 1½ Zoll
lange und ³⁄₄ Zoll weite Röhre,
welche an der Mündung einen
kleinen Rand besitzt, und mit
einem Korkstöpsel verschlossen,
während des Kochens noch mit

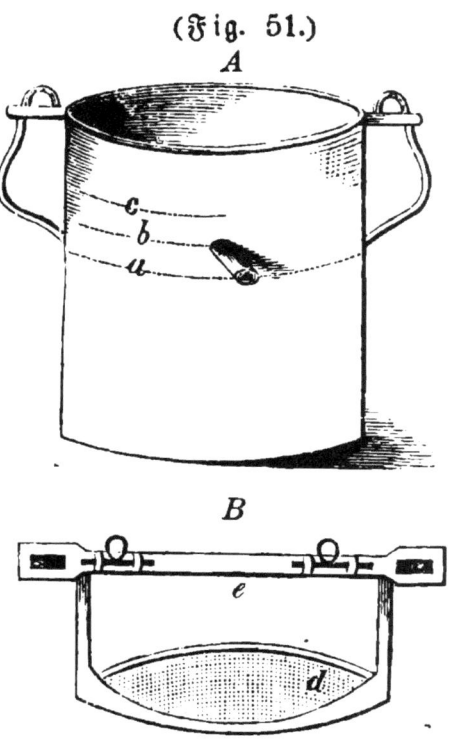

(Fig. 51.)

einem Leinwandfleckchen überbunden wird, damit der Stöpsel nicht
unversehens herausspringen kann. Noch um 1½ Zoll weiter hinauf,
bei (c), ist bezeichnet wie hoch das Wasser aufgegossen werden soll'
Der fernere Raum darüber muß leer bleiben, damit das Wachs beim
Wallen nicht überlaufe.

Inwendig im Topfe, da, wo der Seiher aufsteht, ist rings um,
etwa einen starken Strohhalm breit, ein Blechrand angelöthet, zum
Behufe, daß, wenn etwa der Rand des Seihers nicht überall genau
anschließen möchte, durch die hier vorhandenen Oeffnungen keine Trebern heraufsteigen können.

Der Seiher besteht in der runden Blechplatte (d) mit möglichst
vielen Löchern von der Größe eines Hirsekorns. Solche umgibt ein
einen halben Zoll breiter Rand; hinter einem breiteren würde sich
beim Schmelzen und Abzapfen Wachs verbergen können. Sie hängt
mittelst zweier Stützen oder Bänder an dem Querbalken (e), der
gleichfalls nur aus Blech, jedoch mit eingelegtem Eisendraht in den
Rändern, verfertigt ist. Ueberdieß besitzt der Balken an seinen beiden
Enden viereckige Löcher, durch welche, wenn er auf den Henkeln des

Topfes aufliegt, die dort befindlichen Schlingen gehen. Durch diese Schlingen werden hernach die beiden Riegel geschoben, die gleichfalls am Balken angebracht sind, damit sich beim Kochen der Seiher nicht heben kann. *)

Das Läuterungs-Verfahren. Man bringt den Topf auf der Ofenplatte zum Kochen. 12—15 Minuten darauf schwimmt schon der größte Theil Wachs obenauf. Nun zieht man den Topf auf einen Augenblick zurück, damit das heftige Wallen einwenig nachlasse, stellt dann eine naßgemachte Schüssel unter die Röhre, und zieht jetzt rasch den Stöpsel aus. Alsogleich stürzt das Wachs sammt dem Wasser bis zum Niveau oder Boden der Röhre heraus.

Jetzt kann man den Seiher herausnehmen, die Trebern einmal umrühren, und dann über den wieder befestigten Seiher bis zur früheren Höhe abermals heißes Wasser aufgießen. Nach viertelstündigem Kochen folgt das Abzapfen das zweitemal. So werden die Trebern vollkommen wachsfrei.

Meiner Nichte und Wirthschafterin macht es stets Vergnügen, dieses Geschäft noch ein wenig anders zu verrichten. Das Wasser kocht natürlich schon unter dem Seiher, während die Schichte ober demselben noch nicht genug heiß dazu ist. Das zuerst geschmolzene Wachs wird daher Anfangs durch den Seiher heraufgetrieben, gerinnt aber an der kühleren Oberfläche in Gestalt von Hirsekörnern und kleinen Perlen. In diesem Zustande sucht sie nun das Ganze so lang als möglich zu erhalten. Sie gießt daher fortwährend oben ein wenig kaltes Wasser zu, sobald sie merkt, daß die Perlen schmelzen und zusammenschwimmen wollen, und schöpft dabei stets mit dem Rahmlöffel die Wachskörner ab. Auf diese Weise gewinnt sie das

---

*) Ein Jahr später (in Nr. 1 der Bienenzeitung im J. 1853) macht Pfarrer Stockmann von einem ähnlichen Läuterungsgefäße Meldung; wobei statt des Seihers ein Drahtsieb vorkömmt, wie auch eine Art Quirl. Den Seiher halte ich für haltbarer, nur dürfen darin die Löcher nicht zu klein sein. Den Quirl versuchte ich ebenfalls; aber ich fand ihn für ganz überflüssig und auch hinderlich beim Abschöpfen. Durch Wallen beim Kochen kommen die Trebern von selbst in Bewegung. Quirlen löst nur noch mehr den Blumenstaub auf. Und will man just einmal die Trebern umrühren, kann hiezu der Seiher herausgenommen werden. Ein eiserner Quirl vertheuert auch den Topf.   D. R.

reinste und feinste Wachs. Nur zuletzt läßt sie das Ganze aufwallen, und verfährt weiter, wie oben beschrieben wurde.

Daß auch das mittelst dieses Wachstopfes geläuterte Wachs noch einmal eingeschmolzen, und wie §. 93 S. 364 meldet, nochmals geläutert werden muß, versteht sich von selbst.

1. Anmerkung. Man überfülle den Wachstopf nicht. Wer so viele Wachsscheiben hinein pfropft, daß sich im unteren Raume fast kein Wasser mit aufhalten kann, der darf sich nicht wundern, wenn er das Wachs schwerer herausbringt, und wenn wohl gar die Trebern auf dem Boden anbrennen. Sonst ist Letzteres nicht zu befürchten; denn die Trebern heben sich und schwimmen. Nur 3—4 Pfund Wachs können in dem Topfe von der bezeichneten Größe geläutert werden.

2. Anmerkung. Nach einer anderen Methode kann eine größere Quantität Wachs auf folgende Art geläutert werden. Man fülle die zerkleinerten Wachsscheiben in Säckchen von schütterer Leinwand, lege solche auf eine Unterlage in den Kessel, und beschwere sie mit Etwas, z. B. mit einem eisernen Dreifuß, daß sie nicht in die Höhe steigen können, gieße Wasser darüber, und lasse das Ganze kochen. Einfacher noch, man binde die Säckchen lose auf den Dreifuß, und lasse so diesen selber zugleich die Unterlage abgeben. Sobald dann oben geschmolzenes Wachs erscheint, wird solches abgeschöpft. Die Säckchen können auch einmal mittelst eines Hakens herausgenommen, und die Trebern darin durch einander geschüttelt werden. Hierauf wird das Kochen und Abschöpfen fortgesetzt, bis sich kein Wachs mehr zeigt. Zuletzt nimmt man die Säckchen heraus, und preßt sie mittelst einer Quetsche oder Presse aus.

2. Der Honig-Trokar.

Dieses Instrument besteht aus einem einen starken Strohhalm dicken, und 4 Zoll langen, mehr breiten als runden messingenen Röhrchen, in welchem ein eiserner Stachel mit einem Hefte steckt, der unten um einen schwachen halben Zoll herausgeht. Die Spitze des Stachels hat eine kleine Höhlung oder Pfanne. Das Röhrchen muß an seiner unteren Oeffnung gut zugeschliffen sein, und sich hier an den Stachel wohl anschmiegen.

Der Gebrauch dieses Instrumentes. Man möchte bisweilen gerne wissen, ob ein Strohstock da oder dort, wo gerade kein Fenster ist, Honig habe oder nicht. Da hilft der Honig=Trokar. Man bohrt ihn langsam bis ans Heft in die Strohwand, läßt dann das Röhrchen

(Fig. 52.)

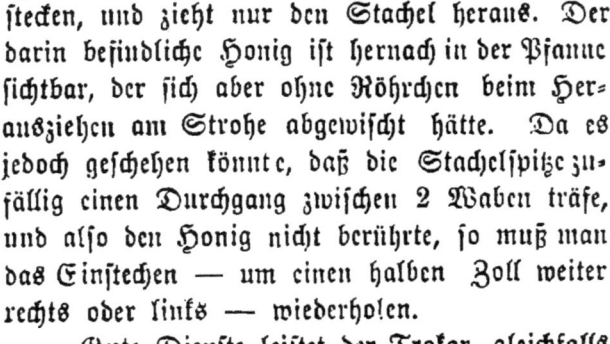

stecken, und zieht nur den Stachel heraus. Der darin befindliche Honig ist hernach in der Pfanne sichtbar, der sich aber ohne Röhrchen beim Her= ausziehen am Strohe abgewischt hätte. Da es jedoch geschehen könnte, daß die Stachelspitze zu= fällig einen Durchgang zwischen 2 Waben träfe, und also den Honig nicht berührte, so muß man das Einstechen — um einen halben Zoll weiter rechts oder links — wiederholen.

Gute Dienste leistet der Trokar gleichfalls beim Austrommeln der Stöcke. Verhalten sich dabei die Bienen in einem Ringe oder Kästchen länger, als es Einem lieb ist; so darf man nur dort den Trokar einstoßen, und durch das Röhr= chen einen Mundvoll Tabakrauch einblasen; das macht den Bienen schnelle Füße.

Im Nothfalle läßt sich der Trokar auch bei Holzstöcken anwenden, nur muß man hier zuvor entsprechende Löcher in die Wand bohren.

3. Der Wiedenhobel.

Das Schaben der gespaltenen Korbweiden zum Abnähen der Strohstöcke kam mir stets etwas beschwerlich und langweilig vor, und ich sann deßhalb lange Zeit auf ein Instrument, mit dessen Hilfe die Arbeit leichter und schneller gehen könnte. Ich machte selbst einige Versuche; allein mir fehlte das nöthige Zugehör, und sie mißlangen. Da unternahm es Hr. Pitschmann, Glockengießer in Kommotau, meine Idee zur Aus= führung zu bringen, und nach vielmaligen Ver= suchen und Abänderungen gelang es ihm wirklich, gegenwärtigen Hobel Fig. 53 herzustellen.

(Fig. 53.)

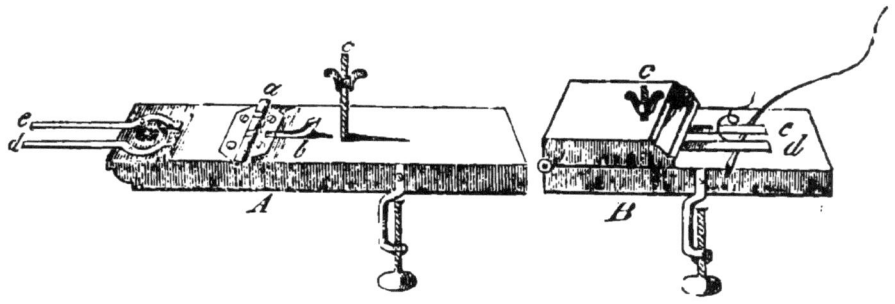

Bei *A* ist der Hobel im offenen Zustande vorgestellt. Er be=
steht aus einem längern und kürzeren Stücke Holz. Letzteres ist 5
Zoll lang, 1 Zoll dick und drei Zoll breit, ersteres 9½ Zoll lang,
⁵/₄ Zoll dick und 3 Zoll breit. Beide Stücke sind durch das Char=
nier (*a*) verbunden, welches ins Holz eingelassen und mit Schrauben
befestiget ist.

An dem l ä n g e r e n H o l z e befindet sich eine aufwärts ge=
bogene Feder (*b*), 3 Zoll lang, ⅓ Zoll breit und hinten ebenfalls
mit einer Schraube festgemacht. Unter der Feder ist das Holz aus=
gehöhlt, damit sie sich hinein drücken kann.

Einen Zoll von der Feder entfernt, steht der Zapfen oder Kegel
(*c*); er ist von Eisen, 2 Zoll hoch, einen guten Viertelszoll dick,
und mit einem Schraubengewinde sammt Flügelmutter versehen.

In der Mitte ist unten noch eine Vorrichtung, um den Hobel beim
Gebrauche an dem Tische oder der Hobelbank anschrauben zu können.

D a s k ü r z e r e H o l z enthält die beiden Messer, die an der
Wurzel ins Holz eingelassen und angeschraubt sind; jedoch so, daß
dazwischen ein rundes Loch bleibt, durch welches der Kegel (*c*) gehen
kann. Das Messer (*d*) ist ¾ Zoll breit, von englischem Stahl und
sehr scharf geschliffen. Das Messer (*e*) aber ist stumpf, nur von Ei=
sen, fast einen schwachen Messerrücken an der Schneide dick und hier
etwas abgerundet; es dient mehr zum Drücken als zum Schneiden.
Es liegt auch mit der Schneide wenigstens um eine Linie höher, als
die Schneide des Messers (*d*). Beide Messer stehen mit der Schneide
einen schwachen Viertelszoll von einander ab, und ragen zugleich 4 Zoll
lang vor dem Holze vor.

Bei (*B*) ist der Hobel geschlossen, und im Zustande des wirk=
lichen Gebrauches. Man zieht mit der Rechten die gespaltene Wei=

32*

denschiene, vom dicken zum schwachen Ende und mit der Kernseite nach oben, unter den beiden Messern durch, (wobei (*d*) schneidet und (*e*) niederdrückt, damit das Holz nicht einreiße,) während die Linke, je nach dem die Wiede schwächer wird, die leichtbewegliche Schrauben= mutter (*c*) um 1 oder 2 Schraubengänge niederschraubt. Dickere Wieden werden zugleich mehr gegen das Ende der Messer, wo diese um etwas höher stehen, durchgezogen, schwächere aber mehr gegen die entgegengesetzte Seite hin.

Die Wieden müssen durchaus glatt und ohne Knoten sein. Bei einiger Uebung geht dann das Hobeln schnell, und die Wieden kom= men sehr glatt und bandartig zum Vorschein. Sie haben aber das Eigene, daß sie, wenn sie trocken werden, sich gegen die Rindenseite krümmen. Man muß daher solche, die man nicht auf der Stelle und naß verarbeiten zu können glaubt, gleich in Rollen winden, und nur so gewunden aufheben. Trocken gewordene weicht man beim Gebrauche im heißen Wasser ein.

B. Stroh-Surrogate

oder Materialien, welche ihrer Wärmehaltigkeit und Biegsamkeit wegen bei Bienenwohnungen die Stelle des Strohes entweder ganz oder doch zum Theil ver= treten können.

Kornstroh ist seiner Länge und Biegsamkeit wegen zu Bie= nenkorbarbeiten das beste und nach ihm das Weizenstroh. Doch, wo man diese Stroharten nicht hat, oder zu anderem Gebrauche auf= sparen will, dort kann man noch manches andere Material entweder für sich allein, oder weil es von Natur aus zu kurz und unzusam= menhängend ist, wenigstens in Verbindung mit Stroh oder ähnlichen Dingen anwenden, ihm mittelst der Maschine und Presse Festigkeit und Wärmehältigkeit geben und daraus Bienenwohnungen bereiten. An solche Materialien ist bisher noch immer viel zu wenig gedacht worden. Ich will sie aufzählen, und im Kurzen ihre Anwendung zeigen.

1. Schlechteres Stroh. Darunter verstehe ich vornehmlich Wirkstroh, Gersten= und Haferstroh, feines Rapsstroh u. dgl. Sol= ches kann wohl nicht leicht für sich allein angewendet werden, aber

doch in Verbindung mit Korn= und Weizenstroh. Von letzterem nähmlich baut man — wie Seite 175 Punkt c gelehrt worden ist zu beiden Seiten der Strohbahn Wände oder einen Zaun auf, und erhält solche mittelst Holz= oder Drahtstiften stehend; dann legt man das schlechte Stroh dazwischen hinein, und preßt hernach in jeder Abthei= lung der Säulen das Ganze zusammen. Ganz unten am Boden der Maschine, so wie ganz oben wird ebenfalls gutes Stroh verwendet, damit auch an den Rändern der schlechte Inhalt nicht sichtbar werde.

2. Binsen. Ein köstliches Material. Sie kommen wohl selten so häufig vor, daß man ganze Stöcke davon machen kann; aber man kann sich wenigstens an den Außenseiten der Ringe, Käst= chen und Breter ihrer bedienen; wo sie den Stöcken eine hübsche, blaßgrüne Farbe geben, und glatt anliegend fast alles Absäubern ersparen. Man muß sie, sobald sie ausgewachsen sind und verblüht haben, abschneiden, im Schatten trocknen, und vor dem Gebrauche von der Blüthe befreien. Grün darf man sie nicht verarbeiten, sonst er= scheint der Stock, wenn er ausgedörrt ist, locker und untauglich.

3. Feine Weidenruthen. Solche findet man bei allen Weidengattungen. Sie müssen im Herbste oder in Winter geschnitten, und vor der Anwendung im Wasser nur in so weit zähe gemacht werden, daß sie beim Biegen nicht brechen. Sie dürfen nur 12—17 Zoll lang, und möglichst schwach sein. Die Rüthchen sind wohl an sich nicht geeignet, den Stock warm zu machen; aber sie gewähren den unschätzbaren Vortheil, daß wenn sie auch nur in geringer Menge an die Seiten der Strohbahn gelegt werden, man auch anderes kur= zes, unzusammenhängendes Wärme=Material dazwischen pressen kann. Um sie an den Seiten der Maschine als Zäune stehend zu erhalten, zwängt man da und dort ein aufrechtstehendes Bretchen — $\frac{7}{4}$ Zoll breit — dazwischen, und stopft und stampft nun die Zwischenräume mit Moos, Hobelspänen, Flachsschaben u. drg. gleichmäßig aus, bis Alles über die 1. Abtheilung der Säulen emporsteht. Dann ge= braucht man die Presse, und drückt das Ganze — Zaun und Füllung — in die 1. Abtheilung hinab. So verfährt man auch in den übri= gen Abtheilungen. An den oberen und unteren Rand des Ringes, Bretes oder Kästchens kann eine Einlage Stroh oder Binsen kom= men. Diese sind gefügiger als Ruthen, und lassen darum die Ränder flächer und eckiger erscheinen. Das Maschinen=Erzeugniß mit derglei=

chen Ruthen ist vorzüglich fest und von außen glatt, und Niemand träumt von dem, was im Innern verborgen ist.

4. Moos, in Schichten fest zusammergedrückt, ist ein schlech=ter Wärmeleiter, und daher zu Bienenwohnungen vortrefflich; nur kann es für sich allein nicht verwendet werden, weil es nicht genug zusammenhält; mit Weidenruthen aber läßt es sich ganz zweckmäßig gebrauchen. Auch zwischen Kornstroh und Binsen kann es in die Ma=schine gepreßt werden; nur legt man hier etwa alle ⁶/₄ Zoll hoch eine dürre Ruthe von der Stärke einer Federspule (Korbweide) mit hinein; was feste Arbeit macht. Wenn in einem Ringe oder Brete Fen=steröffnungen auszuschneiden sind, bestreicht man nach dem Schnitte die Schnittfläche mit starkem Tischlerleim, und reibt solchen ein; da=mit das Moos zusammenhänge und bei längerem Gebrauche nicht heraus falle.

Je länger das Moos, desto besser. Man gebraucht es erst, wenn es gehörig ausgetrocknet, ausgelüftet und von Moder, Erde und Holz gereiniget ist.

5. Schmielen oder Halme von hochwachsenden Gräsern. In Gebirgsgegenden finden sich solche manchmal häufig; nehmlich auf abgelegenen Weideplätzen, Hutweiden und Felsrändern; ja in schlech=ten Jahrgängen selber auf Getreidefeldern. Sie liefern getrocknet ein sehr geschmeidiges Material, und können für sich allein mit eingeleg=ten Korbweidenruthen, oder in Verbindung mit Stroh verarbeitet werden.

6. Verdorbenes oder verschlämmtes Heu. Solches, besonders längerer Art, wird getrocknet, entstaubt, ausgelüf=tet, und zwischen Ruthen oder Kornstroh in die Maschine gebracht.

7. Schilf, das niedrig wachsende in Teichen und Wassergrä=ben — gibt getrocknet ein weiches Heu, und wird zwischen Ruthen und Stroh gelegt. Schwache Schilf= oder Rohrstengel können wie die Weidenruthen an den Außenseiten besonders bei Bretern verwen=det werden.

8. Flachsschaben, feine Hobelspäne, altes Pa=pier, trockenes Laub, Kiele von geschlissenen Federn, Alles dieß kann zur Füllung zwischen Stroh, Ruthen, Binsen und Rohr dienen. Endlich:

9. Auch die Zweige des Besenstrauches, des Ginster, Gold=ruthen (Solitago), Farrenkraut u. dgl. sind anwendbar.

Alle diese Materialien — mit Ausnahme des ersten — werden gewöhnlich kaum geachtet, kosten weiter nichts als die Mühe des Sammelns, und sollten in letzterer Beziehung für die Bienenkorbmacher um so schätzenswerther sein.

10. Man hat auch gemauerte Bienenstöcke nähmlich aus Lehm- oder egyptischen Ziegeln. Solche sind im Winter ziemlich warm, besonders, wenn sich unter dem Lehm viel gehacktes Stroh befindet. Dergleichen Stöcke können neben- und übereinander in etlichen Etagen als Ständer oder Läger aufgeführt und wie eine Mauer an irgend einer Wand, oder auch in Form eines Häuschens hergestellt und bedacht werden. Die Thüren auf der Vorder- oder Hinterseite können berahmte Strohthüren sein. Zur dzierzonischen Einrichtung läßt man die nöthigen Tragleisten, Scheidebreter u. s. w. gleich mit einmauern.